U0107250

朱元璋大传

陈梧桐 著

中华书局

图书在版编目(CIP)数据

朱元璋大传/陈梧桐著. —北京:中华书局,2019.1
(2023.12重印)
ISBN 978-7-101-13109-3

Ⅰ.朱… Ⅱ.陈… Ⅲ.朱元璋(1328~1398)-传记
Ⅳ.K827＝48

中国版本图书馆CIP数据核字(2018)第040972号

书　　名　朱元璋大传
著　　者　陈梧桐
责任编辑　陈　虎
责任印制　管　斌
出版发行　中华书局
　　　　　(北京市丰台区太平桥西里38号　100073)
　　　　　http://www.zhbc.com.cn
　　　　　E-mail:zhbc@zhbc.com.cn
印　　刷　河北新华第一印刷有限责任公司
版　　次　2019年1月第1版
　　　　　2023年12月第3次印刷
规　　格　开本/710×1000毫米　1/16
　　　　　印张37¼　插页2　字数650千字
印　　数　6001-7500册
国际书号　ISBN 978-7-101-13109-3
定　　价　118.00元

目　录

序　言

这部《朱元璋大传》是由《洪武大帝朱元璋传》修订而成的,《洪武大帝朱元璋传》则是《洪武皇帝大传》的增订版,因此本书也可称作是《洪武皇帝大传》的第二个增订版。

明太祖朱元璋开始引起笔者的注意,是"文化大革命"后期的事。1969年夏天,我和所在单位人民教育出版社的同事一起下放安徽凤阳,到教育部"五七干校"接受"再教育"即劳动改造,那里恰好是朱元璋的故乡和曾被他定为中都的地方。朱元璋的故居虽已荡然无存,但由他出家的於皇寺迁址改建的龙兴寺及其父母的陵墓皇陵都还在,他营建的中都虽亦早已倾圮,但其遗址仍然历历在目。而在田边地角、茅草屋下,仍不时能从老乡口中听到有关朱元璋的各种逸闻趣事。面对龙兴寺的离离荒草、明皇陵的秋风落叶、明中都的残垣断壁以及有关朱元璋的种种传说,我不禁陷入沉思:这个贫苦农民出身的小行童,何以会成长为一名威震四方的起义领袖,他为什么能在"地狭粮少""孤军独守"的困境中越战越强,最后扫灭群雄、推翻元朝的统治?他登基称帝之后,为什么选择无论从地理、军事、经济还是政治的角度讲都不具备建都条件的凤阳作为中都,而在中都营建工程"功将完成"之时却又弃置不用?他提倡尊孔读经却又对儒学经典《孟子》大加删节;既积极网罗人才却又无情地残杀一批有用之才;既大力倡导进谏,有时也确实能听取一些逆耳之谏言,有时却又顽固地拒绝一些有益之说论,这究竟是为什么?聚讼纷纭的胡惟庸党案和蓝玉党案的真相如何,是否全是冤假错案,还是有真有假、真假混淆?作为封建君主,他为什么能提出"锄强扶弱"的主张,毫不留情地严惩贪官污吏,击杀不法豪强?他为什么要不遗余力地强化封建专制的中央集权制度,这对中国历史的发展产生了怎样的作用和影响? 他采取了什么措施,来恢复和发展千疮百孔的经济? 他的是非功过交织于一身,究竟应该怎样评价? 其时"四人帮"尚在台上肆虐,这些思绪自然很快就被艰苦的劳动所驱散,被为国家和民族前途的忧虑所取代。三年后,我被分配到广西大学中文系任教,又过三年调回北京,来到中央民族学院历史系(今中央民族大学历史文化学院),离开凤阳的时间一长,有关朱元璋的种种见闻也就逐渐淡忘了。

笔者调回北京的第二年,"四人帮"终于被人民的铁扫帚扫进了历史的垃圾堆。随着党的十一届三中全会的召开,知识分子重新获得学术研究的权利,高等院校的教学和科研也逐步走上正轨。毕业于"大跃进"的年代,被各种政治运动和劳动耗尽了青春年华的笔者,虽说已是人到中年,也决心"迈步从头越",选择明史作为主要的研究方向。长期以来,明史研究呈现两头热、中间冷的状态,明初的太祖、成祖以及郑和下西洋,明末的李自成、张献忠起义,研究的人较多,明中期历史的研究除张居正改革之外,却少人问津,有不少"富矿"可挖。我拟投身于明中期历史的研究,认为那或许能做出点成绩,填补某些学术空白。但要研究明中期的历史,首先得对明朝的开创者朱元璋有个比较全面的了解,知道他为明朝制定了哪些典章制度,为其子孙留下哪些政治遗产。此时,过去在凤阳与朱元璋有关的各种见闻重又浮现眼前,激起我对他的强烈兴趣。于是,我找来明史前辈吴晗的《朱元璋传》和史学界有关朱元璋的论著,进行仔细研读。这样,有些问题弄清了,有些问题依然若明若暗,百思不得其解,有些问题又无人涉足,没有现成的答案。因此,笔者又决定,先就这几个尚未解开的谜团作些探究,待这些谜团解开之后,再转向明中期历史的研究。此后,在教学之余,笔者便扎进学校图书馆的书库,并骑上那辆老掉牙的旧自行车穿行于大街小巷,跑遍北京各大图书馆、档案馆,搜集资料,寻幽探微,就其中几个问题陆续撰写了几篇论文,发表在《光明日报》《历史研究》《中国史研究》等报刊杂志上。

1985 年夏秋之交,未等我将心中几个朱元璋谜团全部解开,河南人民出版社的张继红编辑在一个星期日的上午,突然敲开我家的大门,约我撰写一部大型的《洪武皇帝大传》。这令我颇感意外,因为当时笔者刚刚跨入明史研究的门槛,职称不过是个副教授,并没什么名气,同张继红编辑又素不相识,很奇怪她怎么会找我这个明史学界的新兵来撰写这么一部学术专著? 再说吴晗的《朱元璋传》早已名闻退迩,我也未曾动过重写朱元璋传的念头,况且还是一部大型朱元璋传记,涉及其一生活动的方方面面,能否写到位,保证书稿的质量,自己也没有把握。是否接受她的约稿,我一时拿不定主意,没有做出明确的表态。张继红编辑见我有些犹豫,便坦率地告诉我,吴晗的《朱元璋传》虽说是部名著,但篇幅只有21万字,许多重大的事件没有涉及,某些重要的历史环节交代不清,因此他们出版社想找人重写一部大型的朱元璋传记。她说自己对明史学界的研究状况也不熟悉,便在几次学术会议上向一些专家打听,当今有谁在研究朱元璋,许多人异口同声地推荐了你。她找来我写的几篇朱元璋论文,读后觉得很有见解,不仅掌握的资料丰富,而且善于进行理论分析,文笔也生动流畅,相信我能写好这部著作,所以就主动找上门来约稿。她还说,她找作者并不很看重名气和地位,而是看他对要写的东西是否确有研究,能否写出新意,保证作品的质量。经她这一说,我也就消除疑虑,答应试一试了。后来,经历几个寒暑,我将朱元璋一生的曲折经历重新梳理了一遍,就其活动的几个方面又陆续撰写几篇论文,连同此前发表的几篇论文,结集为《朱元璋研究》,交付出版(天津人民出版社1993年出版)。然后在此基础上,动笔撰写《洪武皇帝大传》,于1993年由河南人民出版社付梓刊行。

书出版后,获得明史学界的广泛好评,被誉为超越吴晗之作,荣获北京市第三届哲学社会科学优秀成果二等奖。台湾师范大学历史系朱鸿教授在台北《汉学研究通讯》第20卷第1期(2001年2月)发表的《近十年来(1989—2000)有关朱元璋研究之介绍》一文,在比较了拙著与先后出版的另外三部朱元璋传记后,评论道:"毫无疑问,以陈著的学术成就最高,论者谓其超越吴晗之作,绝非溢美之词。"这使笔者倍感欣慰与鼓舞。但自己心里十分清楚,由于个人掌握的资料有限,书中对某些史事的记述尚欠具体,有的也不够准确。特别是随着思想的不断解放,笔者逐渐意识到,《洪武皇帝大传》的写作奠基于"文化大革命"结束不久之时,书中对某些问题的论述,对朱元璋的评价,还没有彻底摆脱"左倾"思潮的束缚。例如对朱元璋恢复中国传统政治文化,提倡尊孔读经,施行礼法之治,书中笼统地把它们作为文化专制的举措加以否定,显然有失偏颇。因此,笔者决定扩大资料的搜集范围,对这部传记重加修订,力求使史事的记述更加全面、完整、准确,对朱元璋的评价更加科学、客观、公正。此后,除了《明实录》《明史》等常见的官修史籍,我又查阅大量元末明初的文集、野史笔记和方志,进一步挖掘资料,明史学界的同行也先后伸出援手,提供了一些罕见的珍贵资料。如台湾东吴大学徐泓教授和中国社会科学院历史研究所王春瑜研究员,几乎同时给我寄来了台北故宫博物院1956年出版的《故宫书画录》第4册第7卷刊载的《明太祖御笔》复印件及1970年出版的《故宫图书季刊》第1卷第4期影刊的《太祖皇帝钦录》复印件;北京师范大学顾诚教授为我提供了美籍华裔学者陈学霖教授的《俞本〈纪事录〉与元末史料》论文复印件,随后王春瑜研究员又寄赠一册中国友谊出版公司出版的陈学霖论文集《史林漫识》,书中不仅收录其《俞本〈纪事录〉与元末史料》一文,还附录了他在台北"国家图书馆"找到的《明兴野记》即《纪事录》的全文。这样,手中掌握的资料更加丰富,笔者又对朱元璋一生活动的几个重大问题进行更加深入的探讨,陆续发表几篇论文,然后着手修订了几个章节。不久,因为担任系主任的工作,负责创办"国家文科基础学科人才培养和科学研究基地",杂事繁忙,加上教学与科研任务相当繁重,修订工作时断时续。后来,由于已被评为全国优秀中青年编辑的责编张继红不幸英年早逝,本书经过三次重印,河南人民出版社已无重版之意,我的修订工作便中途停顿了下来。

正所谓"山重水复疑无路,柳暗花明又一村",正当笔者为本书的修订而愁眉不展之时,素昧平生的贵州人民出版社文艺编辑室王才禹副编审,前来寒舍约稿。他原拟约我撰写一部中华五千年之类的通俗读物,我对此不感兴趣,说此类书籍市面上多如牛毛,婉言谢绝。不意他抬头见到书桌上厚厚的一沓稿子,问我在写什么著作?我告以是修订了一半的《洪武皇帝大传》,还没找到出版单位。他顺手拿起翻了翻,说他们编辑室陈荣主任也一道来京,就在宾馆住着,问我可否将稿子带回宾馆,同陈主任一起翻阅一下,看看能否由他们出版。我说可以。过了两天,他和陈主任将稿子带回寒舍,说他们决定出版这部著作,嘱我抓紧时间,尽快修订交稿。当时学术著作的出版已经相当困难,如无出版津贴,一般出版社都不肯接受。贵州人民出版社的热情与慷慨,令我深受感动。此时我已退休,有较多的时间,便集中全力进行本书的修订与增补,先后三易其稿,除了改正原著的一些讹误,还修正了某些观点,并吸收学术界新的研究成果,补充大量新搜集的资料,征引的史籍由原著的300多种增至500多种,对一些历史事件特别是关键历史节点的论述也更加清晰完整,篇幅也由原著的50多万字扩充至近70万字。由于与原著存在较大的区别,责编将书名改为《洪武大帝朱元璋传》,于2005年正式刊行。这部增订版推出后,学术界一致认为,无论在深度或广度上都把朱元璋的研究向前推进了一大步。王春瑜研究员在《北京日报》发表《超越吴晗》一文,评论道:"陈教授的这本大著,无论是在研究的广度还是深度上,尤其是在史料的掌握上,都超越了吴晗,是时下出版的几本朱元璋传中最有学术价值的一本。陈著与吴著,在朱元璋的研究史上,堪称'双峰对峙,两水分流'。"

尽管如此,笔者的朱元璋研究并未就此止步。因为我深知,科学研究是永无止境的。朱元璋一生的经历曲折复杂,有些问题由于资料的匮乏或受自己认识水平的限制,并未彻底厘清。何况旧的问题解决了,新的问题又会涌现。比如朱元璋的出生地问题,本来史籍的记载歧疑纷出,国内的学者就存在争议,近年又有韩国人说他是韩国人,死后就埋葬在韩国。又比如朱元璋的民族成分,回族民间早有他是回回的传说,前些年台湾又有回族学者撰写论证其为回民的小册子,到处散发。再如胡惟庸党案,吴晗早就著文论证其为冤假错案,后来山东省社会科学院的吕景琳研究员不仅撰文肯定吴晗的论断,还认定蓝玉党案"是完完全全的一个假案,不但牵连而死的一两万人是无辜的,就是蓝玉本人也没有谋反的行动与策划"。所有这些,都有待于人们进行深入的研究与辨析,给予读者一个正确的答案。因此,笔者在从事其他课题的研究时,仍然深切关注朱元璋研究的动态和新的学术成果,并继续搜集资料,针对朱元璋出生地、民族成分及胡、蓝党案等争论较多的问题,抽空撰写几篇论文,发表了自己的看法。同时,也期望将来有机会,对这部著作重加修订,融进自己新的研究成果,使之日趋完善,少留遗憾。2015年8月下旬,中华书局陈虎编审打来电话,说他们出版社拟重版笔者和彭勇教授合作的《明史十讲》(上海古籍出版社2007年出版)和我的专著《朱元璋大传》,正好给了我这样的机会。待和彭勇教授一起修订完《明史十讲》,我便抓紧时间,埋头修订这部朱元璋的大传。

这次修订,前后延续了一年多的时间。经过反复斟酌,我对全书的框架作了较大的调整,使头绪更为集中,层次更趋分明,线索更加清晰,并适当压缩理论的阐述,强化对史事的记述与分析,使历史演进的具体情节和因果关系能更为清楚地呈现在读者面前。书中除了订正某些错讹,增减某些资料,融进本人新的研究心得,吸收学界同仁新的学术成果,还对一些章节作了较大的修改补充,或重新改写。此书的第一个版本《洪武皇帝大传》,没有只字涉及广泛流传的所谓文字狱问题,曾令一些读者感到疑惑。对此我在《洪武大帝朱元璋传》的后记中曾做过说明:"关于这个问题,拙文《再论朱元璋的功绩和历史地位》实际上已经做过回答。文中指出：'至于朱元璋大搞文字狱之说，海内外学者早已指出，其论据皆出自明中后期野史稗乘所载之佚闻，但这些佚闻却未见诸官修史籍，且彼此互相抵牾，漏洞百出，实不足信。退一步说，即使明中后期野史稗乘所载佚闻全部属实，它们的性质与触犯封建避讳的案件相似，也不属于文字狱的范畴。所谓文字狱，是用以治思想罪的，应指因文字著述含有触犯统治者利益的思想内容而遭受迫害的文字狱案。明中后期野史稗乘所载的那些佚闻并不具有这种特征，称为文字狱显然是过于勉强的。'①在没有新的资料发现之前，我仍然坚持这个观点。"②所以本书仍然只字未写所谓文字狱。读者如果感到不满足，想详细了解洪武年间所谓文字狱的来龙去脉及其何以不足凭信，可参看另一本简明扼要的拙著《朱元璋传》第十一章第四节《所谓文字狱》（河南文艺出版社 2017 年 3 月出版）。

为这次修订重版，中华书局的陈虎编审做了大量工作，并亲自担任责编，费心费力。我校研究生袁立然和博士生马季同学帮助核对了部分资料。在此一并表示衷心的感谢。书中难免还存在诸多不足之处，欢迎专家读者批评指教。

北京师范大学历史学院"双一流"特聘教授
中央民族大学历史文化学院教授　　陈梧桐
2017 年 2 月 1 日于北京海淀区民大西路书斋

①　陈怀仁、夏玉润主编：《洪武六百年祭》，南方出版社 2001 年版，第 41—46 页；拙著《履痕集》，大象出版社 2007 年版，第 218—233 页。

②　《洪武大帝朱元璋传》后记，贵州人民出版社 2006 年版，第 859—860 页。

第一章
苦难的青少年

第一节　贫苦农民的儿子

元文宗天历元年(1328)九月十八日(阳历 10 月 21 日)未时①，在濠州钟离(治所在今安徽凤阳临淮东板桥镇境内)东乡燃灯集金桥坎的一个村庄(今凤阳小溪河镇燃灯社区金桥村)②里，从一户汉族农民低矮破旧的茅草屋里，传出清脆稚嫩的啼哭声，一个瘦弱的婴儿降生了③。

婴儿的母亲陈氏，是个贫苦的中年农妇。因为正值秋播小麦的大忙季节，她虽已临近产期，这天上午还是同往常一样，下地帮丈夫播种小麦，快晌午时才回家来做午饭。待丈夫和几个孩子吃过午饭，下地干活，她收拾好碗筷，喂完鸡鸭，又急匆匆往地里赶。不想走到半道，腹部便一阵一阵疼痛起来，她意识到自己的第六个婴儿就将出世了，狠心咬紧牙关，忍着剧烈的疼痛，回头往家走。刚刚迈进家门，靠着墙壁喘口大气，她就身不由己地顺着墙壁下滑，仰卧在地上。不一会儿，只听"哇"的一声啼哭，腹中的婴儿便呱呱落地了。

陈氏的丈夫朱五四，闻讯从地里赶来，找了村里一个年老的妇女为他的妻子接生。过一阵子，这个年老的妇女接生完毕，笑着恭喜朱五四，说他妻子生了个男孩。当时汉族的习俗，平民百姓一般是不取名字的，只用行辈或出生日期或父母的年龄合算一个数目字作为称呼。朱五四的名字就是这么起的。他的儿子属"重"字辈，早先出生的三个儿子分别叫作重四、重六、重七，还有四个侄儿分别叫重一、重二、三、重五，他便给这个刚出生的小儿子起名为重八。重八长大成人后，为自己正式取名为兴宗，后又改名为元璋，字国瑞④。查继佐《罪惟录》说他在富贵之后，还曾改名元龙，因繁体字龍字犯忌讳，又把偏旁的"育"改为"帝"，成为"龍"字。据说，他家乡的父老乡亲，曾叫他元龙⑤。他就是未来的明朝

----

① 本书所记年月，一般采用阴历，下不一一注明。未时，等于现在的下午 1 时到 3 时。

② (明)郎瑛著，安越点校：《七修类稿》卷7，危素撰《皇陵碑》："皇考(指朱元璋的父亲)五十，居钟离之东乡，而朕生焉。"文化艺术出版社 1998 年版，第 80 页。参看拙作《朱元璋出生地考辨》，《社会科学辑刊》2010 年第 1 期；拙著《散叶集》，河北大学出版社 2010 年版，第 3—25 页。

③ 回族史学家白寿彝在《中国伊斯兰史纲》的一条脚注中，曾提到"父老相传，明太祖原是回回，建文帝的出生，系赴天方观觐。又颇有人相信，武宗也信教(指伊斯兰教)。"(《民族宗教论集》，河北教育出版社 2001 年版，第 412 页)其实，朱元璋及其前辈、后裔都不信奉伊斯兰教，而是尊朱崇儒，兼奉佛、道，宫廷的生活习俗和丧葬都遵循汉族而非回族的习俗，是地地道道的汉族。参看拙作《朱元璋民族成分考辨》，《史林》2005 年第 3 期；拙著《履痕集》，大象出版社 2007 年版，第 93—103 页。

④ (明)朱宙枝：《统宗绳蛰录》(上海古籍出版社 1999 年影印《续修四库全书》本)载，朱五四名世珍，朱元璋兄重四名兴隆、重六名兴盛、重七名兴祖，这些名字大概同朱元璋的名字一样，都是后来追起的。

⑤ (清)查继佐：《罪惟录》帝纪卷1，《太祖高皇帝》，浙江古籍出版社 1986 年版，第 3 页。

开国皇帝明太祖。由于他登基后使用洪武年号,后人又称他为洪武皇帝。至今,他家乡凤阳的老百姓,还称他为朱洪武。

据传说,朱元璋出生的前一天,母亲陈氏做了个梦。她梦见自己在麦场上干活,有个头戴黄冠、身穿黄袍、胸前垂着一把长髯的道士由西北方向走来,从场院的一堆麦糠里取出颗白色药丸,放到她的手中。她定睛一看,药丸闪闪发光,渐渐变大,忙问道:这是什么?老道士说:这是丸大丹,送给你吃吧!她把药丸咽下肚里。醒来后,陈氏把梦讲给朱五四听,嘴里还透出一股清幽的香气。第二天,她生下朱元璋时,红光闪耀,满室生辉。此后,到了深夜,这座茅草屋常有红光闪现,邻居以为她家失火,赶忙奔来营救,但走到茅草屋跟前,红光却又消失不见了,大家都感到疑惑不解①。

这种传说,显然是在朱元璋登基做皇帝之后附会编造出来的,目的是为了把他神化成受命于天的"真龙天子"。其实,朱元璋的诞生,并不像传说中所描绘的那么富于诗情画意。

朱元璋出生之时,正值元朝后期各种社会矛盾非常尖锐、广大劳动人民深受苦难的年代。

元朝是以蒙古贵族为首建立的统一皇朝。崛起于漠北草原的蒙古族,在进入中原以前,还处在奴隶制的发展阶段。1206 年,成吉思汗统一蒙古各部,建立奴隶主贵族专政的大蒙古国,以后不断发动以掠夺子女玉帛为目的的大规模战争。1234 年,蒙古灭金。至元八年(1271),忽必烈附会汉法,改国号为大元,他就是元世祖。至元十六年(1279),灭亡南宋,统一全国。忽必烈建立的元朝,是地主阶级专政的封建皇朝。元朝统一全国,基本奠定了我国的历史疆域,促进各族的经济文化交流与融合,为我国统一多民族国家的发展和巩固做出积极的贡献。但是,自蒙古国开始直到元朝建立后所进行的一系列战争中,蒙古军队"像蝗群一样袭击了许多城市,沿途所遇,无不吞噬一光"②。"金帛子女、牛羊马畜,席卷而去,屋庐焚毁,城廓丘墟"③,对社会生产造成严重的破坏,激起了中原各族人民的强烈反抗。

元朝建立后,蒙古贵族为了保持他们在政权中的主导地位和种种特权,分化并削弱各族人民的反抗力量,极力推行野蛮的民族歧视和民族压迫政策。早在灭金和灭宋的战争过程中,蒙古统治者就承袭女真统治者把金朝统治范围内的人民分为女真、渤海、契丹、汉儿四个等级的民族分化政策,把全国各族人民按被征服的先后划分为四个等级。第一等

---

① 《明太祖实录》卷 1,(台北)"中央研究院历史语言研究所"1962 年影印本。

② 《马克思恩格斯全集》第 12 卷,人民出版社 1962 年版,第 528 页。

③ (宋)李心传:《建炎以来朝野杂记》乙集卷 19,《鞑靼款塞》,《适园丛书》第 5 集。

蒙古人,指漠北各部落的人民,但乃蛮、汪古等部则划归色目。第二等色目人①,指西域各族人民,如回回人、西夏人、畏兀儿人、哈喇鲁人、康里人、钦察人、阿速人、阿尔浑人等,也包括来自西方的欧洲人(称发郎或拂郎人)。第三等汉人,大抵指淮河以北原金朝统治下的各族人民和较早被征服的四川、云南各族人民,除汉人外,还包括契丹人、高丽人、女真人、渤海人等。第四等南人,指原南宋统治下的各族人民。这四等人在政治上的地位和权利各不相等。蒙古人一切居上;色目人因被征服的时间较早,被利用来监视和统治被征服较晚的汉人、南人,位居第二;汉人和南人实际上没有什么区别,他们的地位最为低下,也最受歧视,被蔑称为"汉儿""汉子"和"蛮子"。后来,元朝统治者始终坚持这种民族歧视和压迫的政策,把它贯彻到政治、经济、军事和文化等各个方面。

在政治地位上,尽管元朝统治集团是由蒙古贵族和包括汉族地主在内的各族上层分子组成的,但各级官署,"其长则蒙古人为之,而汉人、南人贰焉"②。元朝的中央政权机构,以总理行政事务的中书省、掌握军事的枢密院和执掌监察的御史台最为重要。元世祖忽必烈在攻灭南宋的过程中,虽曾任命少数汉人担任过执掌中书省实权的左、右丞相,但自至元八年(1271)元朝建立之后,中央省、台、院的长官就不再让汉人染指。地方各行中书省的长官,一般也是任用蒙古人,其次是色目世臣,只有官员欠缺时才任用色目人和汉人。行省以下的路、府、州、县的首席长官达鲁花赤③,开始虽有个别汉人担任,但后来又规定汉人只能担任总管,不能再做达鲁花赤。就连农村的基层组织社甲,也规定要由北人充当甲主。当时人曾感慨地说:"元朝之法,取士用人,惟论根脚(一作跟脚,指成分、出身、家世、资历等)。其余(与)图大政为相者,皆根脚人也;居纠弹之首者,又根脚人也;莅百司之长者,亦根脚人也。"④

对入仕的途径,四个等级也迥然不同。元朝入仕的一条主要途径是怯薛。怯薛是宫廷卫队,当时由宫廷卫队出身做官的人数很多,而且升迁很快。但只有蒙古、色目人才有权充当怯薛。汉人、南人无权投充怯薛,只能从科举或学校出身做官。由于担心蒙古贵族把持军政要职的政治特权的丧失,元廷虽然支持官办儒学,兴办书院,却迟迟没有恢复科

① "色目"一词初见于唐代,如(唐)长孙无忌《唐律疏议》卷13〔《文渊阁四库全书》(台北)商务印书馆1987年版,以下皆称《四库全书》本〕:"以其'色目'非一,故云之类";(宋)钱易《南部新书》(《古今说部丛书》第2集)丙篇:"大中以来,礼部放榜,岁取三二人姓氏稀僻者,谓之'色目人',亦谓曰榜花。"意指"各色名目""各种种类",又指姓氏稀僻之人。元朝征服西域诸部、诸国,因其部族、国家很杂,又多姓氏稀僻,即统称该地区的降附人口为色目人。

② (明)宋濂等撰:《元史》卷85,《百官志序》,中华书局1976年版,第2120页。

③ 达鲁花赤,蒙古语"镇守者"的音译,为所在地方、军队和官衙的最大监治长官。元朝路、府、州、县等各级地方政府,均设有达鲁花赤,其品秩虽与路总管、府州县令尹相同,但实权大于这些官员。

④ (明)权衡著,任崇岳笺证:《庚申外史笺证》卷下,中州古籍出版社1991年版,第154页。

举，直到皇庆二年(1313)始定科目之制，延祐元年(1314)才正式实行科举。但科举也有鲜明的民族歧视色彩。当时的汉人和南人，人数远比蒙古、色目人多，文化水平也高，元政府便对他们实行严格的限制。如汉人和南人的科举试题难，录取名额少，即使中举，授予的官职也低，大多数只能充任教官和吏员等卑下官职。学校的学生人数，也按民族等级的不同规定不同的数额，至元二十四年(1287)设立国子学，规定学生名额200人，"其百人之内，蒙古半之，色目、汉人半之"。学生的考试，也是蒙古人从宽，汉人最严。结业后，"蒙古授官六品，色目正七品，汉人从七品"①。所以，汉人、南人通过科举、学校出来做官的寥寥无几。儒学和儒士被边缘化，谢枋得曾因此发出"一官二吏""七匠八娼""九儒十丐"的喟叹②。

在法律地位上，四个等级也不平等。蒙古、色目人犯法，由专管蒙古贵族的大宗正处理；汉人、南人犯法，则由刑部审治，而且规定凡是需处重刑的要案，"必决于蒙古大臣"③。元朝法律还规定，蒙古、色目人与汉人、南人触犯同一刑律，对蒙古、色目人处刑应比汉人、南人轻。如汉人、南人犯盗窃罪的要刺字，蒙古人有犯，"不在刺字之例"④；蒙古人因争斗或酒醉打死汉人，只"断罚出征，并全征烧埋银(丧葬费)"⑤；但汉人仅仅打伤蒙古人，就被"杀以惩众"⑥。更有甚者，元朝法律竟规定，"蒙古人殴打汉儿人，不得还报，指立证见，于所在官司陈诉。如有违犯之人，严行断罪"⑦，汉人连自卫的权利也被剥夺了。

为了防止和镇压汉人、南人的反抗，元朝统治者在各地派驻大量军队。中原地区由蒙古军和探马赤军⑧镇守，江淮以南地区由汉军(由北方汉人组成)和新附军(向元朝投降的南宋军队)镇守，并杂以蒙古军。元廷还多次下令收缴民间的武器，就连铁尺、手挝和带铁刃的拄杖也在没收之列。马是进行战争的重要工具，禁止汉人、南人私有，三番五次下令搜刮马匹。此外，元廷还禁止汉人、南人习武、打猎、迎神赛会、夜间点灯，甚至连划龙舟、立市买卖都在禁止之列，唯恐汉人和南人聚众谋反。

除了野蛮的民族歧视和民族压迫，元朝统治者更对各族人民实行残暴的阶级剥削和阶级压迫。进入中原地区以后，面对发达的封建经济，蒙古统治集团必须采用与之相适应的封建统治方式，这就需要取得富有封建统治经验的汉族地主阶级的支持和合作，所以他

---

① 《元史》卷81，《选举志一》，第2029、2030页。
② (宋)谢枋得：《叠山集》卷6，《送方伯载归三山序》，《四部丛刊续编》本。
③ 《元史》卷205，《铁木迭儿传》，第4578页。
④ 《元史》卷104，《刑法志三》，第2656页。
⑤ 《元史》卷105，《刑法志四》，第2675页。
⑥ 《元史》卷148，《董俊传附文忠传》，第3503页。
⑦ 黄时鉴点校：《通制条格》卷28，《杂令·蒙古人殴汉人》，浙江古籍出版社1980年版，第315页。
⑧ 探马赤军最初是由漠南蒙古中的几个部组成的，攻金时充当"打先锋"的部队，后来也吸收色目、汉人和其他各族的人参加。

们便对汉族地主采取笼络政策。至元十二年(1275),元世祖在给南宋降臣高达的诏书中明确表示:"昔我国家出征,所获城邑,即委而去之,未尝置兵戍守,以此连年征伐不息。夫争国家者,取其土地人民而已,虽得其地而无民,其谁与居?今欲保守新附城壁,使百姓安业力农,蒙古人未之知也。尔熟知其事,宜加勉励!"①他不仅任命一些效忠于元朝的汉族官僚地主担任要职,而且赋予他们一些蒙古贵族才能享受的特权。这样,汉族地主便越来越多地投靠元朝。在他们的支持和帮助下,元世祖"变易旧章","遵用汉法",逐步推行封建的生产方式和统治制度。随着"汉法"的采用,入居中原的蒙古贵族转而实行封建的剥削方式,迅速向封建地主转化。与此同时,许多在南宋已"家足恒产"的汉族地主,继续扩张其经济实力,"浸浸与拟封君者齐"②。蒙、汉地主和各族的上层分子逐步合流,互相勾结,共同对各族劳动人民进行敲骨吸髓的封建剥削和压迫,阶级矛盾也就逐步上升,成为元朝的主要社会矛盾。

元朝统治者通过各种手段,疯狂地掠夺土地。在刚进入中原地区时,蒙古贵族一度企图推行他们的游牧经济,曾大量圈占民田作为牧场,"不耕不稼,谓之草场,专放孳畜"③。元世祖采用"汉法"后,禁止将民田改为牧场,但仍有部分北方民田被蒙古军队和王公贵族占为牧场。元朝统治者还侵夺大批耕地作为官田,其中既有金朝和南宋的官田,也有从老百姓手里强占的民田。这些官田,一部分由官府直接招佃耕种,一部分用作军队屯田,一部分作为官吏职田,还有很大部分则由皇帝赏赐给王公贵族和寺院道观。如元世祖赐撒吉思益都(今山东青州)田 1000 顷④;元英宗赐拜住平江(治今江苏苏州)"腴田万亩"⑤;泰定帝赐大天源延圣寺吉安、临江(治清江,今江西樟树西南临江镇)二路田 1000 顷⑥。蒙古贵族、官僚和寺观头目并不满足于皇帝的大量赐田,他们还仗恃权势,自行兼并土地。如元英宗时,晋王也孙铁木儿仅归还朝廷的田地就有 7000 顷,未归还的肯定还多⑦。元武宗时,大护国仁王寺占有大都(今北京)等处水田 28600 余顷,陆田 34400 余顷,河间、襄阳、江淮等处水田 12600 余顷,陆田 29800 余顷,还有大都等地的山林、河泊、柴苇、鱼竹等场 29处,拥有佃户 27059 户⑧。元仁宗时,白云宗总摄沈明仁强夺民田也多达 2 万顷⑨。

① 《元史》卷 8,《世祖本纪五》,第 166 页。
② (元)吴澄:《吴文正公集》卷 41,《故庠士康君祥可墓志铭》,清乾隆万氏刻本。
③ 乾隆敕修《续文献通考》卷 1,《田赋考》引赵天麟《太平金镜策》,《十通》本。
④ 《元史》卷 134,《撒吉思传》,第 3244 页。
⑤ 《元史》卷 136,《拜住传》,第 3304 页。
⑥ 《元史》卷 30,《泰定帝本纪二》,第 674 页。
⑦ 《元史》卷 27,《英宗本纪一》,第 605 页。
⑧ (元)程钜夫:《雪楼集》卷 9,《大护国仁王寺恒产之碑》,《四库全书》本。
⑨ 《元史》卷 26,《仁宗本纪三》,第 591 页。

汉族地主阶级在改朝换代之后,也继续兼并土地,扩充家产。早期投靠蒙古的北方大地主,如大兴(今北京大兴区)史天泽、易州(今河北易县)张柔、真定(今河北正定)董俊诸家,受到元廷的特殊照顾,都挤进统治集团,拥有大量的田地。一批投降元朝的南宋官僚,也成了称霸一方的大地主。如范文虎在湖州南浔一带即占有大量肥沃的田地,生活极其豪华奢侈,死后在墓中还装进玉带、金冠、金花、金饰和各种金玉饰物等 200 多件陪葬品①。至于一般的汉族地主,也竞相勾结官府,兼并土地。江南一带受到战争的破坏较少,土地的兼并尤其严重,"豪右之家连阡亘陌,所收动计万石"②。有的地主役使二三千的佃户,一年要收二三十万石的地租,甚至"收谷岁至数百万斛"③。松江(治华亭,今上海松江区)大地主曹梦炎占有湖田 93 围,共数百顷,"积粟百万,富甲一方"④。福建崇安 50 余户富豪仅占全县纳粮户的九分之一,却占有全县耕地的六分之五,而占纳粮户九分之八的广大农民,却只占有六分之一的土地⑤。就连元朝的统治者也承认:"江南富户侵占民田,以致贫者流离转徙。"⑥这就形成了"贫者愈贫,富者愈富"⑦的局面。

元朝官府还向各族人民征派沉重的赋役。元朝的赋税制度极为混乱、复杂,北方和南方很不一样。北方的赋税是将成吉思汗、窝阔台汗以来的各种临时规定加以统一而确定的,有"税粮"与"科差"之分。税粮包括丁税和地税两种形态,绝大多数地区的民户、官吏、商贾缴纳丁税,每丁科粟二石,驱丁、新户减半⑧;其他户计缴纳地税,每亩纳粟三升。科差包括丝料、包银和俸钞。江南地区的赋税,税粮的征派沿袭南宋的两税制,分为秋粮和夏税,而以秋粮为主。秋粮输租,视各地田土的肥瘠分为二三十等,普遍高出每亩三升这一数额。夏税输以木棉(棉花)、布、绢、丝、绵等物。科差则分为户钞和包银。此外,不论南北,在正额的税粮之外,元朝官府还要征收鼠耗、分例,北方"每石带纳鼠耗三升,分例四升"⑨,"江南民田税石,依例每石带收鼠耗、分例七升"⑩。除了上述正税,元朝还向百姓征收各种名目的杂税,如盐、茶、酒、醋、金、银、铜、铁、铅、矾、竹、木乃至山泽、河泊、煤炭、蒲苇、乳牛、鱼苗、日历等,几乎无物不税。

赋税之外,还有徭役的征发。徭役又称劳役,是古代百姓因官府强制而提供的劳作。

① 白冠西:《安庆市棋盘山发现的元墓介绍》,《文物参考资料》1957 年第 5 期。

② 《至顺镇江志》卷 2,《地理·乡都》,影印传抄本。

③ (元)余阙:《青阳先生文集》卷 9,《宪使董公均役记》,《四部丛刊续编》本。

④ (明)长谷真逸:《农田余话》上,《说郛续引》本。

⑤ (元)虞集:《道园学古录》卷 41,《建宁路崇安县尹邹君去思之碑》,《四部丛刊》本。

⑥ 《元史》卷 20,《成宗本纪三》,第 439 页。

⑦ (明)危素:《危太朴续集》卷 9,《书张成基传后》,《嘉业堂丛书》本。

⑧ 《元史》卷 93,《食货志一》,第 2357 页。

⑨ (元)胡祗遹:《紫山大全集》卷 23,《论仓粮》,《怡堂丛书》本。

⑩ 《元典章》卷 21,《户部·钱粮》,(台北)故宫博物院 1976 年影印本。

它的出现,最早可追溯到先秦。秦汉以后,劳役由繁重逐渐减轻。魏晋到隋唐,特别是均田制瓦解前后,官府往往采取实物货币代役的形式,尤其到宋代,劳役已基本消失。但元代却实行全民服役当差的户籍制度,重新加重劳役的征发,编户全都变成差户。元代的户籍制度十分特殊而又繁杂,有按种族划分的,如畏兀儿户、回回户;有按隶属关系划分的,如驱口(奴隶)及其家属组成的驱户,隶属宗王、驸马、功臣等贵族封君的投下户①;更多的则是按职业划分,有民、军、站、匠、屯田、打捕、淘金、灶、窑、矿、炉冶、运粮、船、儒、医、僧、道、阴阳、礼乐等80多种。所有户计,皆世代相袭,承担差役。一些专业性的徭役,由专门的户计承担,如驿站的劳役由站户承担,开采金、银矿的徭役由矿户承担,煮盐的徭役由灶户承担,烧造瓷器的徭役由窑户承担,等等。一般的农民,不再承担这些专业性的徭役,但必须按户等分摊专业户承担之外的各种徭役,称为"杂泛差役"。差役即职役,包括承担基层行政职事的里正、主首、坊正、隅正,为官府保管财物的仓官、库子等。杂泛通常指力役,随时根据需要而征发,如筑城、开河、运输、打造船只等。由于赋役负担的沉重,许多贫苦劳动人民,往往被逼得家破人亡。如至元七年(1270)十二月,尚书省御史台即奏:"济南路人户王瘦厮为家贫无钱送纳差发,卖讫二子。"②

值得注意的是元世祖采用部分"汉法",是吸取金朝女真人汉化的教训,严格遵循"稽列圣之洪规,讲前代之定制"③,即所谓"祖述变通"的原则,以保持蒙古文化本位不被撼动。一方面依照汉族皇朝的传统建立各种统治机构与制度,改国号、建年号、定都邑、立朝仪,劝农桑、办学校,重建省、台、院等,就是沿用宋制发展而来的;另一方面,为了保护蒙古、色目贵族的特权,不使大权旁落,又继续采用回回法和蒙古法,保留蒙古一些落后的旧制,如宗亲分封、家臣治国、两都巡幸、朝会宴赏、怯薛和军户世袭制、驱口和匠户制度等,就都是蒙古旧制的延续。这样,以汉文化作包装,而以蒙古文化为核心,构建起蒙汉杂糅、外汉内蒙的政治文化二元复合体制,以维护蒙古政治文化的本位势态。蒙古旧制被广泛推行于全国各地,并且在蒙汉杂糅的二元复合体制中占据主导地位,造成中国封建社会某些政治、经济领域的后退,儒学被边缘化、儒士遭到轻视,没有地位,也影响到文化的发展。

分封制度始行于蒙古国创建之时。成吉思汗削平蒙古草原诸部落、建立大蒙古国后,就制定了领地分封制度,将所属部民按千百户编制起来,委任归附他的各部首领和亲信为千户长。千户长可以世袭,但须先取得大汗的认可。他们都拥有自己的一块封地和为之提供赋税、差役和兵役的封户。除了封授千户,成吉思汗还拿出一部分牧地作为"忽必"④,

---

① 投下一词,源出辽代之"头下",元代亦称头项或投项,蒙古语称"爱马",意为封地、采邑。
② 《通制条格》卷3,《户令·卖子圆聚》,第33页。
③ 《元史》卷4,《世祖本纪一》,第65页。
④ 忽必,蒙古语,意为分子。

分封给他的子弟和贵戚、勋臣。他先后进行四次大规模的分封,将术赤、察哈台、窝阔台等几个儿子大致封在金山(阿尔泰山)以西,四子拖雷封在漠北草原,几个弟弟封在蒙古东部,他们各拥有一块封地(分地),建立自己的兀鲁恩①,成为大蒙古国内的封国。他们的封地拥有很大的独立性,但通过誓约对大汗保持着臣属关系,大汗对他们拥有最高的宗主权。成吉思汗的外戚和勋臣大都被封在今内蒙古境内,称为投下。他们的地位低于成吉思汗的子弟,其采邑属于大汗的直辖区域,其军队也要编入大汗的直属军队之中。1236年,窝阔台汗又在华北汉地实行投下分封,但根据主管汉人文书的必阇赤(汉人尊称中书令或中书相公)耶律楚材的建议,对分封的诸王贵族的权益做了限制,规定由领主设置达鲁花赤监临采邑,而由朝廷设置的地方官吏向投下民户征收赋税,每二户出丝一斤以供官用,每五户出丝一斤以给领主,称为"五户丝制"。领主从州县官府那里支取代为征收的五户丝后,不得再擅自征收军赋。蒙哥汗在位时,继续进行投下分封。元朝建立后,元世祖忽必烈为加强中央集权,对投下分封制度做了整顿,调整归并投下的采邑和封户,取消汉人世侯的封户,改隶民籍。他还改革五户丝制,将投下丝料由领主向所在州县支取改为向中书省支取,并将投下丝料的征收数额增加一倍,规定每二户出丝二斤以供官府,每五户出丝二斤以给领主。称为"二五户丝制"。与此同时,元世祖又先后分封诸子为王,各分给一块分地,令其镇守一方,赋予政治、经济等多种特权。如皇子忙哥剌封为安西王,出镇关中,"凡河东、河南、山之南与陕西食解池盐地,皆置使督其赋入,悉输王府"②,"凡官关中者,职与不职,听其承制迁黜"③,"其大如军旅之振治,爵赏之予夺,威刑之宽猛,承制行之。自余商贾之征,农亩之赋,山泽之产,盐铁之利,不入王府,悉邸自有"④。不过这种分封与此前诸大汗分封的兀鲁思性质已有所变化,所封诸王实质上已变成代表皇帝镇戍一方的军政首脑。后来,元朝的历代皇帝继续对亲王、公主和勋臣分封采邑,直至元亡为止⑤。

中国的分封制度,至秦汉建立统一的中央集权国家后,已失去存在的社会基础,并日益暴露出危害中央集权、妨碍国家统一、破坏社会安定的严重弊病。经过历代皇朝的改革,到了隋唐,王侯封爵变成一种有名无实的虚封,皇室子弟即使封王,也只享受优厚待遇而不任职事。宋代又对分封制度加以改革,不再直接封王,皇子被封为王,封爵也仅止及身,子孙不得世袭。但是到了蒙元之时,"既分本国(指蒙古草原地区),使诸王世享,如殷周诸侯;汉地诸道,各使侯伯(指汉人世侯)专制本道,如唐藩镇;又使诸侯分食汉地,诸道

① 兀鲁思,蒙古语,意为人众、国家。
② (元)姚燧:《牧庵集》卷18。《提举太原盐使司徐君神道碑》,《四部丛刊》本。
③ 《牧庵集》卷23,《高良弼神道碑》。
④ 《牧庵集》卷10,《延釐寺碑》。
⑤ 参看周良宵:《元代投下分封制度初探》,《元史论丛》第2辑。

侯伯各有所属,则又如汉之郡国焉"①,从而造成政出多门、赋敛丛集的混乱局面。在政治上,诸王投下不仅在封邑内部拥有很大的政治特权,而且可以通过荐举私人在中央行政、军事与司法监察机构任职,干预朝廷的政务,阻挠汉法的推行,甚至公开与朝廷分庭抗礼,形成地方割据势力,破坏国家的统一。在经济上,诸王投下不仅毫无节制地向皇帝乞请赏赐,虚耗国帑,而且往往突破朝廷禁令,在额定的丝料之外私征租赋,私派赋外杂役,拘刷人匠,索取钱财,甚至擅自收受投献的田土、民户,擅据炭场、山场,"但凡所需物色,悉皆科拨本管人户"②。封户一人投下户籍,便永为其属民,世代不得改易,还要向官府交纳税粮及仓银、俸钞,在南方的封户除交纳户钞(相当于北方的户税)外,还要交纳税粮与包银。再加上诸王投下的横征暴敛,他们的生活比一般的民户还要困苦。

"驱口"一词在金代即已出现。金代女真贵族入主中原时,即在战争中大肆俘掠人口,充当奴隶,称为"驱口",简称为"驱"。所谓"驱口",原意是"被俘获驱使之人"③,也就是战争中抓来的俘虏。随着蒙古人的军事征服,蒙古诸王、贵族和军事将领也在战争中俘掠大批人口,使蓄奴之风再度盛行。元代的"驱口",在北方一般称"驱",在南方称"奴"或"奴婢"。驱口的来源,早期主要是战争中抓来的俘虏和掳掠的人口,后来主要是因无力偿还债务或因饥荒而卖身的良民。驱口处于社会的最底层,法律规定他们是与钱物相同的地主私有财产,主人虽不能将他们随意屠杀,但可把他们充作陪嫁物品或随意转卖。驱口在户籍上附入主家,子孙世代为奴。他们必须绝对服从主人的命令,供其驱使,如有违抗或"过失",主人便"私置铁枷钉项禁锢",或"擅自刺面"④。他们如敢告发主人,就被处死;如果杀死主人,则被处以凌迟之刑。但主人杀死驱口,如果驱口本身无"罪",主人只受杖 87 的刑罚;如果驱口本身有"罪"(任何反抗行为都被视为"罪过"),主人便不负任何刑事责任。法律甚至规定,"私宰牛马,杖一百;殴死驱口,比常人减死一等,杖一百七"⑤,驱口的地位与牛马几乎相等。这种驱口制度,比之宋代奴婢已趋向于佣雇取给的情况,无疑是一种倒退。

匠户制也是元代一种落后的制度。匠户是元代官营手工业中使用的工匠,又称"系官人匠"。蒙古国建立后,在战争中曾俘掠大量的各族工匠,抑为工奴,在匠官的严格监督下从事手工业生产。灭金之后,又签发大批民间匠人,扩充官匠数额。随着户籍制度的建立与完善,官府将其控制的工匠单独编为匠户。匠户被括入匠籍,就失去人身自由,非经放

---

① (元)郝经:《郝文忠公集》卷 32,《河东罪言》,《乾坤正气集》本。
② 《通制条格》卷 2,《户令·非法赋敛》,第 19 页。
③ (清)徐元瑞:《幼习吏学指南》,清刻本。
④ 《通制条格》卷 28,《杂令·刺驱面》,第 315 页。
⑤ (元)陶宗仪:《南村辍耕录》卷 17,《奴婢》,中华书局 1959 年版,第 108 页。

免不得脱籍。他们必须在官府的手工业局、院中承担指定的工役,否则将被"痛行断罪"①。他们子孙相袭,世承其业,男习工事,女习黹绣,连婚姻也不能自主。匠户长期集中在官营手工业作坊或工场内,由匠官严厉监管,每日一大早开始造作,抵暮方散。报酬却极为低微,除了不再负担其他科差外,一般每人每月只能领到米三斗、盐半斤,如果偶尔能领到米四斗、盐半斤,那就算是"幸民"了。他们的家属,官府只供给四口人的口粮,大口每月给米二斗五升,小口一斗五升,"少者验实有口数"付给,多出四口者不再增加②。就是这点少得可怜的口粮,还常遭到匠官的克扣,许多人因衣食不足,不得不将子女质典他人。这种匠户实际上并没完全摆脱工奴的地位,许多工匠因不堪忍受沉重的奴役与虐待而逃亡。当然,匠户中也有少数富裕上户,他们原本就是"富强之民",被签发后往往出任匠官,成为统治阶级的一员,其地位与待遇也就比一般匠户要优越得多。元代的匠户制度,比之宋代是一种明显的倒退。宋代的官营手工业一般不再无偿征调民间工匠服役,遇到需要是轮流差雇登记在籍的民匠,而付给"请受"或"食钱",有时还雇民匠,付给更为优厚的报酬,因此工匠具有较大的劳动兴趣,生产效率也较高。元代的匠户形同工奴,劳动兴趣自然不高,生产效率也差,他们常常消极怠工,产品质量低劣,成本昂贵,浪费惊人。

其他一些落后的制度,也都对元朝的政治、经济、文化产生了消极的影响,使元代社会生产的恢复和发展呈现特别曲折和缓慢的状态,进一步加深了劳动人民的苦难。

在蒙古、汉族和各族地主阶级的压迫剥削之下,广大劳动人民的生活极端痛苦。农民纷纷丧失土地,被迫给官府和地主充当佃户,或者卖身为奴。佃户承租土地,除了交纳沉重的地租,还要承担许多其他的义务。佃户对地主有着强烈的人身依附关系,地主可以私设刑堂,对佃户任意拷打凌虐,甚至折磨致死。法律规定,地主打死佃户,根本无需"杀人偿命",只处以"杖一百七,征烧埋银五十两",便可了事③。至于地主所谓"误伤"佃妇致死,则只需挨杖"七十七下,依例追烧埋银五十两给苦主"便告了结④。江南某些地区,佃户生了男孩,要供地主役使;生了女孩,要给地主充当奴婢或妻妾。峡州路(治今湖北宜昌)的佃户,还被地主"计其口数立契,或典或卖,不立年份,与买卖驱口无异"⑤。有的地方,地主杀人犯法,甚至强迫佃户替他抵命。民间的手工业者,也遭受沉重的剥削,官府除了向他们征收各种赋税,还经常以"和雇""和买"的名义,低价甚至无偿地强行"购买"他们的产

---

① 《通制条格》卷 30,《营缮·造作》,第 343 页。

② 《通制条格》卷 13,《禄令·工粮则例》,第 149 页;(元)王恽:《秋涧文集》卷 89,《论肃山住等局人匠偏负》,《四部丛刊》本。

③ 《元史》卷 105,《刑法志四》,第 2677 页。

④ 《元典章》卷 42,《主误伤佃妇致死》。

⑤ 《元典章》卷 57,《禁主户典卖佃户老小》。

品,或者征派他们服役,使之陷入破产的困境。驱口与匠户的生活,自然比佃农和民间手工业者还要悲惨许多。至于蒙古、色目的劳动人民,他们的命运和汉族的劳动人民也相差无几。根据元朝的等级制度,蒙古、色目人享有各种特权和优厚的待遇,但是这种特权和优厚待遇基本上为上层贵族所垄断,普通劳动人民是享受不到的,他们同汉族的劳动人民一样,也是处于被统治、被奴役的地位。蒙古劳动人民,必须自备马匹、武器去服军役,还要负担其他的沉重劳役,许多人因此被弄得倾家荡产,沦为奴隶。从元世祖开始,元廷经常下令收赎被典卖为驱口的蒙古子女,并禁止把蒙古子女贩到海外去做奴隶。元英宗时,还专门设立宗仁卫收养赎回的蒙古子女,不到一年的时间,就收容了 1 万户①。色目人也有不少沦为奴隶,如河西的色目站户②,因为负担不起繁重的站役,"破家荡业,无可展免,致将亲属男女于权豪势要富实人家典卖驱使"③。

同当时的汉族广大劳动人民一样,朱元璋的父亲朱五四一家,生活异常困苦。他家祖籍原在沛国相县(今安徽濉溪西北)。沛为秦泗水郡的一个属县,是我国历史上第一个布衣出身的皇帝汉高祖刘邦的故乡。后来朱五四的先祖举家南渡长江,迁移到句容县通德乡的朱家巷。元朝初年,朱家是一个淘金户。按照朝廷的规定,淘金户每年都得向官府缴纳金子,但句容不产黄金,朱家只得改种庄稼,打出粮食,卖取钞币,再到远处购买黄金交给官府。几年下来,把仅有的一点家产都赔光了,连吃饭都成问题。至元二十五年(1288),朱五四八岁时,父亲朱初一带着他和哥哥朱五一,又北渡长江,向淮北一带逃亡。那时候,元朝灭宋的战争刚刚结束不久,泗州(治所在今江苏泗洪东南、盱眙对岸,清康熙年间没入洪泽湖)一带有不少荒废的土地,朱初一带着家人,在泗州北边的孙家岗定居下来,"开垦兵后荒田"④。一家老小起早摸黑,拼命干活,家境逐渐有所改善,"置田产"⑤,日子稍稍过得宽裕一些。然而好景不长,元贞二年(1296)前后,朱初一不幸去世,"家道日替"⑥,朱家的生活又陷入了困境。朱初一原有三个儿子,次子朱五二早殇,长子朱五一、三子朱五四如今都已长大成人⑦。朱五一、朱五四便先后迁到淮河南岸的盱眙县津律镇(又称津里镇)。在那里,朱五一娶了刘氏的女儿为妻,生下重一、重二、重三三个儿子,后来又

① (英)马伯乐:《斯坦因第三次中亚探险所得汉文文书》英文版,伦敦,第 198 页。

② 元朝疆域广阔,为加强对全国的控制,设立了 1500 多个驿站(元朝中期的统计数字)。在驿站所在地,签发蒙、汉人民为站户,专立户籍,世代相承。站户不纳赋税,专为驿站服役,并供应驿站需用的车、马、船只和往来使臣的饮食。

③ 《元典章》卷 57,《站户消乏转卖亲属》。

④ 《七修类稿》卷 7,危素撰:《皇陵碑》,第 79 页。

⑤ 《七修类稿》卷 7,《朱氏世德碑》,第 8 页;(明)徐祯卿:《翦胜野闻》,《纪录汇编》本。

⑥ 《七修类稿》卷 7,《朱氏世德碑》,第 83 页;《翦胜野闻》。

⑦ 《统宗绳蛰录》。

迁到濠州钟离东乡,生下重五。朱五四在盱眙津律镇娶了陈氏的二女儿为妻。陈氏原是扬州人,宋末"名隶尺籍伍符中",曾参加抗元斗争,兵败后回到扬州,举家避居盱眙津律镇,"择地而居,以巫术行",靠做巫师、画符念咒、看风水、合年庚八字过日子。陈氏没有儿子,只生了两个女儿,大女儿嫁给季家,小女儿就嫁给朱五四①。朱五四结婚后,生下长女和长子重四。由于生活艰难,朱五四只得将长女送给距津律镇约八公里的太平乡段家庄王姓人家,后与王家的小伙子王七一成亲。接着,朱五四频繁迁徙,先是迁到灵璧,生下次子重六,又迁至虹县(今安徽泗县),生下三子重七,在延祐二年(1315)前再迁到钟离东乡燃灯集北边的金桥坎,同先前迁到此地的长兄朱五一住在一起,以便互相照应②。

自朱五一去世,家道败落之后,朱家已经没有一寸土地。大约在迁离盱眙之后,朱五四开始当佃户,靠租种地主的土地为生,有时也出外打长短工。他"勤俭忠实"③,忠厚老实,勤俭节约。全家佃种地主的几十亩地,风里来,雨里去,一年到头,辛辛苦苦,不知洒了多少血汗,但打下的粮食,有一多半得给地主交租,剩下的往往不够一家糊口。遇到灾荒年月,粮食歉收,地主又不减租,生活越发困苦。有时粮食产量稍有提高,地主就要加租,如不同意,即被夺佃,只好搬家另租地种。所以,他在一个地方总是住不长久,过一段时间就得搬一次家。

可以想象,朱元璋的出生,给朱五四一家带来的是忧愁多于欢乐。

当时朱五四刚迁到钟离东乡不久,膝下已有三男一女(大女儿已经送人,但朱五四迁至东乡后又生下二女儿佛女),重八也就是朱元璋出生前两个月,又为重四娶了王家闺女为妻,加上朱五四夫妻两口,全家共有七口人。人口多,收入少,日子过得极为艰难。不料,朱元璋出生不几天,就得了肚胀病,好些天不吃奶,差点死去。朱五四到处求医,总不见效,心里急得火烧火燎的,夜里昏昏沉沉地做了个梦。他梦见孩子不行了,抱到庙里去找神佛求救,但是怎么也找不到和尚,只好又抱回来。走到东房檐下,见一个和尚正坐在小板凳上面壁,把事情对和尚一讲,和尚说:不碍事,到了子时④,孩子就会吃奶的。他连声道谢,准备去给和尚沏茶,这个和尚却不见了。梦醒后,到夜半子时,孩子果然在母亲的怀里吃起奶来,再过几天,肚胀病也消失了。但后来,可能是先天营养不良,朱元璋还是三天两头闹病,朱五四记起那个梦,想把他舍给寺庙,让神佛保佑,妻子陈氏怎么也不同意。朱

---

① (明)宋濂著,黄灵庚编辑校点:《宋濂全集》卷51,《大明追崇杨王神道碑铭》,人民文学出版社2014年版,第1211—1212页。

② 此据《七修类稿》卷7,危素撰:《皇陵碑》,第79页。另据该书所载《朱氏世德碑》,朱五四则是从盱眙迁至五河,再迁至钟离的。

③ 《明太祖实录》卷1。

④ 子时,等于现在晚上的11时至凌晨1时。

五四左说右劝,陈氏见小儿子体弱多病,只好勉强答应。老两口便到庙里烧香许愿,应许等朱元璋长大,把他送来做和尚,求神佛保佑他平安无事①。

朱元璋自小体弱多病,喜欢独处沉思,又是家里最小的孩子,父母格外疼爱,到六七岁时,便送他到私塾去读书。因为家里太穷,只读了几个月,认得几十个字②,又让他退学,去给地主看牛放羊。他常和村里的小伙伴,把牛羊赶到金桥坝南边的小山坡上放牧,边放牧边为家里拾点柴火。朱元璋聪明过人,读过几个月书,点子多,自然成了村里的孩子头,常常出主意领着小伙伴们嬉戏玩耍。据说有一天,他和小伙伴正在山坡上放牧,忽然雷电大作,狂风怒吼,下起倾盆大雨,他们急忙跑到一处山崖下面躲避。大家饿着肚子,纷纷议论起来,这个说有碗白米饭吃就好了,那个说要像田主刘家那样,能有肉吃才好哩,越说越感到肚子饿。朱元璋突然喊了一声:有了!便牵来一头小牛犊,说:这不是现成的肉吗?大家明白他的用意,立即拥上前去,用牛绳捆住小牛犊的前腿后腿,举起一块大石头把它砸昏过去,再用砍柴刀剥皮割肉,然后拣来一堆枯树枝,点起柴火,一边烤,一边美滋滋地吃起来。不大会的功夫,一条小牛犊就被吃得一干二净。风停雨住,天空放晴,山下村子里升起袅绕的炊烟,该赶着牛羊回家了,这时不知是谁嘀咕了一句:少了一头小牛,回去该怎么向田主交代呢?只见朱元璋镇定地回答道:不怕,就说刚才刮起大风,下起暴雨,雷鸣电闪,山崩地裂,山里裂开一条大缝,小牛犊掉进裂缝拉不出来了。大伙儿觉得这个主意不错,动手把牛骨牛皮埋了,擦掉地上的血迹,把牛尾巴插到一条石头缝里,装成是小牛掉在裂缝里的样子,然后赶着牛群回村里去了。田主根本不相信小牛犊掉进裂缝的说法,亲自前往查看。不料他使劲一拽插在地缝里的牛尾,地缝却裂开一个大口子,自己也掉了下去。他费了好大的劲才爬出地缝,真的以为小牛犊是掉进地缝里了③。现今凤阳县燃灯乡金桥村南边有个叫"烀牛锅山"的小山坡,西南坡有一小石头岩,呈橘红色,传说就是朱元璋同小伙伴当年宰杀小牛犊烤食的地方。

金桥坎地势低洼,遇旱干涸,遇雨水涝。传说有一年,村民决定在村东南修建一座蓄水坝。因工程太大,全村人劳累了一个冬春,连一半也没造好,眼看雨季即将来临,人们十分着急。一天晌午,不满十岁的朱元璋正好来到大坝工地要饭。他在工地转了一圈,对村民们说:你们都回家吃午饭,我来替你们修坝,一晌午就可以完工。但我还饿着肚子,你们回来每人得给我带一块锅巴,让我吃个饱。等村民都回了家,朱元璋用衣襟兜起一堆土,沿着坝埂从西头撒到东头,再把剩下的一点土倒在坝的一边,大喝一声:长!转眼之间,一

---

① 《皇明本纪》,《纪录汇编》本;(明)解缙:《天潢玉牒》,《纪录汇编》本;(明)高岱撰,孙正容、单锦珩点校:《鸿猷录》卷1,《龙飞淮甸》,上海古籍出版社1992年版,第1页。

② 《明太祖实录》卷1:"既就学,聪明过人。"

③ (明)王文禄:《龙兴慈记》,《纪录汇编》本。

道长长的坝埂便从地里冒了出来,最后倒出的一点剩土竟变成一座小山。村民们吃罢午饭回到工地,看到大坝已经竣工,并且蓄满了水,惊得目瞪口呆,但他们都把朱元璋的嘱咐当成小孩子的一句玩笑话,谁也没有带锅巴来。朱元璋大失所望,生气地抓起一把泥巴,搓成大小、长短不一的许多小泥条,扔进水坝里,说:长的变黄鳝,短的变泥鳅,使劲往坝里钻!结果,这道大坝就常年漏水。不过,他毕竟帮助村民修起一道大坝,解除了旱涝灾害,人们对朱元璋还是感激不尽的。后来,朱元璋当了皇帝,成为至高无上的君主,村民便将这道大坝称为"君挑坝"。朱元璋当年住的村庄就在大坝的下面,因此也被称为"君挑坝底"①。

---

① 夏玉润:《朱元璋与凤阳》,黄山书社 2003 年 12 月版,第 78—81 页。按:"君挑坝",又名"军挑堰",亦称"荆条堰"。对此坝的修建,《康熙临淮县志》(清康熙十一年刻本)卷 8 则记载了另一种传说,谓:"(荆条)堰在临淮县治(今凤阳临淮镇)东南四十里,燃灯村北,潴蓄深广,居民赖之。俗传今名非一日矣。故老曰:不然,明太祖少微时曾牧于刘氏,刘遇之厚。及起义濠州,统大军经其地,欲报刘德,令军一夜凿成,因号'军挑堰',非荆条堰也。盖条、挑声相近,其土音之误耶?"

第二节　从放牛娃到小行童

朱五四苦煎苦熬,慢慢把几个儿女拉扯大,最小的儿子朱元璋眼看也十一岁了。他指望儿女长大成人,成家立业,日子会好过一些。不料,地主又无故夺佃。后至元四年(1338),他只好拉家带口,离开住了二十多年的东乡,移至西乡(今安徽凤阳临淮镇汤府社区)①居住。

迁到西乡后,朱五四一家上无片瓦,下无立锥之地,只得继续租种地主的土地,日子过得仍然十分艰难。次子重六、三子重七都长大成人,朱五四无力为之娶妻,他们只得先后入赘到唐家、刘家,从后来朱元璋称帝封二哥重六为"盱眙王"、三哥重七为"临淮王"②来看,重六大约入赘到盱眙,重七大约入赘到钟离东乡。而朱元璋则继续给地主家放牧牛羊。那些年,淮河两岸经常发生干旱。为了喂饱牛羊,他经常和村里的汤和等几个小伙伴,顶着烈日,把牛羊赶到村外野草稍微长得好一点的地方放牧。在放牧时,他们偶尔还会打打闹闹,或玩一阵游戏。有时,大伙儿搬来一堆石头块,在野地里摆下阵图,大家排成一行,练习行军打仗③。传说他们最常玩的是模仿戏剧中群臣朝拜君主的仪式。大伙儿采摘芦苇结作宫室,朱元璋用块水车板顶在头上充当天平冠,手里拿块碎木块权当是笏,扮成皇帝,南面而坐,叫小伙伴排成一行,向他三跪九叩首,山呼万岁。喊过万岁后,大家哈哈大笑,闹成一团④。玩了一阵,太阳西垂,他们在家喝的几碗野菜汤早已消耗净尽,肚子开始咕咕叫唤,便拖着疲惫的身子,赶着牛羊回村,但地主还常嫌牛羊没有吃饱,把他们狠狠地训斥一顿。要不是为了挣口饭吃,朱元璋早就扔下鞭子不干了。他想,自己不知哪一天才能过上温饱的生活,不受这份气呢?

朱五四一家在西乡住了一年时间,大哥朱五一不幸染病身亡。朱五一生性"淳厚,务本积德,与人无疾言忤色,乡里称为世长"⑤。兄长的去世,使朱五四非常伤感。此时,大哥

---

① 《天启凤阳新书》(明天启元年刻本)卷2载:朱五四"于至元四年徙居钟离之东乡,五年又迁于太平乡之孤庄村"。《天潢玉牒》记朱五四"迁钟离之西乡,时至正丁丑(1337)"。明初钟离县共辖广德乡、太平乡、永平乡、清洛乡和虹乡,其中唯广德乡在钟离之西部,此西乡应即广德乡。朱元璋洪武二十一年六月《赐汤和夫人胡氏敕》(《明太祖实录》卷191,洪武二十一年六月甲辰)云:"惟朕臣汤和与尔夫人,同朕乡里。"(清)张廷玉等撰:《明史》卷126《汤和传》(中华书局1974年版,第3751页)亦记汤和"与明太祖同里闬"。而《天启凤阳新书》卷1《东瓯王汤和世家》及(明)方孝孺《逊志斋集》卷22《信国公神道碑铭》(《四部丛刊》本)皆记汤和为钟离广德乡东湖里人,据此可推知钟离之西乡应是广德乡。汤和故里广德乡东湖里,位于钟离城正西约7里处,今称汤府村,现为凤阳临淮镇西郊,尚存当年汤和家遗留的一口古井。

② 《明太祖实录》卷29,洪武元年正月丙子。

③ (明)张定:《在田录》,《广百川学海甲集》本。

④ 《龙兴慈记》。

⑤ 《七修类稿》卷7,《朱氏世德碑》,第83页。

的儿女们都已成家,各立门户。朱五四便于后至元五年(1339)带着自己的儿女,迁移到偏僻而又人烟稀少的孤庄村(今安徽凤阳府城镇二十郢社区二十郢村)①。

朱五四一家搬到孤庄村,除朱五四夫妇俩,身边还有两个儿子重四和重八,还有重四的两个儿子圣保、驴儿(后改名文正)及一个女儿,合共八口人。他们租种本村地主刘德的几十薄地。因为当时淮北常闹旱灾,收成不好,日子同样过得紧紧巴巴的。此时,朱元璋已是十二岁的少年,身体长得相当壮实,"姿貌雄杰"②,认得几十个字,聪明过人,朱五四和妻子陈氏看在眼里,感到无限欣慰。这些年来,他们虽然经常搬家,但因忠厚老实,勤劳吃苦,邻居有个什么事,他们都热心帮忙,人们都说他们家将来肯定能出个"好人",会有出头之日。如今膝下的四个儿子,老大重四由于从小过于溺爱,惯出了一堆坏毛病,对父母很不孝顺③,而且带坏了老二、老三,都吃不了苦,将来肯定不会有大出息,唯一的希望寄托在老四朱元璋的身上。陈氏常对朱五四说道:"人言吾家当生好人,今吾诸子皆落落,不治产业。"然后指着小儿子说:"岂在此乎?"④

就在孤庄村,朱元璋认了赵母做干娘⑤。1974 年在安徽凤阳大庙镇出土的《赵母朱氏太夫人墓志》记载说:"夫人姓朱氏,古钟离县西乡人,年十八适同里赵氏积善。积善昆仲五人,积善居三。□归赵氏,事姑舅孝谨,□娣姒和睦,乡族咸称得妇□焉。先天子(指朱元璋)龙潜之时,夫人躬为浣濯,由是遇以殊礼。"⑥赵母是钟离西乡人,姓朱,十八岁嫁给孤庄村的赵积善。其家与朱元璋比邻而居,其长子赵璧与朱元璋年龄相仿,经常互相串门,一起玩耍。朱元璋认赵母为干娘后,两人来往更加密切,赵璧"常幸其(朱元璋)家"⑦。赵母对朱元璋也非常疼爱,有时朱元璋随赵璧来到家里,她见朱元璋衣服脏了,就让脱下来给洗干净,晾干后见到有个破洞,还找块布头给补上。这大概就是墓志上所说的"躬为浣濯"之事。

除了赵干娘的长子赵璧,朱元璋在孤庄村还有两个要好的小伙伴,一个是刘秀,另一

---

① 朱五四一家最后一次迁入居住的这个村子,国家图书馆红格抄本《明太祖实录》卷1、(清)谈迁撰、张宗祥校点《国榷》卷1(中华书局 1958 年版,第 257 页)、《光绪凤阳县志》卷 10《刘继祖》(清光绪十三年刻本)皆作孤庄村,嘉业堂明红丝阑写本《明太祖实录》卷1、《七修类稿》卷 7 危素撰《皇陵碑》则作孤村庄。

② 《明太祖实录》卷1。

③ (明)朱元璋:《御制纪非录》(中国明史学会、中国明史学会朱元璋研究会编:《明太祖与凤阳》,黄山书社 2011 年版,第 706 页);"从孙守谦之祖(即朱重四),幼因皇考惜之甚,及壮无状甚焉,其非奉父母之道有不可胜言。"

④ 《明太祖实录》卷1。

⑤ (明)文林:《琅琊漫抄》:"赵氏干娘,高皇(朱元璋)义父之妻也。"(明)邓士龙辑,许大龄、王天有主点校:《国朝典故》卷 85,北京大学出版社 1993 年版,第 1806 页。

⑥ 《赵母朱氏太夫人墓志》,今存安徽凤阳文物管理所。

⑦ 《明太祖实录》卷 293,洪武二十八年十一月丙午条载:"(赵)璧,凤阳人,与上同里闬,龙潜时常幸其家。"

个是曹秀,刘秀与曹秀的小名失载,秀是一种民间称呼,"江阴汤廷尉《公余日录》云:'明初间里称呼有二等,一曰秀,一曰郎。秀则故家右族,颖出之人,郎则微裔末流,群小之辈。'"[1]刘秀的父亲叫刘继祖,字大秀,祖父叫刘学老。刘学老在元朝曾任总管之职,后辞官还乡,广置田产,成为孤庄村的首富。他乐善好施,济贫斋僧,被村民敬为"长者"。他有两个儿子,长子刘继祖,次子刘德。两人性格迥异,刘德吝财,刘继祖却有乃父的遗风,亦乐善好施,被村民推为基层组织之社长(元代一般以50户为一社)[2]。刘继祖与朱五四毗邻而居,关系比较密切,其子刘秀与朱元璋年岁相近,常在一起玩耍。曹秀的父亲叫曹均,在朱五四迁入孤庄村之前已经去世[3]。曹均的妻子汪氏带着三个儿子,靠着祖传的一份田土度日,生活虽然并不十分宽裕,但比朱五四家强多了。曹秀是她家的老二,年龄和朱元璋差不多,两家又是邻居,所以两人也常来往,成为非常要好的小伙伴。曹秀的母亲汪大娘见朱元璋聪明伶俐,也认他做干儿子。

搬到孤庄村时,父亲朱五四年已五十八,母亲陈氏也已五十三岁,在那个时代已接近衰老的年龄。家里只剩大哥重四一个壮劳力,他又不爱干活。朱元璋虽然年纪不大,但除了给财主刘德放牧牛羊,还是尽可能帮家里干点轻活。气人的是,他尽管卖力气,把牛羊赶到离村较远之处,找寻野草长得比较茂盛的地方放牧,刘德还常嫌牛羊没吃饱,把他狠狠地训斥一顿。朱元璋不时和一起放牧的小伙伴议论:为啥我们穷人家起早贪黑,拼命干活,却填不饱肚子;财主家不用干活,却能吃上大鱼大肉呢? 到啥时候,咱们才能过上几天温饱的日子呢?

更气人的是,官府衙门根本不顾百姓死活,拼命搜刮民脂民膏。元朝建立以前的蒙古国,百官皆无俸禄,部民的贡献("撒花")成为官员收入的来源。上司向下属勒索,下级向上级送礼,成为合法的事。忽必烈建立元朝后,百官都有俸禄,但"撒花"的习俗仍然保留,贪污受贿变成司空见惯的事,贪风炽盛。蒙古、色目官吏,个个贪财好色,从不把百姓的疾苦放在心上,除了喝酒、玩女人,就是想方设法聚敛钱财。下属拜见要给"拜见钱",逢年过节要给"追节钱",过生日要给"生日钱",管个事要给"常例钱",往来迎送要给"人情钱",发个传票、拘票要给"赍发钱",打官司要给"公事钱",甚至无事也要"撒花钱"。掌管地方监察的肃政廉访司官员巡察州县,竟然公开带着管钱的库子检钞、秤银[4]。当时闹灾,皇帝为

---

① (清)王应奎:《柳南随笔》卷5,《丛书集成初编》本。

② 《天启凤阳新书》卷2,《刘继祖传》。

③ 1974年在安徽凤阳大庙镇出土的《明故松山汪公墓志铭》:"公(指曹秀,他在朱元璋称帝后,赐姓汪名文,故此墓志称之为汪公)之先世居钟离之荒田村(孤庄村),姓曹氏,其七世祖讳均者,所居邻于仁祖(朱五四),先卒。其配即太祖所赐汪氏老母是也。"(转引自王剑英:《明中都研究》,中国青年出版社2005年版,第468页)

④ (明)叶子奇:《草木子》卷4下,《杂俎篇》,中华书局1959年版,第81—82页。

了稳定民心,虽说也派官吏巡视灾情,发放赈济,减免赋税。但那些下来巡视的"奉使"们,照样干他们的贪污勾当。赈济粮款大半装进了他们的腰包,剩下的也都落到那些有钱给他们送礼行贿的地主老财手里,佃户一点都摊不上,免赋也只是免了地主和自耕农,佃户照样得向地主交租。当时老百姓编了顺口溜,讽刺这些"奉使"说:"奉使来时,惊天动地;奉使去时,乌天黑地。官吏都欢天喜地,百姓却啼天哭地。"又说:"官吏黑漆皮灯笼,奉使来时添一重。""九重丹诏颁恩至,万两黄金奉使回。""奉使宣抚,问民疾苦,来若雷霆,去若败鼓"①,所以,朱元璋一见到衙门的官吏,就恨得咬牙切齿。后来,他曾回忆说:"昔在民间时,见州县官吏多不恤民,往往贪财好色,饮酒废事,凡民疾苦,视之漠然,心实怒之。"②

朱元璋的母亲,常常给他绘声绘色地讲外祖父陈公抗元的故事:五六十年以前,外公曾在宋朝大将张世杰手下当过亲兵。元朝的军队打过来,攻占南宋的都城临安(今浙江杭州),俘虏了宋恭帝。张世杰和陆秀夫在福州拥立益王赵昰做皇帝,文天祥担任丞相,转战江西、广东一带。不久,赵昰病死,张世杰、陆秀夫又立他的弟弟、广王赵昺做皇帝,继续坚持抗元斗争。文天祥不幸兵败被俘,张世杰、陆秀夫护送九岁的小皇帝逃往崖山(今广东新会崖门附近)。元朝水军穷追不舍,张世杰集结1000艘战船,排成一字阵,用绳索将船只联结设防,击退了元军的进攻。后来,元朝战船陆续到达,占领崖山海口,切断宋军砍柴取水的后路,宋军只能啃干粮,喝海水,不少人呕吐病倒了。祥兴二年(1279)二月的一天,元军发动大规模攻势,突破宋军阵营,陆秀夫用剑迫令妻子儿女跳海自尽,自己背着小皇帝投海而死,宋朝官兵有的战死,有的也投海殉难,拒不投降。张世杰带着十几艘战船,护送杨后冲出重围,召集残部,图谋再举。谁知四天后,在平章山海面遭遇飓风,战船被掀翻,张世杰落海淹死。外公掉在海里,幸好被人救起,辗转返回家乡,为了躲避元朝的追捕,迁居到盱眙津律镇③。母亲讲的故事,给朱元璋留下了深刻印象。他非常钦佩外公,觉得自己要是能像外公那样,拿起弓箭大刀和元朝的官军对阵,把他们斩尽杀绝,从此不再受蒙古、色目官吏和地主老财的欺凌压榨,那该多好啊!

连年灾荒,使朱元璋家庭遭受沉重的打击。短短几年间,三嫂刘氏病故了,二哥的独生子旺儿夭折了,大姐和大姐夫王七一全家也满门死绝。父亲唉声叹气,母亲哭得死去活来,朱元璋也常在一旁陪着掉泪。然而,眼泪还未擦干,更大的灾难又来临了。

至正四年(1344)春天,一场特大的旱灾袭击江淮大地,几个月不见下雨,禾苗被晒得枯黄,田地龟裂,各村的庄稼户,男女老少全都出动,手提肩挑,戽水车水,把泥塘河沟里的水全都淘光,还是不解决问题。于是又祈神求雨,吹起唢呐,敲起锣鼓,请和尚念经,给菩

① 《南村辍耕录》卷19,《阑驾上书》,第229页;《明太祖实录》卷60,洪武四年正月己亥。
② 《明太祖实录》卷39,洪武二年二月甲午。
③ 《明史》卷300,《外戚列传·陈公传》,第7660—7661页。

萨许愿,乞求龙王爷显显神通。但是连着求了好些日子,天空还是不见一丝云影。庄稼汉们眼看着收成没有指望,急得像热锅上的蚂蚁,他们天天仰望苍穹,盼着老天爷能发慈悲,掉下几个雨点,不料却从天边飞来成群的蝗虫,把枯黄的禾苗吃个精光。谁知祸不单行,接着又闹起瘟疫,家家户户都死人,各个村庄的地头上垒起了无数新坟。人们纷纷携儿带女,抛弃家园,到远处去投奔亲戚朋友。原本人烟稀少的太平乡,显得更加空旷沉寂了。

这场巨大的灾荒和瘟疫,对朱元璋一家的打击尤其惨重。先是六十四岁的老爹朱五四染上瘟疫,因为请不起郎中抓不起药,在四月初六去世。接着,大哥重四又染上病,在初九死去,他的大孩子圣保也夭折了。到二十二日,五十九岁的老母陈氏又病故①。陈氏临终前,望着空空荡荡的破茅草屋和日夜在床前侍候的小儿子朱元璋,担心儿女们日后的生活,眼泪不禁夺眶而出。她示意朱元璋把入赘唐家的二哥找来,将他们兄弟俩叫到跟前,断断续续地叮嘱说:"我今病,度不起,汝兄弟善相扶持,以立家业。"②言讫而终。这样,偌大一个家庭,不到半个月就病死四口,只剩下朱元璋、为侍候病重的双亲从唐家返回的二哥重六和二嫂唐氏、大嫂王氏和她的小儿子文正、女儿六口人③。

朱元璋和二哥、大嫂、二嫂面对亲人的遗体,既无钞币银子购置棺材衣衾,也没有一巴掌地可以安葬,急得号啕大哭。兄弟俩无路可走,只得硬着头皮去央求田主刘德,心想一家人给他种了这么多年地,从未欠过一粒租子,他或许能发善心,施舍一小块坟地吧。谁知刘德毫无仁心,"呼叱昂昂"④,把他们臭骂了一顿。此时,刚好邻居刘秀在场,他和朱元璋很要好,回家把这事告诉父亲刘继祖。刘继祖虽然是刘德的哥哥,但往日同朱五四关系比较密切,便同妻子娄氏来到朱元璋家里,对他们兄弟俩说:我家有的是地,你们怎么不早说呢?那块做坟地合适,你们挑选吧!兄弟俩感激不尽,连忙磕头道谢。

坟地有了着落,大嫂、二嫂找出几件破旧衣衫,把父母的尸体包裹起来,朱元璋和二哥卸下一块旧门板,便将他们抬到刘继祖的地里,分别草草埋葬了。后来,朱元璋做了皇帝,

---

① 《七修类稿》卷7,危素撰《皇陵碑》(第79页):"岁甲申,皇考及皇妣陈氏俱亡弃,长兄及其子亦继殁"。但朱元璋御制《大明皇陵之碑》及《明太明实录》诸书俱未提及朱元璋长兄之子死亡之事。

② 《明太祖宝训》卷1,《孝思》,(台北)"中央研究院历史语言研究所"1962年影印本。

③ 朱元璋御制《大明皇陵之碑》(《明中都研究》第148页)载:"率渡清流,戍守滁阳,思亲询旧,终日慷慨。……此时孟嫂亦有知,携儿挈女皆从傍。"可知朱元璋大哥重四及其长子死后,遗下次子和一个女儿。加上尚存的大嫂、二哥、二嫂和朱元璋,全家还有六口人。按:《大明皇陵之碑》之碑文,《明太祖集》《天启凤阳新书》《康熙凤阳府志》《乾隆凤阳县志》《光绪凤阳府志》《七修类稿》诸书皆有录载,但多有不少异体字、避讳字、错别字。王剑英专著《明中都》所录之碑文,系与原碑、照片及国家图书馆金石组等处所藏的一些早期拓片逐字作过校核,准确可靠。故本书采用王氏之录文。

④ 《太明皇陵之碑》,《明中都研究》,第147页。

修建起规模宏大的皇陵,并在皇陵前西边建亭立碑,镌刻他亲自撰写的《大明皇陵之碑》。在这篇皇陵碑文里,他回想当初安葬亲人时,既无衣裳棺椁装殓,也无美酒佳肴祭奠,心里还感到不胜凄凉和悲伤:"殡无棺椁,被体恶裳,浮掩三尺,奠何肴浆!"但因为朱元璋做了皇帝,民间传说便把这事附会成一个"神葬"的故事,说朱元璋和二哥把尸体抬到刘继祖的地里,忽然风雨大作,雷鸣电闪,兄弟俩放下尸体,躲到一棵树下避雨。过了一阵,雨过天晴,他们来到地里,停放尸体的地方,竟高高地耸立着一个大坟堆①!接着,他们又将大哥朱重四及其长子圣保的尸体,在旁边草草埋葬了。朱元璋登基称帝后,为感谢刘继祖夫妇,特地追赠已故的这对夫妇为义惠侯及义惠侯夫人,在诰文中深情地写道:"朕昔寒微,生者为衣食之苦,其死者急无阴宅之难。吁,艰哉!尔刘继祖发仁惠之心,以己之沃壤慨然惠朕。朕得斯地,乐葬皇考、妣于是,至今难忘,朝夕怀之切切。"②

埋葬亲人的遗体后,旱魔仍在肆虐,蝗虫继续腾翔。"里人缺食,草木为粮",朱元璋一家的生活陷入绝境。大嫂带着小儿子朱文正和女儿回了娘家,朱元璋和二哥、二嫂却走投无路。同在钟离县的伯父朱五一全家十四口,除小儿媳田氏尚在人世外,其他人都已先后死去③。在钟离东乡嫁给以打鱼为生的李贞的二姐佛女,因为久无来往,不知景况如何。盱眙的好些族人,都早已失去联系,情况不明。外祖父没有儿子,后来收了大女婿季家的孩子做过继孙子,但自外公死后,这些年也没有来往④。几个本家亲戚都投奔不得,只好出门去找点零活干,但这灾荒年月,又有谁肯出钱雇人干活呢?

从四月挨到九月,眼看没有活路,二哥叹口气说:我们这样在家待下去,只有一块儿饿死,还不如分头出去逃荒,或许还有活下去的希望。朱元璋只得表示同意。兄弟俩舍不得分离,抱在一起痛哭一场,"我为兄哭,兄为我伤。皇天白日,泣断心肠"!邻居的干妈汪大娘听到哭声,过来安慰他们。她听说兄弟俩打算分头逃荒,就提起五四公当年在庙里许愿,允诺将朱元璋舍身为僧的事,说朱元璋年纪还小,单独逃荒怕不安全,还不如去当和尚,可以挣口饭吃。二哥点头答应了⑤。

九月十九日(阳历10月25日),汪大娘掏钱买了香烛和礼品,让二儿子曹秀陪朱元璋

---

① 《翦胜野闻》;《龙兴慈记》;吕毖:《明朝小史》卷1,《神葬》,《玄览堂丛书》本。

② (明)朱元璋撰、胡士萼点校:《明太祖集》卷3,《追赠义惠侯刘继祖诰》,黄山书社1991年版,第47页。

③ 据《明太祖实录》卷29载,洪武元年(1368)正月丙子朱元璋就帝位后,追封伯父初一一家已死的13口人,一共封了十王、三妃。《明太祖实录》卷56又载,洪武三年九月丙戌,堂嫂田氏去世。追封为蒙城王妃。

④ 《明史》卷300,《外戚列传·陈公传》,第7661页。

⑤ 《大明皇陵之碑》,《明中都研究》,第147页;《天启凤阳新书》卷2,《二母传》。

到孤庄村西南角山坡上的於(wū)皇寺①，央求高彬法师收他为徒。於皇寺的规模不小，有一二十个和尚，佛堂要打扫，长老也需要人侍候。高彬法师见朱元璋年轻力壮，和住持德祝商量后，决定把他留下当小行童，在庙里干粗杂活。于是，朱元璋被领进於皇寺，剃光头发，披上袈裟，成了一名佛门弟子。这时他虚岁十七，实际上刚满十六周岁。

所谓行童，就是僧寺中的童仆，任务是打扫佛堂、上香、点烛、打钟、击鼓、给长老做饭、洗衣裳，并连带给全寺的僧众做各种杂役，但庙里只管饭，不付工钱，实际上还不如一个长工。於皇寺的佛堂多，光打扫一遍，就得费不少力气，高彬法师又有妻室②，也有干不完的家务活，加上大小僧众经常支使他干这干那，进庙不几天，朱元璋就累得上气不接下气。吃的又是那些大和尚的残羹剩饭，常常填不饱肚子。但是为了挣口饭吃，他还得强打精神，赔着笑脸，心里很不是滋味，憋着满肚子的火气。传说有一天，打扫伽蓝殿，不小心被石座上伽蓝神的大腿绊了一跤，他气不打一处来，举起扫帚就把伽蓝神狠揍一顿。又有一天，供在佛殿堂上的蜡烛被耗子啃坏了，朱元璋不由怒火中烧，心想你这伽蓝神整天守着大殿，耗子来了也不管，还得害我挨长老的骂，就提笔在伽蓝神的背上写下"发配三千里"几个字，罚菩萨到3000里外充军，来发泄他的一肚子怨气③。

原来，佛门之内，也不是穷人的乐土啊！

---

① 於皇寺后来毁于兵燹，朱元璋称帝后，于洪武十六年(1383)下令迁址重建，改名龙兴寺。此寺原名有二：一名於皇寺，一名皇觉寺。朱元璋御制《龙兴寺碑》(《天启凤阳新书》卷8)："寺昔於皇，去此新建十有五里，奠方坤位，乃於皇旧寺也。"《明太祖实录》卷156洪武十六年九月甲子条载："建凤阳大龙兴寺成，寺即旧於皇寺也。"《光绪凤阳县志》卷4："皇觉寺，在县城东南(按：应为凤阳县治西南之误)二十里。"《天启凤阳新书》(清光绪十三年刻本)云：元於皇后生时，遭兵乱，其母贮以皮衾，挟行十五里，至凤凰山碧云庵弃之。道人见有神光，命侍童往看，有二虎，虎去，取婴送邻家乳养。及长，入宫为后，诏建寺以奉其祖先，是为皇觉寺，又称於皇寺。按：《元史》无於皇后，柳瑛《中都志》无此言，不知《新书》何据。於，音乌，取於菟之义也。"另据谈迁《国榷》卷1甲申(至正四年)条(第258—259页)载："上年十七……九月乙巳，入皇觉寺。一名於觉寺。"则此寺又一名觉寺。但於觉寺名仅此一见，且其义不可解，恐为谈迁之笔误，将於皇寺错写为於觉寺。皇觉寺恐非该寺原来的名称，而是后人因朱元璋在此寺出家后来当上皇帝而取的名字。故现今该寺遗址所在地於皇里的老人，犹称该寺为"於皇寺"，而不知"皇觉寺""於觉寺"的称谓。

② 《皇明本纪》："时师且有室家。"

③ 《龙兴慈记》。

第三节　如蓬逐风,漂泊淮西

朱元璋入於皇寺做小行童刚满50天,便被打发出门,去云游四方。於皇寺的僧人,主要靠出租土地收取地租和接受善男信女的布施过日子。由于灾情严重,佃户交不上租子,施主的布施也大大减少,一二十个和尚坐吃山空,庙里的存粮越来越少。住持无法可想,就借口"岁歉不足给众食",遣散了僧众。和尚们有家的回家,无家可归的出去游方化缘。朱元璋"家道零落,归无所恃,出无所怙",虽然入寺刚50天,"未谙释典"①,"于教茫然"②,不会念经做佛事,也只好背上破包袱,带着木鱼和瓦钵,硬着头皮去游方化缘了。

"化缘"是佛教的用语,意思是募化,乞求布施,用老百姓的话说,就是叫花,要饭。朱元璋向人打听,都说南边和西边一带灾情较轻,年景较好,就向那一带走去。先是向南走到庐州(今安徽合肥),再往西走到固始、信阳,又往北走到汝州,往东折向陈州(今河南淮阳),经鹿邑、亳州,再向南到达颍州(今安徽阜阳)③。一路跋山涉水,穿村越镇,白天对着大户人家敲一阵木鱼,唱几句佛号,讨几文钱,要几勺米或一钵饭,晚上借古寺或农家的草房歇脚。遇到荒无人烟的地方,饿了抓几把讨来的存米,用瓦钵烧熟了吃,存米吃光,就摘些野果充饥;累了找处山洞或背风的山崖休息,有时连山洞或背风的山崖都找不到,就干脆躺在野地里,对着清风夜月露宿。有时冬夜躺在野地里露宿,脱下袈裟当被盖,袈裟又破又短,无法遮住全身,只能蜷缩着双腿睡觉,阵阵朔风吹过,直冻得他浑身哆嗦。据传他曾作了一首《野卧》的诗,描述当时的情景说:

> 天为罗帐地为毡,日月星辰伴我眠。
> 夜间不敢长伸脚,恐踏山河社稷穿。④

传说深秋的一天,朱元璋路过一个叫剩柴村的地方,已经两天没吃东西,肚子饿得咕咕直叫,四周又找不到一户人家可以要饭,正在发愁,忽然见到不远处有座荒废的园子,踱步而入,满园是被战火破坏的残垣断壁和凋零的树木,心里更觉悲凉,连连摇头叹气。在园子里慢慢转了一圈,发现东北角有棵柿子树,还挂着一些霜打过的红柿子,急忙爬上去摘,吃了十几个,总算饱餐一顿,然后惆怅许久,才慢慢离去。后来,朱元璋参加起义军,至

---

① 《天潢玉牒》。
② 《天启凤阳新书》卷8,朱元璋御制《龙兴寺碑》。
③ 《七修类稿》卷7,危素撰:《皇陵碑》,第79页;《明太祖实录》卷1。
④ 《龙兴慈记》;《在田录》。

正十五年(1355)南渡长江,攻取采石(在今安徽马鞍山市长江东岸)、太平(今安徽当涂)时,路过这里,发现这棵柿子树还在。他指着树,把过去那件事讲给左右听,并下马脱下红袍披在树上,说:"封尔为凌霜侯!"以表彰柿子树的功绩①。

几年的游方生活,受尽人间的白眼、冷落和嘲笑,饱尝了风霜之苦。后来,他曾以无限凄凉辛酸的心情,回忆起这段流浪漂泊的生活:

> 突朝烟而急进,暮投古寺以趋跄。仰苍崖崔嵬而倚碧,听猿啼夜月而凄凉。魂悠悠而觅父母无有,志落魄而倘佯。西风鹤唳,俄淅沥以飞霜,身如蓬逐风而不止,心滚滚乎沸汤。②

朱元璋在淮西游方的时候,北方白莲教首领韩山童和南方白莲教首领彭莹玉正在那里从事反元的秘密活动。韩山童的祖父是赵州滦城(今河北滦县)人,可能是一个教书先生,人称韩学究。他在家乡宣传白莲教,"烧香惑众",大约在元武宗取缔白莲教时,被官府逮捕,谪迁广平永年县(今河北邯郸东北旧永年)③。后来,韩山童继承祖父的遗业,以永年为基地,继续利用白莲教宣传和组织群众,倡言"天下大乱,弥勒佛下生","明王出世",河南及江淮愚民皆翕然信之④。彭莹玉是袁州(今江西宜春)南泉山慈化寺东村庄一个农民的儿子。据说他诞生在深夜二更,当时正下大雪,天空忽然出现红光,映红了半边天。慈化寺一个六十多岁的彭姓和尚十分惊异,以为是谁家失火。第二天,他到村里打听消息,莹玉的父亲说是自己的妻子生了一个男孩。彭老和尚非常高兴,要求收这孩子为徒弟,莹玉的父亲答应了。到了十岁,莹玉便入寺为僧,并改姓彭。十五岁那年,南泉山下突然涌出一股清冽的泉水,当时疫病流行,彭莹玉用泉水治好许多人。消息一传开,袁州的百姓都把他当成活神仙。后来,彭莹玉就以传教为名,广收门徒,暗中从事反元活动。后至元四年(1338)六月,他和徒弟周子旺组织5000门徒,在袁州发动武装起义。起义者个个在后背写上"佛"字,认为有神佛保护,刀兵不伤。但是起义刚一发动,就遭到元朝官兵的镇压,周子旺和妻子惨遭杀害,彭莹玉在百姓掩护下逃到淮西⑤。从此他在淮西住下,有时也到鄂东、湘、赣一带,秘密传播白莲教,准备积蓄力量,再次发动起义。

---

① 《在田录》。

② 《大明皇陵之碑》,《明中都研究》,第148页。

③ 《庚申外史笺证》卷上,第59页。

④ 《元史》卷42,《顺帝本纪五》,第891页;《明史》卷122,《韩林儿传》,第3682页;《鸿猷录》卷2,《宋事始末》,第28页;(明)何乔远撰,张德信、商传、王熹点校:《名山藏》卷43,《天因记》,福建人民出版社2010年版,第1192页。

⑤ 《庚申外史笺证》卷上,第23页。

　　白莲教又叫白莲宗、白莲会,它渊源于佛教净土宗的弥陀净土法门。相传东晋太元年间(376—396),雁门(今山西代县西)楼烦僧人慧远和慧永、慧持、刘程之、雷次宗等18人在庐山东林寺结社,同修净土之法,后来净土宗便推慧远为始祖①。中国佛教的净土信仰,原本分为弥勒净土法门和弥陀净土法门,信徒都相信某个净土(佛所居住的世界,亦称净刹、净界、净国、佛国)的存在,以“往生”净土为修行的宗旨,但前者礼念弥勒佛,后者礼念阿弥陀佛(即无量寿佛)。东晋以后,弥勒净土信仰渐趋衰微,弥陀净土信仰却日趋兴盛,成为净土之正宗,后世所谓净土宗便用来专称弥陀净土信仰。北宋时期,弥陀净土宗广泛流行,出家的僧侣,没有出家的信徒,纷纷结社念佛。因为传说东晋时慧远在庐山东林寺结社取名为白莲社,北宋的这类结社也多称白莲社或莲社。到了南宋绍兴(1131—1162)初年,吴郡昆山(今属江苏)僧人茅子元(法号慈照),在广泛流行的净土结社的基础上创立白莲教。他根据弥陀经典,编写《弥陀节要》,宣扬“念念弥陀出世,处处极乐现前”②,认为弥陀、净土是修行者明心见性的产物。他仿效天台宗,绘制《圆融四十三观选佛图》,用佛像、图形和比喻来解说佛土的高低,使缺乏文化的下层信徒容易理解,又制定《白莲晨朝礼忏仪》和偈歌四句、佛念五声,使念佛修忏仪式更为简便易行。他还在昆山淀山湖建立白莲忏堂,“自称白莲祖师,坐受众拜”③,并规定以“普、觉、妙、道”四字作为信徒的“定名之宗”④,将原先净土结社参加者之间松散的“社友”关系发展成师徒关系,建立比较定型的教门。白莲教的戒律,要求教徒做到三皈(皈佛、皈法、皈僧)、五戒(不杀生、不偷盗、不邪淫、不妄语、不饮酒),主张素食,所以教徒被称为“白莲菜人”。白莲教教义简明易懂,念佛修忏礼仪简便易行,信徒日益增加,加上组织比较严密,势力发展很快。因此,它引起那些以正统自居的佛教僧侣的恐惧,斥之为“事魔邪党”。南宋朝廷起初曾把茅子元流放江州(今江西九江),后来确认白莲教对自己的统治有益无害,才又召茅子元赴京,赐予“白莲导师、慈照宗主”之号。白莲教由是“宗风大振”⑤,到南宋后期已“处处有习之者”,甚至传播到金朝和蒙古统治的北方地区⑥。

　　元朝统一全国以后,对各种宗教采取兼容并包的态度,佛教尤被尊崇,白莲教也受到

---

　　① (宋)陈舜俞:《庐山记》卷2,《叙北山篇》,《丛书集成初编》本;(宋)志磐:《佛祖统纪》卷26,《净土立教志》,《续修四库全书》本。

　　② (元)普度:《庐山莲宗宝鉴》卷2,《离相念佛三昧无住法门》,杨讷编:《元代白莲教资料汇编》,中华书局1989年版,第35页。

　　③ 《庐山莲宗宝鉴》卷4,《慈照宗主》,《元代白莲教资料汇编》第85页;《佛祖统纪》卷48,《法运通塞志》。

　　④ 《庐山莲宗宝鉴》卷4,《念佛正派说》,《元代白莲教资料汇编》第65页。

　　⑤ 《庐山莲宗宝鉴》卷4,《慈照宗主》,《元代白莲教资料汇编》第85页;(元)果满编:《庐山复教集》卷上,《上白莲宗书》,影印元刻本。

　　⑥ 《佛祖统纪》卷48,《法运通塞志》;卷54,《历代会要志》。

朝廷的奖掖和保护。元贞元年(1295),元成宗还特地降旨赐东林寺白莲宗善法堂,次年又封该寺住持祖阐为"通惠大师、白莲宗主"①。白莲教迅速得到发展,到 13 世纪末全盛时期,"历都过邑无不有所谓白莲堂者,聚徒多至千百,少不下百人,更少犹数十"②,其势堪与佛、道的寺观相匹敌。随着徒众的扩增,成员也更加复杂,上层人物勾结官府,结交势豪,称霸一方;一些下层僧徒却利用白莲教的宗教仪式,夜聚晓散,从事反元活动。这就引起了元朝官府的警惕。至大元年(1308)五月,元武宗下令"禁白莲社,毁其祠宇,以其人还隶民籍"③。至大三年,庐山东林寺白莲宗善法堂僧人普度向元武宗进万言书,极言白莲教"最益陛下政化"④。元武宗死后,继位的元仁宗下令恢复白莲教的合法地位,但到至治二年(1322)闰五月,元英宗又下诏"禁白莲佛事"⑤。此后,虽然有些白莲教主忠于元朝统治者,但广大白莲教徒仍以各种形式秘密从事反抗元朝统治的斗争。

白莲教奉行净土宗的教义,崇奉阿弥陀佛,说只要念一声阿弥陀佛,即可免除几十亿劫⑥生死重罪;只要平日念佛持戒,临终之时,就可被"净土三圣"即阿弥陀佛和观音、势至菩萨迎往西方极乐世界去过快活日子,叫作"往生"净土。白莲教徒诵读的《大阿弥陀经》称阿弥陀佛为"诸佛光明之王"⑦,"弥陀出世"也就被叫作"明王出世"而流传开来⑧。后来,白莲教在流传过程中,又糅进了弥勒净土法门的成分。弥勒净土信仰,是佛教的一支,同白莲教有较近的亲缘关系,它供奉弥勒佛(未来佛)。按佛教的传说,弥勒曾是一个对百姓慈育的好国王。释迦牟尼在世时,他侍旁听法,释迦牟尼灭度后 56 亿 7000 万年,弥勒下降人世而成佛⑨。释迦灭度后,世界立即进入苦境,气候变坏,庄稼变坏,人心也变坏了,人们的生活苦到无法再苦。幸亏释迦在灭度前留下遗言,说等到若干年后弥勒降生,世界就会重新变好,土地平整如镜,时气合适,四时顺节,到处长满不带皮的粳米,长满甘美的果树,撒满珍珠玛瑙;人人变得非常聪明,人心变好,没有贪欲,大家相见欢悦,善言相向;粮食非常丰富,价格低廉,人口繁盛,村落相连,人人没有忧愁烦恼,个个过得自在快活⑩。

---

① (元)普度:《庐山莲宗宝鉴》叙,《元代白莲教资料汇编》第 10 页。

② (元)刘埙:《水云村泯稿》卷 3,《莲社万缘堂记》,清道光爱余堂刻本。

③ 《元史》卷 22,《武宗本纪一》,第 498 页。

④ (元)果满:《庐山复教集》卷上,《上白莲宗书》,《元代白莲资料汇编》第 180 页。

⑤ 《元史》卷 28,《英宗本纪二》,第 622 页。

⑥ 劫,在这里是佛家语,(唐)道世《法苑珠林》:"夫劫者,盖是纪时之名,犹年号耳。"佛经以天地的形成到毁灭为一劫。

⑦ 《佛说大阿弥陀经》,清乾隆《大藏经》本。

⑧ 参看杨讷:《元代的白莲教》,《元史论丛》第 2 辑。

⑨ (唐)湛然:《净名疏》,新纂《续藏经》,(台北)新文丰出版社公司影印本。灭度,梵文"涅槃"一词的意译,是佛教全部修习所要达到的最高理想,一般指熄灭"生死"轮回而后获得的一种精神境界。在佛教史籍中,也用作死亡的代称。

⑩ (西晋)竺法护:《佛说弥勒下生经》,清乾隆《大藏经》本。

这种"弥勒下生"的说法,后来就为白莲教徒所普遍接受。此外,白莲教还糅进了道教的某些成分,有的白莲教徒发动反元起义,便自称是"李老君太子"①。

白莲教的教义,要求人们把希望寄托于来世,而对现实采取顺从忍受的态度,只能专心念佛修行,不能同现世的恶势力进行抗争,它显然是一种麻醉人民的鸦片,并不具有革命的性质。但是,白莲教关于"弥勒降生""明王出世"的预言,却符合深受剥削压迫之苦的劳动人民要求改变现状的愿望,容易博得广大群众的支持。同时,白莲教举行宗教仪式时,烧香聚众,夜聚晓散,又便于用来组织群众,进行秘密活动。于是,一些农民领袖便打入白莲教内部,将"天下大乱"与"弥勒降生""明王出世"联系起来,号召贫苦人民起来冲击苦难的现实世界,从事宣传和组织群众的秘密活动,为发动推翻元朝的武装起义进行准备。

朱元璋在淮西如蓬逐风般漂泊三年多时间,足迹遍及皖西豫东的八九个郡县,熟悉那里的山川地理、风土人情,大大开阔了眼界,积累了丰富的知识。在流浪过程中,他生活没有依靠,广交江湖上的朋友,也沾染了江湖义气。而艰苦的流浪生活,更铸就他既坚强勇敢又猜忌残忍的性格。同时,在流浪过程中,由于生活在社会最底层,和贫苦农民进行广泛的接触,并从他们那里直接或间接地接受到白莲教教义和反元的宣传教育,从而对社会的黑暗、百姓的苦难和人心的趋向,有了更加深刻的体会。所有这一切,对朱元璋后来参加农民起义和他事业的发展,都产生了很大的影响。

几年的游方生活,勾起朱元璋的思乡之情。至正六年(1346),他曾返回家乡祭扫父母和大哥的坟墓,看望赵、汪两个干娘和赵璧、曹秀、刘秀等几个往日的小伙伴②。因为家乡的灾情未见缓和,又继续出外游方。后来,流浪时间长了,他又深深地怀念起故乡。至正八年,这个久别的游子终于又回到家乡的於皇寺③。由于连年荒旱,於皇寺香火寥寥,僧众大都离散了,高彬法师也已去世。留在寺里的几个和尚,日子过得非常艰苦。朱元璋同他们叙了寒暖,重新在寺里安顿下来。因为香客稀少,庙里没有多少事可做。他过去念过几个月的私塾,认得几十个字,便跟几个识字的老和尚学习佛经,有时也把庙里有限的几本杂书拿出来翻翻。史籍说他从此"始知立志勤学"④。这样日积月累,认识的字越来越多,知识面不断扩大,文化水平得到了提高。

---

① 《元史》卷182,《许有壬传》,第420页。

② 《天潢玉牒》:"崎岖二载,仍还于皇觉寺。"

③ 《大明皇陵之碑》(《明中都研究》,第148页),谓:"住(於皇寺)方三载,而又雄者跳梁。初起汝、颍,次及凤阳之南厢。"所谓"雄者跳梁"指刘福通起义,时在至正十一年。往前推算三年,则朱元璋返回於皇寺的时间当在至正八年。

④ 《皇明本纪》。

第二章
从起义战士
到红巾军统帅

第一节 "挑动黄河天下反"

朱元璋回到於皇寺的第三年,即至正十一年(1351),元末农民大起义的烈火在江淮大地熊熊燃烧起来了。

从元朝建立之时起,各族人民就对元朝统治者和地主阶级的残酷剥削与压迫展开激烈的斗争。元世祖时期,在其统治力量比较薄弱的江南地区,人民的反抗斗争风起云涌,"盗贼所在蜂起"①,"大或数万,少或千数,在在为群"②。至元二十年(1283),大小起义有"二百余所"③,到至元二十六年激增为"四百余处"④。此外,北方地区也发生若干小规模的起义。后来,由于元朝的残酷镇压,起义者多数被迫转入地下,从事秘密会社的活动,江南和中原地区的反抗斗争显得比较沉寂。不过,在西南和华南地区,一些少数民族仍举行过几次较大规模的武装起义。

但是,元朝的统治集团在对人民的残暴屠杀和榨取,在对财富的贪婪追逐过程中,也迅速地走向腐败。蒙古贵族的各个派系,为了攫取最高统治权,不时发动宫廷政变和武装冲突。从至元三十一年(1294)元世祖死到元统元年(1333)元顺帝即位,40 年之间换了 9个皇帝,平均不到四五年就发生一次政变。特别是从致和元年(1328)到元统元年政变更为频繁,6 年之间换了 6 个皇帝,有一个皇帝被杀。在纷争中得势的君臣们,只顾搜刮民脂民膏,肆意挥霍浪费,过着穷奢极欲的腐朽生活。每个皇帝上台后,为了巩固自己的统治,都对拥护他的贵族、大臣滥施赏赐。如至大四年(1311)正月,元仁宗即位,当月朝会诸王,即赏赐金 39650 两、银 1849050 两、钞 223279 锭、币帛 472488 匹,当年用于赏赐的花费折合成钞币多达 300 余万锭⑤。为了麻醉人民,每个皇帝都要耗费巨资修建寺院和"作佛事",最多时一年作佛事达 500 多次。据延祐四年(1317)统计,每年内廷作佛事,要用面439500 斤、油 79000 斤、酥油 21870 斤、蜂蜜 27300 斤⑥。宫廷的花销也大得惊人,据天历二年(1329)中政院的报告,"皇后日用所需,钞十万锭,币五万匹,绵五千斤"⑦。庙堂之上,经常举行豪华的盛宴,更是耗资无数。在最高统治者这种腐化风气的影响下,元朝的官吏和军队日趋腐败。官场公开卖官鬻爵,"官以幸求,罪以贿免"⑧。卖官"高下有定价",管理

---

① 《元史》卷 171,《吴澄传》。

② 《牧庵集》卷 5,《贾公神道碑》。

③ 《元史》卷 173,《崔彧传》,第 4041 页。

④ 《元史》卷 15,《世祖本纪十二》,第 320 页。

⑤ 《元史》卷 24,《仁宗本纪一》,第 538、547 页。

⑥ 《元史》卷 202,《释老列传》,第 4523 页。

⑦ 《元史》卷 33,《文宗本纪二》,第 728—729 页。

⑧ 《元史》卷 26,《仁宗本纪三》,第 591 页。

监察的台宪官"皆谐价而得，往往至数千缗"。有的蒙古人根本不识汉字，却出任衙门长官，题判署事，书写日子，"七字钩不从右转而从左转，见者为笑"。这些官吏上任后，便竞相鱼肉百姓，贪污受贿，"罔然不知廉耻之为何物"①，把官场的风气搞得乌烟瘴气。蒙古军队也是腐朽不堪，"将家之子，累世承袭，骄奢淫逸，自奉而已。至于武事，略不之讲，但以飞觞为飞炮，酒令为军令，肉阵为军阵，讴歌为凯歌"②。

元朝统治者只顾自己享乐腐化，根本不顾人民的死活。由于大肆挥霍，国库空空如洗，入不敷出，便加紧搜刮人民。仅课税一项，元文宗天历之时（1328—1330）即比元世祖至元年间（1271—1294）、元成宗大德年间（1297—1307）"增二十倍矣"③。为了弥补财政亏空，元廷甚至不惜动用钞本，滥发纸币，以至物价飞涨，百姓苦不堪言。对国家政事和社会生产，元朝君臣却极少过问，放任不管。水利设施年久失修，水旱蝗灾不断发生，急性传染性疾病广泛流行。从泰定元年（1324）起，有关灾害的记载史不绝书。如天历二年（1329）发生大灾荒，"陕西诸路饥民百二十三万四千余口，诸县流民又数十万"；"河南府路以兵、旱民饥，食人肉事觉者五十一人，饿死者千九百五十人，饥者二万七千四百余人"；江浙行省"池州、广德、宁国、太平、建康、镇江、常州、湖州、庆元诸路及江阴州饥民六十余万户"；"大都、兴和、顺德、大名、彰德、怀庆、卫辉、汴梁、中兴诸路，泰安、高唐、曹、冠、徐、邳诸州，饥民六十七万六千余户"；"益都莒、密二州春水，夏旱蝗，饥民三万一千四百户"④，估计南北饥民总数不下六七百万。皇庆二年（1313）冬京师发生大疫，到至正年间疫疬更在南北许多地区广泛流行，以大都为中心的华北地区尤为严重⑤。人祸与天灾相交逼，使社会生产遭到严重破坏。到了元末，经济残破，民不聊生，各种社会矛盾急剧尖锐化，元朝的统治已处于风雨飘摇之中。

元统元年（1333），元顺帝妥懽帖睦尔即位后，权臣擅权，吏治更加腐败，加上土地兼并，赋役不均，灾荒频仍，广大劳动人民处于水深火热之中。元统二年，杭州、镇江、嘉兴、常州、松江、江阴发生水旱疾疫，饥民达572000户⑥。后至元二年（1336），江浙一带自开春至八月久旱不雨，"民大饥"⑦。至正四年（1344）五月，黄河泛滥，北决白茅堤（今河南兰考东北），六月又北决金堤（西起今河南卫辉，经濮阳及河南范县、山东寿张，东至张秋镇东），

---

① 《草木子》卷4下，《杂俎篇》，第81—83页。
② 《草木子》卷3上，《克谨篇》，第48页。
③ 《元史》卷93，《食货志一》，第2352页。
④ 《元史》卷33，《文宗本纪二》，第733—736页。
⑤ 《元史》卷50，《五行志一》，第1080页。
⑥ 《元史》卷38，《顺帝本纪一》，第820页。
⑦ 《元史》卷39，《顺帝本纪二》，第837页。

河南、河北、山东一带沿河两岸的大片农田都被淹没，"民老弱昏垫，壮者流离四方"①。第二年，又发生瘟疫，"民之死者半"，"田莱尽荒，蒿藜没人，狐兔之迹满道"②。各族劳动人民连简单的再生产都无法继续下去，纷纷"入海为盗"，"啸聚群起"。后至元三年正月，广州增城县人朱光卿揭竿起义，建大金国。二月，陈州人棒胡"以烧香惑众"，起义于河南汝宁信阳州（治罗山，今属河南）。广西瑶民也同时发动起义。四月，四川合州大足县韩法师起兵，自称南朝赵王；广东惠州归善县（今广东惠州市）人聂秀卿、谭景山也制造军器，拜戴甲为定光佛，起兵响应朱光卿起义。五月，藏族地区又爆发起义，杀镇西王子丹巴（党兀班）。到八月，连元朝的统治中心京畿也有"盗起"③。此后，各族人民的起义斗争，更是如火如荼，北从辽阳、岭北，南至海南，东起江浙、山东，西达哈剌火州（今新疆吐鲁番），除了汉族地区的广大农民，蒙、藏、畏兀儿、女真、瑶、僮（壮）、黎、峒（侗）等族人民，都燃起了斗争的烈火，就连京城也是"强盗四起"④。其中，以至正四年（1344）山东盐贩郭火你赤的起义，声势最大。郭火你赤是个盐民，他于七月在益都起兵，攻打城邑，释放囚徒，西进太行，纵横于山东、山西、河北等地，郡县官吏"皆相顾无可奈何"，"河淮左右，舟车几不能往来"⑤。

　　面对各族人民风起云涌的起义，元朝统治者一面拼命强化国家机器，在各地设立行枢密院等军事机构，并颁布各种严刑酷法，如规定"强盗皆死"⑥，企图用血腥手段来维持统治。另一面，又千方百计挑动民族矛盾，制造民族仇视和隔阂，借以分化人民的反抗力量。后至元元年（1335），丞相伯颜对元顺帝建议："陛下有太子，休教读汉儿人书，汉儿人读书好生欺负人。往时，我行有把马者，久不见，问之，云往应科举未回。我不料科举都是这等人得了！"于是下令把这一年二月的礼部科举废除了。伯颜在家里养着一个西番师婆界界，常问她来年的吉凶，又问自己的身后事如何？界界说："当死于南人手。"他对南人更恨之入骨。后至元二年，下令禁汉人、南人不得持寸铁；三年，又禁汉人、南人、高丽人不得持军器，凡有马者都没收入官，并规定省、院、台、宣慰司、廉访司及郡府幕官之长，都用蒙古人、色目人，严禁汉人、南人学习蒙古、色目文字；五年，又重申汉人、南人、高丽人不得执军器、弓矢的禁令。后至元三年，汝宁棒胡、广东朱光卿、聂秀卿起义，元顺帝还下诏说，棒胡、朱光卿、聂秀卿都是汉人，凡有汉人在省、台、院以及翰林院、集贤院等衙门做官的，都应该研究"诛捕之法"，上报朝廷。伯颜甚至奏请杀死张、王、刘、李、赵五姓的汉人，认为这

---

① 《元史》卷41，《顺帝本纪四》，第870页；卷66，《河渠志三》，第1645页。

② 《青阳先生文集》卷8，《书合鲁易之作颍川老翁歌后续集》。

③ 《元史》卷39，《顺帝本纪二》，第838—841页。

④ 《元史》卷40，《顺帝本纪三》，第864页。

⑤ 《元史》卷41，《顺帝本纪四》，第870页；（元）苏天爵：《滋溪文稿》卷3，《新开徐州路记》，《适园丛书》第6集本。

⑥ 《元史》卷39，《顺帝本纪二》，第836页。

五姓的人数最多,把他们全都杀死,天下就可以太平①。

元朝统治阶级的倒行逆施,反而激起人民更强烈的不满。贫苦百姓再也无法忍受,决心掀起更大规模的斗争,推翻元朝的腐朽统治。浙江台州、温州的百姓,公开在村落上竖起造反的大旗,上面写道:

> 天高皇帝远,民少相公多;
> 一日三遍打,不反待如何!②

正当社会矛盾急剧激化的时候,恰巧又连续发生"变钞"与"开河"事件。广大劳动人民因此更被逼入绝境,不得不铤而走险,奋起抗争。元顺帝即位以后,统治集团更加奢侈腐化,朝廷的赏赐、佛事活动也比从前大大增加。由于开支浩大,国库空虚,至正十年(1350),中书右丞相脱脱准备更改钞法。十月,吏部尚书偰哲笃建议钞币与铜钱兼行,以"中统交钞"1贯文省权铜钱1000文,准"至元宝钞"2贯,而以楮币为母,铜钱为子。元初的中统交钞以丝为本(准备金),中统元宝钞以银为本,后来的至元、至大钞也都以银为本。偰哲笃的建议完全颠倒了本末关系,使交钞变成没有钞本,不能兑取金银的纸币,目的在于放手印造楮币,以弥补财政亏空。集贤学士兼国子祭酒吕思诚等据理驳议,但元顺帝、脱脱置之不理,按照偰哲笃的建议,在第二年铸造至正通宝钱,与历代铜钱并用,并印造"至正交钞",代替通行已久的中统交钞和至元宝钞,让老百姓拿旧钞去换新钞,老百姓称之为"钞买钞"。新钞没有钞本,老百姓不愿使用,"而惟钱之是用"③。新钞于是迅速贬值,发行不久,物价上涨10倍。朝廷不顾百姓的死活,拼命印造这种钞币,"每日印造,不可数计",在大都钞10锭(等于铜钱5万文)还买不到1斗米,把老百姓坑苦了。老百姓干脆不用钞币,"所在郡县,皆以物货相贸易,公私所积之钞,遂俱不行"④。

至正四年(1344)五月黄河在河南白茅堤决口后,河水不仅淹没两岸的大片田地,而且还往北侵入会通河和大运河,淹没济南、河间的大片土地,影响漕运,并直接威胁沿海一带的盐场,危及朝廷的盐课收入,"妨国计甚重"⑤。此后,黄河连年决口泛滥。至正十一年(1351),河南归德知府观音奴奏请修治黄河,把河水勒回故道。中书省右丞相脱脱正因变更钞法失败,想以治河挽回声誉,便派工部尚书成遵进行实地勘查。成遵回来说"工不可

① 《元史》卷39,《顺帝本纪二》,第839、840页;卷40,《顺帝本纪三》,第851、852页。
② (明)黄溥:《闲中今古录摘抄》,《丛书集成初编》本。
③ (明)王祎:《王文忠公集》卷12,《泉货议》,《金华丛书》本。
④ 《元史》卷97,《食货志五》,第2485页。
⑤ 《元史》卷66,《河渠志三》,第1645页。

兴"，因为一来工程浩大，很难修成；二来目前河南一带"盗贼"成群，万一他们和修河的民工结合起来，不好对付。脱脱很不高兴，把成遵贬为长芦盐运使，又征求水利专家贾鲁的意见。贾鲁以前曾任山东道奉使宣抚首领官，巡视过沿岸被淹郡县，考虑过治河的方案。至正四年，又曾担任行都水监，再次巡视河道，考察地形，拟定过两个治河方案。第一个方案，是修筑北堤，暂时抑制黄河的决口泛滥。此方案用工较省。第二个方案是疏塞并举，既堵塞决口，又疏浚河床，迫使河水东流，回归故道①。此方案较前一个方案费工数倍，但可使水患得到根治。当脱脱征询治河的意见时，他再次提出这两个方案供脱脱选择。脱脱决定采纳第二个方案。至正十一年四月，他奏请元顺帝批准，任命贾鲁为工部尚书、总治河防使，调集汴梁、大名等13路民夫15万人，庐州等地戍卒2万人，动工治河。十几万河工按照贾鲁设计的方案，先疏浚河流的280多里河道，重点是挖深拓宽从黄陵冈（今河南兰考东）的白茅到归德府（治睢阳，今河南商丘市睢阳区）哈只口的180里河道，将河水勒回故道。然后修复白茅堤，堵塞北流的决口。整个工程，耗资巨大，"其费以亿万计，府库为空"②。

黄河泛滥几年来，两岸的贫苦农民不断遭受水旱灾害和瘟疫的袭击，处于"饥饿欲半死"的苦境。现在，官府又强征他们充当河工，"驱夫如驱囚"。到了工地，每天在官吏和元兵的皮鞭下承担繁重的劳役，"手足血流肌肉裂"③，所得的伙食钱又少，还要受到官吏的克扣，"多不尽给"④，因而怨声载道。整个工地，笼罩着怨恨、愤懑的情绪。

"变钞"与"开河"事件，就成为元末农民大起义的导火线。社会上流行的一首《醉太平小令》，对此作了生动的描述：

> 堂堂大元，奸佞专权，开河变钞祸根源，惹红巾万千。官法滥，刑法重，黎民怨。人吃人，钞买钞，何曾见？贼做官，官做贼，混贤愚，哀哉可怜！⑤

韩山童和他的门徒颍川人刘福通以及杜遵道、罗文素、盛文郁、王显忠、韩咬儿等决定抓住这个有利时机，发动大规模的武装起义。开挖黄河之前，他们编了一句童谣："石人一只眼，挑动黄河天下反。"令教徒到河北、河南一带传唱⑥。并暗地凿了一个石人，脸上只有

---

①　《元史》卷187，《贾鲁传》，第4290—4291页；卷66，《河渠志三》，第1645—1646页。

②　《庚申外史笺证》卷上，第56页。

③　(元)萨都剌：《雁门集》卷2，《早发黄河即事》，《四库全书》本；(元)迺贤：《金台集》卷1，《新堤谣》，《四库全书》本。

④　《草木子》卷3上，《克谨篇》，第50页。

⑤　《南村辍耕录》卷23，《醉太平小令》，第283页。

⑥　(清)钱谦益撰，张德信、韩志远点校：《国初群雄事略》卷1，《宋小明王》引《元史续编》，中华书局1982年版，第4页。

一只眼睛,背上刻着"莫道石人一只眼,此物一出天下反"几个字,埋在黄陵冈附近即将挖掘的河道里。接着,又派几百个教徒去工地上做工,宣传天下当大乱,明王即将出世,弥勒佛就要降生。不久,河工挖出独眼石人,个个惊诧不已,整个工地都沸腾起来。这事一传十,十传百,很快就传遍了中原大地①。

韩山童和刘福通、杜遵道等人,聚集在颍上县境内等候消息。至正十一年(1351)五月,河工挖出独眼石人的消息传来,韩山童等人立即在白鹿庄②聚集 3000 名教徒,头裹红巾,打起红旗,斩白马乌牛,祭告天地,发布檄文,准备起义。他们利用当时尖锐的民族矛盾,提出"复宋"口号,在旗帜上写着:"虎贲三千,直抵幽燕之地;龙飞九五,重开大宋之天",宣称韩山童是宋徽宗的九世孙,应做皇帝,刘福通是宋朝大将刘光世的后代,该辅佐宋朝旧主起义;又借南宋广王赵昺出走厓山,宰相陈宜中逃往日本的故事,说"蕴玉玺于海东,取精兵于日本",要重新夺取天下。他们还在檄文中揭露"贫极江南,富称塞北"的不平等现象,指出蒙古统治者拼命搜刮财富是造成汉族劳动人民极端贫困的根源,号召汉族贫苦百姓起来推翻元朝的黑暗统治③,使这次农民大起义带有民族斗争的色彩。不幸,他们正在组织起义的时候,由于走漏消息,突然遭到当地县官的搜捕。韩山童被捕牺牲,他的妻子杨氏带着儿子韩林儿逃往徐州路④。刘福通率领部众,苦战突围,于五月初三(阳历 5月 28 日)攻占颍州,一场大规模的农民大起义正式爆发了。刘福通的起义队伍全都头裹红巾,身穿红色战衣,打着红色旗帜,所以被称为红巾军,又称红军。由于起义战士多数信奉白莲教,烧香拜佛,又被称为香军。红巾军是元末农民战争的主力军,因此这次农民大起义又被称为红巾军起义。

元廷得到刘福通起义军占领颍州的消息,立即派枢密院同知赫厮、秃赤率领 6000 名阿速军⑤和诸部汉军,会同河南行省的军队前往镇压。元朝的官军原是一支剽悍强壮的军

---

① 《草木子》卷 3 上,《克谨篇》,第 50—51 页;《元史》卷 42,《顺帝本纪五》,第 891 页。

② 《庚申外史笺证》卷上(第 58 页):"(至正十一年)五月,颍川州(颍上)红军起,号香军。"《名山藏》卷 43《天因记・韩林儿》(第 1193 页):"……颍人刘福通与其党杜遵道、盛文郁、罗文素等……聚众三千人于白鹿庄,杀黑牛白马,誓告天地,约起兵,兵用红巾为志。"按:白鹿庄当在颍上县境,但今地已不可考。民间传说,刘福通起兵的地点在今安徽阜阳东枣庄集。

③ 《草木子》卷 3 上,《克谨篇》,第 51 页;《明史》卷 122,《韩林儿传》,第 3682 页;《南村辍耕录》卷 27,《旗联》,第 342 页;(明)陆深:《平胡录》,《俨山外集》本。

④ 《元史》卷 42《顺帝本纪五》(第 891 页)记至正十一年五月韩山童、刘福通等组织起义后,谋泄,"山童就擒,其妻杨氏,其子韩林儿,逃之武安"。这武安,当指一年后改名为武安州的徐州路(《元史》卷 138,《脱脱传》,第 3346 页),因为至正十五年二月,刘福通是从离徐州一百余里的砀山夹河(今江苏徐州市铜山区)把韩林儿迎回来做皇帝的。参看韩志远:《武安小考》,《元史论丛》第 2 辑。

⑤ 阿速人原是居住在北高加索的伊朗人,后移居于捷尔宾特的伏尔加河口。窝阔台汗十一年(1239)为蒙古军队所征服,其头领杭忽思奉旨派遣阿速军千人及其长子阿塔赤扈驾亲征,充任质子。这些阿速人便大都被编入质子军,随蒙古军征战四方。后来,不断有阿速人迁往中原,阿速军的人数也不断增加。

队,骁勇善战,这时已经变得极为腐朽。阿速军是由色目人中的阿速人组成的一支精锐部队,人称"绿睛回回",善于骑射,以精悍著称。后来由于过惯舒适的生活,将领"但以酒色为务",士卒"但以剽掠为务","于剿捕之方,漫不加省"。赫厮率领军马来到颍州,一和红巾军对阵,见到红巾军人多势众,扬鞭高呼:"阿卜(走的意思)!阿卜!"全军立刻调转马头,不战而逃。刘福通率领红巾军,乘胜攻占亳州、项城(今河南沈丘)、朱皋(今河南固始北)、罗山、真阳(今河南正阳)、确山,并到达舞阳、叶县等地。各地"短衣草履""目不知书"的贫苦农民,纷纷加入起义队伍。九月,攻克汝宁(今河南汝南)、息州(今河南息县)、光州(今河南潢川)等地,起义人数达到10万。元顺帝又令脱脱之弟御史大夫也先帖木儿知枢密院事,与卫王宽彻哥统率10余万大军前去镇压,后又增派不少官军前往助战,才在十二月攻陷上蔡,起义军最早的领导人之一韩咬儿被俘牺牲。第二年三月,元军攻陷汝宁,元将巩卜班率军数万进驻汝宁沙河岸边(今河南上蔡境内)。他们为一时的胜利所陶醉,"日夜沉溺酒色,醉卧不醒"。刘福通乘其不备,夜半偷袭,巩卜班被打死,元军大败,溃退数百里。不久,也先帖木儿又奉命驻军沙河。军士风声鹤唳,提心吊胆,在夜半惊叫起来,也先帖木儿以为是刘福通前来偷营,扔下一大批军资器械和运粮车辆,慌忙上马逃命。30多万大军多数溃散,只有1万人跟随也先帖木儿逃往汴梁(今河南开封)。汴梁守将文济王闭门不纳,他们只得在城南40里的朱仙镇(今河南开封西南)驻扎下来①。

刘福通的起义,如一声春雷震撼了中原大地,各地受压迫的群众,纷纷起兵响应。至正十一年夏,正在淮西活动的彭莹玉即在江淮发动起义,势力很快扩展到巢湖周围的无为等地②。八月,彭莹玉的徒弟、麻城铁匠邹普胜和罗田布贩徐寿辉(又名徐真逸、徐真一、徐贞一)也在蕲州(今湖北蕲春)起兵,攻占州城,不久又攻下蕲水县(今湖北浠水)和黄州(在今湖北黄冈南),十月在蕲水建立农民政权,设莲台省(取佛教的西方净土莲台之意),定国号为宋③,后改为天完(取压倒"大元"之意),年号治平,徐寿辉称皇帝,邹普胜为太师④。后来,彭莹玉离开江淮,也来到蕲水。天完政权分兵两路,邹普胜率领的一路上略武昌、江

---

① 《庚申外史笺证》卷上,第67页。

② (明)陶安:《陶学士文集》卷17,《繁昌县盐邑铁仲宾功绩记》,明弘治十二年刻本。

③ 《元史》、(民国)柯劭忞《新元史》《明史》《明太祖实录》《国榷》《明史纪事本末》《国初群雄事略》等书皆载徐寿辉政权的国号为天完,但《元史》总裁官宋濂,则在《故怀远大将军同知鹰扬卫亲军指挥使司事于君墓志铭》(《宋濂全集》卷5,第1310页)中载:"会元政大乱,天下兵动,江东西化为盗区。分宁徐寿辉建伪号曰宋,都九江。"1982年3月,在重庆市江北区洗布塘街境内发现的《明玉珍玄宫之碑》(见《重庆日报》1982年5月30日第三版)亦载:"岁庚寅(应为辛卯之误),淮人徐主,称皇帝于蕲阳,颁万寿历,建元治平,国号宋。"据此,可知徐寿辉起初定国号为宋,后才改为天完。为了与后来刘福通所建的宋政权区别开来,以下行文均称徐寿辉政权为天完政权。

④ 《草木子》卷3上,《克谨篇》,第51页;《明太祖实录》卷8,庚子年五月戊午;《万历湖广总志》卷98,《别传》,《四库全书存目丛书》本,齐鲁书社1995年版;《国初群雄事略》卷3,《天完徐寿辉》,第64—66页。

陵等地,彭莹玉、项普略(项奴儿)率领的另一路顺流而下,攻取长江中、下游及浙、闽等地。这支起义军纪律很好,对一般群众"不淫不杀"①,"淫虐者斩以徇"②,深得群众的拥护。贫苦农民穿着短衣草鞋,没有武器,就"齿木为杷,削竹为枪"③,剪块红布裹头,跑去参加起义。徐寿辉的这支起义军同样头裹红巾,所以也被称为红巾军,他们同样信奉白莲教,烧香拜佛,宣传"弥勒佛下生,当为世主"④,因而也称为香军,因为他们属于南方系统,所以人们把他们称为南方红巾军。

在北方地区,也有不少群众起兵响应刘福通起义。至正十一年八月,差不多与徐寿辉起兵的同时,邳州(治下邳,今属江苏)人李二(他曾在荒年将家中仅有的一仓芝麻赈济饥民,故又称"芝麻李")、赵均用、彭大等八人,伪装成修河的河工,乘夜潜至徐州城,四人在城内点火呐喊,四人在城外点火呼应,一举夺占这座城市。天亮后竖旗募兵,众至10余万,攻克附近各县及宿州、五河、虹县、丰(今江苏丰县)、沛、灵璧,西至安丰(今安徽寿县)、濠、泗。这支起义军,属于北方红巾军系统。十二月,邓州布贩王权(又称"布王三")也联合张椿起兵于邓州、南阳,进而占领唐、嵩、汝诸州和河南府(治洛阳县,今河南洛阳),被称为"北锁红军"。差不多与之同时,孟海马等人也发动起义,于第二年正月攻占襄阳,进军均、房、荆门、归、峡等州,被称为"南锁红军"⑤。"北锁红军"与"南锁红军",则属于南方红巾军系统。

除了红巾军系统的起义军,还有一些既不信奉白莲教,也不以红巾作标志的起义队伍。如早在至正八年(1348)十一月起兵反元后来又投降元朝的浙东私盐贩方国珍,这时也重新打出了反元的旗号。

起义的烈火迅速席卷大江南北,大半个中国沸腾起来了,当时流传的一首扶乩诗,描写各地红巾军战官军、杀官吏富人的情况说:

> 天遣魔军⑥杀不平,不平人杀不平人,
> 不平人杀不平者,杀尽不平方太平。⑦

---

① 《南村辍耕录》卷28,《刑赏失宜》,第355页。

② (元)王逢:《梧溪集》卷2,《何节妇》,《知不足斋丛书》本。

③ 《元史》卷195,《魏中立传》,第4426页。

④ 《明太祖实录》卷8,庚子年五月戊午。

⑤ 《庚申外史笺证》卷上,第60页;《国初群雄事略》卷1,《宋小明王》,第4页。

⑥ 白莲教被以正统自诩的僧侣视作"事魔邪党",因此红巾军也被地主阶级称为"魔军"。

⑦ 《南村辍耕录》卷27,《扶乩诗》,第345页。

农民大起义的浪潮，很快波及朱元璋的家乡。至正十二年(1352)二月，濠州出现了郭子兴领导的红巾军。

郭子兴是定远(今属安徽)的土豪，原籍曹州(治济阳，今山东菏泽)。他父亲从小给人卖卦相命，整年在外，到了壮年，也没娶上妻子。有一年来到定远，路过一户财主的家门口，财主请他给二女儿相命。他卜了一卦，说是大富大贵的命。财主叹口气说：这个女儿是个瞎子，还愁着嫁不出去哩！他说：你老要不嫌弃我，就把她嫁给我为妻吧。财主就把瞎女儿嫁给他，并给他一份财产。他从此在定远定居下来，家境日见富裕，养了三男一女。三个儿子长大以后"皆善殖产，由是豪里中"①，拥有大量田产，成了当地有名的地主。郭子兴是三个兄弟中的老二，他看到当时朝政腐败，社会动荡，估计天下有变，便加入了白莲教，广散家财，结交豪杰，聚众烧香②。刘福通起义特别是芝麻李在离定远不远的徐州、宿州起义后，他决心起兵响应。至正十二年正月十一，郭子兴联合孙德崖和俞某、曹某、潘某四人起兵于定远。定远和钟离一带的几万农民，"弃农业，执刃器"，纷纷前往投奔，"贪官污吏，莫敢谁何"。二月二十七，郭子兴等五人率领起义队伍，攻占濠州(治钟离)，五个首领并称元帅③。郭子兴的这支队伍也以红巾为号，"衣巾皆绛"，信奉的又是韩山童一派的白莲教，属于北方红巾军系统。

得到郭子兴红巾军攻占濠州的消息，官府急忙命令一个名叫彻里不花的蒙古军官带领3000名官军前来镇压。这支官军见郭子兴队伍人多势众，不敢攻打濠州城，而是在距城20里的地方驻扎下来，然后四出骚扰，到处捉拿无辜的百姓，在他们头上扎一条红巾，说是"乱民"，押到官府去请赏。老百姓纷纷呼亲唤友，跑到濠州，"相继入城"投奔郭子兴④。朱元璋在於皇寺整天提心吊胆，只得东躲西藏，以免被官军当作"乱民"抓走，丢了性命。

郭子兴的队伍也同其他的起义队伍初起时一样，"哨惊(掠)四乡"⑤，打家劫舍，既不讲纪律，也不注意斗争策略。当时的寺院拥有大量土地，残酷剥削佃农，寺院的住持又多自诩正统，对白莲教持反对、排斥态度，因而往往成为红巾军打击的对象。有一天，朱元璋外

---

① 《明太祖实录》卷2，乙未年正月辛巳。
② (明)焦竑编：《献征录》卷3，张来仪：《滁阳王庙碑》，上海书店1987年影印本。
③ (明)俞本撰，李新峰笺证：《纪事录笺证》卷上，中华书局2015年版，第11页。
④ 《明太祖集》卷14《纪梦》，第281页；(清)潘柽章：《国史考异》卷1之2，《功顺堂丛书》本。
⑤ 《明太祖集》卷14，《纪梦》，第281页

出避难,傍晚返回於皇寺,寺庙已被郭子兴队伍放火烧掉大半,只剩下伽蓝殿还完好无损①。朱元璋的生活失去了依靠,下一步该怎么办?他苦苦思索,一时拿不定主意。"出为元兵,恐红军至;欲入红军,畏元兵至,两难莫敢前"②。不久,有个参加红巾军的老乡汤和③从濠州捎信给他,说现在兵荒马乱,人无宁居,待在乡下很不安全,何不前来入伍,或许还有活路。朱元璋看完信偷偷烧掉,翻来覆去想了好些日子,一直决断不下。后来,同屋的师兄告诉他,有人发现他收到濠州来的信,要去官府告发,劝他赶快逃走。朱元璋急得没法,找了个知心的熟人商量,问他是应该"束手以待罪"还是"奋臂而相戕"④?那人劝朱元璋向菩萨讨个卦,再决定去留。朱元璋原先并不怎么相信神佛有灵,对菩萨也不那么恭敬,事到如今,只好硬着头皮试一试了。他走近伽蓝殿,看大殿内外没有其他人,便走进去,点上香,磕了头,祈求冥冥之中的菩萨给他一个启示,接着拿起神案上的两块珓来卜卦。他先卜问是出去避难还是守在庙里,卜了三次,都是否定性的凶卦,再卜问是否应该跟着红巾军造反,卜了三次,结果竟是肯定性的吉卦,于是决心去投奔起义军⑤。当天深夜,他乘庙里几个和尚熟睡之机,偷偷走出庙门,迎着初春料峭的寒风,摸黑抄着山边田头的小道,悄悄地向西边20多里外的濠州城走去。

第二天黎明,东方的山岗上刚露出一抹鱼肚白,朱元璋来到濠州城外不远处地势稍高的地方,抬眼望去,只见城头上飘扬着几杆红色的旗帜,城门口站几个头扎红巾、身披红色战袍的哨兵,不觉心潮起伏,兴奋异常。他稍稍驻足停顿一会,便向城门走去。由于城外驻扎着元军,哨兵怀疑他是元军派来的奸细,把他捆绑起来,准备押出城外处决。朱元璋和士兵争吵起来,吸引了许多围观群众。有人把这事报告郭子兴,郭子兴骑马驰出城门,想问个究竟。他喝退哨兵,端详这个身披破袈裟的和尚,见此人身材高大,黑黑的脸盘上,高额突出,下巴比上额又长出好几分,再配上高高的颧骨,活像一个横摆着的立体形的"山"字。模样虽然不甚好看,但身体结实,双目炯炯有神,再加上那副大鼻子、大耳朵,倒

---

① 《明太祖实录》卷1;《国史考异》卷1之2。朱元璋御制《龙兴寺碑》也曾记述於皇寺的历史:"寺始创之由,为因累经兵废,其焚修者不一,况前无刊石之可稽,故失创始之由。但知昔宋时先为金所废,后亦为元所废。诸僧因兵而云水,不知何之者,其数无纪。惟一僧名宣者,亦被伤,入钟离旧城东岳庙焚修。后金亡宋终,元定天下,其宣者出城,于瓦砾中建茅宇而度弟子以成其寺,应供是方。宣在宋末元初,作开山住持。师徒相继,传至住持僧德祝。于元至正十二年,群雄并起。寺为乱兵焚。"(《天启凤阳新书》卷8)。

② 《天潢玉牒》。

③ 据《天启凤阳新书》记载,与朱元璋同为钟离广德乡东湖里籍的明朝开国功臣,有汤和、郭兴与郭英兄弟、谢成四人。郭兴、郭英兄弟与谢成,都是朱元璋投奔郭子兴后于至正十三年六月回乡招兵时才加入起义队伍的,唯有汤和于此前的"壬辰(至正十二年)率所属十余人,仗剑从滁阳王(郭子兴),隶麾下为百夫长"(《天启凤阳新书》卷1,《东瓯王汤和世家》),由此可以推定,捎信邀朱元璋投军的老乡当为汤和。

④ 《大明皇陵之碑》,《明中都研究》,第148页。

⑤ 《明太祖集》卷14,《纪梦》,第281—282页;《皇明本纪》。

也显得十分威武。郭子兴下马细问，知是於皇寺的穷和尚，是自己的部下汤和邀来投军的，就叫亲兵松绑，收下他做步卒。这一天，为至正十二年(1352)闰三月初一(阳历4月15日)，朱元璋虚龄二十五岁①。

元朝的黑暗统治和地主阶级的残酷剥削压迫，把朱元璋逼入存身无处、生命不保的绝境。为了寻求一条活路，这个贫苦出身的穷和尚，终于在时代潮流的裹挟下，投身到反抗压迫剥削的斗争行列，成为一名红巾军战士，并加入了白莲教。

参加郭子兴的起义队伍后，朱元璋脱掉袈裟，换上红袄，头扎红巾，每天在队长的带领下，同战士们一块儿上操，练习武艺。由于他操练十分认真刻苦，十来天就成为队里拔尖的角色。郭子兴每次领兵出击，都把他带在身边，他"从旁翼卫，跳荡无前。斩首捕生过当"，立下不少战功。大约过了两个多月，郭子兴把他调到元帅府当亲兵，授予九夫长的军衔，有事经常找他商量②。日子一长，郭子兴觉得朱元璋有胆有识，有勇有谋，是个将才，开始叫他带兵作战。朱元璋每次率兵出征，都身先士卒，冲杀在前；得到战利品，又分毫不取，悉数分给部下，因而深受士兵的拥护，上下一心，所向披靡。郭子兴"由是兵益盛"③，对朱元璋也更器重，决定把他收为心腹。

郭子兴的第二夫人张氏，人称小张夫人，抚养了一个义女，是他的老友马三的小女儿④。马三原是宿州闵子乡新丰里的富户，"世豪里中"⑤，少壮时"膂力过人，沉毅寡言笑，重然诺而性刚直。疾恶，见有为不义者，视之若仇雠。然或少忤其意，辄肆殴击，虽至死无所畏惮，乡人无敢犯"⑥。又喜交宾客，"善施而贫"⑦。至顺三年(1332)七月十八，他的妻子郑氏生下小女儿后死去。不久，他因杀人避仇，带着小女儿逃到定远投奔郭子兴，与之结为刎颈之交。郭子兴把他的小女儿收为义女。郭子兴有两个夫人，都姓张，正室张氏生有三个儿子，第二夫人张氏即小张夫人没有生育，他便把这个义女交给小张夫人抚养。郭子兴揭竿起义时，马三回宿州策划起兵响应，不料回去不久就死了。郭子兴要把朱元璋收为心腹，就找小张夫人商量，想把这个义女许配给他。小张夫人早听说朱元璋人才出众，马上表示赞同："吾意亦如此！今天下大乱，君举大事，正当收集豪杰，与成功业，一旦彼或

①　《明太祖集》卷14，第282页；《明太祖实录》卷1，壬辰年二月乙亥，《天潢玉牒》；《献征录》卷3，张来仪：《滁阳王庙碑》。

②　《明太祖集》卷14，《纪梦》，第282页。

③　《明太祖实录》卷1，壬辰年二月乙亥。

④　(明)王达：《椒宫旧事》，《广百川学海甲集》本。

⑤　(明)杨继礼撰，周星诒校：《皇明后纪妃嫔传·高皇后纪》，转引自李小林：《万历官修本朝正史研究·史料编》，南开大学出版社1991年版，第197页。

⑥　(明)宋端仪：《立斋闲录》卷1，《国朝典故》卷39，第907页。

⑦　(清)毛奇龄：《胜朝彤史拾遗记》卷1，《西河合集》本。

为他人所亲,谁与共成事者?"①他们把这事告诉朱元璋,朱元璋早就听说马氏虽然长得不太漂亮,但端庄温柔,不仅"善承人意",而且"知书精女红"②,是个贤惠的姑娘,何况她又是元帅的义女,和她一结婚,前程就更有保障,自然是满口答应。郭子兴择个吉日给他们两口子成了亲,将士们从此便称呼朱元璋为"朱公子"。

郭子兴将朱元璋招为女婿后,对他更加信任。不久,让他带领一支队伍,外出攻城略地。他先后攻五河,取定远,克南宿(今安徽宿州)、大店(在今宿州东)、固镇等地。但是,当朱元璋领兵回到濠州,城里的五个元帅却闹开了摩擦。原来,五个元帅中,孙德崖等四人名位皆在郭子兴之上,郭子兴性"素刚直,不屈人下"。孙德崖等四人都出身农民,性格粗犷憨厚,但缺少智谋,整天只考虑如何剽掠财物,郭子兴"意轻之"③,他们心里不高兴,便联合起来对付郭子兴。两下里面和心不和,一块儿议事,总是吵得不可开交。后来,郭子兴常常待在家里不出门,很少参加公会。朱元璋回到濠州,郭子兴找他商量对付的办法。朱元璋劝郭子兴照常和大家一起公会,有事大家一块儿商量,接触的机会多了,互相了解,情况会逐渐好转起来。郭子兴觉得有道理,第二天就出去公会,可是刚过三天,又和孙德崖他们闹翻,待在家里生闷气,不再出门。双方的关系越搞越紧张,彼此猜疑,互相防范,都怕对方下毒手④。

正至十二年(1352)九月,正当濠州五个元帅闹摩擦之时,另一支红巾军的首领彭大、赵均用从徐州前来投奔。他们各自支持一方,火上浇油,使五个元帅的矛盾更加尖锐。

自刘福通点燃颍州起义的火炬之后,各地农民军的势力发展很快,一年多的时间,即占领了黄河以南的大部分地区,包括武昌、杭州等许多重要城市在内,切断南北的交通。面对汹涌而来的起义浪潮,元廷从各个方面调整蒙古、色目贵族和汉族地主阶级之间的关系,宣布实行纳粟补官之令,规定:"凡各处士庶,果能为国宣力,自备粮米供给军储者,照依定拟地方实授常选流官,依例升转、封荫;及已除茶盐钱谷官有能再备钱粮供给军储者,验见授品级,改授常流";并在中央机构再次起用南人,规定:"南人有才学者,依世祖旧制,中书省、枢密院、御史台皆用之",任用宁国(今安徽宣城)人贡师泰为监察御史,饶州(今江西鄱阳)人周伯琦为兵部侍郎,借以缓和统治阶级内部的矛盾,一致对付农民起义。同时,下令"天下完城廓",制定惩治"军民官不守城池之罪"的办法⑤,并调集各地兵力,加紧对起义军的镇压。

---

① 《明太祖实录》卷1,壬辰年二月乙亥。

② 《胜朝彤史拾遗记》卷1。

③ 《献征录》卷3,张来仪:《滁阳王庙碑》;《明史》卷122,《郭子兴传》,第3679页。

④ 《皇明本纪》;《明太祖实录》卷1,壬辰年二月乙亥。

⑤ 《元史》卷42,《顺帝本纪五》,第896、897、899页;卷187,《贡师泰、周伯琦传》,第4295、4297页。

当时芝麻李、赵均用、彭大等人占据徐州，声势日盛。元朝派淮南宣慰使逯鲁曾带兵前去镇压，由于元军不习江淮水土，他招募濒海盐丁及矫勇健儿2万人，穿黄衣，戴黄帽，组成一支"黄军"，包围徐州城。元右丞相脱脱看到徐州唾手可得，自请挂帅出征，令征讨徐州将领驻守原地，待他到达后，才许攻城。元顺帝批准脱脱的请求，命中书省、枢密院、御史台派出部分官属随从出征，禀受节制，一切悉听脱脱便宜行事。至正十二年九月，脱脱率领10万元军抵达徐州，采用宣政院参议也速之计，以巨石作炮，昼夜猛轰，攻入城里①。芝麻李力战突围，辗转进入湖北，投奔徐寿辉，以后又随明玉珍出兵四川，最后出家为僧，遁身空门②。赵均用、彭大及其子彭早住率领部分队伍，投奔濠州③。

赵均用、彭大来到濠州后，他们的兵力超过濠州原来的力量，而且由于他们起义较早，名望较高，濠州五个元帅只好听从他们的指挥。彭大颇有智术，专权自断，赵均用唯唯诺诺，事无主见。郭子兴看不起赵均用而厚待彭大，赵均用因此怨恨郭子兴，亲近孙德崖四人。孙德崖四人乘机在赵均用面前挑拨说："子兴知有彭将军耳，不知有将军也！"④赵均用大怒，待郭子兴走到街上，派人把他抓住，关到孙德崖家里，准备暗地把他杀掉。此时朱元璋正奉郭子兴之命攻打怀远及安丰，他闻讯急忙赶回，路上遇到熟人，说郭元帅已被赵均用、孙德崖抓走，他们还要抓你呢，劝他千万别回濠州。朱元璋说："郭公于我恩厚，有难不救，非义也，何丈夫之为？"他赶到郭子兴家，只有郭子兴的几个妻妾在，郭子兴的儿子怕赵均用、孙德崖，都躲了起来。朱元璋问郭子兴的儿子藏在哪里？几个夫人心存疑虑，闭口不答。朱元璋急了，说："我岂外人而乃疑我？今来，谋脱公难也！"几个夫人这才道出儿子们的躲藏地方。朱元璋说："我公素厚彭而薄赵，祸必赵发，此非彭不可解。"第二天，曙色微明，朱元璋陪小张夫人和郭子兴的次子郭天叙、三子郭天爵⑤，一块儿找彭大求救。彭大听明情况，勃然大怒："我在此，谁敢尔！"⑥他立即呼唤左右亲随，带领队伍去包围孙德崖家。朱元璋回家脱掉长袍，换上盔甲，带着武器，也赶到孙德崖宅前。他们爬上屋顶，揭瓦掀椽，下到屋里，杀死孙德崖的祖父母，在一个暗窖里找到郭子兴。只见郭子兴脖子上套着木枷，双脚系着镣铐，浑身已被打得皮开肉绽。几个人七手八脚打开枷铐，把他背回家里治疗。

①　《庚申外史笺证》卷上，第65—66页；《元史》卷138，《脱脱传》，第5346页；卷142，《也速传》，第3400页。

②　《元史》卷42，《顺帝本纪五》，第902页；《明太祖实录》卷19，丙午年二月；(明)杨仪：《垄起杂事》，《广百川学海甲集》本。

③　《明史》卷1，《太祖本纪一》，第2页；卷122，《郭子兴传》，第3680页。

④　《明史》卷122，《郭子兴传》，第3680页。

⑤　郭子兴有三个儿子，长子已战死，见《国史考异》卷1之4及(明)郑晓撰，李致忠点校：《今言》卷4之329(中华书局1984年版)，第185页。

⑥　《明太祖实录》卷1，壬辰年二月乙亥；《皇明本纪》。

赵均用、彭大、彭早住投奔濠州后,脱脱派升任中书左丞的贾鲁与知枢密院事月阔察儿领兵尾随而来。这一年冬天,濠州已被元军紧紧包围起来。大敌当前,濠州城里的几个首领这才丢开嫌怨,共同指挥将土守卫城池。他们凭借城高濠深,粮食充足,顽强抵抗。贾鲁担心元军驻屯坚城之下,时间一长,士卒疲惫,士气低落,决定不惜代价,攻下这座城池。至正十三年(1353)五月,他与月阔察儿亲自临阵督战,下令:"必以今日巳、午时取城池,然后食。"①一时金鼓齐鸣,杀声震天。不想刚刚攻到城下,贾鲁忽然感到头晕目眩,天旋地转,从马上摔下来,不久病死。主帅一死,元军士卒溃乱,解围他去。濠州脱离了险境,彭大、赵均用喜不自胜,彭大称鲁淮王,赵均用称永义王,郭子兴和孙德崖等五人仍称元帅,听从他们的指挥②。

在元军对濠州合围后,朱元璋曾奉命领奇兵从城中突围而出,攻打萧县、灵璧和虹县。元军撤围后,濠州虽然转危为安,但死伤不少人马,储存的粮食也用光了,急需补充兵员和粮食。朱元璋通过一个老朋友的关系,弄到几引盐,用船载到怀远,换回几十石粮食,交给郭子兴以救燃眉之急③。十月,又回到钟离招募士兵④。比他小四岁的永年乡人徐达前来应募,与朱元璋"一见语合"⑤,朱元璋把他收入麾下。不到十天,就招募了700多人,朱元璋把他们带回濠州交给郭子兴。郭子兴大喜,提升他为镇抚,并把这700多人交给他统率。从此,朱元璋正式成为一名带兵的小军官⑥。七月,朱元璋带兵再克定远。第二年五月,郭子兴又提升他为总管⑦。

---

① 《元史》卷187,《贾鲁传》,第4292页。巳时等于现在的上午9时至11时,午时等于现在的中午11时至1时。

② 《元史》卷187,《贾鲁传》,第4292页;《纪事录笺证》卷上,第17页;《明太祖实录》卷1,癸巳年五月壬午;《明太祖集》卷14,《纪梦》,第282页;《国初群雄事略》卷2,《滁阳王》,第47页。

③ 《皇明本纪》。

④ 《皇明本纪》。

⑤ 《明史》卷125,《徐达传》,第3723页。

⑥ 《明太祖集》卷14,《纪梦》,第282页;《明太祖实录》卷1,癸巳年六月;《献征录》卷3,张来仪:《滁阳王庙碑》。按:濠州红巾军的军制仿效元制,元代的镇抚品级相当于副千户。

⑦ 《纪事录笺证》卷上,第19页。按:濠州红巾军的总管级别仅次于元帅而高于万户。

第三节　计取和州，升任左副元帅

至正十三年(1353)冬，朱元璋看到彭、赵二王"驭下无道"[①]，"以力御众"[②]，单纯依靠打骂惩罚的手段来治军，部队缺乏训练，纪律不好，料想他们将来成不了气候。他把手下的 700 多人交给别的将领统率，自己带着徐达、汤和、吴良、吴祯、花云、陈德、顾时、费聚、耿再成、耿炳文、唐胜宗、陆仲亨、华云龙、郑遇春、郭兴、郭英、胡大海、张龙、陈桓、谢成、李新、张赫、张铨、周德兴等 24 人离开濠州，往南到定远一带发展势力[③]。

第二年即至正十四年五月，在南略定远的路上，朱元璋身患重病，只得半途折返。回到濠州后，病情越发严重，治疗半个月，才逐渐缓过来。五月底，听说定远张家堡有支地主武装"义兵"3000 人，号称驴牌寨，主帅是郭子兴的老朋友，目前孤军乏粮，想投奔郭子兴又犹豫不决，郭子兴拟派人去招降又找不到合适的人选。朱元璋带病请命，主动要求前去招降。郭子兴问他需带多少人马，他说人多容易引起对方怀疑，带十来个人就足够了。第二天，朱元璋带着费聚等二名骑兵和九名步卒出发。路上连续发了两次病，先后歇了六天，赶了 100 多里路，来到宝公河畔。他让其他人留在河边待命，自己带费聚前往驴牌寨兵营，对"义兵"主帅说："郭公与足下有旧，闻足下军艰食，他敌欲来攻，特遣吾相报。能相从，即与俱往；否则，移兵避之。""义兵"主帅当即与他交换信物，说待将士收拾好行装，即前来归附。朱元璋留下费聚等候，自己先带其他人返回濠州。过了三天，费聚来报，说驴牌寨主帅已经变卦，正准备把队伍拉到别的地方。朱元璋立即带领 300 人马赶去，但他费尽口舌，驴牌寨主帅还是"且诺且疑"。朱元璋走出兵营，叫人把驴牌寨的主帅找来，派 50 名壮士把他强行押离营地。等他离开营地十几里，再派人回兵营传话，说主帅已经另选新

---

① 《明太祖实录》卷 1，癸巳年六月。

② 《皇明本纪》。

③ (明)陈建著，钱茂伟点校：《皇明通纪》《皇明启运录》卷 1(中华书局 2008 年版，第 8—9 页)录载朱元璋南略定远所带的 24 人名单为：徐达、汤和、吴良、吴祯、花云、陈德、顾时、费聚、耿再成、耿炳文、唐胜宗、陆仲亨、华云龙、郑遇春、郭兴、郭英、胡大海、张龙、陈植、谢成、李新、张赫、张铨、周德兴。(明)朱国桢《皇明大事记》卷 1(《皇明史概》本))所载朱元璋南略定远所率 24 人名单与此相同。黄云眉《明史考证》(中华书局 1984 年版，第 1 册第 4 页)指出："《罪惟录》《太祖本纪》改陈植为陈桓是也。"但查继佐的《罪惟录》卷 1(《太祖高皇帝》(第 4 页)所录 24 人名单，又将胡大海误记为胡海。胡大海，"字通甫，泗之虹县人"(《宋濂全集》卷 48，《胡越公新庙碑》，第 1064 页)。胡海"字子祥，凤阳定远人"([明]朱国桢《皇明开国臣传》卷 5，《东川侯胡公》(《皇明史概》本)。两人虽然都姓胡，但并非是一个人。《皇明启运录》卷 1(第 9 页)说朱元璋南略定远所带的 24 人"皆濠州人"。其实，吴良、吴祯、张铨和华云龙出生于定远，费聚和耿再成出生于五河，花云出生于怀远，胡大海出生于虹县，张赫出生于临淮，其余 17 人出生于濠州。但元末的濠州，在吴元年(1367)升格为临濠府，洪武二年(1369)建中都，六年改称中立府，七年改为凤阳府，领 5 州 13 县，定远、怀远、虹县、临淮诸县皆归其管辖(《明史》卷 40，《地理志一》，第 912—915 页)，因此这 24 人也都可称为濠州人。

的营地,让他的部下移营。3000名"义兵"信以为真,放火烧毁兵营,跟随而来,那个主帅无计可施,只好投降①。接着,朱元璋又带兵去豁鼻山,招降另一地主武装头目秦把头,得"义兵"800余人②。

朱元璋将招降的地主武装进行一番训练,六月就指挥他们往东攻打横涧山的缪大亨。缪大亨是定远人,曾组织地主武装为元朝攻打濠州,失败后带领2万部众退屯横涧山,元朝封他为义兵元帅,派张知院监军。朱元璋命怀远人花云率兵夜袭横涧山,张知院兵败出逃。翌晨,缪大亨率众投降。朱元璋获得当地兵民7万多人,队伍迅速壮大③。缪大亨投降后,定远其他一些结寨自保的地方武装如吴复、冯国用和国胜(后改名宗异,又改名胜)兄弟、丁德兴等,也相继归附。丁德兴还跟朱元璋出征洪山寨的"义兵",他带领手下的百名士卒,率先攻入寨堡,擒其首领,招降了几千人马④。

在南略定远的过程中,朱元璋不仅招降了许多地主武装,而且大力招募贫苦农民入伍,"不逾月而众集,赤帜蔽野而盈岗"⑤。朱元璋从中挑选精壮男子2万多,加以严格训练。这些人多数来自地主武装"义兵",从前缺乏训练,不讲纪律。朱元璋训诫他们说:"尔众初非不多,一旦为吾所有,何也?盖将无纪律,士不素练故尔!今练习尔等,欲令知纪律也!宜共勠力,以建功业。"将士听了,众口一词地答道:"唯公所命!"⑥经过严格的训练,朱元璋决定率领这支队伍,向东南方向出击,攻拔滁州。

七月,朱元璋带兵进入滁州境内。长身黑面、骁勇绝伦的前锋花云,单骑冲在前头,在半道突然遇到数千名敌兵,他高举长矛翼卫朱元璋,接着又拔剑出鞘,跃马飞驰,直冲敌阵而过。敌兵相顾失色,惊呼:"此黑将军勇甚,不可与争锋!"⑦朱元璋的大队人马很快赶到,乘势攻占了滁州。不久,虹县人邓愈与胡大海先后前来投奔。元末农民大起义爆发后,邓愈的父亲在虹县起兵响应,曾袭据濠州,后与元军作战而死,邓愈兄友隆代领其部,不久又病逝,邓愈被部众推为首领,当时他才十六岁,每战皆冲杀在前,"军中咸服其勇"⑧。听到朱元璋攻占滁州的消息,他从虹县率部来归,被命为管军总管。胡大海长身铁面,膂力过人。他从虹县来归,被朱元璋任为前峰⑨。这样,朱元璋手下又多了两员勇将。

---

① 《明太祖实录》卷1,癸巳年六月;《皇明本纪》;《献征录》卷3,张来仪:《滁阳王庙碑》。
② 《鸿猷录》卷1,《集师滁和》,第4页。
③ 《鸿猷录》卷1,《集师滁和》,第5页。
④ 《明太祖集》卷14,《纪梦》,第282页;《鸿猷录》卷1,《集师滁和》,第4页。
⑤ 《大明皇陵之碑》,《明中都研究》,第148页。
⑥ 《明太祖实录》卷1,癸巳年六月。
⑦ 《宋濂全集》卷55,《东丘侯花公墓碑》,第1299页;《明史》卷289,《花云传》,第7408—7409页。
⑧ (明)程敏政辑:《皇明文衡》卷73,朱梦炎:《卫国公邓公神道碑》,《四部丛刊》本。
⑨ 《明史》卷133,《胡大海传》,第3878页。

在南略定远、攻拔滁州的过程中，朱元璋开始吸收一些下层知识分子。先是南略定远时，定远人冯国用兄弟来归。冯国用性聪敏，读书过目成诵，喜读《孙子兵法》，穷昼夜不释，遇有会意处，辄叹曰："吾当以此佐太平，取功名也！"[①]其弟冯胜也喜读书，通兵法，"雄勇多智略"[②]。元末四处兵起，兄弟俩组织地主武装，结寨自保。朱元璋略地至妙山，他们俩率部归附。朱元璋见冯国用的穿着像个儒生，觉得他有学问，便讨教平定天下的计策，他回答说："金陵〔原为邑名，战国楚威王七年（前333）灭越后设置，因金陵山（今南京市钟山）而得名。在今江苏南京清凉山。后遂成为南京市的别称〕龙盘虎踞，帝王之都。愿先拔金陵而定鼎，然后命将四征，天下不难定也！"[③]朱元璋大喜，命居幕府，协赞兵政。还有定远昌义乡人毛麒（《明史》本传作毛骐），在元末与该县大姓陈氏组织一支地主武装，结寨自保。朱元璋略取定远之前，这支"义兵"作鸟兽散。朱元璋队伍到来后，毛麒扶县令出降。朱元璋认为他是个有识之士，就把他留在身边，"宠遇优渥，朝夕俾公侍膳，与其计征讨之事"[④]。毛麒从此成为朱元璋的一名重要助手，攻滁州时令其"典仓廪，兼掌晨昏历，稽将帅之失伍者"，渡江后又让他和李善长一起协赞"文书机密"[⑤]。

接着，在攻打滁州途中，李士元前来求见。李士元"家于歙之狮塘，本姓胡，名以进"[⑥]。他少有志计，读书粗持文墨，习法家言，策事多中，因而被"里中推为祭酒"[⑦]。后来在昱岭关做了一名小吏。"值蕲、黄兵乱，携幼子避地池（滁）阳，会高祖（朱元璋）徇池阳，公谒道旁"求见[⑧]。朱元璋问他："四方战斗，何时定乎？"他答道："秦乱，汉高起布衣，豁达大度，知人善任，不嗜杀人，五载成帝业。今元纲既紊，天下土崩瓦解。公濠产，距沛不远。山川王气，公当受之。法其所为，天下不足定也。"[⑨]朱元璋听后犹如醍醐灌顶，不觉眼前一亮，连连点头"称善"，任命他为掌书记，嘱咐说："方今群雄并争，非有智者不可与谋议。吾观群雄中持案牍及谋事者，多毁左右将士，将士弗得效其能，以至于败。其羽翼既去，主者安得

①　《献征录》卷6，《郢国公冯国用》。

②　《明史》卷129，《冯胜传》，第3795页。

③　《献征录》卷6，《郢国公冯国用》。

④　《宋濂全集》卷54，《毛公神道碑》，第1261页。

⑤　《明史》卷135，《郭景祥传附毛骐传》，第3921页。

⑥　（清）许楚：《青岩诗文集》卷10，《李韩公外传》，清康熙五十四年白华堂刻本。按：据俞本《纪事录》卷上（《纪事录笺证》第48页）载，李士元于龙凤二年改名为善长。李善长的籍贯，《明实录》《明史》皆记为安徽定远，谈迁《枣林杂俎》智集《李韩公灯榜藏敕》（罗仲辉、胡明校点校，中华书局2006年版，第20页）云："李丞相善长，史谓定远人，实世居徽郡，祖□葬郡城东十里。丞相少读书灵金山。"《民国歙县志》（民国刻本）也说他是歙县人。参看张健：《李善长籍贯歙县说》，《安徽史学》1992年第2期。

⑦　《献征录》卷11，王世贞：《中书省左丞相太师韩国公李公善长传》；《明史》卷127，《李善长传》，第3769页。

⑧　《青岩诗文集》卷10，《李韩公外传》。

⑨　《明史》卷127，《李善长传》，第3769页。

独存,故亦相继而亡。汝宜鉴其失,务协诸将以成功,毋效彼所为也!"①朱元璋带兵进入滁州,滁州颇有名声的儒士范常,也仗策至营帐拜谒,朱元璋热情接待,两人谈得非常投机,即将他留置幕下。"有所疑即以问君,君每以实对,辄称旨"②。

这样,朱元璋在攻略定远、滁州的过程中,不仅招募农民入伍,收编地主武装,壮大自己的实力,扩大占领的地盘,更重要的是吸收了一些掌握历史文化知识的下层知识分子,留置幕府,充当谋士顾问,为自己出谋划策。朱元璋最初投奔起义,纯粹是被逼上梁山,"本图自全,非有意于天下"③。正是听取了这些士人的建议之后,他开始萌生推翻元朝统治、谋取天下的思想,并认识到要谋取天下,必须"豁达大度,知人善任,不嗜杀人",需要"倡仁义,收人心,勿贪子女玉帛";而在敌强我弱且又群雄并起的形势下,必须"先取金陵以为根本",攻取龙盘虎踞的集庆(今江苏南京),营建一个比较稳固的战略基地,进可攻,退可守,才能立于不败之地,然后四出征伐,逐一击败对手,谋取天下。从此一个先取金陵以为根本,再四出征伐,谋取天下的战略计划,在他的脑海中开始酝酿形成。朱元璋深知,自己目前只是郭子兴手下的一名小军官,既没有独立的指挥大权,也没有一支完全听从自己号令的武装队伍,更缺乏一支数量可观的船队,这个战略计划是无法付之实施的。但他暗下决心,要尽最大的努力,为这个战略计划的实现创造必要的条件。

朱元璋进攻滁州时,彭大、赵均用与孙德崖等已带兵攻下盱眙、泗州,并把郭子兴挟持到泗州。彭、赵几次想杀郭子兴,但因朱元璋在滁州有几万人马,不敢下手,便派人请朱元璋去守盱眙,准备就近把他除掉。朱元璋识破他们的阴谋,推辞不去。不久,彭大与赵均用发生火并,彭大死去,他的儿子彭早住继称鲁淮王,但队伍已大部被赵均用夺走,赵均用遂专兵柄。郭子兴原来依靠彭大,彭大一死,他势孤力弱,随时都有被害的危险。朱元璋急忙派人去见赵均用,劝他不要忘记郭子兴当初开门延纳的恩德,听从小人的谗言,恩将仇报,自翦羽翼;否则,一旦发生火并,郭子兴被害,其部众不服,他也不得安生。赵均用看到朱元璋在滁州兵势甚盛,稍微改变了态度,"待子兴稍以礼"。朱元璋又派人带钱去贿赂赵均用左右的亲信,让他们在赵均用面前说好话,赵均用终于答应放郭子兴去滁州④。

郭子兴带着部众1万人来到滁州,朱元璋立即交出兵权,将自己手下的人马献给郭子兴。郭子兴举行盛大的阅兵式,看到朱元璋训练的3万多军队,军容整肃,号令严明,心中

---

① 《明太祖实录》卷1,癸巳年六月。

② 《献征录》卷10,王祎:《起居注范君常传》;《明史》卷135,《范常传》,第3917页。

③ 《明太祖实录》卷58,洪武三年十一月戊戌。

④ 《明太祖实录》卷1,癸巳年六月;《明史》卷122,《郭子兴传》,第3680页;《皇明本纪》;(清)钱谦益:《牧斋初学集》卷101,《太祖实录辨证》,《四部丛刊》本。

大喜①。

谁料刚过一个月，有人在郭子兴面前挑拨离间，说朱元璋坏话。郭子兴的儿子郭天叙、郭天爵又嫉妒朱元璋，常在郭子兴面前搬弄是非。有一天，郭天叙、郭天爵还设宴请朱元璋，"阴置毒酒中，欲害之"，朱元璋事先得到消息，届时随同他们二人一起前去赴宴。走到半道，朱元璋勒紧缰绳，马遽跃起，他即大骂郭天叙兄弟：我哪点对不起你们，你们如何要害我？两人吓得汗流浃背，"自此不敢萌害意"②。郭子兴本来就忌才护短，不能容人，他也不想让朱元璋的势力过分膨胀，妨碍他儿子将来接班，一听到那些闲言碎语，就对朱元璋猜忌、疏远起来。他不仅把朱元璋身边几个亲信的将校和幕僚全部调走，还想把李士元也调到自己的元帅府。李士元向朱元璋哭诉，朱元璋无可奈何地说："主帅之命，弗可违也！"李士元还是不肯离去，后来郭子兴没再召他，他才没走。"自是四方征讨总兵之权"，朱元璋"皆不得与"③。有一天，郭子兴甚至把朱元璋关闭起来，断绝他的饮食。马夫人几次偷偷给送吃的，有次将刚刚烤熟的烙饼揣在怀里给他送去，把胸口烫红了一大块④。朱元璋知道郭子兴犯了疑心病，处处小心谨慎，对他毕恭毕敬，不敢有丝毫怨言。不久，有个姓任的诬告朱元璋"每战不力"，郭子兴信以为真，命令朱元璋和这个姓任的一起出战。姓任的出城不到十步，即中矢而还，朱元璋却奋勇直前杀退敌兵，回城时浑身上下无一伤痕⑤。当时诸将出征归来，都带一大堆金银珠宝献给郭子兴，但朱元璋领兵出战，严禁剽掠，缴获的战利品又都分给部下，没给郭子兴献过什么财宝，郭子兴心里仍很不高兴。马夫人看出养父的心思，就把自己的私房钱拿出来送给郭子兴的正室夫人张氏。张氏非常高兴，也替朱元璋说好话。这样，郭子兴才逐渐消除对朱元璋的猜忌⑥。

朱元璋在滁州思念失散多年的亲友，他派人询访，"思亲询旧，终日慨慷"。打听结果，"知仲姊已逝，独存驸马与甥双"，"次兄已殁又数载，独遗寡妇野持筐"⑦，三哥也已去世⑧。至正十四年（1354）十月，大嫂带着侄儿朱文正和侄女从淮东前来相聚⑨。尽管朱元璋对已故的大哥朱重四非常不满，因为他大哥是长子，从小受到父亲的宠爱，长大后却"无状甚

---

① 《献征录》卷3,张来仪：《滁阳王庙碑》；《明太祖实录》卷1,癸巳年六月；《胜朝彤史拾遗记》卷1。

② （明）谷应泰撰：《明史纪事本末》卷1,《太祖起兵》,中华书局1977年版,第5页。

③ 《明太祖实录》卷1,癸巳年六月。

④ 《明史》卷113,《后妃列传》,第3505页；《胜朝彤史拾遗记》卷1。

⑤ 《明太祖实录》卷1,癸巳年六月。

⑥ 《明太祖实录》卷1,癸巳年六月；《明史纪事本末》卷1,《大祖起兵》,第4页。

⑦ 《大明皇陵之碑》,《明中都研究》,第148页。

⑧ 《七修类稿》卷7,《朱氏世德碑》（第84页）："二十四岁,天下大乱,诸兄皆亡。"

⑨ 《罪惟录》帝纪卷1,《太祖本纪》,第5页。

焉,其非奉父母之道有不可胜言"①,对父母很不孝顺。不过,比朱元璋小几岁的朱文正,毕竟是自己仅存的唯一亲人,在离散十年后已长成了个壮小伙子,他还是感到由衷的高兴,"分离数年,扰攘中一见眷属复完,其不胜之喜复何言哉"②。十二月,携家避难淮东的二姊夫李贞得到消息③,也带着十六岁的外甥保儿前来投靠,"一时会聚如再生,牵衣诉昔以难当"④。在此之前,朱元璋夫妇曾收养过定远孤儿沐英。沐英,"八岁而孤,遭元末大乱,居室毁于兵,随母逃避。母亦病故,挈无所归,谒上濠梁,上为恻然,与孝慈皇后(即马夫人)抚之为子,赐姓朱氏",赐名文英⑤。当时文武官员的儿子叫舍人,简称为舍,沐英因此又称沐舍,也叫周舍。保儿到来后,朱元璋见他年幼丧母,甚觉可怜,就将他改姓朱,取名文忠,当作自己的儿子交给夫人马氏收养⑥。此后,朱元璋开始大量收养义子,先后收养了20多人,除沐英以及身兼外甥和义子双重身份的朱文忠外,还有保儿(与朱文忠小名相同的另一义子)、道舍、柴舍、马儿、金刚奴、也先、买驴、真童、泼儿、老儿、朱文逊、王驸马等,保儿即平安,道舍即何文辉,柴舍即朱文刚,马儿即徐司马,金刚奴、也先、买驴、真童、泼儿、老儿、王驸马复姓后的姓名都已失传,朱文逊的小名也失传了⑦。后来,这些义子长大成人,朱元璋便"命偕诸将分守诸路"⑧。

听说朱元璋成了郭子兴红巾军的一名小头领,朱元璋小时的几个好伙伴,也相继前来投奔。至正十三年(1353)三月,刘继祖病逝,当年十一月夫人娄氏亦病故,他们的儿子刘秀无依无靠,便辗转找到朱元璋。朱元璋喜出望外,说:吾故人至矣!问了他家的情况,不禁惨恻动容,随即解下身上的佩剑送给刘秀,让他充任自己的随身护卫,朝夕相伴。在这前后,汪氏老母的二儿子曹秀也来投奔,充当朱元璋的随身护卫。后来,朱元璋将刘秀和曹秀叫到身边,问道:你们年龄都不小了,为什么还没有个正式的名字?他们回答说:没人给取名啊!朱元璋便给刘秀取名为"英",回头又对曹秀说:你父亲名刘继祖字大秀,你小名叫秀,也不妥当,就改称为"文",并随母亲改姓为汪。他们两人赶忙向朱元璋道谢,从此一个叫刘英,一个叫汪文,汪文的三个兄弟也随之都改姓汪⑨。不过,曹均家族的其他支脉

---

① 《御制纪非录》,《明太祖与凤阳》第 706 页。

② 《御制纪非录》,《明太祖与凤阳》,第 707 页。

③ 《明太祖实录》卷 1,甲午年七月。

④ 《大明皇陵之碑》,《明中都研究》,第 149 页。

⑤ 《明史》卷 126,《李文忠传》,第 3741 页。

⑥ (明)黄金:《皇明开国功臣录》卷 1,《沐英》,(台北)文海出版社有限公司影印本。

⑦ (明)刘辰:《国初事迹》,《借月山房汇钞》本;(明)孙宜:《洞庭集·大明初略三》,《玄览堂丛书续集》本;(明)王世贞撰,魏连科点校:《弇山堂别集》卷 86,《诏令杂考二》,中华书局 1985 年版,第 1633 页;《明史》卷 134,《何文辉附徐司马传》,第 3897—3898 页;《明史》卷 144,《平安传》,第 4069 页。

⑧ 《明史》卷 134,《何文辉传》,第 3897 页。

⑨ 《天启凤阳新书》卷 2,《刘继祖传》;《明故松山墓志铭》。

仍然保留曹姓,所以凤阳民间至今还流传着"洪武改姓,曹汪一家"的说法,并一直坚持曹、汪两家不许通婚的习俗。汪文有个弟弟叫源,后来也参加了朱元璋的队伍,起初为"孙军章下军",至正二十六年也当了朱元璋身边的护卫①。赵氏干娘的长子赵璧,后来在至正十五年也前来投军,十年后于"乙未年(1355)充参随"②,亦成为朱元璋身边的随从人员③。

至正十四年(1354)十一月,元右丞相脱脱统兵百万大败张士诚于高邮,分兵围六合④。

张士诚,小名九四,淮南泰州白驹场(今属江苏东台)人。他从小有膂力,会武艺,讲义气,轻财好施。泰州濒海,海上有 36 处盐场,张士诚和兄弟士义、士德、士信以驾船运盐为生,兼贩私盐。我国的盐从秦汉以来,就实行官卖。官盐税重价高,有人就靠贩卖私盐赢利。贩卖私盐是犯法的事,经常遇到官兵的追捕。当地的富豪捉住张士诚兄弟贩卖私盐的把柄欺侮他们,有时买了他们的私盐不给钱。弓兵丘义更与张士诚兄弟作对,不时凌辱他们。张士诚愤怒不平,乘各地农民起义爆发之机,带领几个兄弟和李伯昇、潘元明(又作潘原明)、吕珍等 18 人,于至正十三年春杀死丘义和当地的富豪官吏,放火焚烧他们的房屋。当地盐丁苦于官役过重,怨恨官府,纷纷前来投奔,共推他为首领。张士诚带领起义群众,攻入旁郡盐场;行至丁溪,遭到地主刘子仁"义兵"的阻击。张士义中矢死亡,张士诚等奋起击溃刘子仁,三月攻占泰州⑤。

张士诚在泰州起义,既影响元朝的盐税和漕运收入,又与正在大江南北奋战的各支红巾军遥相呼应,对元朝的威胁极大。元廷命令淮南江北行省出兵镇压,遭到失败,便派高邮知府李齐前去诱降。张士诚一度答应投降,表示"愿受民职自效"⑥,元淮南江北行省授他为万户⑦。但当行省参知政事赵琏催逼他修治戈船,去攻打濠、泗的红巾军时,他怕吃亏,又起兵执杀赵琏,攻占兴化(今属江苏),五月占领高邮⑧。至正十四年正月,张士诚在高邮自称诚王,建国号大周,年号天祐。六月,攻占江北重镇扬州,切断京杭大运河的漕运。元代江南的经济远较北方发达,特别是江浙行省"财赋居天下十七"⑨。据记载,江浙

---

① 中国第一历史档案馆、辽宁省档案馆编:《中国明朝档案总汇》第 62 册,广西师范大学出版社 2001 年版,第 184 页。

② 《中国明朝档案总汇》第 62 册,第 179 页。

③ 参看夏玉润:《洪武皇帝朱元璋与孤庄村三户农民》,《南京钟山文化研究》总第 21 期(2015 年 5 月)。

④ 《元史》卷 43,《顺帝本纪六》,第 917 页。

⑤ 《南村辍耕录》卷 29,《纪隆平》,第 356 页;《草木子》卷 3 上,《克谨篇》,第 44 页;《明太祖实录》卷 25,吴元年九月己丑;《明史》卷 123,第 3692 页。

⑥ 《罪惟录》列传卷 6,《吴张士诚》,第 1324 页。

⑦ 《明史》卷 123,《张士诚传》,第 3692 页。

⑧ 《元史》卷 194,《赵琏传》,第 4403 页。

⑨ 《元史》卷 183,《苏天爵传》,第 4226 页。

行省每年上交的税粮多达 4494783 石,几乎占到元政府岁入粮数 12114708 石的四成①;上交商税 269027 锭多,也居各行省之首②。所以当时人说:"国家经费,独仰于东南而已!"③从江南征收的岁贡和税粮,主要是通过大运河和海道往北调发的,大运河一被切断,江南的岁贡和税粮都有断绝的危险。元顺帝惊恐不已,九月派脱脱率领诸王、各省军马及西域、西番兵、高丽兵,去高邮镇压张士诚④。南方许多地主武装,也纷纷出动,积极参与这次围剿。如浙东地主戴国彬即"率子弟,携义旅,不惮海道,从事金革。舳舻之供,辇橐之需,皆所自给"⑤。

脱脱统领百万兵至高邮,日事攻击,矢石如注,在城外大败张士诚军,遂分兵西围六合。不少地主武装也加入这次围剿,"近报大军屯六合,义兵日日点行频"⑥。当时,六合在赵均用、孙德崖队伍手里,他们眼看抵挡不住,就派同朱元璋熟悉的人在半夜赶到滁州求救。郭子兴与赵均用、孙德崖等人有矛盾,拒不发兵。朱元璋认为"雄虽异处,势同一家"⑦,而且六合与滁州唇齿相依,六合在滁州东南,是滁州的屏障,不能不救,说:"六合被围,无救必毙;六合既毙,次将及滁,岂可以小憾而弃大事?"在朱元璋的劝说下,郭子兴才决定派将领兵去救六合。但诸将慑于百万元兵的威势,都借口"祷神不吉",推辞不去。郭子兴只好找朱元璋,要他领兵出救,并叫他先求神卜个凶吉。朱元璋欣然接受,说:"事之可否,当断之于心,何必祷也!"⑧

朱元璋带兵来到六合,与耿再成共守瓦梁垒。元兵排山倒海般冲杀过来,朱元璋率兵拼死抵抗。激战了几天,朱元璋感到众寡难敌,死守不是办法,必须改用计谋,才有可能摆脱险境。他把队伍全部撤进堡垒,收拾好粮食,再叫全城的妇女站到城门前,戟手大骂。元兵相视愕然,不知出了什么事,谁也不敢逼近。全城的人马乘机列队而出,牛畜和妇女走在前头,青壮男子殿后,有条不紊地往西撤退。等他们撤到滁州,元兵方知上当,赶忙策马追击。耿再成带兵迎战,中途佯装败逃,把他们引入一条山涧。元兵不知是计,被山涧两侧的伏兵打个措手不及,慌忙下马逃命。滁州城中的守军鼓噪而出,乘胜追击,与伏兵两面夹攻,缴获了许多马匹。朱元璋担心元兵人多势众,会再增兵来攻,又命地方父老携

① 《元史》卷 93,《食货志一》,第 2360 页。

② 《元史》卷 94,《食货志二》,第 2400 页。

③ (元)朱德润:《存复斋文稿》卷 5,《送张尚书序》,《四部丛刊续编》本。

④ 《元史》卷 43,《顺帝本纪六》,第 916 页;卷 138,《脱脱传》,第 3346 页;(朝)郑麟趾:《高丽史》卷 38,《恭愍王世家》,韩国延世大学校东方学研究所影印本。

⑤ (元)李士瞻:《经济文录》卷 5,《赠戴氏序》,《四库全书》本。

⑥ (明)顾瑛:《玉山璞稿·至正甲午年十一月二十七日雾中作》,《读画斋丛书》本。

⑦ 《皇明本纪》。

⑧ 《明太祖实录》卷 1,甲午年十月。

带牛酒,把缴获的马匹送还元军将领,说城中全是良民,所以举兵结聚,是为了备御"他盗",希望将军抚存百姓,不加攻杀,而并力去攻高邮,大家情愿为大军提供军需给养。元军将领信以为真,对部下说:看来他们真是良民,如果不是良民,岂能送还马匹呢? 于是下令引兵他去①。

郭子兴眼光短浅,没有远大斗争目标,见元兵撤退,就想在滁州称王。此时,反元的农民起义刚刚发动几年,元朝的军事力量尚占优势,百万元军还在高邮,一旦据地称王,树大招风,就会引起元廷的注意,遭到元军的围攻,况且滁州的经济、地理条件又不太好,不是个长期立足之地。朱元璋极力劝阻,对郭子兴说:"滁,山城也,舟楫不通,商贾不集,无形胜可据,不足居也!"郭子兴听后沉默不语,称王的事不了了之②。

滁州虽然保住了,但朱元璋的处境仍然十分困难。因为百万元兵还在高邮,对他仍然是个极大的威胁。更严重的是,全国几支主要的农民军这时都相继遭到挫折,起义转入低潮,形势变得非常严峻。

各地的起义军之所以相继遭到挫折,这同南方汉族地主的政治态度是分不开的。在元末错综复杂的社会矛盾中,农民和地主的阶级矛盾是制约和影响其他矛盾的主要矛盾。红巾军初起时,虽然由于农民的阶级和历史的局限性,仅以"弥勒下生""明王出世"和"复宋"的口号相号召,没有提出鲜明的阶级斗争口号。即便如此,在他们把斗争的矛头指向元朝统治者的同时,也还是对地主阶级进行严厉的打击。后来,随着斗争形势的发展,有的起义军进一步提出鲜明的阶级斗争口号。据记载,至正十二年二月,徐寿辉领导的南方红巾军攻入湖北,连克江西诸郡。四月,江西宜黄涂乙、涂佑与新城(今江西黎川)童远率领的一支红巾军,在福建建宁应必达的配合下,袭据建宁,继破泰宁,乘虚攻占邵武。他们打着红巾军的红旗,拿着徐寿辉政权的文告,"扬言'摧富益贫,以诱村氓从逆'。这个口号进一步发展宋代农民起义的"均贫富"口号,表达了广大贫苦农民要求摧毁富家豪族的愿望,受到当地贫苦农民的热烈欢迎,旬日间众至数万,"大掠富民家,散入山谷搜劫,无获免者"③。其他地方的起义农民,也是"见富人如仇,必欲焚其屋而杀其人"④,对封建制度发动猛烈的冲击。例如,徽州的起义农民,冲进一个吴姓地主家里,宣布:"金珠,我有也;牛羊,我有也;谷粟,我有也!"⑤吓得这个地主扔下家产逃亡。江西建昌的起义农民,捉拿剥

①《明太祖实录》卷1,甲午年十月;《明史纪事本末》卷1,《太祖起兵》,第4—5页。
②《明太祖实录》卷1,甲午年十月。
③《嘉靖邵武府志》卷2,《黄镇成撰碑》,上海古籍出版社影印本。
④(元)卢琦:《圭峰先生文集》卷下,《谕寇文》,明万历刻本。
⑤(明)唐桂芳:《白云文稿·吕氏嘉贞传》,《唐氏三先生集》,明正德刻本。

削他们的地主,警告说:"田地尽与我则生!"①迫使地主乖乖地交出了土地。就连处在社会最底层的奴仆,也对欺压他们的主人展开英勇的斗争。江西永新小乌坑的奴仆温同等九人,乘各地农民起义风起云涌之机,杀主人汤德新一家。汤德新的孙子恭者带伤逃窜,到州衙告状,州官怕事态扩大,会激起其他奴仆的反抗,置之不理②。农民战争的熊熊烈火,使地主阶级的利益受到严重威胁,引起他们的刻骨仇恨。为了保护自己的土地财产和特权地位,各地的地主富豪,包括那些和以蒙古贵族为首的元王朝存在种种矛盾的江南地主,便站到朝廷一边,"嚼齿骂贼,誓不俱生"③。他们或者为元军献粮献策,或者聚众结寨自保,或者组织地主武装"义兵",与农民军对抗。元廷看到"世袭官军,善战者少"④,对这些地主武装采取积极鼓励的态度,规定"义兵"镇压起义有功者担任军职,战事结束后授以民职,并在各地设立管领"义兵"的官员,以为节制。早在刘福通发动农民大起义之前,元廷曾在湖广平乐、道州(治营道,今湖南道县)、武冈、靖州(今湖南靖县)等地设置"义兵"千户所⑤。农民大起义爆发后,又于至正十三年十一月,在江西设义兵千户所。第二年二月,在河南、淮南两省并设义兵万户府;五月,又设南阳、邓州等处毛葫芦义兵万户府⑥。

在汉族地主阶级的支持下,元朝军队从至正十二年(1352)下半年起,对农民起义军展开疯狂的反扑。各地农民起义军缺乏斗争经验,他们既没有建立起巩固的根据地,彼此又不协同,各自为战,以至被敌人各个击破。至正十二年七月,南方红巾军的杰出领袖彭莹玉在杭州战败,被俘牺牲⑦。十一月,另一重要的战将项普略也在徽州被擒就义⑧。南方红巾军被迫退出长江的中、下游地区,到至正十三年底,天完都城蕲水又被元军攻破,徐寿辉率部逃入黄梅山和沔阳湖中。与此同时,徐州的芝麻李在至正十二年九月陷于失败,王权的北锁红军和孟海马的南锁红军也在至正十三、十四年相继遭到镇压。由于芝麻李和王权、孟海马的败殁,北方红巾军的两翼失去屏障,加上河南地主武装察罕帖木儿和李思齐又袭破罗山,进驻沈丘(今安徽临泉西北),更使北方红巾军的发展遭到严重阻碍。到至

---

① 《正德建昌府志》卷19,《杂志》,明正德十二年刻本。

② (元)李祁:《云阳李先生文集》卷8,《刘纶、刘琚传》,国家图书馆藏抄本。

③ 《宋濂全集》卷65,《元赠进义副尉金溪县尉陈府君墓铭》,第1528页。

④ 《青阳先生文集》卷5,《再上贺丞相书》。

⑤ 《元史》卷92,《百官志八》,第2342页。

⑥ 《元史》卷43,《顺帝本纪六》,第912—915页。参看陈高华:《元末农民起义中南方汉族地主的政治动向》,《新建设》1964年第12期。按:毛葫芦义兵,最早为成吉思汗四大功臣木华黎的后裔朵儿直班所建。至正十二年,他出任陕西行台御史大夫,在金州(治今陕西安康)、商州等地募兵,"以兽皮为矢房(箭囊),状如瓢,号毛葫芦军"(《元史》卷139,《朵儿直班传》,第3359页)。因毛葫芦军作战勇猛,得到元廷重视,乃向附近地区推广。

⑦ 《牧斋初学集》卷80,《回金正希馆文书》。

⑧ (明)赵汸:《东山存稿》卷8,《克复休宁碑》,《四库全书》本;《嘉靖徽州府志》卷18,《材武·金符申》,明嘉靖四十五年刻本。

正十四年,刘福通被迫采取守势,北方红巾军的活动也停顿下来,斗争暂时转入低潮。

不过,这种沉寂的状态并没有保持多久。因为反动势力虽然得逞一时,但社会的基本矛盾并没有解决,而是在继续发展。在这段时间里,各地的自然灾害连续不断。至正十二年六月,大名路开(今河南濮阳)、滑(今河南滑县)、浚(今河南浚县)3州,元城11县发生水旱虫蝗,饥民达716980口①。第二年六月到八月,全国又久旱不雨。十四年四月,汾州介休县发生地震,江西、湖广发生大规模的饥荒和瘟疫;五月,蓟州发生雹灾;七月,潞州襄垣县发生风灾,"大风拔木偃禾",汾州孝义县发生地震;当年,京师还发生大饥荒,加上疫疠流行,"民有父子相食者"②。在死亡线上挣扎的千百万群众,对元朝统治者的仇恨情绪更加高涨,这就为斗争高潮的到来创造了条件。至正十四年底,元兵在高邮溃败,暂时的沉寂状态便被打破了。

脱脱围攻高邮一个多月,遭到张士诚的坚决抵抗。后来,元兵攻破外城,张士诚眼看坚持不住,"日议降附,又恐罪在不赦"③。正在犹豫不决之时,城外的元军突然乱哄哄地闹成一团,张士诚打开城门,纵兵出击,大获全胜。

这一戏剧性的变化,是元朝统治阶级内部矛盾激化、脱脱被罢官的结果。

脱脱是中书右丞相伯颜的侄子。伯颜原先因拥立元顺帝有功而受器重,后因居功自傲,专权自恣,"虐害天下,渐有奸谋"④,又招致元顺帝的不满。后至元六年(1340),脱脱与大臣世杰班、阿鲁等合谋,除掉伯父伯颜,从而受到元顺帝的信任,不断得到提拔,官至中书右丞相,他的弟弟也先帖木儿也受到重用。后来,蒙古贵族的倾轧仍未休止,他曾一度辞相。至正九年(1349),脱脱重新恢复相位后,日益专权,与中书右丞哈麻不和,调哈麻出任宣政院使,位居第三。哈麻与元顺帝的第二皇后高丽人奇氏合谋⑤,图立奇氏之子爱猷识里达腊为皇太子,又遭到脱脱的反对,因而对脱脱深怀忌恨,想寻机报复。哈麻于是设法巴结元顺帝,和妹婿秃鲁帖木儿等人暗中向他引荐藏传佛教僧人。藏僧能行房中运气之术,使人身之气或消或胀,或伸或缩,叫作"演揲儿法",也叫"秘密佛法""多修法""大喜乐"。他们对元顺帝说:"陛下虽贵为天子,富有四海,亦不过保有见世而已。人生能几何,当受此秘密大喜乐禅定,又名多修法,其乐无穷。"元顺帝非常高兴,封这些藏僧为司徒、大元国师。国师又推荐元顺帝的母舅老的沙、秃鲁帖木儿等10位懂这种佛法的人为"倚纳"

---

① 《元史》卷42,《顺帝本纪五》,第900页。
② 《元史》卷43,《顺帝本纪六》,第911—918页。
③ 《庚申外史笺证》卷上,第75页。
④ 《元史》卷138,《伯颜传》,第3338页。
⑤ 元朝有所谓三宫制度,一个皇帝立三个皇后。

（淫亵伙伴）。他们挑选一批妖冶的女人，与元顺帝一起搞"大喜乐"，"男女裸居，或君臣共被"①，丑声秽行，著闻于外。当时上都开平（今内蒙古多伦西北）刚刚修成穆清阁，连延数百间，千门万户，收养一大批年青美貌的女子，专供他们搞"大喜乐"之用。元顺帝玩得开心，对哈麻十分宠幸。哈麻乘机在他面前进行挑拨，说脱脱的坏话。脱脱出兵高邮后，哈麻和奇氏母子指使监察御史袁赛因不花连上三个奏折，弹劾脱脱"出师三月，略无寸功"，并弹劾其弟也先帖木儿"庸材鄙器，玷污清台"。元顺帝一怒之下，以"老师费财，已逾三月，坐视寇盗，恬不为意"②的罪名，下诏削夺脱脱的官爵，安置淮安路，其弟也先帖木儿安置宁夏路，另派河南行省左丞相泰不花、中书平章政事月阔察儿、知枢密院事雪雪取代脱脱担任前线指挥。诏书下到高邮，脱脱差点从马上摔下来，"大军百万，一时四散"，"其散如无所附者，多从红军"③。张士诚乘机出击，获得了胜利。脱脱被罢官后，元顺帝又下诏改置亦集乃路（今内蒙古额济纳旗），后改为流放云南。哈麻派人将他秘密毒死，代为丞相。

高邮之战是元末农民战争的一个转折点，自此"元兵不复振矣"④，农民起义军从劣势转变为优势，纷纷乘胜出击，把斗争重新推向高潮。

至正十五年（1355）正月，徐寿辉的部将倪文俊率领一支队伍攻占沔阳（今湖北仙桃西南沔城），然后率舟师昼夜并进，指向武昌。第二年，元朝坐镇武昌的威顺王宽彻普化令其子报恩奴、接待奴、佛家奴会同元帅阿思监率领水陆军迎击，到汉川鸡鸣汉船只搁浅。倪文俊用火筏焚烧敌船，元军大败，报恩奴、接待奴、佛家奴全都丧命，宽彻普化逃往陕西⑤。

刘福通率领的北方红巾军，早在至正十四年就开始举行反攻，占据安丰、颍州，进围庐州⑥。第二年正月，元顺帝急忙命令河南行省参知政事洪丑驴守御河南，陕西行省参知政事述律朵儿只守御潼关，宗王扎牙失里守御兴元（今陕西汉中），陕西行省参知政事阿鲁温沙守御商州，通政院使朵来守御山东，并令豫王阿剌忒纳失里与陕西行省平章政事搠思监会同商议军事，企图用几面合围战术，阻止北方红巾军的出击。但是，这个战术很快遭到失败，起义军屡战屡胜，队伍不断壮大。二月，刘福通派人在砀山夹河找到韩林儿，迎至亳州，立为皇帝，号小明王，建立农民政权，国号为宋，建元龙凤，定都亳州，拆邻县鹿邑太清宫的木材，建造宫殿⑦。

---

① 《庚申外史笺证》卷上，第 70 页。

② 《元史》卷 43，《顺帝本纪六》，第 917 页。

③ 《庚申外史笺证》卷上，第 70 页。

④ 《纪事录笺证》卷上，第 29 页。

⑤ 《元史》卷 44，《顺帝本纪七》，第 911—912 页；卷 117，《宽彻普化传》，第 2911 页。

⑥ 《国初群雄事略》卷 1，《宋小明王》，第 11 页。

⑦ 《元史》卷 44，《顺帝本纪七》，第 922 页。

宋政权基本上模仿元制,在中央设有总理政务的中书省,下辖吏、户、礼、兵、刑、工六部,又设掌管军事的枢密院,执掌监察的御史台。小明王尊母杨氏为太后,以杜遵道、盛文郁为丞相,罗文素、刘福通为平章,刘福通弟刘六知枢密院事。杜遵道出身于元朝枢密院椽史,做丞相后,擅权自恣,刘福通不服,私遣甲士把他杀死,自为丞相,以后又晋封太保,所以刘福通又被叫作"刘太保"。后来,随着起义军的不断发展,占领的地区日益扩大,宋政权还设立行中书省和府、县等地方机构,并设立统军元帅府、管军总管府、管军万户府等归属枢密院管辖的军事机构①。

宋政权建立后,派兵攻占邓、许(今河南许昌)、嵩(今河南嵩县)和洛阳,北渡孟津(在今河南偃师北),攻入黄河以北地区,同时派遣使者联络各地红巾军,力图把周围的起义力量团结在自己的旗帜下,协同作战,对元朝发动更有力的进攻。

随着斗争高潮的再起,郭子兴、朱元璋主动出击,向外发展势力。当时,郭子兴的4万军队困守滁州,粮食非常紧张,几个首领商议出击的方向,"子兴言计多失",朱元璋几次劝谏,"子兴不听"②,朱元璋郁闷异常而病倒。郭子兴派人召他商议出师的计策,他以疾辞。郭子兴再三下令召见,朱元璋这才勉强支撑病体前往议事。郭子兴让他拿出一个具体方案,他从先拔金陵以为根本的战略计划出发,把目光投向巢湖东边的和州(治历阳,今安徽和县),因为和州东临长江,为"淮南要冲,江表藩蔽。渡横江(在和州东南)而出采石(在今安徽马鞍山市长江东岸),济滁口而向金陵,则长江不为固矣",为"建康、姑孰(又称姑溪、姑浦,在今安徽当涂南)之门户"③,想攻取金陵,就必须先拿下和州。因此他说:"困守孤城,诚非计。今惟和阳(和州治所,元代称为历阳)可图,然其城小而坚,可以计取,难以力胜。"和州向来是兵家必争之地,城池虽小却十分坚固,又有元平章也先帖木儿带领重兵把守,易守难攻。郭子兴问他如何计取?他说:"向攻民寨时,得兵号二,其文曰'庐州路义兵',今拟制三千,选勇敢士,椎结左衽,衣青衣,腹背悬之,佯为彼兵,以四囊驮(骆驼)载赏物驱而行,使人声言庐州兵送使者入和阳赏赍将士,和阳兵见之必纳。因以绛衣兵(当时红巾军皆着红色战袍)万人继其后,约相距十余里,候青衣兵薄城,举火为应,绛衣兵即鼓行而趋,破之必矣。"④郭子兴点头称善,即命妻弟张天祐率领3000名勇士,穿着青衣,椎结左衽,腹背悬挂仿制的"庐州路义兵"号牌,赶着四匹满载着犒赏物资的骆驼,由赵继祖扮

---

① 《元史》卷44,《顺帝本纪七》,第922页;《国初群雄事略》卷1,《宋小明王》,第11页;《平胡录》。参看邱树森:《元末红巾军的政权建设》,《元史论丛》第1辑。

② 《明太祖实录》卷2,乙未年正月戊午。

③ (清)顾祖禹撰,贺次君、施和金点校:《读史方舆纪要》卷10,《北直》,中华书局2005年版,第1417—1418页。

④ 《明史纪事本末》卷1,《太祖起兵》,第9页。

作慰问和州守军的使者引导,浩浩荡荡地向历阳进发。待他们走了大约十多里地,又命耿再成率领身披红色战袍的红巾军战士,向州城挺进。

至正十五年(1355)正月二十一日,张天祐带领的3000名"青衣兵"抄小道到达州城西南的陟阳关,当地乡绅以为他们真是庐州"义兵",携带牛酒出迎,张天祐领着士兵从他道就食。由于这一耽误,这支"青衣兵"未能按照约定的时间进入历阳城,点起火把。耿再成率领的红衣战士到达历阳城下,未见城里的火把信号,以为张天祐早已进城而自己迟到,即冲向城下。也先帖木儿下令关闭城门,用吊桥缒下元兵迎战。耿再成率部与战失利,自己身中流矢而还。元兵追击30余里,到千秋坝已是日薄西山,只得收兵回城。这时,张天祐率领的"青衣兵"正好赶到,急忙追击,直逼历阳城的小西门。城上守卫的元兵慌忙拉起吊桥的绳索,"青衣兵"一拥而上,总管汤和举刀砍断绳索,张天祐等飞速冲过吊桥,登上了历阳城楼。也先帖木儿趁着夜色,弃城而逃。

耿再成战败后,他的士兵回到滁州,说他们到达历阳城下,未见到张天祐的队伍,估计已皆陷没,郭子兴大惊失色。接着又传来元军将至,已先行派使者前来招降的消息,郭子兴更加恐慌,急召朱元璋商议对策。当时滁州城里的主要兵力已派去攻打和州,守备单弱,朱元璋建议,将城里守军集中在南门,填塞街市,令元朝的招降使者跪地前行,入见郭元帅。一些士兵主张乘元朝使者入城,把他杀掉。朱元璋说:"兵出城虚,若杀其使,彼将谓我怯,杀之以灭口,是速其来也。不如纵之归,扬以大言,彼必畏惮不敢进。"①郭子兴依计而行,放元朝使者入城又纵之归,使者果然以为滁州守卫严密,元军不敢贸然进攻,第二天便撤走了。

滁州虽然保住了,但郭子兴没有得到张天祐率部攻占和州的消息,又让朱元璋带领2000名士兵前去收集溃散的士卒,并计取历阳。朱元璋在半道收集了耿再成的溃兵千余人,加上自己带来的队伍,合共3000人,向历阳挺进。度越陟阳关后,他令大部分士兵停下歇息,待黄昏时点燃10个火把,以为疑兵,自己带领镇抚徐达、谋士李士元和几十名骁勇之士直趋历阳。日暮抵达州城城下,才知道历阳已被攻克。他派人传呼张天祐,张天祐急令打开城门,迎朱元璋入城。张天祐等人虽已袭据历阳,但担心元军来攻,无法守住,皆掠取子女财物,打算返回滁州,闹得人心惶惶。第二天,朱元璋立即采取措施,迅速抚定城中。既而元兵来攻,从城西门越过护城河,转攻北门。朱元璋下令打开北门,纵兵迎击,元兵被挡在护城河前,遭到惨败,狼狈逃窜。朱元璋派人向郭子兴报捷,郭子兴提升朱元璋为镇守和州的总兵官②。

---

① 《明太祖实录》卷2,乙未年正月戊寅。
② 《明太祖实录》卷2,乙未年正月戊寅。

朱元璋年纪轻,资历浅,从总管升任总兵官,和州诸将心里不服。他们仗着是郭子兴的老部下,年岁又比朱元璋大,都不把他放在眼里。郭子兴的妻弟张天祐年岁比朱元璋大好多,和州又是他先攻下的,对朱元璋更是不服。只有同乡汤和、徐达等人对他格外尊重,奉命唯谨,还有比他大十四岁的李士元,尽力为他斡旋,调解诸将的关系。为了树立自己的威信,朱元璋想出一个主意。他让人把议事大厅的公座全部撤掉,换上十来条长凳。次日五鼓,召集诸将集会议事,自己有意迟到。进入议事厅一看,几位将领都已齐集就座,当时的座席以右首为尊,给朱元璋留下的是左末的一个空座,他毫不迟疑地坐下。等到议决公事,几个将领都像木偶一般,静默不语,拿不出一点办法。朱元璋却侃侃而谈,剖析透彻,办法对头,大家听了,连连点头称是。经过几次议事,诸将觉得朱元璋有主意,有决断,办事公道合理,才稍稍心服。接着,朱元璋又召集诸将,商议修葺城墙的事,决定把历阳的城墙分为十段,每位将领负责修葺一段,限三天完成。三天过后,朱元璋同诸将检查验收,他自己负责的一段,已由徐达带领士兵修好,其他几段都没完工。回到议事厅,朱元璋把公座朝南一摆,掏出郭子兴的令牌,放在上面,令诸将叩头朝拜,然后沉下脸说:"总兵,主帅命也,非我擅专。且总兵大事,不可无约束。今甓城皆不如约,事由何济?自今违令者,即以军法从事!"①诸将自知理亏,惶恐不安,谁也不敢吭声,朱元璋的威信逐步树立起来了②。

驻守历阳的部队,是朱元璋自己组建、训练的队伍,纪律严明,但郭子兴的队伍,纪律却很差。刚起义时,他们占领濠州,"哨掠四乡",往往不分青红皂白,不仅剥夺地主富豪,也打劫一般平民的财产,有时甚至放火焚烧庐舍,弄得人家屋无根椽片瓦,墙无立堵可观。"不两月,越境犯他邑,所过亦然"③。攻占历阳,仍未改旧习,"破城横暴"④,随意砍杀掳掠,抢劫妇女,闹得百姓妻离子散,民心浮动。范常找到朱元璋说:"得一城而使人肝脑涂地,何以成大事?"⑤朱元璋看到问题严重,立即召集所有将领,严肃宣布:"今城破,凡有所得妇人女子,惟无夫、未嫁者许之,有夫妇人不许擅配!"⑥第二天,下令把全城的妇女、男子全部集中在州衙前面,让男子分列衙门外的大街两旁,令掳掠来的妇女从衙门内列队而出,叫他们夫妻相认,使许多失散的家庭得到团聚。全城的百姓奔走相告,额手相庆,民心很快就安定下来了。

---

① 《明太祖实录》卷 2,乙未年正月戊寅。
② 《明太祖实录》卷 2,乙未年正月戊寅;《皇明本纪》。
③ 《明太祖集》卷 14,《纪梦》,第 281 页。
④ 《明太祖实录》卷 2,乙未年正月戊寅。
⑤ 《明史》卷 135,《范常传》,第 3917 页。
⑥ 《皇明本纪》。

元军不甘心历阳之失，出动10万人马，想重新夺回这座城镇。朱元璋指挥1万军队，坚守3个月。他不时用奇兵出击，元军连吃败仗，士卒伤亡颇多，到夏天只好解围他去。这时候，历阳发生粮荒，元太子秃坚、枢密副使绊住马及"民兵"元帅陈埜先又派兵屯驻附近的新塘、高望及青山、鸡笼山等地，扼守通往历阳的各处要道，使历阳无法得到粮食。朱元璋亲自带兵出击历阳的西北，招降鸡笼山的元军。附近的元军攻打历阳，又被李士元率众击败。不久，元军渡江南撤，历阳这才转危为安①。

孙德崖的部队在濠州正为缺粮着急，听说朱元璋镇守历阳，带着大队人马前来就食。他让队伍分驻历阳郊外的民家，自己带着亲兵请求入城居住，说是借住几个月就走。朱元璋担心他另有企图，想拒绝，又怕他人多势众，抗拒不住，只好答应。平时嫉妒朱元璋战功的人，向郭子兴进谗言，说他投靠了孙德崖。郭子兴火冒三丈，立刻从滁州策马赶来，准备找他算账。朱元璋得到消息，吩咐部众说：主公早上不来，晚上必到。他一到历阳，就马上向我报告，我将亲自迎接。夜里，郭子兴到达历阳，防守城门的人刚好与朱元璋有矛盾，故意先打开城门迎进郭子兴，再去报告朱元璋。朱元璋赶紧去见郭子兴，看他满脸愠色，跪在地上不敢吭声。过了好长时间，郭子兴怒气冲冲地问："你是谁?"朱元璋报上姓名，郭子兴高声喝道："你罪责何逃?"朱元璋低声回答说："诚有罪，然家事缓急皆可理，外事当速谋。"郭子兴问："何谓外事?"朱元璋压低声音说："孙德崖在此，昔公困辱濠梁，某实破其家以出公，今相见宁无宿憾? 此为可忧。"②郭子兴听后，没再吱声，对朱元璋的怀疑算是消除了。

孙德崖听说郭子兴来到历阳，心里非常不安。第二天清晨五鼓，派人告诉朱元璋：你老丈人来了，我准备到别地方去。朱元璋预感到要爆发一场冲突，连忙让郭子兴做好防备，自己赶去见孙德崖，问他：为什么才住这些日子就急着要走? 孙德崖说：你老丈人很难相处，所以我只得走! 朱元璋看他的辞色，似乎不想动武并，就说：现在两军合处一城，一支队伍的人马全部出走，恐怕下面会发生磨擦，应该让部队先走，元帅你亲自殿后，万一出事，好出面处理。孙德崖应许了。孙德崖的部队开始从城里撤出，朱元璋才放了心。这时，有位熟人邀他一道去送朋友，走了10多里，突然接到报告，说城里两支部队打起来了，伤亡不少。朱元璋忙叫随从耿炳文、吴祯牵过马来，跃马飞奔回城。半道上被孙德崖的弟弟逮住，用铁索锁住脖子。孙德崖的弟弟想杀他，旁边一个姓张的说：我们杀了朱公子，孙元帅也活不成，不如先派人进城看看再说。孙德崖的弟弟让姓张的飞马进城。他到城里一看，回来说孙德崖已被郭子兴逮住，锁着脖子，和郭子兴对饮，孙德崖弟弟这才没杀朱元

① 《明太祖实录》卷2，乙未年正月辛巳。
② 《明太祖实录》卷2，乙未年正月辛巳。

璋。郭子兴听说朱元璋被俘,急得像热锅上的蚂蚁,忙派徐达等几个人去替换朱元璋。过了两天,徐达等人来到孙德崖军中,孙军将士不肯让换,还是那个姓张的说,不如放朱公子回去,让他们放孙元帅回来。朱元璋这才脱险回城,孙德崖也被郭子兴放出城去,一场风波平息下来了①。

郭子兴当初逮住孙德崖,本想把他杀掉,以报上次濠州被囚之仇,不想朱元璋被俘,只好把他放了,因此,心里常快快不乐,忧郁烦闷,不久得了重病,在三月间不治身亡。郭子兴"为人枭悍善斗,而性悻直少容。方事急,辄从太祖(朱元璋)谋议,亲信如左右手。事解,即信谗疏太祖。太祖左右悉召之去,稍夺太祖兵柄"②。但他毕竟对朱元璋有恩,朱元璋对他的病逝还是深感悲痛的。朱元璋、张天祐和郭子兴的夫人、儿子将他送回滁州安葬。后来朱元璋称帝,追封他为滁阳王,在滁州立庙祭祀③。

安葬郭子兴后,孙德崖想乘机吞并郭子兴的队伍,刚好宋政权的丞相杜遵道从亳州派来使者,让去人商议论功封帅的事。几个将领问郭子兴的妻弟张天祐:你能指挥军队抵御元军、守住历阳吗?不行的话,就走一趟!张天祐自忖没有指挥作战的能力,便动身前往亳州。朱元璋在历阳带兵戍守,并出击西南诸寨,接连获胜,巩固了历阳的阵地。四月下旬,常遇春前来投奔。常遇春,怀远人,相貌奇伟,勇力绝人,猿臂善射。他二十三岁时,为"群盗"刘聚所得,拔居左右。见刘聚日事剽掠,胸无远图,估计干不成大事,又听说朱元璋在和州声威日著,兵行有律,就带着十多人前来投奔。在半道上遇到朱元璋,常遇春跪地迎拜,自请为先锋。朱元璋说:"汝特饥来就食耳,吾安得汝留也?"④常遇春再三恳求,朱元璋喜其壮勇,遂用为前锋。在朱元璋早期所任将帅中,常遇春与邵荣、徐达同为"最著者"⑤。后来,邵荣因谋反而被杀,他成为地位仅次于徐达的第二号明朝开国功臣。

就在四月下旬,张天祐从亳州带回小明王韩林儿的命令,委任郭子兴的儿子郭天叙为都元帅,张天祐为右副元帅,朱元璋为左副元帅。朱元璋认为这支队伍虽然不是他首先拉起来的,却是靠着他的努力才得以发展壮大、打开局面的,但小明王只让他当第三把手,实在很不乐意接受,便说:接受人家的封号就得听人家的指挥,大丈夫岂能受制于人?可是郭天叙、张天祐听了都不吭气。朱元璋转念一想,"林儿势盛可倚藉"⑥,背靠大树好乘凉,现在自己这支队伍实力不大,四面受敌,接受小明王的封号,可利用他的旗号来掩护自己,

① 《皇明本纪》;《明太祖实录》卷2,乙未年五月辛巳。
② 《明史》卷122,《郭子兴传》,第3680页。
③ 《明史》卷122,《郭子兴传》,第3681页;《国初群雄事略》卷2,《滁阳王》,第57—58页。
④ 《明太祖实录》卷3,乙未年四月丁丑;《明史》卷125,《常遇春传》,第3732—3733页。
⑤ 《明史》卷125,《常遇春传》,第3734页。
⑥ 《明史》卷1,《太祖本纪一》,第4页;《明太祖实录》卷3,乙未年四月丁丑;《皇明本纪》;《国初群雄事略》卷2,《滁阳王》,第58页。

借助他的威望来号令群众,也不失为一种权宜之计。于是就和郭天叙、张天祐一道接受封号,奉龙凤为正朔,以号令军中①。从此,朱元璋在名义上就成为宋政权统辖下的一员红巾军统帅了。

---

① 关于朱元璋接受小明王封号问题,《明太祖实录》卷3,乙未年四月丁丑载:"上曰:'大丈夫宁能受制于人耶!'遂不受。"《明史》卷1《太祖本纪一》(第4页)照抄这段文字后,加了一句:"然念林儿势盛可倚藉,乃用其年号以令军中。高岱《鸿猷录》(第8页)则谓:"上曰'大丈夫宁受制于人耶!'却不受。郭某、天祐受。"一支队伍的三个头领,不可能两个接受小明王的封号,而另一个拒不接受,还可一起共同指挥作战的。既然郭天叙、张天祐接受小明王的册封,朱元璋也应该是同他们一起接受册封的。再说,如不接受小明王的封号,又怎么能使用其年号呢?(清)谈迁著,张宗祥校点《国榷》卷1(中华书局1958年版,第268页)至正十五年三月则记为:"公子(朱公子元璋)见檄不受,曰:'大丈夫不副人!'诸将曰:'明公方欲渡江,举吴楚,兼瓯越,今滁、和间已属我,不受宋命,生一敌也,缓急犹可倚。夫公方举大事,奈何彼示外耶?'公子仅用其元纪年。"紧接着这段记载之后,谈迁有段评论,曰:"诸家云,圣祖不受宋命,则何以用其元也? 汉之初臣于义帝,唐之初臣于突厥,区区一命,亦不足累也。"综合上述诸书的记载,可知朱元璋起初看到自己封号位列第三,很不满意,又担心接受封号后会受制于人,想拒绝不受。但郭、张主张接受,朱元璋考虑到"林儿势盛可倚藉",还是同他们一起接受了册封。

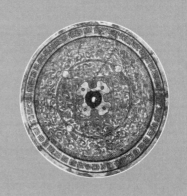

第三章
营建江南根据地

第一节　南渡长江，攻占集庆

龙凤元年(至正十五年,1355)四月,朱元璋和郭天叙、张天祐接受小明王的封号,在历阳建立都元帅府。元帅府的三个元帅,都元帅郭天叙年轻没经验,右副元帅张天祐虽然年岁大,但缺乏智谋,优柔寡断,指挥大权便落到左副元帅朱元璋手里。历阳的部队,大多数是朱元璋招募或招降来的,并经过他的训练,听从他的号令,加上身边又有一批心腹,如徐达、汤和、花云、耿再成、冯胜、邓愈、胡大海、常遇春等战将可为他带兵冲杀,李士元、毛麒、冯国用、范常、胡惟庸、郭景祥、李梦庚、杨元杲、阮弘道、侯元善、樊景昭、王习古、汪河等十几位儒士可为他出谋划策,因此他虽位居第三,实际上却成了都元帅府的主帅。"是时,三帅虽共府置事,运筹决策皆自上(朱元璋)裁。将士乐战,军民倾向,权归于上矣"①。接受小明王的封号后,他名义上是宋政权辖下的一名红巾军将领,"纪年称'龙凤',然事皆不禀其节制"②,拥有按照自己的意志指挥调动部队的权力,已成为号令一方的首领。

4万多的红巾军在和州一住几个月,几次发生粮荒,不是个久留之地。因此,朱元璋便考虑可否率部南渡长江。一者以集庆路(治上元、江宁,今江苏南京)为中心的江南地区,不仅是当时全国经济最发达的地区,而且也是当时全国最大的产粮区,与和州隔江相望的是太平路(治今安徽当涂),其南边不远处的丹阳湖一带即以出产大米著称,攻占这个地区,粮荒问题自可迎刃而解。二者也是最重要的,只有渡过长江,占据集庆的上游,向东推进,也较易攻克失去长江天堑屏蔽的集庆,从而实现取金陵以为根本、进而谋取天下的战略计划。但是,当朱元璋向谋士李士元提出这个渡江的计策时,李士元却认为时机尚不成熟,说:"我兵众而食少,舟楫不备,不足以事江左,利姑小俟之。"③他指出,朱元璋虽已拥一支武装部队,但当前历阳乏粮,士兵吃不饱,无法打仗,再说也缺乏船只(这是比较委婉的说法,其实是说朱元璋缺少水军,士兵全是步卒,都是旱鸭子,不习水战),根本无法渡越水面宽阔的长江,劝他先放一放,等待条件具备时再说。

正当朱元璋为粮饷和舟楫发愁之时,巢湖水寨的红巾军首领派俞通海前来求援。

巢湖地区很早就受到白莲教的影响。后至元四年(1338),南方白莲教首领彭莹玉和门徒周子旺在袁州起义失败后,彭莹玉逃到淮西,他受到淮民的暗中保护,在淮西住下,有时也到鄂东、湘、赣一带,继续传播白莲教,从事反元活动。刘福通起义军攻占颍州后,彭莹玉也于至正十一年(1351)夏在江淮再度起义,他的门徒金花小姐和赵普胜(因善使双

---

①　《纪事录笺证》卷上,第38页。

②　《鸿猷录》卷2,《宋事始末》,第29页。

③　《献征录》卷11,王世贞:《中书省左丞相太师韩国公李公善长传》。

刀,人称"双刀赵")、李普胜(又名李国胜,别号"李扒头")起兵响应。巢县俞廷玉、俞通玉与俞通源、愈通渊父子"亦操戈起田间,从其徒李普胜"[1]。至正十二年,李普胜据无为州,赵普胜据含山县,"聚众结水寨,俱称彭祖家"[2],也叫彭祖水寨。此外,左君弼也聚众响应彭莹玉,"元季壬辰(1351),群雄倡乱,君弼党于彭祖,聚众数千。未几,彭祖败,君弼独据庐州"[3],"老左起兵多宝寺,称'多宝家'"[4]。赵普胜、李普胜联合附近的廖永安和廖永忠兄弟(巢县人)、赵仲中和赵庸兄弟(庐州人)、桑世杰(无为人)、张德胜(合肥人)、金朝兴(巢县人)、华高(和州人)等起义队伍,并与左君弼遥相呼应,共同抗击元朝官军。后来,金花小姐战败,赵普胜、李普胜、俞通海父子等又遭到濠州红巾军的攻击,遂退据巢湖,"拥众万余,船千艘"[5],还有大量粮食。左君弼"据庐州",同巢湖水军发生矛盾,"恒出兵窘之,诸将郁郁不得志"[6]。众首领经过商议,在至正十五年五月,派俞通海从小道前往历阳,向朱元璋求援,"乞发兵为导,使凡三至"[7]。朱元璋接见俞通海,俞通海表示巢湖水寨愿"以舟师万余,粮数万石请降"[8]。朱元璋大喜过望,对徐达等曰:"方谋渡江,而巢湖水军来附,吾事济矣!"当即亲往巢湖,与诸将会面,并实地考察水道。朱元璋劝水寨首领一起联合渡江,向江南发展势力。诸将想想也没有别的路可走,只得表示同意。巢湖诸将迎朱元璋登上一艘大船,他即率水师东出湖口,直奔铜城闸(今安徽铜闸)。但尚未进入长江,控制入江水道之元御史中丞蛮子海牙已调集楼船阻塞马场河口,挡住去路,他们只好退屯黄墩(今安徽运漕)。不料,赵普胜又"阴蓄异志",不想归附朱元璋,"通海父子与李普胜及将军廖永安、桑世杰、张德胜、华高、赵鹹倾心,密露赵机"[9]。朱元璋脱身返回和州,调集一批商船,装载精锐猛士,再到黄墩,指挥巢湖水师发起攻击,一举击败蛮子海牙,然后乘大雨过后江水暴涨之机,从小港汉纵舟而出。"敌兵退,(赵)普胜不敢图"[10],只好随船队一起行动。蛮子海牙挥师追击,无奈楼船高大,进退不便。俞通海、廖永安、张德胜等人素习水战,操舟若飞,再次挫败蛮子海牙,纵舟进入长江,驶抵历阳。

巢湖水师的归附,使朱元璋获得舟师万余,不仅增强了军事力量,而且拥有了1000多

---

① 《明太祖实录》卷3,乙未年四月丁丑。

② 《纪事录笺证》卷上,第7页。

③ 《皇明开国功臣录》卷32,《左君弼传》。

④ 《纪事录笺证》卷上,第8页。

⑤ 《明太祖实录》卷3,乙未年四月丁丑。

⑥ 《献征录》卷6,《河间郡公俞廷玉传》。

⑦ 《明太祖实录》卷3,乙未年五月丁亥。

⑧ 《献征录》卷11,王世贞:《中书省左丞相太师韩国公李公善长传》。

⑨ 《献征录》卷6,《虢国公俞通海传》。但该书卷8《永义侯桑世杰》则云:"赵普胜蓄异志,公(桑世杰)泄其谋,上(朱元璋)得归和阳。"

⑩ 《鸿猷录》卷1,《集师滁和》,第9页。

艘船只和数万石粮食,解决"兵众而食少,舟楫不备"的难题,具备了渡江的条件。李士元即对朱元璋指出:"渡江此其时矣!"①朱元璋立即着手进行渡江的准备工作。

一是组织将士练习水战。在归附的巢湖水师船队抵达历阳之前,朱元璋即"遣人诱蛮子海牙军来(历阳)互市,遂执之,得十九人,皆善操舟者,令其教诸军习水战"。巢湖水师的船队到达历阳后,"命廖永安、张德胜、俞通海等将之"②,继续进行操练,掌握水战的各项要领。

二是确定具体的渡江作战方案。起初,朱元璋召集诸将商议时,"诸将咸欲直趋金陵"。朱元璋认为这样做过于冒险,主张先攻采石、太平,然后再攻取金陵,说:"取金陵必自采石始。采石,南北喉襟。得采石,金陵可图也!"③他的这个决策无疑是十分正确的,因为太平"控据(长)江山,密迩畿邑。自上游来者则梁山(在和州南长江岸边,与太平博望隔江对峙)当其要害,自横江渡者则采石扼其咽喉,金陵有事,姑孰(太平治所所在地)为必争之地。东晋以后,尝谓京口(今江苏镇江)为北府,历阳为西府,姑孰为南州,而南州关要,比二方为尤切,地势然也"④。采石的江面比京口的瓜州要狭,自古江南有事,从采石渡江者占到十分之九。从和州东南渡江,攻占采石,然后占据太平,击败据守此地及附近的元兵,既控其咽喉,又解除后顾之忧,然后攻取金陵,犹如破竹之势,即可稳操胜券。否则,不攻占采石、太平,而直趋金陵,采石、太平的元兵在后追击,金陵的元兵在前堵截,两面夹击,胜负就难以预料。

三是制定攻占江南地区后实行"寨粮""检刮"的政策。这就是朱元璋在至正十五年六月渡江攻占太平后公布的一项命令:"凡入敌境,听从稍粮。若攻城而彼抗拒,任从战士检刮,听为己物;若降,即令安民,一无所取。"所谓稍粮,又称寨粮,是一种征粮于民的制度。考虑到渡江之初,"地狭粮少",军饷供应十分困难,朱元璋规定,"除守城军士,四十日支粮一次,准作一月口粮,出征军士不支,总兵官给榜,听与敌境远近乡村山寨,招安百姓,送纳粮草供给"⑤。所谓检刮,也就是抄掠。当时由元湖广平章阿鲁灰召至淮西镇压起义的湖广苗军元帅杨完者⑥,就是靠抄掠来解决给养,元廷不向他们提供军饷。他们把抄掠叫作检刮,"检刮者,尽取而靡有孑遗之意,所过无不残灭"⑦。朱元璋的这种检刮政策,就是从

---

① 《献征录》卷11,王世贞:《中书省左丞相太师韩国公李公善长传》。
② 《明太祖实录》卷3,乙未年五月丁亥。
③ 《明太祖实录》卷3,乙未年正月丁亥。
④ 《读史方舆纪要》卷27,《南直》,第1320页。
⑤ 《国初事迹》。
⑥ 杨完者,字彦英,苗族,武冈路绥宁县赤水(今湖南绥宁寨市镇)人。元末农民走义爆发后,集众啸聚溪洞,后受元廷招抚,由千户累升至元帅。
⑦ 《南村辍耕录》卷8,《志苗》,第100页。

苗军那里学来的,但他限定,检刮仅适用于对付"攻城而彼抗拒"的军民,检刮来的财物包括粮食"听为己物";如果对方投降,"即令安民,一无所取",不能再搞检刮,只能实行寨粮。这是为了惩罚拒不投降的敌军,并激励自己将士的斗志,使之"人人奋力向前,战无不胜"①。

此外,朱元璋还规定,部队渡江时,所有将士家属包括自己的夫人马氏,全部留在历阳②。这样做,表面上是考虑家属的安全,实际上是把这些家属留做人质,防备个别将士叛变投敌。

一切安排就绪后,六月初一,朱元璋率徐达、冯国用、邵荣、汤和、李士元、常遇春、邓愈、耿君用、毛广、廖永安等,指挥水陆大军万余人,乘坐风斗快船或用菁荻扎成的筏子渡江。亲侄朱文正作为一名领兵官,随同渡江③。郭天叙、张天祐及其部属,也一起渡江。日暮时分,队伍正要出发,突然下起暴雨,朱元璋下令暂停渡江,直到第二天即初二的清晨刮起北风,云歇雨停,才重新举棹南渡。一千多艘大小船只,分列两队,扬帆竞发。朱元璋和廖永安的座船,走在前头,廖永安问在哪儿靠岸,朱元璋说:"采石大镇,其备必固。牛渚矶(在今安徽当涂西北长江边,北部突入江中部分为采石矶)前临大江,彼难为备御,今往攻之,其势必克。"④船队按照他的命令,由西南和东北两面向牛渚矶逼近。屯守矶上的元军拼命发射弓箭,船队无法靠岸。朱元璋令常遇春往前冲击。常遇春即飞舟直前,强行靠岸,挥戈杀向元兵。元兵伸手抓戈,他顺势跃上江岸,左冲右突,元兵四散逃窜。朱元璋指挥将士乘机登陆,攻占采石。沿江敌垒,望风迎降⑤。

李普胜、赵普胜与朱元璋同日渡江,到采石后,李普胜也反悔归附朱元璋,他借口庆贺渡江之捷,在船上摆下酒席,邀请朱元璋赴宴,想借机杀害朱元璋。李普胜的部下偷偷把消息告诉朱元璋,他推托有病,没去赴宴。过几天,朱元璋在船上设宴回请李普胜。李普胜毫无防备,上船不久,被朱元璋叫人给捆起来,扔进江里淹死。赵晋胜见势不妙,逃奔徐寿辉,于次年夏占领池州⑥。

朱元璋的部队长期缺粮挨饿,攻占采石后,见粮食就抢,见牲口就拉,想饱掠一顿,载回历阳享用。朱元璋看出将士们的心思,对徐达等几位将领说:"今举军渡江,幸而克捷,

　　① 《国初事迹》。参看拙作《关于朱元璋起义军"寨粮""检刮"若干问题的辨析》,《中国史研究》1983年第1期;拙著《朱元璋研究》第329—336页,天津人民出版社1993年版;拙作《朱元璋起义早期在巢湖地区的活动》,《巢湖学院学报》2013年第1期。

　　② 《明史》卷113,《高皇后传》,第3505页;卷125,《常遇春传》,第3733页。

　　③ 《国初事迹》。

　　④ 《明太祖实录》卷3;乙未年六月丙辰;《纪事录笺证》,第36—37页;(明)陈建辑、(明)沈国元订:《皇明从信录》卷1,明万历四十八年刻本。

　　⑤ 《明太祖实录》卷3,乙未年六月乙卯;《皇明本纪》;《纪事录笺证》卷上,第36页。

　　⑥ 《国初事迹》;《明太祖实录》卷5,丁酉年五月丙申;(明)朱善继:《朱一斋先生文集》卷6,《余廷心后传》,明成化刻本。

当乘胜径取太平。若听诸军取财物以归,再举必难,江东非我有,大事去矣!"①他下令砍断所有船只的缆绳,把船推入急流,任其顺流漂走,传令全军将士:"前有州曰太平,子女玉帛,无所不有,若破此一州,从其所取,然后方放汝归。"②士兵饱餐一顿后,直奔太平城下,一阵急攻,破城而入。守城的元平章完者不花与佥事张旭等弃城逃跑,万户纳哈出被俘,太平路总管靳义投水自尽。士兵个个欢天喜地,正准备大抢一通,只见街上到处张贴告示,严禁掳掠,违令者军法从事。原来,朱元璋在采石许诺诸军攻占太平后可"从其所取",不过是激励士兵的一种手段。在大军出发之前,他已暗中嘱咐李士元制定不许掳掠的禁约,写成告示,一占领太平,就派人四处张贴。士兵见到告示,只得作罢。有个小兵动手抢劫,即被斩首示众。太平"城中肃然",民心顿时安定下来。太平路的大富户陈迪捐献一批金银财帛,朱元璋下令"分给诸将士"③。将士们虽然没有上街掳掠,但都分到一份财宝,倒也满心欢喜。

太平路耆儒李习、陶安等率领地方父老,出城迎接朱元璋的队伍。陶安,字主敬,当涂富户,博涉经史,至正初年考中乡试,后两次赴京参加会试落第,出任集庆明道书院山长,红巾军起义爆发后,归里闲居。他见到朱元璋,夸赞说:"龙质凤姿,非常人也,我辈今有主矣。"④朱元璋召见陶安、李习,陶安献言:"方今四海鼎沸,豪杰并争,攻城屠邑,互争雄长,然其志皆在子女玉帛,取悦一时,非有拨乱救民安天下之心。明公率众渡江,神武不杀,人心悦服,以此顺天应人而行吊伐,天下不足平也。"朱元璋兴奋地说:"足下之言甚善,吾欲取金陵,足下以为如何?"他表示赞同,说:"金陵,古帝王之都,龙蟠虎踞,限以长江之险,若取而有之,据其形胜,出兵以临四方,则何向不克!"朱元璋"由是礼遇甚厚"⑤,留置幕府,遇事常找他商量。陶安是进入朱元璋幕府的第一个举人。接着,朱元璋又征聘儒士宋思颜、潘庭坚、王恺以及流寓太平的名士汪广洋⑥。

渡江攻占采石、太平,这是朱元璋迈出独立发展的第一步。随着地盘的扩展,队伍的壮大,他开始着手建立地方的行政和军事机构。下令将太平路改为太平府,任命李习做知府;设置太平兴国翼元帅府,朱元璋自任帅府元帅,以李士元为帅府都事,汪广洋为帅府令史,潘庭坚为帅府教授。并下令沿用龙凤年号,旗帜及将士战衣皆尚赤,表示这些军政机

---

① 《明太祖实录》卷3,乙未年六月乙卯。
② 《皇明本纪》。
③ 《明太祖实录》卷3,乙未年六月丙辰。
④ 《名山藏》卷58,《臣林记三·陶安》,第1535页。
⑤ 《明太祖实录》卷3,乙未年六月丁巳。
⑥ 《明史》卷135,《潘庭坚、宋思颜传》,第3918—3919页;卷289,《王恺传》,第7410页;《明太祖实录》卷128,洪武十二年十二月。

构虽然是朱元璋自行设置的,但都归属宋政权的管辖和领导①。同时,还实行开仓济贫政策,将太平的仓储散给贫苦人民,当地群众"人马云集"②,纷纷前去领取。

太平四面都是元兵,朱元璋令诸将分守各门,修补城墙,疏浚壕沟,加强防御。元右丞阿鲁灰、枢密副使绊住马、御史中丞蛮子海牙等以巨舟堵截采石江闸,封闭姑孰口(在今安徽当涂县南),断绝朱元璋的归路。方山寨(在今江苏南京江宁区东南、秦淮河东岸)"义兵"元帅陈埜先与康茂才又率水陆军数万进攻太平府城,形势十分危急。朱元璋在城上侦察敌情,发现敌方没有什么奇谋,即亲与汤和率兵出姑孰东迎战,而命徐达、邓愈以奇兵绕至敌后,两面夹攻,大败元兵,活捉陈埜先。陈埜先自认为必死无疑,朱元璋却释放了他。他疑惑地问:"生我为何?"朱元璋回答:"天下大乱,豪杰并起,假号令据城邑者不知其几。然则胜则人附,败则附人。尔既以豪杰自负,必能识达事机,岂不知生尔之故!"他又问:"然则欲吾军降乎?"答曰:"然!"陈埜先便提笔给部众写了封信,第二天大小头目都率部来降。朱元璋于是杀白马乌牛,与陈埜先歃血为誓,结为兄弟,共约合军攻取集庆。阿鲁灰、蛮子海牙等见陈埜先兵败,不敢再贸然进攻,率众还驻裕溪口③。

六月底,朱元璋决定分兵两路,向集庆进军。南路由徐达等带领往东攻占芜湖、句容、溧水,再趋溧阳,从南面包抄集庆,切断集庆守军与南面元军的联系;北路由张天祐率领,直攻集庆。朱元璋对陈埜先不放心,把他留在太平,而让他的部队跟随张天祐去打集庆。陈埜先暗中嘱咐部下,到集庆不可力战。张天祐因此吃了大亏,七月在集庆城下战败,退回太平④。八月,朱元璋决定再次进攻集庆。陈埜先得到消息,又偷偷传话给他的部下,到集庆不要认真打,等他脱身逃出,再和元军一道攻打红巾军。原来,当初他写信劝部众投降,是想激部众拒降。没想到部众果真投降了朱元璋,让他叫苦不迭,后悔不已。所以他反复传话叫部下到集庆不要认真攻打、狠劲拼杀。有人向朱元璋揭发陈埜先的阴谋,朱元璋感慨地说:我早知道他不是真心归附,但把他杀了,又怕失去众豪杰之心,再没有人向我投降了。经过反复考虑,朱元璋召见陈埜先,对他宣布:"人各有心,识见不同。从元从我,任汝所适,不相强也!"陈埜先赌咒发誓说:"若背再生之恩,神人共殛之!"⑤朱元璋笑了笑,把他放走了。陈埜先回到营地,收集余众,屯驻板桥(在今江苏南京江宁区东北),一面暗中联络防守集庆的元行台御史大夫福寿,密谋合击朱元璋,一面派人去见朱元璋,谎报他在十二日带兵攻至台城(在今江苏南京鸡鸣山南乾河沿北),与元兵遭遇,杀获无数。同时

① 《明太祖实录》卷3,乙未年六月丁巳;《国榷》卷1;至正十五年六月丁巳,第270页。

② 《皇明本纪》。

③ 《明太祖实录》卷3,乙未年六月辛酉。

④ 《国榷》卷1,至正十五年六月甲子、七月壬辰,第270页。

⑤ 《明太祖实录》卷3,乙未年八月庚申。

建议朱元璋放弃攻打集庆的计划，说集庆城池右环大江，左枕崇冈，三面据水，以山为廓，以江为池，地势险阻，不利步战，过去西晋王浑、王璿，东晋苏峻、王敦和隋朝贺若弼、韩擒虎、杨素攻取建康，都是靠水军取胜的。现今环城三面阻水，元军与杨完者的苗军联络其中，连寨30余里，攻城则虑其断后，立寨则粮运不继，勉强攻打，如果不能取胜，反而要吃大亏，后果不堪设想。不如进兵南据溧阳，东捣镇江，据险阻，绝粮道，示以持久，那样集庆就可不攻自下。朱元璋写信回答说："历代之克江南者，晋之殄吴，隋之平陈，曹彬之取南唐，皆以长江天堑限隔南北，故须会集舟师，始克成功。今吾大军既渡江，据其上游，彼之天险我已越之，彼之咽喉我已扼之，舟师多寡，不足深虑，舍舟步进，足以克捷，自与晋、隋势殊事异。足下效勤宣力，正宜乘时进取，建勋定业，奈何舍全胜之策而为此迂回之计耶？"陈埜先一计未成，又生一计。九月，他密约元将左答纳识里到自己军营，佯称将他生擒，让朱元璋前去受降。朱元璋说："此贼多诈，最叵信，姑许之。"[1]但说完就把这事放到一边，根本没去，使他的阴谋再次落空。

徐达等在六月间连克芜湖、句容后，于七月攻占溧水，八月攻取溧阳等地，切断集庆守敌与南面元军的联系，使集庆处于三面被围之势。九月，朱元璋对集庆发动了第二次进攻。郭天叙、张天祐带兵出发，至方山攻破左答纳识里的营垒，直趋集庆城下，攻打东门。陈埜先也从板桥领兵来到集庆，佯装攻打南门，骗取郭天叙、张天祐的信任，然后设酒席宴请他们两人，用伏兵执杀郭天叙，并生擒张天祐押送给福寿，让福寿把他杀了。陈埜先与福寿内外夹攻，红巾军措手不及，败退溧阳。陈埜先乘势追击，经过金坛县葛仙乡时，被当地地主武装卢德茂误作红巾军擒杀了[2]。陈埜先的侄儿陈兆先收集其部众，驻屯方山，与蛮子海牙互为犄角，谋攻太平。

郭、张两个元帅遇害后，郭子兴的旧部全归朱元璋指挥。这样，他便成为这支队伍名副其实的都元帅，小明王麾下的一员大将了。

蛮子海牙率领舟师占据采石，断绝长江南北的交通，准备进取太平。这时马夫人和将士家属还留在和州，采石一失，交通断绝，他们的安全受到威胁，将士都非常焦急。为解除后顾之忧，龙凤二年（1356）二月，朱元璋命常遇春带兵反攻采石，取得俘敌万人的胜利，迫使蛮子海牙向集庆逃窜。和州与太平的水上通道重新被打通，军心安定下来，后方又得到了巩固[3]。

龙凤二年三月初一，朱元璋亲率大军，三攻集庆。大军水陆并进，至江宁镇、板桥镇，

---

① 《明太祖实录》卷3，乙未年八月戊辰、九月癸未。

② 《纪事录笺证》卷上，第42页；（元）陈基：《夷白斋稿》卷20，《南台御史西夏永年公勋德诗序》，《四部丛刊三编》本。

③ 《明太祖实录》卷4，丙申年二月丙子；《纪事录笺证》卷上，第47页。

攻破陈兆先的大营,陈兆先被俘,部众 36000 人全部投降。朱元璋从中选出骁勇的壮士 500 人留置麾下,作为自己的侍卫。这 500 人不清楚朱元璋将如何处置他们,心里忐忑不安。朱元璋觉察到他们的疑虑,晚上就让他们担任自己的侍卫,把原先的侍卫和亲信全部撤走,只留冯国用和冯胜擐甲侍帐中,自己脱下战甲,躺倒就睡。这 500 人见朱元璋这样信任他们,纷纷相告,说朱元帅既没杀我们,又把我们当作心腹对待,我们怎能不尽力图报呢①? 初十,朱元璋挥师东向,进围集庆。冯国用率领 500 名侍卫发起冲击,他们争先陷阵,在蒋山大败元兵,攻入集庆外城。元行台御史大夫福寿督兵出战,屡被杀退,又闭城拒守。朱元璋指挥将士以云梯登城,攻入城中。福寿督兵巷战,兵败被杀。元平章阿鲁灰、参政伯家奴及集庆路达鲁花赤达尼达思等皆战死,御史王稷、元帅李宁等 300 多名将官被俘,蛮子海牙逃奔张士诚。淮西宣慰使、都元帅康茂才带领余部 3000 人企图向镇江逃跑,被朱元璋的军队追上,全部解甲投降。驻守集庆的苗军元帅寻朝佐、许成、刘哈剌不花、海军元帅叶撒及阿鲁灰部将完都等,率军民 50 多万人投降。江南重镇集庆终于被攻克了②。在攻取集庆的战役中,朱文正"饶勇略"③,显示了他的军事才能,深得朱元璋赏识。

朱元璋率军进入集庆,召集城中官吏军民举行大会,对他们说:"元失其政,所在纷扰,兵戈并起,生民涂炭,汝等处危城之中,朝夕惴惴,不能自保。吾率众至此,为民除乱耳!汝宜各安职业,毋怀疑惧。贤人君子有能相从立功业者,吾礼用之。"他要求"居官者慎莫暴横,以殃吾民",并宣布:"旧政有不便者,吾为汝除之。"④第二天,朱元璋下令改集庆路为应天府⑤,表示他的起兵是"上应天命"的;设天兴、建康翼统军大元帅府,以廖永安为统军元帅;以赵忠为兴国翼元帅,戍守太平。得儒士夏煜、孙炎、杨宪等十余人,皆录用之⑥。

① 《明史纪事本末》卷 2,《太祖起兵》,第 11 页。

② 《明太祖实录》卷 4,丙申年三月辛巳;《献征录》卷 6,王世贞:《宋国公冯胜传》。

③ 《国初事迹》;《明史》卷 118,《诸王列传·朱文正传》,第 3612 页。

④ 《明太祖实录》卷 4,丙申年三月辛巳。

⑤ 俞本记丙申年三月初十日,"上亲克建康",十六日"上以建康府改为应天府"(《纪事录笺证》卷上,第 48、52 页)。而《明太祖实录》则长期称应天府为建康。李新峰的笺证认为,红巾军最初将元代的路改为府,一般是改称宋代的旧名。集庆路在南宋为建康府,元代前期称建康府,中期改为集庆路。他由此推测,朱元璋"很可能初改集庆路为建康府,后又改为颇有僭越意味的应天府"(第 54 页)。参看李新峰:《明朝建国前的应天府与建康》,《明史研究》第 11 辑。

⑥ 《明太祖实录》卷 4,丙申年三月辛卯。

第二节　建立江南行省政权

龙凤二年(1356)三月,宋政权的小明王在亳州得到朱元璋攻占应天的捷报,提升朱元璋为(江南行)枢密院同佥,李士元为经历。不久,又任命朱元璋为江南等处行中书省平章政事,以郭天叙之弟郭天爵为右丞,以经历李士元改名善长为左右司郎中,以下诸将皆升元帅①。朱元璋接到小明王的命令,六月,在太平设立江南行枢密院,"以总管花云为院判"②。七月,在应天设立江南等处行中书省,用元朝的江南行御史台府第作为公府③,自己总揽省事,并从入城时暂住的富户王彩帛家搬到那里办公④;以李善长、宋思颜为参议,李梦庚、郭景祥、侯元善、杨元杲、陶安、阮弘道、孔克仁、陈养吾、王恺等数十人为左右司郎中、员外郎、都事等官。又将江南行枢察院迁至应天,以元帅徐达、汤和摄同佥枢密院事⑤;置帐前总制亲兵都指挥使司,以冯国用为都指挥使;置左、右、前、后、中五翼元帅府,以华云龙、唐胜宗、陆仲亨、邓愈、陈兆先、张彪、王玉、陈本等为元帅;置五部都先锋,以陶文兴、陈德等为都先锋;置省都镇抚司,以孙养浩为镇抚;置理问所,以刘桢、秦裕为理问;置提刑按察司,以王习古、王德芳为佥事;置兵马指挥司,以达必大为指挥;又设置营田司⑥。一个包括行政、司法、军事等各种机构在内、组织比较完备的地方农民政权在江南地区建立起来了。

接着,朱元璋大力加强军队的建设。龙凤三年(1357)正月十七,他在应天府北门外的鸡鸣山下举行了大规模的阅兵典礼,"列山、陆二寨军于山下,众数十万"⑦。他还命帐前亲兵都指挥使冯国兴(即冯国用)挑选壮年英勇、多历战阵的士卒360名,"赐衣甲,悬象牙牌于上,御书'押'字,背云'守御士',刻名姓于其侧,以卫出入。用黄绢尺幅,印以朱字,号曰'帐前黄旗先锋'"。又挑选曾充元军之花枪少壮者400人,名曰"大号先锋"。又从扬州来降的地主武装青军、长枪二色军内挑选400名,号曰"铁甲士",令都先锋陈德元(即陈德)

---

① 《纪事录笺证》卷上,第48页。

② 《明太祖实录》卷4,丙申年六月辛未。

③ 《明太祖实录》卷4,丙申年七月己卯。元朝的江南行御史台,原为五代南唐的皇宫,宋为建康府。宋室南渡后,于绍兴二年(1132)改为行宫。《嘉庆大清一统志》(商务印书馆1934年影印本)卷74《故宫城》:"旧志:宋行官在京城内大中街。元至元十五年(1278),拆故宫材木,输之大都,遗址仅存。二十二年(1285),改为御史台治。至正十六年,明太祖入金陵,建军府于此。寻为吴王府,又建为皇宫。后又改筑皇城于东偏,称此为旧内。"

④ 《献征录》卷116,朱睦㮮:《秦公从龙传》;《明史》卷135,《陈遇传附秦从龙传》,第3914页。

⑤ 《明太祖实录》卷4,丙申年七月己卯。此条记是日置江南行枢密院,但该机构六月已设于太平,此时当是将该机构迁至应天。当时的行枢密院是为处理战事而设的,常随战事而迁徙,其衙署后来就曾随邓愈长期迁置于徽州(《白云文稿·送万言信知江淮府》,《唐氏三先生集》)。

⑥ 《明太祖实录》卷4,丙申年七月己卯。

⑦ 《纪事录笺证》卷上,第71页。

等管领，又挑选善骑射、多交锋之人 1000 名，"各给马匹、鞍辔、衣甲、弓剑、枪等"，名曰"骁骑士"。他还提升都先锋常遇春为都督马步水军都大元帅，领众数万；以濮齐斋为军正，"仿古兵法，以军士五人为伍，十人为旗，五十人为队，设旅、镇以领之"①。当年由于发生饥荒，军需供应非常困难，朱元璋下令将应天东、南两面城外排栅之内的空地，分给帐下士卒不长手茧者，"令夏种瓜茹，各（冬）种菜，听自收食"。又命各城守将"植桑枣，及督民男耕女织"。他还向应天、镇江、太平三府的富民预借米、麦、豆充作军粮，"数十万石之费一月而就"。并铸铜钱，"自一两以至一钱，文云'应天通宝'，或铸'大中通宝'"，令民通行，与历代铜钱兼用②，规定"以十二文为米一升，一百二十文为米一斗，一千二百文为米一石"③。

在朱元璋攻占应天、建立江南行中书省政权的前后，元朝的统治更加衰朽，统治集团内部继续倾轧不已。

脱脱死后，元顺帝更加肆无忌惮地追求享乐，成天忙于游宴，搞"大喜乐"。他弄了 100 个漂亮的宫女，衣璎珞，执乐器，唱金字经，跳雁儿舞，从中又挑选三圣奴、妙乐奴、文殊奴等 16 个最妩媚妖艳的宫女，称为 16 天魔，挖一条地道，"盛饰其中"，大白天和她们一起鬼混。他还让 100 多个嫔妃学秘密佛法，同他一起行"大喜乐"。奇皇后规劝他，他大动肝火，说："古今只我一人耶！"④两个月不去后宫。当时大都缺粮，他让那些女宠把太仓的存粮都搬到她们家里，百官的俸禄只能用茶、纸和杂物抵充。元顺帝还热衷于造龙舟、制宫漏、建房屋，他亲自设计龙舟的图样，令内官供奉少监塔思不花在内苑监造，放到从内宫和前宫山下的海子里，供自己和宫女游玩。龙舟首尾长 120 尺，宽 20 尺，前有瓦帘棚、穿廊和两暖阁，后有吾殿楼子。龙身和殿宇全部五彩金妆，前头有两个龙爪。龙舟内装有机括，能使龙首的眼、口和爪子活动，龙尾摆动拨水。舟上用 24 名水手，身穿紫衫，腰束金荔枝带，分别站在两旁撑篙。还有盛妆舞女，在两岸牵挽⑤。他还自己制造宫漏玩赏，高约六七尺，宽三四尺，以木为柜，内藏各种水壶，运水上下。柜上设西方三圣殿，柜腰立玉女手捧时刻筹，按时浮水而上。左右各列两尊金甲神人，一尊悬钟，一尊悬钲，到夜间按更敲钟击钲，侧旁的狮子、凤凰随之腾翔起舞。柜的东西有日月宫，宫前站立 6 个仙女，至子、午时自动行走，度过仙桥到三圣殿，然后退回原处，"其精巧绝出，人谓前代所鲜有"⑥。他还

① 《纪事录笺证》卷上，第 71—72 页。

② 《纪事录笺证》卷上，第 76 页。按：朱元璋所铸之钱，俞本记为银钱，似为铜钱之误。所铸之"大中通宝"记为"大通中宝"，亦误。朱元璋原想在称帝后用大中作为年号，所以当时铸的钱称"大中通宝"。但后来称帝时改用洪武，未用大中年号。

③ 《国初事迹》。

④ 《庚申外史笺证》卷下，第 95、103 页。

⑤ 《庚申外史笺证》卷下，第 95、104 页；《元史》卷 43，《顺帝本纪六》，第 918 页。

⑥ 《元史》卷 43，《顺帝本纪六》，第 918 页。

喜欢搞建筑,曾为亲近的宠臣建造住宅。他亲自画图样,造模型,叫工匠照样子建造房屋,京师称之为"鲁班天子"①。就这样,元顺帝整天忙于游玩享乐,或者沉溺于造宫漏,建房屋,根本无心政事。

元朝统治集团内部的倾轧,更是有增无减。元顺帝罢黜脱脱后,至正十五年(1355)四月,以哈麻为左丞相,哈麻的弟弟雪雪为御史大夫,控制朝中大权。他们与奇皇后密谋拥立皇太子爱猷识里达腊②为帝,被哈麻的妹婿秃鲁帖木儿告密,御史大夫搠思监也上书弹劾他们。至正十六年二月,元顺帝诏令哈麻兄弟出征自效,随即将他们杖杀。接着,命搠思监为中书右丞相,辽阳行省左丞相、汉人太平(原名贺惟一)为中书左丞相。搠思监随即倒向皇太子、奇皇后一边,因贪污受贿,又被贬职。湖广行省左丞相太不花接任中书省右丞相后,谋害太平,也被削夺官爵。奇皇后和皇太子想逼元顺帝退位,极力拉拢太平,"太平不答"③。皇太子便指使御史排挤太平所信任的汉官,迫使他辞去相职。至正二十年,元顺帝再度起用搠思监为中书右丞相。后来,搠思监弹劾太平,把他流放吐蕃,太平被迫自杀。元朝统治集团的中枢就在长期的互相倾轧之中,削弱自己的力量。

随着元朝统治的衰朽,加上农民起义的打击,元朝的财政和军事也日趋崩溃。

元朝每年的税收金、银,约有半数来自江浙;岁输京师的粮食约有十分之四强来自浙江,十分之二强来自河南,十分之一强来自江西,十分之一强来自腹里,十分之一强来自湖广、陕西、辽阳④。这些地区大多有农民起义军的活动,加上水旱蝗灾又频繁发生,钱、粮岁赋难以如数征敛,更难以如期解送京师。元廷虽曾命令大司农司在雄州(今河北雄县、容城)、霸州(今河北霸州及其东南至子牙河一带)屯种,为大都提供粮食,号为"京粮"⑤,仍然无法解决粮食的匮缺。至正十四年(1354),大都曾发生大饥荒和瘟疫加上瘟疫流行,"民有父子相食者"⑥。十八年,又发生水灾、蝗灾,从而出现"大饥疫","时河南北、山东郡县皆被兵,民之老幼男女,避居聚京师,以故死者相枕藉",数达20万⑦。第二年,山东、河东、河南、关中等处发生特大蝗灾,"蝗飞蔽天,人马不能行,所落沟堑尽平,民大饥"⑧;大都也出现大饥荒,饿死者无数,11座城门外都挖掘掩埋尸体的大坑,号"万人坑",在坑的四周,"鸥

---

①　《庚申外史笺证》卷下,第95页。

②　爱猷识里达腊在至正十三年被立为皇太子、中书令、枢密使。

③　《元史》卷140,《太平传》,第3370页。

④　《庚申外史笺证》卷下,第101页;《元史》卷93,《食货志一》,第2360—2361页。

⑤　《元史》卷44,《顺帝本纪七》,第933页。

⑥　《元史》卷43,《顺帝本纪六》,第918页。

⑦　《元史》卷204,《朴不花传》,第4552页。

⑧　《元史》卷45,《顺帝本纪八》,第948页。

鸮百群,夜鸣至晓,连日乃止"①,惨不忍睹。

在军事上,脱脱从各地拼凑来的军队在高邮战后一哄而散,元廷只得转而依靠各地的地主武装特别是汉族的地主武装来镇压起义。至正十五年,元顺帝下诏:"听富民愿出丁壮义兵五千名者为万户,五百名者为千户,一百名者为百户,仍降宣敕牌面"②,各地的地主武装如雨后的蘑菇,到处涌现。他们有的被编入官军,由官府直接领导,如答失八都鲁的军队即是如此。答失八都鲁是蒙古贵族的后裔,世袭万户,至正十一年任四川行省参知政事,率本部探马赤军3000人,到荆、襄镇压农民起义。翌年,招募襄阳官吏及土豪,得"义丁"2万人,训练出一支极端仇视农民军的武装队伍。至正十四年,因镇压起义有功,升任四川行省平章政事,兼知行枢密院事③。另一类地主武装不编入官军,由地主土豪自行率领作战,如察罕帖木儿和李思齐的军队。察罕帖木儿是畏兀儿人,曾祖在元初随元军进攻河南,此后便在颍州沈丘定居。他自幼读书,曾应进士考试,"居常慨然有当世之志"④。至正十三年,在家乡沈丘组织地主子弟数百人,与罗山的汉族地主李思齐合兵,袭破刘福通占据的罗山,被元廷授为汝宁府达鲁花赤,李思齐也被授为汝宁知府。后来,察罕帖木儿转战中原各地,成为农民起义军的一个劲敌。这些地主武装在剿杀农民起义军的同时,割据一方,互争雄长,逐渐形成了武装林立的局面。

各地农民军乘着元朝统治危机日益加深的有利时机,大举出击。龙凤元年(1355)六月,刘福通率领大宋红巾军在许州长葛(今河南长葛东北)击败答失八都鲁,后又在中牟劫取其军营。刘福通还派赵明达攻取汝、洛阳,北渡孟津,攻入怀庆路(治今河南沁阳),黄河之北为之大震。但察罕帖木儿自豫南赶来,赵明达战败。十二月,答失八都鲁又调兵攻打亳州,刘福通在太康战败,韩林儿退避安丰。翌年三月,刘福通与元军激战于亳州,答失八都鲁坠马,大败退走。为了解除元军对亳州的压力,龙凤二年九月,刘福通命李武、崔德率军西征,攻打陕西。十月。赵均用攻破淮安,接受大宋号令。刘福通又命赵均用部将毛贵自海州(治朐山,今江苏连云港海州区),从海上攻打胶东半岛。东西两路的顺利进军,打破了元军对亳州的围攻⑤。

龙凤三年(1357)六月,刘福通决定攻取汴梁,并分兵三路北伐。刘福通自己亲率大军北进。七月,驻守黄河的元"义兵"万户田丰投降,归德知府林茂、万户时公权也以城降,北渡黄河的通道被打通。八月,刘福通攻下大名卫辉路(治汲县,今河南卫辉)。元廷急调答

①　《庚申外史笺证》卷下,第99页。

②　《元史》卷44,《顺帝本纪七》,第922—923页。

③　《元史》卷142,《答失八都鲁传》,第3395—3396页。

④　《元史》卷141,《察罕帖木儿传》,第3384页。

⑤　《国初群雄事略》卷1,《宋小明王》,第11—16页。

失八都鲁前来抵挡，又调知枢密院事答里麻失理领兵增援。刘福通回师曹州，击杀答里麻失理，答失八都鲁力尽而退，遭元廷猜疑，于年底忧愤而死①。龙凤四年正月，元廷命答失八都鲁的儿子孛罗帖木儿为河南行省平章政事，总领其父原管兵马。三月，刘福通再攻卫辉，向汴梁逼近。五月，汴梁发生大饥荒，刘福通乘机发动进攻，元守将竹贞弃城逃遁。刘福通率部进驻汴梁，自安丰迎小明王入居，定为都城②。

在刘福通攻取汴梁的同时，三路北伐大军也分道出击。东路军由毛贵率领，到年底已攻下山东的大部分州郡。龙凤四年二月，攻占济南，"立宾兴院"，选用归降的元朝官吏，并命姬宗周等戍守诸路。毛贵还在莱州立 36 屯，每屯相距 30 里，造大车 100 辆，用来运送屯田所得的粮食。对官民田征收税粮，"十止收二分"，"冬则陆运，夏则水运"③，将屯田收获的粮食和向官民田征收的税粮，运送到前方以供军需之用。接着，他挥戈北上，到达蓟州枣林（今北京通州区西南）、柳林，距大都仅 120 里，元朝"中外大骇，廷议迁都以避之"④。不久，毛贵军战败，退回济南。中路军由关先生（关铎）、破头潘（潘诚）、沙刘二（扫地王）、冯长舅等率领，龙凤三年九月自曹州越过太行山攻入山西，翌年突入河北，再北上攻占大同，打出塞外，于当年年底攻破元上都开平，放火焚烧宫阙，"留七日，转略往辽阳"，最后进攻曾派兵帮助元朝镇压起义的高丽⑤。西路军由白不信、大刀敖、李喜喜等率领，于龙凤三年西进关中，增援李武、崔德。十月，攻下兴元（今陕西汉中），北上凤翔，因为遭到察罕帖木儿、李思齐的袭击，又转攻四川。不久，进兵秦陇，占据巩昌（今甘肃陇西）。第二年二月，白不信再攻凤翔，因遭元军内外夹击而失败。四月，元军又攻巩昌，李喜喜退入四川⑥。

大宋红巾军"风驰电激"，横扫中原和北方广大地区，把元朝的主要兵力吸引在北方，有力地掩护了南方农民军的发展。徐寿辉的天完红巾军，在治平五年（1355）正月击败元威顺王宽彻普化后，连克襄阳、中兴（今湖北江陵）、武昌、汉阳等地，俘杀威顺王子歹帖木儿。元廷命太不花为湖广行省左丞相，总兵湖广，调军镇压。红巾军顽强战斗，攻克岳州（治今湖南岳阳）、饶州（治今江西鄱阳）等地。第二年正月，徐寿辉迁都汉阳，改元太平，以倪文俊为丞相。天完政权重建后，继续分兵四出，占领区由湖北扩大到湖南、江西、浙江、

①　《国初群雄事略》卷 1，《宋小明王》，第 17—20 页；《元史》卷 45，《顺帝本纪八》，第 937—940 页；卷 142，《答失八都鲁传》，第 3398 页。

②　《庚申外史笺证》卷下，第 88 页；《国初群雄事略》卷 1，《宋小明王》，第 21—23 页。

③　《元史》卷 45，《顺帝本纪八》，第 941 页。

④　《元史》卷 140，《太平传》，第 3370 页。

⑤　《元史》卷 45，《顺帝本纪八》，第 945 页。

⑥　《元史》卷 45，《顺帝本纪八》，第 936—939 页；《鸿猷录》卷 2，《宋事始末》，第 29—33 页。

安徽等地。太平二年(1357)春,明玉珍又率领一支军队溯江而上,占据川蜀诸郡①。

张士诚在高邮之战后,势力也迅速壮大。当时长江南岸的常州、无锡及平江附近"盗贼"群起,局势动荡不安。元廷急于扑灭江北的张士诚,至正十五年(1355)四月诏翰林待制乌马儿、集贤待制孙拗前往高邮招抚。张士诚不为所动,将孙拗"拘之他室","肆其凌辱"②。五月,令其弟张士德率兵由通州(今江苏南通)渡江南下,于翌年正月攻占常熟,二月进克江南的重要城镇平江,改平江路为隆平府。张士诚遂自高邮徙居隆平,改称周王,以承天寺为宫室,任命阴阳术士李行素为丞相,弟张士德为平章,李伯昇为司徒,潘元明、蒋辉为左右丞,史文炳同知枢密院事,周仁为隆平府太守③。孙拗与张士诚部将张茂先合谋,暗中派人赴扬州找元镇南王孛罗不花,"约日进兵复高邮"④,谋泄被杀。昆山、嘉定、崇明、松江等地的元军相继投降,无锡、常州、湖州等地也先后被攻克。七月,杭州又被攻占。至此,浙西这个富庶的鱼米之乡的大部分地区已被张士诚占领,使元朝在经济上受到沉重的打击⑤。

几支农民军大举出击,特别是大宋红巾军三路北伐,把元朝官军打得晕头转向,狼狈不堪,使他们无暇顾及刚刚崛起于东南的朱元璋。而小明王、徐寿辉、张士诚的队伍,一支在北,一支在西,一支在东,又恰好为朱元璋构成三面屏障,把元军的主力挡在外面,这对朱元璋更是十分有利。不过,就江南行中书省政权周围的形势来说,朱元璋的处境却不那么乐观。当时,应天的东面,张士诚已据有平江、常州和浙西地区,西面的徐寿辉也已把势力扩展到池州。这两支队伍虽然同朱元璋一样,都是为反抗元朝的残暴统治而揭竿起义的,但他们属于不同的派系,彼此互不统辖,各自为战。起义初期,面对元朝的血腥镇压,他们共同进行顽强的抵抗,形成"势相联结"⑥的局面。高邮之战后,外敌进攻的压力减轻,他们身上那种农民小生产者和小私有者固有的分散性和狭隘性便明显地暴露出来,彼此都准备用武力兼并对方。除了张士诚和徐寿辉,应天周围还有不少元朝的官军和地主武装,"元将定定扼镇江,别不花、杨仲英屯宁国,青衣军张明鉴据扬州,八思尔不花驻徽州,石抹宜孙守处州(治今浙江丽水),其弟厚孙守婺州(治今浙江金华),宋伯颜不花守衢

① 《国初群雄事略》卷3,《天完徐寿辉》,第75—77页;《元史》卷44,《顺帝本纪七》,第921—933页;卷45,《顺帝本纪八》,第940页。

② 《元史》卷44,《顺帝本纪七》,第924页;卷194,《孙拗传》,第4403页。

③ 《国初群雄事略》卷6,《周张士诚》,第146页;《元史》卷44,《顺帝本纪七》,第930页;《南村辍耕录》卷29,《经隆平》,第358页。

④ 《元史》卷194,《孙拗传》,第4404页。

⑤ 《国初群雄事略》卷6,《周张士诚》,第146—152页。

⑥ 《元史》卷141,《察罕帖木儿传》,第3386页。

州"①。此时的朱元璋,仅据有西起滁州到芜湖,东起句容到溧阳的一小块地盘,"地狭粮少"②,兵力不强,四面受敌,弄不好,随时有被消灭的危险。如何迅速攻占应天周围的重要军事据点,以确保应天的安全,就成为摆在他面前的首要任务。

攻占应天的当月,即龙凤二年(1356)三月,朱元璋任命徐达为大将军,率汤和、张德麟、廖永安等统兵进攻镇江。元军守将段武和平章定定战死,苗军元帅杨完者弃城出逃。徐达带兵自仁和门入城,旋即分兵攻占金坛、丹阳等县,从而阻止了来自东面张士诚的威胁。六月,朱元璋又命邓愈率邵成、汤昌等带兵攻占广德,以保障应天东南面的安全。接着,朱元璋派儒士杨宪,携带他的亲笔信与张士诚通好,希望同张士诚建立"睦邻守国"的关系,好再腾出手来夺占其他战略要地。但他在信中把张士诚比作西汉末年时而依附更始帝,时而归顺光武帝,尔后叛逆自立,最终为光武帝打败,忧愤而死的隗嚣,张士诚很不高兴,扣住杨宪不放,并暗中派人诱降徐达手下的将官陈保二。陈保二是常州奔牛坝人,原是地主武装黄包头军的头目,后来在镇江投降徐达。由于徐达手下的将官向他勒索过财物,心中愤恨不平,遂裹胁詹、李两个将官,叛降张士诚。张士诚命他率领水军攻打镇江。陈保二在龙潭(在今江苏句容县北)被徐达击败,张士诚又派兵攻占宜兴,打死了朱元璋的守将耿君用③。

朱元璋急命徐达攻取常州。徐达与汤和带兵进围常州,因兵力不足,久攻不下。朱元璋令自"元帅徐达以下俱降一官(秩)"以示惩罚,并派兵3万,前往助攻。九月,张士诚担心常州守军抵挡不住,也派几万军队赴援。徐达在离城18里的地方用伏兵击败张士诚军队,俘其张、汤二将④。张士诚这才知道朱元璋的实力不可小看,十月初忙派孙君寿带信到应天求和,表示"省己知过,愿与讲和,以解困厄",并岁输粮20万石、黄金500两、白金(白银)300斤。朱元璋要他归还使者和俘去的将校,并岁输粮50万石。张士诚觉得要价太高,没有答应⑤。当月,朱元璋提升亲侄朱文正为枢密院同金,命其与徐达、汤和共率大军攻打常州,向张士诚发动更大规模的攻势⑥。第二年即龙凤三年(1357)上半年,耿君用之子耿炳文攻占长兴,朱文正、徐达、常遇春、廖永安等攻占常州,张鉴、何文正攻占泰兴,赵继祖、郭天禄、吴良等攻占江阴。长兴和江阴是两个军事要地,"长兴据太湖口,陆走广德诸郡;江阴枕大江,扼姑苏、通州济渡之处。得长兴,则士诚步骑不敢出广德,窥宣、歙;得

---

① 《明史》卷1,《太祖本纪一》,第5页。

② 《国初事迹》。

③ 《明太祖实录》卷4,丙申年六月壬申;《明史纪事本末》卷4,《太祖平吴》,第53—54页。

④ 《明史》卷123,《张士诚传》,第3693页;卷125,《徐达传》,第3723—3724页;《国史考异》卷1之6;《国初群雄事略》卷6,《周张士诚》,第152—153页。

⑤ 《明太祖实录》卷4,丙申年十月戊申。

⑥ 《纪事录笺证》卷上,第66页。

江阴,则士诚舟师不敢溯大江,上金(金山,在镇江西北面的江中)、焦(焦山,在镇江东北面的江中)"①。张士诚西犯的门路被堵死,已处于被动的劣势地位。

龙凤三年七月,徐达又率兵取宜兴,并令先锋赵德胜攻常熟。常熟位于平江之北,与江北的通州相距不远,是张士诚借以联络江北淮东和江南浙西地区的重要据点,由张士诚的弟弟张士德亲自领兵镇守。张士德小字九六,"善战有谋,能得士心,浙西地皆其所略定"②。赵德胜在常熟虞山西北的湖桥埋下伏兵,再亲自带兵进逼城下。张士德迎战失利,退却中被湖桥的伏兵打个措手不及,坐骑跌倒受俘,被解送应天③。朱元璋大喜,说:"张士诚谋主士德,其人智勇,被我擒之。张氏之事,成败可知矣!"④对张士德优礼备至,准备借助他来招降张士诚。两年后,张士诚部将吕珍在太湖俘获朱元璋的骁将廖永安,张士诚母亲叫张士诚以岁输粮10万石、布1万匹,与朱元璋结盟为条件,用廖永安换回张士德,遭到朱元璋的拒绝。张士德在应天也拒不投降,并暗中给张士诚捎信,要他投降元朝,后来绝食而死。廖永安被张士诚囚禁八年,也死于狱中。张士诚在西线一再遭到朱元璋的进攻,屡吃败仗,在东线先后派兵攻打嘉兴、杭州,又被杨完者击败,就听从亲兄弟的劝告,在八月间投降元朝,元廷授予他太尉之职⑤。

在夺取应天东面军事要地的同时,朱元璋还分兵争夺南面和西面的战略要地。龙凤二年底,宁国路地主武装、长枪军元帅谢国玺进犯广德,邓愈率兵反击,俘获谢国玺的部将武世荣及士卒千余人,不久又分兵进取武康(今浙江德清)、安吉等县。朱元璋于是决计夺取宁国,因为宁国是应天的南大门,如果长期被元军占领,或者落到徐寿辉手里,不仅敌人随时可以进窥应天,而且他出击东南、夺取浙东的门路也将被堵死。第二年四月,他命徐达、常遇春向宁国进兵。宁国城小而坚,元军重兵驻守。谢国玺因为刚在广德吃了败仗,心有余悸,弃城逃遁,但守将别不花、杨仲英、朱亮祖等闭城拒守,徐达等久攻不下。在一次战斗中,朱亮祖突围冲杀,常遇春率兵迎战,还被流矢射中。朱元璋得到消息,亲到宁国督师,他下令建造飞车,车前遮以竹编,抵挡敌方矢石的攻击。然后令军士驾着飞车,数道并进,发起强攻,自己亲披铠甲,临阵督战。杨仲英等眼看支持不住,开门请降。徐达等率兵进城,生俘朱亮祖,得军士10余万,马2000余匹。接着,邓愈、胡大海等又挥师南下,相

① 《明太祖实录》卷5,丁酉年六月乙未。

② 《明史》卷123,《张士诚传》,第3693页。

③ 《宋濂全集》卷10,《太明敕赐故怀远大将军金江南等处行枢密院事赠荣禄大夫江西等处行中书省平章政事上柱国追封梁国赵公神道碑铭》,第1244页;《皇明本纪》;《国史考异》卷1之6。

④ 《国初事迹》。

⑤ 《国初事迹》;《明史》卷123,《张士诚传》,第3693—3694页;《元史》卷140,《达识帖睦迩传》,第3376页。

继攻占绩溪、徽州（今安徽黄山市徽州区）、休宁、黔县和婺源，为日后向浙东进军打开了通道①。

龙凤三年六月，邓愈由宣州（即宁国）攻取徽州，先声所至，不戮一人，郡邑以定。邓愈的部下张思忠戍守休宁县，请当地老儒朱升写篇颂扬邓愈勋德的文章。朱升是休宁人，后来移居徽州，幼年跟随当地著名学者陈栎学习朱子之说，至正四年（1344）登乡贡第二名，后出任池州学正，秩满南还，隐居在家乡石门山，闭户著述，静观时变。朱升见元运将倾，便应张思忠之请，写了《行枢密院判官邓公勋德颂》一文呈上。邓愈遂将其名上报朱元璋，朱元璋下令召见，朱升时年五十九，乃于是年秋冬"上潜邸"，亲往应天去见朱元璋，"冬，辞归"。嗣后"连岁被征"，成为朱元璋任用的第一个进士。吴元年（1637），授翰林读讲学士，洪武二年升为翰林侍讲学士，"知制诰，同修国史"②。

龙凤三年五月，在攻下宁国不久，元铜陵县令罗得泰、万户程辉来降。朱元璋又令常遇春率王敬祖等进驻铜陵。这时，恰好徐寿辉的池州路总管陶起祖来降，说池州城中守军不多，可攻而取之。池州位于长江岸边，"上以规取安庆，下以规取太平"③，为应天西面之军事重镇，常遇春即拟攻取之。但池州守将是赵普胜，他骁勇善战，并不那么容易对付。直到十月，常遇春乘着赵普胜出征安庆之机，与廖永安、吴祯一起出兵，才攻占这座城市④。在攻占池州的当月，朱元璋还令缪大亨领兵攻占扬州，迫降青军元帅张明鉴⑤。

经过一年多的战斗，镇江、广德、长兴、常州、宁国、江阴、常熟、徽州、池州、扬州等重要军事据点悉被朱元璋的队伍所攻占。有这些战略要地作拱卫，应天的安全有了保障，江南行省政权也得到巩固。

---

① 《明太祖实录》卷4，丙申年十二月丙子；卷5，丁酉年四月丁卯；《明史纪事本末》卷2，《平定东南》，第16—第17页。

② （明）朱同：《翰林侍讲学士朱升传》，（明）金德玹《新安文粹》卷7，又见《献征录》卷20。按：朱同为朱升之孙，他撰写的这篇现存最早的朱升传记，并无朱升对朱元璋进献"高筑墙，广积粮，缓称王"九字三策的记载。官修《明太祖实录》亦不见有此记载。夏玉润《重读朱升〈朱枫林集〉——兼析疑点重重的"高筑墙，广积粮，缓称王"》（《明史研究论丛》第8辑）一文指出，九字三策最早出现于明初野史《皇明小史》，后被编入徽州休宁方志。到万历年间，朱升后裔及乡人又在此基础上杜撰了一篇朱升虚假事迹的传记《翼运绩略》，收入《朱枫林集》，遂使朱升暴得大名。笔者认为，九字三策可能是后人根据朱元璋营建江南根据地的实践经验总结出来，而挂到某个人的名下。明人朱国祯《涌幢小品》卷4《都城》（文化艺术出版社1998年版，第76页）谓："国初有'高筑墙、广积粮、缓称王'之言，一以为朱升，一以为陈碧峰，其说不一。"朱升的生平事迹，史有明载，至于陈碧峰其人其事，史籍缺载，今已无考。

③ （清）夏燮著，沈仲九标点：《明通鉴》前编卷1，至正十七年十月壬申条《考异》，中华书局1980年版，第31页。

④ 《明太祖实录》卷5，丁酉年十月壬申。

⑤ 《国榷》卷1，至正十七年十月甲申，第278页。

第三节 攻夺浙东

应天周围的安全有了保障，朱元璋开始向外发展势力。当时，西面的徐寿辉及其部将陈友谅和东面的张士诚，实力都在朱元璋之上，他"论兵强莫如友谅，论财富莫如士诚"[①]，而东南方面的元军只占领一些孤立、分散的据点，与在大都的元朝本部相隔绝，力量相对要弱小得多。根据这一形势，朱元璋果断地做出巩固东西两线、出击东南的战略决策。在北线，由于小明王的屏障，他只留少数兵力维持地方治安；在东线，自江阴沿太湖南至长兴，构筑一道坚固的防线，以阻挡张士诚的西犯；在西线，也对徐寿辉、陈友谅采取防御态势，以守为攻；主要兵力则部署在皖南的宁国、徽州一带，准备向东南方向出击，消灭浙东的元军。

浙东从元初起就是反元斗争最激烈的地区之一。到了元末，那里的人民因不堪忍受元朝的残酷压迫，又纷纷揭竿而起。至正八年（1348）十一月，台州黄岩私盐贩方国珍在海上起事，浙东人民竞相奔附，旬月之间，众达数千[②]。过了两年，温州又"寇盗窃发，犯州郡"[③]。至正十二年，天完红巾军由江西经福建转攻浙东，更把当地的反元斗争推向高潮。农民起义"烽燹之焰灼于天"，使地主阶级的身家性命受到严重威胁，他们便积极行动起来，协助元朝镇压起义。浙东的农民起义以处州的声势最盛，处州的豪右巨族为元朝镇压起义也最为卖力。青田南田（今浙江文成）武阳村巨族刘基，字伯温，至顺年间（1330—133）考中进士，曾任高安丞、浙江儒学副提举等职。方国珍海上起兵后，他任浙东元帅府都事，参与庆元（治今浙江宁波）的防务，与起义军对抗。至正十三年，元任命江浙行省左丞帖里帖木儿招安方国珍，行省复辟刘基为行省都事以佐之。招安事毕，因"盗起苍括间"，他"辟地之会稽（今浙江绍兴）"[④]。至正十六年，处州属县民变迭起，行省檄调刘基与浙东宣慰副使石抹宜孙同守处州。翌年，江浙行省左丞相达识铁睦尔擢升石抹宜孙为行枢密院判官，以刘基为经历，萧山县尹苏友龙为照磨。石抹宜孙又辟郡人胡深、叶琛、章溢、季汶参谋军事。"处为郡，山谷联络，盗贼凭据险阻，辄窃发，不易平治。宜孙用基等谋，或捣以兵，或诱以计，未几皆歼灭无遗类"[⑤]。

在汉族地主的协助下，元朝统治者终于把浙东的起义烈火扑灭下去。但是，元朝的军队在同起义军的反复拼杀中，也受到沉重打击。同时，在浙东农民起义被剿杀之后，当地

---

① 《国初事迹》。

② 《宋濂全集》卷53，《故资善大夫广西等处行中书省左丞方公神道碑铭》，第1256页。

③ （元）陈高：《不系舟渔集》卷13，《郑处抑先生行状》，《敬乡楼丛书》本。

④ （明）刘基：《诚意伯刘先生文集》卷11，《王原章诗集序》，中国文史出版社2011年版，第232页。

⑤ 《元史》卷188，《石抹宜孙传》，第4310页。

汉族地主同元朝统治者的矛盾又日趋尖锐。浙东汉族地主特别是儒士积极帮助元朝镇压起义，一方面是为了保全自己的身家财产，另一方面是想借机从元朝统治者那里分享到更多的权益，改变自己受排挤和歧视的地位。但是元廷尽管颁行某些笼络汉族地主的措施，实际上仍继续坚持排挤和歧视汉人、南人的政策。这些汉族地主及儒士万万没有想到，他们"倾家事守御"的结果，不仅没有得到元朝统治者的赏识，却落个"反以结嫌猜"①的下场。几个最早起兵与方国珍对抗的豪家大族，兄弟子侄都战死了，"卒不沾一命之及"②。有的甚至还遭到元朝统治者的猜忌和陷害而身首异处，如"元至正之季，民反处州为盗，转掠而东，陷永康"。永康太平里大族吕文燧与弟文烨合谋，散家财数千万，招募乡勇 3000 人，击退起义军，"声闻东南"。但其弟吕文烨却因"用事者听谗"而被杀③。龙泉胡深与章溢的老师、浙东名儒王毅，在青田农民军攻占龙泉时，与章溢组织"义兵"击退起义军，后来却被龙泉监县宝忽丁杀害④。浙东地主因此深感失望和不满，有的带着满肚子的怨气退隐林泉，如宋濂⑤坚辞元廷翰林编修之聘，入龙门山著书。有的虽还在官府任职，但大多也同元朝统治者貌合神离，暗中准备另谋出路⑥。浙东地区元军实力的削弱和统治阶级内部的分崩离析，为朱元璋攻取浙东提供了十分有利的条件。

龙凤四年(1358)二月，朱元璋提拔外甥朱文忠为帐前总制亲军都挥使司的左副都指挥，兼领元帅府事。朱文忠随即奉命与邓愈、胡大海合兵进取浙东。他们率兵从徽州路东北部的昱岭关入杭州路，三月攻占建德路。朱元璋下令改建德路为严州府，令朱文忠镇守。驻守杭州的苗军元帅杨完者多次派兵反攻，企图夺回建德，但屡战屡败，损失惨重。六月，朱文忠进克浦江，从侧面包抄婺州。就在这时，浙东的元朝统治集团爆发了一场内讧。原来，杨完者从至正十六年(1356)春应江浙行省左丞相达识帖睦迩之召进驻杭州后，"恃功骄横"，不仅不听达识帖睦迩的约束，而且部队毫无纪律，到处奸淫掳掠，民怨沸腾。老百姓编了首民谣说："死不怨泰州张(士诚)，生不谢宝庆(治今湖南邵阳)杨(完者)。"⑦达识帖睦迩"苦其逼己"⑧，与张士诚密谋，想把他除掉。过去杨完者在嘉兴、杭州屡败张士诚部队，张士诚对他恨入骨髓。七月，达识帖睦迩宣称调张士诚军队去收复建德，张士诚暗

---

① 《诚意伯刘先生文集》卷 7，《感时述事十首》，第 147 页。

② 《草木子》卷 3 上，《克谨篇》，第 50 页。

③ 《宋濂全集》卷 55，《故嘉兴知府吕府君墓碑》，第 1290—1291 页。

④ 《宋濂全集》卷 52，《大明故资善大夫御史中丞兼太子赞善大夫章公神道碑铭》，第 1220 页。

⑤ 宋濂先世为金华潜溪人，至宋濂乃迁居浦江。

⑥ 参看陈高华：《元末浙东地主与朱元璋》，《新建设》1963 年 5 月号。

⑦ 《南村辍耕录》卷 29，《纪隆平》，第 358 页；(元)姚桐寿：《乐郊私语》，《学海类编》本。按：杨完者原籍武冈路。洪武元年，武冈路改为武冈府，九年四月降为州，与其下领的新宁县一起隶于宝庆府。杨完者因此也被称为"宝庆杨"。

⑧ 《明太祖实录》卷 6，戊戌年八月己丑。

中令部将史文炳把队伍开赴杭州城北,乘杨完者不备,突然围攻他的军营。杨完者拒战十天,兵败后与其弟伯颜自缢而死,部将员成、李福、刘震、黄宝、蒋英等人带领驻守桐庐的3万苗军投奔朱文忠①。这就为朱元璋攻夺浙东扫除了一大障碍。十月,胡大海又攻占兰溪,断婺州右臂,然后进攻婺州。但是婺州守将、石抹宜孙之弟石抹厚孙拼死抵抗,胡大海久攻不下。朱元璋决定亲自前往指挥,考虑到七月间郭子兴的三子、右丞郭天爵因"失职怨望"谋叛而被诛杀②,为了稳定后方,他先从宜兴前线调回徐达,与李善长一起留守应天,并令毛麒代理中书省事,然后再带着常遇春、杨璟、冯国用等几员战将,亲征婺州。临出发前,他许诺出征军士:"克浙东后,令汝等俱享福快乐。"③

十一月,朱元璋率领10万步、骑兵,悬"奉天都统中华"金牌,冒着严寒,踏着冰雪,自应天经宣城南下。十二月,在徽州做短暂停留,召见儒士唐仲实、姚琏等,询问民事得失。尔后率兵进入浙东,取道兰溪,进逼婺州,侦知城中守敌各自为政,互不团结,遂督兵围城。已升任江浙行省参知政事的处州守将石抹宜孙得到消息,担心在婺州的母亲和弟弟石抹厚孙的安全,忙和谋士胡深、章溢商讨对策,决定令石抹厚孙坚守不动,又造狮子战车数百辆,装载士卒,由胡深等率领,驰援婺州,自己亲率万余人殿后,出缙云应援。胡深走到松溪,观望不前。朱元璋对诸将说:"松溪山多路狭,车不可行。今以精兵遏之,其势必破。援兵既破,则城中绝望,可不劳而下之。"④翌日,派胡大海养子胡德济把胡深诱出梅花门外,纵兵进击,擒其前锋元帅季弥章,胡深与石抹宜孙慌忙逃遁,退屯缙云县西的樊岭、黄龙山一带。婺州守敌陷于孤立,元枢密院同金宁安庆向朱元璋投降,打开城门放朱元璋的队伍进城,元南台侍御史帖木儿烈思与石抹厚孙被俘,婺州被占领。为了兑现出征前的诺言,朱元璋犒赏立功的士卒:"砍排栅者,给银碗一个、缎一匹。中枪伤者,银碗一个、米一石。阵亡者,给家小米二石、麦一石、银十两、麻布十匹,月支优给口粮,岁支冬夏布帛。所擒元兵,悉给帐下士卒,每人给五名供奉。"⑤

朱元璋入城后,在婺州设立江南等处行中书省分省,又称浙东行省,调中书省左右司郎中李梦庚、郭景祥为分省左右司郎中,中书省都事王恺为分省都事,中书省博士夏煜为分省博士。分省衙门前高高竖起两面大黄旗,上书:"山河奄有中华地,日月重开大宋天。"

① 《元史》卷140,《达识帖睦迩传》,第3376—3377页;《明史》卷123,《张士诚传》,第3694页;《明太祖实录》卷6,戊戌年八月己丑。

② 《纪事录笺证》卷上,第59页;《国初群雄事略》卷2,《滁阳王》,第60页;《明史》卷122,《郭子兴传》,第3681页。

③ 《纪事录笺证》卷上,第98页。

④ 《明太祖实录》卷6,戊戌年十一月甲子、十二月丙辰;《元史》卷188,《石抹宜孙传》,第4310页。

⑤ 《纪事录笺证》卷上,第101页。

大旗旁边各立一牌,上书:"九天日月开黄道,宋国江山复宝图。"①改婺州府为宁越府,后又改为金华府,以同乡儒士王宗显为知府,并令王宗显把停办多年的郡学恢复起来。又立枢密院分院,以常遇春为镇国上将军、同金枢密院事,镇守婺州②。为了安定民心,朱元璋一入城,就下令禁止军士剽掠,亲随知印黄某拿了老百姓财物,"即斩以徇"③。过了几天,又召集诸将,告诫他们说:"仁义足以得天下,而威武不足以服人心,夫克城虽以武,而安民必以仁。吾师比入建康,秋毫无犯,故一举而遂定。今新克婺城,民始获苏,政当抚恤,使民乐于归附,则彼未下郡县,亦必闻风而归。"④还命令打开官府的仓库,拿出粮食救济贫民,并下令禁酒,以减少粮食的消耗。社会秩序很快安定下来,"民庶无惊,市肆不扰"⑤。

婺州两百多年来是儒学发展阶段理学的一个中心,号称小邹鲁,过去曾涌现许多著名的学者,元末也出了一批有学问的儒士。这些封建士大夫有知识有谋略,在地方有势力有影响,如果能把他们争取过来,不仅可以取得当地地主阶级的支持和合作,削弱元朝的抵抗力量,而且可以帮助出谋划策,发展自己的事业。朱元璋占领婺州后,就召见儒士范祖干、叶仪,询以治道。聘请许元、叶瓒玉、胡翰、吴沉、汪仲山、李公常、金信、徐孳、童冀、戴良、吴履、张起敬、孙履等13人,"会食省中,日令两人进讲经史,敷陈治道"⑥。寻命叶仪、宋濂为五经师,戴良为学正,吴沉、徐原为训导,教授郡学。起用王冕为咨议参军。召许瑗等入幕府,参议军政大事⑦。为了取得他们和当地地主的信任,朱元璋还选用婺州七县的富民子弟充当宿卫,名曰"御中军"⑧。自南宋以来世代聚族而居、且有多人在元末跻身官场的浦江"义门"郑氏,在朱文忠攻入浦江时,"携家避入诸暨"⑨,这时也"遣帐前先锋率民兵二千护其家归浦江"⑩。

接着,朱元璋分兵四出,攻打婺州的周围地区。出兵之前,他首先遣使进行招抚。附近一些地主武装头目,如浦江的蒋镛、嵊县的郝原、赵可兰,平阳州(治今浙江平阳)的周宗道,台州的冯辅卿,新昌的何用常等,先后归附。但元朝的将官,拒绝向朱元璋投降。龙凤五年(1359)正月,朱元璋即分兵几路,命耿再成南下屯驻缙云县的黄龙山,规取处州;胡大

---

① 《纪事录笺证》卷上,第101页。
② 《明太祖实录》卷6,戊戌年十二月丙戌;卷7,乙亥年正月庚申、四月戊寅。
③ 《明太祖实录》卷6,戊戌年十二月甲申。
④ 《明太祖实录》卷7,乙亥年正月乙巳。
⑤ 《明太祖实录》卷6,戊戌年十二月。
⑥ 《明太祖实录》卷6,戊戌年十二月。
⑦ 《明太祖实录》卷7,乙亥正月庚申。
⑧ 《明太祖实录》卷6,戊戌年十二月。
⑨ 《明太祖实录》卷6,戊戌年六月癸酉。
⑩ 《宋濂全集》卷60,《元封从仕郎江浙等处行中书省左司都事郑彦贞甫郑都事墓志铭》,第1415页。

海与谢再兴北上攻夺诸暨;陆仲亨出攻西南,谋取衢州。陆仲亨进攻衢州,不克而还。胡大海与谢再兴在诸暨击败张士诚的部将华元帅,迫降万户沈胜。谢再兴留守诸暨,胡大海继续北上,一直打到萧山县城的东门,接连打败张士诚的队伍,迫使他们继续北撤①。

朱元璋还派典签刘辰、主簿蔡元刚、儒士陈显道等人到庆元路招降方国珍。

方国珍是台州黄岩(今浙江台州市黄岩区)人,初名国珍,后更名真,又改国为谷,名谷真②。他生得身材高大,黑紫脸膛,体格强壮,据说疾走如飞,可力逐奔马。黄岩地近海滨,人多地少,当地百姓大多靠晒盐航海为生。方国珍一家,世代也以贩盐航海为业。至正八年(1348),同里的蔡乱头、王伏之在海上劫掠漕运粮食,执杀督运官吏,遭到地方官府的追捕。方国珍的冤家陈氏诬告他私通蔡乱头,方国珍一怒之下把姓陈的杀死。陈氏的家属上告地方官,官府发兵追捕。方国珍走投无路,和家人商量说:"朝廷失政,统兵者玩寇,区区小丑不能平,天下乱自此始。今酷吏藉以为奸,谋蘖及良民,吾若束手就毙,一家枉作泉下鬼。不若入海为得计耳!"③十一月,他便和兄国璋,弟国瑛、国珉一起逃到海上,聚集几千人,劫夺漕粮,拘留元朝官吏。元廷命江浙行省参知政事朵儿只班带兵镇压,战败被俘。方国珍胁迫他上书朝廷,请求封其官职。元廷担心方国珍破坏海上运输,只好授予他庆元定海尉。方国珍回到家乡黄岩,不断招兵买马,继续攻夺沿海州郡。至正十二年,元廷因刘福通等在颍州起义,令江浙行省招募舟师防守长江,方国珍疑惧不安,又走入海中。台州路达鲁花赤泰不华入海招抚,被他杀死,投尸海中。元廷令江浙行省率兵进讨,方国珍又表示愿受招安,并派人潜入大都,贿赂朝中权贵。至正十三年十月,元廷授予方国珍徽州路治中,要他交出船只,遣散部众,被他拒绝了。他凭借手中的1300多艘船只,控制海道,阻绝粮运,连续攻陷台州、温州,并于至正十五年三月入据庆元路。至正十六年二月,张士德攻陷平江,元廷又授予方国珍海道运粮漕运万户兼防御海道运粮万户,兄方国璋为衢州路总管兼防御海道事。第二年八月,再升方国珍为江浙行省参知政事,叫他出兵攻打张士诚。方国珍才又接受元朝官职,并率兄弟及诸侄以水军5万,入长江路,进击昆山州,7次打败张士诚的军队。不久,张士诚也投降元朝,他才撤回军队。方国珍对元朝时叛时降,但始终保持自己的军事力量。他家兄弟子侄全做大官,控制着东南沿海丰富的渔盐资源,感到心满意足,没有更大的抱负。同县的张子善,曾劝他率舟师溯江而上,进窥江东,北略青、徐、辽海,以图霸业,他说:"吾志始不及此。"④

————————

① 《明史》卷150,《刘辰传》,第4166页;《明太祖实录》卷6,戊戌年十二月戊子;《国初群雄事略》卷9,《台州方谷珍》,第218页。

② 《国初群雄事略》卷9,《台州方国珍》,第218页。

③ 《宋濂全集》卷53,《故资善大夫广西等处行中书省左丞方氏神道碑铭》,第1256页。

④ 《明史》卷123,《方国珍传》,第3698页。

龙凤五年(1359),朱元璋的使者刘辰等到达庆元,方国珍进献两个浓妆艳抹的女姬,遭到刘辰的叱责①。方国珍同他的兄弟、部将商量:"江左(指朱元璋)号令严明,恐不能与抗。况为我敌者,西有吴(指张士诚),南有闽(指陈友定),莫若姑示顺从,藉为声援以观变。"②便派使臣向朱元璋献黄金 50 斤、白金 100 斤、金织文绮 100 匹,表示愿同朱元璋合兵"共灭张士诚"。三月,又派郎中张本仁去见朱元璋,表示愿意献出温、台和庆元三郡,并把他的第二个儿子方关送来做人质。朱元璋说:"今既诚心来归,便当推诚相与,当如青天白日,何自怀疑而以质子为哉?"厚赐方关而遣归。但是,方国珍并没有归附的诚意,他"阴持两端",在朱元璋与元朝之间来回摇摆。后来,朱元璋返回应天,九月派博士夏煜授予方国珍福建等处行中书省平章政事、方国璋福建行中书省右丞、方国瑛福建行中书省参政、方国珉枢密分院金院,令其奉龙凤正朔。方国珍又推托年老有病,只接受平章印诰,不任职事,不奉龙凤正朔③,说:"当初献三郡,为保百姓,请上位发军马来守,交还城池。不至,若遽奉正朔,实恐张士诚、陈友定来攻,援若不及,则危矣。故以至正为名,彼则无名罪我。况为元朝乱首,元亦恶之,不得已而招我四兄弟,授以大职名,我弱则不容矣。要之,从命必用多发军来守,即当以三郡交还,国珍愿领弟侄赴京听上位之命,止乞国珍一身不仕,以报元之恩德。"夏煜回来报告情况,朱元璋说:"且置之,俟我克苏州,虽欲奉正朔,则亦迟矣"④!

龙凤五年五月,宋小明王提升朱元璋为仪同三司、江南等处行中书省左丞相⑤。在朱元璋亲征婺州时,张士诚曾多次派兵进攻长兴、江阴、常州、建德、婺源,陈友谅也曾令赵普胜进攻宁国路的太平、青阳、石埭(今安徽石台)等县。接受小明王新的任命后,他考虑到婺州已被牢固地占领下来,从而为攻夺浙东诸郡打下良好基础,决定返回应天,亲自统筹和指导战争的全局。动身之前,派都事王恺去绍兴召回胡大海,命令他与常遇春共同镇守婺州,并负责攻取衢州、处州和绍兴诸路,叮嘱他说:"宋伯颜不花在衢州,其人多智术;石抹宜孙守处州,善用士;绍兴为张士诚将吕珍所据。数郡与宁越密迩,尔宜与同金常遇春同心协力,俟间取之。此三人皆劲敌,不可忽也。"⑥朱元璋返回应天后,九月,常遇春即攻克衢州,活捉宋伯颜不花。十一月,胡大海又与耿再成合兵攻破处州诸山寨。朱元璋攻克婺州后,即命耿再成驻兵黄龙山,谋取处州。处州守将石抹宜孙遣叶琛屯桃花岭,林彬祖

① 《明史》卷 150,《刘辰传》,第 4166 页。
② 《明史》卷 123,《方国珍传》,第 3698 页。
③ 《明太祖实录》卷 7,乙亥正月乙卯。
④ 《国初事迹》。
⑤ 《国初事迹》。
⑥ 《明太祖实录》卷 7,乙亥年五月辛亥。

屯葛渡,陈仲真、陈安屯樊岭,胡深守龙泉以拒之。"久之,将士怠弛,皆无斗志"①。石抹宜孙幕下谋士刘基看到元朝统治的倾覆之势已经无可挽回,又见石抹宜孙"后好自用,幕下士多散去,部将胡君深、章君溢亦拥兵观望"②,于至正十九年(1359)春夏弃官归里③,隐居南田老家,著《郁离子》明志,"以待王者之兴"④。胡深知元运将倾,亦于当年十一月"叛宜孙,间道来降,且言处州兵弱易取"。胡大海闻之大喜,即率兵进抵樊岭,与耿再成合兵,连拔桃花岭、葛渡二寨,进逼处州城下,石抹宜孙弃城与叶琛、章溢逃往建宁(今福建建瓯),林彬祖走温州。十二月,"处州七邑皆下"⑤,朱元璋命常遇春率师攻打杭州。经过两年左右的战斗,浙东的元朝统治区大部分被攻占,江南行省政权的辖地大大扩展了。

---

① 《明太祖实录》卷 7,乙亥年十一月壬寅。

② 《宋濂全集》卷 61,《故朝列大夫浙江行省左右司都事苏公墓志铭》,第 1437 页。

③ 《牧斋初学集》卷 102,《太祖实录辨证》2;杨讷:《刘基事迹考》,北京图书馆出版社 2004 年版,第 58—71 页。

④ 《诚意伯刘先生文集》卷 4,《九难第十八》,第 66 页。

⑤ 《明太祖实录》卷 7,乙亥年十一月壬寅。

第四节　积粮训兵，暂缓称王

朱元璋南渡长江的一个重要目的，是为了实现冯国用的建议，夺取应天作为"四出征伐"的战略基地。攻占应天的第二天，他带领一批将领巡视城廓，然后登上城楼，极目远眺，看到大江汹涌澎湃，奔腾于北，群山连绵起伏，雄峙于南，山环水绕，龙盘虎踞，形势险要，物产富饶，兴奋地对徐达等人说："金陵险固，古所谓长江天堑，真形胜地也。仓廪实，人民足，吾今有之，诸公又能同心协力以相左右，何功不成！"①从此，他一面派兵夺取周围的战略要地，向外拓展势力，一面以应天为中心，积粮训兵，暂缓称王，营建战略根据地。

在政治上，首先是废除元朝苛政，减轻刑罚，严惩贪贿，宽简赋役。龙凤三年（1357）十二月，朱元璋下令释放监狱里的所有轻重罪囚，规定当月二十日拂晓之前，所有触犯刑律的官吏军民，一律免罪释放，"敢有复言其事者抵罪"②。次年三月，又派提刑按察司佥事分巡郡县，讯察案犯的罪状，规定原来判处笞刑的释放，判处杖刑的减半处刑，重罪囚犯处以杖70的刑罚，贪污受赃的不再追缴赃物；司法官吏没有按规定期限处理刑事案件的，重者从轻处分，轻者免予处分；武将出征犯有过失的，也都赦罪。有的官员对朱元璋这个规定表示不同意见，认为"去年释罪囚，今年又从末减，用法太宽，则人不惧法，法纵弛，无以为治"。他回答说："百姓自兵乱以来，初离创残，今归于我，正当抚绥之。况其间有一时误犯者，宁可尽法乎？大抵治狱以宽厚为本，少失宽厚则流入苛刻矣。所谓治新国用轻典，刑得其当，则民自无冤抑。"③龙凤五年三月又宣布："所隶州郡，自三月初二日以前，除大逆无道及敌之侦伺拘系外，其余罪无大小，咸与宥原。敢有不遵，仍前告言者，以其罪罪之。"④吴元年（1367）六月，他还特地告谕负责监察的御史要慎用刑狱："刑本生人，非求杀也，苟不求其情而轻用之，受枉者多矣。故钦恤二字，用刑之本也。"⑤

对自己手下的官吏，朱元璋则严格要求他们奉公守纪，不许枉法贪贿。如有违犯，坚决惩处。龙凤八年（1362）正月，有人向按察司诬告他人，被诬者不服，任按察司佥事的元朝降臣宋伯颜不花说："我这衙门，你见有几人得空出者？"对被诬者严刑拷打，硬逼其招供。省都事王用言贪贿坏法，与陈友谅的抚州倪通判交结，朱元璋发现后，当月十七在应天聚宝门的雨花台上，召集文武百官，谕曰："王都事贪贿，私通敌人，以其赃物示众，罪当凌迟。"又对宋伯颜不花说："你是元朝风宪官，不能死节，归我又授以耳目，亦不能与人辨

①　《明太祖实录》卷4，丙申年三月辛卯。
②　《明太祖实录》卷5，丁酉年十二月乙丑。
③　《明太祖实录》卷6，戊戌年三月己酉。
④　《明太祖实录》卷7，己亥年三月甲午。
⑤　《明太祖实录》卷24，吴元年六月甲戌。

曲直,拷掠诬承,诳吾一时之喜,是汝罪否?我替元朝打死这失节老贼!"遂领卫士,用巨棍在宋伯颜不花胸背各打100下,扔到台下,问:"老贼死未?"有人答说:"未死。"朱元璋又让人将他抬到太医那儿,敷上膏药。第二天,召谕之曰:"我克城之日,见汝于马前迎拜,欲杀之。我谓不当杀降,今犹含恨。今既任汝,尚不公正。"下令将他身上的膏药揭去,再用巨棍在胸背各打100下。还没打死,"次日又杖之,以身首暴于市"①。

朱元璋还设法减轻百姓的赋役负担。龙凤三年(1357),他亲征婺州,十二月道经徽州,召见当地儒士唐仲实、姚琏,询问民事得失。唐仲实反映当地守将邓愈役民筑城,百姓颇有怨气,他即下令停工。朱元璋问起汉高祖、光武帝、唐太宗、宋太祖、元世祖统一天下的原因,唐仲实说是这几个人都不乱杀人,所以能实现统一,接着又婉转地反映百姓负担过重的问题:"主公英明神武,兼数君之长,驱除祸乱,未尝妄杀,出民膏火,措之于衽席之上,开创之功超于前代。然以今日观之,民虽得其所归而未遂生息。"朱元璋即坦率地承认:"此言是也。"并解释说:"我积少而费多,取给于民,甚非得已,然皆为军需所用,未尝以一毫奉己。民之劳苦,恒思所以休息之,曷尝忘也。"②他不仅这样说,而且也确实这样做。第二年,下令在徽州实行土地经理,令民自实田③。龙凤九年,任命端木复初为徽州经历,又"使民自实田,集为图籍,核盈朒,验虚实,而定科徭。吏民阴为欺蔽,痛谪之。不数月而毕。由是民无逋租,官无横敛"④。民自实田而定科徭的结果,使地主隐瞒土地向农民转嫁负担的现象大为减少。后来,当朱元璋把农业生产抓了上去,军队的屯田取得一定成绩,他又着手减轻各种赋税和徭役。龙凤六年闰五月,他根据常遇春、胡大海的建议,下令废除"寨粮"⑤,为百姓解除了一大负担。龙凤八年,陈友谅部将吴廷瑞归降,朱元璋亲至龙兴(今江西南昌),又对当地百姓宣布:"军需供亿,俱不以相劳。"⑥龙凤十年称吴王后,又规定"赋税十取一",并将县府划为三等,按等征税,"县上、中、下三等,以赋十万、六万、三万石下为差;府三等,以赋二十万上下、十万石下为差"⑦。龙凤十一年攻占赣州,又废除陈友谅部将熊天瑞的"加赋",并"免甲辰(龙凤十年)秋粮之未输者"⑧。龙凤十二年四月平定淮东后,又指示当地官员,从当年开始,凡民间税粮、军需、差役等项负担,均"务从宽简"⑨。第

① 《纪事录笺证》卷上,第163页;《国初事迹》。

② 《明太祖实录》卷6,戊戌年十二月庚辰。

③ 《康熙休宁县志》卷6《隐逸》:"戊戌(即龙凤四年)自实田,一秉至公,毫发不少假。"清康熙三十二年刻本。

④ 《宋濂全集》卷59,《端木府君墓志铭》,第1388页。

⑤ 《国初事迹》;《明太祖实录》卷8,庚子年闰五月甲申;《明史》卷133,《胡大海传》,第3879页。

⑥ 《明太祖实录》卷10,壬寅年十二月戊辰。

⑦ 《明史》卷78,《食货志二》,第1893页。

⑧ 《明太祖实录》卷16,乙巳年正月己巳。

⑨ 《明太祖实录》卷20,丙午年四月壬戌。

二年正月，下令免太平府租赋二年，免应天、宣城等处税赋一年①。五月，又令中书省宣布徐、宿、濠、泗、寿、邳、东海、安东(今江苏涟水)、襄阳、安陆诸郡县及今后新归附地区的桑、麻、谷、粟税粮及徭役"尽行蠲免三年"②。六月，又诏免各地田租一年③。另外，各地如有灾荒发生，还随时施行赈济和蠲免田租。对工商业税，也"斟酌元制，去其弊政"④。

其次，是积极支持农民夺占地主的土地财产和元朝的官田。朱元璋深知广大农民所以揭竿起义，是为了夺回被地主阶级霸占的土地和财物，改变"贫者愈贫，富者愈富"的不平等现象。朱元璋攻夺浙东时，便实行"给民户由"的政策，支持农民剥夺地主的土地和财产。关于"给民户由"的情况，刘辰的《国初事迹》做了简单的记载，谓："太祖亲征城池，给民户由，俱自花押。"但这种"户由"究竟包含什么样的具体内容，史籍却未加说明，只能根据后来洪武年间的户籍制度，推知其概貌。洪武三年(1370)，朱元璋下令在全国清查户口，编造"户籍"，又置"户帖"，记载民户的籍贯、丁口、名岁和产业⑤，相当于户口证，发给百姓。这种户帖也称为"户由"⑥。洪武中期，明廷改变户籍制度，编造"赋役黄册"以取代"户籍"，并给民户发放"户由执照"⑦，又叫"亲领执照"，载明民户的产业和丁粮数目，"凭此纳税当差"⑧。洪武三年的"户帖"即"户由"，与洪武中期的"户由执照"，内容和性质尽管并不完全一致，但有一点却是相同的，即两者都记载了民户包括土地在内的全部产业，具有在法律上承认民户的财产包括土地的作用。朱元璋是在龙凤四年十二月亲征婺州之时，"命籍户口"⑨的，估计也就从这时候开始，对百姓的产业做了登记，并由他亲自签发"户由"，交给民户，从而承认了民户的财产包括农民所占地主的土地财物和官田的所有权⑩。由于朱元璋的支持，许多地区的农民都积极行动起来，夺取地主的土地和财物。如朱元璋的军队打到诸暨，地主赵淑携带田契逃入深山穷谷，"家赀无纤毫存"⑪。朱元璋亲征婺州，地主俞元瑞从乡下逃往处州城里，处州被攻克后，他也遭到农民的清算，"家业荡然，遗田数亩而已"⑫。

①　《明太祖实录》卷 22，吴元年正月乙未。

②　《明太祖实录》卷 23，吴元年五月。

③　《明太祖实录》卷 24，吴元年六月乙丑。

④　《明史》卷 127，《李善长传》，第 3770 页。

⑤　(明)申时行等修：《万历明会典》卷 19，《户部·户口》，中华书局 1989 年影印本。

⑥　(明)董谷：《碧里杂存》卷上《沈万三秀》条："洪武初，家给户由一纸。"《丛书集成初编》本。

⑦　《万历明会典》卷 19，《户部·户口》。

⑧　《万历明会典》卷 20，《户部·黄册》。

⑨　《明太祖实录》卷 6，戊戌年十二月乙丑。

⑩　冯尔康：《论朱元璋农民政权的"给民户由"》，《历史研究》1978 年第 10 期。

⑪　《宋濂全集》卷 20，《周节妇传》，第 389 页。

⑫　(明)苏伯衡：《苏平仲文集》卷 12，《竹坡处士俞元瑞墓志铭》，《四部丛刊》本。

朱元璋政治上的另一个重大措施,是礼贤下士,优待降人。攻占应天后,他宣布:"贤人君子有能相从立功业者,吾礼用之。"消息不胫而走,夏煜、孙炎、杨宪等十几位儒士前来求见,全被录用。此后命将出征,他经常要求他们寻访、推荐当地的名贤。有时,还派专人携带金帛,四处访求遗贤。听说有个洛阳儒士秦从龙,字元之,很有学问,曾做过元朝和林行省左丞、江南行台侍御史,后来隐居镇江。徐达出征镇江,朱元璋特地交代:"镇江有秦元之者,才器老成,当询访,致吾欲见之意。"徐达克镇江后访得秦从龙,朱元璋又派侄儿朱文正和外甥朱文忠带着白金、文绮前去礼聘,并亲至龙江(在今南京中山门外)迎入,与自己同住富户王彩帛家,"朝夕访以时政",后来建立江南等处行中书省,朱元璋搬进元朝御史台府第居住和办公,将秦从龙安置在西华门外,仍是"事无大小,悉与咨谋","称先生而不名"。每年遇到秦从龙生日,朱元璋"与太子皆有赠遗,或亲至其家,与之燕饮,礼遇甚厚"[1]。秦从龙深受感动,又将"笃学博览,精象数之学"的陈遇推荐给朱元璋[2]。亲征婺州,胡大海推荐宋濂,朱元璋马上派宣使樊观奉书币,聘请他来做五经师[3]。胡大海攻下处州之前,儒士叶琛出来降,言处州兵弱易取,胡大海即率兵攻破处州。不久,章溢、胡深、季汶等亦降,在南田老家隐居著述的刘基亦被迫出见。胡大海将叶琛、胡深和刘基送往应天,推荐给朱元璋。朱元璋召见后,不知何故,未加任用,而是"出银碗、文绮赐之,而遣还金华"[4]。后来,处州总制孙炎再次向朱元璋推荐刘基、叶琛、胡深和章溢,李善长、陶安等也一再夸奖他们如何有学问,他又派樊观赍币往聘[5]。叶琛、章溢前来应聘,但刘基可能对前次赴应天未被任用耿耿于怀,便以气节作幌子,"自以仕元,耻为他人用"[6],婉言谢绝。朱元璋又命孙炎派人去请,刘基回赠一把宝剑,还是不来。孙炎"以为剑当献天子,斩不顺命者,人臣不敢私用,封还之",并写了一封洋洋数千言的信,反复说明利害,非要他出来不可[7]。陶安和宋濂也分别赠诗劝说。刘基实在没有办法,这才勉强出山。龙凤六年三月,他奉命与宋濂、叶琛、章溢一起来到应天,朱元璋热情地接待他们,说:"我为天下屈四先生耳!"[8]龙凤九年五月,下令在自己住宅西边盖了一座礼贤馆,让这些儒士居住,"陶安、夏煜、刘基、章溢、宋濂、苏伯衡,皆在馆中"[9]。后来,随着地盘的不断扩大,朱元璋更加重视

① 《献征录》卷116,朱睦㮮:《秦公从龙传》。

② 《明史》卷135,《陈遇传》,第3913页。

③ (明)郑楷:《翰林学士承旨嘉议大夫知制诰兼修国史兼太子赞善大夫致仕潜溪》,《宋濂全集》附录2,第2593页。

④ 《苏平仲文集》卷3,《缪美传》;《明太祖实录》卷11,壬寅年三月癸亥。

⑤ 《明史》卷133,《胡大海传》,第3897页;《国初事迹》。

⑥ 《宋濂全集》卷67,《故江南等处行省都事追封丹阳县男孙君墓铭》,第1572页。

⑦ 《明史》卷289,《孙炎传》,第7411页。

⑧ 《明史》卷128,《刘基传》,第3778页;《国初礼贤录》,《纪录汇编》本。

⑨ 《明太祖实录》卷12,癸卯年五月癸酉。

对儒士的网罗,说:"予思英贤,有如饥渴。"①龙凤十年三月,命中书省辟文武人才,谕之曰:"自今有能上书陈言、敷宣治道、武略出众者,参军及都督府具以名闻。"②后又令"府县每岁举贤才及武勇谋略、通晓天文之士,其有兼通书律廉吏亦得荐举",并规定"得贤者赏,滥举及蔽贤者罚"。龙凤十二年三月,再命中书省"严选举之禁","复命知府、知县有滥举者俟来朝治其罪,未尝朝觐者岁终逮至京师治之"③。当时的儒士,大多数参与过镇压农民起义,对朱元璋的招降既疑且惧,他又特地宣布:"吾当以投诚为诚,不以前过为过"④,讲明只要诚心归附,一概既往不咎。在他的感召下,一时间"韬光韫德之士,幡然就道"⑤,不少曾经仕元的儒士和多年隐居不仕的耆儒名贤,纷纷前来投奔。

对应聘的儒士,朱元璋都妥善地给予安排和任用。他强调要做到"知人",全面了解他们的才能大小及其长处短处,然后因才授职,用其所长。根据这个原则,凡是博治经史、熟于谋略者,如孔克仁、刘基、宋濂等,皆置幕府,备作顾问,参与谋议;精通兵法、骁勇善战者,如康茂才、朱亮祖、胡深等,任为将官,统兵作战,攻城略地;有智计、善策事者,如汪广洋、叶琛、章溢等,则派往各地,担任行政职务,掌管一方政务。同时,为防止投机分子混进来进行破坏,朱元璋又规定,所有前来投奔的儒士,一律由他亲自考察任用,"禁诸将擅用"⑥;任用之后,"如有逃者处死"⑦。当时所克城池,皆令"将官守之,勿令儒者在左右论议古今,止设一吏管办文书,有差失,罪独坐吏"⑧。朱文忠在婺州,以儒士屠性、孙履、许元、王天锡、王祎"干预公事",朱元璋即派人把他们带到应天,将王祎、许元、王天锡发充书吏,屠性、孙履处死⑨。

对待元朝的官吏和敌方将领,朱元璋着重于政治上的争取,设法促使其转变敌对态度,参加自己的队伍。元淮西宣慰使、都元帅康茂才在应天战败,率部逃窜,被俘后押来见朱元璋,他下拜说:"前日战,各为其主。今日屡败,天数也。事至于此,死生惟命。苟得生全,尚竭犬马之力,以图报效。"⑩朱元璋笑而释之,让他率部随军出征。后来他作战有功,

---

① 《明太祖实录》卷8,庚子年闰五月丙辰;《献征录》卷8,《高阳郡侯许瑗》。
② 《明太祖实录》卷14,甲辰年三月己巳。
③ 《明太祖实录》卷19,丙午年三月丙申。
④ 《明史纪事本末》卷5,《方国珍降》,第81页。
⑤ 《明史》卷128,《刘基传》赞,第3792页。
⑥ 《洞庭集·大明初略三》。
⑦ 《国初事迹》。
⑧ 《国初事迹》。
⑨ 《国初事迹》。
⑩ 《宋濂全集》卷52,《大明敕赐荣禄大夫同知大都督府事兼太子右率府使赠推忠翊运宣力怀远功臣光禄大夫湖广等处行中书省平章政事柱国追封蕲国公谥武义康公神道碑铭》,第1215页。

第二年就被提升为秦淮翼水军元帅①。元朝"义兵"元帅朱亮祖先在太平被俘,朱元璋喜其勇悍,赏赐金币,继续留用。过了几个月,他复叛归元朝,几次带兵攻打朱元璋的队伍,掳去士卒60多名。徐达、常遇春围攻宁国,他与元将别不华、杨仲英等人闭城拒守。后来城破被俘,朱元璋问他:"今何如?"他说:"是非得已。生则尽力,死则死耳!"②朱元璋壮其勇武,给他松绑,令统所部兵马从征宣城。他很受感动,不久同徐达、常遇春一起攻下宣城,后又屡立战功,被授予枢密院判之职③。有些人被俘后拒不投降,如果不是蒙古将官,则加以处斩,如徐达克常州,生擒张士诚的张、鲍二将,送到应天,朱元璋"以善言抚之,不屈,拘于东锦绣坊数日,斩于市"④;如果是蒙古将帅,则不加虐杀,而是下令释放,以争取蒙古部众。元朝万户纳哈出,是成吉思汗四大功臣木华黎的后裔,在太平被俘,朱元璋"待之甚厚",让已归附的万户黄俦劝降。纳哈出表示:"荷主公不杀,诚难为报。然我本北人,终不能忘北。"朱元璋想放他返回蒙古,徐达等人"恐贻后患",主张杀掉。朱元璋说:"无故而杀之,非义。吾意已决,姑遣之。"他召见纳哈出及降臣张御史,对他们宣布:"为人臣者各为其主,况汝有父母妻子之念,今遣汝归,仍从汝主于北。"然后发给路费,放他们回蒙古去⑤。个别蒙古将官降后又重新出走,朱元璋也不发兵追堵拦截。如元朝的林元帅在应天被俘,留任原职,但不久又拉着队伍逃往杭州,他得到消息说:"林思旧主,既去勿追。"⑥当然,朱元璋对待降官降将绝不是毫无原则的,如果有人想利用他的政策进行投机,他就严加惩处。如江西各山寨头目或降或叛,反复无常,他便下令将他们"尽投于水"⑦。对投降的敌方士卒,起初为防止他们降而复叛,曾有过将其杀害的现象。如龙凤三年(1357)五月,耿炳文克长兴后,张士诚复进兵侵城,耿炳文力战败之,"生擒一千余人,解应天府斩之"。龙凤五年五月,朱元璋在浙东曾将张士诚降卒5000人分与帐下,留守婺州,后"恐生叛意,欲带回,恐中途遁去,悉斩于双溪上"⑧。后来,为了瓦解敌人,壮大自己,便很少出现这种杀降的现象。

在军事上,朱元璋大力加强武装队伍的建设。他认为:"兴国之本,在于强兵足食","定王兴伯,莫不由此"⑨,对强兵一直抓得很紧。不仅积极招募农民入伍,收编归降敌军,

---

① 《明史》卷130,《康茂才传》,第3816页。

② 《明史纪事本末》卷2,《平定东南》,第18页。

③ 《明史》卷132,《朱亮祖传》,第3859页。

④ 《纪事录笺证》卷上,第78页。

⑤ 《明太祖实录》卷3,乙未年十二月壬子。

⑥ 《国初事迹》。

⑦ 《国初事迹》。

⑧ 《纪事录笺证》卷上,第87、107页。

⑨ 《明太祖实录》卷12,癸卯年二月壬申。

而且非常重视军事训练。他指出："兵不贵多而贵精,多而不精,徒累行阵"①,经常命令将帅带领士兵进行训练,并亲自进行检阅,加以督促指导。早在攻占应天的第二年即龙凤三年正月,他即曾在城西北门外的鸡笼山举行大规模的阅兵,列山、陆二寨军于山下,众数十万。龙凤十一年正月,在出征淮东之前,他又亲自阅试将士,令镇抚居明率领军士分队进行军事演习,胜者赏给 10 两银子,负伤而不退却者也赏给数量不等的银两,有伤者赐给医药治疗,并设酒馔宴请全体将士以示慰劳②。

除了建立正规作战部队,朱元璋还注意民兵队伍的建设。龙凤四年(1358)十一月,下令建立管领民兵万户府,告谕中书省臣说:"古者寓兵于农,有事则战,无事则耕,暇则讲武。今兵争之际,当因时制宜。所定郡县,民间岂无武勇之材,宜精加简拔,编辑为伍,立民兵万户府领之,俾农时则耕,闲则练习,有事则用之。事平,有功者一体升擢,无功令还为民。如此,则民无坐食之弊,国无不练之兵,以战则胜,以守则固,庶几寓兵于农之意也。"③此后,在他的占领区内,开始推行民兵制度。如龙凤五年冬,左司郎中王恺奉命总制衢州军民之事,即命县官"籍江山、常山、龙游、西安(治今浙江衢州)四县丁壮,凡六丁之中简一以为兵,置甲首部长统之。丁壮八万有奇,得兵一万一千八百。无事则为农,脱有警,则兵者出攻战,而五丁者资其食"④。广德府广阳、建平(治今安徽郎溪)等县,也曾"验丁出兵,谓之民义,以守广德"⑤。龙凤九年,更将民兵制度在其辖区内普遍推广,令"以两淮江南诸郡归附之民,各于近城耕种,练则为兵,耕则为农,兵农兼资"⑥。由于战事频繁,兵力紧张,这些早期签点的民兵,往往跟随正规的主力部队出征,随即被编入军籍入伍,变成了军户。

在强兵方面,朱元璋尤其重视军事纪律的整顿。早在郭子兴手下当带兵官时,他就开始注意纪律的整顿。有次带领一支归降的队伍出征,两名士卒违反命令,他"即斩以徇",使"众皆股栗",不敢再有抗命之举⑦。进攻镇江,为了引起将士对纪律的重视,还和徐达搞了个苦肉计。临出师前,他召集将士,故意当众历数徐达"尝纵士卒之过",宣布将按军法论处,再由李善长出面求情,让徐达保证今后一定严格约束士卒,并领兵攻打镇江,立功赎罪,他这才宣布免予处罚,告诫徐达及全体将领:"吾自起兵,未尝妄杀。今汝等将兵往,当

---

① 《明太祖实录》卷 16,乙巳年正月乙酉。
② 《明太祖实录》卷 16,乙未年正月乙酉。
③ 《明太祖实录》卷 6,戊戌年十一月辛丑。
④ 《宋濂全集》卷 56,《故江南等处行中书省左司郎中赠奉直大夫浙东等处行中书省左右司郎中飞骑尉追封当涂县子王公墓志铭》,第 1315 页。
⑤ 《明太祖实录》卷 26,吴元年十月辛亥。
⑥ 《明太祖实录》卷 14,甲辰年正月庚午。
⑦ 《明太祖实录》卷 26,吴元年正月甲子。

体吾心,戒缉士兵。城下之日,毋焚掠,毋杀戮。有犯令者,处以军法。纵之者,罚无赦。"诸将一致回答:"谨受命!"①徐达攻入镇江,果然号令严肃,"民无兵刃之灾,舍无焚烧之废,京口②之民全生"③。后征甘露(今江苏无锡市东),"军士犯令者,即以甑蒸之"④。以后每次攻城略地,朱元璋都反复告谕将士,只有"惠爱加于民,法度行于军"⑤,部队才有战斗力,才能得到百姓的支持,取得战争的胜利。他还特地告谕归降留用的敌方将帅,要求他们严格遵守自己制定的纪律:"汝等亦非素富贵之家,一旦为将握兵,多取子女玉帛,非礼纵横。今既归于我,当革去旧习,如吾濠、泗诸将,庶可以保爵位。"⑥将士严守法纪,朱元璋即通令嘉奖。亲征婺州时,朱元璋有次夜出私行,巡军根据实行宵禁的命令,出面阻拦。随行小先锋张焕告诉巡军这是位"大人",要求放行。巡军拒不答应,说:"我不知是何大人,只知犯夜者执之。"第二天,朱元璋就赏给巡军二石米,"后不夜出"⑦。击败陈友谅后,常遇春"克赣不杀",纪律严明,朱元璋派人嘉奖⑧。对违反法纪的将士,则严惩不贷。胡大海领兵围攻绍兴,他的儿子胡三舍及王勇等三人犯酒禁,朱元璋命诛之,都事王恺出面求情:"胡大海见总兵攻绍兴,可以本官之故饶他。"朱元璋大怒,说:"宁可胡大海反了,不可坏了我号令!"当下就拔刀把胡三舍等三人杀死⑨。由于赏罚分明,朱元璋的军队纪律严明,服从调遣,听从指挥,攻城略地,秋毫无犯。

为了加强对将官的控制,防止他们不听指挥调遣甚至出现叛变投敌的行为,朱元璋还把出征将官的妻子留在应天做人质。这个办法最早实行于渡江之时,攻占应天后他又规定:"与我取城子的总兵官,妻子俱要在京(指应天)住,不许搬取出外","将官正妻留于京城居住,听于外处娶妾"⑩。此外,朱元璋还使用义子监军。他先后收养了20多个义子,后来攻占一些重要城镇,就派一个或两个义子做监军,和带兵的将官一起镇守。如"得镇江用周舍,得宣州⑪用道舍,得徽州用王驸马,得严州(治建德,今浙江建德市东北)用保儿,得婺州用马儿,得处州用柴舍、真童,得衢州用金刚奴、也先,得广信(治今江西上饶)用周舍

---

① 《明太祖实录》卷4,丙申年三月辛卯。

② 镇江在东汉末年和三国吴时称为京城。东晋南朝时,因此城凭山临江,故又通称京口。

③ 《皇明本纪》。

④ 《纪事录笺证》卷上,第85页。

⑤ 《明太祖实录》卷17,乙巳年七月丁巳。

⑥ (明)吴宽:《皇朝平吴录》下,《国朝典故》卷6,第149页。

⑦ 《国初事迹》。

⑧ 《明太祖实录》卷16,乙巳年正月己巳。

⑨ 《国初事迹》。

⑩ 《国初事迹》。

⑪ 龙凤三年四月,朱元璋改宁国路为宁国府,七年四月改为宣城府,十二年正月改为宣州府,至吴元年四月仍改为宁国府。

即沐英也"①。龙凤四年四月,听说胡大海与朱文忠占领严州后意见不合,朱元璋指示专掌征行兵案的帐前都指挥使司首领官郭彦仁:"保指挥(朱文忠官衔帐前总制亲军都指挥使司副都指挥的简称)我之亲男,胡大海我之心腹,前者曾闻两人不和,且保指挥即我亲身也,胡大海即我心腹也,身包其心,心得其安,心若定,身自然而定。汝必于我男处丁宁说知,将胡院判(胡大海官衔枢密院判官的简称)以真心待之,节制以守之,使我所图之易成。"②从这番话语可以看出,朱文忠等义子是代表朱元璋来监视胡大海等将官的,握有节制诸将之大权。

孙子说:"知彼知己者,百战不殆。"③朱元璋深明此理。出于军事斗争的需要,他非常重视各种情报的搜集。龙凤五年(1359),曾派帐下卫士何必聚往江西袁州打探守将平章欧普祥的动静。何必聚返回应天,朱元璋"问其道里,必聚具对"。又问:"汝到袁州,有何为记?"答曰:"欧平章门有二石狮,吾断其尾尖。"后来攻占袁州后,查看果然如此④。当年四月,大宋山东守将毛贵被淮安赵均用所杀,毛贵部将自辽阳返回山东,又杀赵均用,仍奉毛贵幼子为总兵,镇守山东。朱元璋"欲知齐、鲁、燕、冀兵力强弱,地理险易",复遣何必聚前往山东,"阳为毛平章(毛贵幼子)烧饭食,欲以探中原虚实"⑤。同年,还挑选方德成、周海等卫士 13 人,各赏银 50 两,驾乘 1 只快船,佯称得罪朱元璋,至平江投奔张士诚。张士诚甚喜,"配以妻,抚之甚厚"。不逾月,周海向张士诚告发方德成等人诈降,张士诚大怒,将方德成等人俱斩于虎山下。吴元年(1367),克平江后,擒获周海解送应天,朱元璋下令将其凌迟以祭方德成等 12 人,"厚赐成等家,养赡终身"⑥。龙凤九年,又派千户王时以买马为名,携带 3000 两银子到方国珍处,由方国珍的都事吴某陪同,乘方国珍的海船去大都,"体探元朝及察罕帖木儿、李思齐等军马事情"⑦。龙凤五年,还曾遣胡兴隆往汴梁,打探元守将祝平章虚实,"往还六月,备侦以归"。又遣刘彬往河南府,侦察元总兵扩廓帖木儿的动静,被扩廓帖木儿发现遭到拘禁,至攻克河南府方才出狱。还派苏以仁往陕西伺察元总兵李思齐,也被察觉,关进大狱。洪武二年(1369)攻克陕西,苏以仁出狱,向朱元璋陈述遭到拘禁的情况,朱元璋下令"厚赐彬及以仁,令还其家"⑧。

在经济上,朱元璋首先是狠抓垦荒屯田,恢复农业生产。由于连年战争,加以灾荒疾

① 《国初事迹》。
② 《国初事迹》。
③ 《孙子兵法·谋攻篇》,骈宇骞等译注:《孙子兵法》,中华书局 2006 年版,第 22 页。
④ 《纪事录笺证》卷上,第 113 页。
⑤ 《纪事录笺证》卷上,第 116 页。
⑥ 《纪事录笺证》卷上,第 113 页。
⑦ 《国初事迹》。
⑧ 《纪事录笺证》卷上,第 115 页。

疫,田园荒芜,粮食奇缺,不仅人民的生活十分困苦,军饷的供应也极艰难。龙凤三年
(1357)二月,朱元璋苦于"乏粮",不得不向应天、镇江、太平等三府富民预借米、麦、豆,以
供军需,"数十万之费一月而就"。当年,又命应天"以东南二面城之外、排栅之内空地分于
各军,令夏种瓜茄,冬种菜,听自收取",还"令各城守将植桑枣"①。朱元璋深知,要从根本
上解决军饷的供应问题,改善人民的生活,必须恢复和发展农业生产。攻下应天后,便下
令"武官听从开垦荒田,以为己业",文职"拨与职田,召佃耕种,送纳子粒,以代俸禄"②,以
推动荒地的开垦。后来,又命诸将分军于龙江等处屯田③。龙凤二年七月,建立江南行省,
设营田司,"以修堤防,专掌水利"④。明代文献中的"营田",主要是指以军士屯田,且耕且
战,这个"营田司"大概兼有组织军士屯田的职责。龙凤四年二月,任命康茂才为营田使。
这一年,吴良、吴祯兄弟戍守江阴,率领不满5000的士兵,一边训练,一边屯田,"以给军
饷"⑤。第二年,王恺戍守衢州,也令守军屯种废田57000亩,以给兵食。耕地不足,他又征
用地主的荒田,规定"民有田,力弗能艺者,听军士贷耕,而为输粮县官"⑥,把地主的荒闲土
地交给士兵屯种,由士兵向江南行省政权交纳赋税。龙凤九年二月,朱元璋又申明屯田之
令,告谕全军将士:"兴国之本在于强兵足食,昔汉武以屯田定西戎,魏武以务农足军食,定
伯兴王莫不由此。自兵兴以来,民无宁居,连年饥馑,田地荒芜,若兵食尽资于民,则民力
重困。故令尔将士屯田,且耕且战。……自今诸将宜督军士,及时开垦,以收地利,庶几兵
食充足,国有所赖。"⑦击灭陈友谅后,亦令邓愈在襄阳领兵屯种,"且耕且战"⑧。

在组织军队屯田的同时,还注意发动农民搞好生产。龙凤二年九月,朱元璋到镇江,
即派儒士"告谕乡邑,劝耕桑,筑城开垦"⑨。翌年,又"令各城守将"督民男耕女织⑩。龙凤
四年,建立民兵制度,简拔训练民间丁壮,"农时则耕,闲则练习"。龙凤九年,更将这一制
度加以推广,使两淮江南诸郡的民间丁壮全部组织起来,"练则为兵,耕则为农"。龙凤十
一年六月,下令民间广种经济作物,规定:"凡农民田五亩至十亩者,栽桑、麻、木绵(棉)各
半亩,十亩以上者倍之,其田多者率以是为差。有司亲临督劝,惰不如令者有罚,不种桑使

---

① 《纪事录笺证》卷上,第76、80—81页。

② 《国初事迹》。

③ 《明太祖实录》卷6,戊戌年二月乙亥。

④ 《明太祖实录》卷6,戊戌年二月乙亥。

⑤ 《明太祖实录》卷6,戊戌年二月乙亥。

⑥ 《宋濂全集》卷56,《故江南等处行中书省左司郎中赠奉直大夫浙东等处行中书省左右司郎中飞骑尉追封
当涂县子王公墓志铭》,第1315页。

⑦ 《明太祖实录》卷12,癸卯年二月壬申。

⑧ 《明史》卷126,《邓愈传》,第3750页。

⑨ 《明太祖实录》卷4,丙申年九月戊寅。

⑩ 《纪事录笺证》卷上,第81页。

出绢一匹,不种麻及木绵(棉)使出麻布、绵(棉)布各一匹。"①第二年正月,又告谕中书省臣:"今春时和,宜令有司劝民农事,勿夺其时。一岁之中,其收获多寡,立为劝惩。"②五月,再命中书省招抚流亡,"俾之各还乡土,仍复旧业,以遂生息"③。吴元年(1367)七月,又设立司农司,以杨思义为司农卿④,以加强对农业生产的管理。

这些措施的实行,使农业生产逐步得到了恢复和发展。如康茂才领兵屯田,到龙凤九年,"所存得谷一万五千石,以给军饷,尚余七千石"⑤。由于粮食增产,龙凤十二年春,原先不断上涨的麦价已经"稍平"了⑥。

其次,征收商税,立盐茶法、制钱法,开铁冶,广辟财源。龙凤六年(1360)十二月,首先对酒、醋实行征税⑦,随后对其他商品也实行征税,遂设官店以征商,称官店钱⑧。龙凤八年正月,朱元璋"以其税太多,病民","命减收官店钱",十月设关市批验所官,征收境内外往来货物商税,"盐货以十分为率,税其一分;物货以十五分为率,税其一分"⑨。龙凤十年四月,应天官店改为宣课司,府州县官店改为通课司,同时降低税额,规定"凡商税三十税一,过取者以违令论"⑩。此外,还设立竹木抽分场征收竹木税,在江西、湖广的湖池之处设河泊所征收鱼课,"岁得谷一百余万石"⑪。盐税历来是官府的一项重要收入,朱元璋刚占领应天时,两淮盐场被张士诚控制,为了解决军民食盐的困难,他令枢密院经历出具文据,交给将官的家人前往与张士诚交界的边境,用货换盐,运回应天出售。后来攻占诸暨和处州,分别在唐口关和吴渡设立两个抽分所,允许外境客商运盐入境贩卖,由抽分所抽取一定比例的盐货抵税,"变作银两及买白藤、磺黄等物,以资国用"⑫。龙凤七年二月,正式确定盐法,置局设官,令商人纳钱请引贩鬻,"每二十分而取其一,以资军饷"⑬。第二年,设关市批验所官,又规定"盐货以十分为率,税其一分"⑭。龙凤九年,处州翼总制胡深认为"税

①　《明太祖实录》卷 17,乙未年六月乙卯。
②　《明太祖实录》卷 19,丙午年正月辛卯。
③　《明太祖实录》卷 20,丙午年五月壬午。
④　《明太祖实录》卷 24,吴元年七月辛丑。
⑤　《明太祖实录》卷 12,癸卯年二月壬申。
⑥　《明太祖实录》卷 19,丙午年二月。
⑦　《明太祖实录》卷 8,庚子年十二月癸巳。
⑧　《明史》卷 81,《食货志五》,第 1975 页。
⑨　《明太祖实录》卷 11,壬寅年十月辛卯。
⑩　《明太祖实录》卷 14,甲辰年正月丁卯、四月己酉。
⑪　《国初事迹》。
⑫　《国初事迹》。
⑬　《明太祖实录》卷 9,辛丑年二月甲申。
⑭　《明太祖实录》卷 11,壬寅年十月辛卯。

额太重",要求恢复旧例,朱元璋"从其言",下令仍按二十取一的税率收税①。后来,随着占领区的扩大,两淮与两浙的盐场归朱元璋控制,他又开始向煎盐的灶户征收盐课。龙凤十二年二月,置两淮都转运盐使司,下设 29 场盐课司,年办盐 352590 引(按:大引每引重 400 斤)②;第二年二月,置两浙都转运盐使司,下设 36 场,年办盐 222384 引多,盐课收入相当可观③。茶法与盐法同年议立,由商人纳钱请引贩卖,"每引茶百斤,输钱二百"④。当时茶叶主要产自江西、湖广,朱元璋曾命参政张昶派官去江西、湖广各府州县,"踏勘见数,起科作额,以资国用"⑤。钱法也与盐法同时实行,龙凤七年在应天置宝源局继续铸"大中通宝"钱,以 400 文为 1 贯,40 文为 1 两,4 文为 1 钱,代替元朝的纸币,与历代铜钱兼用。当年共铸钱 431 万缗⑥,两年后跃增至 3791 万多缗,增加了将近 10 倍⑦。击灭陈友谅后,又命江西行省置货泉局,颁大中通宝大小五等钱式,令就当地铜矿,铸之以供军需⑧。铁冶始开于龙凤十年四月,当月令湖广所属州县兴建炉冶,"募工炼铁,以资军用"⑨。上述这些措施,主要是李善长负责制定的,实行后都收到很大效益,"民不以为困,而国用益饶"⑩。

再次,提倡俭朴,节约开支。在开源的同时,朱元璋非常注意节流,强调要"用之有节"⑪,尽量减少不必要的开支。他自己在日常生活中,都处处躬行节俭,给部下做出榜样,"旧衣皆浣濯更进",参军宋思颜见了,连声称赞:"真可以示法子孙也。"⑫方国珍进献金玉装饰的马鞍辔,他退了回去,说:"吾方有事四方,所需者文武才能,所用者谷粟布帛,其他宝玩非所好也!"⑬江西行省送来缴获的一张陈友谅用的镂金床,他下令砸毁,说:"此与孟昶七宝溺器何异!"⑭营建应天新内城,他将宫室图纸上有雕琢奇丽之处都去掉,并告谕中书省的官员:"宫室但取其完固而已,何必过为雕斲?……夫上能崇节俭,则下无奢靡。吾尝谓珠玉非宝,节俭是宝。有所缔搆,一以朴素,何必极雕巧以殚天下之力也。"⑮完工之

---

① 《明太祖实录》卷 12,癸卯年闰三月丁丑。
② 《明太祖实录》卷 19,丙午年二月己巳。
③ 《明太祖实录》卷 22,吴元年二月癸丑。
④ 《明太祖实录》卷 9,辛丑年二月丙午。
⑤ 《国初事迹》。
⑥ 《明太祖实录》卷 9,辛丑年二月乙亥。
⑦ 《明太祖实录》卷 13,癸卯年十二月。
⑧ 《明太祖实录》卷 14,甲辰年四月己酉。
⑨ 《明太祖实录》卷 14,甲辰年四月丙午。
⑩ 《献征录》卷 11,王世贞:《中书省左丞相太师韩国公李公善长传》。
⑪ 《明太祖实录》卷 27,吴元年十一月甲午。
⑫ 《明太祖实录》卷 9,辛丑年七月甲子、三月戊寅。
⑬ 《明太祖实录》卷 9,辛丑年七月甲子、三月戊寅。
⑭ 《明太祖实录》卷 14,甲辰年三月庚午。
⑮ 《明太祖实录》卷 21,丙午年十二月己巳。

后，只在宫室的墙壁画上历代帝王兴亡的故事，在两庑的墙壁上书写宋儒的《大学衍义》，以便朝夕观览，作为鉴戒。有个官员说瑞州出产一种有花纹的奇石，加工后铺砌地板，非常好看，他痛加训斥："尔不能以节俭之道事予，乃导予以侈丽——夫岂予心哉！"[①]

在斗争策略上，则对宋政权的小明王长期保持形式上的隶属关系，以缩小自己的目标。郭子兴死后，朱元璋接受小明王左副元帅的封号，长期与小明王保持形式上的隶属关系。他"文移用龙凤年号，旗帜战衣皆红色"[②]，采用宋政权的"复宋"口号。攻占婺州时，竖起的"山河奄有中华地，日月重开大宋天"的大旗和"九天日月开黄道，宋国江山复宝图"的木牌，同北方红巾军的"虎贲三千，直抵幽燕之地；龙飞九五，重开大宋之天"的旗号，基本精神相一致。他担任的职务，从枢密院同佥、江南等处行中书省平章、丞相同佥、吴国公到后来的中书左丞相，都是小明王封授的。龙凤十年灭陈友谅后，群臣劝他就帝位，他未应允，虽称吴王，仍奉龙凤正朔，以"皇帝圣旨，吴王令旨"[③]的名义发布命令，表示自己还是小明王的臣属。这样，既可以利用小明王的旗号来号令军士，争取群众，又可以缩小自己的目标，避免树大招风，遭受打击。

经过数年的努力，朱元璋的江南根据地得到巩固，兵力和财力迅速壮大，进可攻，退可守，从而为日后的发展打下了坚实的基础[④]。

---

① 《明太祖实录》卷 25，吴元年九月癸卯。

② 《明史纪事本末》卷 1，《太祖起兵》，第 9 页。

③ 《陶学士文集》；(明)祝允明：《野记》1，《丛本集成初编》本。

④ 参看拙作《朱元璋取得反元斗争胜利的基本原因》，《社会科学辑刊》1983 年第 4 期；《新华文摘》1983 年第 11 期；《朱元璋研究》，第 54—78 页。

第四章
削平陈友谅与张士诚

第一节　应天保卫战

龙凤六年(1360)春,朱元璋已占领浙东的大部分地区,江南根据地的建设也已取得很大成绩,可以直面东西两个强敌了。他适时地改变原先固守东西两线、向东南出击的战略决策,实行固守东南、向东北和西线出击的方针。但是,以他当时的实力,如果两线同时出击,必败无疑,唯一可行之策是集中兵力,各个击破。那么,究竟以谁为先呢?这是令他颇费踌躇的事。恰在此时,刘基和宋濂、叶琛、章溢等浙东儒士来到应天,朱元璋征询刘基的意见,刘基认为应先打陈友谅,后灭张士诚,说:"士诚自守虏,不足虑。友谅劫主胁下,名号不正,地据上流,其心无日忘我,宜先图之。陈氏灭,张氏势孤,一举可定。然后北向中原,王业可成也。"①朱元璋采纳刘基的建议,定下先陈后张、各个击破的战略决策。这个时候,陈友谅也正策划向朱元璋发起攻击。于是,朱陈之间的一场兼并战争便不可避免地爆发了。

陈友谅是沔阳玉沙县(今湖北仙桃西南沔城)人,出身渔民家庭,原姓谢,因祖父千一入赘陈姓,改姓陈。他体貌丰伟,力大无比,武艺高强。幼年读过书,粗通文义。曾做过县衙门的贴书,郁郁不得志,遂回乡与弟友仁、友贵聚众起义②。不久,在元军的追击下,率众投奔徐寿辉。初隶寿辉部将倪文俊为簿椽,后以战功升任领兵元帅。太平元年(1356)正月,倪文俊在汉阳(今湖北武汉汉阳区)修建宫室,将天完都城迁至此地,迎徐寿辉入居,自为丞相③。未几,他向元朝请降,"求为湖广行省平章"④,遭到拒绝。第二年九月,倪文俊转而谋害徐寿辉,妄图篡夺天完大权,失败后投奔陈友谅,为陈所杀。陈友谅乘机兼并他的队伍,自称宣慰使,不久又称平章政事,此后大力向东南方向拓展势力。太平二年底,他率军东下,在小孤山(今江西彭泽对面长江北岸)大败元军,又与天完的饶州守将祝宗合兵出援正在围攻安庆的赵普胜。翌年正月,安庆城破,元淮南行省左丞余阙负伤自刎⑤,元军在长江中游的最后一个据点被攻克。接着,陈友谅乘胜连克龙兴、瑞州(治今江西高安)、邵武、吉安、抚州、建昌、赣州、汀州(治今福建长汀)、信州(治今江西上饶)、衢州等地,并于天定元年(1359)派兵攻陷襄阳路⑥。天完政权的势力因而大振,成为南方各支起义军中拓

---

①　《明史》卷128,《刘基传》,第3778页。

②　《草木子》卷3上,《克谨篇》,第93页;《明史》卷123,《陈友谅传》,第3687页;《七修类稿》卷8,《陈友谅始末略》,第92页;《明太祖实录》卷13,癸卯年八月壬戌。

③　《七修类稿》卷8,《倪文俊》,第96页。

④　《元史》卷186,《成遵传》,第4281页。

⑤　《朱一斋先生文集》卷6,《余心廷后传》。

⑥　《元史》卷45,《顺帝本纪八》,第942—946页;《明史》卷123,《陈友谅传》,第3688页。

地最广、实力最强的一支武装力量。

朱元璋自渡江攻占太平后,即与陈友谅接邻。龙凤三年(1357)十月,常遇春夺取天完政权攻占的池州,与陈友谅开始发生冲突。翌年四月,陈友谅在攻克安庆后,令赵普胜自枞阳引兵东下,夺回池州。龙凤五年四月,徐达又令俞通海等带兵出击,再次攻占池州,活捉天完将领洪钧等。正在出征浙东的朱元璋原来担心赵普胜进窥太平、应天,闻讯大喜,提升徐达为奉国上将军、同知枢密院事,俞通海金枢密院事。不久,他自浙东返回应天,又命朱文正、徐达统率马步兵,廖永忠、俞通海统率舟师,水陆并进,攻取安庆。朱文正、徐达绕过枞阳水寨,率张德胜等自无为登岸,攻占潜山,从西北方向迂回进逼安庆①。之后,徐达奉命还镇池州,由俞通海会同诸将进取安庆。赵普胜拼死抵抗,俞通海等不克而还。朱元璋针对赵普胜勇而寡谋、陈友谅挟主胁众、上下疑贰的情况,决定使用离间计清除这个劲敌。他派人暗中交结赵普胜的门房,再将一封写给门房的信件送给赵普胜。赵普胜于是对门房产生怀疑,门房慌忙投奔朱元璋的队伍。朱元璋的部将又给这个门房许多钱,让他去找陈友谅,说赵普胜想叛降朱元璋。赵普胜参加起义比陈友谅早,战功卓著,陈友谅把他看成是自己将来的一个竞争对手,听了门房的话,对他更加疑忌,派人到安庆打探消息。赵普胜对来人大摆了一通自己的功劳,更加深了陈友谅的猜疑。九月,陈友谅"诈以会师为期",亲至安庆,赵普胜没有看透陈友谅的真实意图,毫无防备,被陈友谅执杀②。十月,俞通海之父、金院俞廷玉乘机率兵进攻安庆,但仍未得手,死于战阵。龙凤六年五月,陈友谅挥师东下,进窥池州。朱元璋急忙从浙东调回常遇春,与徐达一起镇守池州,并指示他们在九华山(在池州南面)下设伏阻击陈友谅。徐达、常遇春依计而行,取得"斩首万余级,生擒三千余人"③的胜利,挡住了陈友谅的进攻。

陈友谅和倪文俊一样,也是个权迷心窍的野心家,杀倪文俊后一心"谋称帝"④。治平八年(1358),仕宦之家出身的谋士解开,"以书说友谅归正,不失为江都王"⑤,又"移书陈友谅弟,劝其杀伪主(指徐寿辉)以归元"⑥。陈友谅虽未按照解开的建议降元,却把杀害徐寿辉的谋划逐步付之行动。翌年十二月,他先在江州用伏兵杀掉徐寿辉的部属,然后宣布迁都江州,自称汉王,设置王府官属。天定二年(1360)闰五月初一,又亲率舟师 10 万,挟徐寿辉东下,绕过池州,进攻太平,夺占采石。在采石,他终于派人用铁挝击杀徐寿辉,初三

① 《明史纪事本末》卷 3,《太祖平汉》,第 31—32 页;《纪事录笺证》卷上,第 106、108 页。

② 《明太祖实录》卷 7,己亥年六月、七月乙未。

③ 《明太祖实录》卷 8,庚子年五月。

④ (明)解缙:《解文毅公集》卷 12,《鉴湖阡表》,明嘉靖刻本。

⑤ 《解文毅公集》卷 8,《解先生小传》。

⑥ 《解文毅公集》卷 11,《显考筠涧公传赞》。

自称皇帝，冒着暴风雨在五通庙就帝位，改国号为大汉，年号大义，仍以邹普胜为太师，张必先为丞相，张定边为太师兼知枢密院事①。此时，陈友谅志骄意满，认为席卷江东、灭朱元璋已不在话下。闰五月初五，又派人约张士诚一起进兵应天，试图一举消灭朱元璋的势力。

陈友谅大举东下的消息，如晴天霹雳，震惊了应天。当时，陈友谅已尽有江西、湖广之地，地盘比朱元璋大得多，舟师更是比朱元璋多10倍，拥有混江龙、塞断江、撞倒山、江海鳌等100多艘巨舰和几百条战船。应天的不少官员惊慌失措，"献计者或谋以城降，或谓钟山有王气，欲奔据之"，"或谋先复太平，以牵制贼势"②，"或劝上自将击之"③，胆小的甚至暗中收拾细软，考虑城破后的去处。朱元璋"心非诸将议"④，他见刘基沉默不语，把他请进密室，询以计策。刘基慷慨激昂地说："先斩主降议及奔钟山者，乃可破贼尔!"朱元璋又问："先生计将安出?"他答道："天道后举者胜，吾以逸待劳，何患不克? 莫若倾府库，开至诚，以固士心，伏兵伺隙击之。取威制敌，以成王业，在此举也!"⑤朱元璋听后，不觉眼前一亮，豁然开朗，陈友谅地据上游，舟师10倍于我，正面硬碰，难有取胜的把握，"伏兵伺隙击之"是唯一可行之策。因此，他决定采纳刘基的建议，使用诱敌深入、设伏聚歼之计，迎击陈友谅的入犯。

作战方案确定后，朱元璋唯恐战争旷日持久，陈友谅与张士诚合兵，两面受敌，难以取胜，决定利用陈友谅骄傲轻敌又求胜心切的心理，诱其从速进兵应天，以便设伏歼灭之。他授意陈友谅的老友、元朝降将康茂才："作书遣使伪降友谅为内应，招之速来，仍绐告以虚实，使分兵三道以弱其势。"⑥康茂才于是派手下一个曾侍候过陈友谅的老门房，携带他的诈降信，乘小船到太平去见陈友谅。陈友谅喜出望外，忙问："康公今安在?"老门房说是在江东桥（在今南京江东门附近）。又问："江东桥何如?"答曰："木桥也。"他设酒食招待了老门房，临别约定与康茂才在江东桥会合，以呼"老康"为号。

老门房回应天向朱元璋复命，朱元璋即令李善长连夜把江东桥拆掉，另建铁石桥。当时应天的西边，从南到北，有大胜港（在今南京板镇西北）、新开河口（今南京城西江岸新河口村）、龙湾（今南京下关）三个入江口。从大胜港到龙湾的江岸，虽是一片平整的滩头，但往东则横亘着一条新开河，新开河东岸往北有秦淮河，往南与大胜港之间又有多条汊河，

---

① 《明太祖实录》卷8，庚子年闰五月丙辰、戊午；《国榷》卷1，至正二十年闰五月丙辰、戊午，第289—290页。

② （明）童承叙：《平汉录》，《金声玉振集》本；《鸿猷录》卷3，《克陈友谅》，第44—45页。

③ 《明太祖实录》卷8，庚子年闰五月庚申。

④ 《平汉录》；《鸿猷录》卷3，《克陈友谅》，第44—45页。

⑤ 《平汉录》；《鸿猷录》卷3，《克陈友谅》，第44—45页。

⑥ 《宋濂全集》卷52，《大明敕赐荣禄大夫同知大都督府事兼太子右率府使赠推忠翊运宣力怀远功臣光禄大夫湖广等处行中书省平章政事柱国追封蕲国公谥武义康公神道碑铭》，第1215页。

步卒难以通行,这就在应天城西面构筑起一道防御屏障。大胜港水道和新开河水道水量都不大,大型船只难以行驶,只有秦淮河与新开河相汇之后,水量比较充沛,可容大型船只通过。陈友谅要进攻应天城,只能选择在龙湾泊岸登陆①。根据应天的水文地理形势,朱元璋决定在龙湾附近秦淮河东岗的高地卢龙山(今南京狮子山)一带设伏,与陈友谅展开决战。他令邵荣、常遇春、冯胜、华高等率领帐前五翼军3万人埋伏于卢龙山以东的石灰山(今南京幕府山)南麓;令徐达等率兵列阵于南门外的雨花台一带,以防御从大胜港、江东桥突入城西、南濠之敌;令杨璟驻兵城西南的大胜港;令廖永忠、张德胜、朱虎率舟师藏匿于自龙江至聚宝门的入江水道里②,此河道在上一年刚调发溧水、溧阳、上元、江宁、丹徒、丹阳六县之民及作弊受罚的吏胥进行疏浚,"阔十余丈、深二丈,能容海船周旋"③;自己坐镇指挥督战卢龙山,并在山左暗藏黄旗,山右暗藏红旗,规定敌人进入埋伏圈,举红旗为号,等到举起黄旗,伏兵立即出击。在此之前,朱元璋已派胡大海自婺州、衢州率兵西捣信州,威胁陈友谅的侧后,进行牵制④。

陈友谅求胜心切,得到康茂才愿当"内应"的许诺,不等张士诚作出答复,便于闰五月初十率领舟师东下,直趋应天。至大胜港,遭到杨璟兵的截击。再奔江东桥,见是座铁石桥而不是木桥,大吃一惊,连呼"老康""老康",不见回应,忙和弟弟陈友仁率领1000多艘战船折往龙湾,令张志雄领偏师佯攻,自己与陈友仁率主力迂回到下游的石灰山北,登岸立栅,占领滩头。朱元璋在卢龙山上,把一切都看在眼里。部将要求马上出击,他说:"天将雨,诸军且就食,当乘雨击之。"⑤当时晴空万里,酷热难忍,士兵个个汗流浃背,浑身湿透,忽然云起东北,顷刻之间下起了瓢泼大雨,朱元璋一声令下,只见卢龙山右侧高高举起红旗,士兵蜂拥而上,争拔栅栏。正当两军接战之时,暴风雨戛然而止,朱元璋下令擂响战鼓,举起黄旗,邵荣、冯胜、常遇春带领石灰山南麓的伏兵杀向龙湾岸边,徐达也带领驻守南门外的部队赶来,藏匿于入江水道的水军迅即弃舟登岸,对陈军内外夹击。起初朱军"数战不利",后来朱元璋"调邵荣兵沿江而西截战,友谅兵前后不能相继,遂大败"⑥。汉军士卒争相登舟逃命。时值退潮,战船搁浅,士卒被杀和落水而死者不计其数,被俘2万余人,陈友仁登舟逃遁,陈友谅的部将张志雄、梁铉、俞国兴、刘世衍等,纷纷投降,陈友谅换乘小舟,向江州逃窜。朱元璋的军队缴获百余艘巨舰和几百条战船。

---

① 参看李新峰:《龙湾之战与元末建康水道》,《北大史学》第16辑。

② 《明太祖实录》卷8,庚子年闰五月庚申;《纪事录笺证》卷上,第22—23页。

③ 《纪事录笺证》卷上,第23—24页。

④ 《鸿猷录》卷3,《克陈友谅》,第45页。

⑤ 《明太祖实录》卷8,庚子年闰五月庚申。

⑥ 《纪事录笺证》卷上,第123页。

张士诚接见陈友谅的使者后,怕冒风险,"欲守境观变",表面答应出兵,实际却按兵不动①。现在见陈友谅吃了败仗,更是未敢轻举妄动。

阵前倒戈的张志雄,原是赵普胜的老部下,对陈友谅杀赵的行为极为不满,在龙湾消极怠战。投降后,建议朱元璋乘胜夺取安庆,说:"友谅之东下,尽并安庆兵(即赵普胜部众)以从,今之降卒皆安庆之兵。友谅既败,安庆无守御者。"②朱元璋马上令徐达、冯胜、张德胜、廖永忠、俞通海等带兵追击陈友谅,并派元帅余某等攻取安庆。陈友谅昼夜不息,逃回江州,徐达率舟师追至池州,不及而还。余元帅攻取安庆,胡大海顺利夺占了信州。邵阳地主刘昴见陈友谅战败,向镇守浮梁(今江西景德镇)的徐寿辉旧将于光说:"江西陈氏军权不一,尾大不掉。惟金陵兵壮,天下畏其锋,可往依之,以成大事。"于光当即让刘昴带着书币名马去应天见朱元璋。刘昴向朱元璋提供了陈友谅在江东的边塞城池军力情报,说"江西有可图之机"③。七月,于光献浮梁降。九月,徐寿辉的另一旧将欧普样也以袁州降。四川的明玉珍得知徐寿辉被杀的消息,说"与友谅俱臣徐氏,顾悖逆如此!"下令封锁瞿塘峡,与陈友谅断绝关系,并在重庆城西南隅为徐寿辉立庙,"岁时致祀"。随后,自立为陇蜀王④。陈友谅陷入了众叛亲离的困境。

龙凤七年(1361)正月,小明王韩林儿因朱元璋战绩辉煌,封他为吴国公⑤。此后,朱元璋对所辖机构仿照元朝的中央机构体制进行改造,将一批高级武将调任行中书省职务,由行中书省统辖地方军队,并于当年三月,改枢密院为大都督府,任命亲侄朱文正为大都督,节制内外诸军事⑥。朱元璋的政权机构便由行省体制一变而成中央政权体制了。

陈友谅不肯认输。龙凤七年五月,派李明道攻夺信州,李明道兵败,与宣慰王汉二被俘。七月,又派张定边攻夺安庆。守将余元帅与行枢密院金事赵仲中等战败,弃城奔还应天。朱元璋命按军法惩治。赵仲中原是巢湖水师的统领,至正十五年五月与其弟赵庸、俞通海父子、廖永忠兄弟一起归附,对朱元璋水军的建设及其南渡长江和势力的发展具有重大的意义。因此,常遇春出面为赵仲中求情,请求念其为渡江勋旧曲赦之,朱元璋不许,说:"不依军法,无以戒后人!"⑦下令将余元帅与赵仲中一并处斩,令赵庸接替行枢密院金事,以稳定军心。

八月,朱元璋从解送应天的李明道口中得知,"友谅自弑徐寿辉,将士皆离心。且政令

————————

①　《明史》卷 123,《张士诚传》,第 3695 页。

②　《明太祖实录》卷 8,庚子年闰五月庚申。

③　(明)刘昴:《春雨轩集》卷 9,《自序墓志铭》,明嘉靖刻本。

④　《明史》卷 123,《明玉珍传》,第 3702 页。

⑤　《纪事录笺证》卷上,第 136 页。

⑥　《明太祖实录》卷 9,辛丑年三月丁丑。

⑦　《皇明开国功臣录》卷 9,《赵庸》。

不一,擅权者多。骁勇之将如赵普胜者,又忌而杀之。虽有众,不足用也"①。朱元璋决定亲自带兵反击。恰在此时,谋士刘基接到八十岁的老母富氏在南田老家去世的噩耗,要求返乡葬母守孝。朱元璋觉得在这个骨节眼上,需要刘基继续为之出谋划策,便写了封信对他表示慰问,并苦苦挽留,要他"宽容加餐,以养怀才抱道之体,助我成功"②。刘基只得留下。他积极支持朱元璋反击陈友谅的决定,说:"昨观天象,金星在前,火星在后,此师胜之兆。愿主公顺天应人,早行吊伐。"③八月,朱元璋便带着刘基,率领徐达、常遇春诸将,以李明道、王汉二为向导,统领舟师溯江而上。舟师"船列百余里",涂粉为号。有海船50余帮,每帮10艘,大者可容1000人,小者容800人。还有风斗船50余艘和平口船,俱装载马匹和粮饷、军器。另有轻便快船,装载精锐将士,充当前锋。朱元璋乘坐的一艘最大的海船龙骧巨舰,可容1300人,中桅悬挂"奉天"大蓝旗,旗端悬黄号带,上书"奉天征讨,纳顺安民"八个大字④。汉军沿江哨兵望风逃奔,但安庆守军固守不战,朱元璋"以陆兵疑之,敌兵动。乃命廖永忠、张志雄以舟师击其水寨,破敌舟八十余艘,获战船二十有七,遂克安庆"⑤。接着,乘风西进,长江天险小孤山的守将傅友德、丁普郎率部迎降。归附朱元璋的于光等率江西境内的水军,出鄱阳湖,至江州城下与朱元璋会师。陈友谅仓促应战,败逃武昌,江州被攻克⑥。

攻占江州后,朱元璋命徐达追击陈友谅,并令诸将分兵略取附近诸地。南康(今江西星子)、东流、蕲州、黄州、广济(在蕲州东面)、饶州相继而下。九月,陈友谅的建昌(今江西艾城)守将王溥等以建昌降,并派检校刘巨招降南丰州及临川、金溪等八县。十一月,邓愈又克抚州,迫降守将邓克明。十二月,陈友谅的江西行省丞相胡廷瑞、平章祝宗也派人到江州向朱元璋请降,但要求保留原有的部属。朱元璋开始有些犹豫,刘基用脚踢了踢他坐的胡床,他省悟过来,当即答应,提笔给胡廷瑞写信,表示:"大丈夫相遇磊磊落落,一语契合,洞见肺腑,故尝赤心以待之,随其才而任使,兵少则益之以兵,位卑则隆之以爵,财乏则厚之以赏,初无彼此之分。此吾待士之心也,安肯散其部属,使人自疑,而负其来归之心

---

① 《明太祖实录》卷9,辛丑年八月庚寅。

② 《诚意伯刘先生文集》卷1,《御制慰书》,第3页。

③ 《明太祖实录》卷9,辛丑年八月庚寅。

④ 《纪事录笺证》卷上,第139—140页。按:此书将征江州事系于七月,实误。据《明太祖实录》卷9载,应为八月。

⑤ 《明太祖实录》卷9,辛丑年八月庚寅。

⑥ 《明史》卷128,《刘基传》,第3778页;《宋濂全集》卷53,《大明敕赐故怀远大将军金江南等处行枢密院事赠荣禄大夫江西等处行中书省平章政事上柱国追封梁国公赵公神道碑铭》,第1244页;《明史纪事本末》卷3,《太祖平汉》,第38—39页。

哉!"并说明自己对待归降的将官,和对待自己原有的部将一样,"恩均义一,无有所间"①。胡廷瑞收到此信,降意遂决。翌年正月,派外甥康泰先行至江州,向朱元璋表达投诚的决心。朱元璋赶忙动身前往龙兴迎降,胡廷瑞、祝宗率官属迎谒于龙兴新城门外。朱元璋对他们表示慰劳,胡廷瑞将自己漂亮的长女献给朱元璋,与之"拭摛椒房之戚"②。朱元璋命胡廷瑞留任原职,"拜其母以安之"③。胡廷瑞为避朱元璋字国瑞之讳,改名为胡美。朱元璋下令改龙兴路为洪都府,以叶琛知府事,废除陈友谅向百姓征收的"军旅百需之供",当地"士民皆感悦"④。消息一传开,陈友谅吉安守将曾万中、孙本立,龙泉守将彭时中皆相继降附⑤。江西州县和湖北东南角,全部归入了朱元璋的版图。

龙凤八年(1363)二月,朱元璋返回应天。刘基趁战争的空隙辞归南田葬母,朱元璋"遣礼官伴送"至南田,后"累使吊祭,恩礼甚厚"⑥。

从应天战役到洪都归降,只一年多时间,朱元璋与陈友谅双方的强弱之势已经完全倒转过来,他已有实力和陈友谅决一雌雄。朱元璋于是召集诸将,商议下一步的行动计划。讨论中,有的将领主张先打张士诚,认为张士诚控制的"苏湖地饶沃",先取之可以加强自己的经济实力。这种意见得到某些将领的支持,他们认为"士诚切近,友谅稍远,若先击友谅,则士诚必乘我后"⑦,要求改变原来先灭陈友谅再攻张士诚的战略部署,把主力从西线调到东线,先消灭张士诚,再回头收拾陈友谅。朱元璋反复对比东西两个对手的情况,认为:"友谅剽而轻,其志骄;士诚狡而懦,其器小。志骄则好生事,器小则无远图。若先攻士诚,友谅必空国而来,是我疲于应敌,事有难为;先攻友谅,士诚必不能逾姑苏一步,以为之援。"⑧决定继续执行原来的战略部署,集中主要兵力进击陈友谅,待消灭了陈友谅再对付张士诚。但不久,由于北方军事形势的变化,朱元璋不得不暂时停止对陈友谅的进攻。

---

① 《明太祖实录》卷9,辛丑年十二月己亥。
② 《纪事录笺证》卷上,第145页;《明史》卷129,《胡美传》,第3811页。
③ 《国初事迹》。
④ 《明太祖实录》卷10,壬寅年正月戊辰。
⑤ 《鸿猷录》卷3,《克陈友谅》,第49页。
⑥ 黄柏生:《故诚意伯刘公行状》,《诚意伯刘先生文集》卷1,第14页。
⑦ 《明太祖实录》卷58,洪武三年十一月戊戌。
⑧ 《平汉录》。

第二节　北援安丰

正当朱元璋与陈友谅在江南展开血战的时候,北方的军事形势急转直下,出现了新的变化。

大宋红巾军的三路北伐和各支起义军的胜利发展,再次诱发了元朝统治阶级内部的纷争。由于军事上的失败,汉族地主纷纷指责蒙古、色目贵族官僚腐败无能,责备他们"繁征横敛""赏罚不明""不求智勇之士真可任将兵者"①,希望自己能够得到重用,分享更多的权力。蒙古、色目贵族则害怕大权旁落,竭力排斥汉族地主,对汉族的地主武装首领更是极尽压抑、猜忌、打击之能事。那些汉族地主因此深感失望和不满,纷纷宣布"不复以功名自期"②,不再支持元朝政权,要另谋出路。不少汉族地主一改过去对农民起义坚决敌视的态度,纷纷投奔起义军。朱元璋"既下集庆,所至收揽豪隽,征聘名贤,一时韬光韫德之士,幡然就道"③。陈友谅建大汉政权后,湖广、江西一带的地主阶级也纷纷前往投奔,"伪汉之在九江,趋者日众"④,如江西著名的地主文人解开、解观、詹鼎、黄昭等人都投入陈友谅幕府。张士诚据有平江后,设学士员、弘文馆,同样罗致了不少地主文人,如饶介、周伯琦、苏昌龄、陈荃、张经等皆相率投其麾下。蒙古、色目的贵族官僚,也互相争吵,彼此倾轧。至正二十年(1360)五月,阳翟王阿鲁辉帖木儿起兵岭北,公开与元顺帝争夺帝位。元顺帝派知枢密院事秃坚帖木儿等前往称海(在今蒙古国科布多之东)征集军队进行镇压,遭到失败。至正二十一年,又派知枢密院事老章领兵10万出击,并令阿鲁辉帖木儿之弟忽都帖木儿随军出征。阿鲁辉帖木儿被打败,准备往东逃遁,被部将脱欢与宗王囊加擒送京师。九月,元顺帝下令把他处死,由忽都帖木儿承袭阳翟王爵位⑤。

元朝统治阶级内部的纷争,对农民起义军的斗争无疑十分有利。但是,大宋红巾军没有能利用这种有利条件夺取新的胜利,相反却因自身的弱点和失误而屡遭挫折,使军事局势发生了逆转。

大宋政权建立后,表面上以韩林儿为帝,实际上执掌军政大权的是刘福通。刘福通具有坚强的斗志和过人的胆略,对起义的发动和斗争局面的打开做出卓越的贡献。但是在局面打开之后,他处理有关全局的一些军政大事却连续出现失误。首先,是未能随着形势的发展和斗争的深入,在原有的"弥勒下生""明王出世"的宗教预言和"复宋"的口号之外,

---

① 《东山存稿》卷2,《送郑征君应诏入翰林诗序》。
② 《东山存稿》卷2,《送郑征君应诏入翰林诗序》。
③ 《明史》卷128,《刘基传》赞,第3792页。
④ 王礼:《麟原前集》卷3,《教授夏道存行状》,《四库全书珍本》本。
⑤ 《庚申外史笺证》卷下,第107—110页;《元史》卷206,《阿鲁辉帖木儿传》,第4579页。

提出一个满足广大农民要求夺取地主土地和财产的政治纲领和斗争口号,并采取相应的措施,进一步发动农民群众,对元朝统治者进行更有力的打击。第二,没有建立起权威的军事指挥中心,"兵虽盛,威令不行","诸将在外者率不遵约束","福通亦不能制"①。三支北伐军各自为战,互不配合,斗争难于持久,最终被敌人各个击破。第三,未能建立完备的军事、政治、经济制度。大宋政权在其占领区虽然任命官吏,建立政权,但没有进一步建立完备严密的制度进行有效的治理,而且除毛贵控制的山东地区外,没有采取任何措施进行军事、政治和经济建设。因此,这些占领区既未能连成一片,也很不巩固,往往陷于孤军深入、后援不继的困境,"数下城邑,元兵亦数从其后复之,不能守"②。

元廷利用大宋军的弱点和失误,调集察罕帖木儿等几支地主武装,展开疯狂的反扑。龙凤五年(1359)初,张士诚派兵攻打占据淮南的赵均用部。赵均用北走山东,投奔从河北南撤的大宋东路军。后与毛贵不和,在四月间袭杀毛贵,使大宋红巾军遭受重大损失。察罕帖木儿乘机于五月间对大宋都城汴梁发动进攻。七月,毛贵部下续继祖自辽阳返回益都(治今山东青州),杀赵均用。后又与赵均用部众互相攻杀,山东形势更加不可收拾。八月,察罕帖木儿攻占汴梁,刘福通护小明王退守安丰③。到龙凤七年,大宋中路和西路北伐军在长期的流动作战中耗尽力量,被元军消灭。察罕帖木儿便在当年六月调集各地元军,大举进攻山东。到八月,山东郡县多被攻陷,驻守东平的田丰(原为地主武装"义兵"万户,后投降毛贵)、驻守济宁的王士诚(中路北伐军的将领,后从晋北转战于冀南,与山东的田丰合军)等纷纷叛降元军,只有陈揉头坚守益都,"与刘福通遥为声援"④。龙凤八年六月,陈揉头秘密策动田丰、王士诚刺杀察罕帖木儿,元廷又封察罕帖木儿养子扩廓帖木儿(察罕帖木儿外甥,原名王保保)为太尉、中书平章、知枢密院事,令其统领察罕帖木儿军队,加紧围攻益都。当年十一月,益都陷落,陈揉头、田丰、王士诚被杀,大宋红巾军在山东的最后一个据点丢失。

朱元璋所以能在东南地区从容发展势力,靠的是有大宋红巾军在北方为他做掩护,"元之不能以匹马、只轮临江左者,以有宋为之捍蔽也"⑤,"不然,察罕之兵且萃于江南矣"⑥。一旦失去大宋红巾军这道北方的屏障,东西两面又遭到张士诚和陈友谅的夹击,他的处境将会变得十分艰难。为自己着想,当察罕帖木儿在龙凤五年攻破汴梁之后,他便派

---

① 《明史》卷122,《韩林儿传》,第3683页。
② 《明史》卷122,《韩林儿传》,第3683页。
③ 《明史》卷122,《韩林儿传》,第3683—3684页;《元史》卷141,《察罕帖木儿传》,第3386—3387页。
④ 《明史》卷122,《韩林儿传》,第3684页
⑤ 《国初群雄事略》卷1,《宋小明王》引李文凤语,第40页。
⑥ 《鸿猷录》卷3,《宋事始末》,第34页。

遣使臣前往汴梁,与大宋红巾军的死敌察罕帖木儿"通好"①。龙凤七年八月,察罕帖木儿攻占山东后,江南震动,朱元璋为解除西征陈友谅的后顾之忧,再次遣使与察罕帖木儿"结援"②。察罕帖木儿把朱元璋两次遣使通好、结援之事上报元廷,并于龙凤八年六月,派遣使者带信到应天,说他"已奏朝廷,授(朱元璋)行省平章事"③。但察罕帖木儿扣留了朱元璋的使者,朱元璋感到可疑,对左右臣僚说:"予观察罕书辞婉而媚,是欲唻我,我岂可以甘言诱哉?况徒以书来而不返我使者,其情伪可见。"④恰在这个时候,有个浙江宁海儒士叶兑上书朱元璋⑤,向他建议:"宜北绝李察罕之招诱,南并张九四之僭据,督方国珍之归顺,取闽越之土地,即建康以定都,拓江、广以自资,进则越两淮规中原而取天下,退则保全方面而自守。"⑥朱元璋"奇其言",想留用他,但他力辞而去。朱元璋看到察罕帖木儿在益都正遇到陈揉头的顽强抵抗,久攻不下,一时无暇他顾,对他的招降决定"姑置不答",以观时变⑦。

　　元顺帝得知朱元璋遣使与察罕帖木儿通好、结援的消息,确有招降朱元璋之意,并决定授予荣禄大夫、江西等处行中书省平章政事。他派户部尚书张昶、郎中马合谋与奏差张琏带着御酒、八宝顶帽和宣命诏书,航海到方国珍处。方国珍两次派人去见朱元璋,劝他"奉诏"降元。当时北方局势的发展尚不明朗,朱元璋置之不理。张昶等人在庆元待了一年时间,方国珍觉得不好办,把他们送到元福建平章燕只不花那里,燕只不花又把他们送

　　① 此据《国初群雄事略》卷1,《宋小明王》,第32页。又据《国初事迹》记载,朱元璋这两次派遣的使臣分别为都事杨宪、汪河。(明)吴朴《龙飞纪略》(《四库全书存目丛书》本)亦载朱元璋第二次派遣的使臣为汪河及钱桢。此说似不可信。因为据《明太祖实录》卷11的记载,朱元璋派出的使臣曾被察罕帖木儿扣留,直到龙凤八年十二月察军帖木儿死后,其养子扩廓帖木儿才派尹焕章将他送回应天。但据《明太祖实录》卷10及《国榷》卷1的记载,龙凤八年二月丙申,朱元璋改浙东中书分省为行中书省时,任命朱文忠为行省丞,杨宪为右司郎中,并谕杨宪曰:"文忠,吾甥也,年少,凡左岳之事,听尔裁之;有失,罪亦归尔。"可知杨宪此时不在汴梁。另据《明太祖实录》卷12记载,龙凤九年正月,朱元璋曾派汪河送尹焕章回汴梁,如果汪河此前曾被察罕帖木儿扣留,刚刚被尹焕章从汴梁送还应天,朱元璋又派他送尹焕章回汴梁,也不太合乎情理。所以,朱元璋前后两次派遣的使臣可能是另外两个人,名字现已无法查考。

　　② 《国初事迹》。

　　③ 《明通鉴》前编卷1,至正二十二年六月戊寅,第75页。

　　④ 《明太祖实录》卷11,壬寅年六月戊寅。

　　⑤ 关于叶兑上书的时间,《明通鉴》前编卷2(第82页)以"兑书中已有张昶至庆元及方国珍遣人说太祖奉诏之语"为由,系于龙凤八年十二月张昶奉使至应天之后。本书不取此说,而取孙正容之说(《朱元璋系年要录》第81页,浙江人民出版社1983年版),将上书时间定在龙凤八年六月。因为张昶到达应天虽在龙凤八年十二月,但此前他已在庆元方国珍处滞留一年之久(《国初事迹》),叶兑在张昶到达应天之前即有可能得知"张昶至庆元及方国珍遣人说太祖奉诏"之事。而且叶兑书中只提及察罕帖木儿,而不言扩廓帖木儿。《明史》卷135《叶兑传》(第3915页)提到叶兑上书的时间,明载此时"察罕兵势甚盛,遣使至金陵招太祖",也只字未提扩廓帖木儿,而在龙凤八年十一月察罕帖木儿已被刺身死,由扩廓帖木儿代领其众,这也难以说通。

　　⑥ 《献征录》卷116,《布衣叶公兑传》。

　　⑦ 《明太祖实录》卷11,壬寅年六月戊寅。

到江西铅山与朱元璋辖区交界之处,并派人到建昌请王溥转告朱元璋。龙凤八年十二月,朱元璋才派人把他们接到应天①。当月,扩廓帖木儿也派尹焕章由海路乘船,将察罕帖木儿扣留的朱元璋使臣送回应天,并赠送马匹②。这时,扩廓帖木儿经常同孛罗帖木儿大打出手,朱元璋估计他不会向南发动大规模的进攻,决心采纳叶兑的建议,鼎足江东,自谋发展。于是,便召见张昶、马合谋和张琏,斥责他们说:“元朝不达世变,尚敢遣人扇惑我民!”张昶沉默不语,马合谋“口出不逊之言”,朱元璋下令把他们捆绑起来。张昶在元朝做过大官,熟知朝章典故、名物制度,朱元璋爱其才,到夜里将他留下,用一死囚做替身,与马合谋、张琏一并押至聚宝门外斩首,把三颗头颅送往福建边界示众。几天后,任命张昶为行中书省都事,对刘基、宋濂说:“元朝发一大贤人与我,尔等可与之议论。”③然后派行中书省都事汪河送尹焕章回汴梁,带信给扩廓帖木儿,声称他过去两次派人去汴梁与其养父通好、结援,“实欲纵观,未敢纳交也”,同时表示愿与扩廓帖木儿继续保持联系④,扩廓帖木儿得知朱元璋拒绝受降,又扣住汪河不放⑤。

朱元璋虽然最后拒绝元朝的招降,但他的动摇,产生了极其恶劣的影响。就在他同察罕帖木儿暗送秋波,通好、结援之时,他的部将接连叛变投敌。龙凤八年二月,苗军降将蒋英、刘震等在婺州发动叛乱,杀害胡大海及其子关住和郎中王恺等,投向张士诚。驻屯处州的苗军降将李祐之、贺仁得等闻讯,也据城反叛,杀耿再成、孙炎、王道同、朱文刚等。衢州的苗帅也拟举兵应之,守将夏毅正惊慌失措,忽然听说礼官护送返乡葬母的刘基到达处州城外,赶忙派兵把他迎进城里,使全城守军迅速安定下来。刘基当即“发书谕金、处属县,谕以固守所部”⑥。三月,陈友谅的降将祝宗、康泰又在江西发动叛乱,攻陷洪都,万思诚、叶琛惨遭杀害。直到四月,邵荣、胡深攻破处州,徐达收复洪都,李祐之、祝宗等人的叛乱才被镇压下去⑦。到了八月,又发生邵荣、赵继祖企图谋害朱元璋的事件⑧。邵荣与朱元璋都是在濠州参加起义的,他粗勇善战,以功累升至平章,地位仅次于朱元璋,与徐达、常遇春齐名,时人目为“三杰”。平定处州叛乱后,逐渐滋长骄傲情绪,埋怨常年在外征战,不能在应天与家人团聚,曾口出怨言,被一部将听见,准备告发。邵荣疑惧不安,从浙东回

---

① 《国初事迹》;《明太祖实录》卷11,壬寅年十二月壬辰。

② 《明太祖实录》卷11,壬寅年十二月。

③ 《国初事迹》。

④ 《明太祖实录》卷12,癸卯年正月丙寅。

⑤ 《国榷》卷1,至正二十三年正月丙寅。

⑥ 《故诚意伯刘公行状》,《诚意伯刘先生文集》卷1,第14页;《明太祖实录》卷10,壬寅年二月癸未、丁亥。

⑦ 《明太祖实录》卷11,壬寅年三月癸亥,四月己卯、甲午;《国初事迹》。

⑧ 邵荣、赵继祖谋叛事件,《明太祖实录》卷11系于壬寅年七月,此据《国初事迹》。

到应天,就与原郭子兴部将、参政赵继祖密谋暗杀朱元璋①。朱元璋得到元帅宋某的密报,派人把他们两人捉来,用铁链锁在一起,置酒与饮,责问道:"我与尔等同起濠梁,望事业成,共享富贵,为一代之君臣,尔如何要谋背我?"邵荣说:"我等周年出外,取讨城池,多受劳苦,不能在家与妻子相守同乐,所以举此谋。"说完直掉眼泪,不肯饮酒。赵继祖怒骂道:"若早为之,不见今日猎狗在床下死。事已如此,泣何益?"独自举杯痛饮。朱元璋原拟"禁锢其终身,听其自死"②,常遇春认为处刑太轻,说:"主公不忍杀之,我等义不与之俱生"③,他乃下令"缢杀之,籍没其家产"④。

这几起事件刚平息不久,北方的小明王和刘福通又在安丰告急。龙凤九年(1363)二月,张士诚见扩廓帖木儿与孛罗帖木儿互相攻杀,无暇南顾,派部将吕珍带领 10 万军队帮助元朝进攻安丰,张士信领兵继后。刘福通指挥红巾军进行英勇抵抗,安丰粮食断绝,"人相食,有尸埋于地而腐者,亦掘而食之,或以井底泥为丸,用人油炸而食之者"。刘福通派人向朱元璋求援⑤,朱元璋听来人说安丰危在旦夕,准备出兵救援。此时,刘基已返回应天,他极力表示反对,说:"不宜轻出,假使救出来,当发付何处?"⑥意思是说,如果大军出救安丰,应天空虚,陈友谅、张士诚伺隙来攻,就会陷于被动;而且就算救出了小明王,如何安置也是个问题。放到应天吧,就得听从他的约束,岂不非常被动;如果不放到应天,又放到哪儿好呢?但是朱元璋另有考虑,说:"安丰破,士诚益张,不可不救。"⑦他不顾刘基的阻挡,命令徐达、常遇春、邓愈等几个最得力的部将,随同自己率领大军渡江北上。三月初,抵达安丰,三战三捷,击败了吕珍。原属南方红巾军的左君弼,从庐州带兵帮助吕珍,又被常遇春击败,吕珍与左君弼皆败走。在朱元璋率部赴援之前,刘福通已奉小明王退入南部山区⑧。朱元璋下令将每个战士带来的二斗白米救济城中挨饿的百姓⑨,自己返回应天,而命徐达、常遇春率部攻打庐州的左君弼。但到六月底,庐州仍未攻克,当时陈友谅正率兵进攻洪都,朱元璋只得令徐、常回师应天,以备赴援洪都。

刘福通领导的北方红巾军,至此已经完全失败。但是作为元末农民战争的组织者和

① 《罪惟录》列传卷 31,《邵荣传》,第 2659 页。

② 《国初事迹》。

③ 《明太祖实录》卷 11,壬寅年六月丙辰。

④ 《国初事迹》。

⑤ 《纪事录笺证》卷上,第 198 页。按:此事该书系于龙凤十年七月,实误。

⑥ 《国初事迹》。

⑦ 《明通鉴》前编卷 2,至正二十三年正月癸酉。

⑧ 《明太祖实录》卷 12,癸卯年三月辛丑。此条记"是时吕珍杀刘福通而据其城",但据《庚申外史笺证》卷下(第 136 页)载,小明王"驻兵安丰,为张士诚攻围,乘黑冒雨而出,居于滁州",而《国史考异》卷 1 之 13 亦指出:"考太祖即位告祭文,历举戡定之地,以庐州左君弼、安丰刘福通并称,则福通盖非死于珍者也。"

⑨ 《国初事迹》。

发动者,刘福通的历史功绩却永远垂勋史册。刘福通首先点燃元末农民战争的火炬,为后来的群雄并起包括朱元璋的起义开辟了道路,并组织和指挥大宋红巾军,转战中原大地,吸引大部分元朝官军和地主武装,掩护南方的各支起义队伍,使他们得以从容发展和壮大自己的力量。更重要的是,刘福通领导的大宋红巾军前后坚持 13 年的斗争,"大小数百战"①,"攻城如燎毛","拓地如拔山"②,横扫元朝统治的腹心地区,"朔方将校,殁身于兵戈者,不知其几"③,"大姓之家,噍无遗类"④,不仅沉重地打击了北方的封建地主势力,而且从根本上动摇了元朝的统治基础,为朱元璋日后推翻元朝创造了条件。可以说,如果没有刘福通及其领导的大宋红巾军艰苦卓绝的斗争,就没有朱元璋后来推翻元朝的胜利,也没有明初经济的恢复和发展。所以,明朝人李文凤说:"韩氏君臣,非特有功于中国,其亦大有功于我明也乎!"⑤

尽管朱元璋未能在小明王撤出安丰之前赶到,但小明王还是于龙凤九年(1363)三月十四内降制书,封赠朱元璋的三代祖先:曾祖父朱九四为资德大夫、江西等处行中书省右丞、上护军、司空、吴国公,曾祖母侯氏为吴国夫人;祖父朱初一为光禄大夫、江南等处行中书省平章政事、上柱国、司徒、吴国公,祖母王氏为吴国夫人;父朱五四为开府仪同三司、上柱国、录军国重事、中书右丞相、太尉、吴国公,母陈氏为吴国夫人⑥。从小明王封赠的制书看,朱元璋这时的官位是大宋政权的中书右丞相,成为小明王之下宋政权的一位最高行政长官。朱元璋感到无限欣慰和荣耀,特地撰写了一篇《朱氏世德碑》,记叙自己贫寒的家世和小明王对其三代祖先的封赠⑦。

---

① 《罪惟录》列传卷 5,《韩林儿赞》,第 1307 页。

② 《青阳先生文集》卷 5,《再上贺丞相书》。

③ 《明太祖实录》卷 56,洪武三年九月戊申。

④ (元)李继本:《一山文集》卷 6,《房氏家传》,《湖北先正遗书》本。

⑤ 《国初群雄略》卷 1,《宋小明王》引李文凤语,第 40 页。

⑥ 《国初群雄略》卷 1,《宋小明王》引《龙凤事略》,第 38 页。按:小明王当是为朱元璋提升官职的同时追赠其三代,惜为朱元璋升官的制书今已无存。参看李新峰:《朱元璋任职考》,载朱鸿林编《明太祖的治国理念及其实践》,香港中文大学出版社 2010 年版,第 141—167 页

⑦ (明)王世贞:《弇州史料》后集卷 47,《三祖爵封》,明万历四十二年刻本(国家图书馆藏缩微胶卷);《七修类稿》卷 7,《朱氏世德碑》,第 84 页;《蓺胜野闻》。

第三节　西征陈友谅

陈友谅在龙湾、江州和湖广连遭三次大败后，"忿其疆场日蹙"[1]，得知朱元璋率主力大军北援安丰的消息，决定孤注一掷，对朱元璋发动更大规模的进攻。为此，他下令特制数百艘大型战舰。舰高数丈，外涂红漆，上下三层，每层都有走马棚，最下一层设板房，置放几十支大橹，橹身都用铁皮包裹。住在上下层的人，互相听不见说话。据说每艘战舰大的可载 3000 人，中的可载 2500 人，小的可载 2000 人。陈友谅还在湖、潭、荆、襄等处征集农民、市民为军，每三丁抽取一人当兵，号曰"篷合"，以补充几次战争中损失的兵员。由于时间仓促，所造的战舰唯有船底舱灰麻，其他部位都未舱灰麻，不甚坚固；临时征集来的"篷合"军没有经过训练，"十人无二三惯战"，"军心恇怯"[2]。但陈友谅顾不了许多，龙凤九年（1363）四月，即亲率号称 60 万的水陆大军，携带家属百官，倾巢出动，自长江顺流而下，杀向洪都。同时分兵攻占吉安、临江（今江西樟村西）及无为州。朱元璋与陈友谅之间的战争，经过一段时间的停顿之后，终于又爆发了。

这时应天兵力空虚，如果陈友谅直捣应天，必将予朱元璋以致命打击。但他"昧于强弱之势，眩于先后之机"[3]，错误地吸收上次奔袭应天失败的教训，不攻应天而攻洪都，从而失掉一个有利的战机。同时，他又骄傲轻敌，以为自己拥有优势的兵力，这次空国而来，必胜无疑，把所有的部队都拉到洪都，既未派足够的兵力扼守长江和鄱阳湖的要津渡口，置后路于不顾，也无阻援和打援的部署，以阻遏朱元璋对洪都的增援。这些战略决策上的失误，埋下了日后败亡的一个根子。

朱元璋对陈友谅奔袭洪都，其实早有防备。洪都地处赣北平原，位于赣江下游，由赣江向北经鄱阳湖可与长江相通，具有重要的战略地位。洪都的西南部原先紧靠赣江，过去陈友谅攻占这座城市，就是利用这种地势，趁着水涨船高，从船上直接攀附城墙攻入城里的。上一年正月，朱元璋亲至洪都接受胡美的归降后，巡视城池，即决定进行改建，把西南的城墙往后推移，挪到距江 30 步的地方，再把东南的城墙向前面的空地拓展二里多远[4]。平定祝宗、康泰的叛乱后，朱元璋认为："南昌控引荆、越，西南之藩屏。得南昌，去陈氏一臂矣，非骨肉重臣不可守。"[5]龙凤八年五月，令亲侄大都督朱文正统赵德胜、邓愈等领兵镇守，朱文正到任后，根据朱元璋改建洪都城的指示，率领将士新筑城墙"周二千七十丈有

---

① 《明太祖实录》卷 12，癸卯年四月壬戌。

② 《纪事录笺证》卷上，第 76 页。

③ 《鸿猷录》卷 3，《克陈友谅》赞，第 55 页。

④ 《明太祖实录》卷 10，壬寅年二月辛卯。

⑤ 《明史纪事本末》卷 3，《太祖平汉》，第 40 页。

奇,高二丈九尺,浚濠三千四百丈有奇,阔十一丈"①,加强守卫。同时调兵遣将,攻取江西未定之地。当年八月底,陈友谅部将熊天瑞攻打已归附朱元璋的吉安、永新一带。吉安守将派人间道赴应天求援,朱元璋命朱文正出兵赴援。十二月,朱文正遣裨将击败陈友谅的吉安守将饶鼎臣,收复了该城。他还多方招谕据守各府山寨的头目,好讼者诛之,叛服无常者押送应天,交朱元璋处置。朱元璋"以此等人持两端之心,尽投于水"②。朱文正的这些措施,使江西的防务大大加强。

龙凤九年四月二十三,陈友谅率领汉军到达洪都城下,见城墙离江 30 步远,巨舰无法靠近,只得下令登陆,用云梯等器械攻城。但是数十万汉军集中在狭小地域,难以展开,很多人用不上劲。朱文正分派诸将据守各座城门,自己居中节制诸军,并率领 2000 名精锐机动策应。二十七日,陈友谅亲自督阵,命令士卒各持箕形竹盾遮挡矢石,猛攻抚州门,攻坏城墙 30 多丈。朱文正督促诸将拼死抵抗,且战且筑,在一夜之间重新修好了城墙。五月初一,陈友谅下令将在吉安、临江(今江西清江西)俘获的三名朱元璋将官押到城下示众,要朱文正投降,朱文正不为所动。初八,陈友谅又率领汉军攻新城门,薛显率勇士开门迎击,斩杀其平章刘进昭,生俘其副枢赵祥,汉军乃退。六月十四,陈友谅增修攻城器械,命将士强攻水关,仍遭败绩。陈友谅计穷,又以兵攻宫步、士步二门。元帅赵德胜拼力御之,日暮坐宫步门楼指麾士卒,中流矢牺牲。洪都被围累月,"友谅尽攻击之术,而城中备御随方应之"③,汉军始终无法前进半步。

洪都被汉军像铁桶一般紧紧包围,内外音讯断绝。朱文正率将士坚守一个多月,以寡敌众,伤亡不少,急需增援。他派千户张子明去应天告急,张子明假扮渔夫,驾着一艘小渔船,深夜潜出水关,沿赣江再入长江,顺流而下,于六月二十五到达应天求援。当时徐达、常遇春率主力部队围攻庐州尚未返回,朱元璋让他"归语文正,但坚守一月,吾当自取之"④。张子明急忙返回,走到湖口,被汉军捉住。陈友谅让他去洪都劝降,他佯装答应,到洪都城下,高声呼喊:"我张大舍已见主上,令诸公坚守,救且至。"⑤城中居民听到喊话,决心死守待援。汉军怒不可遏,举槊把张子明刺死。

朱元璋在应天送走张子明后,急令快骑携带他的手谕,令徐达、常遇春等即刻回师。待他们回到应天,朱元璋立即召集诸将,宣布他驰援洪都的决定:"陈友谅搆兵不已,复围

①　《万历新修南昌府志》卷 4,《城池》,明万历十六年刻本。
②　《国初事迹》。
③　《明太祖实录》卷 12,癸卯年六月辛亥。
④　《平汉录》。
⑤　《明史》卷 133,《赵德胜传附南昌康郎山两庙忠臣传》,第 3885 页。

洪都。彼累败不悟,是天夺其魄而促之亡也。吾当亲往,尔诸将其各整舟楫,率士马以从。"①七月初六,朱元璋与部将徐达、常遇春、冯胜、廖永忠、俞通海等率领号称 20 万的水军,齐集龙江,行祭牙旗,驰援洪都。他诫将士曰:"昼则视旗帜,夜则视灯笼,远则听信砲,近则听金鼓。"②大军以风斗快船为前导,以"翱""翔"两船为副,大小船只相继而进,沿着浩瀚的大江溯流而上,向江西进发。刘基、陶安、夏煜等儒士也随军出征③。途中,冯胜乘坐的船只被风浪掀翻,朱元璋认为晦气,让他返回应天。船队经过 10 天的航行,顺利到达鄱阳湖北端东岸的湖口。

出征之前,朱元璋曾对照地图,仔细研究鄱阳湖及其周围的自然环境和地理形势。此湖北距江州 90 里,西距洪都 150 里,整个湖面呈不规则的葫芦形状,湖面南部宽阔,有康郎山(今康山)屹立其中;北部狭窄多弯曲;湖身收缩处的罂子口(在今江西星子东),是鄱阳湖流入长江的咽喉要道;北端的湖口,有鞋山即大孤山(在湖口南面)翼障于口门,形势险要。湖内洲渚星布,水深不一,涨水时,除近洲、近岸之外皆可行船;落水时,大船不便行驶。朱元璋估计,陈友谅得知他亲自率军出援洪都,为避免腹背受敌,必然撤围退入鄱阳湖迎战,决定将其围困在湖中加以歼灭。一到湖口,他就先派戴德率军一部驻屯泾江(又名禁江)口(在今江西湖口东北,上通长江,下接小孤山),另派一部驻扎江州东面濒临湖口的南湖嘴,封锁鄱阳湖进入长江的出口,以切断陈友谅的归路;又调集信州守军驻屯武阳渡(在今江西南昌县东南),以扼汉军南逃之路④。七月十九,陈友谅闻讯果然东出鄱阳湖,长达 85 天的洪都之围遂告解除。朱元璋率部由松门(在今江西永修东北)进入南端开阔的水域。二十日午后,朱元璋率舟师抵达康郎山北面,遥见汉军的舰队。经过仔细观察,他发现汉军的楼船高大,首尾相接,灵活性差,不如自己的小船便于机动,对诸将说:"彼巨舟首尾连接,不利进退,可破也!"⑤随即将水军分成 11 队(一说 12 队,又一说 20 队),每队都配备各种火炮、火铳、火箭、火蒺藜、大小火枪、大小将军筒、大小铁炮、神机箭和弓弩,令将士"近寇舟,先发火器,次弓弩,及其舟则短兵格之"⑥。

七月二十一,双方舟师开始在湖面上交战。由于汉军兵力占着优势,战船大,又占据上游,朱元璋兵力处于劣势,战船较小,且居下游,起初战斗打得相当艰苦。当天晚上,因担心张士诚抄袭后方,朱元璋令徐达还守应天。翌日再战,朱元璋又亲自布阵,手执令旗,

① 《明太祖实录》卷 12,癸卯年六月癸酉。

② 《纪事录笺证》卷上,第 175 页。

③ 《明通鉴》前编卷 2,至正二十三年七月癸酉,第 86 页。

④ 《明太祖实录》卷 12,癸卯年七月癸酉。

⑤ 《明太祖实录》卷 12,癸卯年七月丙戌。

⑥ 《明史纪事本末》卷 3,《太祖平汉》,第 42 页。

指挥舟师进击。陈友谅"悉巨舟连锁为阵,旌旗楼橹,望之如山"①,朱军船只小,不利仰攻,伤亡不小,右军被迫后退。朱元璋连杀十几名队长,仍然退缩不止。部将郭兴说:"非人不用命,舟大小不敌也,非火攻不可。"②朱元璋采纳这个建议,令常遇春等征调七艘渔船,装载芦苇、火药等易燃物品,到了黄昏,趁东北风起,在渔船上放置身披甲胄、手持兵器的稻草人,令廖永忠与俞通海率敢死队员驾船冲向陈友谅的水寨。每艘渔船后面皆备有一艘飞舸,待逼近水寨,敢死队员点燃船上的芦苇,即跃上飞舸后撤。东北风越刮越紧,七艘渔船飞一般冲入陈友谅的水寨,熊熊烈火一下子就烧到水寨中的几百艘敌舰,霎时烟焰张天,湖水尽赤,死者大半,陈友谅弟陈友仁、陈友贵及平章陈普略皆被烧死。此后两天的战斗,汉军连战皆败,陈友谅企图退保鞋山,但朱军已抢先到达罂子口,横截湖面,他只好收拢部队,敛舟固守。朱军虽然获胜,但也伤亡几万名士卒,并折损程国胜、韩成、陈兆先、张志雄、丁普郎、徐昶、陈弼、徐公辅等几十名战将。朱元璋乘坐的白海船,也曾遭到汉军的追击,陷于危境。二十四日,他乘白海船指挥战斗,忽然传来如雷的炮声,随侍左右的刘基忙叫他换乘船只。他刚踏上另一艘战船,只听"砰"的一声,白海船即被炮火击碎。为了控扼江水上流,朱元璋采纳俞通海、刘基的建议,于二十四日夜移师左蠡(在今江西都昌西北)。陈友谅见朱军北撤,也移泊渚矶(在今江西星子南)③。

陈友谅进退两难,向部将征询计策,右金吾主张"焚舟登陆,直趋湖南,谋为再举"④,左金吾则主张在湖上与朱军展开决战。陈友谅犹豫不决,后来一再吃败仗,继而又决定采纳右金吾的意见。三天后,左金吾怕自己主张失当,遭到陈友谅的问罪,率部投降朱元璋。右金吾见大势已去,也率部投奔了朱元璋。陈友谅见兵力削弱,决计焚舟退兵。朱元璋派使者给他送去一封亲笔信,邀他决一死战,说:"公乘尾大不掉之舟,顿兵敝甲,与吾相持。以公平日之狂暴,正当亲决一战,何徐徐随后,若听吾指挥者?无乃非丈夫乎!"⑤陈友谅暴跳如雷,下令斩杀俘获的朱军士卒,并扣留了朱元璋的使者。朱元璋闻讯,反其道而行之,释放所有的汉军俘虏,有伤者给药物治疗,下令:但获彼军,皆勿杀。并祭祀战死的陈友谅弟、侄和部将。然后移师湖口,令常遇春、廖永忠统领舟师横截湖面,并在长江两岸竖立木栅,置火筏于江中,准备拦击陈友谅的退兵。过了半个月,陈友谅始终不敢出鄱阳湖。朱元璋分兵攻占蕲州、兴国(今湖北阳新)等地,控制上游,自己则坐镇湖口,与博士夏煜等人

①　《平汉录》。
②　《鸿猷录》卷3,《克陈友谅》,第51页。
③　《明史纪事本末》卷3,《太祖平汉》,第43—44页。
④　《明太祖实录》卷12,癸卯年七月己丑。
⑤　《明太祖实录》卷12,癸卯年七月己丑。

赋诗吟唱,等待陈友谅的退兵①。

　　陈友谅之所以从优势转为劣势,走到山穷水尽的地步,除了战略的失误、指挥的不当之外,还有更深刻的政治原因。原来,在袭杀倪文俊后,陈友谅即开始追求豪华奢靡的生活。如攻占龙兴,他修建鹿囿,"尝至其所,自跨一角苍鹿,缀瑟珠为璎络,挂于角上,镂金为花鞍,群鹿皆饰以锦绣,遨游江上"②。诛杀徐寿辉自立为帝后,他生活更加奢侈腐化,不仅造镂金床,还在后宫聚集数百个花容月貌的美女,个个锦衣玉食,供自己寻欢作乐。为了满足自己的奢欲和支付战争费用,陈友谅根本不给百姓以喘息的机会,不仅驱民为兵,还向百姓征收沉重的赋税。如江西瑞金上高,"元官民粮贰万肆千零,伪汉陈友谅加一石为二石"③。随着陈友谅的腐化,汉政权上下骄矜,法令纵弛,军纪日益败坏。部将邓克明兄弟"御众无律,所过荼毒",人称"邓贼"④;饶鼎臣也是"所至毒害"⑤。有的将官为求珍宝,甚至公开带着士卒"发冢行劫"⑥。如此腐败的政权,自然得不到百姓的支持,就连一些投奔他的地主儒士也深感失望。如曾经加入陈友谅幕府的江西著名文人解开,在大定元年(1362),就对吉安守将孙本立说:"朝政靡宁,势不可久。命在朱氏,盍往归之,举数千里内应,是据陈氏之腹而扼其喉也。"⑦孙本立和其他许多将官,就是在他的劝说下投奔朱元璋的。宁州(治永新,今江西修水)土豪陈龙听说朱元璋到龙兴接受胡廷瑞、祝宗的投降,也派其弟良平"率分宁(今江西修水)、奉新、通城、靖安、德安、武宁县民兵来降"⑧。在鄱阳湖大战时,江西大多数地主更是全力支持朱元璋,帮助他攻打陈友谅。如进贤大地主金旭向朱元璋队伍"馈羊千头"⑨,新建大地主刘文也以"牛酒犒师",并"捐谷助饷"⑩。加上陈友谅性雄猜,好以权术驭下,嫉贤妒能,弑主篡位,将士更是离心离德,相继倒向朱元璋。到鄱阳湖决战时,江西行省只剩下赣州的熊天瑞还站在大汉政权一边,但就连他也持观望态度,陈友谅传檄命熊天瑞以兵往援,他拒"不应命"⑪。处于这种众叛亲离的困境,陈友谅怎能不败亡呢?

　　陈友谅被困湖中,粮食逐渐耗尽。他派500艘船只去都昌抢粮,被朱文正派兵截击,

---

① 《明史纪事本末》卷3,《太祖平汉》,第45页。

② (明)孔迩:《云蕉馆纪谈》,《古今说部丛书》本。

③ 《同治重修上高县志》卷10,《艺文志》,清同治九年刻本。

④ 《明太祖实录》卷15,甲辰年八月壬辰。

⑤ 《明太祖实录》卷11,壬寅年八月癸巳。

⑥ 《云蕉馆纪谈》。

⑦ 《解文毅公集》卷11,《显考筠涧公传赞》。

⑧ 《明太祖实录》卷10,壬寅年正月辛未。

⑨ 《同治南昌府志》卷51、49,《人物志》,清同治十二年刻本。

⑩ 《同治南昌府志》卷51、49,《人物志》。

⑪ 《明太祖实录》卷16,乙未年正月己巳。

放火烧毁。眼看士卒饥疲已极，无力再战，而归路又被切断，陈友谅只得于八月二十六率领仅存的百余艘楼船冒死突围，企图从南湖嘴进入长江，退回武昌。汉军舰队驶至湖口，遭到常遇春、廖永忠所率舟师和火筏的截击，逃至泾江口，又遭到朱军伏兵的冲杀。在混战中，陈友谅中箭而亡，太子善儿和平章姚天祥等被俘。朱元璋宣布："友谅已中箭死，兵船将士，敢有擅杀一人者斩！"①汉军将士闻知此令，相继投降，人数达5万余。汉政权的太尉张定边等用小船载着陈友谅的尸体及其子陈理，乘夜逃往武昌②。由于陈友谅的主力是在鄱阳湖中康郎山宽阔的水域被朱元璋的军队击败，鄱阳湖周边的百姓联想到猪喜欢吃糠的习性，便编出了这样一句谚语，谓："猪见糠，喜洋洋。""猪"与"朱"同音，喻指朱元璋；"糠"与"康"同音，喻指康郎山。

朱文正派兵相继招降江西未下之地。诸将建议朱元璋乘胜直捣武昌，但朱元璋坚执《孙子兵法》"穷寇勿迫"的用兵原则，认为"若乘胜急追，彼必死斗，杀伤必多"③，同时又"心忧建康，恐张士诚乘虚入寇"④，只派一支小部队追击张定边，自己率诸将回师应天。为期36天的中国史上规模最大的一场水战——鄱阳湖之战宣告结束，朱元璋总算艰难地取得了胜利。他不禁想起刘基当初劝阻他出援安丰之事，对刘基说："我不当有安丰之行，使陈友谅乘我之出，京城空虚，顺流而下，捣我建康，诚进无所成，退无所归。友谅不攻建康而围南昌，此计之下者，不亡何待！"⑤

张定边护送陈友谅之子陈理逃回武昌，立其为帝。后来，朱元璋见张士诚没有动静，命徐达留守应天，自己亲率大军往围武昌，断绝武昌出入的通道。龙凤十年（1364）二月，陈理出降，朱元璋封之为归德侯。随后，朱元璋命将按行荆湖等处，汉政权的辖地或被攻破，或举旗归降。到第二年正月，陈友谅原有的疆土，从汉水以南到韶州（治今广东韶关）以北、辰州（治今湖南沅陵）以东到赣州以西，已尽归朱元璋所有。

龙凤十年三月，即陈理归降的第二个月，朱元璋命徐达统率常遇春、胡美、冯胜、傅友德等大队人马，往取庐州，并令朱文辉总率毕家寨等处军马，攻取舒城⑥。此时，刘福通已重返安丰，而小明王则在安阳等五翼士马的护卫下活动于舒城附近地区。五月，朱元璋为应援安阳等五翼，并攻取庐州，又令廖永忠率一部兵马，前去与徐达会合，"参随征进，听受

---

① 《纪事录笺证》卷上，第186页。
② 《明太祖实录》卷13，癸卯年八月丁酉。
③ 《明太祖实录》卷14，甲辰年三月己巳。
④ 《鸿猷录》卷3，《克陈友谅》，第52页。
⑤ 《国初事迹》。
⑥ 《弇山堂别集》卷86，《诏令杂考二》，第1633页。根据这两道朱元璋诏令，可知刘福通在龙凤九年二月吕珍进攻安丰之前，已护送小明王退往南部舒城一带。到龙凤十年，刘福通可能已重返安丰，而小明王与所部安阳等五翼士马尚在舒城一带活动。

节制"。七月,庐州被攻破,左君弼败走,其部将许荣以舒城降。朱元璋令许荣继续驻守舒城,"俾发安阳等五翼士马赴建康"①。途中,朱元璋令设鸾驾伞扇,迎小明王入驻滁州,并为其建造宫殿,厚加供养,但撤换其左右宦侍,将他牢牢地控制在自己手里②。八月,朱元璋又令廖永忠等"复拔安丰"③,大约就是在这次战役里,刘福通惨遭杀害④。

在鄱阳湖大战中,大都督朱文正孤军独守洪都85天,为朱元璋调兵赴援击败陈友谅,立下头等大功。打败陈友谅后,朱元璋回到应天,论功行赏,赐给常遇春、廖永忠等大片田地,赏给将士许多金帛。朱元璋想起朱文正往日被任命为行枢密院同佥时曾表示:"叔父既成大业,何患不富贵? 爵赏先私亲,何以服众!"认为这个侄儿"知大礼,锡功尚有待也"⑤,没给他什么赏赐。不料,朱文正很不高兴,竟恃亲恃功,骄淫暴横。他"惟用椽史卫达可等小人为心腹,专求民间闺女,用则数十日,不用即投之于井,为数甚多"⑥,"夺人之妻,杀人之夫,灭人之子,害人之父,强取人财"⑦。朱元璋严禁人们到张士诚控制区买盐,朱文正置若罔闻,"从江西自立批文,直到张家盐场买盐,江上把截的不敢当,尽他往来,南台城里仓与四处俱各有物"⑧。为了掩盖自己的不法行为,遇到朱元璋"差人到彼公干",朱文正便"多以银、段钳之,受者蔽而不言其恶"⑨。朱元璋开设江西按察司,朱文正又多方阻挠。按察司开设后,他"密行号令,但有按察司里告状的,割了舌头,全家处死"。朱文正是朱元璋亲侄,功高位尊,文武大臣对他都惧怕三分。龙凤五年(1359)六月初二,他曾"谮徐达有叛意"⑩,虽然朱元璋没有轻信,当年七月仍命徐达与朱文正一道率兵攻打安庆,但许

<hr>

① 《明太祖实录》卷15,甲辰年七月己卯。

② 《纪事录笺证》卷上,第199页。

③ 《献征录》卷8,《德庆侯廖永忠传》;《宋濂全集》卷52,《大明敕赐荣禄大夫同知大都督府事兼太子右率府使赠推忠翊运宣力怀远功臣光禄大夫湖广等处行中书省平章政事柱国追封蕲国公谥武义康公神道碑铭》,第1216页;《苏平仲文集》卷3,《王铭传》。

④ 《明太祖实录》卷29洪武元年乙亥条载朱元璋即位告祭文历举其所"戡定"之地有"采石水寨蛮子海牙、方山陆寨陈埜先、袁州欧普祥、江州陈友谅、潭州王忠信、新涂邓克明、龙泉彭时中、荆州姜钰、濠州孙德崖、庐州左君弼、安丰刘福通、赣州熊天端……"据此可知,刘福通被"戡定"之事,当在庐州左君弼与赣州熊天瑞被"戡定"两件事之间,极有可能发生在龙凤十年八月朱元璋军队攻拔安丰之时。参看李新峰:《〈弇山堂别集·诏令杂考二〉系年析疑》(《明清论丛》第8辑。关于刘福通之死,还有其他的说法。一说他在朱元璋龙凤九年北援安丰时与小明王一起被救,居于滁州(《国初事迹》)。后来,朱元璋派廖永忠将他们迎归应天,途经瓜步(在今江苏六合东南),将其沉入江中溺死(《国初群雄事略》卷1,《宋小明王》引《通鉴博论》,第39页)。另一说为朱元璋派人将他们从滁州迎归应天的途中,船只在瓜州(即瓜步)被风浪掀翻,不幸沉江而死(《庚申外史笺证》卷下,第136页)。

⑤ 《明史》卷118,《诸王列传二·靖江王守谦传》,第3612页;《明太祖实录》卷16,乙巳年正月甲申。

⑥ 《国初事迹》。按:卫达可,《明史》卷118《诸王列传二·靖江王守谦传》作卫可达。

⑦ 《太祖皇帝钦录》,台北《故宫图书季刊》第1卷第4期。

⑧ 《弇山堂别集》卷86,《诏令杂考二》,第1653页。

⑨ 《国初事迹》。

⑩ 《纪事录笺证》卷上,第108页。

多人却因此对他更加惧惮。汪广洋被派到江西辅佐朱文正后,对他的不法行为便"幽深隐匿"①,不敢举报。龙凤十一年(1365)正月,按察金事凌说告发朱文正的不法行为,朱元璋即亲赴洪都将他召回应天问罪②。不料,桀骜不驯的朱文正却与朱元璋当面顶撞起来,"其应之词虽在神人亦所不容"③,使朱元璋大为恼火。他当即下令以"不谏阻"的罪名杀掉郭子章、刘仲服、卫达可及王三元帅,将其部下随从头目50余人挑断脚筋,并准备处死朱文正。马夫人出面劝阻,说:"文正虽骄纵,自渡江以来,克太平,破陈埜先,营取建康,多有战功。坚守江西,陈氏强兵不能克,皆其智勇也。况乃骨肉亲侄,纵有罪,亦当宥之。"④一些大臣也出面为他说情,宋濂谏曰:"文正罪固当死,陛下体亲亲之义生之,而置诸远地,则善矣。"⑤朱元璋这才免他一死,于龙凤十一年(1356)正月将他罢官安置桐城县⑥。不久,命其整顿荆州(今湖北荆州市荆州区)城防,回应天后将他闲置一旁。朱文正更加不满,复出不逊之言。朱元璋认为他心怀不轨,又动起杀他的念头。马夫人再次出面极谏,说:"文正止是性刚,恐无此心。文正母见存,当念其母子之情,用曲赦之,且见亲亲之义。"⑦翌年,克复濠州前夕,又再度起用,命其前往淮安,与徐达共议城守⑧。后复令其回濠州祭祀,但他"暮夜与从人议,有异志"⑨,被随从人员告发,朱元璋再度废黜之。到八月,又"释其罪,以为监军,征浙西"。后至太湖中,他又企图"叛归张氏"⑩,被抓了回来。朱元璋怒不可遏,一顿鞭子把他活活打死⑪。

　　鄱阳湖大战是我国历史上以少胜多的一个著名战例。战斗结束后,诸将问朱元璋:"自古水战,必得天时地利乃为可胜,若周瑜之破曹操,因风水之便乃能胜之。陈友谅兵据鄱阳,先处上流而待我,是得地利矣,况我劳而彼佚,今胜之,诚未喻也。"朱元璋回答说:"汝不闻古人所谓'天时不如地利,地利不如人和'?陈友谅兵虽众强,人各一心,上下猜疑,矧用兵连年,数败而无功,不能养威俟时,今日适劳于东,明日又驰骛于西,失众心也。夫兵贵时动,动则威,威则胜。我以时动之师威不震之虏,将士一心,人百其勇,如鸷鸟搏

---

①　《明太祖集》卷7,《废丞相汪广洋》,第122页。

②　《国初事迹》。

③　《御制纪非录》,《明太祖与凤阳》,第707页。

④　《国初事迹》。

⑤　《国初礼贤录》。

⑥　《明太祖实录》卷16,乙巳年正月甲申。按:《实录》记劾奏朱文正不法行为者为江西按察使李饮冰,《国初事迹》与《纪事录》则记为按察金事凌说,似较接近史实。

⑦　《国初事迹》。

⑧　《弇山堂别集》卷86,《诏令杂考二》,第1636页。

⑨　《国初事迹》。

⑩　《纪事录笺证》卷上,第215页。

⑪　《御制纪非录》,《明太祖与凤阳》,第707页。

击,巢卵俱覆,此所以为吾破也。"①陈理归降后,他又对群臣指出:"陈氏之败,非无勇将健卒,由其上下骄矜,法令纵弛,不能坚忍,恃众寡谋,故至于此。"②这两次谈话,把陈友谅的败亡主要归结为两个原因:一是"人各一心",二是"恃众寡谋"。他的这个分析可谓一针见血,切中陈友谅的要害。

朱元璋鄱阳湖大战的胜利,消灭一大劲敌,为他统一江南奠定了坚实的基础。文官武将纷纷劝他称帝,但朱元璋清醒地认识到,以他当时的实力,要进一步扫灭群雄,进军中原,推翻元朝,尚需进行艰苦的斗争,弄不好还有失败的可能。如果在这时打出自己的旗号,称孤道寡,只能引起敌对势力的注意,招来围攻和打击,有百害而无一利,便断然加以拒绝。左右大臣仍然固请不已,他考虑到自己控制的地区比原先扩大了好几倍,政务日益繁剧,继续使用吴国公的名号已和当前的政局不相适应,决定称王。应天在历史上是孙吴政权的都城,几年前又有童谣唱道:"富汉莫起楼,穷汉莫起屋。但看羊儿年,便是吴家国。"③于是便由吴国公改称吴王。龙凤十年(1364)正月,朱元璋在应天就吴王位,设置百官,建中书省,以李善长为右相国,徐达为左相国,秩皆正一品;常遇春、俞通海为平章政事,俱为从一品;汪广洋为右司郎中,张昶为左司郎中,俱为正五品④。立长子朱标为世子。为了避免树大招风,仍奉龙凤为正朔,以"皇帝圣旨,吴王令旨"名义发布命令⑤,表示自己还是小明王的一个臣属。中书省下设行中书省。称吴王前,龙凤四年十二月已设浙东中书分省,龙凤十二年十二月废置,另设浙江等处行中书省于杭州;龙凤八年正月,设江西等处行中书省。称吴王后,又陆续设立两个行中书省,即龙凤十年二月平陈理后设立的湖广等处行中书省,七月克庐州后设立的江淮行中书省(不久复废)⑥。随着各级政权机构的建立,急需补充大量的文职官吏,朱元璋除继续实行荐举招聘,又于吴元年(1367)三月令中书省分设文武两科,实行科举,并告谕周围的大臣:"上世帝王创业之际,用武以安天下;守成之时,讲武以威天下。至于经纶抚治,则在文臣,二者不可偏用也。"⑦对军队的建制也进行了整顿。渡江之后,随着军事上的不断胜利,不少敌方将领纷纷前来投奔,"凡将校至者仍其旧官",因此编制不一,称呼也很混乱。龙凤十年三月,朱元璋下令改翼为卫,废除各翼统军元帅府,另设武德、龙骧、豹韬、飞熊、威武、广武、兴武、英武、鹰扬、骁骑、神武、雄

---

① 《明太祖实录》卷13,癸卯年九月壬申。

② 《明太祖实录》卷14,甲辰年三月戊辰。

③ 《庚申外史笺证》卷上,第63页;《元史》卷51,《五行志二》,第1107页。

④ 《明太祖实录》卷14,甲辰年正月丙寅。

⑤ 《陶学士事迹》,《陶学士文集》卷首;(明)祝允明:《野记》1,《历代小史》本。

⑥ 《明史》卷44,《地理志五》,第1101页;卷43,《地理志四》,第1053页;卷44,《地理志五》,第1071页;卷40,《地理志一》,第923页。

⑦ 《宋濂全集》卷98,《洪武圣政记》,第2311页。

武、凤翔、天策、振武、宣武、羽林17卫亲军指挥使司。四月，又立部伍法，令曰："为国当先正名，今诸将有称枢密、平章、元帅、总管、万户者，名不称实，甚无谓。其核诸将所部，有兵五千者为指挥，满千者为千户，百人为百户，五十人为总旗，十人为小旗。"①军队的服装原先除统一以系红巾为号外，穿的却是五颜六色，现在规定将士一律身着红色的战袄战裙，头戴阔檐红皮壮帽，插"猛烈"两字小旗，攻城时系红色或青绿色的拖地长裙，取其虚胖，箭不能入。箭头原先是用铜制作的，现在也改用铁制，并制造大批铁甲、火药、火铳、石炮，武器更加坚固犀利②。

---

① 《明太祖实录》卷14，甲辰年三月庚午、四月壬戌。

② 《国初事迹》。

第四节　东灭张士诚

消灭陈友谅后,朱元璋下一个进攻目标便是张士诚。

当朱元璋北援安丰和对陈友谅展开决战的时候,元朝镇压农民起义军的两支主力扩廓帖木儿和孛罗帖木儿都忙于争抢地盘,大打内战,未曾向南方的起义军发动大规模进攻。这时,他们之间的争斗又与宫廷内部的阴谋纠结在一起,矛盾更加尖锐。至正二十三年(1363),扩廓帖木儿驻兵太原,正与占据大同的孛罗帖木儿兵争不已,支持元顺帝的御史大夫老的沙准备搞掉支持皇太子爱猷识里达腊的宦官朴不花等人,反被皇太子罢官,逃到孛罗帖木儿军中。皇太子勃然大怒,又在翌年三月逼元顺帝诏夺孛罗帖木儿的官爵和兵权。孛罗帖木儿拒不奉诏,元顺帝令扩廓帖木儿带兵讨伐。孛罗帖木儿让秃坚帖木儿举兵进逼大都城下,又迫使元顺帝恢复他的官爵。皇太子逃出大都,五月回来,再命扩廓帖木儿调兵讨伐孛罗帖木儿。孛罗帖木儿于是又攻大都,迫使皇太子逃往太原。孛罗帖木儿进入大都,元顺帝任命他为左丞相,不久又升为右丞相,老的沙为中书平章政事,秃坚帖木儿为御史大夫。至正二十五年三月,皇太子再调扩廓帖木儿和诸路兵马向孛罗帖木儿发动进攻,进逼大都。元顺帝慌了,暗中派人把孛罗帖木儿砍死,召皇太子还京。九月,扩廓帖木儿护送皇太子入京。元顺帝无可奈何,下诏以老臣伯撒里为右丞相,扩廓帖木儿为左丞相。

皇太子在太原时,企图仿效唐肃宗故事,自立为帝,扩廓帖木儿未表赞同。进军大都后,扩廓帖木儿又未按皇太子和奇皇后的意旨逼元顺帝退位,因此得罪了奇皇后和皇太子。皇太子屡次催他出师江淮镇压起义军,朝中大臣又认为他"非根脚官人"而轻视他。他自己也觉得待在京城远不如在军队里自在,刚做了两个月的丞相就要求辞职,外出治兵,南平江淮。闰十月,元顺帝下诏封他为河南王,统率全国兵马,代皇太子出征。至正二十六年二月,扩廓帖木儿回到河南,这时朱元璋已经消灭陈友谅,尽有江楚之地,张士诚据有淮东、浙西,都拥有强大兵力,他不敢贸然南下,即驻军彰德(今河南安阳),调度各处军马,并檄调关中的李思齐、张良弼、孔兴、脱列伯带兵前来会师。李思齐拒不奉命,其他三将也不听节制。元顺帝促令扩廓帖木儿南征,扩廓帖木儿派貊高等戍守山东,虚张声势,自己带兵西进关中,李思齐等四将合力抵抗,双方打得不可开交,把南征之事完全抛之脑后①。

---

① 《庚申外史笺证》卷下,第118—140页;《元史》卷46,《顺帝本纪九》,第926—971页;卷141,《察罕帖木儿传》,第3390—3391页;卷205,《捌思监传》,第4587页;卷207,《孛罗帖木儿传》,第4602—4607页;《明史》卷124,《扩廓帖木儿传》,第3709—3711页。

　　朱元璋抓住这个大好时机,积极进行攻打张士诚的准备。为了解除后顾之忧,他继续派人与扩廓帖木儿通好。朱元璋自龙凤十年(1364)正月派汪河护送扩廓帖木儿的使臣尹焕章回汴梁被扣留后,十二月再次派人前去通好,称赞他攻占益都是"孝切于衷,勇发于义,鼓率愤旅,竟雪仇耻,以成父志",表示愿意帮助他攻打孛罗帖木儿,说"乱臣贼子,人得而讨之,又何彼此之分哉"①。但扩廓帖木儿还是扣住使者不放。龙凤十一年三月,扩廓帖木儿奉皇太子之命攻打孛罗帖木儿后,派竹昌、忻都南下江淮,并令知院郭云、同佥任亮进攻已被朱元璋攻占的景陵(今湖北天门)、沔阳。七月,朱元璋又遣使带信与扩廓帖木儿通好,说:"阁下果若挟天子令诸侯,创业于中原,则当开诚心,示磊落,睦我江淮。"②此外,朱元璋还派人与四川的明玉珍结好。明玉珍与陈友谅断绝关系后,在三年前已于重庆称帝,建国号大夏,建元天统。朱元璋看到明玉珍与陈友谅有仇,估计对自己攻灭陈友谅的军事行动不会有什么反感,龙凤十一年主动派都事孙养浩前往通好,带信对明玉珍说:"元人本处沙塞,今反居中原,是冠履倒置。足下应时而起,居国上流,区区有长江之险,相为唇齿,协心同力,并复中原。事定之日,各守疆宇。特遣使通好,惟足下图之。"明玉珍入川后一直坚持反元斗争,对他的倡议表示赞同,同年九月派参议江俨来报③。此后,双方使者不断来往,维持着良好的关系。

　　在与扩廓帖木儿、明玉珍通好的同时,朱元璋抓紧训练军队,整顿纪律,准备"俟时而动",向张士诚发动进攻。

　　张士诚接受元朝的太尉封号后,奉元为正朔,继续与红巾军为敌,并为摇摇欲坠的元朝反动统治输血打气。元末红巾军起义后,江南财赋之区被起义军占领,海运中断,元廷发生财政危机,大都粮食极缺,连年发生饥荒。至正十九年(1359)九月,元廷派人送御酒、龙衣赐张士诚,要他出粮,又至杭州传诏,要方国珍出船,把张士诚的粮食由海路运往大都。起初两人互相猜疑,张士诚怕方国珍吞没他的粮食,他白赔粮食而无功劳,方国珍怕张士诚扣住他的船只,乘虚向他进攻。经过元江浙行中书省左丞相达识帖睦迩的斡旋,张士诚交出了大批粮食:至正二十年、二十一年各11万石,二十二年、二十三年各13万石④。至正二十三年二月,他还出兵助元攻占大宋政权的最后一个据点安丰,成为农民起义军的死敌。

　　张士诚在叛降之前,"始要王爵",后又"请爵为三公"⑤,但元廷只封他为太尉。因此他

---

①　《明太祖实录》卷15,甲辰年十二月乙巳。

②　《明太祖实录》卷17,乙巳年七月甲子。

③　(明)杨学可:《明氏实录》,《学海类编》本。

④　《元史》卷45,《顺帝本纪八》,第950页;卷46,《顺帝本纪九》,第956、959、963页。

⑤　《元史》卷140,《达识帖睦迩传》,第3376页;《皇朝平吴录》上,《国朝典故》卷6,第130页。

降元后,"虽假元名爵,实不用其命"①,"城池、府库、甲兵、钱谷皆自据如故"②,并乘大宋起义军三路北伐,苏北、鲁南空虚之机,抢占地盘,把势力扩展到济宁,就连朱元璋的老家濠州,"亦遣其将李济据之"③,想凭借手中的兵力和地盘,要挟元廷封给他更大的官爵。至正二十三年(1363)七月,达识帖睦迩找他定计除掉苗军元帅杨完者,他出兵攻杀杨完者后,即"令其部属自颂功德,必欲求王爵"④。达识帖睦迩把他的要求申报元廷,元廷硬是不肯答应。当年九月,张士诚便自立为王,因为平江是春秋时期吴国的都城,就称作吴王,从此停止往大都运粮。翌年,又逼达识帖睦迩让位给他弟弟张士信,并向江南诸道行御史台御史大夫普化帖木儿索要行台大印。达识帖睦迩交出权力后,被拘禁在嘉兴。普化帖木儿拒不交出印章,仰药自杀。几天后,达识帖睦迩闻讯,也饮药而死⑤。张士诚与朱元璋同时并称吴王,为了区别,民间称张士诚为东吴,称朱元璋为西吴⑥。

张士诚自占领浙西后,其领导集团就迅速走向腐败。张士诚本人大造宫殿王府,修建富丽堂皇的景云楼、齐云楼、香桐馆、芳蕙馆,作为金屋藏娇、寻欢作乐之所,日夜以歌舞自娱。部将竞相效尤,"大起第宅,饰园池,畜声伎,购图画,唯酒色耽乐是从,民间奇石名木必见豪夺"⑦。张士诚弟弟张士信尤为腐败,他拥有妻妾数百人,一次宴会要耗费上千石的稻米,连行军打仗,也常"载夫人乐器自随,日以樗蒲、蹴鞠、酣宴为事"⑧。为了满足自己的奢靡生活,张士诚集团与当地地主富豪互相勾结,疯狂兼并土地,"买献之产遍于平江"⑨,并"用吏术以括田租"⑩,苏州一地的赋税岁额从元仁宗时的80余万石增至100万石,松江的赋税"亦于旧额有加"⑪。

由于生活上骄奢淫逸,张士诚集团在政治上逐渐丧失进取之心。张士诚本人终岁不出门,"懈于政事,又暗于断制",委政于其弟张士德和史椿。张士德被俘、史椿谋反被杀后,又委政于其弟张士信。张士信贪污无能,又嫉贤妒能,以至"上下猜疑,不肯用命"⑫,办

---

① 《明太祖实录》卷25,吴元年九月己丑。

② 《元史》卷140,《达识帖睦迩传》,第3376页。

③ 《皇朝平吴录》上,《国朝典故》卷6,第131页。

④ 《元史》卷140,《达识帖睦迩传》,第3377页。

⑤ 《明史》卷123,《张士诚传》,第2694页;《元史》卷140,《达识帖睦迩传》,第3378页。

⑥ 《国初群雄事略》卷7,《周张士诚》引《月山丛谈》,第181页。

⑦ 《农田余话》卷上。

⑧ 《明太祖实录》卷11,壬寅年三月癸丑。

⑨ (清)顾炎武著,(清)黄汝成集释:《日知录集释》卷10,《苏松二府田赋之重》,上海古籍出版社1985年影印清道光嘉定刻本。

⑩ (明)贝琼:《贝清江先生文集》卷2,《铁崖先生传》,《四部丛刊》本。

⑪ 《同治苏州府志》卷10,《田赋》,清光绪江苏书局刻本。

⑫ 《国初事迹》。

事全靠王敬夫、叶德新、蔡彦夫三个迂阔不知大计的书生,致使政事日非。百姓编了一首民谣讽刺说:"丞相做事业,专靠黄菜(蔡)叶。一朝西风起(指西吴朱元璋军如狂飙袭来),干鳖!"①在军事上,将帅腐败无能,不肯用命,"凡出兵遣将,当出者或卧不起,邀求官爵,美田宅,即厚赐之,始起任事。至军则载妓女歌舞,日会游谈之士,酣宴博弈"②。将帅如此,士卒更是不以军务为意,毫无纪律可言,战斗力极为低下。在战略上,张士诚集团更无远图之志,只想保住自己的地盘,永世享乐,没有更高的要求。而且为了确保物产富饶、人口密集的浙西地区的安全,又把大量的兵力集结于此,形成南重北轻的不合理布局,更给了朱元璋以可乘之机。

张士诚的所作所为,自然得不到民心的支持,也引起一些地主阶级有识之士的非议。昆山人郭翼曾上书张士诚,尖锐地指出:元朝官吏贪残自恣,不恤其下,故民离散而莫之与守,"今诚能反其政休劳之,率以乘时进取,则霸业可成;若遽自宴安,湛于逸乐,不惟精锐坐消,且四方豪杰并起相攻,壤进地益,虽欲闭境自守,势将日蹙"③。但张士诚不仅不听,反而想杀他,逼得他仓皇出逃。张士诚降元后,派张士信咨访徙居钱塘(今浙江杭州)的著名诗人杨维桢,杨维桢写了封长信,站在元朝的立场批评张士诚说:"用吏术以刮田租,诠放私人不承制(自己任用官吏),出纳国廪不上输(不向元廷缴纳税粮),受降人不疑(不加甄别地接受降人),任忠臣复贰(用人不专)也。六者之中,有其一二,可以丧邦,阁下不可以不省也。……阁下狃于小安而无长虑,此东南豪杰又何望乎!"④但张士诚仍然我行我素,继续沉湎于"遽自宴安,湛于逸乐"的生活。

公开降元后,张士诚为了扭转被朱元璋包围的被动局面,从至正十八年(1358)起曾多次进攻常州、江阴,均告失败。朱元璋为了进一步紧缩对张士诚的包围,曾于至正十八年十月攻占宜兴,派廖永安率舟师深入太湖,被张士诚俘获;第二年又派邵荣攻湖州、常遇春攻杭州、胡大海攻绍兴,也未得手。至正二十年闰五月,陈友谅进攻应天,派人约张士诚夹攻朱元璋,这本来是张士诚打击朱元璋的一个大好机会,但他怕冒风险,始终没有出兵。朱元璋在鄱阳湖大战期间,"拳拳以根本(指应天)为虑",担心张士诚乘虚奔袭应天,在战斗打响的第二天,急命徐达还守应天。但张士诚根本没有动过偷袭应天的念头,却斤斤计较于长兴、诸暨之失,多次出兵争夺这两个城镇。长兴在至正十七年二月为耿炳文所占,

① 《明史》卷30,《五行志三》,第486页。《明太祖实录》卷25,吴元年九月己丑条的记载作:"黄、蔡、叶,作齿颊。一夜西风来,干瘪!"《国初事迹》《皇朝平吴录》下则记黄敬夫为"王敬夫";所记民谣,《国初事迹》后半句与《明史》所载相同,《皇朝平吴录》(《国朝典故》卷6,第148页)后半句则同于《明太祖实录》。

② 《明太祖实录》卷25,吴元年九月己丑。

③ (明)刘凤:《续吴先贤传》卷9,《文学·郭翼》,《丛书集成初编》本。

④ 《贝清江先生文集》卷2,《铁崖先生传》。

张士诚的步骑因而不得出广德,窥宣、歙。为了打破朱元璋的包围,他在至正二十一年十一月派司徒李伯昇率领十几万军队,水陆并进,攻夺长兴。耿炳文率7000守军苦战月余,常遇春率兵驰援,李伯昇弃营逃遁①。诸暨是在至正十九年正月被胡大海攻占的,从而使杭州受到严重威胁。为确保杭州的安全,张士诚在当年六月命吕珍攻夺,遭到失败。后来在至正二十年九月、二十二年三月又两次出兵进攻,也都不克而还。张士诚这几次出兵争夺长兴、诸暨,不仅未能对朱元璋构成重大威胁,反而使自己损失了大量兵力。到至正二十三年,张士诚与朱元璋在江南地区,基本上仍然维持着原来的局面。

至正二十三年四月,在陈友谅进围洪都的第三天,发生了朱元璋诸暨守将谢再兴叛降张士诚的事件。谢再兴是淮西旧将,朱元璋亲侄朱文正的岳父。他的两个心腹左总管、糜万户曾派人携带违禁物到杭州贩卖,被朱元璋察觉。朱元璋担心泄漏军事机密,下令将他们处死,砍下脑袋挂到谢再兴的办事厅里。朱元璋又自己做主,将谢再兴的次女嫁给徐达。随后他下令调参军李梦庚节制诸暨兵马,将谢再兴降为副将。谢再兴异常恼怒,说:"女嫁不教我知,似同给配。又着我听人节制!"他捕捉李梦庚和元帅王玉、陈刚,跑到绍兴投降吕珍,朱元璋因此恨死了谢再兴。后来,谢再兴弟弟谢三、谢五守余杭(今浙江杭州市余杭区),朱文忠带兵围攻,要他们投降。谢五在城上说:"保得我性命,便出降。"朱文忠指天发誓:"我是总兵官,不得杀你!"谢五献城投降,朱元璋命朱文忠将他们解送应天。朱文忠怕谢五等人被杀,上奏说:"恐失信于人,后无肯降者。"朱元璋怒气未消,说:"谢再兴是我亲家,反叛我降士诚,情不可恕!"②还是将谢五等人凌迟处死。

张士诚利用谢再兴的叛降,继续与朱元璋争夺诸暨。当年九月,派李伯昇带兵再次向诸暨发动进攻。但这时朱文忠和胡深已在离诸暨50里的五指山下另筑新城,防守更加坚固,李伯昇见城坚不可拔,引兵退去。至正二十四年十月,张士诚再派张士信进攻长兴,被耿炳文、费聚击败。张士信益兵围城,汤和自常州来援,与耿炳文等内外夹击,又把他打败③。第二年二月,张士诚再派李伯昇挟谢再兴率马步舟师20万,围攻诸暨新城,又遭惨败④。

龙凤十一年(1365)十月,因张士诚屡犯其境,朱元璋决定对他发动大规模进攻。当年五月,朱元璋"命左相国徐达充总兵官,统率各路军马进取张寇城池,各卫将士,悉听节制"⑤。但此时常遇春正带兵攻取湖广襄阳诸郡,为了等待他的回还,大规模攻打张士诚的计划只得推迟。直到十月,常遇春诸将已经回还,朱元璋才又重新下令,命左相国徐达、平

① 《明太祖实录》卷9,辛丑年十一月戊午、甲戌。
② 《国初事迹》;《明太祖实录》卷12,癸卯年四月乙丑。
③ 《明太祖实录》卷13,癸卯年九月壬申;卷15,甲辰年十月己未、十月辛巳。
④ 《明太祖实录》卷16,乙巳年二月丙午。
⑤ 《弇山堂别集》卷86,《诏令杂考二》,第1634页。

章常遇春、胡美、同知枢密院冯胜、左丞华高等，率马步舟师水陆并进，规取淮东泰州等处。当时张士诚控制的地区南至绍兴，北逾徐州，达于济宁，相距2000多里。江南的浙西是其政治中心平江的所在地，防守比较坚固；江北的淮东，防御比较薄弱，呈现南重北轻的势态，中间隔着长江，南北兵力又不便应援。针对这种状况，朱元璋制定了"先取通、泰诸郡县，翦士诚肘翼，然后专取浙西"①的战略方针。据此，他将灭张的战役分成三个步骤：第一步攻取淮东，翦其羽翼；第二步攻取湖州、杭州，断其两臂；第三步围攻平江，捣其腹心。朱元璋于当年五月，命徐达统率马步舟师，往攻淮东泰州等处城池，以剪除张士诚的羽翼。并宣布："约束官军，毋致掳掠，违者以军律论罪。"②且叮嘱出征将领："如获张士诚将校，遣来我自处之。"③

十月十七，徐达、常遇春、胡美、冯胜、华高等率马步舟师，水陆并进，渡过长江，规取淮东。二十一日，徐达等引兵直趋泰州，疏浚河道以通舟师，击败东吴军队，驻军海安坝上。二十三日，进围泰州新城，击败张士诚从淮北调来的援兵。张士诚出动舟师，以400艘战船进驻江阴东面的范蔡港（在今江苏张家港西），另以小舟往来游弋于孤山（在今江苏靖江北）附近的水域，做出拟取江阴、直趋上流的势态，企图诱使徐达还守江阴水寨，分散其进攻淮东的兵力，然后乘虚反攻，击败其围攻泰州的部队。朱元璋亲至江阴水寨侦察敌情，识破张士诚的意图，命令徐达派廖永忠率小部队伍增防江阴水寨，而把大部分军队继续用来围攻泰州④。张士诚见无机可乘，放弃了北上反攻的打算。闰十月二十六，徐达、常遇春攻克泰州，乘胜进逼兴化、高邮。朱元璋担心徐达深入敌境，不能策应诸将，命冯胜率所部节制围攻高邮的部队，令徐达还师泰州，总制进攻淮东的诸路兵马，并图取淮安、濠、泗诸州⑤。

张士诚见淮东形势危急，就在江南袭击宜兴、安吉、江阴等地的军事据点，以图减轻江北的压力，结果均遭惨败。龙凤十二年（1366）三月，徐达与冯胜合兵围攻高邮。冯胜在这之前，曾误中高邮守将俞子真同金的诈降计。当时，俞子真诱骗冯胜说："我以全城降，功不大于达耶？金帛子女，尽为汝有。"冯胜未报告徐达，就私自应允。俞子真便与冯胜"约是夜初更，当遣精壮将士，梯城而进，我折（拆）城垛以待"，暗中又谕其部下曰："今夕更初，胜兵进城及半，即塞其道，尽杀之。"至夜二鼓，冯胜密令千户董沙班及同金康泰率精锐将士1000余人入城，悉被杀害⑥。朱元璋怒极，把冯胜从高邮召回应天，下令打了几十大板，

① 《明太祖实录》卷18，乙巳年十月辛丑。
② 《明太祖实录》卷18，乙巳年十月戊戌。
③ 《明太祖实录》卷18，乙巳年十月辛丑。
④ 《明太祖实录》卷18，乙巳年闰十月乙卯、己未。
⑤ 《明太祖实录》卷18，乙巳年十一月辛卯。
⑥ 《纪事录笺证》卷上，第211页；《明太祖实录》卷19，丙午年三月庚寅、丙午。

罚其步行返回高邮。冯胜又羞又怒,督责将士拼命攻城。徐达领兵赶来,与冯胜合兵,猛冲猛打,"四门齐上,一鼓而破之,俞某就擒"①。四月,徐达又攻破淮安徐义水寨,徐义逃窜,淮安守将梅思祖献所部四州降。兴化、濠州、宿州、邳州、安丰等地相继被攻占,到月底,淮东悉平。进攻东吴的第一个作战计划顺利完成了。

淮东的平定,特别是从张士诚手中夺回濠州,使朱元璋颇感喜慰。濠州是朱元璋的故乡,在郭子兴到滁州投奔朱元璋后,为孙德崖所控制。孙德崖死后,被张士诚部将李济攻占。朱元璋出兵淮东,发动攻灭东吴的战斗之后,李济持观望态度。朱元璋曾命右相国李善长写信招降,李济"不报"。为此,他感慨地叹道:"濠,吾家也。济如此,我有国无家可乎!"②四月初,朱元璋见淮东战役已胜利在望,即命江淮行省平章政事韩政率指挥顾时攻取濠州。韩政、顾时以云梯、炮石四面围攻,李济度不能支,初九日,与知州马麟出降。这一天,正好是朱元璋大哥病死的忌日,距他父亲病故的忌日刚过三天,距他母亲病逝的忌日尚有13天。此时,攻灭东吴的第一个作战计划即将完成,第二个作战计划尚未开始,他决定利用短暂的间歇时间,回濠州省墓,顺便看望已阔别12载的乡亲父老。

四月十三,朱元璋由曾被罚充书吏的博士许存仁(许元字存仁)、起居注王祎等人陪同,动身离开应天,踏上了还乡之路。十六日抵达濠州,当天就赶到钟离太平乡孤庄村父母亲的坟地。这块坟地,不仅埋葬着他的父母亲,还埋葬着他的大哥朱重四和侄子朱圣保。据民间传说,当年朱元璋的父母埋葬时,朱元璋和二哥把尸体抬到刘继祖的地里,突然遇到暴风雨,他们放下尸体,躲到一棵树下避雨,待雨过天晴,停放尸体的地方竟隆起一个大坟堆。因此,很多人误以为朱元璋的父母是葬在一起的。其实,他们两人和朱重四及其长子圣保都是单独埋葬的,后来他母亲陈氏的墓,在朱元璋投奔起义队伍后,还曾遭到敌对势力的挖掘破坏③。不过,由于坟地是邻居赠送的,面积不是很大,几个坟墓只能一个挨一个地挤在一起。朱元璋绕着坟地转了几圈,只见几个矮小的荒冢戳在地头,杂草丛生,衰败不堪,心里感到不胜凄凉。他觉得当初限于条件,"始葬时礼有未备"④,向许存仁、王祎等人询问改葬的仪式,决定用最隆重的礼仪进行改葬,并下令有关部门制作素帽、白缨衫,"绖(古代用麻制的丧帽、丧带)皆以粗布为之"。但是这个决定刚一传开,就遭到强烈的反对,说主公能有今日,全靠天地保佑、祖宗恩德,如果起坟改葬,恐泄山川灵气。听了这些议论,他只好作罢,下令"增土以倍其封"。他父母的坟墓原本就靠得很近,经过增土倍封,变成一个高大的坟堆,仿佛是一座合葬墓。然后举行一个隆重的祭祀仪式,并让

---

① 《国初事迹》。

② 《明史》卷130,《韩政传》,第3825页。

③ 《明太祖实录》卷41洪武二年四月乙亥条记朱元璋追述往事说:"朕昔遭兵乱,母后之坟为兵所发。"

④ 《明太祖实录》卷20,丙午年四月丁卯。

儿时的好友汪文、刘英"招致邻党二十家以守陵墓"①,赐朱户②,免其赋役。当晚,朱元璋与随行人员回到濠州歇息。第二天,濠州父老经济等人来见,朱元璋设宴款待,动情地说:"吾与诸父老不相见久矣。今还故乡,念父老乡人罹兵难以来,未遂生息,吾甚悯焉。"并嘱咐道:"乡人耕作交易,且令无远出,滨淮诸郡尚有寇兵,恐为所抄掠。父老等亦自爱,以乐高年。"乡亲父老连连点头答道:"久苦兵争,莫获宁居。今赖主上威德,各得安息,劳主上忧念。"至夜深人静,他们才欢醉而去。

朱元璋在濠州待了十来天,于二十七日起程返回应天。动身之前,他再次来到孤庄村向父母的陵墓告别,并召见汪文、刘英,赐给他们绮帛米粟,"以报夙昔相念之德"。村里的父老乡亲前来送行,他同他们一一话别,并当众宣布:"乡县租赋,当令有司勿征。二三年间,当复来相见。"③

五月初一,朱元璋回到应天,准备实行下一步作战计划,进取浙西。就在当月,他发布讨伐张士诚的檄文《平周榜》。檄文在详细说明当时全国的斗争形势和自己起兵的经过后,声讨张士诚的八大罪状,宣布自己对东吴军民的政策:"凡我逋逃臣民,被陷军士,悔悟来归,咸宥其罪。其尔张氏臣僚,果能明识天时,或全城附顺,或弃刃投降,名爵赏赐,予所不吝。凡尔百姓,果能安业不动,即我良民,旧有田产房舍,仍前为主,依额纳粮,余无科取,使汝等永保乡里,以全室家。此兴师之故也。敢有千百相聚、抗拒王师者,即当移师剿灭,迁徙宗族于五溪(在湖广行省少数民族聚居地区)、两广,永离乡土,以御边戎。"④

七月底,朱元璋召集中书省和大都督府的文臣武将开会,商讨进兵计策。李善长认为张士诚"势虽屡屈而兵力未衰,土沃民富,又多储积",现在进攻没有取胜的把握,"宜俟隙而动"。徐达则认为"张氏骄横,暴殄奢侈",正是灭亡之时,应该立即兴师讨伐。朱元璋赞赏徐达的看法,说:"诸人局于所见,独尔合吾意,事必济矣!"并针对李善长的意见指出:"彼疆域日蹙,长淮东北之地皆为吾有,吾以胜师临之,何忧不拔?况彼败形已露,何待观隙?"⑤八月初二,决定以徐达为大将军,常遇春为副,率20万大军进攻浙西,并告谕诸将:"城下之日,毋杀掠,毋毁庐舍,毋发丘垄。士诚母葬平江城外,毋侵毁。"⑥为了防止扩廓帖木儿举兵南下,使自己两面受敌,在这之前,他又于七月间遣使与扩廓帖木儿通好⑦。

---

① 《明太祖实录》卷20,丙午年四月丁卯;(明)沈士谦:《明良录略》,《稗乘》本。

② 朱户,用朱红油漆的门。古代帝王为尊礼有功大臣或诸侯而赏赐的九种器物(九锡)之一。

③ 明代称行政机构为有司,军事机构为所司。

④ 《皇朝平吴录》中,《国朝典故》卷6,第139—140页;(明)祝允明:《前闻记》,《国朝典故》卷62,第1391—1393页;《野记》;《弇山堂别集》卷85,《诏令杂考》,第816页。

⑤ 《明太祖实录》卷20,丙午年七月丁未。

⑥ 《明史》卷1,《太祖本纪一》,第14页。

⑦ 《明太祖实录》卷20,丙午年七月辛巳。

　　大军临出发前,朱元璋又与徐达、常遇春讨论主攻方向。常遇春主张直捣平江,说:"逐枭者必覆其巢,去鼠者必熏其穴,此行当直捣姑苏;姑苏既破,其余诸郡可不劳而下矣。"朱元璋认为,张士诚出身盐枭,与湖州守将张天骐、杭州守将潘元明等人都是强梗之徒,相为手足,张士诚一旦处境危急,张天骐等人必并力赴救,"今不先分其势而遽攻姑苏,若天骐出湖州、原(元)明出杭州,援兵四合,难以取胜。莫若出兵先攻湖州,使其疲于奔命,羽翼既披,然后移兵姑苏,取之必矣"①,决定先攻湖州和杭州。

　　八月初四,徐达、常遇春率军由龙江出发。为了蒙蔽敌军,对外声称将直捣平江。十二日进入太湖,二十日在湖州港口与张军小战获胜后,停泊于太湖洞庭山附近,尔后突然转锋高下,进至湖州东面的毗山,于二十五日进至湖州城外的三里桥。湖州守将张天骐分兵三路出城阻击。常遇春击败其南路敌军,其余两路敌军退入城中,徐达挥师包围湖州。张士诚急派司徒李伯昇由城东潜入湖州,与张天骐闭城拒守,另派吕珍、朱暹及五太子张虬带兵 6 万号称 20 万前往增援。吕珍等率援军到达湖州城东的旧馆,筑五寨固守。徐达、常遇春和刚从常州赶来的汤和,分兵攻占东阡镇南的姑嫂桥(在旧馆东),连筑十垒,切断旧馆与平江的联系。接着,出兵夜袭乌镇(在旧馆东南)的潘元绍,然后填塞沟港,断绝湖州的粮道。这样,旧馆与湖州便成为两个孤立无援的据点。张士诚亲自率兵并几次命将带兵增援,均被击败。九月,为了分散张士诚的兵力,朱元璋又命朱文忠率兵攻打杭州,华云龙进攻嘉兴。十月,常遇春奔袭湖州与旧馆之间的昇山,破其陆寨,守将王晟投降。不久,徐达又率兵进攻昇山水寨,张虬从旧馆出兵迎战,遭到惨败,张虬、朱暹、吕珍被迫率领旧馆 6 万守军投降。徐达把吕珍、王晟等降将带到湖州城下,劝李伯昇出降。十一月初六,李伯昇、张天骐等被迫投降,湖州终于被占领。十一月中旬,朱文忠进逼杭州城下,杭州守将潘元明献土地、钱谷、甲兵之数出降。朱文忠率兵入城,得降卒 3 万人、粮食 21 万石。绍兴、嘉兴也不战而降②。朱元璋下令为亲甥朱文忠"加荣禄大夫、浙江行省平章事,复姓李氏"③。湖、杭两城既下,张士诚的两臂已被斩断,攻打东吴的第二个作战计划宣告完成。

　　徐达攻下湖州后,引兵北上,会合诸将进攻平江,开始施行消灭东吴的第三个作战计划。十一月二十五,徐达进兵至平江城南鲇鱼口,康茂才进兵至尹山桥,击败东吴守军,逼近平江。早在龙凤八年,宁海儒士叶兑上书朱元璋言取天下大计时,曾提出用锁城法攻取平江的计策:"锁城法者,即于城外矢石不到之地,别筑长围,环绕其城。于长围之外,分命将卒四面立营,屯田固守,断其出入之路,绝其内外之音,仍设官分治所属州县,务农种谷,

---

　　①　《明太祖实录》卷 21,丙午年八月辛亥。

　　②　《明太祖实录》卷 21,丙午年八月癸丑至十一月庚子;《鸿猷录》卷 4,《克张士诚》,第 65 页;《明史纪事本末》卷 4,《太祖平吴》,第 68—69 页。

　　③　《明史》卷 126,《李文忠传》,第 3743 页。

抚字居民,收其税粮以赡军士。"①徐达即采用锁城法围攻平江,"达军葑门,常遇春军虎丘,郭子兴(即郭兴)军娄门,华云龙军胥门,汤和军阊门,王弼军盘门,张温军西门,康茂才军北门,耿炳文军城东北,仇成军城西南,何文辉军城西北",在四面挖掘长濠加以围困,并架起木塔,高与城中的佛塔相等,瞰制城中,再筑敌楼三层,每层架设弓弩、火铳和襄阳炮,日夜轰击②。在徐达诸军进围平江之时,俞通海分兵攻取太仓,东吴守将陈仁等率大船百余艘归降。昆山及崇明、嘉定、松江等路,"闻之皆降"③。

对平江的围攻,朱元璋"初不欲烦兵,但困服之耳"④。可是张士诚不肯屈服,他凭借坚固的城防工事,顽强抵抗。吴元年(1367)二月,徐达派人向朱元璋请示对策,朱元璋回答说:"今所请事,多可便宜行者,而识虑周详,不肯造次有违,诚社稷之庆、邦家之福。然将在外,君不御,古之道也。自后军中缓急,将军便宜行之。"⑤徐达于是调俞通海部会同诸将进攻平江。四月,起居注王祎认为胜利在望,建议朱元璋"乘胜长驱,廓清中原",朱元璋断然拒绝,说:"建大事者必勤远略,不急近功,故泰山之高非篑土可成,江河之广由勺水所积,天下之大岂一日可定也!"不久,有些将领又建议朱元璋分兵进取福建的陈友定,也被朱元璋拒绝⑥。他坚持"用力不分"、打歼灭战的作战原则,指示诸将集中全力进围平江。

就在徐达率诸将围攻平江之时,应天出现了张昶谋叛事件。张昶为北平宛平县人,仕元为户部尚书,龙凤七年(1361)奉元顺帝之命南下进行招降活动,八年十二月被朱元璋接到应天,留为行中书省都事,后累官至参知政事,与同在行中书省供职的李善长、杨宪、胡惟庸处得很好,关系密切。朱元璋对他颇为信任,"凡国家建置制度,多出昶手"⑦,"凡军府事,为昶裁定者十七"⑧。但张昶自认为是个失节的元臣,定会遭人背后议论,心常快快不乐,故而"外示诚款,内怀阴计"⑨,曾私下对杨宪透露:"吾故元臣,意不能忘故君,妻子存没不察"⑩。元顺帝见张昶一去不返,以为他死了,赐赠官谥,擢用其子。张昶闻讯感激涕零,决心在朱元璋队伍内部暗中进行破坏,以报元主知遇之恩。他不仅偷偷叫人给朱元璋上书,要他及时行乐⑪,还劝朱元璋"重刑法,破兼并之家",并"多陈厉民之术"。朱元璋没有

---

① 《献征录》卷116,《布衣叶公兑传》。
② 《明太祖实录》卷21,丙午年十月癸卯。
③ 《鸿猷录》卷4,《克张士诚》,第70页。
④ 《明太祖实录》卷23,吴元年五月丙子。
⑤ 《鸿猷录》卷4,《克张士诚》,第70页。
⑥ 《明太祖实录》卷23,吴元年四月丁未、五月甲申。
⑦ 《明太祖实录》卷24,吴元年六月癸酉。
⑧ 《罪惟录》列传卷7,《张昶》,第1344页。
⑨ 《明太祖实录》卷24,吴元年六月癸酉。
⑩ 《罪惟录》列传卷7,《张昶》,第1344页。
⑪ 《罪惟录》列传卷7,《张昶》,第1344页。

接受,张昶"惧不自安"①。龙凤十二年(1366)十一月,李文忠攻破杭州,俘获元平章长寿、丑的,解送应天。朱元璋给予脚力路粮,纵其北返蒙古,他遂"潜以书通元朝,泄江南兵机"②,至武安州被截获。朱元璋将他交给冯胜与杨宪审讯,他提笔在被缴获的书信背后写道:"身在江南,心思塞北。"③朱元璋大怒,对李善长说:"被他侮弄我这几年!"吴元年(1367)六月,下令将其凌迟,碎其尸骨,投入水中④。

平江被围数月,外无救兵,内缺粮草,"资粮尽罄,一鼠至费百钱,鼠尽至煮履下之枯革以食"⑤。朱元璋写信或派人招降,都遭到张士诚的拒绝。张士诚两次冒死突围,也未成功。九月初八,徐达督率将士攻破葑门,唐杰、周仁、徐义、潘元绍相继投降。张士诚带领二三万残卒在万寿寺东街展开巷战,失败后逃回府第,一把火烧死家属,自己也上吊自杀。奉命前来劝降的李伯昇赶到,叫人把他救下,徐达派人用船把他送往应天。朱元璋召见他,他瞑目不语,拒不进食,赐给衣冠,也不接受。朱元璋气极了,叫人把他扛到竺桥,"御杖四十而死","焚瘗于石头城"⑥。不久,通州、无锡守将相继投降,东吴灭亡,张士诚的势力被彻底消灭⑦。朱元璋下令,改平江路为苏州府。

以操舟运盐为业出身的张士诚,轻财好施。据说在平江城破之时,他为了"救一城人命"⑧,只放火烧毁自己的府署,没有烧掉城中的其他房屋建筑,保全了百姓的生命财产。平江百姓对他非常感激,认为他做了一件功德无量的好事,一直称呼他为"张王"⑨。

九月底,徐达、常遇春率领大军回到应天,朱元璋论功行赏,封李善长为宣国公,徐达为信国公,常遇春为鄂国公,并赐给出征诸将彩缎,出征士卒米和盐,然后告谕诸将:"今论功行赏,以报劳勤……然江南既平,当北定中原,以一天下。毋狃于暂安而忘永逸,毋足于近功而昧远图,大业垂成,更需努力!"第二天,诸将入谢,朱元璋问他们回家摆酒席庆贺没有,都说吃了酒席,他再次叮嘱说:"吾宁(何尝)不欲置酒与诸将为一日之欢? 但中原未平,非宴乐之时!"⑩要求他们戒骄戒躁,准备投入北伐中原、推翻元朝、统一全国的更加艰苦的斗争。

---

① 《明太祖实录》卷24,吴元年六月癸酉。

② 《纪事录笺证》卷上,第224页。

③ 《明史》卷124,《扩廓帖木儿传附张昶传》,第3713页。

④ 《国初事迹》。

⑤ (明)杨循吉:《吴中故语》,《广百川学海丙集》本。

⑥ 《纪事录笺证》卷上,第228页。关于张士诚之死,还有其他说法,《明太祖实录》及《明史》云自缢死,《罪惟录》云赐弓弦自尽,《翦胜野闻》云以弓弦勒杀之,《国初事迹》云缢杀之。

⑦ 参看拙作《朱元璋对陈友谅与张士诚的战争述评》,《朱元璋研究》第26—53页。

⑧ 《吴中故语》。

⑨ 《翦胜野闻》;《野记》1。

⑩ 《明太祖实录》卷25,吴元年九月辛丑。

第五章
推翻元朝统治

第一节　转化为地主阶级的政治代表

龙凤十二年(1366)五月,讨伐张士诚檄文的《平周榜》发布,是朱元璋政治生涯中的一个重大事件。朱元璋自至正十一年(1351)参加农民起义后,经过长期的战争锻炼,逐步成长为一个农民起义领袖。但是,由于阶级和历史的局限,后来逐步走上封建化的道路,向地主阶级的代表人物转化。《平周榜》的发布,就是他完成这个转化过程的一个重要标志。

在《平周榜》中,朱元璋借声讨张士诚之机,咒骂红巾军的广大起义将士是"愚民",指斥他们"误中妖术,不解偈言之妄诞,酷信弥勒之真有,冀其治世,以苏困苦,聚为烧香之党,根蟠汝颍,蔓延河洛。妖言既行,凶谋遂逞,焚荡城郭,杀戮士夫,荼毒生灵,无端万状。元以天下钱粮兵马而讨之,略无功效,愈见猖獗,然而终不能济世安民"①。在檄文发布的前一个月,朱元璋在谕徐州吏民的文告中,也指责红巾军说:"近自胡元失政,兵起汝颍,天下之人以为豪杰奋兴,太平可致。而彼惟以妖言惑众,不能上顺天意,下顺民心,是用自底灭亡。"②广大起义农民,为了求得自身的生存,起而反抗压迫剥削的正义行动,变成了杀人放火、荼毒生灵的"凶谋",上逆天意、下忤民心的不轨行为;元朝调动天下钱粮兵马对起义者进行残酷镇压、血腥屠杀,反倒成了"上顺天意、下顺民心"的"济世安民"之义举,是非完全被颠倒过去了。在讨伐张士诚的檄文中,朱元璋还宣称,他远在渡江之前,已"灼见妖言终不能成事,又度胡运难与成功,遂领兵渡江。赖天地祖宗之灵及将帅之力,一鼓而有江左,再战而定浙东。陈氏称号,据我上游,爰兴问罪之师。彭蠡交兵,元恶授首,父子兄弟面缚舆衬",不仅否认自己从前信奉白莲教,参加红巾军,并长期臣属于小明王的历史事实,而且完全抹杀大宋红巾军的斗争对他在江南地区发展壮大势力所起的掩护作用,把自己的胜利一概归之于"天地祖宗之灵"及其"将帅之力"。在檄文里,朱元璋还正式宣布要保护地主土地所有制,恢复封建的赋税制度:"旧有房舍地土,依额纳粮,以供军储,余无科取",使百姓包括地主、官僚能"永保乡里,以全室家"③。这篇檄文是朱元璋公开背叛农民起义的政治纲领,它的发表标志着朱元璋已经发生根本的质变,由农民起义领袖彻底蜕变为地主阶级的领袖人物了。

朱元璋的转化并不是在一朝一夕发生的,而是经历了一个长时期、由量变到质变的发展过程。

---

① 此据《皇朝平吴录》中,《国朝典故》卷6,第138—140页,并参照《前闻记》《野记》《明朝小史》《弇山堂别集》等书做了某些订正。

② 《明太祖实录》卷20,丙午年四月壬戌。

③ 《皇朝平吴录》中,《国朝典故》卷6,第139页。

　　朱元璋之所以参加起义,主要目的是为了反抗封建的压迫剥削,争取自身的生存条件。他起义初期的斗争方向,基本上是同当时的大多数起义军相一致的。从参加起义直到龙凤十二年(1366),他同小明王、刘福通的大宋政权保持着臣属关系,采用了他们的"复宋"口号,先后对元朝官军、地主武装和投降元朝的张士诚展开一系列斗争,并采取各种措施打击豪强地主,保护农民利益。朱元璋的政权及其队伍,不仅开仓济贫,发放贷粮,没收地主财产,征用地主土地交给兵士屯种,而且支持农民夺取地主的土地财产,"给民户由",承认农民耕占地主土地和官田的合法性。朱元璋的这些行动和措施,代表了广大农民的利益,所以他受到淮西和江南地区广大农民的欢迎和支持,同时也招来地主阶级的仇视,被他们咒骂为"淮西寇""妖寇"①。

　　但是,封建社会的农民既是小生产者又是小私有者,朱元璋的思想深处也不可避免地杂有追求荣华富贵的欲念。龙凤十年,他同邵荣谈话时,就曾提到"我与尔等同起濠梁,望事业成,共享富贵"。因此,当前来投奔的儒士向朱元璋灌输封建的帝王思想时,他很容易就接受下来。至正十三年(1353),朱元璋南略定远,前来投靠的李善长,对他讲起沛县的刘邦起自布衣、"五载成帝业"的故事,并说濠州离沛县不远,"山川王气,公当受之",只要"法其所为,天下不足定也",朱元璋即为之心动,连声称"善"。冯国用建议朱元璋攻取"帝王之都"金陵"以为根本",然后"四出征伐",以定天下,朱元璋听后"大悦"。龙凤元年渡江攻占太平,陶安率父老迎接,夸奖朱元璋"龙姿凤质,非常人也",要他"顺天应人而行吊伐",他当即表示:"足下之言甚善。"在这些儒士的灌输和影响下,帝王思想逐渐在朱元璋的脑海里扎下根,他已开始"深思爱民安天下之道"②。到龙凤二年攻下集庆,大将徐达说:"今得此,殆天授也。"他马上表示赞同,"乃改集庆路为应天府,置天兴、建康翼统军大元帅府"③,明显流露出把自己当作"顺应天命"的真龙天子,企图窥夺神器、称孤道寡的政治野心。此后,地主阶级的士大夫大量参加进来,不断向朱元璋宣扬天命论和帝王思想,如孙炎"陈元运将终",劝他"延揽英才,以图大业"④。国子博士许存仁更说:"主上圣智神武,天生不世之资以平祸乱。今群贤毕出,佐隆大业。稽之于历,自宋太祖至今当五百年之数,定天下于一,斯其时矣。"⑤同时,随着军事上的不断胜利和力量的迅速壮大,朱元璋的政治野心也在不断膨胀。他"以汉高自期"⑥,在婺州释囚时便公开宣布自己"自渡江以来,夙夜

---

① 《夷白斋稿》卷10,《南台御史大夫西夏永年公勋德诗序》。

② 《明太祖实录》卷29,洪武元年正月丁丑。

③ 《明太祖实录》卷4,丙申年三月辛卯。

④ 《明太祖实录》卷10,壬寅年二月丁亥。

⑤ 《明太祖实录》卷19,丙午年三月戊戌。

⑥ 《明史》卷135,《孔克仁传》,第3922页。

祗惧，期以上膺天睨，下拯民忧"①，要当一个应天承运的真命天子了。

随着帝王思想的不断滋长和政治野心的不断膨胀，朱元璋开始采取措施，逐步改变农民起义军的斗争方向。

第一，保护地主阶级，恢复封建剥削。渡江之前，李善长、冯国用一再要求朱元璋"不嗜杀人"，"倡仁义，收人心，勿贪子女玉帛"。这一方面是针对当时有些农民起义军纪律松懈、滥抢滥杀的现象，提醒朱元璋要加强军纪，争取民心，更重要的一方面，是针对有些农民起义军提出的"摧富益贫"口号，要求朱元璋保护地主阶级利益，以便取得地主阶级的支持和拥护。渡江之后，陶安、唐仲实、章溢等人又反复提出这一要求，范祖干为朱元璋剖析《大学》之义时，更进一步强调："帝王之道，自修身齐家以至于治国平天下，必上下四旁均齐方正，使万物各得其所，而后可以言治。"②这就是要求改变那种使"江南北巨姓右族，不死沟壑，则奔窜散处"的状况，使他们不再遭受起义农民的打击，能够乐得其所。朱元璋于是逐步抛弃阶级斗争来满足他们的要求。攻占应天，即告谕各界官吏、人民，要他们"各安职业，毋怀疑惧"，宣布："旧政有不便者，吾为汝除之"，暗示他将来的政策将只限于改良而不是革命。后来，他便全部追回由他亲自签字的户由③，不再支持农民夺占地主土地和官田的行动。地主的土地不再受到侵犯，封建的土地所有制继续保持下来了。称吴王后，朱元璋更进一步确立"赋税十取一，役法计田出夫"④的政策，农民的负担比元末大为减轻，但封建的赋役制度却重新得到了确认。这样，在朱元璋控制的地区，封建的生产关系在一些地方特别是较晚被朱元璋占领的那些地方，根本没有什么变动，在另一些地方虽然受到某些触动但很快就又复活了。地主阶级在不少地方仍然拥有相当的势力，如浙江丽水等七县仍存在不少的地主"大户"⑤。根据现藏中国社会科学院历史研究所的一本原编目题为《明成化有印鱼鳞册》实系龙凤十年（1364）的鱼鳞册统计，安徽祁门县十四都五保的土地出租户就占有该保田地面积的百分之六十七点六。其中最大的两户，一户叫胡茂德，占田184 亩多，加上山地共有 375 亩多（尚有与他人共业的田地山塘 22 亩多未计在内）；另一户胡申甫，占田 133 亩多，加上山地共有 579 亩多（尚有与他人共业的田地山塘 155 亩多未计

---

① 《明太祖实录》卷 7，己亥年三月甲午。

② 《明太祖实录》卷 6，戊戌年十二月。

③ 《国初事迹》："太祖亲征城池，给民户由，俱自花押，后追之。"按：明朝建立后，在洪武三年又向全国民户普遍发放户帖。但当时明政府实行"凡威取田宅者归业主"的政策（《宋濂全集》卷 66，《故岐宁卫经历熊府君墓铭》，第 1554 页），支持地主夺回被农民直接凭借战争暴力夺占的土地。只有地主逃亡后荒废的土地才许农民耕垦，耕垦成熟者才归农民所有。因此，当时户帖上所登记的民户产业，显然是不会包括农民直接凭借战争暴力夺占的那部分地主土地的。所以，这种户帖与元末农民战争期间发放的户由，其内容与性质是不尽相同的。

④ 《明史》卷 78，《食货志二》，第 1893 页。

⑤ 《国初事迹》。

在内）。这两户都是十四都人，如果加上他们在本都保和其他都保占有的土地，数量就更多了①。有些粮多的地主，甚至还充当里长来管理人民。如王恺总制衢州军民事，即规定："以粮多者为正里长，寡者为副。"②除了保护原有的旧地主，朱元璋还采取措施，培养新的官僚地主。他除听从武官"开垦荒地，以为己业"，拨给文官典职田，"召佃耕种，送纳子粒，以代俸禄"，还赏赐给立功将领大量田地，如鄱阳湖战役结束后就"赐常遇春、廖永忠田"③。这批文官武将，后来都转化为拥有众多田庄佃户的新生官僚地主。新旧两类地主，就构成为朱元璋转化以后所依靠的社会基础。

在取消反封建的阶级斗争的同时，朱元璋开始较多地谈论"华""夷"之别，强调要"讨夷狄""安中华"，把民族斗争放到首位。龙凤九年（1363），他写信给陈友谅就大讲要"同讨夷狄，以安中国"④。龙凤十一年，写信给方国珍，又说"元人本处沙塞，今反居中原，是冠履倒置"⑤。这表明，他即将以民族斗争来取代阶级斗争，把起义变成汉族地主同蒙古、色目贵族争夺全国统治权的斗争。

第二，确立封建纪纲，镇压农民起义。经过农民起义军的冲击，元朝所建立的蒙汉二元的封建纪纲已被冲得七零八落。为了保护地主阶级的利益，朱元璋又想方设法重新建立封建纪纲。龙凤十年，他就吴王位，即告谕行中书省的大臣：建国之初，当先正纪纲，"礼法，国之纪纲。礼法立，则人志定，上下安"⑥。在众多儒士的协助之下，到龙凤十年四月，江南行省的"纪纲法度"已"粗若有绪"⑦，略具规模。它的具体内容，由于史无明载，不得其详，但从一些零星的资料可以看出：第一，这时的礼法制度对等级名分、尊卑贵贱有着严格的规定，绝对不许逾越。而且佃户、匠役、乐人、妓妇、奴婢、僮仆、皂隶等的地位极其低下，没有任何人身保障。例如李善长在和州的职田，被参军郭景祥"核出步田不实"，朱元璋竟把责任推到李善长的佃户身上，叫佃户去当替罪羊，说："此盖佃人作弊，于面刺'田'字，以警其余。"应天的乾道桥设有富乐院，由礼房吏王迪管领，规定院里伺候人的男子只能头戴绿巾，腰系红搭膊，足穿带毛猪皮鞋，不许在街中行走，只许在道旁左右行走；妓妇只能头戴皂冠，穿着皂褙子出入，不许穿华丽的衣服。有一次，朱元璋宴请即将出征的傅友德，叫叶国珍陪饮。席上，叶国珍让妓妇脱掉皂冠、皂褙子，穿上华丽衣服混坐其间。朱元璋大

---

① 栾成显：《龙凤时期朱元璋经理鱼鳞册考析》，《中国史研究》1988 年第 4 期。

② 《宋濂全集》卷 56，《故江南等处行中书省左司郎中赠奉直大夫浙东等处行中书省左右司郎中飞骑尉追封当涂县子王公墓志铭》，第 1316 页。

③ 《明太祖实录》卷 13，癸卯年九月壬申。

④ 《明太祖实录》卷 12，癸卯年六月乙丑。

⑤ 《明氏实录》。

⑥ 《明太祖实录》卷 14，甲辰年正月戊辰。

⑦ 《明太祖实录》卷 14，甲辰年四月庚子。

发脾气,叫壮士把叶国珍抓起来,和妓妇一同锁在马坊,并将妓妇削去鼻尖。叶国珍说:"死则死,何得与贱人同锁?"朱元璋说:"尔不遵我分别贵贱,故以此等贱人辱之。"后来下令打了他数十鞭,"发瓜州(洲)做坝夫"。有个说书乐人张良才,因为写了个"省委教坊司"的招子贴在市门柱上,被人告发,朱元璋说:"贱人小辈,不宜宠用。"叫小先锋张焕把他捆绑起来,投水淹死,并"尽发乐人为穿甲匠",替军队制造甲胄①。第二,由于此时法制属于草创阶段,尚不健全,一般采取军律用刑,处刑非常严酷。如上面所举两例以及《国初事迹》中记载的对"心怀不轨""诽谤"等罪的处刑事例,大多是以峻法绳之的。正如《春明梦余录》所说:"倾因戡乱,以军律用刑,殊乖平允。"②

在重新确立封建礼法制度的同时,朱元璋开始反过来残酷镇压自己境内的农民起义。攻占应天后,他宣布要"为民除乱"。龙凤五年(1359)三月,在婺州又声称"皇天"已授命于他来"削平僭乱"③。他所要削平的"僭乱",就包括那些蔑视封建礼法、犯上作乱的农民起义。如龙凤七年,元帅罗友贤、朱文辉攻安庆府东流"贼垒",擒其将李茂仲,并追袭其将赵同金;元帅王思义攻破江西利阳镇(在今江西景德镇西丽阳),捕杀"贼"首王文友及其部属④。龙凤十一年,参政何文辉攻占江西山尖寨,捕斩"盗"兴宗;总制辰、沅等州参军詹允亨派千户何德镇压起义的湖广沅陵县民向珍八,"进拔其寨,斩珍八,余党悉平";元帅王国宝等率兵围剿浙江南峰山寨的"浦阳群盗",斩杀"贼"众朱国民等50余人;饶州知府陶安与千户陈明攻打信州"盗"萧明⑤。第二年,湖广参政张彬率兵击破辰州"盗"周文贵的寨垒,"杀贼甚众";浙东按察金事章溢召集过去的部属,令元帅郭兴、叶德善等率领,攻打围攻庆元县的处州青田县山"贼"夏清四;指挥副使毕荣带兵进攻永宁酃县(今湖南炎陵)"贼"饶一等⑥。有些红巾军的旧部和以白莲教为旗号的起义农民,也遭到朱元璋的镇压。如一些红巾军旧部长期占领新淦(今江西新干)的沙坑、麻岭、牛陂诸寨,龙凤十年即被常遇春、邓愈带兵"平之"⑦。龙凤十一年,湖广罗田县"盗"蓝丑儿"诈称彭莹玉,造妖言以惑众,铸印章,设官吏,剽劫旁近居民。麻城里长袁宝率乡民袭捕之,擒丑儿以献",朱元璋赐给绮帛,以资鼓励,并命中书省悬出赏格:"凡有司官杀获'贼'者,一次赏绮帛三匹,二次加倍,三次县官升州官,州官升府官,府官议之;民能杀获,亦量功赏赉。"⑧朱元璋本人是白莲

① 《国初事迹》。
② (明)孙承宗:《春明梦余录》卷44,《刑部》引洪武诏言,清光绪刻本。
③ 《明太祖实录》卷7,乙亥年三月甲午。
④ 《明太祖实录》卷9,辛丑年正月辛丑、六月丙午。
⑤ 《明太祖实录》卷17,乙巳年六月壬子、七月癸酉;卷18,乙巳年十月癸丑。
⑥ 《明太祖实录》卷19,丙午年二月癸丑;卷21,丙午年十一月乙卯。
⑦ 《明太祖实录》卷15,申辰年八月壬辰。
⑧ 《明太祖实录》卷17,乙巳年八月辛亥。

教徒,他对以秘密宗教做掩护进行反抗活动也就特别敏感。龙凤四年,有个宁越女子曾氏,"自言能通天文,诳说灾异惑众",他即指为"乱民",下令把她抓到大街上砍头示众①。

第三,大量任用元朝故官和地主儒士。渡江之前,已有个别儒士投奔朱元璋。渡江之后,朱元璋更是积极招降元朝的官吏和将领,延聘地主阶级的儒士。这对他分化瓦解敌方阵营,发展壮大自己势力,当然是一种必要的措施。问题是,作为农民起义军的领导者,朱元璋对元朝故官的招降、儒士的延聘,根本不问他们是否改变了对农民起义的敌对立场,而只问他们是否肯效忠于朱元璋本人。对于前来投奔的儒士,朱元璋开始觉得他们知广虑深,还存有戒心,曾提醒李善长,要注意勿使主持案牍谋事的儒士"訾毁将士",并规定所有的儒士一律由他自己选用,禁止诸将擅自任用。后来,连这点警惕也逐渐丧失,来者不拒,一概尊宠。就连那些组织武装屠杀过起义军的儒士也以重金招聘,通通请出来担任要职,甚至充当自己的顾问、谋士。大批元朝的将官和儒士参加朱元璋的队伍后,仍然坚持反对农民起义的立场,极力推动朱元璋建立新的皇朝,积极推动保护地主阶级利益的政策,参与对起义农民的镇压。如王恺在衢州就规定任用粮多的地主为正里长来管理人民;孙炎、陶安、刘基、章溢等人都镇压过起义农民。他们还极力挑拨朱元璋和宋政权的关系,龙凤七年正月初一,中书省按历年惯例设小明王御座行庆贺礼,文武大臣都到御座前跪拜,刘基却不肯拜,说:"彼牧竖耳(韩林儿原本当过牧童),奉之何为?"朱元璋把他请进密室,问他为何不拜,他"陈天命所在"②,说天命属于朱元璋而不属于小明王,要朱元璋和小明王决裂。

从朱元璋帝王思想的形成和他采取的改变斗争方向的一系列措施可以看出,他的转化早在渡江之前即已开始,渡江之后速度大大加快。龙凤十二年讨伐张士诚檄文的发布,表明他与农民起义的公开决裂,宣告了他转化为地主阶级代表人物过程的完成,他所建立的农民政权也随之转化为封建政权③。接着,在当年十二月,朱元璋设计暗害了小明王。他假装要把小明王接到应天,派廖永忠驾船到滁州去接,暗中却叫廖永忠在瓜步渡江时把船凿沉,将小明王淹死在江中④,大宋政权至此正式覆亡。接着,朱元璋就废除龙凤年号,根据民谣的说法,"但看羊儿年,便是吴家国",第二年即丁未年就是羊儿年(1367),决定以丁未年为吴元年,"建庙社宫室"⑤。发布文告,便由"皇帝圣旨,吴王令旨"改为"奉天承运,

① 《明太祖实录》卷6,戊戌年十二月。

② 《明史》卷128,《刘基传》,第3778页;《明史纪事本末》卷2,《平定东南》,第23页。

③ 参看拙作《论朱元璋的蜕变》,《北方论丛》1980年第3期;《朱元璋研究》第79—100页。

④ 《庚申外史笺证》卷下,第136页;《国史考异》1之16;《国初群雄事略》卷1,《宋小明王》引《通鉴博论》,第39页。

⑤ 《明史》卷1,《太祖本纪一》,第14页。

吴王圣旨"①,俨然以皇帝自居。为了掩盖从前对小明王的臣属关系,他禁止再提与大宋政权及龙凤年号有关的事,文书上同它有关的史料一概销毁,就连镇江郡民在城西建立的一块记叙朱元璋击退张士诚的功绩的碑石,因为"文末写龙凤年号",他也下令捣毁②。

---

① 《翰林院侍讲学士朱升诰》,朱升撰,刘尚恒校注:《朱枫林集》卷 1,黄山书社 1992 年版,第 1 页。
② 《国初事迹》。

朱元璋彻底转化为地主阶级的代表人物,便倾全力于夺取全国的最高统治权,以便重建新的皇朝。

朱元璋首先是下令营建吴王新宫。在渡江攻占应天,被小明王册封为江南等处行中书省平章政事后,朱元璋就在元朝江南行御史台府第建立江南等处行中书省。被封为吴国公后,仍以此处作为吴国公府。称吴王后,朱元璋觉得应天旧城北控大江,东尽白下门,不仅距离钟山较远,而且城中的吴国公府也过于低矮狭小,龙凤十二年(1366)八月,决定拓建应天府城,并命熟知天文地理的刘基等人卜地另择宫址,营建新宫①。经卜地后,择定应天府城之东、钟山之南的一块空旷之地,作为新的宫址。因为按照《周易》的说法,"帝出乎震",将新宫置于府城之东,东方属于震卦的方位,符合《周易》之意②。同时,决定在府城东边白下门外二里多的地方扩建一部分城垣,"东北尽钟山之趾,延亘凡五十里",把新宫包容在内。朱元璋随即下令征调"应天、太平、宣州、广德等府民",动工扩建城垣,"以府县各处犯罪官吏、皂隶、农民"往青龙山采石,"于荆湖之间采奇材异木"③。十二月,正式"命有司营建庙社,立宫室。"典营缮者以宫室图来进",朱元璋"见其有雕琢奇丽者即去之",叮嘱中书省臣曰:"宫室但取其完固而已,何必过为雕斫?"④工程进展十分顺利。第二年即吴元年(1367)二月,府城拓建完成;八月,圜丘、方丘及社稷坛等相继竣工;九月,太庙和新的宫殿建筑也先后落成⑤。整座宫城又叫皇城⑥,位于应天府城的东南隅,地当钟山之阳。那里原是一片湖水,叫燕雀湖,又叫前湖(后湖指玄武湖),先填湖后筑城⑦。宫城呈正方形,"周以皇城",四周建有一道城垣,开有四座城门,"南曰午门,东曰东华,西曰西华,北曰玄武"。宫城内的建筑,分为前朝和内廷两大部分。午门以内,有奉天门,奉天门内为奉天殿,东西两侧有文楼、武楼,奉天殿之后为华盖殿,华盖殿之后为谨身殿。三大殿"皆翼以廊庑",这就是所谓前朝所在。谨身殿之后是内廷所在,依次有乾清宫、坤宁宫,"六宫以次序列焉"。前朝内廷的这些宫殿建筑,"制皆朴素,不为雕饰"⑧,符合朱元璋的旨意,而且将

---

① 《明太祖实录》卷21,丙午年八月庚戌。

② (明)邓球:《皇明泳化类编》卷80,《都邑》,明隆庆刊抄本。

③ 《纪事录笺证》卷上,第226页。

④ 《明太祖实录》卷21,丙午年十二月己巳。

⑤ 《明太祖实录》卷22,吴元年二月丁未;卷24,吴元年八月癸丑;卷25,吴元年九月甲戌、癸卯。

⑥ 当时的宫城与皇城不分,参看王剑英《明中都》第45—46页。

⑦ (明)陈沂:《金陵古今图志·国朝都城图考》;南京中社民国影印本;(清)甘熙:《白下琐言》,1926年江宁甘氏重刊本。

⑧ 《明太祖实录》卷25,吴元年九月癸卯;《万历明会典》卷181,《工部·营建》。

最尊贵的宫殿门阙建在从午门到玄武门的南北向中轴线上,而将其他建筑如文楼、武楼等对称地建在中轴线的两侧,以突出皇权的权威性。

接着,朱元璋采取一系列措施,进一步加强吴政权的建设,为日后取代元朝的统治进行准备。吴元年(1367)十月,下令将百官礼仪由原先沿袭元朝的尚右改为尚左,李善长由右相国改为左相国,徐达由左相国改为右相国,其他官秩也都做了相应的改动。并设御史台及各道按察司,以汤和为左御史大夫,邓愈为右御史大夫,俱为从一品;刘基、章溢为御史中丞,俱为正二品①。都督府原以大都督为长官,左、右都督为副,龙凤十年(1364)定大都督为从一品,左、右都督为正二品②。第二年正月,罢大都督不设,以左、右都督为长官,吴元年十一月又下令更定左、右都督为正一品③。御史台与中书省、都督府并称三府,中书省职掌行政,都督府掌握军旅,御史台负责纠察百司,政权机构更趋完备,呈现三权分立之势。朱元璋还命中书省制定律令,以李善长为总裁官,杨宪、傅瓛、刘基、陶安等人为议律官。十二月,律令修成,计有律285条,令145条,颁布施行④。

与此同时,朱元璋开始着手拟定南征北伐、推翻元朝的计划。

削平张士诚后,吴政权已攘有汉水下游和长江的中下游地区,包括现在的江苏、浙江、安徽、江西、湖南、湖北和河南的东南部,是全国土地最肥沃、物产最丰富、经济最发达、人口最集中的地区。当时全国的形势是:长江南北除朱元璋外,四川有夏国主明昇,云南有元宗室梁王把匝剌瓦尔密,两广有何真,福建有陈友定,浙东有方国珍。明昇刚在前一年接替其父明玉珍继承帝位,年纪太小,国势又弱,并无多大作为;把匝剌瓦尔密、何真、陈友定、方国珍虽然效忠元朝,但与大都的元朝本部隔绝,势孤力弱。北方表面上仍属元朝统治,但统治阶级内部依然矛盾重重,混战不已。扩廓帖木儿受封为河南王后,与关中的李思齐、张良弼、孔兴、脱列伯等四个军阀整整打了一年仗,分不出胜负。元顺帝再三命令双方停战,各率所部南征江淮,扩廓帖木儿就是不听,一心想尽早消灭李思齐等再引兵东下,拒不奉诏。至正二十七年(1367)八月,元顺帝下诏设大抚军院,以皇太子爱猷识里达腊总制天下兵马,督扩廓帖木儿、李思齐、张良弼等分道南征。诸将接到诏书,都拒不执行。根据这一情况,朱元璋决定南征北伐同时并举,以主力北战中原,同时分兵南征,平定浙东、福建和两广的割据势力。

攻打浙东方国珍的战役在克复平江前夕即已打响。吴元年(1376)九月初一,朱元璋

① 《明太祖实录》卷26,吴元年八月辛亥。

② 《明太祖实录》卷14,甲辰年三月戊辰。

③ 《弇山堂别集》卷53,《大都督府左右都督同知佥事表》,第995页;《明太祖实录》卷27,吴元年十一月乙酉。

④ 《明太祖实录》卷28,吴元年十二月甲辰。

命朱亮祖率衢州、金华等卫马步舟师向浙东挺进,对他说:"方国珍鱼盐负贩,啙窳偷生,观望从违,志怀首鼠。今出师讨之,势当必克。彼无长策,惟有泛海遁耳。三州之民,疲困已甚,城下之日,毋杀一人。"①

方国珍在龙凤四年(1358)朱元璋遣使招谕后,阳为纳款,阴持两端。先是要朱元璋多发军马来他才交出三郡,后又表示待朱元璋攻下杭州,"即纳地来朝"②。龙凤八年二月,投降朱元璋的苗军元帅蒋英在婺州反叛,杀胡大海,持其首级逃到台州投奔方国珍,他拒绝接纳,蒋英只得转投张士诚③。但他私下又出船替元朝往大都运送张士诚的粮食,并为元朝招降朱元璋牵线搭桥,元朝在至正二十五年(1365)九月提升他为淮南行省左丞相,第二年九月又授他江浙行省左丞相④。等朱元璋攻下杭州,他"据境自若",不断派间谍到西吴刺探情报,并暗中派人北通扩廓帖木儿,南交陈友定,图为犄角,与西吴继续对抗。朱元璋非常恼火,吴元年(1367)七月遣使"责国珍贡粮二十三万石",并写信警告他说:"今明以告尔,吾师下姑苏,即南取温、台、庆元,水陆并进,无能御也。尔早于此时改过效顺,能尽以小事大之义,犹可保其富贵,以贻子孙,以及下人。如其不然,集三郡之兵,与我一较胜负,亦大丈夫之所为。不然,舍三郡之民,为偷生之计,扬帆乘舟,窜入海岛。然吾恐子女玉帛反为尔累,舟中自生敌国,徒为豪杰所笑也。"⑤方国珍接到信,召集弟侄及文武大臣商议对策,郎中张本仁和左丞刘庸主张据地以抗,方国珍的弟侄都赞同这个意见。谋臣邱楠认为据地以抗必将一败涂地,主张投降。方国珍犹豫不决,日夜召集船只,装载珍宝,准备泛海出逃。

九月下旬,朱亮祖攻至台州。方国珍派人向福建的陈友定求援,但因为他的部下曾经误杀过陈友定的海上戍卒,陈友定不肯派兵救援⑥。方国瑛婴城拒守,"然士卒多怀惧亡去者",遂以巨舰载妻子乘夜逃往黄岩,见朱亮祖紧追不舍,又逃入海中。朱亮祖南下攻取台州,方国珍的侄儿方明善也携妻子逃遁。攻占平江后,朱元璋又任命汤和为征南将军,吴祯为副将军,率常州、长兴、宜兴、江阴诸军进攻方国珍的老巢庆元。方国珍见温、台二郡已被攻占,庆元孤立无援,把部众驱赶上船,扬帆入海。汤和率兵追击,方国珍遭到惨败,副枢方惟益、元帅戴廷芳被俘,方国珍率领残卒出海逃遁。汤和还师庆元,略定定海(治今浙江舟山)、慈溪等县,俘获敌军2000余人、战舰63艘。吴祯率兵出海追击,方国珍还师

---

① 《明太祖实录》卷25,吴元年九月甲戌。

② 《明太祖实录》卷24,吴元年七月庚寅。

③ 《明太祖实录》卷10,壬寅年二月癸未;《明史》卷123,《方国珍传》,第3699页。

④ 《元史》卷46,《顺帝本纪九》,第970页;卷47,《顺帝本纪十》,第977页。

⑤ 《明太祖实录》卷24,吴元年七月庚寅。

⑥ 《国初群雄事略》卷13,《福建陈友定》,第290页。

拒战，惨遭败绩，又携妻子弃师逃入海岛，吴祯缴获大批战船和辎重，回到庆元。十一月，朱元璋再派廖永忠为征南副将军，带领舟师会合汤和入海追击，方国瑛、方明善及部将徐元帅、李金院等纷纷投降①。汤和派人招降方国珍，方国珍走投无路，只好派儿子方关奉表乞降。朱元璋开始怒其反复，准备加罪，后来看到他的降表"辞甚哀恳"，赐书曰："今势穷来归，辞甚哀恳，吾当以汝此诚为诚，不以前过为过。汝勿自疑，率众来附，悉从原宥。"②方国珍于是率众投降，被授为广西行省左丞相，他食禄而不之官，几年后死在南京。

　　吴元年(1367)十月，朱元璋又发兵攻打陈友定。他任命曾随陈友谅部将邓克明攻入福建、熟悉福建地理形势的胡美为征南将军，养子何文辉为副将军，率领安吉、宁国、南昌、袁、赣、滁、河、无为等卫军队，由江西攻取福建，并令湖广参政戴德随军出征。临行之前，特地告谕胡美："汝以陈氏丞相来归，事吾数年，忠实无过，故命汝总兵，往取福建。何文辉为尔之副，湖广参政戴德从汝调发，二人皆吾亲近之人，勿以此故废军政，凡号令征战，一以军法从事。"③

　　陈友定一名有定，字安国，福建福清人，后移居清流。他出身贫苦农民家庭，幼年父母双亡，孤苦伶仃，只得给财主做佣工。后来，一家富户把他招为上门女婿，让他学做生意。但陈友定跑买卖老是亏本，便洗手不干，投至明溪驿充当驿卒。至正十二年(1352)，天完红巾军进入福建，宁化民曹柳顺集众响应，攻打明溪。陈友定组织一支500人的"民兵"进行抵抗，并袭破曹柳顺的营寨，逮捕曹柳顺，被汀州府判蔡公安署为黄土寨巡检④。后随福建金都元帅吴按滩不花镇压汀(治今福建长汀)、延(治今福建南平)、建(治今福建建瓯)、邵(治今福建邵武)诸寨的红巾军，授为清流县主簿，不久升任县尹。至正十八年、十九年和二十一年，陈友谅曾派康泰、赵琮、邓克明、胡廷瑞等三次攻入福建，均被陈友定击退。至正二十二年五月，陈友定夺回被陈友谅军队占领的汀州，升任福建行省参政⑤。他志骄意满，萌生割据福建的野心，"渐跋扈，迫胁福建行省平章燕只不花，以兵略近县仓库，悉入于家。其官僚皆威劫之，如其私属，不从令者，辄诛戮贬窜，威振闽中"⑥。尽管如此，由于他镇压农民起义特别卖劲，并且每年往大都运粮数十万石，特别是当张士诚与方国珍两家

　　①　《明史》卷123，《方国珍传》，第3699页；《国初群雄事略》卷9，《台州方国珍》，第225—226页；《明史》卷126，《汤和传》，第2752页。

　　②　《明太祖实录》卷28，吴元年十二月丁未。

　　③　《明太祖实录》卷26，吴元年十月癸亥。

　　④　《国初群雄事略》卷13，《福建陈友定》引郭造卿《陈友定传》，第283页；《明太祖实录》卷29，洪武元年正月庚子。

　　⑤　《国初群雄事略》卷13，《福建陈友定》，第285页。按：元福建行中书省始设于至正十六年(1356)。

　　⑥　《鸿猷录》卷4，《平陈有定》，第78页。

攻战不和,不能给大都运粮时,"赖福建滨海,又为王土,独能运粮至京师,由是京师民始再活"①。至正二十六年八月,元廷又授他为福建行省平章政事。陈友定因此更加飞扬跋扈,"视郡县如室家,驱官僚如圉仆,擅庢廪如私藏"②,"八郡之政,皆用其私人以总制之,朝廷命官不得有所与"③。

朱元璋攻占婺州后,和陈友定接邻。龙凤十一年(1365)二月,陈友定进攻处州,为胡深所败。胡深乘胜追击,连下浦城、松溪,建议朱元璋调广信、抚州、建昌三路驻军南下,规取福建。五月,朱元璋派广信卫指挥朱亮祖由铅山、建昌,左丞王溥由杉关(今闽赣两省交界处)两路出兵,会同胡深攻取福建省城延平(今福建南平)。六月,朱亮祖带兵入闽,与胡深会师,攻占崇安(今福建武夷山市)、建阳,进逼建宁(今福建建瓯)。陈友定守将阮德柔婴城固守,并派兵4万绕到胡深军营的背后安营扎寨。朱亮祖求胜心切,一再催促胡深出战。胡深引兵而进,攻破两个敌寨后,陷入阮德柔的重围,战至日暮,胡深冒死突围,中伏被俘,为陈友定所杀④,平闽的计划因此受挫,只好暂时搁起。吴元年(1367)五月,诸将再次建议发兵平闽。当时围攻平江的战役正在进行,他说:"吾固知之,然方致力姑苏,而张氏降卒新附,未可轻举。且陈友定据闽已久,积粮负险,以逸待劳,若我师深入,主客势殊,万一不利,进退两难。兵法贵知彼知己,用力不分,此万全之策。吾前已计之审矣,徐而取之未晚也。"⑤等到平江被攻占后,吴元年十月,他才下令南征陈友定。

胡美奉命率师从江西出发,十一月度越杉关,攻占光泽,略取邵武路,邵武、建阳守将相继投降。十二月,方国珍已降,朱元璋又命汤和、廖永忠、吴祯率领舟师自明州由海路攻取福州⑥。同时还采纳章溢的意见,令李文忠由浦城攻取建宁⑦。李文忠率师3万从浙江南下,章溢子章存道所部乡兵15000人从征,击败陈友定部将胡璃后,屯驻浦城,等待舟师的消息⑧。汤和等自明州率舟师乘东北风径抵福州五虎门,驻师南台河口,派人入城招谕,为守将曲出所杀。曲出出南门迎战,兵败众溃,又入城拒守。当天夜里,城里的参政袁仁派人偷偷出城乞降。第二天黎明,汤和命舟师蚁附登城,打开南门,汤和拥兵而入,击败了

① 《庚申外史笺证》卷下,第100页。

② 《明史》卷124,《陈友定传》,第3715页。

③ 《元史》卷196,《迭里弥实传》,第4434页。

④ 《鸿猷录》卷4,《平陈有定》,第78页。

⑤ 《明太祖实录》卷23,吴元年五月甲申。

⑥ 《明太祖实录》卷28上,吴元年十二月丁巳。按:庆元路于吴元年十二月改为明州府,洪武十四年二月又改为宁波府。

⑦ 《宋濂全集》卷53,《大明故资善大夫御史中丞兼太子赞善大夫章公神道碑》,第1224页;《明史》卷128,《章溢传》,第3791页。

⑧ 《明史》卷126,《李文忠传》,第3743页。

城中守敌，曲出携妻子逃遁。汤和派投诚的袁仁、余善招谕兴化（治今福建莆田）、漳、泉诸路，并分兵攻取福宁（治今福建宁德）等未下州县，自己率兵进攻延平。大军出发之前，汤和先派使者前往延平招谕陈友定。陈友定却诛杀使者，把血倾入酒瓮，与诸将共饮，"誓以死报元"[①]，气焰极为嚣张。洪武元年（1368）正月，胡美、何文辉等攻占建宁。汤和抵达延平城下，命廖永忠分兵渡水进攻延平西门，陈友定派兵迎击，七战皆败，闭门坚守。诸将认为死守待毙不是办法，几次请求出战，陈友定因而怀疑部将萧院判和刘守仁存有二心，执杀萧院判，并收夺刘守仁的兵权。刘守仁遂向汤和投降，守卒纷纷逾城逃遁。到围城的第十天，汤和乘城中军器局失火之机，并力攻城，陈友定服毒自杀，部将开门迎降。汤和挥师入城，陈友定自杀未死，被械送京师，与其子一并被杀。接着，胡美等部又相继攻克福建其他地区，到闰七月平定了福建[②]。

福建的平定，为进军两广打下了基础。早在吴元年（1367）十月，朱元璋令胡美进攻福建的同时，就命湖广行省平章杨璟、左丞周德兴、张彬率武昌、荆州、潭、岳等卫军队，由湖广进取广西。第二年正月，杨璟率兵进围永州（治今湖南零陵），并遣千户王廷攻取宝庆，周德兴、张彬攻取全州，略定道州、蓝山、桂阳（治平阳，今湖南桂阳）、武冈诸州县。杨璟在永州遭到元军的顽强抵抗，经过艰苦的血战，直到四月才攻占这座城池，然后率兵进围静江（治临桂，今广西桂林）[③]。

汤和攻占延平后，朱元璋又于洪武元年二月任命廖永忠为征南将军、朱亮祖为副将军，率领舟师自福州航海进攻广东，另派赣州卫指挥使陆仲亨、副使胡通率领本卫及南雄、韶州等卫军马由韶州直捣德庆，与杨璟等三路进军，以为掎角之势。当时，广东为何真所割据，朱元璋指示廖永忠："彼闻八闽不守，湖湘已平，中心震慑，无固守之志。若先遣人宣布威德，以招徕之，必有归款迎降者，可不劳师旅。慎勿杀掠，沮向化之心。如其拒命，举兵临之，扼其险要，绝其声援，未有不下者。且广东要地惟在广州，广州既下，则循海州郡，可传檄而定。海南、海北以次招徕，留兵镇守，仍与平章杨璟等合兵取广西。"[④]

何真，字邦佐，广东东莞人，富户巨室出身。至正初年，曾仕元任河源务副使、淡水盐场管勾。未几，见岭南骚动，弃官还乡。元末农民大起义爆发后，广东涌现出惠州王仲刚、南海卢述善、邵宗愚，东莞王成、陈仲玉等几支起义军，一时"岭南骚动"[⑤]。何真组织地主

① 《明史纪事本末》卷6，《太祖平闽》，第87—88页。
② 《明太祖实录》卷29，洪武元年正月庚子；《国初群雄事略》卷13，《福建陈友定》，第292—294页；《明史纪事本末》卷6，《太祖平闽》，第88—89页。
③ 《明史纪事本末》卷7，《平定两广》，第91页。
④ 《明太祖实录》卷30，洪武元年二月壬寅。
⑤ 《嘉靖广东通志》卷59，《列传》，广东省地方志办公室1998年影印本。

武装"义兵"与之对抗,势力逐渐壮大,据有循(治今广东归善)、惠二州,被元江西行省授为惠州路总管。至正二十六年(1366),他将王成围困于东莞水南营,悬赏捉拿王成。王成家奴张进祖及雷万户把王成捆个结实,送交何真。何真却把这个家奴放到汤锅里烹煮,令这个家奴呼喊"四境毋如奴缚主以罹此刑也",以警告所有财主家的奴仆,不得造主人的反。扑灭王成起义军后,何真于至正二十七年初发兵攻占东莞全境,尔后又攻占广州,"差都事徐渊之以克复省治,贡方物于朝"①。后来,元廷将江西、福建合为一省,改授何真为江西福建行中书省左丞,后又升为右丞。时值中原大乱,何真练兵据险,称雄一方,"东连潮、惠,西连苍梧(治今广西梧州),皆真保障"②。

胡美和汤和攻入福建后,何真坐卧不安。廖永忠从福州率舟师航海攻取广东之前,接到朱元璋的谕示,即派人携带书信招谕何真。恰好何真的使者正由海路前往大都上表,他们在福建遇到汤和、廖永忠的部队,便修改表文请降,并派人报告何真。洪武元年(1368)三月,廖永忠、朱亮祖派人护送何真使者携降表至应天,朱元璋下诏褒扬,说:"尔真连数郡之众,乃不劳师旅,先命来降,其视窦(融)、李(勣)奚让焉。今特驿召来庭,赐尔名爵,以彰有德。"③朱亮祖从福州率舟师抵达潮州,何真即遣都事诣军门呈上大印和所部图籍。四月,廖永忠、朱亮祖师至东莞,何真率官属出迎,随即发布榜文招降诸寨,并与廖永忠共同发兵攻打广州。不久,朱元璋褒谕的诏书到达,何真乘驿传前往应天,向朱元璋贡献方物,朱元璋赐予绫绢、白银,并授予江西行省参知政事之职,授其部将百余人"府州县官"④。

从陆路配合廖永忠、朱亮祖进攻广东的陆仲亨等部,于四月前连下英德、清远、连州、肇庆诸郡县,于四月初攻克德庆路,与廖永忠会师于广州。廖永忠与陆仲亨等部合兵,擒杀拒不投降的邵宗愚,同时捕杀新会、河源、南海等地负隅顽抗的土豪,并"驰谕九真、日南、朱厓(今海南三亚西北崖城)、儋耳(在今海南儋州西北)三十余城,皆纳印请吏"⑤。到六月初,元海南、海北道元帅罗福与海南分府元帅陈乾富等归降后,广东全境悉告平定⑥。

广东基本平定后,廖永忠和朱亮祖引兵西进。五月抵达梧州,元守将不战而降。当时元吏部尚书普颜帖木儿、张翔"以便宜行事入广西,行次藤州(今广西藤县),闻永忠兵至,即募兵欲迎拒,民无有应之者"⑦,乃率所部百余人逃往郁林(今广西玉林)。朱亮祖勒兵追

————————

① (明)何崇祖:《庐江郡何氏家记》,《玄览堂丛书续集》本。

② 《罪惟录》列传卷8中,《何真》,第1429页。

③ 《明太祖实录》卷31,洪武元年三月甲戌。

④ 《庐江郡何氏家记》。

⑤ 《明史》卷129,《廖永忠传》,第3805页。

⑥ 《明史纪事本末》卷7,《平定两广》,第95页。参看拙作《何真简论》,东莞市政协、暨南大学历史系主编:《明清时期珠江三角洲区域史研究》,广东人民出版社2011年版,第293—303页。

⑦ 《明太祖实录》卷32,洪武元年五月丙子。

击,普颜帖木儿战死,张翔投水自尽。朱亮祖驻兵藤州,浔(治今广西桂平)、贵(治今广西贵港)等州郡以次皆降。廖永忠率兵进取南宁,命朱亮祖北上,会合杨璟围攻静江。静江向为"五岭之表,联两越之交,屏蔽荆衡,枕山带江,控制数千里,诚西南之会府,用兵遣将之枢机"①,是兵家必争之地。元将也儿吉尼据守此城已达十几年,曾对宋筑砖城进行改建,城防十分坚固。杨璟屯兵北关,张彬屯兵西关,朱亮祖屯兵东门象鼻山下。但围城越二旬,却久攻不下。杨璟对诸将说:"彼所恃西濠水耳。决其堤岸,破之必矣。"②遂遣丘广引轻兵攻牐口关,杀死守堤兵,决堤放干濠水,筑五道土堤通往城墙,令士卒沿堤而上,一举攻克北门月城与水隘。也儿吉尼仍坚守不降,相持凡两月。至六月下旬,终因势穷力蹙,驱兵南门出战,被指挥胡海杀败,万户皮彦高、杨天寿等被俘。杨璟利用皮彦高劝降也儿吉尼的总制张荣以为内应,攻入城里。也儿吉尼仓皇出逃,至城东伏波门被俘,静江终于被占领。接着,南宁、象州(治阳寿,今广西象州)等州县相继投降,七月,广西平定③。

　　浙东、福建、两广平定后,南方除了四川、云南及其以西地区,已尽入明朝版图。此时四川的明昇政权主幼力弱,云南的元梁王又远在边陲,都不对朱元璋构成威胁,朱元璋的统治区更加扩大也更加稳固。这不仅解除了北伐军的后顾之忧,而且可源源不断地为之提供人力、物力和财力的支持,对北上灭元战争的顺利进行具有重大的意义。

---

①　《读史方舆纪要》卷 107,《广西·桂林府》。
②　《明史》卷 129,《杨璟传》,第 3808 页。
③　《明史纪事本末》卷 7,《平定两广》,第 95—96 页。

第三节 北伐中原,攻占大都

在南征的同时,朱元璋派主力大军从应天出发,浩浩荡荡地渡过长江,开始了大规模的北伐战争。

在长期的战争实践中,朱元璋逐步形成并坚持以"持重"为总方针的作战指导原则。他强调指出:"为将之道,贵于持重。"[①]主张即使在"彼(敌方)有可亡之机,而吾(我方)执可胜之道"的情况下,也要慎重从事,"必加持重",力争做到万无一失,防止因"骄忽以取不虞"[②],导致战争的失败[③]。北伐战争是对元朝的一次战略决战,它的成败将直接关系到能否实现推翻元朝,夺取全国最高统治权的问题,他更是慎之又慎。为了确保战争的胜利,出师之前,朱元璋对北伐的作战指导方针和战略部署,反复进行了周密研究。

吴元年(1367)九月底,朱元璋首先就作战指导方针征询刘基等人的意见。刘基认为现在"土宇日广,人民日众,天下可以席卷矣",主张"长驱中原":"近灭张氏,彼闻而胆落,乘胜长驱中原,孰吾御者? 所谓迅雷不及掩耳!"朱元璋看出他的轻敌思想,批评说:"土不可以恃广,人不可以恃众。吾起兵以来,与诸豪杰相逐,每临小敌,亦若大敌,故能致胜。今王业垂就,中原虽板荡,岂可易视之? 苟或不戒,成败系焉。"并指出:"深究事情,方知通变。彼方犄角(按:指山东的王宣父子、河南的扩廓帖木儿、关陇的李思齐、张良弼等,与大都互为犄角),岂得遽云长驱? 必凭一战之功,乃乘破竹之势。若谓天下可以径取,他人先得之矣。"[④]十月十七,朱元璋召集诸将,具体商讨北伐战略。常遇春提出"直捣元都"的主张,说:"今南方已定,兵力有余,直捣元都,以我百战之师敌彼久逸之卒,挺竿而可以胜也。都城既克,有破竹之势,乘胜长驱,余可建瓴而下矣!"朱元璋认为这个方案仍然带有轻敌冒进的弊病,指出:"元建都百年,城守必固。若如卿言,悬师深入,不能即破,顿于坚城之下,馈饷不继,援兵四集,进不得战,退无所据,非我利也。"他另外提出一个先剪除羽翼,然后捣敌腹心的作战指导方针:"先取山东,撤其屏蔽;旋师河南,断其羽翼;拔潼关而守之,据其户槛。天下形势入我掌握,然后进兵元都,则彼势孤援绝,不战可克。既克其都,鼓行而西,云中(今山西大同)、太原以及关陇,可席卷而下。"[⑤]这是一个着眼于歼敌主力、稳步前进的战略方针,诸将一致表示赞同。

十月二十一,朱元璋命徐达为征虏大将军,常遇春为副将军,率领 25 万大军,由淮入

---

① 《皇朝平吴录》上,《国朝典故》卷 6,第 134 页。
② 《明太祖实录》卷 25,吴元年九月。
③ 参看拙作《朱元璋军事思想初探》,《中国古代史论丛》1982 年第 1 辑;《朱元璋研究》第 291—309 页。
④ 《明太祖实录》卷 25,吴元年九月。
⑤ 《明太祖实录》卷 26,吴元年十月庚申。

河,北伐中原。他告谕徐达、常遇春和北伐诸将:"征伐所以奉天命,平祸乱,安生民,故命将出师,必在得人。今诸将非不健斗,然能持重,师有纪律,战胜攻取,得为将之体者,莫如大将军达。当百万之众,勇敢先登,冲锋陷阵,所向披靡,莫如副将军遇春。然吾不患遇春不能战,但患其轻敌耳。吾前在武昌,亲见遇春才遇数骑挑战,即轻身赴之。彼陈氏如张定边者,何足称数,尚据城指挥。遇春为大将,顾与小校争能,甚非所望,切宜戒之。若临大敌,遇春须领前锋;或敌势强,则遇春与参将冯宗异(冯胜)分为左右翼,各将精锐以击之。右丞薛显、参政傅友德皆勇略冠诸军,可各领一军,使当一面。或有孤城小敌,但遣一将有胆略者,付以总制之权,皆可成功。达则专主中军,策励群帅,运筹决胜,不可轻动。古云:'将在军,君不与者胜!'汝等其识之!"他还特地叮嘱徐达:"阃外之事,汝实任之。兹行必自山东,次第进取。山东古云十二山河之地,师行之际,须严部伍,明分数,一众心,审进退之机,适通变之宜,使战必胜,攻必取。我虚而彼实则避之,我实而彼虚则击之。将者,三军之司命,立威者胜,任势者强。威立则士用命,势重则敌不敢犯。吾常与诸豪杰并驱,观其取败者,未有不由威不立而势轻也,汝其慎之。"①

就在这一天,朱元璋亲自在应天北门的七里山设坛祭告上下神祇。然后召集出征将士申明纪律,强调这次北伐中原不仅仅是为了攻城略地,更重要的是要"削平祸乱",使百姓过上安定的生活,遇到敌人,要勇敢拼杀,但遇到百姓,却不可随意侵犯,必须做到:"所经之处及城下之日,勿妄杀人,勿夺民财,勿毁民居,勿废农具,勿杀耕牛,勿掠人子女;民间或有遗弃孤幼在营,父母亲戚来求者,即还之。"②诸将一致表示服从,接着便率领大军出发,踏上了北伐的征途。

大军出发前,为了分化和争取蒙古贵族,朱元璋派人把张士诚拘留在平江的元宗室神保大王及黑汉等九人送回大都③。大军出发后,为了防备扩廓帖木儿的弟弟脱因帖木儿南下袭扰,朱元璋令中书省派人戒饬庐州、安丰、陆安、濠、泗、蕲、黄、襄阳各地守将,严加戒备,以保障主力侧后的安全。为了号召、动员北方百姓支持北伐,又对中原百姓发布了由名儒宋濂代拟的讨伐元朝的檄文——《谕中原檄》:

> 自古帝王临御天下,中国居内以制夷狄,夷狄居外以奉中国,未闻以夷狄治天下也。自宋祚倾移,元以北狄入主中国,四海内外,罔不臣服,此岂人力? 实乃天授。然达人志士,尚有冠履倒置之叹。自是以后,元之臣子不遵祖训,废坏纲常,有如大德废长立幼,泰定以臣弑君,天历以弟鸩兄,至于弟收兄妻,子烝父妾,上下相习,恬不为

---

① 《明太祖实录》卷26,吴元年十月甲子。
② 《明太祖实录》卷26,吴元年十月甲子。
③ 《明太祖实录》卷25,吴元年九月戊戌。

怪,其于父子、君臣、夫妇、长幼之伦渎乱甚矣。夫人君者斯民之宗主,朝廷者天下之根本,礼义者御世之大防。其所为如彼,岂可为训于天下后世哉?及其后嗣沉荒失君臣之道,又加以宰相专权,宪台报怨,有司毒虐,于是人心离叛,天下兵起,使我中国之民死者肝脑涂地,生者骨肉不相保。虽因人事所致,实天厌其德而弃之之时也。古云"胡虏无百年之运",验之今日,信乎不谬。当此之时,天运循环。中原气盛,亿兆之中,当降生圣人,驱逐胡虏,恢复中华,立纲陈纪,救济斯民。今一纪于兹,未闻有济世安民者,徒使尔等战战兢兢,处于朝秦暮楚之地,诚可矜悯。……予恭天承命,罔敢自安,方欲遣兵北逐群虏,拯生民于涂炭,复汉官之威仪,虑民人未知,反为我仇,挈家北走,陷溺尤深。故先谕告:兵至,民人勿避,予号令严肃,无秋毫之犯。归我者永安于中华,背我者自窜于塞外。……如蒙古、色目,虽非华夏族类,然同生天地之间,有能知礼义愿为臣民者,与中国之人抚若无异。①

出于名儒宋濂手笔的这篇檄文,首先从"外夷狄而内诸夏"的大汉族主义思想出发,无视我国少数民族和汉族人民共同缔造祖国的历史事实,抹杀少数民族具有同汉族一样建立中原皇朝的权利,指责蒙古贵族入主中原、建立元朝是"冠履倒置"。接着,又用天命论来解释元朝统治的盛衰,把蒙古贵族入主中原说成是"实乃天授",把元朝统治的衰朽说成是"天厌其德而弃之",而把自己打扮成上天所降生的"圣人",说他起兵反元乃是"恭天承命",从而全盘抹杀元末农民大起义摧毁元朝统治基础的伟大贡献,为他夺取帝位制造封建道统的依据。最后,檄文谴责元朝统治者坚持蒙古文化本位的国策,破坏中国传统政治文化所规范的封建纲常,申明自己将以恢复封建纲常为重任,并提出"驱逐胡虏,恢复中华,立纲陈纪,救济斯民"的民族斗争口号,明确宣布他将代表汉族地主阶级建立新的皇朝,以"复汉官之威仪",恢复华夏的正统地位,按照华夏传统的政治文化模式,重建"人君者斯民之宗主,朝廷者天下之根本,礼义者御世之大防"的封建统治秩序。可以说,这篇檄文是讨伐张士诚檄文的进一步发展,它彻底阉割反元战争的阶级斗争内容,把元末农民大起义变成了汉族地主同蒙古、色目贵族争夺全国最高统治权的斗争。

尽管如此,檄文的发布,仍然具有一定的积极意义。首先,檄文适应汉族地主阶级改朝换代、重建封建皇朝的需要,提出"驱逐胡虏,恢复中华,立纲陈纪,救济斯民"的口号,突出大汉族主义和封建道统,把"恢复中华"与"立纲陈纪"结合起来,比之于过去那个空洞的"复宋"口号,对地主阶级更富有号召力,因此得到了北方的汉族官僚、地主和儒士的广泛

① 《宋濂全集》卷2,《谕中原檄》,第70—71页;《弇山堂别集》卷85,《诏令杂考一》,第1617—1618页;(明)傅凤翔辑:《皇明诏令》卷1,《谕中原檄》,齐鲁书社1995年影印《四库存目丛书》本。

支持。其次，檄文针对元朝统治者所推行的民族歧视和压迫政策，以民族斗争相号召，反映了广大汉族人民反抗民族压迫的正当要求，同时檄文还揭露元朝的腐朽统治，谴责其"有司毒虐"，"使我中国之民死者肝脑涂地，生者骨肉不相保"的罪行，申明北伐的目的在于"拯生民于涂炭"，这对于深受元朝统治之苦的广大人民，也有一定的吸引力。加以檄文提出的"号令严肃，无秋毫之犯"的政策也比较顺乎民心，因此它对动员北方人民支持北伐战争，产生了不可忽视的作用。第三，檄文公开宣布对蒙古、色目的政策，声明他们"虽非华夏族类，然同生天地之间，有能知礼义愿为臣民者，与中国之人抚若无异"，这也有利于分化元朝统治集团，争取广大蒙古、色目部众，从而减少了进军中原的阻力。

北伐军的第一个战略目标是夺取山东。早在吴元年九月，攻占平江的第二天，朱元璋就派虎贲左卫副使张兴率1000精锐赴淮安待命，并令濠州训练平乡山寨的军队，准备会合淮安的军队攻取胶州、登州（治今山东蓬莱）、莱州等地。过了一天，又令江淮卫派1000名军队戍守邳州①。当时元朝在山东分设东平（治顺城，今山东东平）、东昌（治今山东聊城）、济宁（治巨野，今属山东）、益都、济南、般阳（治今山东淄博淄川区）等路，派兵驻守，由山东东西道宣慰使普颜不花坐镇益都指挥，用以屏障京畿重地。北伐军如想攻克大都，必须先取山东，"撤其屏蔽"。攻取山东，有两条进军路线可供选择：一条是由江淮北经沂州（今山东临沂）直取益都；一条是由徐州北攻济宁、济南，再东取益都。由于几年前元朝沂州守将王宣和王信父子曾写信给朱元璋，表示："虽在苍颜皓首之际，犹望阁下鼓舞群雄，殪子婴于咸阳，戮商辛于牧野，以清华夏。"②吴元年八月，朱元璋写信谴责他们入犯海州，王宣父子又于九月"遣其副枢苗芳来谢过"③，因此徐达决定由江淮北经沂州直取益都。

十月二十四，徐达、常遇春率领大军抵达淮安，翌日派人招谕王宣父子。王信派人奉表归附，朱元璋命徐唐臣、李侍仪、李少卿至沂州授予王信江淮行省平章政事，麾下将官皆仍旧职，令悉听徐达节制。王宣是扬州兴化人，元末为司农椽，因治河有功，被擢升为招讨使，跟随也速镇压芝麻李的红巾军，夺占徐州，又升任"义兵"都元帅。其子王信，曾随察罕帖木儿击败田丰的起义军。后来，元廷命他们父子两人共同镇守沂州。王宣父子面对北伐军的强大攻势，"阴持两端，外虽请降，内实修备"。朱元璋派人密谕徐达："王信父子反复，不可遽信。宜勒兵趋沂州，以观其变。"④十一月初，徐达进兵下邳，派张德胜养子张兴祖率兵前往徐州，进取山东西南诸州县。王宣父子降而复叛，徐达亲自率兵奔赴沂州镇压，王信逃往山西，王宣被杀。沂州附近峄州（治今山东枣庄峄城区）、莒州（治莒县，今属

---

① 《明太祖实录》卷25，吴元年九月壬午、乙酉。
② 《明太祖实录》卷24，吴元年八月丙寅。
③ 《明太祖实录》卷25，吴元年九月己亥。
④ 《明太祖实录》卷26，吴元年十月辛未。

山东)、海州、沭阳、日照、赣榆诸县的王宣部将皆不战而降①。

徐达攻占沂州后，朱元璋考虑到益都位于鲁山之北，南面又有大岘山作为屏障，古称济水以南之天险，较难攻克，又派人告谕徐达："闻将军已下沂州，未知勒兵何向？如向益都，当遣精锐将士于黄河扼冲要，断其援兵，使彼外不得进，内无所望，我军势重力专，可以必克。若未下益都，即宜进取济宁、济南，二城既下，益都、山东势穷力竭，如囊中之物，可不攻而自下矣。然兵难遥度，随机应变，尤在将军。"②徐达即令韩政领兵一部扼守黄河冲要，以断山东元兵增援益都之路，令张兴祖率兵一部由徐州沿大运河攻取东平、济宁。自己亲率主力攻破益都，元宣慰使普颜不花拒降而死。徐达乘胜连下寿光、临淄(今山东淄博东北)、昌乐、高苑等县及潍、胶、博兴等州，十二月又迭克济南、登州、莱阳等州县。与此同时，张兴祖部也相继攻下东平、东阿、济宁等地。北伐军所到之处，元朝的官吏和守将纷纷归降。朱元璋担心再发生像王宣、王信父子降而复叛的事件，十二月间连续三次派人至徐达、张兴祖军前传谕，命令他们将降将、降官解送应天，由他亲自安置③。第二年二月，常遇春攻打东昌，元军坚拒数日。这是北伐军攻打山东以来很少遇到的一次顽强抵抗，"大军四面登梯克之，遂屠城，纵军掳掠，焚其房舍而去"④，以示惩罚。而后往平等县率皆投降。就在此时，正如朱元璋所预料，乐安(今山东广绕)降将俞胜复叛。徐达带兵镇压，俞胜慌忙逃遁，郎中张仲毅出降，乐安平定⑤。到三月，山东已基本平定。四月，朱元璋下令免除山东田租三年⑥。

山东平定后，徐达、常遇春等按原定计划，自山东攻取河南。朱元璋命汤和从福建北返明州建造海船，为北伐军运输粮饷，并令康茂才率兵北上，以加强徐达兵力，令征戍将军邓愈率领襄阳、安陆、景陵等地驻军攻取南阳以北州郡，以牵制和分散元军主力，策应徐达西取河南(今河南洛阳)、潼关⑦。洪武元年(1368)三月，徐达从乐安率师回济宁，然后自郓城引舟师溯黄河而上，直趋汴梁东北的陈桥，元将李克彝尽驱汴梁军民西逃河南府路，陈州守将左君弼⑧与竹昌率部投降。徐达把汴梁交给部将陈德戍守，自率大军由中滦(在汴梁北面的黄河北岸)追击李克彝，于四月初八进抵塔儿湾(在今河南偃师境内)。元将脱因帖木儿率兵5万迎战，在洛水之北15里列阵以待。常遇春单骑突入敌阵，徐达乘势挥师

---

① 《明太祖实录》卷27，吴元年十一月辛巳。

② 《明太祖实录》卷27，吴元年十一月庚寅。

③ 《明太祖实录》卷28上，吴元年十二月丁未、戊申、丙辰。

④ 《纪事录笺证》卷下，第250页。

⑤ 《明太祖实录》卷30，洪武元年二月甲子、乙丑、丙寅。

⑥ (清)王鸿绪：《明史稿》卷2，《太祖本纪二》，清敬慎堂刻本。

⑦ 《明太祖实录》卷29，洪武元年正月庚子；卷30，洪武元年二月癸卯、丁巳。

⑧ 龙凤十年(1364)，朱元璋命徐达等攻取庐州。左君弼逃奔汴梁降元，驻守陈州。

冲杀。"时南风骤发,兵尘涨空,呼声动天地,元军阵乱退走,追奔五十余里,俘获无算"①。脱因帖木儿收集残卒逃往陕州(治今河南陕县),李克彝逃往陕西,河南行省平章政事、察罕帖木儿之父梁王阿鲁温出降。徐达引兵进占河南府,接着又连克嵩、钧(治今河南禹州)、陈、汝、裕(治今河南方城)诸州。与此同时,冯胜也带兵西取陕州,迫使脱因帖木儿弃城逃遁。元将李思齐、张良弼闻风弃潼关逃入关中,冯胜引兵入关,西至华州(治今陕西华县),元守将望风奔溃。在攻克陕州时,朱元璋曾遣使告谕冯胜:"若克潼关,勿遽求胜而西。今大军方有事北方,宜选将留兵守关,以遏其援兵。尔且率师回汴梁,朕将躬往议之。"②所以,冯胜未继续往西进军又折回潼关。到四月底,潼关以东河南诸郡已被北伐军全部平定。

北伐军占领山东、河南,又克潼关而守之,从而实现"撤其屏蔽""断其羽翼""据其户槛"的作战计划,对大都形成三面包围之势,下一步的战略目标就是攻克大都,推翻元朝的腐朽统治。四月下旬,朱元璋从应天动身前往汴梁,准备对诸将部署攻取大都的作战行动。

当北伐军以摧枯拉朽之势,席卷中原的时候,元朝统治集团还忙着大打内战。吴元年(1367)十月,北伐军由江淮北上,元顺帝恨扩廓帖木儿不听指挥,下令削去他的中书省左丞相和其他兼职,令其交出所有军队,只保留河南王的封爵,以汝州为食邑,与其弟脱因帖木儿同居河南府,而以河南府作为脱因帖木儿的食邑。扩廓帖木儿接到命令后,自怀庆退据泽州(治今山西晋城),部将关保投向元廷。十二月,听说山东郡县相继失守,元顺帝命令陕西行省左丞秃鲁总统张良弼、脱列伯、孔兴各支军马,以李思齐为副总统,守卫关中,脱列伯、孔兴等出潼关,东渡黄河,"共勤王事"。李思齐等人都拒绝执行命令。第二年正月,元顺帝又下诏书给扩廓帖木儿,要他"思昔委任肃清江淮之意,即将冀宁、真定诸军,就行统制渡河,直捣徐、沂,以康靖齐、鲁",说如果他能执行命令,夺回山东,挡住北伐军的攻势,"则职任之隆,当悉还汝"③。但扩廓帖木儿仍拒不奉命。元顺帝命中书左丞孙景益在太原设置分省,让关保带兵驻守。扩廓帖木儿即派兵袭据太原,尽杀朝廷所置官吏。二月,元顺帝下诏削夺扩廓帖木儿的爵号和食邑,命令秃鲁、李思齐等东出潼关,讨伐扩廓帖木儿。北伐军趁着这个大好机会,下山东,取汴梁,元朝守将望风降附。李思齐、张良弼一看大势不好,忙派人去见扩廓帖木儿,声明他们出兵不是出于本心,并引兵退守潼关。北伐军进逼潼关,他们又弃关西逃④。元朝统治集团的内战,为北伐军的胜利进军提供了良

---

① 《明太祖实录》卷31,洪武元年三月戊申、甲子。
② 《明太祖实录》卷31,洪武元年三月戊申、甲子。
③ 《元史》卷47,《顺帝本纪十》,第938页。
④ 《元史》卷47,《顺帝本纪十》,第983—984页;卷141,《察罕帖木儿传附扩廓帖木儿传》,第3393页。

好条件。

洪武元年五月下旬，朱元璋到达汴梁，改汴梁路为开封府。六月，他召见徐达、常遇春、冯胜诸将，听取关于前线军事情况的汇报，并研究下一阶段的战略部署。徐达建议乘胜直捣元都，说："臣自平齐鲁，下河洛，王保保逡巡太原，徒为观望。今潼关又为我有，张思道（良弼）、李思齐失势西窜，元之声援已绝，臣等乘势捣其孤城，必然克之。"朱元璋表示同意，并打开地图指示说："卿言固是，然北土平旷，利于骑战，不可无备。宜选偏裨，提精兵为先锋，将军督水陆之师继其后，下山东之粟以给馈饷，由邺（今河北临漳西南）趋赵（今河北邯郸），转临清而北，直捣元都。彼外援不及，内自惊溃，可不战而下。"徐达担心明军大举进攻大都时，元顺帝会向北逃窜，那将留下后患，建议在攻下大都后，发兵追击元顺帝。朱元璋考虑到自己起兵江南，骑兵力量有限，扩廓帖木儿又盘踞太原，李思齐驻兵凤翔，中原尚未稳定，主张不必穷追，说："元起朔方，世祖始有中夏，乘气运之盛，理自当兴。彼气运既去，理固当衰。其成其败，俱系于天，若纵其北归，天命厌绝，彼自渐尽，不必穷兵追之。但其出塞之后，即固守疆圉，防其侵扰耳。"[1]考虑到此次北伐，战线拉得较长，他还提升冯胜为征虏右副将军，使副将军由一名增至两名，以加强北伐军的领导力量。并命浙江、江西二行省及苏州等九府运粮300万石至开封，以保障北伐军粮饷的供应[2]。

七月，朱元璋令冯胜留守开封，自返应天。闰七月，徐达按照朱元璋的部署，集合各路军队，自中滦渡河北上，攻占卫辉、彰德、磁州（今河北磁县）、邯郸，往东折向临清。临清地处卫河入运河之口，历来是北运船只的集结处，徐达决定在此地会合山东军队，水陆并举，分道北进。他派人到东昌通知张兴祖，到乐安调华云龙，让他们迅速带兵前来会师，并命傅友德率步骑兵，用两名俘虏的元将做向导，开辟陆道，令顾时疏浚河道，以通舟师。闰七月十五，徐达率马步舟师自临清北上。至德州，又会合常遇春、张兴祖、高显、毛麒之子毛骧、程华等几支队伍，进取长芦（今河北沧州）。元长芦守将左金院闻风逃遁，北伐军遂克长芦，控扼直沽（今天津狮子林桥西）出海口，沿北运河继续向北推进[3]。

在徐达引兵北上时，元朝统治阶级的内讧仍未稍止。七月，貊高、关保出兵进攻晋宁。扩廓帖木儿先是按兵不动，有一天，打听到貊高正分兵抄掠邻县，连夜带兵掩击他的大营，逮捕貊高和关保，派人到大都报告元顺帝。貊高、关保进攻扩廓帖木儿本来是元顺帝指使的，但是他看到朱元璋的军队已下山东、河、洛，大都势如累卵，希望扩廓帖木儿能出来替他解危，就把责任推到他们两人头上，在闰七月下诏给扩廓帖木儿，说："关保、貊高，间谍

① 《明太祖实录》卷32，洪武元年六月庚子。

② 《明太祖实录》卷32，洪武元年六月丙寅、戊寅。

③ 《明史纪事本末》卷8，《北伐中原》，第110页。

搆兵,可依军法处治。"①扩廓帖木儿杀掉貂高、关保后,元顺帝又把皇太子拉来当替罪羊,下诏撤销大抚军院,恢复扩廓帖木儿的中书左丞相等官职,让他带兵从河北南下,并令中书右丞相也速带兵趋山东,陕西行省左丞秃鲁带兵出潼关,李思齐带兵出七盘(在今陕西宁强西南)、金(陕西安康)、商,"四道进兵,犄角剿捕,毋分彼此"②,以阻挡北伐军的攻势。但是,秃鲁、李思齐仍按兵不动,也速与部将哈剌章、田胜、周达等带兵进抵莫州(今河北任丘北鄚州),即被打得溃不成军,"乃尽掠莫州残民北遁"③,元都大震。扩廓帖木儿正准备从晋宁出兵南下,得到也速的败讯,也退守太原④。元顺帝"四道进兵,犄角剿捕"的计划落空了。

闰七月二十五,徐达率兵进抵河西务(今河北武清东北),击败元军,乘胜追到距通州30里的地方,与常遇春分别在运河东、西两岸扎营。翌日大雾,徐达令郭英以千人埋伏道旁,自率精骑3000杀向通州城下。元将五十八国公率万名敢死队分两翼迎击。郭英佯败退却,元军追奔而来,遭到伏兵的截击,被歼数千人。二十七日夜,徐达乘胜进占通州⑤。此前,元顺帝曾有逃往耽罗(今韩国济州岛)的计划,至正二十五年(1365)派枢密院副使帖木儿不花镇守耽罗,二十七年将一批御府金帛运至那里收藏,并命元世等工匠前去营造宫殿⑥。但徐达攻占通州后,"大明舟师万余艘泊通州"⑦,从大都通往辽阳的驿道已被切断,逃往耽罗的计划宣告破产。元顺帝惊恐万状,连夜召集三宫后妃及太子商议,决定弃城北逃上都。第二天,元顺帝在清宁殿召见文武大臣,说明弃城北走的打算。知枢密院事哈喇章以为不可,认为通州已失,"若车驾一出,都城立不可保",请求元顺帝"死守以待援兵"。元顺帝哀叹说:"也速已败,扩廓帖木儿远在太原,何援兵之可待也!"⑧决计北逃。他命令已被封为淮王的帖木儿不花监国,丞相庆童留守大都,自己在当夜三鼓,率后妃、太子、太子妃等百余人出建德门(今德胜门),经居庸关往北逃窜。八月初二,徐达等至齐化门,命令将士填壕登城而入。徐达登上齐化门楼,下令擒斩帖木儿不花及庆童等,关闭宫殿的大门,封存元廷的府库图籍宝物,派兵把守⑨。八月初三,命右丞薛显、参政傅友德领

---

① 《元史》卷47,《顺帝本纪十》,第985页。
② 《元史》卷47,《顺帝本纪十》,第985页。
③ 《元史》卷142,《也速传》,第3403页。
④ 《元史》卷141,《察罕帖木儿传附扩廓帖木儿传》,第3393页。
⑤ 《鸿猷录》卷5,《克取元都》,第93页;《明史纪事本末》卷8,《北伐中原》,第110页。
⑥ (日)冈田英弘:《元顺帝与济州岛》,日本《史学杂志》第66编第12号;《高丽史》卷40,《恭愍王世家》。参看叶泉宏:《明代前期中韩国交之研究》,(台北)商务印书馆1991年版,第34页。
⑦ 《高丽史》卷40,《恭愍王世家》。
⑧ (元)刘佶:《北巡私记》,《云窗丛刻》本。
⑨ 《明太祖实录》卷34,洪武元年八月庚午。

兵 3 万,出古北口追击元顺帝。元顺帝从东路北逃,傅友德等从西路追击,两路互差,没有追上,仅带回牛羊马 10 万匹。徐达大怒,命傅友德再从东路追击,但元顺帝已经逃远,仍是无功而返①。

后来,朱元璋曾对徐达等功臣总结北伐战役的成功经验,他说:"朕所以命卿等先取山东,次及河、洛者,先声既震,幽、蓟自倾。且朕亲驻大梁,止潼关之兵者,知张思道(良弼)、李思齐、王保保皆百战之余,未肯遽降,急之非北走元都,则西走陇、蜀,并力一隅,未易定也。故出其不意,反旆而北,元众胆落,不战而奔。然后西征,张、李二人望绝势穷,故不劳而克,惟王保保犹力战以拒朕师。向使若等未平元都,而先与之角力,彼人望未绝,困兽犹斗,声势相闻,胜负未可知也!"②中国古代的统一皇朝,都是崛起于北方,在实力壮大之后,再由北向南实现统一的。唯有明朝是个例外,它是崛起于南方,然后由南向北实现统一的,这显然同当时国内的局势,特别是同朱元璋的政治、军事才能有着密切的关系。

元朝的统治被彻底推翻了,历时达 17 年之久的元末农民战争至此结束。随着元朝覆灭而来的是明封建皇朝的建立,广大农民要求推翻元朝统治的目标实现了,但他们要求摆脱封建统治和剥削的目的并没有达到。因此,从政治上来说,攻克大都、灭亡元朝的胜利,乃是地主阶级改朝换代策略的胜利,同时也是元末农民战争的最后失败。尽管如此,元朝腐朽统治的覆灭,毕竟为社会历史的发展扫除一大障碍,中国漫长的封建社会从此进入了一个新的历史时期。

---

① 《纪事录笺证》卷下,第 166—167 页。
② 《明太祖实录》卷 58,洪武三年十一月戊戌。

第六章
创建大明王朝

第一节　登基称帝，择定都城

吴元年(1367)十二月上旬，南北前线的捷报不断传到应天，报告南征大军迫降方国珍，正由水陆两路以破竹之势向福建挺进，北伐大军也已平定山东的喜讯。应天的文武官员个个欢欣鼓舞，以中书省左丞相、宣国公李善长为首的大臣更是兴奋异常，他们觉得攻克大都、推翻元朝、统一全国已是指日可待。按照历代的传统惯例，局部地区的统治者称王，全国性的统治者称帝，朱元璋也应该由吴王改称皇帝。他们决定再次奉表，劝朱元璋登基称帝。

十二月十一，李善长率文武百官奉表劝进。不料，朱元璋再次谢绝，说："始吾即王位，亦不得已，勉从众言。今卿等复劝即位，吾恐德薄，不足以当之。"群臣一齐叩头再请，他仍不从。如果说朱元璋在七月间谢绝群臣的劝进，是由于"一统之势未成，四方之涂尚梗"，担心重蹈陈友谅匆促称帝又迅速败亡的覆辙的话，那么这次推却则是为了显示自己"谦让"的美德。李善长摸准他的心理，第二天又率领大臣上奏，说："陛下谦让之德著于四方，感于神明。愿为生民计，早徇群臣之请。"朱元璋听了非常高兴，半推半就地说："中原未平，军旅未息，吾意天下大定，然后议此，而卿等屡请不已。此大事，当斟酌礼仪而行，不可草草。"①李善长心领神会，当即领着一批礼官拟出即位礼仪，送给朱元璋审批。其中，所拟仪卫八队，八面仪仗大旗分别书以"天""下""太""平""皇""帝""万""岁"八个大字。朱元璋认为这是"夸大"之词，对李善长说："古者九旗之制，各有其属，若日、月、蛟、龙、熊、虎、鸟、隼、龟、蛇之类，所以昭仪物、辨等威。若'太''平''万''岁'之名，此直夸耳。莫若以'天''祐''家''邦''海''宇''康''宁'易之，庶几顺理。"接着又说："此亦近夸，宜并去之。"②即位的事，就样定下来了。

朱元璋和他的大臣都忙碌起来，着手进行登基的筹备工作。皇宫倒是现成的。吴王新宫刚建成不久，尚未使用，朱元璋决定暂时将这座新宫作为皇宫，不再另建宫室。即位的日子选在来年的正月初四，年号定为洪武，国号定为大明。这个国号的确定，很费了朱元璋的一番心思。历代统治者为了显示自己"命世之君，创制显庸"的丰功伟绩，"以新一代之耳目"，都"不肯因袭前代"的称号③，要给自己创建的皇朝另取一个新名号。因此，历代皇朝的国号总要经过慎重的研究而后确定，赋予它某种特殊的含义。朱元璋取大明为

---

①　《明太祖实录》卷 28 上，吴元年十二月癸丑。

②　《明太祖实录》卷 28 下，吴元年十二月甲子。

③　(清)赵翼著，王重民校证：《廿二史札记笺证》卷 29，《元建国号始用文义》，中华书局 1984 年版，第 670 页。

朝代称号,据说出自刘基的建议①。"国号大明,承林儿小明号也"②,它来源于韩林儿的小明王称号,而将小字改为大字。小明王的称号则取自白莲教徒诵读的主要经典《佛说大阿弥陀经》。《佛说大阿弥陀经》中有一段文字云:"佛言:阿弥陀佛光明明丽快甚,绝殊无极,胜于日月之明千万亿倍,而为诸佛光明之王,故号无量寿佛……超日月光佛。其光明所照,无央数天下幽冥之处皆常大明。"③茅子仪的《弥陀节要》宣扬"弥陀出世",既然阿弥陀佛是"诸佛光明之王","弥陀出世"也就是"明王出世"④。朱元璋所以决定采用这个国号,是有其深刻用意的。首先,他的势力是依靠元末农民大起义发展、壮大起来的,而且在很长一段时期内臣属于小明王,他的部众和统治区内的农民群众有不少白莲教徒,深受"明王出世"宗教宣传的影响。朱元璋用大明作新皇朝的称号,既可取得从农民起义中奋战过来的将士们的拥护,又可以争取信奉白莲教的广大群众的支持。其次,大明的称号又可以按照儒家的学说来理解。明是光明,是火,明字拆开是日月二字。古礼有祀"大明"、朝"日"夕"月"的说法,历代朝廷都把祭祀"大明"和日月列为正祀,或郊祭或特祭,每年都要举行极其隆重的祭祀活动。而且按照阴阳五行的学说,南方属火、属阳,神为祝融,颜色为赤,北方属水、属阴,神为玄冥,颜色为黑。朱元璋起自南方,应天又是传说中的祝融故墟,他北上攻克大都,推翻起自蒙古大漠的元朝,就是以火制水,以阳消阴,以明克暗。这样,以大明为号,也符合儒家思想,可使地主阶级及其儒士感到满意,从而博得他们的拥护和支持⑤。十二月二十二,朱元璋御临新宫,把准备登基的意思祭告上帝皇祇说:

> 维我中国人民之君,自宋运告终,帝命真人于沙漠,入中国为天下主。其君臣父子及孙,百有余年,今运亦终。其天下土地人民豪杰分争,惟臣,帝赐英贤李善长、徐达等为臣之辅,遂有裁定:采石水寨蛮子海牙、方山陆寨陈也(埜)先、袁州欧(普)祥、江州陈友谅、潭州王忠信、新涂邓(克)明、龙泉彭时中、荆州姜钰、濠州孙德崖、庐州左君弼、安丰刘福通、赣州熊天瑞、辰州周文贵、永新周安、萍乡易华、平江王世明、沅州李胜、苏州张士诚、庆元方国珍、沂州王宣、益都老保等处狂兵,息民于田野。今地周回二万里广。诸臣下皆曰:恐民无主,必欲推尊帝号。臣不敢辞,亦不敢不告上帝皇祇,是用吴二年正月四日,于钟山之阳,设坛备仪,昭告上帝皇祇,惟简在帝心:如臣可

---

① 《野记》1。
② 《洞庭集·大明初略四》。
③ 《佛说大阿弥陀经》,清乾隆大藏经本。
④ 参看杨讷:《元代的白莲教》,《元史论丛》第2辑。
⑤ 吴晗:《朱元璋传》,北京:三联书店1965年版,第142—143页。

为生民主,告祭之日,帝祇来临,天朗气清;如臣不可,至日当烈风异景,使臣知之。①

祭文按照儒家的君权神授学说,把元朝的建立和倾覆,自己势力的兴起和发展,都归结为上帝的旨意,然后请求上帝批准自己登基称帝,建立新的皇朝。

即位的日子是同刘基商量确定的。原来,在举行祭告天地仪式的前两天,应天连降雨雪,气候又阴又冷,一点也不见有转晴的希望。但谋士刘基"通经史,于书无所不窥,尤精象纬之学"②,是个有名的天文学家。当时他身兼太史令,正负责主持历法的制定工作,已预测到来年的正月初四,天气将会转晴。朱元璋选定这一天作为即位的日子,就有充分的信心能让上帝来"批准"自己登基称帝。

应天的天气,果然如刘基预测的那样,很快由雪转晴。正月初一,纷纷扬扬的大雪突然停止。到正月初四,阴云齐敛,天宇澄清,一轮红日喷薄而出,整个大地撒满了金灿灿、暖融融的阳光。按照规定的礼仪,朱元璋身穿华贵的衮服,头戴冠冕,在南郊设坛告祀上帝皇祇,宣读祝文,报告他十几年来取得的巨大功业和就位称帝、定号大明、建元洪武的消息。然后在郊坛即皇帝位,由丞相李善长率百官和都民耆老拜贺舞蹈,三呼万岁。礼成,具皇帝卤簿威仪导从,到太庙追尊高祖父为"玄皇帝",庙号"德祖",高祖母为"玄皇后";曾祖父为"恒皇帝";庙号"懿祖",曾祖母为"恒皇后";祖父为"裕皇帝",庙号"熙祖",祖母为"裕皇后",父亲为"淳皇帝",庙号"仁祖",母亲为"淳皇后"。接着,再祭告社稷坛。这些宗教仪式结束后,又在奉天殿举行百官朝贺仪式。朝贺完毕,朱元璋命李善长奉表册立马氏为皇后,册立世子朱标为皇太子。初五日,朱元璋向全国正式发布《即位诏》。这个即位诏在起草时,朱元璋认为元朝发布的诏书,开头必曰"上天眷命",意谓上天眷顾,故人君才能如此行事,显得不够谦逊,仍然沿袭吴元年的做法,书曰"奉天承运",以示人君的言动皆奉天而行,非敢自专③。然后诏封皇族,给功臣宿将加官晋爵。这样,朱元璋算是得到上帝皇祇批准并得到臣民承认的正统皇帝,由一个旧皇朝的掘墓人变为新皇朝的创建之君了。因为他死后庙号"太祖",谥曰"高皇帝",史书上通常称他为明太祖,有时也叫作高皇帝。

为了说明元朝的兴亡和明朝的建立都是由"天命"决定的,他朱元璋是"奉天承运"的正统"天子",即位不久,朱元璋便在洪武二年二月诏修《元史》④。他任命左丞相李善长为监修,宋濂、王祎为总裁官,征召山林遗逸之士汪克宽、胡翰、赵埙等16人为纂修官,于天

① 《明太祖集》卷17,《即位告祭文》,第400页;《明太祖实录》卷28下,吴元年十二月甲子。
② 《明史》卷128,《刘基传》,第3777页。
③ 《明太祖实录》卷29,洪武元年正月乙亥、丙子。
④ 《明太祖实录》卷39,洪武二年二月丙寅。

界寺开设史局。史官以克大都所得元十三朝实录为依据，参考《元经世大典》诸书，至八月编写成 159 卷进呈①。因元顺帝一朝没有实录可资参考，又派欧阳佑等赴北平，广泛搜求顺帝朝史料。洪武三年一月重开史局，仍以宋濂、王祎为总裁官，纂修官除留下赵埙外，又从各地征调了朱右、贝琼等，共 15 人，至七月续成 53 卷。最后将两部分合在一起，厘分附丽，共成 215 卷②。这部《元史》全部编纂工作仅历时 331 天，速度之快为古今所无，故而落个"元史草率"③的讥评。

朱元璋称帝后，马上就面临在何处建都的问题。

朱元璋是在应天就皇帝位的。应天既是他借以发展势力的基地，又有吴王时代奠定的宫阙，自然首先成为他选作都城的考虑对象。早在渡江前，冯国用就劝他夺取金陵以为根本，然后四出征战以定天下。后来，叶兑的上书也建议他"即建康以定都，拓江广以自资，进则越两淮规中原而取天下，退则保全方面以自守"。朱元璋身边的文武重臣大多是淮西子弟，他们留恋乡土，更希望能把都城定在靠近家乡的应天。但是，有些儒士并不赞成这个定都方案，"当大军初渡大江之时，臣（朱元璋）每听儒言，皆曰'有天下者，非都中原不能控制奸顽'"④。因此，朱元璋一时也拿不定主意。都城的选择，一般都把政治、军事、经济和地理条件等各种因素结合起来加以考虑。应天背靠钟山，面临长江，龙盘虎踞，形势非常险要。它所在的江南地区，又是当时全国的经济重心，不仅盛产粮食，而且拥有发达的纺织业、制盐业和繁荣的商业，所谓"天下财赋出于东南，而金陵为其会"⑤，经济条件也很优越。但从军事的角度来考虑，应天的位置偏于江左，距离对元朝作战的北方前线太远，不便于朝廷部署军事和指挥、调动部队，这确实是个很大的缺陷。同时，朱元璋还认为，历史上在此地建都的东吴、东晋和南朝的宋、齐、梁、陈六朝"所历年数不久"⑥，这也很不吉利。所以，他没有马上做出决定。

洪武元年（1368）三月，徐达带领北伐军攻取了山东、河南，"言者皆谓君天下者宜居中土，汴梁宋故都，劝上定都"⑦。四月，朱元璋到汴梁，改汴梁路为开封府，就地对这个城市做了一番考察，觉得开封地处中原，"四方朝贡，道里均适，父老之言，乃合朕志"⑧，决定在此建

① 《明太祖实录》卷 44，洪武二年八月癸酉。

② 《明太祖实录》卷 54，洪武三年七月丁亥；李善长：《进〈元史表〉》，《元史》第 4673—4674 页；宋濂：《〈元史〉目录后记》，《元史》第 4677—4678 页。

③ 《廿二史札记笺证》卷 31，《明史》，第 721 页。

④ 《明太祖集》卷 17，《中都告祭天地祝文》，第 399 页。

⑤ （明）丘濬：《大学衍义补》卷 85，《都邑之建》上，《四库全书》本。

⑥ 《国初事迹》。

⑦ 《明太祖实录》卷 31，洪武元年四月甲子。

⑧ 《明太祖实录》卷 34，洪武元年八月己巳。

都，但感到这个城市无险可守，是个"四面受敌之地"①，决定把应天也定作都城，实行古已有之的两京制度。八月初一，便下诏以应天为南京，开封为北京，天子于春秋往来巡狩②。

就在诏书颁布的第二天，北伐军攻克大都，元顺帝逃奔塞北。面对这种局势，仍以开封为都城是否合适呢？八月下旬，朱元璋为部署向晋秦进军的军事行动，又亲至开封，顺便对这个城市进行第二次考察，权衡在此建都的利弊。但是，未等他做出决断，第二年八月，明军已平定陕西，将北方地区纳入明朝的版图。随着全国政治、军事形势的重大变化，建都的地点是否也应进行适当的调整呢？朱元璋召集臣僚进行讨论。许多大臣鉴于北方元朝的残余势力尚未消灭，仍然主张在中原建都，并提出定都长安、洛阳、开封和北平等几种方案。朱元璋听完各种意见后说："所言皆善，惟时不同耳。"③认为大臣们的话虽然都有道理，却不适应当前的形势。长安、洛阳、开封虽系周、秦、汉、魏、唐、宋诸朝的故都，但明朝刚刚建国，民力未苏，如果在那些地方建都，供给力役都要依赖江南，势必加重江南人民的负担，尤其是开封，经过二十多年的兵火，"民生凋敝，水陆转运艰辛"④，在此建都，老百姓就更负担不了；北平虽有元朝的宫室可以利用，但如定为都城，仍需要进行一番改造修建，还是要耗费不少人力物力。因此，朱元璋另外提出一个在南京和他的家乡临濠府（即濠州，吴元年改为临濠府）建都的方案。他认为，南京"长江天堑，龙蟠虎踞，江南形胜之地，真足以立国"，可以作为都城，但它"去中原颇远，控制（北方）良难"，而离中原稍近的"临濠则前江后淮，以险可恃，以水可漕"，以之作为中都，可以补救定都南京的不足⑤。朱元璋征询臣僚的意见，李善长等一大批跟随他龙飞淮甸的大臣自然都表示赞成。洪武二年（1369）九月，便正式下诏在临濠营建中都，"命有司建置城池宫阙如京师之制"⑥。三年二月，置中都留守卫指挥使司，"专领军马，守御各城门及巡警皇陵与城垣造作之事"⑦。六年九月，改临濠府为中立府⑧，"取中天下而立，定四海之民之义也"⑨。七年八月，又改中立府为凤阳府，并置凤阳县⑩，"以在凤凰山之阳，故名"⑪，府治随之迁至凤阳。在中都营

---

① 《国初事迹》。

② 《明太祖实录》卷34，洪武元年八月己巳。

③ 《明太祖实录》卷45，洪武二年九月辛丑。

④ 《明太祖集》卷17，《中都告祭天地祝文》，第399页。

⑤ 《明太祖实录》卷45，洪武二年九月辛丑；卷80，洪武六年三月癸卯。

⑥ 《明太祖实录》卷45，洪武二年九月辛丑。

⑦ 《明太祖实录》卷49，洪武三年二月丁亥。

⑧ 《明史》卷40，《地理志一》，第912页。

⑨ 《成化中都志》卷1，《天一阁明代方志选刊续编》本。

⑩ 《明太祖实录》卷12，洪武七年八月庚子。按：朱元璋在洪武三年改钟离县为中立县，寻又改为临淮县。洪武七年，从临淮县划出太平、清乐、广德、永丰四个乡，另置凤阳县。十一月，又把虹县南八都并入凤阳县。

⑪ （明）李贤等：《大明一统志》卷7，《中都·凤阳府·凤阳县》，明天启万寿堂刊本。

建期间,先后隶属中都的共有寿、邳、徐、宿、颍、息、光、六安、信阳、泗、滁、和等 12 州和五河、怀远、定远、中立(后改为临淮)、蒙城、霍丘、英山、宿迁、睢宁、砀山、灵璧、颍上、泰(太)和、固始、光山、丰县、沛县、萧县、盱眙、天长、虹县、全椒、来安、凤阳等 24 县①,几乎包括了整个淮河流域。

洪武二年九月的诏书宣布后,明廷开始着手营建中都。朱元璋下令在凤阳设立行工部,具体负责营建工作②,并命退休的丞相李善长和汤和、吴良及工部尚书薛祥等人前往督工③。中都的城址,定在临濠府城西面偏南 20 里的高亢坡地上。建筑的标准要求很高,殿坛的建筑都很华丽,如圜丘、方丘、日月社坛、山川坛及太庙都"上以画绣"④,连石构建筑也要求雕饰奇巧。如宫阙前的"御道踏级文用九龙、四凤、云朵,丹陛前御道文用龙、凤、海马、海水、云朵"⑤。为求坚固,一些建筑的关键部位要求灌注熔化的生铁水,如"城河坝砖脚五尺,以生铁镕灌之"⑥。

对以凤阳为中都的决定,较有眼力的一些大臣一直持有不同的意见。洪武三年(1370)七月,中都营建工程开始不久,吉水儒士胡子祺应征至京,考选拜为监察御史,即曾上奏:"天下胜地可都者四:河东高厚,控制西北,然其地苦寒,士卒不堪;汴梁襟带江淮,然平旷无险可守;洛阳周、汉尝都之,然嵩、邙诸山,非崤、函、终南之固,瀍、涧、伊、洛,非泾、渭、灞、浐之雄;故山河百二,可耸诸侯之望,系宗社之久,举天下莫关中若也。"⑦朱元璋虽然点头称"善",但并没有采纳。洪武四年正月,刘基更对定都凤阳直接表示反对,说:"中都曼衍,非天子居也。"⑧朱元璋仍然听不进去。

朱元璋之所以拒绝胡子祺、刘基等人的意见,并一反他"崇节俭"⑨的做法,要求把中都建造得非常雄壮华丽,这是因为"圣心思念帝乡,欲久居凤阳"⑩。洪武六年二月,礼部奏制中都城隍神主,尚书陶凯向他请示:"他日合祭,以何主居上?"他回答说:"从朕所都为上。

---

① 《明太祖实录》卷 45,洪武二年九月癸卯;卷 61,洪武四年二月癸酉;卷 62,洪武四年三月乙酉;卷 85,洪武六年九月壬戌;卷 92,洪武七年八月庚子;《明史》卷 40,《地理志一》,第 913—914 页;卷 42,《地理志三》,第 986—987 页;《大明一统志》卷 7,《中都》。

② 《明太祖实录》卷 77,洪武五年十二月甲申。

③ 《明史》卷 128,《李善长传》,第 3771 页;卷 126,《汤和传》,第 3753 页;卷 138,《薛祥传》,第 3973 页;《天启凤阳新书》卷 4。

④ 《国榷》卷 4,洪武四年正月庚寅,第 437 页。

⑤ 《明太祖实录》卷 83,洪武六年六月辛巳。

⑥ 《明太祖实录》卷 83,洪武六年六月辛巳。

⑦ 《国榷》卷 4,洪武三年七月乙巳,第 423 页。

⑧ 《国榷》卷 4,洪武四年正月庚寅,第 437 页。

⑨ 《明太祖实录》卷 21,丙午年十二月己巳。

⑩ 《天启凤阳新书》卷 7,《致仕指挥尹令等再疏》。

若他日迁中都,则先中都之主。"①后来,洪武十六年(1383)凤阳的大兴龙寺建成,朱元璋亲自撰写《龙兴寺碑》,谈及建寺的经过时,又说:"洪武初,欲以(凤凰)山前为京师,定鼎四方,令天下名材至斯。后罢建宫室,名材为积木,因而建(寺)焉。"②可见,朱元璋是准备在中都建成之后,把都城迁去,以便在家乡长久居住的。这说明,农民出身的朱元璋,此时仍然保留着浓厚的乡土观念。

经过将近六年的努力,中都的宫阙和各种附属设施相继拔地而起。整个中都仿照北宋东京和元大都之制,建有里外三道城垣,形成三城环套的布局。中央是皇城即宫城(大内),建在凤凰山之阳正南的坡地上,城垣"周六里"③,设有四座城门,前为午门,后为玄武门,东为东华门,西为西华门。城垣的四角,均建有角楼。皇城外面是一道禁垣,它枕山而筑,把凤凰山主峰和与其相连的万岁山主峰都包容在内。禁垣周长"十有四里"④,砖石修垒,气势极为雄伟。也设有四座城门,南为承天门,北为北安门,东为东安门,西为西安门。中书省、大都督府、御史台三大衙门及太庙、社稷坛都建在皇城外面的这道禁垣之内。最外面的中都城,是百姓、商贾的居住区,城垣"周五十里零四百四十三步"⑤,用土夯筑,呈扁长形,西南突出一角,把凤凰山嘴包容在内。中都城垣原计划开设12座城门,到洪武八年建成9座城门,即正南的洪武门,两侧的南左甲第门、前右甲第门;北墙的北左甲第门,后右甲第门;东墙正中的独山门,北边的长春门,南边的朝阳门;西墙的涂山门。从洪武门经承天门至午门再到玄武门,有一条南北向的中轴线。其中,从洪武门到午门的一段长达三里多的中轴线,与中心御道叠合在一起。城内外的主要建筑,皆呈南北对称,或以中轴线为界呈东西对称的格局。

中都城池宫阙的规划建设,继承中国传统的京城包括元大都和洪武初年的南京之制,但继承之中有创新。例如太庙和太社稷的配置方式,唐代的长安是分置于皇城的东南、西南隅,元代的大都是分置于宫城之外的左、右两侧,朱元璋营建吴王新宫时是分置于"皇城东北""宫城西南",显得过于分散。中都城把太庙、太社稷分别移置于午门之前中轴线的左右两侧,不仅更突出中心御道的地位,同时也更突显儒家"帝王受天明命"的思想。太庙、太社稷这种新的配置方式,后来改建南京和永乐年间营建北京都继续加以沿用,而"建为一代之典"⑥。

---

① 《明太祖实录》卷79,洪武六年二月丁丑。

② 《天启凤阳新书》卷8,《龙兴寺碑》。

③ 《天启凤阳新书》卷3,《宫阙》。

④ 《明太祖实录》卷83,洪武六年六月辛未。

⑤ 《成化中都志》卷3,《城郭》;《明史》卷40,《地理志一》,第712页。

⑥ 《明太祖实录》卷114,洪武十年八月癸丑。参看王剑英:《明初营建中都及其对改建南京和营建北京的影响》,《历史地理》第3辑;《明中都研究》,第447—460页。

洪武八年四月,中都的营建"功将完成"①,一座崭新的都城已粗具规模,在皖东大地矗立起来了。

四月初二,朱元璋带着喜悦的心情,兴冲冲地前往中都"验功赏劳"。不料,他在中都却碰上了营建工匠用"厌镇法"对工役繁重表示不满的事件②。

原来,为了营建中都,明廷从各地调集大批的人力。当时工部所辖"将及九万"③的工匠,几乎都在中都做工。除了这些专业工匠,参加中都营建的还有几十万军士、民夫和罪犯。据记载,洪武五年八月,朱元璋曾令吏部尚书吕本、户部郎中万镛会同行大都督府官给参与营建中都的濠梁、怀远、皇陵、长淮四卫军士分发 7 万件棉袄④。六年三月,又"诏于临濠造金吾、左右羽林、左右虎贲、左骁骑、左右燕山护卫、神策、雄武、兴武、威武、广武、英武、武德、鹰扬、龙骧、钟山、兴化、定远、怀远二十一卫军士营房三万九千八百五十间"⑤。《成化中都志》卷 3《军卫》又载:"国初有金吾、左羽林、左虎贲、左骁骑、左龙骧、兴武、兴化、和阳、雄武、钟山、定远、振武等卫。既定鼎金陵,后皆革调。"透过这些资料可知,参加中都营建的除了设在本地的濠梁、定远、怀远、皇陵、长淮等卫,还有原设在南京的金吾、左右羽林、左右虎贲、左骁骑、左右燕山护卫、神策、雄武、兴武、威武、广武、英武、武德、鹰扬、龙骧、钟山、兴化、和阳、振武等卫,合共 26 卫。如果按照洪武初年每卫万人的编制推算,则有军士 26 万人,如果按照洪武七年八月规定的"大率以五千六百人为一卫"来推算,也有军士 14 万人左右。当时,朱元璋还曾下令,将罪犯发往临濠屯田或做工。如洪武五年(1372)正月诏:"今后犯罪当谪两广充军者,俱发临濠屯田"⑥;八年二月敕刑官:"自今凡杂犯死罪者,免死输作(罚做苦工);终身徒流罪,限年输作;官吏受赃及杂犯私罪当罢职役者,谪凤阳屯种;民犯流罪者,凤阳输作一年,然后屯种。"⑦后来,"官吏有罪者,笞以上悉谪屯凤阳",到洪武九年竟"至万数"⑧。此外,从各地迁至临濠屯田的移民数量也很大。如吴元年(1376)十月"徙苏州富民实濠州"⑨,十二月"徙方氏官属刘庸等二

---

① 《明太祖集》卷 17,《中都告祭天地祝文》,第 399 页。

② 《明史》卷 138,《薛祥传》(第 3973 页):"(洪武)八年,(薛祥)授工部尚书。时造凤阳宫殿,帝坐殿中,若有人持兵斗殿脊者。太师李善长奏诸工匠用厌镇法,帝将尽杀之。祥为分别交替不在工者,并铁石匠皆不预,活者千数。"厌镇法,即厌胜法,为古代方士的一种巫术,谓能以诅咒制服其所憎恶的人或物。

③ (明)朱元璋:《御制大诰三编·工匠顶替第三十》,杨一凡点校:《皇明制书》,第 1 册,社会科学文献出版社 2013 年版,第 232 页。

④ 《明太祖实录》卷 75,洪武五年八月甲辰。

⑤ 《明太祖实录》卷 80,洪武六年三月壬戌。

⑥ 《明太祖实录》卷 71,洪武五年正月壬子。

⑦ 《明太祖实录》卷 97,洪武八年二月癸巳。

⑧ 《明史》卷 139,《韩宜可传》,第 3983 页。

⑨ 《明太祖实录》卷 26,吴元年十月乙巳。

百余人居濠州"①,洪武三年(1370)六月令苏、松、嘉、湖、杭五县民无田产者往临濠开种,"徙者凡四千余户"②,六年十月徙山西弘州等州县民于中立府,"凡八千二百三十八户,计口三万九千三百四十九"③,而最大规模的一次移民是洪武七年迁徙江南民 14 万人④至凤阳屯田。这些移民的数量估计达二三十万人,他们除种田纳粮,也要为营建中都提供夫役。临濠在战争之后,人烟稀少,田土荒芜,工役又极繁重,做工的工匠、军士、民夫、罪徒的生活都苦不堪言。当时待遇最好的要算军士,官府有时还赐给棉袄和粮食,但他们"盛暑重劳,饮食失节,董其役者督之太急,使病无所养,死无所归",以致"多以疫死"⑤。至于待遇最差的罪犯,处境更是悲惨,"怨嗟愁苦之声,充斥园邑"⑥。这些军士、工匠、民夫和罪徒的心中,郁积着一股强烈的不满和愤怒情绪。工匠便在朱元璋视察的宫殿脊上搞了据说可招来鬼神作怪的厌镇法,以发泄他们心中的积怨。

案发后,朱元璋下令"尽杀"搞厌镇法的工匠。但营建工匠对繁重工役的不满情绪,仍使他受到强烈的震动。他清楚地记得,吴元年四月,为了拓建应天城,徐达令江南各府验民田,征砖瓮城,曾激起上海农民的反抗,3 万多农民拿起农具,在钱鹤皋的率领下,一举攻破松江府治,捕杀知府荀玉珍⑦。在灾荒连年的元末,元廷征发 17 万军民修治黄河,激起农民大起义的情景,更是不时浮现眼前。他逐渐清醒过来,开始意识到元朝统治刚被推翻,民困未苏,而统一战争尚在进行之时,就大规模营建中都,并要求建得非常雄壮华丽,是个重大的失误。离开中都之前,他在圜丘祭告天地,怀着沉重的心情向皇天后土请罪,说:"此臣之罪有不可免者。"⑧

---

① 《国榷》卷 2,至正二十七年十二月丁巳,第 350 页;《明太祖实录》卷 28 上,吴元年十二月丁巳。

② 《明太祖实录》卷 53,洪武三年六月庚辰。

③ 《明太祖实录》卷 85,洪武六年十月丙子。

④ 《明太祖集》卷 6《谕太师韩国公李善长、江夏侯周德兴、江阴侯吴良等》(第 85 页):"古有移民之道,为产少而食多,所以狭乡之民,产少业薄者,被迁至所在,使得其安,生理且厚,可见昔君养民富国如是,诚为良法也。……前者移江南民十有四万诣凤阳,使各农田而实地,以壮京畿。"《天启凤阳新书》卷 5 亦载:"洪武七年……上谓太师李善长曰:临濠吾乡里,兵革以后,人烟稀少,田土荒芜。天下无田耕种村民尽多,于富庶处起取数十万,散于濠州乡村居住,给与耕牛、谷种,使之开垦成田,永为己业,数年之后,岂不富庶?遂徙江南民十四万实中都,以善长同列侯吴良、周德兴督之。"《明史》卷 127《李善长传》(第 3771 页)、卷 133《俞通海传附俞通源传》(第 3877 页),将这"产少业薄""无田耕种"的 14 万移民记为"富民""豪民",实误。赵翼《廿二史札记》卷 32《明祖行事多仿汉高》(第 737 页)记明太祖"徙江南富人十四万户于中都",亦误。参看黄云眉:《明史考证》,第 4 册第 1147—1148 页;李龙潜:《明初迁徙富户考释》,《中国社会经济史研究》1988 年第 3 期。

⑤ 《明太祖实录》卷 75,洪武五年七月戊申。

⑥ (明)陈子龙等辑:《明经世文编》卷 8,《叶居升奏疏·万言书》,中华书局 1962 年影印本。

⑦ 《明太祖实录》卷 23,吴元年四月丙午;《万历上海县志》卷 75,《祝大夫碑》,明万历十六年刻本。

⑧ 《明太祖集》卷 17,《中都告祭天地祝文》,第 399 页。

四月二十九，朱元璋闷闷不乐地回到南京，又得知刘基已在本月十六日去世①的消息，心情越发沉重。刘基是在当年正月吃了左丞相胡惟庸所派医生下的毒药，三月间被朱元璋送回浙东老家养病的。刘基之死，使朱元璋想起他在洪武四年正月所说的"中都曼衍，非天子居也"的忠告。刘基反对在凤阳建都，虽然主要是从地理条件考虑，但朱元璋却从刘基被毒死这件事看到淮西勋臣势力的膨胀，为自己的皇权深感忧虑。登基之后，他就担心早年跟随自己南征北战的勋臣功高震主，曾采取一系列措施加以防范。但是淮西勋臣就是不听约束，不仅恃功骄恣，屡屡干出越礼非分的勾当，而且极力排挤、打击非淮西籍大臣。洪武三年七月，他们将山西籍的杨宪倾陷致死；四年三月，又将浙东籍的刘基排挤出朝。在中都营建期间，这些勋贵争权夺利的活动更加猖獗。洪武五年，朱元璋决定在中都为6公27侯营建宅第之前，武定侯郭英等竟私自役使营建中都宫殿的将士替自己建造私室②。后来，江夏侯周德兴也"恃帝故人，营第宅逾制"③。左丞相胡惟庸还公然对刘基下毒手，派医生给他下毒药，使之中毒而死④。朱元璋由此想到，如果在凤阳建都，淮西勋臣利用家乡盘根错节的宗族、乡里关系扩展势力，对皇权的威胁更大，那时局面就难以控制了。于是，他下决心抛弃乡土观念，在当天下诏"罢中都役作"⑤。九月，终于彻底放弃"迁都中都"的计划，从此不再返回凤阳老家，并下令对营建工匠进行安抚，命中书省"凡工匠有死亡者，皆给以棺，送至其家，复其役三年"⑥。翌年五月，又赐现役工匠钞币"凡六万三百六十余锭"⑦。

罢建中都后，朱元璋决定对南京进行改建。罢建中都之前，他曾于洪武七年春写下《阅江楼记》一文，比较在何地建都才是"道里适均"的问题，认为在中原建都是"偏北而不居中"，而在南京建都倒是"道里适均"。如在此建都，"万邦之贡，皆下水而趋朝，公私不乏，利益大矣"⑧。因此，他于洪武六年(1373)六月，命留守卫都指挥使司"修筑京师城"⑨，至八月建成，"周九十六里"⑩。城垣依山傍水，东北靠近钟山西南麓，北面紧靠玄武湖，把

①　《明太祖实录》卷99，洪武八年四月丁巳(即二十九日)条载："上还自中都。"同条又载："诚意伯刘基卒。"据黄伯生《诚意伯刘公行状》(《诚意伯刘先生文集》卷首，第16页)载，刘基死于洪武八年四月十六日，四月二十九日当系刘基死讯传至应天的日期。

②　《明太祖实录》卷69，洪武四年十一月壬申。

③　《明史》卷132，《周德兴传》，第3861页。

④　详见第11章2节。

⑤　《明太祖实录》卷99，洪武八年四月丁巳。

⑥　《明太祖实录》卷101，洪武八年九月癸未。

⑦　《明太祖实录》卷106，洪武九年五月壬戌。

⑧　《明太祖集》卷14，《阅江楼记》，第276—277页。

⑨　《明太祖实录》卷83，洪武六年六月辛未。

⑩　《明史》卷40，《地理志一》，第910页。

鸡笼山、覆舟山包入城中,西北拓展到长江岸边的狮子山,东南包秦淮河。罢建中都之后,又于洪武八年九月下诏改建南京的大内宫殿,要求尽量简朴,"但求安固,不事华丽,凡雕饰奇巧,一切不用","台榭苑囿之作,劳民费财之事,游观之乐"决不为之①。这次改建,是将刚刚建成八年的南京新宫拆掉重建,它在原有规制的基础上吸收了中都的某些规划布局,使建筑的格局出现新的变化。改建后的皇城,由原先的一道城垣变为内外两重城垣,即在原有的城垣外面,增筑一道城垣。这道增筑的城垣开有四座城门,正南为承天门,东为东安门,西为西安门,北为北安门。承天门前,有一个由城墙围成的"T"字形的封闭广场,东西两端分设东、西长安门,南设洪武门,正对着都城南边的正阳门。"T"字形广场的存在,使整个宫城呈现倒"凸"字的形状。从洪武门向北经承天门到午门,是一条笔直的御道,处在整个皇宫的中轴线上。沿着御道进入承天门,在里面原有的那道城垣南墙正中的午门之前,又辟有一个广场,专供皇帝阅兵之用。原先分置皇城东北、宫城西南的太庙、太社稷,也依照中都的建制,集中移置于午门之前的左右两侧。进入午门,是前朝内廷所在的宫殿区,有皇帝接受朝贺的场所奉天殿,皇帝生日及元旦等重大节日举行庆典的场所华盖殿、谨身殿,皇帝的寝宫乾清宫,皇后居住的中宫坤宁宫以及文楼、武楼、六宫等建筑。洪武十年十月,南京大内宫殿改建完成,"规模益宏壮矣"②。改建后的皇宫仍然称为皇城或宫城,万历以后把里面的那道城垣以内的宫殿区称为宫城,把外面增筑的那道城垣以内的部分城区称为皇城,宫城与皇城于是便成为两个不同的概念。

随着大内宫殿改建的完成,洪武十一年(1378)正月,朱元璋下诏改南京为京师,同时罢除北京,仍称开封府③。犹豫10年之久的建都问题,至此算是解决了。为了加强防御的需要,洪武二十三年(1290)四月,他又下令在京师外围修建一道外廓城,"周一百八十里"④,用土夯筑,城门等险要之处,砌以砖石。这道外廓城,把东北的钟山,北面的幕府山、玄武湖,西面的狮子山,西南的莫愁湖,南面的聚宝山(雨花台)都包括在内,京师的防御更加坚固而安全。

中都罢建后,朱元璋还在凤阳继续修建皇陵、十王四妃坟和龙兴寺等。

皇陵就是朱元璋父母的坟墓。它曾在龙凤十二年(1366)修建过一次,"增土以倍其封",但朱元璋并不感到满意。登基之后,朱元璋忆及往昔父母的养育之恩,自己却无力奉养及其殁后"葬无棺椁"的情景,每每感慨泣下,泪流不止,决定对父母的坟墓进行改建。

---

①　《明太祖实录》卷101,洪武八年九月辛酉。

②　《明太祖实录》卷115,洪武十年十月。

③　《明史》卷40,《地理志一》,第910页;卷42,《地理志三》,第978页。

④　《明史》卷40,《地理志一》,第910页。

先是,在洪武元年(1368)进行第二次改建①,"积土厚封,势若冈阜",广植名木,开辟神道,树立华表和石人、石兽,"以备山陵之制",命名为"英陵",命翰林侍讲学士危素依据朱元璋手录撰写碑文,立于陵前②。朱元璋大哥、大嫂及其儿子圣保,二哥、二嫂及其儿子旺儿,三哥、三嫂的坟,都附葬在他父母陵旁③。第二年五月,改建完工,"更英陵曰皇陵",设立皇陵卫,守护皇陵④。洪武七年,设立"皇陵祠祭署",以汪母之子汪文为署令,刘继祖之子刘英为署丞,"专典祀事","专保山陵"⑤。八年十月,进行第三次大规模的修建,十二年竣工。经过修建,皇陵仍然保存原先坐南朝北偏东的方向,正门斜向东北的中都城,与中都形成一个整体,并且仿照中都城的布局,为皇陵修建了皇城、砖城、土城三道城墙,形成三城环套的都城式格局。同时,在皇城的中心修建享殿,相当于中都皇城内的奉天殿,而墓室则位于皇城南门后红门和砖城南门南明楼之间,相当于中都皇城内的乾清宫,从而形成"前朝后寝"的体制。陵寝的形制也在宋代陵制的基础上进行创新,改变了宋陵的方丘、陵台之制,将坟头由方形改为圜丘形,舍弃宋陵的下宫(寝宫),在上宫(寝殿)即享殿之前建立金门,将四时祭祀与每日进香集中在享殿进行,突出享殿的中心地位。整个陵园,也按中都城的布局,设计一条南北向的中轴线,依次穿过正红门、红桥、棂星门、明楼、神道、御桥、金门、享殿、后红门、皇陵墓室、南明楼、南门,中轴线的东西两侧,则对称地安排许多其他的建筑。后来的明孝陵,继承并发展了皇陵的"前朝后寝"制度,成为明代陵寝的定制。

在工程即将完成之前,朱元璋以"前所见碑,恐儒臣有文饰",特地于洪武十一年四月亲自撰写《大明皇陵之碑》,"命江阴侯吴良督工刻之"⑥,竖立在皇陵之前。同年,还下令清理钟离土著旧民,编为陵户,"每户拨给田地一庄,供办皇陵每岁时节祭祀,全免粮差"⑦。二十九年,又将钟离土民"尽编为陵户,祠祭署提调洒扫清洁,均派四时节令大小祭祀。除祭祀之外,粮差尽免"⑧。皇陵修成之后,明廷规定:"凡官员以公事经过者,俱谒陵"⑨,各地的官员凡因公事路过凤阳的,都必须前行谒陵。当地的百姓,要承担往来迎送的差役。这是一项沉重的负担,为此,朱元璋特地于洪武十六年三月,下令"永免凤阳、临淮二县税

① 《天启凤阳新书》卷7《致仕指挥尹令疏》云:"今考皇陵建于洪武元年。"
② 《明太祖实录》卷42,洪武二年五月甲午;《天启凤阳新书》卷2,《二母传》。
③ 《万历明会典》卷90,《礼部·陵坟等祀·国初追封诸王坟》。
④ 《明太祖实录》卷42,洪武二年五月甲午。
⑤ 《明太祖实录》卷90;洪武七年六月戊午。
⑥ 《明太祖实录》卷118,洪武十一年四月。按:该碑建于洪武十一年七月。
⑦ 《天启凤阳新书》卷5,《帝语篇》。按:该书记清理钟离土著旧民3224户编为陵户,数字恐有误。
⑧ 《天启凤阳新书》卷5,《帝语篇》。
⑨ 《万历明会典》卷90,《礼部·陵坟等祀·陵寝》。

粮徭役"①,将这项负担转移到外来的移民身上。

在营建皇陵之后,朱元璋又命皇太子朱标前往泗州营建祖陵,由于"恐泄王气",朱标未动朱初一的旧坟,而是在此坟的西北另开三圹作为玄宫,在玄宫之上堆土成山,称为"万岁山"。并为陵园按皇陵之制,修建三道城垣。洪武十九年八月,葬德祖朱百六、懿祖朱四九、熙祖朱初一"帝后衣冠"②。

十王四妃坟是朱元璋伯父朱五一全家的合葬坟。他们一家 14 口,在元末灾荒和瘟疫流行之时先后死了 13 口,散葬各处。朱五一的坟墓,还"因兵为人所发"③,被人挖掘过。朱元璋当上皇帝后,将伯父一家人男子追封为王,女子追封为妃,洪武三年九月堂嫂田氏去世后,又封为蒙城王妃,共计封了十个王、四个妃。中都罢建后,将他们的尸骨收集一起,改葬于中都城西北粉团洲淮水南岸的白塔湾,与葬在中都城西南方太平乡的皇陵南北对称,称为"十王四妃坟"④。

龙兴寺又称大龙兴寺,其前身为朱元璋早年出家礼佛的於皇寺。该寺于至正十二年(1352)焚于兵燹。洪武十六年,在中都城内离旧址 15 里的盛家山前另择新址重建。当年四月动工,九月竣工,建有"佛殿、佛堂、僧舍之属凡三百八十一间"⑤,"洪钟迎晓日,绀殿出重霄。空翠当檐落,群峰向朝阁"⑥。朱元璋亲撰《龙兴寺碑》,御书"第一山"(指盛家山)碑,立于寺院之内⑦。

中都罢建之后,朱元璋还利用凤阳作为帝乡的特殊政治地位来教育皇子,监视功臣。不仅经常命皇太子和诸王前往凤阳谒祀祖宗陵墓,阅武练兵,还在中都修建公侯宅第,让他们还乡居住,拨给他们每人 120 名侍从武士,赐予铁册,名曰铁册军,以"防其二心,且稽察之也"⑧。此外,朱元璋还将凤阳用作囚禁犯罪宗室的地方。他的从孙、朱文正之子朱守谦被封为靖江王,就藩临桂后,违法乱纪,被召回京师加以训斥,仍不悔改,就被废为庶人,"使居凤阳力田"⑨。循此先例,后来的明朝皇帝,都把犯罪的宗室送到凤阳囚禁。成化三年(1467),明廷决定将凤阳囚禁犯罪宗室的处所"修筑坚完",俗称"高墙"⑩。到成化二十

①　《明太祖实录》卷 153,洪武十六年三月丙寅。
②　《国榷》卷 8,洪武十九年八月甲辰;《明太祖实录》卷 179,洪武十九年八月甲辰。
③　《明太祖集》卷 17,《皇伯考启攒祝文》,第 408 页。
④　《天启凤阳新书》卷 4,《宗祀篇》。
⑤　《明太祖实录》卷 156,洪武十六年九月甲子。
⑥　《天启凤阳新书》卷 6,马楷:《龙兴寺》。
⑦　《天启凤阳新书》卷 8。
⑧　(明)沈德符:《万历野获编》卷 17,《铁册军》,中华书局 1959 年版,第 428 页。
⑨　《明太祖实录》卷 215,洪武二十五年正月辛亥。
⑩　《明宪宗实录》卷 47,成化三年十月庚戌,(台北)"中央研究院历史语言研究所"1962 年影印本。

一年八月,"高墙"一词便正式出现在守备凤阳太监的奏书之中①。

凤阳定为都城仅只几年时间就取消了,但被迁到凤阳府的二三十万移民在当地入籍后不允许离开。而且,还有新的移民陆续迁入。这些外地移民,都被安置在交通不便的穷乡僻壤,耕种的是王公侯伯、官府、卫所和当地土民所挑剩的不毛之地,不仅享受不到当地土民尽免粮差的待遇,相反却受到官府的层层盘剥,并须和当地土民一起共同承担迎送拜谒皇陵和过往官员的驿传差役。明朝后期,江北四府三州每三年在凤阳举行一次文武乡试,每次为期 70 天。移民和当地土民还要承担各种杂役,"郁隆污淖,结帽供事,面无人色",人称"三年一剥皮"②。更要命的是,明中期以后由于吏治败坏,水利年久失修,凤阳地区十年九荒,非旱则雨,黄河夺淮的局面日益严重,淮河经常泛滥成灾。不断发生的蝗旱灾害,更使凤阳人民陷入痛苦的深渊。于是,他们便纷纷"抛土田,挈妻子远去,闻赈而归"③。来自江南富庶地区的移民思念故乡,则经常在冬天农闲季节,携老挈幼,回到江南各地乞食,到家乡探亲扫墓,第二年春天二三月间再返回凤阳。这些逃荒乞食的移民,带着锣、鼓、铙、钲等各种器具,沿途演唱凤阳花鼓(又名秧歌)。凤阳花鼓就随着他们的足迹,传遍大江南北。到了清代,凤阳十年九荒的局面并没有改变,特别是到乾隆中期以后,清朝的统治走向衰落,吏治败坏,贪风盛行,土地兼并不断加剧,自然灾害频繁发生。如乾隆十八年(1753)九月,"淮水溢,坏民舍"④,第二年连临淮城基都被冲毁。到第三年,凤阳再次发生大水⑤,人民生活困苦不堪,但迫于清朝文字狱的高压统治,敢怒而不敢言。凤阳的花鼓艺人,为了发泄人民的不满情绪,便采用借骂前朝开国皇帝朱元璋来诅咒当朝爱新觉罗皇帝的手法,编了一首《凤阳歌》四出演唱:

> 说凤阳,话凤阳,凤阳原是好地方。
>
> 自从出了朱皇帝,十年倒有九年荒。
>
> 大户人家卖田地,小户人家卖儿郎。
>
> 惟有我家没得卖,肩背锣鼓走街坊。……⑥

---

① 《明宪宗实录》卷 269,成化二十一年八月庚寅。

② 《康熙临淮县志》卷 7,清康熙十一年刻本。

③ 《乾隆凤阳县志》卷 13,《宜楼记》,清乾隆四十年刻本。

④ (民国)赵尔巽等:《清史稿》卷 40,《灾异志一》,中华书局 1977 年版,第 1547 页。

⑤ 《清史稿》卷 40,《灾异志一》,第 1547 页。

⑥ (清)玩花主人辑,(清)钱德范增辑:《缀白裘》6 集卷 1,《花鼓》,1929 年影印本。

第二节　重建全国封建政权

明朝建立后，朱元璋立即着手重建全国政权。由于元朝的统治尚未推翻，战争仍在南北各地激烈地进行，朱元璋无暇设计新的政权体制，他便以吴政权的机构为基础，建立起庞大的官僚统治机构。吴政权是从江南行省政权发展而来的，江南行省政权是隶属于宋政权的一个地方机构，宋政权的建置又几乎是照抄元朝，所以洪武初期的官僚机构在很多方面基本采用元制，只在某些方面根据明初的实际情况做些调整和变动，因而并不完全等同于元制。

洪武初年的行政机构，在中央设中书省总理全国政务，实际的最高长官为左、右丞相，秩正一品，下设平章政事、左右丞、参知政事为副相。元朝在丞相之上，有时还设立中书令作为名义上的最高长官，以"典领百官，会决庶务"①，由皇太子兼领。洪武元年（1368）正月，中书省及都督府曾议奏以皇太子为中书令，朱元璋认为取法于古须择善而从，皇太子年纪还小，学识不广，没有实践经验，还需要学习，今后凡军国重务只要向太子报告，让他知道怎样处理就行了，何必非效法元制做中书令呢②？于是中书令便废而不设。中书省之下，开始只设四部，分掌钱谷、礼仪、刑名、营造之务。洪武元年八月，根据中书省的奏议，正式设立吏、户、礼、兵、刑、工六部③。吏部为六部之首，掌管全国官吏的选授、考课、升降、惩处等。户部掌管户口、土田、贡赋、俸饷、漕粮、仓储、铸钱、经费、盐价、钞关、国用等。礼部掌管典礼、祭祀、宗教、学校、科举和外交等。兵部掌管各地军官的选授、军队的训练和军令等。刑部掌管法律、法庭和监狱等。工部掌管工程营造和水利、交通等。各部以尚书为最高长官，秩正三品，上隶中书省。在地方则置行中书省，设行省平章政事、左右丞、参知政事，以平章政事为长官，秩从一品。行中书省之下，元朝设有路、州、县三级地方行政机构，另在少数地方设置散府，"有隶诸路及宣慰司、行省者，有直隶省部者，有统州县者，有不统县者，其制各有差等"④。明朝建立之前，朱元璋攻占元朝的路即改为府，此后沿袭不变。明朝建立后，又将元朝的散府大部分改为散州，只有少数仍保留府的建制；并将州分为散州（亦称属州或府属州）和直隶州。府属州是一般的州，直隶州是直隶于布政司的州，"属州视县，直隶州视府"⑤，其地位分别与县、府相等，并不能自成一级。府、州、县的长官分别为知府、知州、知县。府在洪武六年（1373）按税粮多寡分为三等，知府的品秩也不

---

① 《元史》卷85，《百官志一》，第2120页。
② 《明太祖实录》卷29，洪武元年正月辛巳。
③ 《明太祖实录》卷34，洪武元年八月丁丑。
④ 《元史》卷91，《百官志七》，第2317页。
⑤ 《明史》卷75，《职官志四》，第1850页。

相同,"粮二十万石以上为上府,知府秩从三品;二十万石以下为中府,知府正四品;十万石以下为下府,知府从四品"①,不久一律改为正四品。州不论是属州还是直隶州,品秩都相同,知州皆为从五品。县在吴元年(1367)定为三等,"粮十万石以下为上县,知县从六品;六万石以下为中县,知县正七品;三万石以下为下县,知县从七品"②,稍后一律改为正七品。这样,布政司以下的地方行政机构就由元朝的三级制改为二级制,减少了层次,更便于朝廷的控制和政令的传达。

军事机构在中央设有大都督府。龙凤十一年(1365)罢大都督后,以左、右都督为最高长官,吴元年(1367)十一月定左、右都督为秩正一品③。在地方,明朝建立以前,朱元璋曾在各行中书省设置都督府,后革除。洪武三年(1370)十二月,升杭州、江西、燕山、青州四卫为都卫指挥使司,并增置河南、西安、太原、武昌四个都卫指挥使司④。后来,各行中书省也都陆续设立都卫指挥使司,边防要地河州设置西安行都卫指挥使司。洪武八年十月,诏改都卫指挥使为都指挥使司,简称都司,共有北平、陕西、山西、浙江、江西、山东、四川、福建、湖广、辽东、广东、广西、河南 13 个都司。都司的长官为都指挥使,秩正二品。行都卫指挥使司也同时改为行都指挥使司,简称行都司,共有陕西、山西、福建三个行都司。行都司的长官为行都指挥使,品秩与都指挥使相同⑤。都司、行都司下辖各卫所。值得注意的是,明朝的卫所不仅是一种军事单位,而且在大多数情况下还是一种地理单位。卫所均辖有一块大小不等的卫地,即使是京师的卫所,也领有分散于京畿各处的卫地。卫地中既有军士屯种的屯田,也有百姓耕垦的民田。这些土地和人口,通通归卫所管理而不归州县行政机构管辖。大体说来,从东北到西北直至西南的边疆地区,由于人烟稀少,卫地一般都较大,规模大多远远超过内地的州县;内地和沿海地区由于人口比较稠密,卫地较小,一般只相当于一个小县的规模。卫所及都司不仅掌管军务,而且还兼管卫地内的行政事务。特别是从东北到西北直至西南的边疆地区,明廷一般不设行政机构,而由都司及其下属卫所直接进行管理,这些地方的都司卫所便成为明廷派驻该地行使管辖权力的政权机构。这样,在明朝的版图之内,就形成了两个平行的管辖系统,一个是由中书省——行中书省(直隶府、州)——府(直隶行中书省的州)——县(府属州)构成的行政系统,一个是由大都督府——都司(行都司、直隶都督府的卫)——卫(直隶都司的守御千户所)——千户所构

---

① 《明史》卷75,《职官志四》,第1850页。

② 《明史》卷75,《职官志四》,第1851页。

③ 《明太祖实录》卷27,吴元年十一月乙酉。

④ 《明太祖实录》卷59,洪武三年十二月辛巳。

⑤ 《明太祖实录》卷101,洪武八年十月癸丑;《明史》卷40至46,《地理志》一至七。按:后来在洪武十四年九月置中都留守司,十五年正月置贵州都司,二月置云南都司,二十年九月置大宁都司,翌年七月更名为北平行都司,二十七年九月置四川行都司。至洪武末年,全国计有 15 个都司、1 个留守司、5 个行都司。

成的军事系统。两个系统各自管理自身的事务,互相之间既有联系,又不能干涉①。

监察机构在中央设御史台,以御史大夫为最高长官,秩从一品。另外,吴元年(1367)曾设给事中之职,秩正五品,掌侍从、规谏、补阙、拾遗诸事。设立六部后,又于洪武六年(1373)三月在吏、户、礼、兵、刑、工诸部设科,每科设给事中二人,秩正七品,铸给事印一颗,由年长者掌之,"章奏出入所经由及有所遗失抵牾,皆许封驳,凡朝政军事及举劾官员,皆许联署以闻"②。六科给事中实际上成了与御史台并立的另一个监察机构,两者互相制约。在地方,明朝建立以前,即于龙凤九年(1363)设置浙东提刑按察司③,吴元年又设各道按察司,以按察使为长官,秩正三品④。

除中书省、御史台与大都督府三个政权中枢机构外,朱元璋还设有众多辅助机构。如洪武三年置察言司,设司令二人,"掌受四方章奏"⑤,不久罢废。吴元年设大理司,长官为大理司卿,秩正三品。洪武元年革除,三年复设磨勘司,"凡诸司刑名、钱粮,有冤滥隐匿者,稽其功过以闻"⑥,后来也罢废。吴元年五月,还设立翰林院,设有正官学士,秩正三品;侍讲学士,秩正四品;直学士,秩正五品;属官修撰、典簿,秩正七品;编修,秩正八品。洪武二年,增置正官学士承旨,秩正三品,并改学士为秩从三品;侍讲学士,秩正四品;侍读学士,秩从四品;增设待制,秩从五品;应奉,秩正七品;典籍,秩从八品。学士"掌制诰、史册、文翰之事,以考议制度,详正文书,备天子顾问",侍读、侍讲"掌讲读经史",典簿掌文书图籍,修撰、编修等史官"掌修国史"⑦。

随着各级政权机构的设立和大批官吏的任用,朝廷对官吏的任用制定了严格的职务回避和籍贯回避制度,以防止官吏利用亲属、宗族和乡里关系营私舞弊,贪赃枉法。在职务回避方面,洪武元年规定:"凡父、兄、伯、叔任两京堂上官,其弟男、子侄有任科道官者,对品改调。"⑧这里的堂上官指中书省、大都督府、御史台等中央主要机构的长官,科道官是指中央的监察官员。按照这条规定,凡有父、兄、伯、叔做堂上官的人,都不能在中央做科道官,已经担任科道官,必须调到其他部门担任相应品秩的职务。同年颁行的《大明令》又规定:"凡内外管属衙门官吏,有系父子、兄弟、叔侄者,皆须从卑回避。"⑨也就是说,父子、

① 顾诚:《明帝国的疆土管理体制》,《历史研究》1989 年第 3 期。
② 《明通鉴》卷 5,洪武六年三月乙巳,第 304 页。
③ 《明太祖实录》卷 42,洪武二年五月辛酉。
④ 《明史》卷 75,《职官志四》,第 1841 页。
⑤ 《明史》卷 73,《职官志二》,第 1781 页。
⑥ 《明史》卷 73,《职官志二》,第 1783 页。
⑦ 《明太祖实录》卷 23,吴元年五月己亥;《明史》卷 73,《职官志二》,第 1786—1787 页。
⑧ 《万历明会典》卷 5,《吏部·改调》。
⑨ 《大明令·吏令》,《皇明制书》第 1 册,第 4 页。

兄弟、叔侄不得在同一个衙门或者隶属于其管辖的部门任职;如果出现这种情况,辈分低的官吏必须调到其他衙门去任职。

在籍贯回避方面,《大明令》规定:"凡流官注拟,并须回避本贯。"①这里的注拟是指按资叙官,本贯是指本人的籍贯。按照这条法令,任何人都不得在本地做官。因此,吏部铨选官吏时,便将南方人派到北方做官,而将北方人派到南方做官。到洪武四年,吏部铨选,南北更调已定为常例。

军队是国家政权的主要组成部分,朱元璋极其重视军队的管理和建设。明朝建立后,朱元璋综合唐代的府兵制、宋代的更戍法、汉代的屯田制、元代的军事职官制度以及秦汉以来的军户世袭制度,设立内外卫所,规定1个卫所领10个千户所,1个千户所领10个百户所,一个百户所领2个总旗,1个总旗领5个小旗,1个小旗领10个军士,"皆有实数",1个卫所统兵为1万人。经过一段时间的实践,洪武七年(1374)八月正式建立卫所制度。"其制大率以五千六百人为一卫,而千百户、总小旗所领之数则同"。也就是说,卫的建制比过去缩小一半,统领的千户所由10个减为5个,大体上统兵5600人,长官为指挥使,秩正三品;而千百户、总小旗仍保留以前的建制不变,每个千户所统兵1200人,长官为千户,秩正五品;每个百户所统兵112人,长官为百户,秩正六品;1个总旗领5个小旗,每个小旗统兵10人。同时规定:"遇有事征调,则分统于诸将,无事则散还各卫,管军官员不许擅自调用。操练抚绥,务在得宜,违者俱论如律。"②卫所的分布,自京师遍布郡县,视地方大小利害设置。

明初卫所的军士,主要有四种来源,即"从征""归附""谪发"和"垛集"。"从征者,诸将所部兵,既定其地,因以留戍"③。指的是渡江攻占集庆之前投入其麾下的军士,大体包括以下几种队伍:一是跟随朱元璋起事的旧部和郭子兴的部队;二是较早归附朱元璋的众多小股起义军;三是早期佥点的民兵,如"戊戌(1358),(程伯舆)佥充民兵,调江西吉安府新县永新所军籍"④;四是早期归附的元朝降兵。这些从征军由于较早跟随朱元璋征战四方,最受朱元璋的信任,被视为亲军,受到特殊的照顾,后来大多得到提拔,基本上属于军官群体。"归附,则胜国及僭伪诸降卒"⑤,指渡江攻占集庆后先后向朱元璋投降的元朝军队和各个割据势力的部队。对于归附军,为了防止他们降而复叛,朱元璋一般是将其头目调

---

① 《大明令·吏令》,《皇明制书》第1册,第4页。

② 《明太祖实录》卷92,洪武七年八月丁酉。

③ 《明史》卷90,《兵志二》,第2193页。

④ (明)曹叔明:《新安休宁名族志》卷1,明末徽州刻本,转引自谢国桢:《明代社会经济史料选编》下册,福建人民出版社1980年版,第15页。

⑤ 《明史》卷90,《兵志二》,第2193页。

离,另行任用,将其军士分散安置,由朱元璋嫡系旧部管束。朱元璋在吴元年(1367)十一月十九日关于安置归降的沂州王信部给徐达等人的谕旨,即明确交代:"王信来,其部下得力头目,尽数收拾,与王宣父子等管解来……军人全用然是全用,须要分于各部,随我军征守。"①归附军是明初卫所军队的主力。明朝建立后,主要则依靠"谪发"和"垛集"来扩充兵力,"内地多是抽丁垛集,边方多是谪戍"②。"谪发,以罪迁隶为兵者"③,即因犯罪被罚充军卒,也叫"恩军"或"长生军"④。如辽东各卫军士,即"多以罪谪"⑤。洪武六年十二月,"上谕以辽东、北平、山东、山西、河南、陕西指挥、千百户、镇抚有犯法者,俱发河州充军"⑥。二十九年二月,"诏发安东、沈阳各卫恩军三千六百余人往戍甘肃"。当时陕西行都司各卫,军士亦"多由罪谪"⑦。"垛集"就是征兵,用强制命令征调民户为兵,规定民户以二户或三户为一垛集单位,其中一户为正户,承当军役,其他一户或两户为帖户,帮贴正户⑧。垛集主要施行于从征、归附之后军额不足的地区,视当地的人口与军额缺失情况的不同而存在差异。明朝沿用元代的世袭军户制度,令军士另立军籍,隶都督府,与民籍分开。民户有一丁被垛集为军,便子孙世世都入军籍,不许变易,只有做官做到兵部尚书,才能脱离军籍。军士父死子继,如果逃亡或死亡,必须设法补足。补额的办法是到原籍追捕本身或其家属;如果户下只有一丁,则取有丁的帖户解补,这就叫作"勾军"。

除了"从征""归附""谪发""垛集",明初卫所的军士还有其他一些来源。一是世袭军户。洪武二年(1369)的法令规定:"凡军、民、医、匠、阴阳诸色人户,许各以原报抄籍为定,不许妄行变乱;违者治罪,仍从原籍。"⑨元代的军户到了明代仍然是军户,一般都要继续服兵役。因此,朱元璋经常命将收集故元军士为兵。如洪武三年七月,命平章胡美往河南开封等府收取故元扩廓帖木儿部的亡散士卒,"凡占籍在洪武元年者听为民,二年以后者收入兵伍"⑩。二是收集。即收集元末群雄已溃散的部卒,改编为卫所的军士。如洪武四年十二月,诏靖海侯吴祯"籍方国珍所部温、台、庆元三府将士及兰秀山无田粮之民尝充船户

① 《弇山堂别集》卷 86,《诏令杂考二》,第 1644 页。

② 《明经世文编》卷 74,《丘文庄公集·州郡兵制议》。

③ 《明史》卷 90,《兵志二》,第 2193 页

④ 《明太祖实录》卷 232,洪武二十七年四月癸酉;(明)陆容撰,佚之点校:《菽园杂记》卷 8,中华书局 1985 年版,第 99 页。

⑤ 《明宣宗实录》卷 107,宣德八年十一月庚午,(台北)"中央研究院历史语言研究所"1962 年影印本。

⑥ 《纪事录笺证》卷下,第 378 页。

⑦ 《明太祖实录》卷 244,洪武二十九年二月乙巳。

⑧ 《万历明会典》卷 154,《兵部·勾补》;《明太宗实录》卷 15,洪武三十五年十二月壬戌,(台北)"中央研究院历史语言研究所"1962 年影印本;《嘉靖广东通志初稿》卷 32,《军制·垛集民兵》,《四库全书存目丛书》本。

⑨ 《万历明会典》卷 19,《户部·户口》。

⑩ 《明太祖实录》卷 54,洪武三年七月壬子。

者,凡十一万一千七百三十人,隶各卫为军"①。三是抽充。即临时简拔民户为军,如洪武六年简拔嘉定、重庆等府民为军,得 5604 人②;十五年籍蜑户 1 万人为水军③。四是金充。即金点丁多民户充当锦衣、旗手等卫的将军、力士、校尉等。洪武二十六年规定:"于民间丁多相应人户内,金点有力精壮、无过犯体气之人应当,皆拨锦衣、旗手等卫著役。"④此外,在洪武建国之前,朱元璋还曾实行招募。除了至正十三年(1353)七月还乡招募 700 余人为兵,还于龙凤十一年(1365)"下令霍丘、安丰筹处募人之欲从军者"⑤。明朝建立之后,只是在"靖难"之役发生后,燕王朱棣才在其控制区内大规模地募民为兵。

明朝通过上述几种途径,组织起一支强大的常备军。据成书于洪武二十六年三月的《诸司职掌》记载,全国共计设置 329 个内外卫、65 个守御千户所⑥。据洪武二十五年十二月的统计,有"在京武官二千七百四十七员,军二十万六千二百八十人,马四千七百五十一匹;在外武官万三千七百四十二员,军九十九万二千一百五十四人,马四万三百二十九匹"⑦。共计 1214923 人。这些军士,均按北人在南、南人在北的原则,到距离家乡千余里乃至几千里的地方服役。军队的布防,遵循历代皇朝"居重驭轻"的传统原则,集重兵于京师。据《明史·兵志》的记载,洪武初年京城内外设有 48 卫,但洪武四年京卫的军士数额为 207800 多人⑧,按当时每卫统兵万人推算,则仅有 21 卫,48 卫的数字恐有误。到洪武末年,据洪武二十八年成书的《洪武京城图志》与《万历明会典》的记载,京卫的总数为 42 卫,而据洪武二十五年的统计,"在京武官二千七百四十七员,军二十万六千二百八十人",共计 209027 人,大体维持洪武初年的水平,约占全国军队总额的六分之一。

马匹在古代不仅是重要的生产和交通工具,而且也是重要的战争工具。明朝不仅在驿传交通中需要大量马匹,而且在战争中特别是对蒙古的战争,更是"兵力有余,唯以马为

---

① 《明太祖实录》卷 70,洪武四年十二月丙戌。

② 《明太祖实录》卷 78,洪武六年正月壬子。

③ 《明史》卷 129,《廖永忠传附赵庸传》,第 3807 页。

④ 《万历明会典》卷 144,《兵部·力士校尉》。

⑤ 《明太祖实录》卷 17,乙巳年八月辛卯。

⑥ 《诸司职掌·兵刑工部都通大职掌·职方部·城隍》,《皇明制书》第 2 册,第 564—571 页。按:《明史》卷 90《兵志二》称:"初,洪武二十六年定天下都司卫所,共计都司十有七,留守司一,内外卫三百二十九,守御千户所六十五。"《明太祖实录》与《国榷》均无此记载。此条记载源出于《万历明会典》,该会典的《重修凡例》标明:"《会典》(指《正德明会典》)旧列《诸司职掌》于前,历年事例于后。然《职掌》定于洪武二十六年,而洪武事例,有在二十六年前者,不无前后失序。今皆类事编年,凡《职掌》旧文,俱称洪武二十六年定。"《诸司职掌》虽成书于洪武二十六年三月,但其所载事项未标明年份者,不一定就定于二十六年,故本书不取《明史》之说。参看高寿仙:《明代人口数额的再认识》,《明史研究》第 7 辑。

⑦ 《明太祖实录》卷 223,洪武二十五年十二月。

⑧ 《明史》卷 89,《兵志一》,第 2176 页。

急"①。因此,朱元璋在大力强化军队建设的同时,也强调要加强马政的建设,他指出:"马政,国之所重。"②洪武建国后,他借鉴历代牧马之政如汉代马牧于民而用于官、唐代马牧于官而用于民、宋代马牧于周边的利弊得失,建立起一套行之有效的马政制度和管理机构。洪武四年(1371)闰三月,下令在答答失里营设置群牧监,随水草利便设立官署,专职牧养马匹③,这是明代官府牧养之始。六年二月,更置群牧监于滁州。当月,又改群牧监为太仆寺,设太仆寺卿一人,秩从三品,掌牧马之政令,隶于兵部④。七年,增置牧监、群27处,定牧监令为正五品,丞正六品,隶太仆寺。十年,又增置滁阳等各牧监及所属各群,改牧监令丞为监正,从八品,后改为正九品。二十二年,定滁阳等12牧监,来安等127群,第二年经裁减调整,定为14牧监,下辖97群⑤,二十六年最后定为14监98群⑥。这些牧监、群,设置于江南的应天、镇江、宁国、太平等府和广德州以及江北的凤阳、淮安、扬州、庐州4府和滁、和2州,"养户俱系近京民人"⑦。起初规定江北民1户养马1匹,江南民11户养马1匹。"官给善马为种,率三牝马(雌马)置一牡马(雄马),每一百匹为一群,群设群头、群副掌之,牝马岁课一驹(幼马)。牧饲不如法,至缺驹、损毙者,责偿之。其牧地,择旁近水草丰旷之地,春时牧放游牝,秋冬而入。(太仆)寺官以时巡行群牧,视马肥瘦而劝惩之"⑧。洪武二十三年正月,诏增江北养马人户,改1户养1马为5户养1马⑨。闰四月,又增应天府上元、江宁二县、太平府当涂及镇江府丹阳等县养马人户⑩,凡是牧养官马者,洪武六年规定"每一匹免输田租五石"⑪。十三年,又规定"凤阳、扬州二府及和州之民畜官马一匹者,户免二丁徭役"⑫。二十三年闰四月,还诏免"滁阳、定远、六合、长淮、天长、香泉、仪真、舒城、江都等监养马户田租",规定"民田全免,官田减半征之"⑬。为了减轻养马户的负担,二十三年六月还命太仆寺:"凡江南北民养马,每岁产一驹者,赐钞十锭,其种马死并驹不及数者,皆勿问"⑭。二十八年三月,和州民姜仁上书,说"民间马户既养孳生马匹,又于有

---

① 《弇山堂别集》卷89,《市马考》,第1707页。
② 《明太祖实录》卷97,洪武八年二月戊午。
③ 《明太祖实录》卷63,洪武四年闰三月乙卯。
④ 《明太祖实录》卷79,洪武六年二月辛巳、戊子;《明史》卷74,《职官志三》,第1800页。
⑤ 《明史》卷74,《职官志三》,第1800—1801页。
⑥ 《万历明会典》卷150,《兵部·马政》。
⑦ 《万历明会典》卷150,《兵部·马政》。
⑧ 《明太祖实录》卷79,洪武六年二月戊子。
⑨ 《明太祖实录》卷199,洪武二十三年正月癸巳。
⑩ 《明太祖实录》卷201,洪武十三年闰四月。
⑪ 《明太祖实录》卷86,洪武六年十一月癸丑。
⑫ 《明太祖实录》卷132,洪武十三年六月癸亥。
⑬ 《明太祖实录》卷201,洪武二十三年闰四月丙子。
⑭ 《明太祖实录》卷202,洪武二十三年六月戊辰。

司供应差役,是一户而充两差,实为重复"。朱元璋令廷臣讨论,礼部等官员建议减省牧马监、群。于是便下令罢撤监、群111处,将所养之马交由地方官府提调民间孳牧①。并规定:"江南十一户共养马一匹,江北五户共养一匹。内丁多之家充马头,专一养马,余令津贴钱钞,以备倒失买补之用。不许轮流,有仍前轮流,及令孤寡残疾一概出办者,发边卫充军。如马头家生畜不旺,许令于贴户家看养。凡儿马(牡马)一匹,配骒马(牝马)四匹为一群,立群头一人,五群立群长一人。每群下选聪明子弟二三人,习学医兽,看治马匹。"②这样,官牧也就为民牧所取代了。

除了官牧和民牧,一些卫所也牧养军马。洪武二十三年(1390)正月,朱元璋的一道诏令就规定:"其飞熊、广武、英武三卫牧马,亦如江北五户之例。"③同年,他又令五军都督府、锦衣、旗手、虎贲左右、兴武、鹰扬、金吾前后、羽林左右、龙骧、豹韬、天策、神策、府军前后左右等卫,"各置草场于江北汤泉、滁州等处,牧放马匹"④。二十五年,又罢除先前所订的民间岁纳马草的规定,"凡军官马,令自养;军士马,令管马官择水草丰茂之所,屯营牧放"⑤,军牧于是便在腹里各卫所普遍展开。三十年正月,又置山西、北平、陕西、甘肃、辽东等行省太仆寺,掌管北部边镇卫所的军牧,并规定:"自东胜(今内蒙古托克托)以西至宁夏、河西、察罕脑儿(今内蒙古乌审旗西南),东胜以东至大同、宣府(今河北宣化)、开平,又东南至大宁(今内蒙古宁城西),又东至辽东,又东至鸭绿江,又北去不止几千里,而南至各卫分守地,又自雁门关外西抵黄河,渡河至察罕脑儿,又东至紫荆关,又东至居庸关及古北口北,又东至山海卫外,凡军民屯种田地,不许牧放孳畜;其荒闲平地及山场腹内,诸王、驸马及极边军民,听其牧放樵采;其在边所封之王,不许占为己场而妨军民"⑥,北方卫所的军牧发展更为迅速。

由于马政制度详备,管理严密,措施得当,洪武年间的养马事业得到蓬勃发展,为军队和驿传提供了大量的优良马匹。"官牧给边镇,民牧给京军",而行太仆寺则负责供应"边卫、营堡、府州县军民壮骑操马"⑦,再加上从马市和茶市又源源不断地获得大量马匹,明朝的骑兵队伍不断壮大,边防力量也日益加强。

为了保证朱家子孙能长期保持皇位,朱元璋又对蒙元的分封制度做了某些改革,而予以保留,分封诸子为王。洪武二年(1369)四月,诏令中书省编撰《祖训录》,制定封建诸王

---

① 《明太祖实录》卷237,洪武二十八年三月戊午。

② 《万历明会典》卷150,《兵部·马政》。

③ 《明太祖实录》卷199,洪武二十三年正月癸巳。

④ 《万历明会典》卷151,《兵部·马政》。

⑤ 《万历明会典》卷151,《兵部·马政》。

⑥ 《明太祖实录》卷249,洪武三十年正月丁卯。

⑦ 《明史》卷92,《兵志四》,第2270页。

及官属之制①。翌年正月，确定王府官制。四月，正式实行分封，谕廷臣曰："天下之大，必建藩屏，上卫国家，下安生民。今诸子既长，宜各有爵封，分镇诸国。朕非私其亲，乃遵古先哲王之制，为久安长治之计。"②随后颁发诏书，宣布第一批分封名单，除长子朱标已立为皇太子外，封第二子朱樉为秦王，第三子朱棡为晋王，第四子朱棣为燕王，第五子朱橚为吴王(洪武十一年改封周王)③，第六子朱桢为楚王，第七子朱槫为齐王，第八子朱梓为潭王，第九子朱杞为赵王④，第十子朱檀为鲁王，从孙朱守谦(朱元璋亲侄朱文正之子)为靖江王。接着，又任命一批王府官吏，其中包括任命一些武将出任王府左相，"盖欲藩屏国家，备侮御边，闲中助王，使知时务。所以出则为将，入则为相"⑤。不过，由于当时诸子尚未成年，加上都城还未最后确定，所以他们都还住在南京，直到后来京师确定后才陆续就国。

朱元璋所实行的分封，将蒙元时期的"既分本国，使诸王世享，如殷商诸侯；汉地诸道，各使侯伯专制本道，如唐藩镇；又使诸侯分食汉地，诸道侯伯各有所属，则又如汉之郡国焉"⑥，改为"惟列爵而不临民，分藩而不锡土"⑦。同时，严格实行嫡长子继承皇位、余子分封为王的制度⑧。他强调："国家建储，礼以长嫡，天下之本在焉。"⑨"居嫡长者必正储位，其诸子当以封王爵，分茅胙土"⑩。后来颁布的《皇明祖训》又明确规定："兄终弟及，须立嫡母所生者，庶母所生，虽长不得立。"⑪在这一方面，他确是"遵古先哲王之制"，改变了元朝皇位的继承由蒙古宗王的选汗会议确定的制度，从而同元代以前封建皇朝所推行的分封制度相协调。

但另一方面，朱元璋又承袭元代的做法，赋予诸王以军政大权。受封诸王，虽然"惟列

---

①　《明太祖实录》卷41，洪武二年四月乙亥。

②　《明太祖实录》卷51，洪武三年四月己未。

③　《明史》卷116《诸王列传一·周王传》(第3565—3567页)："(朱橚)洪武三年封吴王。七年，有司请置护卫于杭州。帝曰：'钱塘财赋地，不可。'十一年，改封周王。"

④　朱杞死于洪武四年，未及就藩。

⑤　《明太祖集》卷7，《谕秦王府文武官》，第101页。

⑥　(元)郝经：《郝文忠公集》卷32，《河东罪言》，《乾坤正气集》本。

⑦　《明史稿》列传3，《诸王》。洪武九年叶伯巨的上书谓："国家裂土分封，使诸王各有分地……今秦、晋、燕、齐、梁、楚、吴、闽诸国，皆连带数十城。"《明经世文编》卷8，《叶居升奏疏·万言书》)但从洪武五年诏赐秦、晋、燕、吴、楚、潭及靖江诸王田百顷和数量不等的渔课岁米以及洪武六年闰十一月诏赐亲王土地各百顷、岁人租米7800石并湖北渔课米3000石(《明太祖实录》卷73至76)的情况看，诸王大概是没有连带数十城的分地的。《明史》卷139《叶伯巨传》(第3996页)说："是时诸王止建藩号，未曾裂土，不尽如伯巨所言。"这个说法似乎可信。

⑧　因马皇后没有儿子，原无嫡子可继承皇位。但李淑妃所生的朱标、朱樉、朱棡和硕妃所生的朱棣、朱橚，从小都是由马皇后安排抚养的，他们名义上也都成了嫡出。其中，以朱标年长，是朱元璋的长子，故被立为皇太子。这种做法，也符合"无嫡立长"的传统宗法制的皇位继承原则。

⑨　《明太祖实录》卷29，洪武元年正月乙亥。

⑩　《明太祖实录》卷51，洪武三年四月甲子。

⑪　(明)朱元璋：《皇明祖训·法律篇》，《皇明制书》第3册，第796页。

爵而不临民,分藩而不锡土","然其冕服车旗邸第,下天子一等。公侯大臣伏而拜谒,无敢钧礼"①,拥有极高的政治地位。同时,根据王府官制的规定,各亲王的王府设有王相府、王傅府②,王相府置左、右相各一人,俱秩正二品;王傅府置左、右傅各一人,俱秩从二品③。这些相、傅往往兼任所在行省的左右丞、参政或都司卫所的军事官员,诸王便可通过这些王府官员,对地方的行政事务和军队的指挥调动进行干预或施加影响。王国的礼乐制度还规定,地方行省及府县的行政、监察和军事官员,每月初一、十五必须定期谒见亲王,如果有什么事,亲王还可随时召见他们④,诸王便可在召见时,直接过问地方的军政事务。此外,亲王还拥有一支护卫军队。按照规定,王府皆"置亲王护卫指挥使司,每王府设三护卫,设左、右、前、后、中五(千户)所,所千户二人,百户十人。又设围子手二所,每所千户一人"⑤。诸王俨然成为朝廷派驻地方的政治代表。在朱元璋看来,在朝廷由皇帝直接掌管和统领军政事务,在地方有宗室子孙协理,内外相辅,就可以保证朱家天下的万世一系了。

为侍奉皇帝、后妃及宗室人等,朱元璋还在紫禁城里设立宗人府、詹事府和宦官机构。洪武三年(1370)四月,设立大宗正院,秩正一品。二十二年,改名宗人府,设宗人令一人,左、右宗正各一人,左、右宗人各一人,均为秩正一品,皆由亲王兼任。后来,改由勋戚大臣统摄府事,不备官,所领职事亦尽移之礼部。詹事府为辅佐太子的衙门,洪武初年未设,而以勋旧大臣兼任东宫属官太子少师、少保、少傅、宾客及左、右詹事等。洪武二十二年,始设詹事院,为正三品衙门。二十五年六月,改为詹事府,规定詹事秩正三品,"掌统(詹事)府、(左、右春)坊、(洗马)局之政事,以辅导太子","凡入侍太子,与坊、局翰林官番直进讲《尚书》《春秋》《资治通鉴》《大学衍义》《贞观政要》诸书"。左、右春坊大学士,秩正五品,"掌太子上奏请、下启笺及讲读之事,皆审慎而监省之"。洗马秩从五品,"掌经史子集、制典、图书刊辑之事"⑥。

朱元璋称吴王(1364)后,开始使用宦官。龙凤十二年(1365)十一月,他即曾"差内使朱明"前往徐达军中传达政令,又"差内使李顺赍批"前往徐达军前嘱咐有关处置通州降将之事⑦。不过,当时宦官人数不多,尚无宦官机构的设置。吴元年(1367)九月,始设内使

---

① 《明史》卷120,《诸王列传》赞,第3659页;卷116,《诸王列传》序,第3557页。
② 关于王傅府的设置,《明太祖实录》诸书未作记载,但洪武九年二月,朱元璋曾下令罢王傅府(《明太祖实录》卷104,洪武九年二月丙戌),可见诸王曾建立过王傅府。
③ 《明太祖实录》卷48,洪武三年正月甲午。
④ 《明太祖实录》卷103,洪武九年正月乙丑。
⑤ 《明太祖实录》卷71,洪武五年正月壬子。
⑥ 《明史》卷73,《职官志二》,第1783—1784页;《春明梦余录》卷33,《詹事府》。
⑦ 《弇山堂别集》卷86,《诏令杂考二》,第1634、1638页。

监,以监令为长官,秩正四品。后改置内使监、御用监,各设令一人,秩正三品①。明朝建立后,随着宫室制度的建立,宦官机构不断扩充,人数也日益增多。朱元璋担心宦官势力过分膨胀,洪武二年(1369)八月,命吏部定内侍诸司官制,谕之曰:"朕观《周礼》所记(内侍)未及百人,后世至逾数千,卒为大患。今虽未能复古,亦当为防微之计。古时此辈所治,止于酒浆醴酏、司服守祧数事,今朕亦不过以备使令,非别有委任。可斟酌其宜,毋令过多。"并对侍臣说:"此辈自古以来,求其善良,千百中不一二见,若用以为耳目即耳目蔽矣,以为腹心即腹心病矣。驭之之道,但常戒敕,使之畏法,不可使之有功,有功则骄恣,畏法则检束,检束则自不敢为非也。"②吏部于是确定宦官机构为二监(内使监、内仓监)、二司(御马司、御用司)、四局(尚酒局、尚醋局、尚面局、尚染局)、一库(内府库),加上东宫六局和午门等13门的门官,宦官总数为182人③。以后几年,内侍诸司的机构屡有更改和增置,但人员的控制均较严格,数量增加不多。为了防止宦官预政,朱元璋又规定,内官不许读书识字,不许兼外朝文武官衔,不得穿戴外朝官员的冠服。内官的最高品秩,在洪武三年定为从三品。官俸月米一石,衣食于内廷。洪武十七年七月,朱元璋还"敕内官毋预外事,凡诸司毋与内官监文移往来"④。他特地铸造铁牌置于宫门,上面刻着:"内臣不得干预政事,犯者斩!"一天,有个供事较久的老宦官议论政事,朱元璋大怒,"即日斥还乡"。朱元璋还制定禁令,对宦官的骂詈、斗殴、不服本管钤束等行为以及"心怀恶逆、出不道之言者",都规定了极重的惩罚,直至凌迟处死⑤。朱元璋定下的这些制度,如宦官不得预政,不许兼外朝文武职衔等,以及限制宦官人数的主张,实际上并没有完全执行。如洪武间置定远牧监,曾以中官李善为监副,胡清、董良为御良;又如光禄寺卿以下的官员,也"用士人、内官、庖役相兼"⑥。在明朝建立前或建立后,朱元璋还曾多次派宦官奉使行事。与此同时,宦官机构经洪武四年、十年、十二年、十七年、二十八年、三十年的多次改定,也越设越多,到洪武三十年,已增至12监(神宫监、尚宝监、孝陵神宫监、尚膳监、尚衣监、司设监、内官监、司礼监、御马监、印绶监、直殿监、都知监)、2司(钟鼓司、惜薪司)、7局(兵杖局、内织染局、针工局、巾帽局、司苑局、酒醋面局、银作局),监的长官太监为秩正四品,司的长官司正与局的长官大使皆为秩正五品⑦。宦官的数量也随之日益扩增。如洪武九年六月,朱元璋一次就

① 《明太祖实录》卷25,吴元年九月丁亥
② 《明太祖实录》卷44,洪武二年八月己巳。
③ 《明太祖实录》卷44,洪武二年八月己巳。
④ 《明太祖实录》卷163,洪武十七年七月戊戌。
⑤ 《明太祖实录》卷74,洪武五年六月丙子。
⑥ 《弇山堂别集》卷9,《皇明异典述四·内臣任文衔》,第166页。
⑦ 《明史》卷74,《职官志三》,第1818—1820页;《弇山堂别集》卷90,《中官考一》,第1721—1727页。

为宦官授官 74 人①；十五年十月"增设内使三百六十一人"，十一月又"增设内使七十六人"②。不过，由于朱元璋对宦官控制较严，洪武一朝的内官都较谨慎小心，没有出现过蠹害朝政的现象。

朱元璋熟知历史上女宠、外戚之祸，强调要"严宫闱之禁"，"不牵于私爱"③。洪武元年三月，特命翰林儒臣修纂《女戒》，谕朱升等人曰："后妃虽母仪天下，然不可使预政事，至于嫔嫱之属，不过备执事、侍巾栉，若宠之太过，则骄恣犯分，上下失序。观历代宫闱，政由内出，鲜有不为祸乱者也。夫内嬖惑人，甚于鸩毒，惟贤明之主能察之于未然，其他未有不为所惑者。卿等为我纂述《女戒》及古贤妃之事可为法者，使后世子孙知所持守。"④洪武三年又刊著令典，规定皇后只能管宫中嫔妇的事，宫门以外的事毫发不得参与。自后妃以下至嫔侍女使，大小衣食之费、金银钱帛器用百供之物，皆自尚宫局奏请，再发内使监复奏，方得赴所部关领。宫人不许和外边通讯，犯者处死。外朝臣僚命妇按例于每月初一、十五入宫朝见皇后，其他时间，没有特殊缘由，不许进宫。皇帝不接见外朝命妇。天子及亲王的后妃宫嫔，从良家女子当中择聘，不许接受大臣私进的女子⑤。又命工部造铁制红牌，用金字镌刻诫谕后妃之词悬于宫中⑥。对后妃周围的宫官女职，朱元璋控制也较严。宫官女职首设于吴元年(1367)，仅置六尚局⑦。洪武五年(1372)六月，命礼部议宫官女职之制，礼部奏报："周制，后宫设内官以赞内治。汉设内官一十四等，凡数百人。唐设六局二十四司，官凡一百九十八人，女使五十余人，皆选良家女子以充之。"朱元璋认为所设过多，命重加裁定。礼部重议，定为 6 局(尚宫局、尚仪局、尚服局、尚食局、尚寝局、尚功局)、1 司(宫正司)。尚宫局的尚宫、尚仪局的尚仪、尚服局的尚服、尚食局的尚食、尚寝局的尚寝、尚功局的尚功、宫正司的宫正，俱秩正六品。"尚功总行六局之事，戒令责罚则宫正掌之"，共计有宫官 75 人，女史 18 人，比唐代减少 140 余人。并规定她们必须"服劳宫寝，祗勤典守"⑧。洪武十七年，更定品秩，尚宫、尚仪、尚服、尚食、尚寝、尚功、宫正俱改秩为正五品。后来，宫官女职的品秩与数额屡有变动，至洪武末年有宫官 187 人，女史 96 人⑨。宫官女职俱从苏、杭二州"选民间妇女通晓书数、愿入宫者"充之，"已授女职者，令有司蠲其徭役，戒其父

① 《明太祖实录》卷 106，洪武九年六月庚子。

② 《明太祖实录》卷 149，洪武十五年十月丙戌；卷 150，洪武十五年十一月丙午。

③ 《明太祖实录》卷 110，洪武九年十一月辛巳。

④ 《明太祖实录》卷 31，洪武元年三月辛未。

⑤ 《明太祖实录》卷 52，洪武三年五月乙未。

⑥ 《明史》卷 113，《后妃列传》序，第 3504 页。

⑦ 《明太祖实录》卷 28 上，吴元年十二月丁未。

⑧ 《明史》卷 113，《后妃列传》序，第 3503—3504 页。

⑨ 《明史》卷 74，《职官志三》，第 1829 页。

兄弟侄各守分,毋挟势侵犯官府"①。还规定:"服劳多者,或五载六载,得归父母,听婚嫁。年高者许归,愿留者听。现授职者,家给与禄。"②对于外戚,规定他们皆不许预闻政事。朱元璋的外祖父陈公和高皇后之父马三虽然被追封为扬王和徐王,但他们都已绝后,没有外家。对皇后亲族,朱元璋也采纳马皇后的建议,仅赐金帛,让他们做大富豪,不使掌权预政。由于家法严谨,故终明之世,"后妃居宫中,不预一发之政,外戚循理谨度,无敢恃宠以病民,汉唐以来所不及"③。

元朝"尚吏治而右文法"④,以吏治国。吏是在各级政府衙门中从事文书工作、办理日常事务的公职人员,并不需要多少学问,也不是国家官员。在元朝,只要是粗识文字能治文书的,都可以进入官府衙门供职,而且升迁很快,少则几年,多则二十来年,便可从贴书立案,从州胥府吏一步步升到省、部、台、院高级吏员,以至府、州、司、县官。由吏出身的官员在元朝据说占到官员总数的百分之八十五⑤,"虽执政大臣亦以吏为之"⑥。元朝的法令条格极为烦琐,文牒主义盛行,公文档案堆积如山,办公文、办公事成为一项专门技术,非积之岁月,莫能通晓,"欲习其业,必以故吏为师,凡案牍出入,惟故吏之言是听"⑦,衙门里的公文、公事就由他们大包大揽,治国治民的不是官反而是吏了。这帮小吏唯利是图,往往钻法令烦琐、文牍烦冗的空子,夤缘为奸,舞弊弄权,损公肥私,坑害百姓,结果吏治愈来愈糟,加速了元朝统治的崩溃。

明朝建立之初,官员奇缺,不得不任用一批吏员做官,但朱元璋深知以吏治国的危害,下决心进行改革。首先,制定严格的吏员制度。令内外诸司按照政事的多寡确定吏员数额,严禁额外雇用吏员,"若滥设贴书者罪之"⑧。吏员的来源,主要是"佥充",即从民间以徭役的形式选用。获准佥充的,必须是"农民身家无过者",还须是年岁在三十以下的能书者,军人与市民不得佥充。后来放宽军户等项人户的充吏限制,于洪武二十八年奏准:"正军户,五丁充吏,四丁不许。"⑨此外,还有"罚充",即将有过失的生员、监生、举人甚至官员贬为吏员,以示惩罚。吏员服役三年,要进行一次考核,合格的可以在吏员的等级系列中由低向高转补或升转。其次,力除法令烦琐之弊。早在吴元年(1367),朱元璋令中书省制

①　《明太祖实录》卷74,洪武五年六月癸未。
②　《明史》卷74,《职官志三》,第1829页。
③　《明史》卷300,《外戚列传》序,第7659页。
④　《逊志斋集》卷22,《林君墓表》。
⑤　《牧庵集》卷4,《送李茂卿序》。
⑥　《青阳先生文集》卷4,《杨君显民诗集序》。
⑦　《明太祖实录》卷126,洪武十二年八月戊寅。
⑧　《明太祖实录》卷65,洪武四年五月乙丑。
⑨　《万历明会典》卷8,《吏部·吏役参拨》。

定律令,就指示李善长等人:"立法贵在简当,使言直理明,人人易晓。若条绪繁多,或一事而两端,可轻可重,使奸贪之吏得以夤缘为奸,则所以禁残暴者反以贼良善,非良法也。务求适中,以去烦弊。"①后来,大明律令的编纂就贯彻了这个精神,尽量做到删繁就简,使人人易知。后来重新修订颁布的《大明律》也贯彻"法贵简当"的精神,它比历史上以简约著称的《唐律》更加简约,不仅篇目从《唐律》的12篇减至6篇,法律条款也由唐律的502条减少为460条。再次,力杜文牍之弊。早在建国之前,朱元璋就针对元末以来文用四六对偶、艰涩难懂的现象,主张改革文风,提倡用口语写作。明朝建立后,再度提倡文风,下令禁止官府文书使用唐宋以来官场习用的骈俪四六文体,并选用唐代柳宗元《代柳公绰谢表》和韩愈《贺雨表》作为表笺范本,要求臣民仿效②。还对公文格式进行改革,颁行《建言格式》和《案牍减繁式》,使公文大大简化,明白易懂,易于操作③。

法令的简约,案牍的简化,文风的改革,使吏员的政治地位日趋下降。到了明中期,随着考试制度的完善,科举出身被视为仕宦的唯一正途,吏员被斥为杂流,只能升任外府、外卫、盐运司的首领官和中外杂职入流、未入流官,而不能升任其他官职。官和吏完全分开,官员主持政令,吏员则只能处理一些事务性、技术性的工作,和元代大不相同了。

朱元璋还采取措施,落实北伐檄文中的"复汉官之威仪",即恢复周、秦、汉、唐、宋传统的服饰制度。元朝建立后,"悉以胡俗变易中国之制,士庶咸辫发椎髻,深檐胡俗,衣服则为袴褶窄袖及辫线腰褶,妇女衣窄袖短衣,下服裙裳,无复中国衣冠之旧。甚者易其姓氏为胡名,习胡语"。洪武元年二月,朱元璋下诏"复衣冠如唐制",规定"士民皆束发于顶,官则乌纱帽、圆领袍、束带、黑靴;士庶则服四带巾(即四方平定巾)、杂色盘领衣,不得用黄玄;乐工冠青卍字顶巾、系红绿帛带;士庶妻首饰许用银镀金,耳环用金珠,钏镯用银,服浅色团衫,用纻丝绫罗绸绢;其乐妓则戴明角冠、皂褙子,不许与庶民妻同,不得服两截胡衣。其辫发、椎髻、胡服、胡语、胡姓,一切禁止"④。这套衣冠服饰制度名义上是"如唐制",实际上是根据周、秦、汉、唐、宋等朝代的制度再结合明初的现实斟酌损益而定的。当年十二月,又制定官民丧葬之制,废除元代丧葬设宴会亲友、作乐娱尸的习俗⑤,后又令民间设立义冢收埋贫苦无地的死者,禁止实行火葬的"胡俗"⑥。洪武三年,诏定服色,根据礼部的考订,周代、汉代尚赤,唐代服饰尚黄,旗帜尚赤,宋代亦尚赤,于是取法周、汉、唐、宋,规定服

---

① 《明太祖实录》卷26,吴元年十月癸丑。

② 《明太祖实录》卷85,洪武六年九月庚戌。

③ 《明太祖实录》卷110,洪武九年十二月庚戌;《明太祖集》卷15,《建言格式序》,第304—305页;《明太祖实录》卷126,洪武十二年八月戊寅。

④ 《明太祖实录》卷30,洪武元年二月壬子。

⑤ 《明太祖实录》卷37,洪武元年十二月辛未。

⑥ 《明太祖实录》卷53,洪武三年六月辛巳。

色尚赤①。

朱元璋还力戒虚浮，倡导务实的作风。早在龙凤十二年（1366）九月，他就告谕群臣："吾平日为事，只要务实，不尚浮伪。"②洪武二年正月，朱元璋看到每次正旦、圣寿、朝贺之时，群臣行礼都三呼万岁，认为这都是有名无实的"虚语"，就让宰臣更改用词。如朝贺之日，初赞呼喊"愿君有道"，又赞呼喊"天下和平"。诸儒讨论后认为"三呼之词乃臣子祈君之至诚，若如圣谕，则谦德有余，然于臣子之诚不尽"，主张改为初赞呼喊"天辅有德"，又赞呼喊"海宇咸宁"，再赞呼喊"圣躬万福"，朱元璋表示同意③。当年四月，淮安、宁国、镇江、扬州、台州府并泽州各献"瑞麦"凡12本，群臣欣喜异常，皆表祝贺。自汉至元，历代皇朝的君主常借所谓祥瑞大搞庆典，为自己歌功颂德，粉饰太平。朱元璋对此颇不以为然，他谕群臣曰："朕为民主，惟思修德致和，以契天地之心，使三光（日、月、五星）平、寒暑时、五谷熟、人民育，为国家之瑞。盖国家之瑞，不以物为瑞也。昔尧舜之世，不见祥瑞，曾何损于德？汉武帝获一角兽，产九茎芝，当时皆以为瑞，乃不能谦抑自损，抚辑民庶，以安区宇，好功生事，卒使国内空虚，民力困竭，后虽追悔，已无及矣。其后神爵、甘露之侈，致山崩地震，而汉德于是乎衰。由此观之，嘉祥无征，而灾异有验，可不戒哉！"④由于朱元璋的坚决反对，他在位期间，尽管朝野累累有人进献祥瑞，一些大臣也一再主张举行庆典，但是这种所谓献瑞庆典始终未曾举行过。朱元璋还反复告谕群臣："为政非空言，要必使民受实惠。若徒事其名而无其实，民亦何所赖焉？"⑤强调无论做什么事都要落到实处，要鼓实劲，办实事，求实效。

朱元璋还力倡忧患意识。早在吴元年（1367）七月，他就提醒周围大臣："古之贤君常忧治世，而古之贤臣亦忧治君，然贤臣之忧治君者君常安，而明主之忧治世者世常治。今土宇日广，斯民日蕃，而予心未尝一日忘其忧。"⑥登基的次日，他即告诫君臣："处天下者当以天下为忧，处一国者当以一国为忧，处一家者当以一家为忧。且以一身与天下国家言之，一身小也，所行不谨，或致颠蹶，所养不谨，或生疢疾，况天下国家之重，岂可顷刻而忘警畏耶？"⑦为了引起人们的警戒，他下令设立专职人员，每天五更之时，在京城城门的谯楼上吹响画角，高声唱道：

① 《明史》卷67，《舆服志三》，第1634页。
② 《明太祖实录》卷21，丙午年九月己亥。
③ 《明太祖实录》卷38，洪武二年正月甲子。
④ 《明太祖实录》卷41，洪武二年四月癸巳。
⑤ 《明太祖实录》卷29，洪武元年正月庚辰。
⑥ 《明太祖实录》卷24，吴元年七月。
⑦ 《明太祖实录》卷29，洪武元年正月丁丑。

> 为君难，为臣又难，难也难；
>
> 创业难，守成更难，难也难；
>
> 保家难，保身又难，难也难！①

从"居安思危"的思想出发，朱元璋要求群臣力戒骄傲，勤谨理政。他自己以身作则，每天都孜孜不倦亲预朝政，"每旦星存而出，日入而休，虑患防危，如履渊冰"②。"体或不豫，亦强出视朝。凡有陈论者，无间卑贱，皆引见。四夷有小警，则终夕不寐，深思弭患之宜"③。据史书记载，从洪武十八年九月十四日至二十日，八天之内，朱元璋就批阅内外诸司奏札 1660 件，处理国事 3391 件，平均每天要批阅奏札 200 多件，处理国事 400 多件④。仅此一端，即可想见他的勤谨与繁忙⑤。

---

① 《碧里杂存》卷下，《铎角》。

② 《明太祖实录》卷 130，洪武十三年二月辛未。

③ 《天潢玉牒》。

④ 《明太祖实录》卷 165，洪武十七年九月己未。

⑤ 参看拙作《论朱元璋的"居安虑危"思想》，《江西社会科学》1993 年第 5 期；《履痕集》第 103—113 页。

第三节　尊孔崇儒,制礼作乐

明朝建立后,摆在朱元璋面前的紧迫问题,是如何使动荡不安的社会秩序安定下来,使凋敝不堪的社会经济得到恢复和发展,从而维持和巩固自己的统治。这就需要讲究和确定治国的方略。而治国方略的确定,又和治国的指导思想与理论观念的确定有关。登基伊始,他即明确宣布:"仲尼之道,广大悠久,与天地相并,故后世有天下者,莫不致敬尽礼,修其祀事。朕今为天下主,期在明教化以行先圣之道。"[①]汉代以来被定于一尊、元代被边缘化的儒家思想,再次被朱元璋确定为国家的主流意识形态,成为维系整个社会的精神支柱。

为了保障儒学的指导地位和作用,朱元璋积极提倡尊孔崇儒。洪武元年(1368)二月即登基之后的次月,即下诏以太牢(牛、羊、豕三牲全备)祀孔子于国子学,并遣使至曲阜阙里致祭[②]。接着,又召元代最后一位衍圣公、国子祭酒、孔子第五十五世孙孔克坚入京朝见。孔克坚因病,派他儿子孔希学代自己入京先行朝觐。朱元璋怀疑孔克坚瞧不起自己的布衣出身,给他发去一道亲笔谕,说:"吾率中土之土(士),奉天逐胡以安中夏,虽曰庶民,古人由民而称帝者,汉之高宗(祖)也。尔无疾称疾,以慢吾国不可也。"[③]孔克坚吓坏了,立即于四月间入京朝觐,朱元璋说:"尔祖明先王之道,立教经世。万世之下,君君、臣臣、父父、子子,实有赖焉。"[④]并赐田 2000 大顷[⑤],赐宅 1 区、马 1 匹,月给米 20 石。十一月,诏以其子孔希学袭封衍圣公,品秩由元朝的三品升为二品,赐银印,置衍圣公官属,以其族人孔希大为曲阜世袭知县,立孔、颜、孟三氏教授司,立尼山、洙泗二院,并免除孔氏子孙及颜、孟大宗子孙的徭役[⑥]。孔希学每岁入京朝觐,都受到特殊的礼遇,"会班亚丞相"。孔希学死后,其子孔纳袭封衍圣公,当时丞相已废,他每年入京朝觐,都可乘坐驿站的车船,召见时位列文臣之首[⑦]。洪武十五年四月,诏全国通祀孔子。五月,京师国子监落成,又"释奠于先师孔子"[⑧]。到第二年二月,据谏官关贤报告:"国朝崇尚儒术,春秋祭享先师,内外费至巨万。"[⑨]尊儒之风盛极一时。

---

① 《明太祖实录》卷 30,洪武元年二月丁未。

② 《明太祖实录》卷 30,洪武元年二月丁未。

③ 中国社会科学院历史研究所编:《曲阜孔府档案史料选编》第 2 编,齐鲁书社 1980 年版,第 5 页。

④ 《明太祖实录》卷 31,洪武元年四月戊申。

⑤ 折合民间官田 6000 顷。

⑥ 《明太祖实录》卷 36 上,洪武元年十一月甲辰。

⑦ 《弇山堂别集》卷 3,《阙里恩泽》,第 39 页。

⑧ 《明史》卷 3,《太祖本纪三》,第 39 页。

⑨ 《明太祖实录》卷 152,洪武十六年二月丙申。

在儒家学说之中,宋代的程朱理学将封建纲常化为主宰万物的精神实体——"天理",它比先秦的孔孟学说、汉代的经学、唐代的佛学更加精密,更具哲理性,因而也更加适应在战后的废墟上重建封建统治秩序、恢复和发展社会经济的需要。因此,朱元璋对程朱理学的提倡更是不遗余力。登基之后,朱元璋继续任用元末朱学在金华(婺州)的承传人物与学者,让他们参与国家大政的决策,或礼乐制度、文化教育事业的建设,进一步树立程朱理学的统治地位。如金华朱学的正宗传人柳贯、黄溍的弟子宋濂,自应召至应天,即除江南儒学提举,受命教太子读经,寻改起居注,恒侍朱元璋左右,备顾问。明开国后,宋濂历任翰林院学士、赞善大夫、知制诰、《元史》修撰总裁等官,除为朱元璋谋划建国方略外,还参与礼乐制度的制定,"郊社宗庙山川百神之典,朝会宴享律历衣冠之制,四裔贡赋赏劳之仪,旁及元勋巨卿碑记刻石之辞,咸以委濂,屡推为开国文臣之首","一代礼乐制度,濂所裁定者居多"[1]。师从郑复初受濂洛之学、继承"儒先理学之统"的刘基,奉召至应天后,除不时"敷陈王道"外,还为朱元璋削平群雄、平定天下献计献策。明开国后,刘基历任御史中丞、资善大夫、弘文馆学士,封诚意伯,参与制定律令,完善科举制度,承担编写《戊申大统历》和《大明集礼》的工作。柳贯、黄溍的另一弟子王祎,洪武初年受命参与礼制的制定,并与宋濂担任《元史》总裁官,与宋濂一起将金华朱学"文道合一"的主张,写进《元史》的《儒学列传》。《元史》修成,擢为翰林待制,同知制诰兼国史院编修官,又"奉诏预教大本堂",教太子和诸王读经[2]。元代金华著名理学家许谦之子许存仁,奉命出任国子学第一任祭酒达10年之久(包括吴元年)[3],对树立程朱理学在教育部门的主导地位发挥了重要的作用。

朱元璋还通过各种途径,大力提倡读经。他反复告谕廷臣:"道之不明,由教之不行也。夫《五经》载圣人之道也,譬之菽粟布帛,家不可无。人非菽粟布帛,则无以为衣食,非《五经》《四书》,则无由知道理。"[4]他除经常命儒士为太子、诸王和文臣武将讲授儒家经书外,还规定学校生员必修《四书》《五经》。北方经过长期战乱,经籍残缺,洪武十四年四月特地颁赐《四书》《五经》于北方学校,"使其讲习"[5]。朱元璋还特命国子学祭酒许存仁教授生徒应"一宗朱子之学","令学者非《五经》、孔孟之书不读,非濂洛关闽之学不讲"[6]。在国子监与各府州县学均立有一块卧碑,上刻几行大字:"国家明经取士,说经者以宋儒传注为

---

① 《明史》卷138,《宋濂传》,第3784—3788页。

② 《明史》卷289,《忠义列传一》,第2415页。

③ 《明史》卷137,《宋纳传附许存仁传》,第3953页。

④ 《明太祖宝训》卷2,《尊儒术》。

⑤ (明)黄佐:《南雍志》卷1,《事纪》,《续修四库全书》本。

⑥ (清)陈鼎:《东林列传》卷2,《高攀龙传》,《四库全书》本。

宗,行文者以典实纯正为主","不遵者以违制论"①。全国的科举考试,一概从《四书》《五经》中出题,以程朱注疏为准,《四书》主朱熹《集注》,《易》主程颐《传》、朱熹《本义》,《书》主蔡沈《传》及古注疏,《诗》主朱熹《集传》,《春秋》主左氏、公羊、榖梁三《传》及胡安国、张洽《传》,《礼记》主古注疏②。这样,举国上下所有思想言论,都被纳入程朱理学的轨道。

儒家思想、程朱理学的内容非常庞杂。朱元璋对它的利用是从维护巩固君主专制的需要出发的,凡是符合这个要求的便积极加以提倡,不符合这个要求的就加以抛弃。孟子是儒学的"亚圣",他的著作历来被当作儒家经典之一。朱元璋读《孟子》,见《离娄》篇有"君之视臣如土芥,则臣视君如寇雠"等几句话,"怪其对君不逊",大怒道:"使此老在今日,宁得免耶!"③下令撤去孟子在国子学孔庙中配享的牌位,规定"有谏者以大不敬论"。刑部尚书钱唐抗疏入谏,说:"臣为孟轲死,死有余荣。"④后来才又恢复孟子的配享牌位⑤。但是,朱元璋对《孟子》中那些有背君权神圣的语句,还是极为不满。洪武二十七年(1394),又命老儒刘三吾编辑《孟子节文》。刘三吾按照他的旨意,将《尽心》篇的"民为贵,社稷次之,君为轻",《梁惠王》篇的"国人皆曰贤,国人皆曰可杀"一章,《离娄》篇的"桀纣之失天下也,失其民也。失其民者,失其心也"一章,《万章》篇的"天与贤则与贤"一章,以及"君有大过则谏,反复之而不听,则易位","闻诛一夫纣矣,未闻弑君也","君之视臣如土芥,则臣视君如寇雠"等,甚至连引自《尚书·汤誓》的"时日曷丧,予与汝偕亡",都统统删去。全书总共删去85条,只留下170多条。然后刻版颁行全国学校,规定删除部分"课士不以命题,科举不以取士"⑥。

朱元璋认为,儒家思想、程朱理学中的"敬天""忠君""孝亲"三项内容,对强化君主专制、巩固封建统治最为有用,特指派东阁大学士吴沉等从儒家典籍中辑录有关内容,编成专书,以便观览传播。他交代吴沉等人说:"朕阅古圣贤书,其垂训立教,大要有三:曰敬天,曰忠君,曰孝亲。君能敬天,臣能忠君,子能孝亲,则人道立矣。然其言散在经传,未易会其要领。尔等其以圣贤所言,以类编辑,庶便观览。"洪武十六年二月书编成后,朱元璋"览而善之",赐名为《精诚录》,命吴沉撰写序言⑦。朱元璋对儒家思想、程朱理学的宣传提倡,主要也侧重于这三个方面的内容。

"敬天"思想是维护君主权力和明朝正统地位的重要工具,朱元璋不遗余力地加以提

---

① (明)佚名:《松下杂抄》卷下,《涵芬楼秘笈第三集》本。

② 《明史》卷70,《选举志二》,第1694页。

③ (清)全祖望:《鲒埼亭集》卷5,《辨钱尚书争孟子事》,《四部丛刊》本。

④ 《明史》卷139,《钱唐传》,第3982页。

⑤ 《明史》卷50,《礼志四》,第1296页。

⑥ (明)刘三吾:《孟子节文》题辞,《北京图书馆古籍珍本丛刊》本。

⑦ 《明太祖实录》卷152,洪武十六年二月戊子;《明史》卷137,《吴沉传》,第3948页。

倡。他经常举行各种祭天祀地的仪式,并反复告诫臣僚,敬天不仅要严而有礼,而且要有"诚敬之心"①。儒家借"天"来抬高君主的地位,论证君权的神圣性,宣扬君主受命于天,封建统治和维护这种统治秩序的三纲五常是上天有意安排的,是天理的具体体现,"天性自然而常者,三纲五常也"②。按照这个理论,敬天,就必须听从君主的意志,维护大明皇朝的统治。敬天,其实是为了敬君。朱元璋宣扬敬天思想,目的即在于此。他一再宣扬"帝王奉天以君临兆民"③,声称自己是上天在地上的真正代表;他之所以推翻元朝的统治,是"天厌其(指元朝)德而弃之"④,建立明朝是"荷上天眷顾"⑤,"朕本布衣,以有天下,实由天命"⑥。每次发布诏书,开头都要写上一句"奉天承运"。所有这一切,都是为了表示他的所作所为是"奉行天命","言动皆奉天而行,非敢自专也"⑦,因此全国的臣民都必须绝对服从他的统治。

"忠君"思想,是保障封建统治的最重要的思想武器。在家国同构的古代封建社会,君主既是全国的最高统治者,同时也是国家社稷的最高代表。所谓"忠君",不仅要忠于最高君主,同时也要忠于他所代表的国家社稷。因此,它受到历代封建统治者的高度重视,"君为臣纲"被列为三纲之首。朱元璋也把它奉为至宝,着力加以鼓吹。他不仅经常对臣僚灌输"事君之道惟尽忠不欺"⑧,而且积极推行古代的"乡饮酒礼",规定全国所有的儒学每年正月十五、十月初一,都必须举行这种仪式,由司正作"为臣竭忠,为子尽孝,长幼有序,兄弟友恭"⑨之类的宣传,就连民间里社也须仿照施行。朱元璋还把忠君作为最高的道德标准来衡量臣民的一切行动。故元将帅为元朝"尽忠",与明军对抗,他仍加以表彰。郭云元末在家乡组织地主武装抗拒农民起义军,"元授以官,竭心所事",明军攻占中原,他独守裕州,屡招不从,数战不屈,"势穷援绝,终无异志"。后来裕州城破,他被明军俘虏,朱元璋"嘉其忠义,抚以生全",授予南阳卫指挥佥事之职。洪武七年(1374),郭云病死,又让他十三岁的儿子郭洪任飞熊卫指挥佥事⑩。元朝的降官降将,尽管归附后为朱元璋夺取天下出过很大力量,朱元璋则把他们看作是有背于忠君死义精神的叛逆之臣,"始虽荣遇,终必摒

① 《明太祖宝训》卷1,《敬天》。

② 《明太祖集》卷12,《大祀文并歌九章》,第244页。

③ 《明太祖宝训》卷1,《敬天》。

④ 《明太祖实录》卷26;吴元年十月丙寅;《谕中原檄》,《宋濂全集》,第70页。

⑤ 《明太祖集》卷1,《即位诏》,第1页。

⑥ 《明太祖实录》卷29,洪武元年正月丁丑。

⑦ 《明太祖实录》卷29,洪武元年正月丙子。

⑧ 《明太祖宝训》卷1,《敬天》。

⑨ 《明史》卷56,《礼志十》,第1421—1422页。

⑩ 《明太祖实录》卷90,洪武七年六月。

辱"①。危素曾做过元朝的参知政事、礼部尚书、岭北行省左丞,主持过宋、辽、金史的编修,明军攻占北京,他跳井以殉元朝,被僧人救起。后来,朱元璋见他有文才,让他做翰林侍讲学士,后兼弘文馆学士,颇见信任。但因为他是个降臣,便渐见疏远,经常加以侮辱。有一天,朱元璋坐在东阁侧室的屏风后面,危素从屏风外慢步走来,履声橐橐,朱元璋问:"谁?"危素答道:"老臣危素。"朱元璋嫌他自称老臣,嘲笑说:"我只道是文天祥来!"②元顺帝有头大象,能在宴会上起舞助兴。明军攻入大都后,把它运到南京。有次,朱元璋宴请群臣,叫人把大象牵来,要它起舞,这头大象却趴在地上不动。朱元璋一气之下,下令把大象宰了。第二天,便借这件事,叫人制作两块木牌,一块写着"危不如象",一块写着"素不如象",挂在危素的左右肩,把他羞辱一通③。后来,御史王著等人上书,弹劾危素是亡国之臣,"不宜列侍从",朱元璋下诏把他贬到和州去看守余阙庙。不到一年,危素便郁闷而死④。

"孝亲"思想与忠君思想是相辅相成的。"孝"植根于我国古代农耕文明的土壤之中,是华夏民族的传统美德。儒家学派创立之后,把它纳入儒学的范畴,视为仁的具体表现,是一切伦理道德的本源。我国古代的政治制度,与奠立于血缘关系的宗法制度相结合,家庭是社会的组织细胞,国家是家庭的扩大。儒家于是又将孝与忠联为一体,说"君子之事亲孝,故忠可移于君"⑤,一再强调"家齐而后国治",只要每个家庭和睦了,整个国家的社会秩序也就安定了。朱元璋深明此理,说:"一人孝而众人皆趋于孝,此风化之本也。"⑥"使一家之间长幼内外各尽其分,事事循理,则一家治矣。一家既治,达之一国以至天下,亦举而措之耳"⑦。因此,他积极向臣民灌输孝亲思想,实行"以孝治天下"的政策。不仅命绘古代的孝行图以示子孙,还叫户部下令,全国各地每个乡里都要置办一个木铎,派一名老人或盲人,每月六次,沿途敲喊:"孝顺父母,尊敬长上,和睦乡里,教训子孙,各安生理,毋作非为!"⑧《御制大诰续编》还专辟《明孝》一节,对孝道的主要内容如"事君以忠""夫妇有别""长幼有序""朋友有信"等做了详细的解释,要求百姓遵照执行⑨。并规定:"今再诰(指《御制大诰续编》)一出,臣民之家,务要父子有亲;率土之民,要知君臣之义,务要夫妇有别;邻里亲戚,必然长幼有序,朋友有信","倘有不如朕言者","乡里高年并年壮豪杰者,会议而

① (明)黄佐:《广州人物志》卷11,《简祖英传》,《丛书集成初编》本。
② 《野记》1;《罪惟录》列传卷18,《危素》,第2300页。
③ 《闲中今古录摘抄》。
④ 《明史》卷285,《文苑列传一·危素传》,第7315页。
⑤ 《孝经·广名扬第十四》,《十三经注疏》本。
⑥ 《明太祖实录》卷49,洪武三年二月壬戌。
⑦ 《明太祖实录》卷175,洪武十八年九月庚午。
⑧ 《明太祖实录》卷255,洪武三十年九月辛亥。
⑨ 《御制大诰续编·明孝第七》,《皇明制书》第1册,第103页。

戒训之。凡此三而至五,加至七次。不循教者,高年英豪壮者拿赴有司,如律治之"①。凡是有突出孝义行为的,大加表彰,甚至提拔做官。易州涞水县民李得成冒着严寒"卧冰求母尸",被举为孝廉,擢为光禄寺丞,后升至布政使②。浙江浦江郑氏家族,自宋以来,"代以一人主家政",累世聚族同居,凡 300 年。龙凤四年(1358),李文忠特旌之为"义门",禁止军士侵犯。明初,郑家族长郑濂担任粮长,入京受到朱元璋的接见,问以治家长久之道,答曰:"谨守祖训,不听妇言。"朱元璋连连点头称善,曾想给他个官做,他以老辞。后来,发生胡惟庸谋反案,有人告发郑家"交通"胡惟庸,官吏到郑家逮人,郑家兄弟六人争着要去抵罪。朱元璋得到消息,说:"有人如此,肯从人为逆耶?"下令召见,不仅免予问罪,还提拔郑濂之弟郑湜为左参议。洪武二十六年,又擢郑濂之弟郑济为春坊左庶子。后又征召郑濂之弟郑沂为礼部尚书。浦江王澄,仰慕郑氏家风,令子孙聚族同居,后来他的孙子王应也被朱元璋擢为参议,另一个孙子王勤被擢为春坊右庶子③。有些臣民犯法,因其子有突出的"孝义"行为,朱元璋也屈法宥之,或从轻处罪。如洪武八年正月,淮安府山阳县有人犯法当杖,其子请以身代,朱元璋对刑部大臣说:"父子之亲,天性也。然不亲不逊之徒,亲遭患难,有坐视而不顾者。今此人以身代父,出于至情。朕为孝子屈法,以劝励天下。"下令"释之"④。江宁人周琬十六岁时,担任滁州牧的父亲坐罪论死,他请求以己代父而死。朱元璋怀疑他是受人指使,下令斩之。周琬面对屠刀,面不变色,朱元璋很是惊异,下令从宽处理,将其父免死戍边。周琬再次请求说:"戍与斩,均死尔。父死,子安用生为? 愿就死以赎父戍。"朱元璋非常生气,命缚赴市曹处斩。周琬看到父亲终于可以免除戍边之苦,面露喜色。朱元璋觉得此人为父亲竟至不顾自己的性命,孝心确实真诚,下令赦免了他,并在御屏上写下"孝子周琬"四个字,不久授予兵科给事中之职。浙江新昌人胡刚,父亲因罪罚至泗上做苦役,逃亡当死,朱元璋敕驸马都尉梅殷监斩。胡刚正好要去探视父亲,站在河边等待渡船摆渡过河,听到消息,就脱下衣服,泗水而往,哀号泣代。梅殷怜悯他,报告了皇帝。朱元璋当即"诏宥其父,并宥同罪者八十二人"⑤。

除了大力倡导儒学,朱元璋还积极扶植佛、道和伊斯兰教,搞神道设教。

朱元璋小时当过和尚,但认为宗教和迷信都是虚妄的东西。他明确指出:"昔梁武帝好佛,遇神僧宝公者,其武帝终不遇佛证果。汉武帝、魏武帝、唐明皇皆好神仙,足世而不

---

① 《御制大诰续编·申明五常第一》,《皇明制书》第 1 册,第 93 页。

② (明)黄瑜撰,魏连科点校:《双槐岁抄》卷 4,中华书局 1999 年版,第 67 页;《明史》卷 296,《孝义列传一·李德成传》,第 2592—2593 页。

③ 《明史》卷 296,《孝义列传一·郑濂传附王澄传》,第 7584—7586 页。

④ 《明太祖实录》卷 96,洪武八年正月癸酉。

⑤ 《明史》卷 296,《孝义列传一·周琬传》,第 7590 页。

霞举。以斯之所求，以斯之所不验，则仙、佛无矣。"①还说："僧言地狱镬汤，道言'洞里乾坤''壶中日月'，皆非实象。此二说俱空，岂足信乎！"②但他仍大搞神道设教，因为一来可"谕众以神仙为征应"③，宣扬自己之所以坐江山是受命于天，得神之助；二来是宗教具有广泛的社会教化功能，可以起到"暗助王纲"的作用，说："假如三教，惟儒者凡有国家不可无。……释迦与老子，虽玄奇过万世，时人无知其的，每所化处，宫室殿阁与国相齐，人民焚香叩祷，无时不至。二教初显化时，所求必应，飞悟有之。于是乎感动化外蛮夷及中国。假处山薮之愚民，未知国法，先知虑生死之罪，以至于善者多而恶者少，暗理王纲，于国有补无亏，谁能知识？"④他在谈及设立城隍神时，也说："朕立城隍神，使人知畏。人有所畏，则不敢妄为。"⑤因此，在攻占应天、婺州时，朱元璋便寻访名刹高僧，攻取江西时，也派人寻访正一道的第 42 代天师张正常。登基之后，经常召见著名的高僧和道士，与之探讨佛学，或讲论道术。有些受到信任的僧人，朱元璋则委以重任，如宗泐、智光，曾被命作朝廷的使臣，出使西藏、西域等地。南京灵谷寺僧吴印、瓦官寺僧华克勒等僧人，甚至受命还俗入仕，任为山东、山西布政使。有些僧人还被充作耳目，出任检校，监视臣民的活动。朱元璋还常召集高僧或道士，举行大规模的佛事活动或斋醮祈雨活动。他还下令新建、修复一批寺院，其中以灵谷寺、天界寺、天禧寺、能仁寺、鸡鸣寺五大国家寺院和同它们并列的另一大寺栖霞寺最为著名；并新建、修复许多宫观，"凡道家所号，天帝之居，靡不崇饰"⑥。还下令赐给寺院、宫观许多田土、芦荡，免其税粮、差役。其中，仅赐给灵谷、天界、天禧、能仁、栖霞等大寺的赡僧田就近 500 顷，另有"芦洲亦几其半"⑦。为了扩大佛、道的影响，朱元璋命四方名僧点校了《藏经》，并令宗泐、如玘等僧人重新笺释《般若心经》《金刚经》和《楞伽经》，亲笔为《心经》作序，为《道德经》作注，撰成《御制道德经》2 卷，还撰写了《周颠仙人传》《历代天师赞》，广行刊布。洪武元年正月，朱元璋下令设善世院、玄教院，分别总领全国佛教、道教事务。四年，罢革。十五年四月，复置僧录司、道录司，分别管理全国佛、道事务。僧录司之下，在府、州、县分设僧纲司、僧正司、僧会司；道录司之下，分设道纪司、道正司、道会司。所有这些机构的官员，皆以僧人、道士充任，不支俸禄，隶于礼部。各处寺庙、宫观的住持，皆由僧、道官举有戒行、通经典者送僧、道录司考中后，报送礼部批准，方许上

①　《明太祖集》卷 10，《三教论》，第 215 页。

②　《明太祖集》卷 10，《释道论》，第 212 页。

③　《明经世文编》卷 11，《解学士文集·大庖西封事》。

④　《明太祖集》卷 10，《释道论》，第 213 页。

⑤　《明太祖实录》卷 80，洪武六年三月癸卯。

⑥　(明)葛寅亮：《金陵玄观志》卷 1，商辂《奉敕重建朝天宫》，《续修四库全书》本。

⑦　(明)葛寅亮：《金陵梵刹志》卷 16，《八大寺定租碑记》，《续修四库全书》本。

任①。这样，就将佛、道教置于朝廷的控制与保护之下，便于发挥其"暗助王纲"的作用。

此外，由于朱元璋早年起义时，队伍中有不少信奉伊斯兰教的回族人，后来南征北伐，又有不少回族将士参加进来，他对伊斯兰教也加以尊崇和扶持。洪武年间，曾敕建清真寺于西安、南京及滇南、闽粤、甘肃等地，并御书《至圣百字赞》，称赞伊斯兰教"协助天运，保庇国民"的功用②。但严格实行政教分离、教法分离，规定伊斯兰教教长只能传教布道，不能干预民间事务，不得掌理民间词讼。

在尊孔崇儒的同时，朱元璋还着手进行制礼作乐的工作。明朝建国前夕，朱元璋总结元亡的教训说："元氏昏乱，纪纲不立，主荒臣专，威福下移，由是法度不行，人心涣散，遂致天下骚乱。"强调"立国之初，当先正纪纲"。所谓纪纲，就是礼乐与刑政两手，"礼法，国之纪纲。礼法立，则人志定，上下安"③。礼是儒家文化的一个核心内容。儒家所说的礼，一般包括乐在内。礼的灵魂是德，但其内容非常宽泛，既是仁义道德的规范，也是人际行为的准则，并渗透到政治制度的各个层面，具有定尊卑、辨贵贱、明等威、叙长幼、睦宗族、和乡里、协调各种社会关系的作用。对礼、法两手，朱元璋尤其重视礼、乐的功能，说："朕观刑、政二者，不过辅礼、乐而治耳。……大抵礼、乐者，治平之膏粱；刑政者，救弊之药石。"④认为"治天下之道，礼、乐二者而已"⑤。"礼者，国之防范，人道之纪纲，朝廷所当先务，不可一日无也"⑥。因此，制礼作乐也就成为他治国先务的重中之重。

元朝的礼制，蒙古色彩浓厚，朱元璋对此非常不满，说"元氏废弃礼教，因循百年，而中国之礼变易几尽。朕即位以来，夙夜不忘，思有以振举之，以洗污染之习"⑦。又说："元兴，以夷变夏，民染其俗，先王之礼几乎熄矣。""礼者所以美教化而定民志。成周设大司徒，以五礼防民之伪，而教之中。夫制中莫如礼，修政莫如礼，齐家莫如礼"⑧。他决定依据传统的华夏礼制，结合明初的社会现实，为明朝制定一套去蒙古化的新的礼制。建国前夕，他务未遑，即于吴元年（1367）六月"首开礼、乐二局，广征耆儒，分曹究讨"⑨，着手修纂礼书。明朝刚建立，又从各地陆续征调一批老儒，参与礼书的修纂。洪武元年（1368），中书省会同礼官拟定新的祀典及官民丧服之制、官民房舍及服饰等第。洪武三年九月，《大明集礼》

---

① 《明史》卷74，《职官志三》，第1817—1818页；卷75，《职官志四》，第1853页。

② （清）刘智：《天方至圣实录》卷20，《赞颂碑记序说》，清乾隆金陵启承堂刻本。

③ 《明太祖实录》卷14，甲辰年正月戊辰。

④ 《明太祖实录》卷162，洪武十七年六月庚午。

⑤ 《明太祖宝训》卷2，《兴礼乐》。

⑥ 《明太祖宝训》卷2，《议礼》。

⑦ 《明太祖宝训》卷2，《议礼》。

⑧ 《明太祖宝训》卷2，《议礼》。

⑨ 《明史》卷47，《礼志一》，第1223页。

编成,计 50 卷①。此外,朱元璋还屡次敕谕李善长及诸儒,陆续编撰《孝慈录》《洪武礼制》《诸司职掌》《稽古定制》《国朝制作》《大礼要议》《皇朝礼制》《大明礼制》《洪武礼制》《礼制集要》《礼制节文》《太常集礼》《礼书》等,厘定包括吉礼、嘉礼、宾礼、军礼、凶礼在内的各种礼制。这些礼制,均"斟酌古今"而定,"其度越汉、唐远矣"②。

在各种礼制的厘定中,祀制受到特别的重视。朱元璋继承中国传统的宇宙观,认为"世之所以成世者,惟人与神耳"③。先有天后有地,然后才有人。"(民)生既多,非(君)主莫驭,天生君而为民立命"④,昊天上帝是宇宙的最高主宰,在附属于其的地祇和风雨雷电山川诸神以及厉鬼(无祀鬼神)等辅助下,主宰世间的一切。故"凡有国者,必以祀事为先"⑤,这样才能使"上帝皇祇悦赐,天下安和,生民康泰"⑥。登基伊始,朱元璋即命中书省下郡县访求应祀之神祇、名山大川、圣帝明王、忠臣烈士等,著于祀典,令有司岁时致祭。同时,令儒臣参照古代的传统祀礼和现实需要,对祀典重加厘正,革除了天皇、太乙、六天、五帝等古代礼典所无的神祇,并将城隍神及其辖下的众厉等古代祀典所无的神祇正式列入祀典之中。历代皇朝曾给诸神加上各种封号,朱元璋认为是"渎礼不经",也下令:"并去前代所封名号,止以山水本名称其神,郡县城隍神号,一体改正。"⑦这样,通过厘正祀典,使诸神听命于天,而众鬼神听命于神,形成一个同人间的君主——群臣——庶民的等级制度相对应的上天——诸神——众厉的神鬼体系,"庶天神权纲之不紊也"⑧。

在厘正祀典中,朱元璋还下令对一些祀仪做出重大的改动。明朝刚建立时,郊祀和社稷祀仪均沿用元制,除洪武元年朱元璋登基祭告天地实行合祀外,都是在冬至日祀天,夏至日祀地。社稷也实行分祀。朱元璋认为,"古人以社为五土之神,稷为五谷之神。土主发生,五谷因之以生",社稷分祀,是"土谷不合于生生之意也","不合人情"⑨。天地是人君的父母,实行南北郊分祀,等于为人子的侍奉父母却将双亲分开,是拘泥于礼文而不合人情,"不可谓礼"⑩。朱元璋主张,"祀事在诚敬,不在仪文也"⑪。天地、社稷分祀,礼文过于

---

① 《明史》卷 47,《礼志一》,第 1223 页;《明太祖实录》卷 56,洪武三年九月。

② 《明史》卷 47,《礼志一》,第 1224 页。

③ 《明太祖集》卷 7,《命礼部谕有司谨祭祀》,第 142 页。

④ 《明太祖集》卷 12,《大祀文并歌九章》,第 244 页。

⑤ 《明太祖集》卷 7,《大祀礼成谕中书》,第 100 页。

⑥ 《明太祖集》卷 8,《谕神乐观敕》,第 151 页。

⑦ 《明太祖实录》卷 53,洪武三年六月癸亥。

⑧ 《明太祖实录》卷 56,洪武三年九月戊子。

⑨ 《明太祖集》卷 12,《大祀文并歌九章》,第 245 页。

⑩ 《明太祖实录》卷 116,洪武十年十一月丁亥。

⑪ 《明太祖实录》卷 20,丙午年四月乙卯。

烦琐,反而有害于诚敬。从"礼顺人情"①"尚实不尚华"②的原则出发,他于洪武十年八月下令在午门之右改建社稷坛,实行合祀。当月还下令在南郊改建圜丘,名大祀殿。在大祀殿完工之前,暂时在奉先殿合祀天地。大祀殿建成后,洪武十二年的首春"正三阳交泰之时"即正月十一,在南郊合祀天地,遂成定制。

在祀典的厘定中,朱元璋还明确划分官民祭祀的神祇,规定官员致祭的职责,并严禁淫祠。洪武三年(1370)六月,朱元璋批准中书省根据其旨意拟定的奏章,规定只有受命于天的皇帝才能祭祀天地,"凡民庶祭先祖,岁除祀灶,乡村春秋祈土谷之神,凡有灾患祷于祖先。若乡属、邑属、郡属之祭,则里社、郡属自举之。其僧、道设斋醮,不许奏章上表、投拜青词,亦不许塑画天神地祇。及白莲社、明尊教、白云宗、巫觋、扶鸾、祷经、书符、咒水诸术,并加禁止。庶几左道不兴,民无惑患","违者罪之"③。明律专门设立"亵渎神明""禁止师巫邪术"的条文,对有关的违禁行为规定了相应的刑罚。朱元璋还将祭祀鬼神列为各级官员的重要职责之一④,规定"至期失误祭祀者,杖一百;其不当奉祀之神而祭者,杖八十"⑤。洪武十八年正月规定,文武官员赴任时,必须先到任职所在地的城外斋宿三日,在第四日清早由当地父老导入城中,遍谒诸祠,祭祀神祇;九年任职期满后,必须备具牲醴,率领僚属及当地父老,向诸神致祭辞行,然后才能离开⑥。

洪武年间厘正的礼制,也都参照古代礼经并针对明初的社会现实,对各种社会行为的法则、规范、仪式做出严格的规定。这些礼制,都贯穿着"辨贵贱,明等威"的原则,以体现官员内部的上下等级和官民之间的尊卑贵贱。比如衣冠服饰,上自天子、亲王、文武百官,下至庶人,对他们所用冠服的衣饰、颜色、式样,都有极为烦琐的规定。文武官员的冠服,分为朝服、公服、常服三种,朝服在节日和颁诏、进表等各种重要活动时穿用,公服在早晚朝奏及侍班、谢恩、见辞等场合穿用,常服在常朝视事时穿用,各按官品的不同使用不同的服饰。庶人的冠服,洪武三年规定用四方平定巾,杂色盘领衣,不许使用黄色。又规定男女衣服不得使用金绣、锦绣、纻丝、绫罗,只许用绸、绢、素纱,靴不得裁制花样,不得用金线装饰。首饰、钗、镯不许使用金、玉、珠翠,只许用银。六年又规定,庶人巾环不得用金、玉、玛瑙、珊瑚、琥珀。庶人的帽子,不得用顶,帽珠只许使用水晶、香木。十四年又规定,农民只能穿绸、纱、绢、布,而商贾则只能绢、布,农民家里有一人做生意的,也不能穿绸穿纱。

---

① 《明太祖实录》卷29,洪武元年正月丙子。
② 《明太祖集》卷12,《大祀文并歌九章》,第246页。
③ 《明太祖实录》卷53,洪武三年六月甲子。
④ (明)朱元璋:《资世通训·臣用章》,《皇明制书》,第752页。
⑤ 《大明律》卷11,《礼律·祭祀》,第86页。
⑥ 《明太祖实录》卷170,洪武十八年正月癸未。

二十二年还规定,农民可以戴斗笠、蒲笠出入市井,不务农者则不许可。二十五年,因民间违禁现象屡有发生,又诏令礼部禁止庶人穿靴,"惟北地苦寒,许用牛皮直缝靴"①。官民的房舍也贵贱分等,上下有别。洪武二十六年定制:公侯为前厅 7 间、2 厦、9 架;中堂 7 间、9 架;后堂 7 间、7 架;门屋 3 间、5 架;家庙 3 间、5 架;廊、庑、庖、库从屋,不得过 5 间、7 架。一品、二品官员为厅堂 5 间、9 架;门屋 3 间、5 架。三品至五品官员为厅堂 5 间、7 架;门屋 3 间、3 架;六品至九品官员为厅堂 3 间、7 架;门屋 1 间、3 架。庶民庐舍,洪武二十六年定制,不得超过 3 间、5 架。就连器物的使用,比如一个小小的饮酒器具,也有严格的等级限制。洪武二十六年规定,公侯及一、二品官员,酒注及盏用金器,其余用银器。三品至五品,酒注用银器,酒盏用金器。六品至九品,酒注及酒盏用银器,其余皆用瓷器、漆器。至于庶民,酒盏用银器,酒注只能用锡器,其余都只能用瓷器、漆器②。

　　儒家认为,"礼言是其行也,乐言是其和也"③。乐主要指音乐。乐具有和谐性,并被赋予某种道德属性,可以培养人们的内心情感,起到协调人群、团结社会的作用。礼用以辨异,分别贵贱的等级;乐用以求同,缓和上下的矛盾。所以儒家历来都强调礼乐并行,相辅相成。朱元璋也将乐与礼摆在同等重要的位置,认为二者同为"治天下之道",告谕群臣曰:"治天下之道,礼、乐二者而已。若通于礼而不通于乐,非所以淑人心而出治道;达于乐而不达于礼,非所以振纪纲而立大中。必礼、乐并行,然后治化醇一。"④他认为元朝之所以覆亡,原因之一就是废弃华夏古乐,说:"礼以道敬,乐以宣和,不敬不和,何以为治? 元时古乐俱废,惟淫词艳曲更唱迭和,又使胡虏之声与正声相杂,甚者以古代帝王祀典神祇饰为舞队,谐戏殿廷,殊非所以导中和、崇治体也。"⑤因此,他决定废弃元朝的乐制不用,而"锐志雅乐"⑥,建设新的乐制。龙凤二年(1356)攻克应天后,即设典乐官,翌年又置雅乐,"以供郊社之祭"⑦。吴元年(1367)六月,在设置礼局的同时,正式设立乐局,征调懂音律的儒臣,研究乐制的制定问题。他特地指示作乐的儒臣,要恢复华夏古代雅乐的传统,所撰辞章要"和而正",弃绝谀辞;所作乐曲要和谐自然,"协天地自然之气"⑧。根据朱元璋的旨意,洪武年间相继制成一批朝贺、祭祀、宴飨的乐歌,其中有些辞章还是由朱元璋亲自撰写

---

① 《明史》卷 67,《舆服志三》,第 1649—1650 页。
② 《明史》卷 68,《舆服志四》,第 1671—1672 页。
③ (战国)荀况:《荀子·儒效》,《四部丛刊》本。
④ 《明太祖实录》卷 162,洪武十五年六月庚午。
⑤ 《明太祖实录》卷 66,洪武四年六月戊申。
⑥ 《明史》卷 61,《乐志一》,第 1499 页。
⑦ 《明史》卷 61,《乐志一》,第 1500 页。
⑧ 《明太祖宝训》卷 2,《兴礼乐》。

的,如《圜丘乐章》《方丘乐章》《合祭天地乐章》《先圣三皇历代帝王乐章》等①。经冷谦、陶凯、詹同、宋濂、乐韶凤等熟知音律的一批儒臣的反复究讨,终于制定了祭祀之乐歌节奏、朝贺宴飨之乐歌节奏及祭祀朝贺之乐舞器服制度。

---

① 《明太祖集》卷11,《乐章》,第234—243页。

第七章
统一全国的战争

第一节　略定秦晋，出击北元

洪武建国时，明朝的管辖范围仅只限于中原、江南和闽广地区。夏国的割据势力还统治着四川，元宗室梁王把匝剌瓦尔密的几十万军队还盘踞在云南，元河南王扩廓帖木儿的十几万军队和李思齐、张良弼、孔兴、脱列伯等几支地主武装还控制着秦、晋、关、陇地区。天山南北仍为察合台后王所控制，东北则驻扎着元将纳哈出的20万大军和也先不花、洪保保、刘益、高家奴等一些元军。以元顺帝为首的蒙古贵族退出大都后，并没有逃往漠北的根据地和林（今蒙古国哈拉和林），而是逃到上都开平，继续沿用元朝国号，史称"北元"。任命辽阳行省左丞相也先不花为中书左丞相，而以纳哈出为辽阳行省左丞相，并封扩廓帖木儿为齐王（寻升中书左丞相），封中书右丞相也速为梁王。同时，下诏向其属国高丽征兵征饷，令也速屯守全宁（今内蒙古翁牛特旗），并令太子爱猷识里达腊率军驻守红罗山（今辽宁兴城北）[1]，与大宁、辽阳互为犄角，联结上都，构成一道防线，试图以此保住北方地区，进而南下中原，以图恢复对中原的统治。此时的北元，不仅保存完整的政权机构，而且拥有相当的军事力量，"引弓之士，不下百万众也，归附之部落，不下数千里也，资装铠仗，尚赖而用也，驼马牛羊，尚全而有也"[2]，实力与明朝相差无几[3]。朱元璋削平各地割据势力，消灭元朝残余力量，实现全国统一的任务，仍然相当艰巨。

洪武元年（1368）八月，朱元璋接到征虏大将军徐达、副将军常遇春率北伐军攻克大都的捷报后，决定乘胜统一北方地区，对蒙古采取以军事征服为主、政治恩抚为辅的策略，"威德兼施"，两手并用。当月，他下诏改大都路为北平府，置六卫，命令都督孙兴祖、佥事华云龙领兵3万负责防守，徐达与常遇春则按照北伐前制定的作战指导方针，率师进取山西，并任命汤和为偏将军，与副将军冯胜、平章杨璟俱从徐达出征。八月二十五，朱元璋再次来到开封，具体部署作战行动。十月初十，他回到京师，为了安定北方的秩序，进一步动员百姓支持统一战争，又在第二天发布《克服北平诏》，宣布："避兵人民，团结山寨，诏旨到日，并听各还本业"；逃匿他方的元朝故官及军民人等"果能自拔来归，并无罪责，仍令完聚"；"北平府新附地面应有犯罪及官有逋欠，但系前代事理，并行革罢"；"新附州城官吏，非奉朝廷明文，毋得擅科取索，骚扰百姓，以妨农业"。为了分化瓦解元朝的残余势力，诏书还宣布：元顺帝父子"果能审识天命，衔璧来降，待以殊礼，作宾吾家"；残元领兵头目"有

---

①　（元）刘佶：《北巡私记》，《云窗丛刻》本。

②　《明史纪事本末》卷10，《故元遗兵》，第149页。

③　《明太祖实录》卷223，洪武二十五年闰十二月条载，当年明朝全国卫所军队共有120多万人，洪武初年的军队应低于这个数字，与元顺帝掌握的"引弓之士，不下百万众"大抵相当。

能率众来归,一体量材擢用";朔方百姓及蒙古、色目人民"自归服之后,并仰各安生理,趁时耕作,所有羊马孳畜,从便牧养,有司常加存恤"①。

常遇春、傅友德按照朱元璋的部署,于九月率领明军的先头部队自北平出发,连克保定、中山(今河北定州)、真定。冯胜、汤和也在十月率兵由河南渡河,攻占泽州、潞州(今山西长治),与常遇春、傅友德形成两路夹攻之势。十一月,徐达率薛显等统御大军离开北平,至真定与常遇春会师,准备分兵攻取山西。元顺帝在北逃上都的途中,曾命扩廓帖木儿率兵出雁门关,经居庸关进袭北平。这时,扩廓帖木儿已带兵离开太原。有部将建议徐达回师以救北平,他没有同意,而是采取扼亢捣虚之策,率兵经井陉,向太原前进。扩廓帖木儿进到保安(今河北涿鹿),急忙回救太原。十二月,明军与扩廓帖木儿军在太原城西激战三日,未分胜负。徐达采纳郭英的建议,令其率精骑夜袭敌营,常遇春率大军继后。正在营帐中秉烛夜读的扩廓帖木儿措手不及,慌忙骑上一匹羼马,带着18名骑兵往大同方向逃去。常遇春率兵追击,扩廓帖木儿又逃往甘肃(治今甘肃张掖),常遇春追至忻州,找到从前被扩廓帖木儿扣住不放的使臣汪河。汪河被扩廓帖木儿扣留了很长时间,知其虚实,"及还,陈方略,扩廓由是多败"②。徐达乘胜分兵攻取山西未下州县。

山西平定后,下一个目标是攻取关、陇。洪武二年(1369)正月,朱元璋遣使赍敕至太原谕诸将领:"近者(御史)大夫汤和定浙平闽中,平章杨璟靖湖湘,定广西,班师还朝,未曾定赏,为大将军等灭胡未还故也。于是再遣各官从大将军征进,以汤和为偏将军,杨璟听调。……今定右副将军冯宗异(冯胜)居遇春之下,偏将军汤和居宗异之下,偏将军杨璟居和之下,协力同心,剪除余虏,勿以细巧虑朕之所见也。倘朕法有未当,调度未周,尔等慎勿执一,更审而行之。"③徐达接到敕书,派人转告康茂才、郭兴,并命令他们坚守陕州和潼关,厉兵积粮,准备配合大军西征,夺取关、陇。

洪武二年二月,徐达派常遇春、冯胜等率军渡河趋陕西。三月,徐达亲率大军入奉元路。元将张良弼先已弃奉元奔庆阳,元平章王武率官属士民迎降,徐达整师入城,改奉元路为西安府。此时关中正发生饥荒,朱元璋下令赐每户米一石,接着又派人至孟津仓库取米,每户再给米二石,"民大悦"④。徐达命耿炳文驻守西安,常遇春、冯胜西攻凤翔。元将李思齐率所部10余万人西奔临洮,凤翔遂为常遇春所克。四月初二,徐达与诸将会集凤翔,讨论出击方向。诸将都认为张良弼的才干不如李思齐,庆阳也比临洮好打,主张先由

① 《皇明诏令》卷1,《克复北平诏》。

② 《明太祖实录》卷37,洪武元年十二月丁卯;《鸿猷录》卷5,《略下河东》,第96—98页;《纪事录笺证》卷下,第271页。

③ 《明太祖实录》卷38,洪武二年正月庚申。

④ 《明太祖实录》卷40,洪武二年三月庚子;《明史纪事本末》卷9,《略定秦晋》,第120页。

豳州(今陕西彬县)攻取庆阳,然后再从陇西进攻临洮。徐达说:"不然。思道(张良弼)城险而兵悍,未易猝拔。临洮之地,西通蕃夷,北界(黄)河、湟(水),我师取之,其人足以备战斗,其土地所产足以供军储。今以大军蹙之,思齐不西走胡,则束手就降矣。临洮既克,则旁郡自下。"①诸将表示同意。徐达乃留汤和看守营垒辎重,金兴旺、余思明等戍守凤翔,自己率师西取陇川(今陕西陇县),进克巩昌,然后兵分两路,命冯胜攻临洮,顾时、戴德攻兰州。四月十三,顾时等克兰州,冯胜也在同一天抵达临洮,李思齐势穷力蹙,举城投降。朱元璋得到捷报,遣使告谕徐达:"李思齐既降,宜进攻庆阳、宁夏。张思道(张良弼)兄弟多诈,若来降,当审处之,勿堕其计也。"②徐达派人将李思齐送至京师,朱元璋任命他为江西行省左丞,食禄而不之官。

　　徐达遵照朱元璋的命令,回师东向,连续攻克安定(今甘肃定西)、会州(今甘肃会宁)、靖宁(今甘肃静宁)、隆德,东出萧关(今宁夏固原东南)而下平凉。与此同时,另一路明军也在指挥朱明的率领下攻克延安。张良弼在庆阳听说临洮被明军占领,惧走宁夏,把庆阳交给他弟弟张良臣、平章姚晖去守。张良弼到宁夏后,为扩廓帖木儿所不容,连同部将金牌张等全都被捉。徐达在五月间攻占平凉后,即谋取庆阳。他命令汤和派兵攻打泾州(今甘肃泾川),同时派遣指挥张焕率骑兵至庆阳侦察,并派人招降张良臣。张良臣表示愿以城降。徐达派薛显率步骑兵前去受降,张良臣却乘夜偷袭薛显营帐,张焕被俘,薛显负伤逃回。徐达闻讯,对诸将说:"上明见万里外,今日之事,果如前日所谕。然良臣之叛,只取灭亡耳,当与诸公戮力剪之!"③他率师疾趋泾州,冯胜、傅友德也自临洮率兵前来会师。为了阻止张良臣的党羽救援庆阳,徐达先派傅友德、俞通源、陈德、顾时分别攻占庆阳东、西、南、北四面的据点,切断所有进出庆阳的通道,然后亲率诸将进逼庆阳,以重兵四面围城。张良臣几次出兵挑战,都被击退,派人去宁夏向扩廓帖木儿求援,半途又被明军俘杀。扩廓帖木儿见庆阳危急,派韩札儿前去增援。徐达急调诸将分守庆阳西南30里的驿马关和邠州(今陕西彬县)、灵州(今宁夏灵武)诸地,并伺机截击韩札儿的援兵,韩扎儿败回宁夏。张良臣坐困孤城,粮饷匮乏,至煮人汁和泥充饥。八月,姚晖等人见大势已去,开门迎降。徐达率师入城,张良臣父子投井自杀未死,被捞出斩首。陕西地区至此平定④。朱元璋命徐达与汤和回京"议功赏"⑤,令右副将军冯胜权镇庆阳,节制各镇兵马。十一月初一,徐达

　　①　《明太祖实录》卷41,洪武二年四月丙寅。

　　②　《明史纪事本末》卷9,《略定秦晋》,第121页。

　　③　《明太祖实录》卷42,洪武二年五月戊申。

　　④　《鸿猷录》卷5,《戡定关中》,第101—102页;《明史纪事本末》卷9,《略定秦晋》,第122页;《献征录》卷6,王世贞:《宋国公冯胜传》。

　　⑤　《献征录》卷6,王世贞:《宋国公冯胜传》。

还京。过了 13 天,急于领赏的冯胜竟私自引兵还京。扩廓帖木儿乘机"纵游骑掠平凉、巩昌北鄙人畜,大为边患"①。朱元璋严厉批评了冯胜,后来大赏平定中原及征南将士,赏给冯胜的金帛也少得多,"不能当大将军(徐达)半"②。

洪武二年二月,当徐达、常遇春率领明军西攻陕西之时,图谋复辟的元顺帝见北平无重兵防守,便命也速率领万骑南下,进袭通州。驻守通州的明军只有千人,守将曹良臣巧布疑阵,惊退敌军。四月,为确保北平的安全,朱元璋命副将军常遇春自凤翔回师北平,以李文忠为偏将军,准备出塞进攻开平。六月,也速再次引兵南下,进攻通州。朱元璋即命常遇春、李文忠率步卒 8 万、骑兵 1 万,往取开平。也速闻讯,领兵北返。常遇春与李文忠经会州(在今河北平泉南),取大宁,败也速兵,进克开平。元顺帝北奔,蓟北悉平③。七月初七,常遇春还师柳河川(在今河北宣化北),突然暴病而死。此时,庆阳尚未攻克,朱元璋命偏将军李文忠率领明军,自北平会攻庆阳。元顺帝逃至应昌(在今内蒙古克什克腾旗达里诺尔湖畔),又令脱列伯、孔兴以重兵进攻大同。李文忠率领明军西进,八月在太原得到消息,对左丞赵庸说,将帅统兵在外,只要对国家社稷有利的事,可以自己独断专行。现在大同受围,如果坐等朝廷命令,那就来不及了,"机不可失,盍往救之"④? 遂挥师由代州(今山西代县)出雁门关北上。脱列伯率兵迎战,大败被俘。孔兴逃往绥德,为部将所杀。元顺帝知道大势已去,从此"无复南向矣"⑤。

北元的几支武装,以退据甘肃的扩廓帖木儿最能打仗。洪武元年八月,刘基告老还乡时曾提醒朱元璋:"王保保未可轻也。"⑥洪武二年八月,朱元璋再次给扩廓帖木儿写信劝降,但扩廓帖木儿置之不理,并在十二月间乘明军南还,从甘肃引兵袭击兰州,击败来援的明军,俘杀明将于光。朱元璋决定出兵还击。三年(1370)正月,命徐达为征虏大将军,李文忠为左副将军,冯胜为右副将军,邓愈为左副副将军,汤和为右副副将军,率领大军出征。出师之前,他问诸将应该先打哪里? 诸将认为:"保保之寇边者,以元主犹在也。若以师直取元主,则保保失势,可不战而降者。"朱元璋没有同意,说:"王保保方以兵临边,今舍彼而取元主,是忘近而趋远,失缓急之宜,非计之善。"他提出两路分兵之策:"一令大将军自潼关出西安,捣定西,以取王保保;一令左副将军出居庸,入沙漠,以追元主,使其彼此自

---

① 《国榷》卷 3,洪武二年十一月甲辰,第 401 页。

② 《献征录》卷 6,王世贞:《宋国公冯胜传》。

③ 《明史》卷 2,《太祖本纪二》,第 22—23 页;《明太祖实录》卷 43,洪武二年六月己卯;《献征录》卷 5,董伦:《曹国公岐阳武靖王李文忠神道碑》;《宋濂全集》卷 51,《大明敕赐银青荣禄大夫上柱国中书平章军国重事兼太子少保鄂国常公赠运推诚宣德靖远功臣开府仪同三司上柱国太保中书右丞相追封开平王谥忠武神道碑铭》,第 1209 页。

④ 《鸿猷录》卷 5,《略下河东》,第 98 页。

⑤ 《明太祖实录》卷 44,洪武二年八月丙寅。

⑥ 《明史》卷 128,《刘基传》,第 3780 页。

救，不暇应援。况元主远居沙漠，不意吾师之至，如孤豕之遇猛虎，取之必矣。事有一举而两得者，此是也。"①

遵照朱元璋的部署，徐达率西路军西出潼关，三月抵达定西。扩廓帖木儿急解兰州之围，退屯兰州东面的车道岘。四月，徐达带兵出定西，进驻沈儿峪（又名沈鱼儿峪，今甘肃定西巉口镇），与扩廓帖木儿隔着一条深沟布阵，于是爆发了一场数十万人的大战。扩廓帖木儿派数千精兵偷偷从东山穿过小道而下，突然袭击明军东南的营寨，守营的明将胡德济惊慌失措，士卒溃散。徐达亲自带兵出击，打退北元军队，并斩杀几名守营的将校，将胡德济押送南京治罪。翌日，重新整顿队伍，挥师出击，终于在深沟北部的一片坟场上大败元军，活捉北元郯王、文济王及国公阎思孝、平章韩扎儿、虎林赤等1865人，俘虏将校士卒84500余人，获马15280余匹和大批骆驼、骡、驴及其他牲口。俘获的"部下大小将帅，悉擒至兴元斩之，士卒派隶各卫"②。扩廓帖木儿与妻子数人向北逃窜，"至黄河，得流木以渡，遂由宁夏奔和林"③。五月，徐达命邓愈南下临洮，进攻河州（治今甘肃临夏）。河州在洪武二年四月曾为冯胜所攻克，但他"以化外之地，不可守，将城楼库房尽行焚烧殆尽，拘虏南归，自洮河至积石关三百余里，骸骨遍野，人烟一空"④。邓愈攻占河州后，命凤翔卫指挥副使韦正镇守⑤，并遣使招谕吐蕃⑥。六月，北元陕西行省吐蕃宣慰使何锁南普至邓愈军门投诚；元宗室、吐蕃地区法理上的所有者镇西武靖王卜纳剌，亦在韦正的招抚下，领所辖吐蕃诸部大小番酋持元朝所授金银铜印、金银牌面宣敕及金玉图书来降⑦。"于是，河州以西，甘朵、乌思藏等部皆来归，征哨极甘肃西北数千里始还"⑧。

李文忠于二月间率10万东路军越过野狐岭（在今河北万全北），经兴和（今河北张北）北上，在察罕脑儿擒获北元平章竹贞，并在附近的骆驼山击败北元太尉蛮子等，于五月间进抵开平。五月十三，向应昌挺进，途中俘获北元报丧的信使，得知元顺帝因患痢疾已于四月二十八死去，乃全速进军。两天后，遭遇北元军队，激战败之，进围应昌。五月十六，明军攻占应昌，俘获元顺帝孙买的里八剌并后、妃、宫人及诸王、省院官员等，缴获宝玺及大批驼马牛羊。只有皇太子爱猷识里达腊携数十骑逃脱，李文忠亲率精骑追击，至北庆州

① 《明太祖实录》卷48，洪武三年正月辛卯。
② 《纪事录笺证》卷下，第302页。
③ 《明太祖实录》卷51，洪武三年四月丙寅；《明史纪事本末》卷10，《故元遗兵》，第128页。
④ 《纪事录笺证》卷下，第318页。
⑤ 《纪事录笺证》卷下，第318页。
⑥ 我国古代藏族在7至9世纪时曾建立政权，势力一度到达西域、河陇地区，唐朝称之为吐蕃。吐蕃政权崩溃后，宋、元及明初史籍仍沿称该地区的藏族和其他土著族为吐（土）蕃，或称西蕃（番）。
⑦ 《明太祖实录》卷53，洪武三年六月；《纪事录笺证》卷下，第321页。
⑧ 《明史纪事本末》卷10，《故元遗兵》，第131页。

（在今内蒙古巴林右旗境内），不及而还。爱猷识里达腊向西北方向，逃奔旧都和林①。

十一月，徐达、李文忠班师还京，朱元璋论功行赏，进宣国公李善长为韩国公，信国公徐达为魏国公，封常遇春子常茂为郑国公，李文忠为曹国公，邓愈为卫国公，冯胜为宋国公，封汤和、唐胜宗、陆仲亨、周德兴、华云龙、顾时、耿炳文、陈德、郭兴、王志、郑遇春、费聚、吴良、吴祯、赵庸、廖永忠、俞通源、华高、杨璟、康茂才康铎、朱亮祖、傅友德、胡美、韩政、黄彬、曹良臣、梅思祖、陆聚等28人为侯，各赐铁券，食禄有差。所封公、侯，俱令子孙世袭。封汪广洋、刘基为伯，各赐诰命，食禄有差②。据《实录》载，当年十二月，又封薛显为侯③，翌年还追封已在四川战死的汪兴祖为侯④。但据钱谦益、潘柽章的考证，洪武三年十一月封侯的共30人，包括薛显、汪兴祖在内，惟薛以专杀，汪以杀降，均封而不与铁券⑤。

明军这次两路出击，逼使北元势力从应昌、定西一线北撤。接着，朱元璋再次发动招抚攻势。当年四月，沈儿峪战役之后，他遣使带信给元顺帝，再次劝元顺帝"奉天道，顺人事，遣使通好，庶几得牧养于近塞，藉我之威，号令其部落，尚可为一邦之主，以奉其宗祀"⑥。五月，得到元顺帝的死讯，认为"敬其主则其臣悦"，又为之上谥号曰"顺帝"，并遣人致吊，亲为祭文曰："今闻君殁于沙漠，朕用恻然。"⑦六月，李文忠遣送买的里八剌及其母妃到达南京，中书省臣杨宪等建议用唐太宗对待王世充的办法献俘于庙，他没有采纳，而是以礼相待，让买的里八剌穿着蒙古服装于奉天殿朝见，朝毕赐给汉族衣冠，封买的里八剌为崇礼侯，赐宅第于龙山，"且以后妃不能耐暑，况北狄但知食肉饮酪，敕中书省臣：务使饮食居第适宜；若其欲归，当遣还沙漠"⑧。同时，颁布《平定沙漠诏》，声明："朕既为天下主，华夷无间，姓氏虽异，抚字如一"，宣布北元嗣君、买的里八剌之父爱猷识里达腊如能归附，"当效古帝王之礼，俾作宾我朝"；北元官吏能倾心来归，"不分等类，验才委任"；其宗王驸马部落臣民能率众来归，"当换给印信，还其旧职，仍居所部之地，民复旧业，羊马孳畜，从便牧养"⑨。七月，又释放北元平章彻里帖木儿北归，带信给爱猷识里达腊，进一步提出："前事之失，兹不必较"，要他"遣使一来，公私通问"；如能臣服明朝，"尚可为一邦之主"，

————————

　　① 《明太祖实录》卷49，洪武三年二月；卷52，洪武三年五月丁酉、辛丑；《明史纪事本末》卷10，《故元遗兵》，第128—129页；《明通鉴》卷3，洪武三年五月，第246—247页。

　　② 《明太祖实录》卷58，洪武三年十一月丙申、乙卯。

　　③ 《明太祖实录》卷59，洪武三年十二月戊辰。

　　④ 《明太祖实录》卷70，洪武四年十二月壬辰。

　　⑤ 《纪事录笺证》卷下，第350页；《皇明开国功臣录》卷10，《汪兴祖传》；《牧斋初学集》卷103，《太祖实录辨证》3；《国史考异》2之7。

　　⑥ 《明太祖实录》卷51，洪武三年四月己巳。

　　⑦ 《明太祖实录》卷119，洪武十年六月壬子。

　　⑧ （明）佚名：《北平录》，《纪录汇编》本。

　　⑨ 《明太祖实录》卷53，洪武三年六月丁丑。

"藉我之威,号令部落"①。

朱元璋的招抚政策,逐渐收到了效果。这一年九月,北元宗王札木赤、指挥把都、百户赛因不花等11人自官山(在今内蒙古卓资山北)来降,朱元璋诏立官山等处军民千户所,以把都为正千户,赛因不花等三人为百户②。洪武四年正月,北元枢密都连帖木儿等自东胜州来降,又设置失宝赤、五花城、干鲁忽奴、燕只、翁吉刺等五个千户所,以都连帖木儿等为千户③。二月,北元辽东行省平章刘益接受招抚,又诏置辽东卫指挥使司,以刘益为指挥同知。不久,北元平章洪保保、马彦翚等发动叛乱,杀死刘益。叛乱平息后,朱元璋又置定辽都卫指挥使司,以马云、叶旺为都指挥使,总辖辽东诸卫军马④。这样,明朝北方近塞地区基本平定,防御力量大大加强了。

但爱猷识里达腊仍然拒绝朱元璋的招降。他自幼受丞相脱脱家的抚养,六岁还宫后接受比较系统的教育,被立为皇太子后开始参决政务,具有较高的汉文化修养和处理政务的能力,颇想挽回元室既倒的颓势。元顺帝死后,他继位称必力克图汗,取杜甫《北征诗》"周汉获再兴,宣光果明哲"之意,改元宣光⑤,以扩廓帖木儿为中书右丞相,并继续重用也速、哈刺章、蛮子、纳哈出等大臣,不时派兵南下骚扰,力图与明朝抗衡。一些元朝遗民,对他寄予厚望。沿边有些宗王、官吏,便固守山塞,负隅顽抗。如"元四大王"即据守岢岚山,时扰武(治神武,在今山西神池东北)、朔诸州⑥。一些已归附明朝的宗王、军民,也纷纷采取策应北元军队的行动。洪武四年四月,北元降将、知院白文显在华亭(今属甘肃)聚众叛乱;七月,大同官山千户所百户速哥帖木儿、捏怯来等"谋叛,杀其千户把都等";十月,北元知院小保、司丞蛮子等在忻州"聚众作乱"⑦。

这种状况,使明的许多将领产生了急躁情绪。洪武五年(1372)正月,朱元璋在武楼与诸将讨论北方边防问题,徐达建议北征沙漠,说:"今天下大定,庶民已安,北房归附者相继,惟王保保出没边境,今复遁居和林。愿鼓率将士,以剿绝之。"朱元璋一贯主张"贵于持重"的作战方针,所以起初并不赞成徐达的意见,说:"败亡之众,远处绝漠,以死自卫。困兽犹斗,况穷寇乎! 姑置之。"但诸将一致支持徐达的建议,说:"王保保狡猾狙诈,使其在,终必为寇。不如取之,永清沙漠。"朱元璋遂贸然同意,询问北征沙漠需要多少兵力。徐达说有兵10万就足够了,朱元璋认为10万人太少,决定出动15万军队,兵分三路,并任命魏

---

① 《明太祖实录》卷57,洪武三年十月庚辰。
② 《明太祖实录》卷56,洪武三年九月己丑。
③ 《明太祖实录》卷60,洪武四年正月癸卯。
④ 《明太祖实录》卷61,洪武四年二月壬午;卷65,洪武四年五月丙寅;卷67,洪武四年七月辛亥。
⑤ 参看方龄贵:《关于北元宣光年号的考证》,《故宫博物院院刊》1970年第4期。
⑥ 《明史纪事本末》卷10,《故元遗兵》,第130页。
⑦ 《明太祖实录》卷64,洪武四年四月己酉;卷67,洪武四年七月庚辰;卷68,洪武四年十月丁未。

国公徐达为征虏大将军,曹国公李文忠为左副将军,宋国公冯胜为征西将军,分别统帅三路大军北征,"以清沙漠"。临出征前,朱元璋对诸将宣布他的战略部署:"今兵出三道,大将军由中路出雁门,扬言趋和林而实迟重,致其来击之,必可破也;左副将军由东路自居庸出应昌,以掩其不备,必有所获;征西将军由西路出金兰取甘肃,以疑其兵。令虏不知所为,乃善计也。卿等宜益思戒慎,不可轻敌。"①即采用疑兵之计,由徐达率领主力中路军,扬言欲攻和林,引诱北元军队至近边决战;李文忠率领东路军,同前两次一样,奔袭北元汗庭;冯胜率领西路军,主要则是迷惑和牵制北元西北诸王的军队,配合中路军作战。二月,徐达率中山侯汤和等领中路军进抵山西,以都督蓝玉为前锋,出雁门关,在野马川击败蒙古游骑。三月,又在土剌河(在今蒙古国乌兰巴托西)击败扩廓帖木儿的军队②。扩廓帖木儿吸取上次在甘肃沈儿峪战役与明军正面对峙惨遭败北的教训,步步后撤,力图引诱明军深入漠北腹地,然后发挥自己骑兵队伍机动作战的优势,在广阔的草原上与明军周旋,再寻机加以歼击。一向"持重有纪律"的徐达,却无视自己的部队步骑相杂,互相牵制,粮饷运输困难,不便机动的弱点,违背朱元璋的引诱北元军队至近边决战的战略决策和"不可轻敌"的诫谕,恃屡胜之威穷追不舍,深入漠北。五月,明军进抵杭爱岭北(约在今蒙古国乌兰巴东北),既疲惫又轻敌麻痹,结果遭到扩廓帖木儿及其骁将贺宗哲的围击,"死者万余人"。徐达急忙下令收兵,固守营寨,"故彻侯功臣无死者,虏亦不敢入塞"③。七月,殿后的汤和又在断头山遭遇敌军,吃了败仗,平阳左卫指挥同知章存道战死④。

李文忠率都督同知何文辉领东路军出居庸关后,经应昌北上,至口温(在今内蒙古查干淖尔南边),当地的蒙古部落弃营夜遁。北元军队仍然执行诱敌深入之策,步步后撤。李文忠进至胪朐河(今蒙古国克鲁伦河),令参将韩政看守辎重,自率大军,每人携带 20 天口粮,兼程急进,直趋土剌河。北元太师蛮子、哈剌章尽驱部众渡河,列骑以待。李文忠引兵逼之,待敌稍却,渡河西进。六月,在阿鲁浑河(今蒙古国鄂尔浑河)畔,与北元骑兵展开一场激战。此役明军虽"获人马以万计"⑤,但自己也遭受重大损失,宣宁侯曹良臣、指挥使周显、常荣(常遇春之弟)、张耀俱战死⑥。进至称海(在和林偏北的鄂尔浑河一带),蒙古骑兵重新集结,李文忠采用疑兵之计,"勒兵据险,椎牛享士,纵所获马畜于野,示以闲暇"⑦。过了三天,北元骑兵怀疑明军有埋伏,引兵他去。此时明中路军已经败退,东路军陷于孤

① 《明太祖实录》卷71,洪武五年正月庚午。
② 《明太祖实录》卷72,洪武五年二月丁未;卷73,洪武五年三月丁卯。
③ 《弇州史料》前集卷19,《徐中山世家》;《皇明世法录》卷84,《徐中山王世家》。
④ 《明太祖实录》卷75,洪武五年七月丙辰。
⑤ 《明太祖实录》卷74,洪武五年六月壬辰。
⑥ 《明史》卷126,《李文忠传》,第3745页。
⑦ 《明太祖实录》卷74,洪武五年六月壬辰。

军奋战的困境,李文忠只得下令班师。

冯胜率临江侯陈德、颍川侯傅友德等领西路军出发后,于五月间抵达兰州。傅友德率骁骑 5000,直趋西凉(今甘肃武威),败北元将领失剌罕,追至永昌,又败北元太尉朵儿只巴。进至埽林山(在今甘肃北部),与冯胜合兵,又击败敌军,杀死北元平章不花,降北元太尉锁纳儿加、平章管著等。六月,冯胜等率军进抵甘肃,北元守将上都驴率所部吏民 830余户投降。冯胜乘胜进军亦集乃路,降北元守将卜颜帖木儿,又进至瓜(治今甘肃安西西南)、沙(治今甘肃敦煌对岸)而还①。西路军扫荡了北元甘肃行省全境,但北元军民大多退走,所以战果不大,只俘获了一些居民和牲畜。十二月,冯胜"将甘州所葺城池、营房、仓库、转运米麦料豆二十余万石及军需尽焚之,弃城归,并宁夏、西凉、庄浪三城之地亦弃,仅以牛羊马驼令军人赶归"②。

这次对北元用兵,中路军战败,东西两路虽然取得了一些胜利,但所获不多,而明军自己却受到不小的损失,估计三路大军总共牺牲了几万人③。班师后,徐达虽深入岭北惨遭败北,但朱元璋"以达功大",没有问罪④;李文忠得不偿失,"以故赏不行"⑤;冯胜虽"全师而还",但有人揭发他私藏缴获的驼马,也"赏不行"⑥。二十五年后,朱元璋回想起这个战役,还后悔不迭,写信告诫镇守北方边境的晋、燕二王说:"吾用兵一世,指挥诸将,未尝败北,致伤军士。正欲养锐,以观胡变,夫何诸将日请深入沙漠,不免疲兵于和林,此盖轻信无谋,以致伤生数万。"⑦

北元军队乘机发动反攻,不时袭击从辽东直至甘肃沿边地带,并重新攻占兴和、亦集乃和甘肃的西北地区。爱猷识里达腊还乘胜派人联络云南和高丽,从洪武五年四月起与云南的梁王建立了联系⑧,高丽后来也于洪武十年(1377)正式奉北元正朔,"中外决狱,一遵至正条格"⑨。北元的统治逐步稳定下来,爱猷识里达腊在给高丽的诏书中得意地声称:"顷因兵乱,播迁于北,今以扩廓帖木儿为相,几于中兴。"⑩

明朝的北部边境出现了严重的危机,迫使朱元璋冷静下来,重新考虑对北元的策略方

---

① 《明太祖实录》卷 74,洪武五年六月戊寅。

② 《纪事录笺证》卷下,第 364 页。

③ 《高丽史》卷 44《恭愍王世家》载,恭愍王癸丑二十二年(明洪武六年)七月,朱元璋会见高丽使臣姜仁裕时曾说:"我这里两三处折了四五万军马。"

④ 《明史》卷 125,《徐达传》,第 3729 页。

⑤ 《明史》卷 126,《李文忠传》,第 3745 页。

⑥ 《明史》卷 129,《冯胜传》,第 3798 页。

⑦ 《明太祖实录》卷 253,洪武三十年六月庚寅。

⑧ 《民国新纂云南通志》卷 94,《金石考》,1949 年印本。

⑨ 《高丽史》卷 133,《辛禑传》。

⑩ 《高丽史》卷 44,《恭愍王世家》。

针。他认识到,此时卫所制度尚在建立之中,明军主要是原先参加起义的所谓"诸将所部兵"和投降过来的元朝军队及各个割据势力的队伍即所谓"胜国及僭伪诸降卒",而以"诸将所部兵"为主力。这支队伍主要来自江南地区,步卒数量虽多,骑兵队伍不大①,不适于深入漠北草原作战。况且,这时明朝的经济尚未恢复,统治很不巩固,实力不够强大,加上长城以内尚未完全统一,特别是云南地区还为北元梁王势力所控制,明军北征不免有后顾之忧,因此一时也难以消灭北元。于是,他吸取这次北征失败的教训,暂时放弃主动出击的策略,改取积极防御的做法。洪武五年(1372)十一月,朱元璋下令将北征将士调回山西、北平等地。第二年三月,命徐达为征虏大将军、李文忠为左副将军、冯胜为右副将军、邓愈为左副副将军、汤和为右副副将军,统兵往山西、北平等处练兵备边,反复诚谕他们:"御边之道,固当示以威武,尤必守以持重,来则御之,去则勿追,斯为上策。若专务穷兵,朕所不取,卿等慎之。"②"但保障清野,使来无所得,俟其惰归,则率锐击之,必掩群而获"③。实际上是重申"贵于持重"和"固守疆圉"的方针。洪武八年正月,又遣卫国公邓愈、河南侯陆聚往陕西,中山侯汤和、平章李伯昇往彰德、真定,指挥冯俊、孙通、赖镇往汝宁,李谧、耿孝、黄宁、李青、陈方、庸武兴往北平、永平督兵屯田,开卫戍守④。第二年正月,复命中山侯汤和、颍川侯傅友德、都督金事蓝玉、王弼、中书右丞丁玉帅师,往延安防边⑤。为了加强对蒙古的防御,明朝在长城沿线的军事要冲之地陆续增置卫所,并通过"归附""谪发"特别是"垛集"的方式,大量补充沿边卫所的兵力,修建城池关隘,屯田防守,并将沿边百姓迁入内地,实行坚壁清野。如洪武六年八月,迁朔州边民于内地;九月,迁山西弘州、蔚州、安定、武、朔、天城、白登、东胜、丰州、云内等州县民"居于中立府";十一月,迁绥德、庆阳之境居民于内地;十二月,"以瑞州逼近虏境",罢瑞州州治,迁其民于滦州(治今河北滦县),并"徙抚宁县治于洋河西,民之近边者皆徙内地"⑥;洪武七年四月,又命太原都卫将"塞外夷民皆令迁入内地"⑦。经过一段时间的经营,东起辽东,西至关、陇,卫所林立,堡塞相望,构成一道坚固的防线。纳哈出、扩廓帖木儿及其他北元将领多次遣兵入犯,皆被击退。

---

① 《明太祖实录》卷253,洪武三十年六月庚寅条载,洪武三十年(1397)六月,朱元璋谕晋、燕二王曰:"我朝自辽东至于甘肃,东西六千余里,可战之马仅得十万,京师、河南、山东三处马虽有之,若欲赴战,猝难收集。苟事势警急,北平口外马悉数不过二万,若逢十万之骑,虽古名将,亦难于野战……算我马数如是,纵有步卒,但可夹马以助势,若欲追北擒寇,则不能矣。"洪武初年的战马,当低于10万之数。

② 《明太祖实录》卷78,洪武六年正月壬子。

③ 《明太祖实录》卷80,洪武六年三月壬子。

④ 《明太祖实录》卷96,洪武八年正月辛巳。按:庸武兴,《国榷》卷6作卢武。

⑤ 《明太祖实录》卷103,洪武九年正月。

⑥ 《明太祖实录》卷84,洪武六年八月辛卯;卷85,洪武六年九月丙子;卷86,洪武六年十一月庚戌、十二月癸卯。

⑦ 《明太祖实录》卷88,洪武七年四月辛酉。

在积极加强北方边境防御的同时,朱元璋继续对北元发动招抚攻势。洪武五年(1372)十二月,他主动赍书与爱猷识里达腊,谓"自古国家,必有兴废,以小事大,理势之常",劝其仿效南宋事金之例以事明,并报告自己优待其子的情况,令其"遣使取归"。同时,还致书谕北元大臣刘仲德、朱彦德,要他们规劝爱猷识里达腊接受明朝的招抚,并取回其子①。七年九月,朱元璋又主动命已归降的故元宦官咸礼、袁不花帖木儿护送买的里八刺回漠北,并致书招抚爱猷识里达腊,说:"若能悟我所言,必得一族于沙漠中,权时自为,或得善终";"君若不悟,不效古人之事,他日加兵于彼,祸福有不可测者矣"②。连同以前的几封劝降信,这已是对元顺帝父子的第五封劝降信。对扩廓帖木儿的招抚,朱元璋更是煞费心思。扩廓帖木儿败奔和林之前,朱元璋先后给他写过七封信,"皆不答"③。扩廓帖木儿败奔和林后,明军俘虏了他的家属,朱元璋又逆用汉代刘敬提出的公主远嫁之策,封其妹为秦王妃,并再次派人招抚。但扩廓帖木儿仍"不应"④。洪武七年,他又派李思齐亲去蒙古劝降。扩廓帖木儿对李思齐假装以礼相待,留他住了几天,然后派骑兵送他返回明朝,在边界上要他留下一只胳膊作为纪念。李思齐忍痛砍下一只胳膊,回到京师不久就死了⑤。朱元璋曾感慨地说:"(常)遇春虽人杰,吾得而臣之。吾不能臣王保保,其人奇男子也!"⑥还感叹说:"天下一家,尚有三事未了:一少传国玺⑦,一王保保未擒,一元太子无音问。"⑧后来,扩廓帖木儿随爱猷识里达腊迁徙到金山(今阿尔泰山)之北,洪武八年八月死于哈剌那海的衙庭,妻子毛氏也殉夫死⑨。

扩廓帖木儿死后,北元中路和西路的军事力量日渐削弱,不能再南下深入内地骚扰。到洪武十一年(1378)四月,爱猷识里达腊病卒,其弟(一说为其子)脱古思帖木儿继位⑩,称乌斯哈勒汗,改元天元,声势更加衰微。就在这一年,朱元璋命第二子秦王朱樉、三子晋王朱棡就藩西安、太原,十三年令四子燕王朱棣就藩北平,授予他们军事大权,准其建立护卫,益以军卒,以加强北方的军事力量,边境的形势进一步稳定下来了。

---

① 《明太祖实录》卷77,洪武五年十二月壬寅。

② 《明太祖集》卷5,《与元幼主书》,第82页。

③ 《明史》卷124,《扩廓帖木儿传》,第3713页。

④ 《明太祖实录》卷68,洪武四年九月丙辰。

⑤ 《纪事录笺证》卷下,第290页。

⑥ 《明史》卷124,《扩廓帖木儿传》,第3713页。

⑦ 传国玺,又称秦玺。相传秦始皇得蓝田玉,雕为印章,四周刻龙,正面刻李斯所写篆文"受命于天,既寿永昌"八个字。后来历代封建皇朝都想得到这块玉玺,作为"受命于天"的一个象征。

⑧ 《国初群雄事略》卷11,《河南扩廓帖木儿》引《草木子余录》,第264页。

⑨ 《明太祖实录》卷100,洪武八年八月己酉;《明史》卷124,《扩廓帖木儿传》,第3712页。

⑩ 此据萨囊彻辰《蒙古源流》(屠守斋补校本)。《明史》《国榷》《明史纪事本末》等书则记脱古思帖木儿为爱猷识里达腊之子。有学者则认为,脱古思帖木儿即系爱猷识里达腊之子买的里八刺。见薄音瑚:《关于北元汗系》,《内蒙古大学学报》1987年第3期。

第二节　平定川滇

平定四川夏政权的军事行动,开始于洪武四年(1371)。在这前一年,明军东西两路出击应昌和定西,迫使北元残余势力往北撤退,这就为进军四川创造了条件。

夏政权的创建者明玉珍,本姓旻,名珍①,随县(今湖北随州)梅丘人②。他"家世以农亩为业"③,当过"巡司弓兵牌子头"④,系"弓兵之首"⑤。元代弓手即弓兵是由"每一百户内取中户一名充役"⑥,因此他的出身很可能是中小地主。元末农民大起义爆发后,明玉珍在家乡组织一支地主武装,结寨自固,被推为屯长。至正十一年(1361)底,徐寿辉攻占荆湖州郡后,派人招降,他仗剑往从,被授为统兵征虏大元帅,率本部人马,隶倪文俊部下。至正十五年夏,奉命领兵万余人,驾斗船50艘,前往四川夔州府(治今重庆奉节)筹粮,由于纪律严明,颇得群众拥护。至正十七年十二月,明玉珍乘四川元朝兵力空虚,袭据重庆,被徐寿辉授为广西两江道宣慰使。后来,他又在广元等地击败自陕西进入四川的大宋西路军将领李喜喜,据有四川西北部,被提升为陇蜀行省左丞。接着调兵南下,进军川西南,次第消灭了四川境内的元军⑦。陈友谅弑徐寿辉自立为帝后,明玉珍非常不满,于至正二十一年十月称蜀陇王,以元朝进士刘桢为参谋,派兵扼守瞿塘关(今重庆奉节东),和陈友谅断绝往来。至正二十三年正月初一,又在重庆称帝,建国号大夏,改元天统⑧。他在位六年,设国子监,开进士科,折节下士,去释、老二教,上奉弥勒;崇尚节俭,轻徭薄赋,"赋税十取其一,农家无力役之征"⑨;坚持反元斗争,至死犹以"中原未平,元虏未逐"为念,因此颇得蜀人的支持。天统四年(1366)二月病死,年仅三十六岁。其子明昇即位,年仅十岁,由母彭氏垂帘听政,改元开熙。大臣不听约束,争权夺利,互相残杀。第二年,部将吴友仁入朝专政,他贪墨成风,"私家倍于公室,仓帑空虚"⑩,国势于是日趋衰弱。

朱元璋同明玉珍的关系本来比较好,因为他们都是反对陈友谅的。龙凤十年(1364),陈理投降后,朱元璋开始遣使与明玉珍通好。后来明昇即位,仍然与朱元璋保持往来。明

---

① 《罪惟录》列传卷6,《夏明玉珍》,第1332页。

② 《玄宫之碑》。

③ 《明氏实录》。

④ 《草木子》卷3上,《克谨篇》,第54页。

⑤ 《七修类稿》卷8,《明玉珍》,第97页。

⑥ 《元史》卷101,《兵志四》,第2595页。

⑦ 《玄宫之碑》;《明氏实录》;(明)黄标:《平夏录》,《纪录汇编》本。

⑧ 《玄宫之碑》。

⑨ 《平夏录》。

⑩ 《明氏实录》。

朝建立后，朱元璋要统一全国，自然威胁到夏国的生存，两国的关系开始发生变化。明朝建立后，明昇于洪武元年(1368)十二月曾遣使祝贺明军攻克大都。朱元璋乘机遣使带信给明昇，赞扬其父明玉珍识时务，通时变，"能通使修好"，希望明昇也能"度德量力，审机识变"，顺应天下"定于一"的大势，"以安靖生灵"①，即归顺明朝。明昇未作答复。洪武二年，明军平定关陕后，夏国震恐，吴友仁却认为："蜀地非中原比，设有缓急，据险可守，军资又充足，虽勇将强兵，其若我何？为今之计，莫若外假交好以缓敌，内修武事以御御。"②明昇听从吴友仁的意见，继续遣使与朱元璋修贡通好。不过朱元璋并不以此为满足，洪武二年十月，他派湖广行省平章杨璟入蜀招降，要夏国归附于明。因吴友仁等人坚决不从，明昇没有答应③。十二月，杨璟从四川回来，建议"举兵取之"。朱元璋考虑再三，觉得"兵之所加，必贵有名"，否则难以服众，主张继续招降，"俟其悔悟来归"④。转跟到了洪武三年，朱元璋派遣使臣到夏国求楠木，遭到夏国左丞相戴寿的拒绝，他又遣使请求假道蜀境进攻云南，再次遭到拒绝，从此"明夏竟绝和好"⑤。五月，徐达率领明军攻占定西，打败扩廓帖木儿后，乘胜率军南下攻取四川的北部门户兴元(今陕西汉中)。为确保夏国的安全，明昇便主动下手，于七月间派吴友仁率3万军队北上夺取兴元，接着又派瞿塘关守将、平章莫仁寿出兵攻打归州(在今湖北秭归南)⑥，均以失败告终。这就给朱元璋提供了出兵的借口。洪武四年正月，朱元璋正式下令向夏国发动进攻。他根据夏国的地理形势，决定分兵两路，以中山侯汤和为征西将军，江夏侯周德兴为左副将军，德庆侯廖永忠为右副将军，令其与荥阳侯杨璟、都督金事叶昇等率京卫、荆、襄的舟师由瞿塘趋重庆；颍川侯傅友德为前将军，济宁侯顾时为左副将军，令其与都督金事何文辉等率河南、陕西的步骑兵由秦、陇趋成都。并举北宋大将率军进攻后蜀，纵兵掳掠，残杀无辜，激起蜀中军民反抗之事为例，告诫诸将要"肃军士，严纪律，以怀降附，无肆杀掠"⑦。临出师前，他密谕傅友德："蜀人闻吾兵西伐，必悉其精锐东守瞿塘，北阻金牛(在今陕西宁强北)，以拒我师。彼必谓地险而吾兵难至，若出其不意，直捣阶(今甘肃武都西)、文(今甘肃文县)，门户既隳，心腹自溃。兵贵神速，但患尔等不勇耳。"⑧接着，又命冯胜前往陕西修筑城池，令邓愈赶赴襄阳训练军马、

① 《明太祖实录》卷37，洪武元年十二年壬辰。
② 《明太祖实录》卷43，洪武二年六月丙辰。
③ 《明太祖实录》卷46，洪武二年十月壬戌。
④ 《明太祖实录》卷47，洪武二年十二月戊辰。
⑤ 《明氏实录》。
⑥ 《明太祖实录》卷52，洪武三年五月己丑；卷54，洪武三年七月丙辰；《鸿猷录》卷5，《夹攻西蜀》，第105—106页。
⑦ 《明太祖实录》卷60，洪武四年正月丁亥。
⑧ 《明太祖实录》卷64，洪武四年四月丙戌。

运送粮饷以给征蜀军士。

两路大军按照朱元璋的部署,开向四川。正如朱元璋所预料的,夏国果然以重兵扼守瞿塘关,先派莫仁寿用铁索横断关口,后又派戴寿、吴友仁、邹兴、飞天张前往增援。戴寿派人凿两岸崖壁,引缆绳架起三座飞桥,铺上木板,置放炮石、木杆、铁铳,并在缆桥两岸置炮,层层布防。汤和、杨璟率领的南路军自归州出发,闰三月进抵夔州的大溪口(在今重庆奉节东南长江右岸)。杨璟分兵三路进攻瞿塘关,遭到夏军的阻击,初战失利,退还归州①。傅友德率领的北路军,却进展非常顺利。傅友德进兵之前,先派人侦察敌情。他探知青川(今四川平武东)、呆阳(在青川南)②夏军兵力空虚,阶州、文州虽有敌军营寨,但守御力量单薄,便遵照朱元璋的嘱咐,选派5000精兵为前锋,大军继后,扬言将出金牛,暗中却攀缘山谷,直趋防守薄弱的陈仓(在今陕西宝鸡东)。四月,连破阶、文,迅速杀向蜀中,攻克青川、呆阳、江油、彰明(在江油南)、龙州(今四川平武)③、绵州(今四川绵阳),向汉州(今四川广汉)逼近。为了瓦解夏军的斗志,傅友德命令军士制作数千块木牌,写上攻克阶州、文州、龙州、绵州的日期,投入江中,顺流而下,"蜀守者见之,为之解体"④。戴寿为保成都的安全,令邹兴、飞天张留守瞿塘关,自己和吴友仁领兵还救汉州。六月,明军在汉州城下击败从绵州溃退下来的夏将向大亨,接着又击败前来赴援的戴寿、吴友仁,一举攻克汉州。戴寿与向大亨退守成都,吴友仁逃往古城,后来又逃往保宁(今四川阆中)。

五月,汤和、周德兴和廖永忠再次率南路军自归州进攻瞿塘。因江水暴涨,中途驻兵大溪口,准备等到长江水落时再进军⑤。六月,朱元璋得到北路军攻克龙州的捷报,立即敕谕汤和:"傅将军率精锐,冒险深入,克阶、文、隆(应为龙州之误)诸州郡及青川、果阳(应为呆阳之误)、白水江之地,兵既越险,次于平川,蜀人无险可恃,正当水陆并进,使彼首尾受敌,疲于奔命。平蜀之机,正在今日。若俟水退然后进师,岂不失机误事?"⑥接到诏书,廖永忠马上引兵出发。汤和还在犹豫,刚好江水漂来北路军攻克阶、文、龙、绵诸州的木牌,这才带领军队,伐木开道,从山路向夔州挺进。廖永忠部于六月初先于汤和抵达夔州府,击败夏军后,进克瞿塘关。他见江水峻急,又有铁索、飞桥横贯江上,船只无法通过,于是选派精兵数百,穿青蓑衣,携带干粮、水筒,抬着小舟穿过树林草丛,逾山度关,到达夏军的上游,在夜间驾舟顺流而下。自己则在下游率精锐出黑叶渡,兵分两路,于五更之时杀向

---

① 《明太祖实录》卷63,洪武四年闰三月。

② 青川,《明史纪事本末》误作青州;呆阳,《明太祖实录》《国榷》《明史纪事本末》误作果阳。

③ 龙州,《明太祖实录》《国榷》及《明史稿·太祖纪》误作隆州。

④ 《平蜀记》,《纪录汇编》本。

⑤ 《明太祖实录》卷65,洪武四年五月丙辰。

⑥ 《明太祖实录》卷66,洪武四年六月壬午。

夏军的陆寨和水寨。第二天清晨,击破陆寨,尔后又与从上游顺流而下的精兵上下夹击,攻破夏军的水寨,焚毁三座飞桥,烧断铁索,击毙邹兴,活捉同佥蒋达等88人,斩首千余级,攻克了夔州。翌日,汤和领兵到达夔州,决定与廖永忠分道并进,约会于重庆①。

六月十八,廖永忠领舟师进抵重庆东面的铜锣峡。明昇惊骇异常,右丞相刘仁劝明昇逃奔成都,明昇的母亲彭氏主张投降,边哭边说:"事势如此,纵往成都,不过延命旦夕!"②遣使至廖永忠军营,表示愿意献城投降。廖永忠因汤和未到,没有接受。二十二日,汤和率步骑兵抵达重庆,与廖永忠会师,这才接受明昇的投降。汤和、廖永忠礼待夏廷君臣,并安抚戴寿、向大亨等人的亲属。过了四天,永嘉侯朱亮祖也带兵到达重庆。原来,在四月间,朱元璋因汤和、傅友德等伐蜀已届三月,未得捷报,又任命朱亮祖为右副将军,带兵入川增援。当他抵达重庆时,汤和、廖永忠早已引兵入城了③。

七月,傅友德率兵围攻成都,戴寿、向大亨等见大势已去,籍府库仓廪投降。接着,傅友德分兵会朱亮祖,攻取未附州县。到八月,四川各地均被攻占,但吴友仁仍据守保宁(治阆中),负隅顽抗。朱元璋闻讯,遣使责问汤和诸将:"为将贵审机而重料敌,古云:'虽有智慧,不如乘势。'今全蜀已下,惟吴友仁尚据保宁,偷旦夕之命。乘机而取之,此破竹之势,无不克者。将军徘徊不进,何也?吾付将军以大任,而临事往往逗挠,此如何以总军事、寄国命乎!"④汤和闻诏,赶忙派周德兴会同傅友德率兵进攻保宁。不久,保宁城破,吴友仁被活捉,执送京师处死,四川全部平定。后来,朱元璋奖赏平蜀将士,"友德、永忠受上赏,而和不及"⑤。

明昇在七月被护送京师,礼部大臣要求按照北宋初年对待后蜀孟昶投降的事例,令明昇于午门外行叩头伏罪之礼。朱元璋说:"昇幼弱,事由臣下,与孟昶异,宜免其伏地上表待罪之仪。"⑥他下诏封明昇为归义侯,并在京师赐给一所宅第,以示优待。第二年,明昇与陈理"居常郁郁不乐,颇出怨言",朱元璋遂将他们迁置高丽耽罗岛,要求高丽国王"善视之"⑦。

明军攻灭夏国,统一四川,为平定云南提供了方便的条件。

云南在宋代为白族首领段氏建立的大理国所统治。元灭南宋之前,忽必烈率蒙古军分兵三路攻入云南,灭大理国。元朝建立后,忽必烈置云南行中书省,立第五子忽哥赤为

① 《平夏录》;《平蜀记》;《鸿猷录》卷5,《夹攻西蜀》,第106—110页。
② 《明太祖实录》卷66,洪武四年六月戊戌。
③ 《明太祖实录》卷64,洪武四年四月庚寅。
④ 《明太祖实录》卷67,洪武四年七月己亥。
⑤ 《明史》卷126,《汤和传》,第3753页。
⑥ 《明史》卷123,《明玉珍传》,第3706页。
⑦ 《明史》卷123,《陈友谅传》,第3691页;《明太祖实录》卷71,洪武五年正月乙丑。

云南王以镇之。忽哥赤死后，又封其子松山为梁王，仍镇云南，同时"设大理都元帅府，仍录段氏子姓，世守其土，故大理国王之子段实授命总管大理、善阐、会川、建昌、永昌、腾越诸郡"①，是为第一代总管。元顺帝至正年间，忽哥赤的后裔把匝剌瓦尔密袭封梁王，驻守中庆路(治今云南昆明)滇中地区。他与统治大理一带的段氏既存在矛盾，彼此争战不已，又互相联合，共同对抗农民军。至正二十三年(1363)，明玉珍在四川称帝，遣夏军11万，分兵三路，进攻云南。梁王仓皇出逃，昆明被占。后来，梁王的部将向大理第九代总管段功求援。在段功的武力支援下，元军挫败夏军，保住了云南②。梁王"仍守云南自若，岁遣使自塞外达元帝行在，执臣节如故"③。

洪武三年(1370)，明军取得应昌和定西战役的胜利，朱元璋曾打算乘机攻取云南而后再取四川。他向明昇提出假道夏国进攻云南的要求，但遭到拒绝，只好作罢。灭夏之后，四川全境尽入版图，同四川接壤的顺元(治今贵州贵阳)宣慰和普定路(治今贵州安顺)总管闻风归附，云南东、北两面的屏障被撤除，统一云南的时机已经成熟。但这时，朱元璋仍"以云南险阻，不欲用兵"④，想用和平的方式解决云南问题。洪武二年、三年，曾两次遣使招谕云南⑤。五年正月，北平守将俘获梁王遣往漠北的使臣苏成，朱元璋又派翰林待制王祎携带诏书，随同苏成前往云南。六月，抵达云南，王祎劝把匝剌瓦尔密"奉版图，归职方"，梁王不听。他进一步陈述陈友谅、张士诚、陈友定、明玉珍、扩廓帖木儿等相继败亡和元顺帝北逃沙漠后的形势，说："朝廷以云南百万生灵，不欲歼于锋刃。若恃险远，抗明命，龙骧鹢舻，会战昆明，悔无及矣！"⑥梁王及左右大臣相顾骇愕，"颇有降意"⑦。翌年，北元必力克图汗爱猷识里达腊派使臣脱脱到云南，"征梁王粮饷"⑧。在脱脱的胁迫之下，梁王又于十二月杀死王祎⑨。洪武七年八月，朱元璋再遣故元威顺王子伯伯赍诏往谕梁王，也遭到拒绝。第二年九月，朱元璋第五次命湖广行省参政吴云出使云南，命被徐达俘获的梁王遣往漠北联络的铁知院等20余人同行。走到云南沙塘口，吴云也被铁知院等人杀害⑩。梁王不仅屡次拒绝明廷的招谕，而且"匿有罪，纳逋逃，惑我边守"⑪，收容明朝逃亡的军民

---

① (明)杨慎：《滇载记》，《纪录汇编》本。

② 《明氏实录》；《滇载记》。

③ 《明史》卷124，《把匝剌瓦尔密传》，第3719页。

④ 《明史》卷124，《把匝剌瓦尔密传》，第3720页。

⑤ 《明太祖实录》卷39，洪武二年二月丙寅；卷53，洪武三年六月戊寅。

⑥ 《明史》卷289，《王祎传》，第7415页；(清)倪蜕：《滇云历年传》卷6，《云南丛书初编》本。

⑦ 《明史纪事本末》卷12，《太祖平滇》，第164页。

⑧ 《鸿猷录》卷6，《廓清滇南》，第117页；《明史》卷124，《把匝剌瓦尔密传》，第3720页。

⑨ 《献征录》卷20，郑济：《翰林待制华川王公祎行状》；《鸿猷录》卷6，《廓清滇南》，第117页。

⑩ 《明史纪事本末》卷12，《太祖平滇》，第165页。

⑪ (明)张纮：《云南机务抄黄》，《金声玉振集》本。

和罪犯。朱元璋于是决定出兵讨伐,用武力平定云南。

洪武十四年(1381),朱元璋先命已致仕的湖广布政使何真及其子何贵祖同往云南,"规画粮饷,开拓道路,置立驿站,集粮草,以候大军征进"①。八月,命将简练军士,准备出征②。九月初一,任命颍川侯傅友德为征南将军,永昌侯蓝玉、西平侯沐英为左、右副将军,率兵出征。出兵之前,朱元璋仔细研究了云南的地图,并向熟悉云南的人了解当地的山川形势,制定一个周密的作战计划,谕傅友德等人曰:"取之之计,当自永宁(治今四川叙永)。先遣骁将别率一军以向乌撒(治今贵州威宁),大军继自辰(治今湖南沅陵)、沅(治今湖南芷江),以入普定,分据要害,乃进兵曲靖。曲靖,云南之喉襟,彼必并力于此,以拒我师。审察形势,出奇取胜,正在于此。既下曲靖,三将军以一人提劲兵趋乌撒,应永宁之师,大军直捣云南(昆明)。彼此牵制,使疲于奔命,破之必矣。云南既克,宜分兵径趋大理。先声已振,势将瓦解。其余部落,可遣人招谕,不必苦烦兵也。"考虑到云南多山,作战多用战骑,他又派人赍敕前往贵州,谕播州(治今贵州遵义)宣尉使杨铿,命"以马三千,率酋兵二万为先锋",命金竺(治今贵州广顺)长官密定"献马五百匹,以助征讨"③。奉调出征云南的队伍不断增加,总数达到30万人④。

傅友德统率明军从南京龙江出发,旌旗蔽江而上,沿长江进入湖广,然后命都督郭英、胡海、陈桓等率5万人,往四川永宁趋乌撒,自己与蓝玉、沐英率大军由辰、沅趋贵州。十二月,傅友德攻占普定、普安,招抚当地罗罗(彝)、苗、仡佬各族,进兵曲靖。梁王听到明军攻占普定,派司徒平章达里麻率精兵10余万屯驻曲靖,妄图阻扼明军。右副将军沐英建议:"彼不意我师深入,若倍道疾趋,出其不意,破之必矣。上所谓出奇制胜者,此也。"傅友德表示同意,他即挥师急进。走到离曲靖几里的地方,忽然大雾升腾,明军冲雾而行,进至曲靖东北的白石江,阻水而止。不久,雾气消散,达里麻发现明军逼近,大为惊异。傅友德决定马上渡江,沐英提醒他说:"我军远来,形势既露,固利速战,然亟济恐为所扼。"⑤傅友德遵照朱元璋"出奇制胜"的指示,把队伍开到江边,做出准备渡江的势态,迫使达里麻在对岸列阵布防;沐英另派数千人从下游潜渡,绕到敌后。达里麻不知虚实,急欲撤军回御,阵势发生混乱,遂急撤江边守军,准备掉头对付背后的明军。明军乘机渡江,破敌前军。达里麻后退数里布阵,傅友德挥师进击,矢石齐发,呼声动天地,沐英纵铁骑捣敌中坚,敌众披靡。明军生擒达里麻,平定曲靖。此役俘敌2万人,其中有不少是当地的白族和罗罗

---

① 《献征录》卷10,黄佐:《何真传》。

② 《明太祖实录》卷138,洪武十四年八月癸丑。

③ 《明太祖实录》卷139,洪武十四年九月壬午。

④ 《明太祖集》卷2,《平云南诏》《谕云南诏》,第32—33页。

⑤ 《明太祖实录》卷140,洪武十四年十二月戊辰。

百姓,傅友德悉抚而纵之,"使各归业",附近的少数民族"见俘者得归,大喜,军声益振"①。曲靖为云南门户,水陆交通四通八达。明军占领曲靖,控制了昆明的喉襟。接着便分兵两路,傅友德率数万大军北上乌撒,接援郭英、胡海等,蓝玉、沐英率部分兵力直趋昆明。

明军攻入云南前,梁王曾依靠大理第九代总管段功的兵力击退夏军的进攻。夏军撤退后,梁王保奏其为云南行省平章,并把自己的女儿阿穗嫁给段功为妻,"倚其兵力"。后来,梁王对段功产生怀疑,把他杀掉,"遂失大理援"②。自此梁王与大理失和,彼此攻战不休。明军攻入云南,大理曾遣众欲助达里麻抵挡明军,闻败而归后不再出兵帮助梁王,使之陷入孤立无援的困境。洪武十五年(1382)正月,蓝玉、沐英率明军进抵昆明东郊金马山,梁王走投无路,率家属及亲信逃往晋宁忽纳砦,投滇池自杀,右丞观音保以城降③。

占领昆明后,蓝玉派曹震、王弼、金朝兴率 23000 军队,分道攻取临安(治今云南通海)诸路,沐英则率兵北上乌撒,接援傅友德。在这之前,郭英等率领北路明军攻入乌撒,生擒元将阿客指蛮,"云南诸郡邑皆震"④。乌撒罗罗女土官实卜闻讯,集兵屯赤水河以拒郭英。及至傅友德自曲靖北上的援军到来,两面夹攻,她遭到惨败后才落荒而逃。明军进驻乌撒,得七星关(在今贵州毕节西南七星山上)以通毕节,又进至可渡河。"于是东川(治今云南会泽)、芒部(治所在今云南镇雄北边)诸蛮皆降,(沐)英等也降各路"⑤。

朱元璋得到傅友德的捷报,颁敕嘉奖。洪武十五年(1382)正月与二月,分别下令置贵州都指挥使司和云南都指挥使司,建立军事机构。二月,又置云南布政使司,改中庆路为云南府,建立行政机构⑥。并令傅友德、蓝玉、沐英将乌撒、乌蒙、东川、芒部土酋"悉送入朝",准备实行改土归流。同时,还派官设置邮驿,以通云南,令水西(治今贵州贵阳)、乌撒、乌蒙(治今云南昭通)、东川、芒部、沾益(治今云南宣威)等罗罗土司组织当地人民,随其疆界远近,开筑道路,其广十丈,准古法,"以六十里为一驿"⑦。军事要冲地区,建立卫所,屯兵驻守,追捕逃入山林不肯归附的少数民族,安定社会秩序,以确保粮运和交通系统的安全⑧。因为云南距离内地遥远,衣食不继,又命户部令商人往云南纳粮中盐。一切安排停当后,朱元璋命令明军向西进攻大理,并指示傅友德、蓝玉和沐英:"朕观自古云南诸夷叛服不常,盖以其地险而远,其民富而狠也。驯服之道,必宽猛适宜。"强调"为今之计,

---

① 《鸿猷录》卷 6,《廓清滇南》,第 119 页。
② 《明史》卷 124,《把匝剌瓦尔密传》,第 3720 页。
③ 《滇云历年传》卷 6。
④ 《明史纪事本末》卷 10,《太祖平滇》,第 167—168 页。
⑤ 《鸿猷录》卷 6,《廓清滇南》,第 120 页。
⑥ 《明太祖实录》卷 141,洪武十五年正月丁亥;卷 142,洪武十五年二月癸丑、乙卯。
⑦ 《明太祖实录》卷 142,洪武十五年二月癸丑。
⑧ 《云南机务抄黄》。

非惟制其不叛,重在使其无叛耳"①。闰二月,因担心对乌撒诸部实行改土归流,会激起土酋的强烈反抗,影响对大理的攻取,又命傅友德等停止遣送各土酋入朝,说:"初令各土酋入朝,诸蛮必生疑惧,或遁入山寨,负险不服,若复调兵,损伤必多。莫若顺而抚之,示以恩信,久则自当来朝矣。"②。

　　大理的第十代总管段宝,曾在洪武四年"遣其叔段真自会川(今云南会理南)入京奉表归款,朝廷亦以书报之"③。但段宝仍奉北元正朔,并未真正归附明朝。洪武七年八月,朱元璋又遣故元官吏赵元佑等出使云南,赍诏招谕段宝:"朕会臣僚,议依唐宋所封,以尔段氏为大理国王。"④段宝置之不理,仍奉北元正朔,洪武十二年由其篆额的《大光明住持瑞岩长老智照灵塔铭并序》,碑末即署"大元宣光九年"⑤。后来段宝死,其子段明于洪武十四年四月继位,被梁王授为宣慰使,亦拒不降明⑥。

　　洪武十四年十二月,段明卒,由其叔段世继位。十五年正月,明军攻占昆明后,傅友德根据朱元璋"宽猛适宜"的策略,谕段世归降。段世不从,却遣使向傅友德三下战书,无视汉代以来中原皇朝即在云南进行政治建置的史实,说"夫云南根系白爨故地,称为遐荒,历代所不能臣",要求明廷兑现洪武七年朱元璋诏谕的承诺,敕封大理段氏为"云南王",让大理享有独立的地位,并以"兵久则变生"相要挟,要求明军"班师罢戍"。傅友德断然拒绝段世的要求,明确表示明朝统一全国的坚决态度。他回信指出,许诺敕封大理段氏为王的诏谕发布于梁王灭亡之前,如果当时段氏能主动降明,发兵共灭梁王,自可履行封王之诏,但段氏不仅没有发兵夹击梁王,反而率军帮助梁王,就不再存在履行诏谕的问题⑦。傅友德还派何福返回京师,向朱元璋汇报云南的情况和他准备进兵大理的方略。闰二月,朱元璋得到何福的报告,明确敕谕傅友德说:"云南自汉以来服属中国,惟宋不然,胡元则未有中国已下云南",指出云南尽管没有臣服宋朝,但自汉代以来就属于中国,元朝在未统一中原之前就已统一云南,明军必须坚决统一之,决不允许大理段氏再据地自王,"今诸州已定,惟大理未服,尚生忿恨,当即进讨。……若顿师宿旅,非我之利,要在出奇制胜,乘机进取,

---

①　《明太祖实录》卷142,洪武十五年二月丙寅。
②　《明太祖实录》卷143,洪武十五年闰二月甲午。
③　(明)倪辂:《南诏野史》卷4,《古今文艺丛书一集》本。
④　《明太祖集》卷2,《谕大理诏》,第25页;《明太祖实录》卷92,洪武七年八月戊戌。
⑤　转引自方龄贵:《大理五华楼元碑的发现及其史料价值》,《社会科学战线》1984年第2期。按:宣光八年(1378)爱猷识里达腊已死,其子脱古思帖木儿继位,改元天元。由于交通阻隔,云南不知改元事,仍以宣光九年纪年,实当天元元年(1379)。
⑥　《南诏野史》卷4。
⑦　《弇山堂别集》卷85,《诏令杂考一·大理战书附》《信苴世诗》,第1624—1631页。

一举而定,再不劳兵可也"①。

傅友德得到朱元璋的敕谕,即命蓝玉、沐英等统率明军进攻大理。大理城倚点苍山,东临洱海,北面和东南面有南诏皮罗阁修筑的龙首、龙尾两关,非常险要。段世"恃田庵和尚有术,列兵五万扼下关(龙尾关),沐英自将攻之,不克"②。沐英随即遵照朱元璋"出奇制胜"的指示,令王弼带领一支队伍由洱水东趋龙首关即上关,为掎角之势,同时派胡海夜出石门,间道渡河,绕出点苍山后,攀木援崖而上,在山上竖起旗帜。翌日拂晓,沐英复率军进抵下关,见山上已竖起明军的旗帜,即策马渡河,斩关而入。山上的明军乘势往下冲杀,上下夹击,大败敌众,遂拔大理,俘获段世。明军乘胜攻取鹤庆,略丽江、石门、金齿(今云南保山)等地。车里(今云南西双版纳一带)、平缅(今云南德宏一带)等边地皆望风归附③,云南悉平。这时距攻克昆明仅三个月,距从京师奉命南征,也才刚过半年的时间。

洪武十五年三月,明廷改定云南布政司所属府州县,分为52府,63州,54县,同时令出征云南的江西、浙江、湖广、河南四都司兵留在当地戍守,增置卫所,推行军屯,并设云南盐课司以益军食。还据朱元璋"顺而抚之,示以恩信"的指示,赐给各少数民族首领以冠带和诰敕,承认元朝授予他们的宣慰使、宣抚使、安抚使、招讨使、长官等官职,对元朝在各族聚居的府、州、县所设的土官,也基本上以原官授职,让他们入朝京师,听从朝廷的号令④。

洪武十五年四月,乌撒、东川、芒部的罗罗土司因担心明朝实行改土归流,举兵发动叛乱。朱元璋命令傅友德调兵镇压,并指示他说:"诸蛮伺官军散处,故叛耳。曲靖、普安、乌撒、建昌,势在必守;东川、芒部、乌蒙,未可守也,宜聚大军荡除之,使畏威,方分兵守御。"⑤傅友德忙檄调沐英,合兵进讨。六月,沐英自大理还军滇池,与傅友德合攻乌撒。朱元璋又命安陆侯吴复为总兵官,平凉侯费聚为副,带兵前往增援,乌撒叛军惨遭败绩。朱元璋命令明军乘胜追击,并以乌撒、乌蒙、芒部三府地近四川,改隶四川布政司⑥。九月,傅友德、沐英等分兵追剿未服诸部,命冯国用之子、指挥冯诚镇守云南府城昆明。当地"僰"(白)族土官杨苴见府城守军减少,又聚集20万人发动叛乱,进攻云南府城。沐英在乌撒闻讯,派万名精骑回师增援,平定了这次叛乱⑦。十月,朱元璋发布诏书,宣布:"今事已定,其有畏避军马,逃窜山林者,诏书到日,自行出官投首,与免前照(罪),仍旧生理。间有首

---

① 《明太祖实录》卷143,洪武十五年二月戊戌。

② 《南诏野史》卷4。

③ 《滇载记》;《鸿猷录》卷6,《廓清滇南》,第120—121页。

④ 《明太祖实录》卷143,洪武十五年三月己未。

⑤ 《国榷》卷7,洪武十五年四月己亥。

⑥ 《明史纪事本末》卷12,《太祖平滇》,第169—170页。

⑦ 《明太祖实录》卷148,洪武十五年九月;《鸿猷录》卷6,《廓清滇南》,第121—122页;《明史》卷313,《云南土司列传一》,第8064页。

恶,仍复不悛,潜匿山箐,有能擒获首告者,重加优赏。"并宣布,云南的士农工商要"务安生业","诸夷处所,有便于水草放牧者仍旧";各族百姓不得擅带弓箭,执把枪弩,不得制造毒药,不得互相仇杀,不得破坏道路,阻滞驿递,各府、州、县要兴办学校,教养子弟;"有怀才抱艺、愿入仕者,有司礼送赴京,以凭擢用"①。为了防止叛乱再度发生,朱元璋又令傅友德、蓝玉等率征滇大军继续镇守云南,直到洪武十七年(1384)才班师回朝。并将段世迁往内地,令其"随侍齐王,给千户禄"②,使之失去割据立国的基础。傅友德、蓝玉班师后,朱元璋借鉴元朝在云南设立行省后"数出朝臣望重者镇之"的经验,认为现今"若非名臣望重者守之,愚下之辈,未可托也"③,仍令义子西平侯沐英继续留在云南,统兵镇守。洪武二十五年六月,沐英卒于云南。十月,又命其子沐春继承爵位,留镇其地。沐氏子孙世代承袭,镇守云南达 260 多年,竟与明朝相始终。

洪武十七年四月,傅友德、蓝玉班师回朝后,朱元璋在前两次封功(第二次封功在洪武十二年,详见下节)的基础上,进颍川侯傅友德为颍国公,并增加永昌侯蓝玉、安庆侯仇成、定远侯王弼的岁禄,许其"爵及子孙"。又封陈桓、胡海、郭英、张翼等四人为侯,赐铁券,食禄有差④。

---

① 《云南机务抄黄》。
② 《明太祖实录》卷 161,洪武十七年四月己巳。
③ 《明太祖实录》卷 142,洪武十五年二月甲寅。
④ 《明太祖实录》卷 161,洪武十七年四月壬午。

第二节 经略西北,统一辽东

从洪武五年底对北元采取防御的方针之后,朱元璋除加紧统一长城以南地区,以解除南顾之忧,还积极经营西北和东北,以压迫北元的左右两翼,切断它与藏区、西域以及女真、高丽的联系,为日后北征蒙古做准备。

在元代,元廷设置甘肃行省,直接管辖甘肃、新疆东部和青海部分地区。今新疆的大部分地区,则为察合台汗国所统治。原来,成吉思汗西征以后,曾把自己大营以西的疆土分封给他的几个儿子。其中,别失八里(今新疆吉木萨尔北破城子)以西至阿姆河一带封给他的第二个儿子察合台。后来,以这块封地为基础形成了察合台汗国,不过它仍奉元朝为宗主国。14世纪初,察合台汗国分裂为东、西两部,14世纪中叶重新统一,至洪武三年(1370)再度分裂。非察合台系的蒙古封建主帖木儿夺取西察合台汗位,占据撒马儿罕(在今乌兹别克斯坦境内),在中亚地区建立庞大的帖木儿帝国,明代史书称之为撒马儿罕。东察合台汗国控制着今新疆一带,定都别失八里,明代史书称之为别失八里。明朝初年,今甘肃、青海仍由北元势力控制,新疆大部分地区则处于察合台后裔的统治之下。

明朝建立后,首先在陕西境内肃清元朝的残余势力,并向甘、青地区挺进。洪武二年,徐达率领明军进入陇右,收降临洮元军,派薛显袭破元豫王于西安州(在今宁夏固原附近)[①]。与此同时,朱元璋两次遣使至吐蕃诏谕。接着,在洪武三年和五年,与明军两次北征蒙古相配合,朱元璋又命徐达与冯胜先后率军进军西北。洪武三年,徐达在沈儿峪击败扩廓帖木儿,邓愈也从临洮攻取河州,河州以西朵甘、乌斯藏诸部悉皆归附。洪武五年,冯胜更进至瓜、沙而还,甘肃悉平。但由于北征的两路明军惨遭败北,冯胜最后仍弃甘州、宁夏、西凉、庄浪四城而还,北元军队发动反攻,明军克复之地又复丢失,使北部边境出现了严重的危机。此后,朱元璋对北元改取"固守疆圉"之策。随着对北元斗争策略的调整,明朝可以集中更多的力量来经略西北地区,朱元璋开始制定经略西北的策略方针。他注意到,西北是西羌即西番的聚居地,他们在历史上曾多次严重危及中原皇朝的统治,"其散处河、湟、洮、岷者,为中国患尤剧"[②]。汉代北方的匈奴曾一度攻占河西,西控西域,臣服诸羌,对西汉皇朝形成严重的威胁。后来,汉武帝决定"断匈奴右臂",发兵夺占河西,西通西域,隔断匈奴与羌人的联系,予匈奴以沉重打击,然后出兵漠北,终于迫使匈奴向北逃遁,使为害百余年的匈奴之患基本得到解除。朱元璋借鉴汉武帝的历史经验,根据对付北元的需要和西北的地理环境,确定了"断蒙古右臂"的战略目标,并决定首先集中力量经略河

---

① 《明太祖实录》卷41,洪武二年四月乙酉。
② 《明史》卷330,《西域列传二》,第8539页。

西,以此作为统一西北的基地,"北拒蒙古,南捍诸番,俾不得相合"①,然后逐步向西推进。

河西地区"夹以一线之路,孤悬两千里,西控西域,南隔羌戎,北遮胡虏"②,是西北的战略要地。那里北有蒙古势力,南为藏族聚居区,自元代统一西藏后,蒙古族与藏族在政治和文化上已结成特殊关系,稍有疏忽,让他们形成合击之势,不仅将切断中原与西域交通的孔道,而且势必危及全陕的安全与中原的稳定。占领并牢固地控制河西,是实现"北拒蒙古,南捍诸番",隔绝蒙藏联系,以断蒙古右臂的关键所在。经略西北的战略方针一确定,朱元璋即效法汉武帝创河西四郡隔绝羌胡之策,加紧建设河西的卫所。此前明军三次进军西北,为安置故元蒙古降众及西番归附的藏民,先后设置河州、武靖、高昌、岐山、碾伯、临河、甘肃、庄浪等卫③。洪武六年又设西宁卫,七年再设岐宁、西凉卫④。为加强对藏区的控制,洪武七年七月,在河州设立西安行都卫,下辖河州、朵甘、乌斯藏三卫,并升朵甘、乌斯藏二卫为都卫⑤。翌年十月,西安行都卫改为陕西行都司。后来,随着一批藏族僧俗首领被封为国师及宣慰司、招讨司的土官,乌斯藏、朵甘与朝廷的贡赐往来日益频繁,河州的茶马贸易也日趋兴盛,呈现一派"军卫既肃,戎夷率服,通道置驿,烟火相望"⑥的安定景象。九年十二月,朱元璋下令罢撤陕西行都司,甘肃地区的卫所悉归陕西都司管辖。

由于陕西都司的治所设在西安,距陇右、河西较远,常有鞭长莫及之虞,西番的藏族和河西的番酋遂乘隙而起,塞外的北元势力也不时南下骚扰。洪武十一年,西番发生叛乱,十一月朱元璋命西平侯沐英为征西将军,率都督蓝玉、王弼领兵前往镇压⑦。第二年正月,洮州18族首领汪舒朵儿、瘿嗉子乌都儿、阿卜商三副使也举兵叛明。此时,明军已打败西番叛军,朱元璋命其移师征讨洮州,与曹国公李文忠会师,共同进兵平叛。明军抵达洮州旧城,三副使已经逃遁,沐英率军追击,斩其酋长数名,在东笼山南川择址另筑新城,置兵戍守,"自是诸番震慑,不敢为寇"⑧。在平定西番的过程中,朱元璋还命李文忠往河州、岷州(今甘肃岷县)、临洮、巩昌、梅川等地整修城池,并下令在"西控番戎,东蔽湟陇"的洮州

---

① 《明史》卷330,《西域列传二》,第8549页。

② (明)程道生:《九边图考·甘肃》,武进庄氏玉青馆1919年石印本。

③ 《明太祖实录》卷53,洪武三年六月乙酉;卷60,洪武四年正月庚寅;卷76,洪武五年十一月壬子;《康熙碾伯所志·沿革》,兰州古籍书店影印西北稀见方志本;《道光镇番县志》卷1,《地理考》,清光绪刻本。

④ 《明太祖实录》卷78,洪武六年正月乙未;卷87,洪武七年二月甲子;卷93,洪武七年十月甲辰。

⑤ 《明太祖实录》卷91,洪武七年七月丁丑。按,该条记西安行都卫与朵甘、乌斯藏行都卫为行都指挥使司,实误。该书卷101洪武八年十月癸丑条明载:"以在外所设都卫并改为都指挥使司",西安行都卫是在此时才改为西安行都司的。

⑥ (明)解缙:《解春雨先生文集》卷6,《送习贤良先生赴河州序》,明嘉靖刻本。

⑦ 《明太祖实录》卷121,洪武十一年十一月庚午。

⑧ 《明史》卷330,《西域列传二》,第8540—8541页。

新城设卫,说:"洮州,西番门户,今筑城戍守,是扼其咽喉矣。"①平定西番的叛乱,巩固了河西的卫所。

沐英的大军回朝后,朱元璋再次大封功臣。洪武十二年十一月,他下诏进封仇成、蓝玉、谢成、张龙、吴复、金朝兴、曹兴、叶昇、曹震、张温、周武、王弼等12人为侯,亦皆赐铁券,食禄有差②。

为了加强对河西和河湟地区的控制,洪武十二年正月,朱元璋下令在庄浪(今甘肃永登)重新恢复陕西行都司。陕西行都司的辖区,元代设有甘肃行省(河西地区)及吐蕃宣尉司(河州部分),但明代不再设置郡县,而只设卫所,全部实行军事化管理和"屯戍结合"的养兵用兵策略。明廷不仅在此地派驻大量军队,而且将大量归附的西北少数民族安置于行都司之内,使之成为世袭的军户,世代为明廷服兵役,用以扩充明朝的军事实力。同时,又任命其首领担任卫所的武职,成为行都司的世袭土官。他们因此而拥有长勍世禄的优厚待遇,都积极地继续招徕周边的少数民族,为巩固明朝对西北的统治贡献自己的力量。

接着,明廷便以河西卫所为依托,积极向嘉峪关外拓展势力,力图打开通往西域的孔道。早在洪武四年,明朝即置曲先卫,以土人散西思为指挥同知③。而在此前一年即洪武三年,朱元璋曾遣使招谕驻守撒里畏兀儿地区的故元宗室、宁王卜烟帖木儿。洪武七年,卜烟帖木儿遣使入贡,翌年又遣使"上元所授金、银字牌,请置安定、阿端二卫"④。八年正月,朱元璋允其所请,册封卜烟帖木儿为安定王,设立安定、阿端两个羁縻卫所⑤。十三年二月,因北元国公脱火赤、枢密知院爱足拥众驻屯应昌、和林,不时出没塞下,威胁河西卫所,朱元璋命沐英率兵进讨。三月,沐英师出灵州,渡过黄河,越贺兰山,穿过沙漠,至亦集乃路,擒脱火赤、爱足等,"尽获其部曲以归"⑥。四月,在西凉练兵的都督濮英,又袭击并俘虏了北元柳城王等22人及其部众1300余人。他派人将缴获的符印送到京师,"复请督兵略地,开哈梅里(今新疆哈密)之路,以通商旅"。哈密地区在元末为元宗室、肃王兀纳失里所统治。它是西北的一个战略要地,东北和北面是蒙古,西面是火州、吐鲁番及别失八里,南和东南面是沙州和肃州(治今甘肃酒泉),地处西域之要冲。如果想打开通往西域的孔道,就必须夺取这个地方。因此,朱元璋回敕说:"略地之请,听尔便宜。"考虑到濮英勇猛有余而智谋不足,又叮嘱他说:"但将以谋为胜,慎毋忽也。"⑦濮英于是领兵西进,五月,到

① 《明史》卷330,《西域列传二》,第8540—8541页。

② 《明太祖实录》卷127,洪武十二年十一月甲午。

③ (明)严从简著,余思黎点校:《殊域周咨录》卷14,《曲先》,中华书局1993年版,第470页。

④ 《明史》卷330,《西域列传二》,第8550页。

⑤ 《明太祖实录》卷96,洪武十三年正月丙戌。

⑥ 《明太祖实录》卷130,洪武十三年三月戊申。

⑦ 《明太祖实录》卷131,洪武十三年四月甲申、丁亥。

达肃州西面百余里、北通和林和亦集乃路的要冲之地白城子,又进至赤斤站(今甘肃嘉峪关外赤金堡北,玉门市西北),擒获北元豳王亦邻真及其部属 1400 人。七月,再进兵苦峪(可能在今甘肃安西东面布隆吉附近),俘获北元省哥失里王、阿者失理王的母亲、妻子及其家属,并杀其部下阿哈撒答等 80 余人①。此后,濮英没有继续西进,而是自苦峪还师肃州,所占之地"复为蒙古部人所据"。不过这次军事行动,还是产生了一定效果,肃王兀纳失里因对濮英的进军感到恐惧,向明朝遣使纳款。第二年五月,又遣回回阿老丁来朝贡马。朱元璋对阿老丁来朝极为重视,"诏赐文绮,遣往畏吾儿(今维吾尔族)之地,招谕诸番"②。这是明朝与西域具体接触的开始。后来,朱元璋为加强对东北的经营,以断蒙古左臂,于洪武十四年将把濮英东调,随徐达出征全宁。他在洪武二十年,又随冯胜出征辽东,在收降纳哈出的归途中被俘自尽,对西域的经营也就暂时停止了。

在经营西域压制北元右翼的同时,朱元璋也抓紧经略东北地区,胁迫北元的左翼。

东北地区在元代设有辽阳、广宁、大宁、东宁、开元和水达达等七路,统归辽阳等处行中书省管辖。其中,以辽阳为中心的辽东地区经济最为发达,具有重要的战略地位,它"南望青徐,北引松漠,东控海西女真"③,是护卫大都的屏障。辽阳行省的首府,就设在辽阳。

明朝初年,东北地区最大的一股割据势力是元太尉、署丞相、开元王纳哈出。纳哈出出生在一个显赫的蒙古贵族世家,元末官太平路万户。至正十五年(1355),被朱元璋俘虏,后获释北返,仍仕于元,继父祖镇守辽东。"久之,据金山(在今内蒙古通辽东境西辽河南岸),有众二十余万,孳畜富于元主,三分其部,曰榆林,曰养鹅庄,曰龙安一秃河。元主官之太尉,不预朝会"④。他控制着从金山到龙安,包括一秃河(今伊通河)、迹迷河(今饮马河)全部流域直到松花江以上的广大地区,与固守辽阳山寨的元平章高加奴、屯驻沈阳古城的知院哈剌章、驻兵开元(今辽宁开原北)的辽阳行省左丞相也先不花"互为声援"⑤。元顺帝北逃至上都,将辽阳行省左丞相也先不花提升为中书左丞相,而以纳哈出为辽阳行省左丞相。纳哈出的东路军和元顺帝的中路军及扩廓帖木儿的西路军遥相呼应,对明朝构成三路钳制之势,成为明朝的一大边患。

明军攻占大都后,朱元璋考虑到过去对纳哈出有不杀之恩,于洪武二、三年先后遣使致书纳哈出,劝其归附明廷,但纳哈出皆不搭理⑥。接着,朱元璋便着力招降东北的其他势

---

① 《明太祖实录》卷 131,洪武十三年五月壬寅;卷 132,洪武十三年七月甲辰。
② 《明史》卷 330,《西域列传二》,第 8556、8567 页。
③ 《嘉靖辽东志》卷 3,《兵食志》,《辽海丛书》本。
④ 《罪惟录》列传卷 8 中,《纳哈出》,第 1426 页。
⑤ 《明太祖实录》卷 66,洪武四年六月壬寅。
⑥ 《明太祖实录》卷 41,洪武二年四月乙亥;卷 52,洪武三年五月丁巳。

力,以孤立哈纳出。洪武三年九月,他乘元顺帝已死,辽东北元部将震恐之机,派故元降臣黄俦前往辽阳等地进行招抚。四年二月,北元辽阳行省平章刘益"以辽东州郡地图并籍其兵马钱粮之数"归降,朱元璋下令设置辽东卫,以刘益为指挥同知①,并在部分地区设置州、县。不久,反对归降的北元平章洪保保、马彦翠、八丹等,合谋杀害刘益。右丞张良佐、左丞房暠坚持归明,率部擒杀马彦翠,并逮捕八丹和知院僧儿等,洪保保北逃金山,投靠纳哈出。六月,朱元璋即以张良佐、房暠为辽东卫指挥佥事②。七月,下令在辽阳置定辽都卫指挥使司,任命马云、叶旺为都指挥使,吴泉、冯祥为同知,王德为佥事,总辖辽东诸卫军马,修筑城池,"以镇边疆"③。马云等从山东登、莱渡海,驻兵金州(今辽宁大连金州区),进占辽阳、沈阳等地,"完城善兵,一方遂安"④。接着,朱元璋又派都督佥事仇成镇守辽东,并令靖海侯吴祯率舟师由山东登州往辽东运送粮饷,加强辽东的军事力量。吴祯经理有方,尽收辽东未附之地,降高加奴及北元知院高大方、同佥高希古、张海马、辽阳路总管高斌等⑤。随后,下令尽革辽东州、县,相继设立定辽左、右、前、后卫、海州卫和盖州卫,皆属定辽都卫指挥使司管辖。洪武八年十月,明廷将各地都卫改为都指挥使司,定辽都卫便改为辽东都指挥使司,简称辽东都司,作为明朝统一辽东的基地。

明朝在辽东设置军事机构,派驻军队,把纳哈出的势力压缩到远离辽阳的金山一带,使他的活动范围大为缩小。但朱元璋仍然坚持他的招抚政策。洪武四年六月,刘益被杀,辽东都卫上奏纳哈出"扰边为辽阳患",朱元璋又派纳哈出昔日的同事黄俦携带他的信件去见纳哈出,表示纳哈出"若能遣使通旧日之间,贡献良马",可姑容"就彼顺其水草,犹可自逞一方"⑥。纳哈出不仅拒绝接受招抚,而且不断出兵骚扰辽东。洪武五年八月,他带兵攻破牛家庄。八年十二月,又带兵攻至盖州城下,见明军戒备森严,转袭金州,遭到明军的顽强抵抗,骁将乃剌吾被俘,慌忙撤退,至盖州城南十里的柞河,遭到叶旺的伏击,损失惨重,狼狈逃回金山⑦。尽管如此,朱元璋还是希望用和平方式解决问题。十一年八月和十二月,又两次致信招谕纳哈出,也都遭到拒绝⑧。

洪武十一年,爱猷识里达腊卒,其子脱古思帖木儿继位。他驻牧于胪朐河中下游,仍

---

① 《明太祖实录》卷61,洪武四年二月壬午。

② 《明太祖实录》卷66,洪武四年六月壬寅。

③ 《明太祖实录》卷67,洪武四年七月辛亥。

④ 《明史纪事本末》卷10,《故元遗兵》,第132页。

⑤ 《明太祖实录》卷76,洪武五年九月己巳;《明史》卷131,《吴祯传》,第1841页。

⑥ 《明太祖实录》卷66,洪武四年六月。

⑦ 《明太祖实录》卷102,洪武八年十二月;《明史纪事本末》卷10,《故元遗兵》,第138—139页。

⑧ 《明太祖实录》卷119,洪武十一年八月;卷121,洪武十一年十二月;《明太祖集》卷2,《谕元臣纳哈出诏》《谕元丞相哈剌章等诏》,第18—20页。

控制着东自松花江、脑温江(今嫩江),西至天山、衣烈河(今伊犁河)的广大地区。但由于他手中缺乏一支足以威慑诸王、大臣的军队,扩廓帖木儿等有号召力的大臣也已先后去世,哈刺章、蛮子、驴儿、纳哈出等大臣又互相猜忌,拥兵自重,北元的统治日趋衰落。朱元璋抓住这个有利时机,加紧对辽东的经营。洪武十二年六月,命都督金事马云"统兵出征大宁"①。十四年四月,又命徐达率汤和、傅友德、沐英等率兵出征全宁,"获全宁四部以归"②,清除了北平东北方接邻地区的北元势力。与此同时,朱元璋还积极招抚辽东东北面的女真诸部。十四年二月,"故元鲸海千户速哥帖木儿、木答哈千户完者帖木儿、牙兰千户皂化,自女真来归",言"愿往谕其民,使之来归",朱元璋"诏许之"③。从洪武十六年起,又有一批女真头领归附,明廷随即在辽东相继设立南京、女直等5个千户所,隶东宁卫④。由于女真归附明朝,北元与高丽的交通线被迫由鸭绿江下游向上游转移,到十七年便被彻底切断了⑤。在明军的步步进逼下,北元辽阳行省人心动摇,自洪武十三年起,每年都有大量辽东军民投附明朝。

到洪武十八年,由于休养生息政策的推行,明朝的经济得到了很大的恢复和发展,政局也日趋稳定。加上云南地区业已平定,不复有后顾之忧,朱元璋决计动用武力讨伐纳哈出。这次他吸取洪武五年北征失败的教训,没有匆忙出兵,而是认真做了充分的准备。八月,命宋国公冯胜偕颍国公傅友德、永昌侯蓝玉等率京卫将士往北平,会诸道兵操练备边⑥。九月,令北平都司发步、骑5万,山西、陕西二都司各3万,从冯胜操练,以备北征⑦。第二年四月,命前军都督府都督金事商暠前往河南、山东二都司训练军马,遣属卫指挥率赴辽东,听从冯胜调遣指挥⑧。十二月,又命冯胜"于大宁诸边隘,分兵置卫",切断纳哈出与北元中路的联系;同时命令户部:"出内库钞一百八十五万七千五百锭,散给北平、山东、山西、河南及迤北府、州、县,令发民夫二十余万,运米一百二十三万余石,预送松亭关(在长城喜峰口外,今河北宽城西南)及大宁、会州(今河北平泉)、富峪(今河北平泉北)四处"⑨,建立前线粮食供应基地。

在一切准备就绪之后,洪武二十年(1387)正月,朱元璋才正式下诏,以宋国公冯胜为

① 《明太祖实录》卷125,洪武十二年六月丁卯。
② 《明太祖实录》卷137,洪武十四年四月庚午。
③ 《明太祖实录》卷142,洪武十五年二月壬戌。
④ 《明太祖实录》卷178,洪武十九年正月癸亥。
⑤ 《高丽史》卷135,《辛禑传》载:辛禑十年(明洪武十七年),"北元遣使来,至和宁府,遣护军任彦忠谕遣还。以道梗,留半岁而去"。此后,未再见有北元与高丽交往的纪录。
⑥ 《明太祖实录》卷174,洪武十八年八月庚戌。
⑦ 《明太祖实录》卷175,洪武十八年九月己巳。
⑧ 《明太祖实录》卷177,洪武十九年四月癸丑。
⑨ 《明太祖实录》卷179,洪武十九年十二月。

征虏大将军，颍国公傅友德为左副将军，永昌侯蓝玉为右副将军，南雄侯赵庸、定远侯王弼为左参将，东川侯胡海、武定侯郭英为右参将，前军都督商暠参赞军事，率师北征纳哈出，常遇春长子常茂，李文忠长子李景隆，邓愈长子邓镇，吴良子吴高等随军出征。并指示冯胜："虏情诡诈，未易得其虚实，汝等慎无轻进，且驻师通州，遣人觇其出没。虏若在庆州（今内蒙古巴林左旗西北），宜以轻骑掩其不备。若克庆州，则以余师径捣金山。纳哈出不意吾师之至，必可擒矣。"①二月，冯胜等统率 20 万大军到达通州，派游骑出长城松亭关侦察敌情，打听到庆州驻有敌骑一部，即遣蓝玉率轻骑出关，冒着大雪掩袭庆州，杀死北元平章果来。三月，冯胜等率师出松亭关，筑大宁、宽河（今河北宽城）、会州、富峪四城②。五月，留兵 5 万戍守大宁，大军向金山挺进。途中接到朱元璋"乘机进取，不可稽缓"③的敕谕，冯胜下令全速进军。六月，辽东一秃河北元将领高八思帖木儿、洪伯颜帖木儿等率部投诚。冯胜进至辽河东岸，挺进至金山西侧扎营驻屯④。

就在动用武力的同时，朱元璋仍然没有放弃争取纳哈出归降的努力。洪武二十年正月，在命令冯胜出征的诏书发布不久，他特派纳哈出的旧属乃剌吾前往招谕。乃剌吾在金州被俘后，群臣"皆请戮之"，朱元璋不仅不杀，反而授予镇抚之职，"赐以妻妾田宅"⑤，使他感激不已。六月，乃剌吾在蛮子、张允恭等人的陪同下，到松花河（今第二松花江）见到纳哈出。纳哈出原来以为他被俘后已经被杀，见他活着回来，十分惊讶，"执手劳问殷勤"⑥。乃剌吾对纳哈出"述帝恩德"⑦，并呈上朱元璋的信件。

纳哈出因为自己长期与明为敌，对朱元璋能否不咎既往地接受他的投降，还是感到不放心。他一面以送明使张允恭回冯胜军营的名义，派左丞刘探马赤、参政张德裕向冯胜赠送马匹，到冯胜的营地打探虚实，另一面又派人把乃剌吾送往漠北，交给脱古思帖木儿。脱古思帖木儿原拟杀掉乃剌吾，左右大臣出面劝阻，这才免他一死。不久，乃剌吾回到纳哈出营地，"备以朝廷（指明廷）抚恤之恩语其众，由是虏众多有降意"⑧。冯胜等见纳哈出犹豫不决，率师翻越金山，进驻金山东北。纳哈出军心动摇，部将全国公观童出降。冯胜又派人招抚，纳哈出派使者到冯胜军营，"阳为纳款，而实觇兵势"。冯胜派蓝玉至一秃河准备受降。纳哈出的使者回去报告，说明军兵力雄厚，军容雄壮，纳哈出这才带领数百骑，

① 《明太祖实录》卷 180，洪武二十年正月癸丑。
② 《明太祖实录》卷 181，洪武二十年三月辛亥。
③ 《明太祖实录》卷 182，洪武二十年五月丙寅。
④ 《明太祖实录》卷 182，洪武二十年六月丁酉。
⑤ 《明太祖实录》卷 102，洪武九年十二月。
⑥ 《明太祖实录》卷 182，洪武二十年六月丁酉。
⑦ 《明史》卷 129，《冯胜传》，第 3798 页。
⑧ 《明太祖实录》卷 182，洪武二十年六月丁酉。

亲至蓝玉军营约降。

蓝玉在营地盛宴款待纳哈出，亲自为他敬酒。纳哈出一饮而尽，又斟酒回敬蓝玉。蓝玉要他先喝，他也痛快地举杯饮尽，然后再斟满一杯，递给蓝玉。不料，蓝玉却脱下自己身上穿的汉族服装，对他说："请服此而后饮！"纳哈出认为这是对他的侮辱，拒不接受，蓝玉也不肯喝他敬的酒。纳哈出一气之下，把酒泼在地上，用蒙古语指示随行部下，准备脱身。常茂在座，他的部下赵指挥懂得蒙古语，把纳哈出的话译给他听，他立即冲到纳哈出跟前。纳哈出起身拉过旁边一匹战马想走，常茂上前就是一刀，砍伤了纳哈出的臂膀。在座的都督耿忠，忙招呼身边的士卒，簇拥着纳哈出去见冯胜。驻扎在松花河的十几万纳哈出部众听到消息，纷纷溃散逃窜，有些人还想冲击明军营地去救纳哈出。在这危急关头，冯胜"以礼遇纳哈出，复加慰谕，令耿忠与同寝食"，同时派观童去松花河招抚溃散的部众，"于是其众亦降，凡四万余，并得其各爱马所部二十余万人，羊马驴驼辎重亘百余里"。纳哈出两个侄子不肯投降，冯胜又派人前去劝说，两人"乃折弓矢掷于地，亦来降"。冯胜于是下令班师。都督濮英奉命率领 3000 骑兵殿后，途中遭到逃散的纳哈出部众的袭击，3000 人马全部牺牲，濮英被俘，"绝食不言，乘间自剖腹而死"①。

朱元璋得到纳哈出归降的捷报，感到无限欣慰。他对归附的蒙古部众做了妥善安置，并给予归降将士大量赏赐。对纳哈出的待遇尤其优厚，特在京师召见，封他为海西侯，食禄 2000 石②，并叫蓝玉派将校将其妻子护送至京，让他们夫妻团聚，在京城享受华屋美衣的富贵生活。纳哈出性嗜烧酒，纵饮无度，盛夏酷暑，常喝得浑身燥热难忍，便用凉水浇身，因此得病。朱元璋命令太医给他治疗，并劝他戒酒。病愈后，他随傅友德出征云南，又开了酒戒，走到武昌，旧病复发，死在船中。朱元璋下令把他的尸体运回京师，葬于都城门外，让他儿子察罕继承爵位，改封为沈阳侯③。乃剌吾因劝降有功，也升授千户，赐以金帛④。常茂因破坏约降，"惊溃虏众"，论罪当诛，朱元璋因念其父常遇春功大，赦死，安置广西龙州，洪武二十四年（1391）死于谪所⑤。冯胜虽收降有功，但有人告发他"窃取虏骑"，"娶虏有丧之女"，失降附心，常茂为其女婿，"亦讦胜过"，再加上他指挥失当，"失濮英三千骑"，朱元璋下令"收胜大将军印"⑥，罢了他的官，出征将士皆不给赏。

明军迫降纳哈出，辽东悉入版图，东北地区已被初步统一。

---

① 《明太祖实录》卷 182，洪武二十年六月丁未；《明史纪事本末》卷 10，《故元遗兵》，第 142—143 页。

② 《明太祖实录》卷 185，洪武二十年九月戊寅。

③ 《明太祖实录》卷 192，洪武二十一年七月辛丑；卷 193，洪武二十一年八月癸丑。

④ 《明太祖实录》卷 185，洪武二十年九月戊寅。

⑤ 《明太祖实录》卷 185，洪武二十年九月丁酉；《明史》卷 125，《常遇春传》，第 3737 页。

⑥ 《明太祖实录》卷 184，洪武二十年八月壬子；《明史》卷 129，《冯胜传》，第 3798—3799 页。

第四节　出征蒙古，击溃北元

由于纳哈出势力的崩溃，北元失去辽阳行省，不仅损失很大一部分军事和经济力量，而且丧失了东部屏障，使汗庭直接暴露在明朝大宁诸卫的兵锋之下。北元内部，"虏心惶惑"①，统治更加不稳。朱元璋认为出征北元的时机已经成熟，决定出动大军北征，扫荡漠北。

同进军辽东一样，朱元璋对这次北征也进行充分而认真的准备。洪武二十年（1387）九月，他下令设立大宁都指挥使司，作为北征蒙古的前进基地。都司下除设大宁左、中、右三卫，又将会州、木榆、新城等卫划归它管辖，调各卫兵21780余人戍守大宁城，并令左副将军傅友德编集新降附的蒙古军队，简练精锐，屯驻大宁。同时，下令自遵化至大宁设立7个驿站，又自河间、景州（今河北景县）至永平、抚宁设立22个驿站，吴桥至通州设立8个驿站，以加强大宁同后方的联系②。

洪武二十年九月底，朱元璋颁诏任命永昌侯蓝玉为征虏大将军，延安侯唐胜宗为左副将军，武定侯郭英为右副将军，都督佥事耿忠、孙恪为左、右副参将，统兵讨伐北元，并鼓励他们说："肃清沙漠，在此一举！"③蓝玉接受任务后，开始调集兵力。可是待部队集结完毕，气候已渐转冷，错过了向漠北进军的机会。十月底，在报请朱元璋批准后，留下部分人马戍守大宁、会州等处，将大军撤回蓟州（今天津蓟县）近城屯驻④。十一月，蓝玉从脱脱等降人口中得知"故元丞相哈剌章、乃儿不花等遁入和林"，请求"出兵剿灭"，朱元璋许之⑤。接着，下令在斡朵里（今吉林珲春附近）设置三万卫，后移置开元，以切断北元本部与东北地区的联系，并令于山海至辽东、遵化至大宁增置15个驿站，进一步加强大宁与辽东及关内的联系⑥。此后，北元将领信童等相继南来降明，连长期据守岢岚山的四大王也觉得恢复中原无望，诣晋王府投降⑦。

洪武二十一年（1388）三月，朱元璋从来降的北元囚徒阿速等人口中得知"虏心惶惑，众无纪律，度其势不能持久"，此时气候已经转暖，即遣使至大宁敕谕蓝玉发兵，要他"倍道兼进，直抵虏廷，覆其巢穴"⑧。蓝玉接到命令，率领15万大军由大宁向庆州挺进。至庆

---

① 《明太祖实录》卷189，洪武二十一年三月壬午。
② 《明太祖实录》卷185，洪武二十年九月壬午、己丑。
③ 《明太祖实录》卷185，洪武二十年九月丁未。
④ 《明太祖实录》卷186，洪武二十年十月己巳。
⑤ 《明太祖实录》卷187，洪武二十年十一月甲午。
⑥ 《明太祖实录》卷187，洪武二十年十一月庚午；卷188，洪武二十一年二月庚午。
⑦ 《明太祖实录》卷188，洪武二十一年正月甲午、二月甲戌。
⑧ 《明太祖实录》卷189，洪武二十一年三月辛巳。

州,听说脱古思帖木儿驻帐捕鱼儿海(今内蒙古呼伦贝尔的贝尔湖),下令全军抄小道全速前进。进至距捕鱼儿海40多里的百眼井,派哨骑四出侦察,不见北元军队的踪迹,蓝玉下令撤兵。定远侯王弼说:"大略无所得,遽言班师,恐军庭一动,难可复止,徒劳师旅,将何以复命?"蓝玉接受他的意见,继续前进,"戒诸军皆穴地而爨,毋令虏望见烟火"。至捕鱼儿海东南哈剌哈河岸,侦知脱古思帖木儿的宫帐设在捕鱼儿海东北方向80多里处,蓝玉令王弼率前锋部队出击,自领大军继后。王弼率轻骑衔枚疾驰,到达哈剌哈河的北曲点,直逼脱古思帖木儿的宫帐。北元将士原以为当时水草缺乏,明军无法深入漠北,毫无戒备,加上当时正刮大风,沙尘滚滚,黄埃蔽天,没有发现明军的行动。明军突然发动进攻,北元太尉蛮子慌忙率兵迎战,被一举击溃,蛮子被杀,其众悉降。脱古思帖木儿和太子天保奴、知院捏怯来、丞相失烈门等数十人上马逃窜,蓝玉率精骑追奔千余里,不及而还。俞通海之弟俞通渊与何福率一支明军,进至捕鱼儿海西北的曲律莲河(今克鲁伦河),又招降元平章阿晚木等。此役明军"不费寸兵以收奇功"[1],俘获脱古思帖木儿的次子地保奴、爱猷识里达腊妃及公主以下百余人,又追获吴王朵儿只、代王达里麻、平章八兰、詹事院同知脱因帖木儿等3000人,军士男女77000余口、马47000余匹、骆驼4800余头、牛羊12000余只、车3000余辆。当月,蓝玉还攻破北元将领哈剌章的营地,获其部下军士15800余户、马驼48000余匹[2]。蓝玉班师回朝,朱元璋下令赏赉将士,并封孙恪为全宁侯,蓝玉为凉国公[3]。

脱古思帖木儿率领余众西逃,想回和林依附丞相咬住。他的部将也速迭儿是元世祖忽必烈之弟阿里不哥的后裔,阿里不哥曾为争夺汗位而被忽必烈击败,也速迭儿为雪此百年宿怨,乘机联合西蒙古的斡亦剌惕(即后来的瓦剌),攻占了和林,这时正引兵东向[4]。脱古思帖木儿走到土剌河,被也速迭儿袭杀,太子天保奴也同时被杀[5]。

脱古思帖木儿的覆亡,在蒙古内部引起很大的震动。北元部将顿时失去依靠,竞相归附明朝。洪武二十一年(1388)八月,纳哈出的故属、辽阳行省平章朱高、枢密院同知来兴、陕西行省右丞阿里沙、岭北行省参政孛罗、辽阳行省左丞末方、河南行省左丞必剌秃、甘肃行省右丞哈剌、中政院使脱因、宣政院使脱怜、太史院使邦住等1000余人自辽东来降。九月,北元将领哈剌海等和阿答失里、司徒阿速和知院琐住相继来降[6]。十月,脱古思帖木儿

① 《明太祖实录》卷190,洪武二十一年四月乙卯、五月甲午。

② 《明太祖实录》卷190,洪武二十一年四月乙卯、壬申;《皇明通纪》,《皇明启运录》卷7,第261页;《献征录》卷7,杨荣:《武定侯郭公英神道碑铭》。

③ 《明太祖实录》卷193,洪武二十一年八月丁卯;卷194,洪武二十一年十二月壬戌。

④ (日)和田清:《东亚史研究(蒙古篇)》第30、183页,《东洋文库》昭和三十四年版。

⑤ 《明太祖实录》卷194,洪武二十一年十月丙午。

⑥ 《明太祖实录》卷193,洪武二十一年八月癸亥、九月辛卯。

的亲信、北元国公老撒、知院捏怯来、丞相失烈门因不愿依附也速迭儿,派人请降。十一月,北元辽王阿札失里、惠宁王塔宾帖木儿亦来降①。朱元璋立即给予他们大量赏赐,并授予官职。二十二年四月,设全宁卫,"遣使赍印,往命捏怯来为指挥使,失烈门以下俱授以武职有差"。五月,"诏于潢水北兀良哈地分三卫居之,自锦、义渡辽河至白云山曰太(泰)宁卫,以阿札失里为指挥使,塔宾帖木儿为同知;自黄泥洼(在今辽宁辽阳西)逾沈阳、铁岭至开原曰福余卫,以海撒男答(奚)为指挥同知;自广宁前屯(今辽宁前卫)历喜峰近宣府曰朵颜卫,以脱鲁忽察儿为指挥同知,并给印,俾钤束部落,为东北外藩"②。

但是,这批投降的北元部将,有些人是出于形势所迫,并没有真心归附的诚意。当朱元璋遣使携带官印去给捏怯来等人授职时,失烈门却犹豫不肯受命,几次推托有病不同使者见面。这时,也速迭儿的金枢密院事安答纳哈出正向东北地区扩张势力,兵锋到达斡难河、胪朐河的下游地区。八月,失烈门暗中串联塔失海牙等,带着部众投奔安答纳哈出,并把捏怯来劫持到安答纳哈出的驻地加以杀害③。此后,北元丞相咬住、太尉乃儿不花、知院阿鲁帖木儿和辽王阿札失里等人,也纷纷背叛明朝。

洪武二十三年(1390)正月,朱元璋命令晋王朱棡、燕王朱棣带兵出征,讨伐咬住、乃儿不花等。并授颍国公傅友德为征虏前将军,南雄侯赵庸、怀远侯曹兴为左、右副将军,定远侯王弼、全宁侯孙恪为左、右参将,赴北平训练军马,听燕王节制。当时王弼已先在山西练兵,因而又敕王弼听晋王节制。二月,朱元璋传旨晋王,谓"如今乃儿不花处走将人来,说去的远了","山西原调出征马步官军,若不曾起程,休起",同时告知太子朱标即将出巡,"点视城池",令其领兵"在附近平野处迎接,要马多势大"④,晋王因此停止出征。三月,燕王朱棣率傅友德、赵庸、曹兴等自北平出师古北口,派巡骑侦知乃儿不花等驻营迤都(今蒙古国东南境内),即派观童前往劝降,同时命令队伍冒雪挺进,直逼乃儿不花的营帐。在观童的劝说下,乃儿不花与咬住、忽哥赤、阿鲁帖木儿等皆归降。朱元璋大喜,夸奖朱棣说:"肃清沙漠者,燕王也。"⑤诏以乃儿不花为留守中卫指挥同知,阿鲁帖木儿为燕王中护卫指挥同知,咬住为副都御史,忽哥赤为工部右侍郎,各赐纱帽、金带、钞锭。寻升乃儿不花、阿鲁帖木儿等为指挥使⑥。第二年,命颍国公傅友德率郭英等带兵讨伐阿札失里,重新降服兀良哈三卫⑦。洪武二十五年,又命北平都指挥使周兴为总兵官,带兵扫荡兀良哈三卫西

---

① 《明太祖实录》卷194,洪武二十一年十月丙午。
② 《皇明明世法录》卷82,《兀良哈》。
③ 《明太祖实录》卷196,洪武二十二年八月丙子。
④ 《明太祖钦录》,(台北)《故宫图书季刊》第1卷第4期,第76—77页。
⑤ 《明史纪事本末》卷10,《故元遗兵》,第146页。
⑥ 《明太祖实录》卷201,洪武二十二年闰四月辛未。
⑦ 《明史纪事本末》卷10,《故元遗兵》,第146页。

面的安答纳哈出。经过这次打击,安答纳哈出及也速迭儿等"不敢近边者十余年"①。洪武二十七年,已归降明朝的野人女真首领西阳哈等入寇辽东。第二年,朱元璋派兵追击。此后,女真各部相率归服。辽东和漠南蒙古大部分地区,至此已被明朝基本统一。

　　脱古思帖木儿覆亡后,朱元璋利用明军胜利的余威,继续加紧经略西北。为此,他在洪武二十二年(1389)之后,在河西陆续增设了一批卫所,并在二十六年将陕西行都司的治所由庄浪移到甘州,下辖甘州五卫和永昌、庄浪、凉州、西宁、山丹、肃州、镇番诸卫及镇夷千户所,基本完善了行都司的建置②。翌年正月,命曹国公李景隆佩平羌将军印,充总兵官,镇守甘肃③,明代北方九边重镇之一的甘肃镇由此开始形成。此外,朱元璋还在洪武二十四年将他的第十四子朱楧由汉王改封肃王,于二十八年遣就封国甘州,"理陕西行都司甘州五卫军务"④。河西的军事力量因此大大加强,成为明朝经略西北的牢固基地。

　　接着,朱元璋便命将进兵哈密,力图打通丝绸之路。镇守哈密的北元肃王兀纳失里在洪武十四年(1381)因慑于明朝兵威曾遣使入明朝贡,但此后不仅一直拒绝归附,还在二十三年初出兵兼并邻近部落,将他的势力扩大到河西边外,并凭借其控制中西交通要冲之地的有利条件,阻遏"西域回纥来朝贡者","有从他道来朝,又遣人邀杀之,夺其贡物"⑤。洪武二十四年初,他要求明廷:"请于延安、绥德、平凉、宁夏以马互市"⑥。朱元璋断然加以拒绝,令陕西司将其使臣悉送京师,并在二十四年八月命左军都督佥事刘真、宋晟率兵征讨哈密。刘真等由凉州西入哈密之境,乘夜直抵城下,攻破其城。兀纳失里突围逃出,"自是番戎慑服,兵威极于西域"⑦。第二年,兀纳失里被迫贡马谢罪。由于此役的胜利,明朝控制了哈密地区,中西交往的丝绸之路打通了。随后,朱元璋还派凉国公蓝玉率宋晟等征服青海东部的罕东诸番。洪武三十年,罕东番酋锁南吉剌思遣使入贡,诏置罕东卫。在这前一年,明廷还恢复了因北元甘肃行省太尉朵儿只巴之乱而遭破坏的安定卫。这些羁縻卫所的建设,为丝绸之路的畅通提供了保障。

　　随着哈密的归附,朱元璋又设法招谕别失八里。洪武十六年,别失八里之黑的儿火者即汗位后,曾发兵征服吐鲁番和火州,强迫当地居民改奉伊斯兰教,兵锋直指哈密。当时哈密尚未归附,明朝无法出兵讨伐别失八里,朱元璋只得谋求与之通好。二十一年,他派

　　①　《大明一统志》卷90,《鞑靼》。
　　②　此时陕西行都司领有12个卫、1个守御千户所。后来,正统三年(1438)增设古浪千户所,景泰七年(1456)再设高台千户所,合计12个卫、3个守御千户所。
　　③　《明太祖实录》卷231,洪武二十七年正月辛酉。
　　④　《明史》卷117,《诸王列传二》,第3585页。
　　⑤　《明太祖实录》卷211,洪武二十四年八月乙亥。
　　⑥　《明太祖实录》卷207,洪武二十四年二月戊子。
　　⑦　《明史》卷155,《宋晟传》,第4245—4246页。

使臣送数百名在捕鱼儿海战役中俘虏的撒马儿罕商人回国,途经别失八里,首次与之发生接触。黑的儿火者即派千户哈马力丁等人随同回朝的明使来贡,于洪武二十四年七月到达南京,得到朱元璋的热情款待和优厚赏赐①。九月,朱元璋又派礼部主事宽彻、监察御史韩敬、大理评事唐钲出使西域,携带敕书谕黑的儿火者,说他能遣使来贡"朕甚嘉焉",要求他"益坚事大之诚,通好往来,使命不绝"②。但黑的儿火者对明廷备怀戒心,他以"无厚赐"为由拘留宽彻,只放韩敬、唐钲两人还朝。三十年正月,朱元璋复遣使持书往谕之,"使知朝廷恩意,毋使道路闭塞而启兵端也"③,黑的儿火者才被迫放回宽彻。翌年,朱元璋病逝,对别失八里的招谕遂告中断④。

　　随着军事上的节节胜利,明朝不仅统一了西北和东北的大部分地区,而且在兀良哈建立三个羁縻卫所,迈出实现蒙古与中原地区统一的第一步。与此同时,明朝还在北方建立了一套坚固的防御体系。辽东平定后,朱元璋下令在北平之北的大宁卫设大宁都指挥使司,洪武二十一年七月改为北平行都指挥使司,东与辽阳的辽东都司,西与大同的山西行都司互相应援,构成北方边防的三大要塞。从北平行都司向西,接连元上都的地方,立开平卫(治今内蒙古多伦),更西又设兴和千户所,再往西,于黄河河套地区的东北角复置云川卫(今内蒙古和林格尔北)、东胜卫等,从而形成长城外的第一道防线。东起鸭绿江,西至嘉峪关外,沿长城一线的附近地区,则遍置卫所,屯驻兵马,分地守御,于是"自辽以西数千里,声势联络"⑤,构成一道保卫长城的军事长城。此外,朱元璋还将许多儿子封在北方要地为王,以加强北方的军事力量。继洪武三年分封第一批亲王之后,在洪武十一年、二十四年又分封第二批(第十一子至十五子)和第三批(第十六子至二十五子)亲王。他前后三次分封,一共封了24个儿子和1个从孙。其中,有9个儿子封在北方边塞(第十三子、十四子和十五子原封于内地,是后来改封北方边地的),在洪武年间实际就藩并在边塞开府的9人。这些在北方边塞开府的亲王,统称为塞王。他们从东北到西北,沿长城一线,择险要之地,先后建立9个封国,分为内外二线。外线"东渡渝(榆)关(今山海关),跨辽东西,并海被朝鲜,联开原,交市东北诸夷",以广宁为中心,建立辽国;"东历渔阳(今天津蓟县)、卢龙(在今河北喜峰口附近),出喜峰,包大宁,控葆塞山戎",以大宁为中心建立宁国;"北平天险,为元故都",建立燕国;"西按古北口,濒于雍河,中更上谷(指古上谷郡,治今河北怀来东南)、云中,巩居庸,蔽雁门",在宣府建立谷国;在大同建立代国;"逾河而西、历延

　　① 《明太祖实录》卷210,洪武二十四年七月癸丑。

　　② 《明太祖实录》卷212,洪武二十四年九月乙酉。

　　③ 《明太祖实录》卷249,洪武三十年正月丁丑。

　　④ 参看拙作《明太祖与明成祖对西北民族地区的经营》,《民大史学》第1辑;《履痕集》,第151—170页。

　　⑤ 《明史》卷91,《兵志二》,第2236页。

(治今陕西延安)、庆(治今甘肃庆阳)、韦(治今宁夏韦州)、灵(治今宁夏灵武),又逾(黄)河北,保宁夏,倚贺兰",以宁夏为中心,建立庆国;"西渡河,领张掖、酒泉诸郡,西扼嘉峪,护西域诸国",以甘州为中心,建立肃国。内线是在"雁门之南,太原其都会也,表里河山",建立晋国;"兼崤、陇之险,周、秦都圻之地,牧垌之野,直走金城",以西安为中心,建立秦国。这九个塞王"莫不傅险狭,控要害,佐以元侯宿将,权崇制命,势匹抚军,肃清沙漠,垒帐相望"①,对控扼边防,抵御北元的侵扰,起了很大的作用。

由于屡遭明军的沉重打击,北元可汗的权势大为削弱,原为可汗藩臣的封建主乘机而起,蒙古族内部发生了一系列的政治演变,逐渐形成一些各自为政、互不统属的政治势力。游牧于漠北东部和辽东边外的兀良哈,早在洪武二十一年已归附明朝,被编为朵颜、福余、泰宁三个羁縻卫所,任命该部首领担任卫所长官,但他们对明廷仍时叛时服。游牧在甘青一带的蒙古族,也有部分与当地的撒里畏兀儿族一起归附了明朝,被编为安定、阿端、曲先、罕东等羁縻卫所,至永历年间增至七卫,统称为关西七卫。游牧在天山南北的蒙古族,仍处于察合台后王的统治之下,明朝称该地区为吐鲁番和别失八里。游牧于漠北和漠南地区的东蒙古,其首领为元室后裔,故以蒙古正统自居。元顺帝死后,传位五代,至坤帖木儿,于永乐元年(1403)为非元室后裔的鬼力赤所杀。鬼力赤夺位后自称可汗,明朝人从此称东蒙古为鞑靼。游牧于漠西地区的西蒙古,系蒙元时期的斡亦剌(又称外剌),此时称瓦剌。其首领为可汗的权臣,乘东蒙古被明朝打败,汗权削弱之机,不断扩展势力,形成与鞑靼的对峙局面。此后,东西蒙古互相攻杀,陷于封建割据的状态,已无力同明朝对抗。加上明朝边防巩固,北方边境因此获得了几十年的安定。

经过二三十年的长期斗争,除了蒙古和西北今新疆哈密以西等地,全国大部分地区重新实现了统一。

---

① 《名山藏》卷36,《分藩记》,第926页。

第八章
任用贤才与开通言路

第一节　行荐举,办学校,兴科举

明朝肇建之后,朱元璋宵旰忧勤,孜孜求治。他研讨历代皇朝兴亡的经验教训,从中引出"致治之道在于任贤"①的结论,认为"天下之务,非贤不治"②,"世有贤才,国之宝也"③,只有大力培养和发掘人才,任贤举能,才能达到天下大治。

明朝建立后,由高级起义将领转变而来的文臣武将和在战争中前来投奔的儒士,如所谓6国公28侯等,担任中央政府各个部门的要职,成为朝廷的最高统治集团。但是,从全国来说,上自中书省六部,下至府、州、县,各级政权机构尚需补充大量的官吏。尽管朱元璋手下有不少起自卒伍的将领,但他深知,这些武夫虽有丰富的治军经验,却不熟悉临民理政的方法,并不适宜出任政府机构的官员,"躬擐甲胄,决胜负于两阵之间,此武夫之事,非儒生所能。至若承流宣化,绥辑一方之众,此儒者之事,非武夫所能也"④。因此,他除了任用归降的一些元朝官吏,还注意广开才路、学路,通过各种途径,多方培养和招揽人才,从中选用官吏。

在元末农民战争中,朱元璋主要是用荐举的办法来发掘人才、任用官吏的。称吴王后,他继续使用这种办法选拔人才,如吴元年(1367)命起居注吴琳、魏观等携带币帛四出访求遗贤⑤。明朝建立后,朱元璋更大规模地推行这种行之有效的荐举制。洪武元年(1368),徐达率领北伐军渡淮攻占山东后,即令所在州郡官吏访取贤才和闲居在家的旧官吏,举赴京师,以便任用。四月,朱元璋又派人前往河南,叫徐达征召儒士睢明义、钜鼎臣、程彦鲁、秦彦洪、哈天民、王克明、冯子瑞、迈仲德、单有志、王仪等赴京⑥。闰七月,复征天下贤才至京,授以守令,厚赐而遣之⑦。八月,颁《大赦天下诏》,又重申:"怀才抱德之士,久困兵乱,潜避岩穴,所在官司,用心询访,具实申奏,以凭礼聘,共图治效";"各处起到贤良官吏,仰中书省、台、宪量材录用,老病残疾者,听从其便"⑧。九月,再次下诏求贤,说现今天下刚刚平定,愿与诸儒讲明治道,以臻至治,隐居岩穴之士,有能以贤辅我,以德济民者,"有司礼遣之,朕将擢用焉"⑨。十一月,又派文原吉、詹同、魏观、吴辅、赵寿等分赴各地访

---

① 《明太祖实录》卷60,洪武四年正月丁未。

② 《明太祖宝训》卷5,《求贤》。

③ 《明太祖实录》卷5,《求贤》。

④ 《明太祖实录》卷31,洪武元年四月乙卯。

⑤ 《明史》卷1,《太祖本纪一》,第16页。

⑥ 《明太祖实录》卷31,洪武元年三月戊子、四月乙卯。

⑦ 《明太祖实录》卷33,洪武元年闰七月丁未。

⑧ 《皇明诏令》卷1,《大赦天下诏》。

⑨ 《明太祖实录》卷35,洪武元年九月癸亥。

求贤才,各赐白金遣赴京师①。三年二月,谕廷臣曰:过去有些贤才隐居山林,或者被压在底层,朕不可能都知道,请你们都举荐上来,朕将加以任用。于是下诏天下,令各级官府访求贤智之士,以礼遣送京师,以备选任六部官员。六月,再令各级官府访求天下儒术深、治道明者②。六年二月,甚至下令暂停科举,专行荐举,时间长达10年之久。十五年八月,重新恢复科举,但荐举法仍并行不废。特别是在十三年胡惟庸案发后,十八年又发生郭桓的大案,累计诛杀了六七万人,官职大量空缺,荐举人才的活动更加频繁,往往前诏刚下,后诏又来。不仅朝廷内外的大小官吏都得荐举,而且被荐者又令转荐,甚至"令凡军民怀一材一艺者得以自效"③,就是让军民自己荐举自己。

为了将有"一材一艺"的人才都荐举上来,朱元璋设置了许多荐举名目,有"聪明正直""贤良方正""孝弟力田""博学老成""学识笃行""经明行修""练达事务""年高有义""年高有德""文学之士""遗逸之士""精通术数""税户人才""通声律""儒士""孝廉""秀才""人才""耆民""义门""隐士",等等。荐举的范围非常广泛,不限于学有专长的文人学士和故元官吏,还包括僧徒、戍卒及富民。"富民"即富豪地主。洪武八年十月朱元璋说:"孟子曰:'有恒产者,有恒心。'今郡县富民多有素行端洁、通达时务者,其令有司审择之,以名进。"④三十年四月,再次令户部开列各地富民名单,户部上报除云南、两广、四川外,浙江等9布政司,直隶、应天18府州,拥有7顷以上田地的富民共计14341户,列其名以进,"命藏于印绶监,以次召至,量才用之"⑤。"税户人才"指的就是缴纳税粮多的地主富户。不过,荐举数量最多的还是儒士,这也符合朱元璋的"承流宣化,绥辑一方之众,此儒士之事"的认识。

为了确保荐举的顺利进行,保证人才的质量,朱元璋制定了一系列的政策和措施。

第一,坚持以礼敦遣的政策。洪武元年(1368),徐达下山东,明廷命所在州郡访取贤才及曾仕元的闲居者,当地官吏严加催逼,只要是读书人,不管本人是否愿意,都强迫他们赴京待聘,弄得人心惶惶。朱元璋闻讯,即令中书省往山东郡县张贴榜文,进行安抚,规定:"所征人材,有不愿行者,有司不得驱迫,听其自便。"⑥十三年十月,又告谕吏部臣说:"求贤之道,非礼不行。故(商)汤致伊尹,由于三聘;汉(武帝)征申(培)公,安车束帛。……尔吏部其以朕意再谕天下,有司尽心询访,必求真材,以礼敦遣。"⑦

① 《明太祖实录》卷36上,洪武元年十一月己亥。
② 《明太祖实录》卷49,洪武三年二月戊子;卷53,洪武三年六月戊午。
③ 《明太祖实录》卷252,洪武三十年四月辛亥。
④ 《明太祖实录》卷101,洪武八年十月丁亥。
⑤ 《明太祖实录》卷252,洪武三十年四月癸巳。
⑥ 《明太祖实录》卷31,洪武元年三月戊子。
⑦ 《明太祖宝训》卷5,《求贤》。

第二，确定德行第一的选才标准。朱元璋为人才的选拔制定了四条标准，叫作"察其言行以观其德，考之经术以观其业，试之书算骑射以观其能，策以经史时务以观其政事"①。强调荐举人才，要"才德兼美"②，"以德行为本，而文艺次之"③，把是否忠于朝廷并具有优异的道德品行作为选拔人才的首要条件。

第三，实行考试选才的制度。洪武初年的荐举，有时也实行考试后再任用的办法。如方克勤在洪武四年被征至京师，"吏部试第二，特授济宁知府"④。后来随着荐举制的大规模推行，这种做法并未长期坚持，往往一经荐举即加任用，出现"所荐者多非其人"⑤的现象。洪武十五年(1382)八月，根据监察御史赵仁的建议，令刑部尚书开济等大臣制定考试办法，对荐举至京的秀才，分别以"经明行修""工习文词""通晓《四书》""人品俊秀""言有条理""晓达治道"六科进行考试，"六科备者为上，三科以上为中，三科以下为下，六科俱无为不堪"，堪用者量才授职，不堪用者遣还。同时规定，京官于秀才内各举所知，举中者量加升擢，不当者罚及举主。以前的所谓"孝弟力田""聪明正直"等名目，因为所举多非其人，宣布一概废除⑥。十七年七月，朱元璋还命户部造册登记全国朝觐官员所举荐的属官及儒士名单，一一录载举荐者的姓名，待任满后考核其政绩，连同荐举者一并进行黜陟⑦。

由于政策对头，措施比较得当，大量被埋没的有用之才被荐举上来。被荐举的人数，一次少则数人、数十人，多的达到成百上千人。如洪武十二年十二月，吏部奏报当年各地所举儒学人才达到 553 人⑧。十五年九月，吏部一次就征召各地推荐的经明行修之士 3700 余人至京，朱元璋亲自出面接见⑨。二十三年十二月，总计全年选天下耆民才智可用者 1916 人⑩。洪武年间，不少人一被擢举，就授以显职。如儒士王本、杜教、赵民望、吴源等，特授为四辅官兼太子宾客；贤良郭有道，秀才范敏、曾泰，儒士赵翥等，起为尚书；儒士张子源、张宗德为侍郎，耆儒刘埙、关贤为副都御史；明经张文通、阮仲志为佥都御史；人才赫从道为大理少卿；孝廉李德为府尹；儒士吴颢为祭酒；贤良栾世英、徐景昇、李延中，儒士张璹、王廉为布政使；孝弟李好诚、聂士举，贤良蒋安素、薛正言、张端，文学宋亮为参政；儒士郑孔麟、王德常、黄桐生，贤良余应举、马卫、许安、范孟宗、何德忠、孙仲贤、王福、王清，聪

---

① 《明太祖实录》卷 22，吴元年三月丁酉。
② 《明太祖实录》卷 49，洪武三年二月戊子。
③ 《明史》卷 71，《选举志》，第 1712 页；《明太祖实录》卷 79，洪武六年二月乙未。
④ 《明史》卷 281，《方克勤传》，第 7187 页。
⑤ 《明太祖宝训》卷 5，《求贤》。
⑥ 《明太祖实录》卷 147，洪武十五年八月辛丑。
⑦ 《明太祖实录》卷 163，洪武十七年七月甲寅。
⑧ 《明太祖实录》卷 128，洪武十二年十二月。
⑨ 《明太祖实录》卷 148，洪武十五年九月己酉。
⑩ 《明太祖实录》卷 206，洪武二十三年十二月。

明张大亨、金思存为参议①。据《明太祖实录》的记载统计,洪武年间由荐举直接授官的,多达2800余人。其中,有尚书3人,侍郎5人,四辅官6人,大学士4人,通政使2人,副都御史2人,佥都御史4人,翰林院官8人,东宫官9人,谏院官4人,布政使20人,参政15人,参议28人,佥事534人,监察御史56人②。至于被荐举后初授较低职务而后渐次升任显职的,数量就更多了。据王圻《续文献通考》卷48《国初征荐姓名》的记载,洪武年间由荐举官至尚书者有64人,其中郭允道、赵鼛、郑沂是由荐举直接出任尚书,其他人是在荐举后初任较低职务后升至尚书的。

明朝通过荐举办法选拔了一批旧有的人才充实各级政权机构,但还远远满足不了需要。为了培养新的人才,也为了推行教化,振兴传统文化,朱元璋又大力兴办学校,并实行科举,开科取士。

朱元璋反复强调:"治国之要,教化为先,教化之道,学校为本","古昔帝王育人才、正风俗,莫先于学校"③。他把办学与农桑视为同等重要的"王政之本",一直抓得很紧。早在龙凤五年(1359)正月,即于婺州开设郡学。十一年九月,又在应天创办国子学。明朝建立后,更大力发展教育,从中央到地方,兴办了国学、郡学和社学三类学校。

国学是中央的国子学,为国家设立的高等学府。前身是龙凤十一年(1365),设于应天的国子学。它沿用元朝集庆路儒学的校址,处于市中心的繁华之区,靠近弹筝吹笛、缓舞长歌之地,缺乏理想的学习环境,而且校园不大,"规模结构仅足以容一郡俊髦"④。随着入学生员的不断增加,朱元璋曾于洪武元年(1368)三月、二年三月、六年二月三次下令增筑斋舍、学舍,仅六年二月一次就"增筑学舍凡百余间"⑤,但是仍然不敷使用。十四年四月,朱元璋决定迁址重建国子学⑥。他亲自相基选址,将新学舍定在距离京城七里的鸡鸣山之阳,那里原本是东晋南朝京城的北郊方丘和宫苑遗址及帝王陵墓,"平远高爽,非麓非冈,武辉京邑,隐若天藏",环境幽静,是个适宜士子攻读的地方。朱元璋命工部尚书陈恭负责主持选材鸠工,金吾前卫亲军指挥谭格督工兴建⑦。工程的进展十分顺利。十五年三月,改国子学为国子监⑧。五月,新修的国子监宣告竣工。整个校舍,按照中国传统的"左学右庙"格局而建。西边的教学区建有七堂,正堂为彝伦堂,是祭酒、司业的公署和会讲的场

① 《明史》卷71,《选举志三》,第1712—1713页。
② 参看郭培贵:《明史选举志考论》,中华书局2006年版,第277—288页。
③ 《明太祖实录》卷46,洪武二年十月辛巳、辛卯。
④ 《南雍志》卷7,《规制考》。
⑤ 《明太祖实录》卷79,洪武六年二月戊子。
⑥ 《明太祖实录》卷137,洪武十四年四月丙辰。
⑦ 《明经世文编》卷5,《宋文恪集·大明敕建太学碑》。
⑧ 《明太祖实录》卷143,洪武十五年三月丙辰。

所,支堂有率性、修道、诚心、正义、崇志、广业等六堂,是诸生肄业的场所,此外还建有书堂、馔堂、庖厨、井亭、仓库、馆舍、菜圃等学习与生活设施。教学区的东边为祭祀区,有祭祀孔子的大成殿、从祀七十二贤的廊庑。另外,祭祀区的东边,还有一片生活区,有教师居住的官房和生员居住的号房等。整个国子监,"凡为楹八百一十有奇,壮丽咸称"①。五月十一,朱元璋遣使到刚落成的大成殿,以太牢祭祀孔子。十七日,又亲临国子监"谒先师孔子",行释菜礼,并御讲筵,亲自讲解《尚书》的《大禹谟》《皋陶谟》《洪范》诸篇,然后宴请全体师生。新校舍于是正式启用,而"仍以旧国子学为应天府学"②。另外,洪武八年三月还在中都凤阳建立一所国子学,到二十六年十月停办,并入京师的国子监③。

国子监设有祭酒、司业、博士、助教、学正、学录等学官。祭酒、司业"掌国学诸生训导之政令",相当于现今的校长、副校长。监丞"掌绳愆厅(负责监督师生纪律的机构)之事,以参领监务,坚明其约束,诸师生有过及廪膳不洁,并纠惩之,而书之于《集愆册》"。博士"掌分经讲授,而时其考课",是主讲教师。助教、学正、学录"掌六堂之训诲",是辅助教师和管理人员。吴元年(1367),定国子学祭酒为正四品。洪武十五年,改国子监祭酒为从四品。二十二年,更定国子监的品秩,定祭酒为从四品,司业正六品,监丞正八品,博士从七品④。

国子监的生员通称监生,分为官生和民生两大类。"官生取自上裁"⑤,是由皇帝指派分拨的,包括品官子弟和土司子弟、海外留学生两大类。"民生则由科贡"⑥,是由地方官员(洪武十六年改由地方学校教官)依据历史上地方官向朝廷"贡士"的成规,向朝廷保送的民间俊秀。民生又有贡监和举监之分,贡监指从府、州、县学生员中选派的岁贡生员,举监指保送入国子监补习的会试下第的举人,《万历明会典》卷220《国子监》即载:"(洪武)十五年令,各按察司选府、州、县学生员年二十以上厚重端秀者,送京考留。十六年令,考中岁贡生员,送监再考等第,分堂肄业。十八年令,会试下第举人,送监卒业。"官民生的比例,洪武初年是以官生为主,民生的数量不多。吴元年(1367)制定、洪武元年(1368)颁行的《大明令》规定:"凡国学生员,一品至九品文武官子孙、弟侄,年一十二岁以上者充补,以一百名为额。民间俊秀年一十五岁以上,能通《四书》大义,愿入国学者,中书省奏闻入学,以五十名为额。"⑦按照这个规定,官民生的比例为二比一,官生占到监生总数的三分之二。

①　《明经世文编》卷5,《宋文恪集·大明敕建太学碑》。
②　《明太祖实录》卷145,洪武十五年五月己未。
③　《明史》卷69,《选举志一》,第1678页。
④　《明史》卷73,《职官志二》,第1789—1790页。
⑤　《南雍志》卷15,《储养考》。
⑥　《南雍志》卷15,《储养考》。
⑦　《大明令·礼令》,《皇明制书》第1册,第24页。

后来,由于公侯子弟成年后可以直接袭爵做官,大官子弟也可由荫官的门径踏入仕途,不必入学,而明廷对官僚子弟入学又控制很严,非特奉旨,不能入学,使入学的人数受到限制,再加上洪武十三年(1380)胡惟庸案发后,功臣宿将及其子弟接连被杀,未被杀的子弟也因此不能入学,官生的数量逐年减少,民生的数量迅速上升。例如洪武二十四年,官生45 名,民生 1487 名,官生占总数的三十四分之一;二十五年,官生 16 名,民生 1293 名,官生占总数的八十二分之一;二十六年,官生 4 名,民生 8120 名,官生占总数的二千零三十分之一;二十七年,官生 4 名,民生 1516 名,官生占总数的三百三十分之一;三十年,官生 3名,民生 1826 名,官生占总数的六百一十分之一①。这样,国子监就逐渐从教育贵族子弟的场所,变成培养民间子弟做官的教育机构了。

国子监的规模非常宏大,洪武二十六年(1393)的生员总数达到 8124 名,是当时世界上最大的高等学府之一。由于入学人数不断增加,校舍也不断扩建。洪武十六年,因入监读书的人数日益增多,斋舍充溢,朱元璋命于监内增建 435 间号房,分为 15 连,以文、行、忠、信、规、矩、准、绳、纪、纲、法、度、知、仁、勇别之②。十七年四月,入学的生员达到数千人,学舍无法容纳,又下令"增筑国子生房舍五百余间于集贤门外"③。二十一年十一月,命于国子监前建房百余间,"具灶釜床榻",供生员养病之用④。二十二年十月,复命于监前增建房舍,"以居有家室者"⑤。

国子监的功课,有《四书》《五经》、御制《大诰》《大明律令》和汉代刘向的《说苑》等。《四书》《五经》是儒家阐发政治观点和伦理道德标准的经典,御制《大诰》和《大明律令》是维护封建社会秩序的工具,准备跨入仕途的生员自然是非学不可的,所以被定为必读课本。刘向的《说苑》,录载可供人们取法的遗闻逸事,朱元璋认为熟读它,可教会人们怎样做人处世,因此也列为必修的功课。除此之外,还必须学习数(数学)和书(书法)。生员每月试经、书义各一道,诏、诰、表、策、论、判(公家文书)中选二道,每天习 200 余字⑥。在读书之余,朱元璋还要求国子监生学习武艺,说:"古之学者,文足以经邦,武足以戡乱,故能出入将相,安定社稷。今天下承平,尔等虽务文学,亦岂可忘武事?"洪武三年,诏国子监及郡县生员"皆令习射"。二十三年,还下令在国子监内"辟射圃"⑦,为生员提供练习骑射的场所。

---

① 《南雍志》卷 15,《储养考》。
② 《南雍志》卷 7,《规制考》。
③ 《明太祖实录》卷 161,洪武十七年四月己丑。
④ 《明太祖实录》卷 194,洪武二十一年十一月壬午。
⑤ 《明太祖实录》卷 197,洪武二十二年十月壬戌。
⑥ 《明史》卷 69,《选举志一》,第 1677 页。
⑦ 《南雍志》卷 1,《事纪》。

郡学又称儒学,是由各府、州、县官府设立的中等学校。洪武二年(1369)十月,朱元璋下诏:"今虽内设国子监,恐不足以尽延天下之俊秀。其令天下郡县并建学校,以作养士类。"①各地自此始设郡学。洪武八年,朱元璋命丞相到国子监考校老成端正、博学通经之监生以分教天下,令郡县"广其生徒而立学焉"。接着,又命御史台再加精选,以分教北方郡学。他叮嘱御史台的官员说:"近北方丧乱之余,人鲜知学,欲求多闻之士,甚不易得。今太学诸生中,年长学优者,卿宜选取,俾往北方各郡分教,庶使人知务学,贤才可兴。"御史台选派国子生林伯云等366人担任北方各地郡学的教官,"给廪食、赐衣服而遣之"②。后来,朱元璋又令择国子生之"壮岁能文者"为教谕等官③,分教其他省份的郡学,使各地的郡学得到进一步发展。生员的人数开始规定府学为40人,州学30人,县学20人,随着郡学的发展,不久又命扩增生员,不限数额④。郡学的学官,府设教授(秩从九品),州设学正,县设教谕,各一人,"掌教诲所属生员"⑤;另外,府、州、县还设数额不等的训导,辅佐教授、学正、教谕,教导生员。生员"专治一经,以礼、乐、射、御、书、数设科分教"⑥,并学习御制《大诰》和《大明律令》。后来,由于朝廷规定科举考试专取《四书》《五经》命题,府、州、县学的生员为了博取功名,便逐渐产生"非《四书》《五经》不学"⑦、忽视其他功课的倾向。

除了府、州、县设立的儒学,明代的都司、卫、所也设儒学。据《大明一统志》的记载,隶属陕西都司的河州卫军民指挥使司,于洪武十七年将元朝所建的州学改为卫学,这是洪武年间由都司、卫、所主办的最早一所儒学。同年,岷州卫、辽宁都司也都设立儒学⑧。二十三年,北平行都司及大宁等卫也设立儒学⑨。此外,一些土司也都设立儒学,如贵州宣慰司即在洪武二十五年设立儒学⑩。根据《大明一统志》参以各省方志及《明太祖实录》的记载统计,洪武年间全国府、州、县共计设立1311所儒学,另有都司、卫、所儒学26所⑪,这是中国历史上前所未有的数量。

社学是设在基层的初级学校,始创于洪武初年,遍布于各府、州、县。最初属于官办,后来,由于地方官常借此扰民,"有愿读书者,无钱不许入学。有三丁、四丁不愿读书者,受

---

① 《明太祖实录》卷46,洪武二年十月辛卯。
② 《南雍志》卷1,《事纪》。
③ 《明史》卷69,《选举志一》,第1679页。
④ 《明史》卷69,《选举志一》,第1686页。
⑤ 《明史》卷75,《职官志四》,第1851页。
⑥ 《明太祖实录》卷46,洪武二年十月辛卯。
⑦ 《嘉靖惠安县志》卷9,《学校》,《天一阁藏明代地方志选刊》本。
⑧ 《明太祖实录》卷161,洪武十七年四月甲午;卷167,洪武十七年十月辛酉。
⑨ 《明太祖实录》卷203,洪武二十三年八月己丑。
⑩ 《明太祖实录》卷222,洪武二十五年十一月癸卯。
⑪ 郭培贵:《明史选举志考论》,第102—104、110—114页。

财卖放,纵其愚顽,不令读书。有父子二人,或农或商,本无读书之暇,却乃逼令入学。有钱者,又纵之;无钱者,虽不暇读书,亦不肯放"①。朱元璋曾一度下令停办社学。十六年十月,才又下诏恢复社学,令"民间自立社学,延师儒以教子弟,有司不得干预"②。这样,在官办社学之外,又出现民办社学。社学也以御制《大诰》和《大明律令》作为主要的必修课程③。据统计,洪武年间各府、州、县平均设有社学近 61 所④,数量相当可观。

除上述几类学校,还有专为宗室子弟开设的宗学,为武官子弟开设的武学,民间私人兴办的私学(私塾),等等。

学校的生员是封建官僚的后备队伍,具有相当的社会影响,朱元璋对他们的控制极为严格。洪武初年、十五年、十六年、二十年先后颁行了四批国子监的学规,共 56 条,要求监生"遵承师训,循规蹈矩"。学规规定:"学校之所,礼义为先。各堂生员,每日诵授书史,并在师前,立听讲解。其有疑问,必须跪听。""凡遇师长出入,必当拱立,俟其过。有问答,毋得倨然轻慢,有乖礼体"。生员务要"恭勤诵读,隆师亲友,讲明道义,互相劝勉为善,不许燕安怠惰,脱巾解衣,喧哗嬉笑,往来别班,谈论是非"。"每晚务要在号(房)宿歇,不许酣歌夜饮,因而乘醉高声喧哄"。"但遇生员请假,须于祭酒处呈禀批限,不许于本堂擅请离堂"。学规还规定:"敢有毁辱师长及生事告讦者,即系干名犯义,有伤风化,定将犯人杖一百,发云南地面充军。"学规还特别规定,国子监的监丞要设置《集愆册》,各堂生员如违反学规,除严加究治,还须在册上登记,以作将来通考之用,"初犯记录,再犯决竹篦五下,三犯决竹篦十下,四犯照依前例,发遣安置"⑤。由于学规极严,有的监生竟被囚禁饿死,甚至自缢身亡。洪武二十三年,曾任祭酒的宋讷病故后,其子宋复祖出任国子监司业,他仿效其父严格按照学规管束生员的做法,"违者罪至死"⑥。二十七年,监生赵麟"贴没头帖子(匿名大字报)",被加上"诽谤师长"的罪名,按学规的条文,应杖 100 充军,朱元璋为杀一儆百,竟下令在国子监前立一长竿,将他枭首示众。三十年七月十三,又召集国子监祭酒、司业和教官及监生 1836 人在奉天门前训话,恶狠狠地说:"今后学规严紧,若无籍之徒,敢有似前贴没头帖子,诽谤师长的,许诸人出首(告发),或绑缚将来,赏大银两个。若先前贴了票子,有知道的,或出首,或绑缚将来呵,也一般赏他大银两个,将那犯人凌迟了,枭令在监前,全家抄没,人口迁发烟瘴地面。"⑦对府、州、县的郡学,也订有禁例 12 条,于洪武十五

① (明)朱元璋:《御制大诰·社学第四十四》,《皇明制书》第 1 册,第 69 页。

② 《明太祖实录》卷 157,洪武十六年十月癸巳。

③ 《万历明会典》卷 78,《礼部·学校》。

④ 王兰荫:《明代之社学》,《师大月刊》第 21 期。其统计数字,府限于府城,州限于州城,所属州、县不计在内。

⑤ 《学校格式》,《皇明制书》第 2 册,第 772—778 页。

⑥ 《明史》卷 137,《宋讷传》,第 3953 页。

⑦ 《学校格式》,《皇明制书》第 2 册,第 767 页。

年八月颁行,镌立卧碑,立于明伦堂之左。禁例严禁儒学生员妄言军国重事:"军民一切利病,并不许生员建言。"①洪武三十一年颁行的《教民校文》特地规定:"各处教官训导,递年作表诽谤,大逆不臣。事发,杭州等学训导景德辉等若干,俱已伏诛。今后天下教官人等,务要依先圣先贤格言,教诲后进,使之成材,以备任用。敢有不依圣贤格言,妄生异议,蛊惑后生,乖其良心者,诛其本身,全家迁发化外。"②

为了加速教育事业的发展,朱元璋针对当时的情况,采取了许多重要措施。

首先,考核官吏办学的成绩。洪武五年(1372)十二月,敕谕中书省,命有司今后考课,"必书农桑、学校之绩",所在地方的学校,如有"师不教导、生徒惰学者,皆论如律"③。九年六月,莒州日照知县马亮考满入京朝觐,州衙门呈报考课情况,说他"无课农兴学之绩,而长于督运。"朱元璋很生气,说:"农桑,衣食之本,学校,风化之原,此守令先务。不知务此,而曰长于督运,是弃本而务末,岂其职哉?"④下令黜降之。

第二,重视学官选拔,稳定师资队伍。朱元璋认为"学官所以造就人才,模范后进,非老成笃学之士莫宜居是"⑤,非常重视学官的质量。洪武十五年十月,他特地让礼部令各按察司严格考核儒学学官,不通经术的送吏部调任他职,有通经术、能文章而受到压制、任用不当的,一概列出名单上报,由朝廷另作安排⑥。二十六年五月,又定学官考课法,规定学官在九年任职期间,所教生员,府学有9人、州学6人、县学3人中举,本人经过考试又精通《四书》《五经》者,就提升官职;所教生员中举人数较少,本人即使考通经典,也不提升;所教生员中举人数太少或者全无,本人又考不通经,则黜降之,调任学官以外的职务⑦。

为了稳定师资队伍,提高教学质量,朱元璋还严禁随意抽调学官出任他职。洪武十四年九月,礼部尚书李叔正反映,许多州、县儒学的训导被以贤良等名目荐举到京师做官,致使学官缺额,生徒废业,他即明示:"朕方以未得明师为忧,而有司又拔而举之,甚失教育人材之意。其即禁之,著为令。"⑧第二年五月,令天下郡县访求经明行修之士时,又明确规定现任教授、学正、教谕、训导,不在荐举之列⑨。

第三,优礼师儒。国子监生的服装,由朝廷按季节颁赐,伙食也由朝廷免费供应。有

---

① 《学校格式》,《皇明制书》第2册,第779页。

② 《皇明制书》第2册,第732页。

③ 《明太祖集》卷1,《农桑学校诏》,第2页;《明太祖实录》卷77,洪武五年十二月甲戌。

④ 《明太祖实录》卷106,洪武九年六月乙未。

⑤ 《明太祖实录》卷149,洪武十五年十月戊子。

⑥ 《明太祖实录》卷149,洪武十五年十月戊子。

⑦ 《明太祖实录》卷227,洪武二十六年五月丙寅;《明史》卷69,《选举志一》,第1688页。

⑧ 《明太祖实录》卷139,洪武十四年九月丙午。

⑨ 《明太祖实录》卷145,洪武十五年五月丁丑。

家眷的，还允许带家眷入学，由马皇后提供粮食，专供她们食用。临时被派出去办理公务的历事生，未婚的赐钱婚聘，并赐给女方衣裳 2 套，月米 2 石。生员在京师读书的时间长了，还发给衣裳 1 套、钞 5 锭作为道里费，让他们回家探望双亲；父母已死的，可探望祖父母或伯叔父母。元旦、元宵等节日，朝廷另给国子监生赏赐节钱①。此外，朱元璋还常有特赐，不仅赐给生员本人，有时还赐及生员的家眷。如洪武十二年（1379），赐诸生父母帛各 4 匹；二十七年，赐有家眷的监生 652 人，每人钞 5 锭；三十年，赐监生夏布大小每人 5 匹，家眷每人 2 匹②。府、州、县学的生员也有优厚的待遇，师生月廪给米，每人 6 斗，并供给鱼肉③。还规定在学生员与在学监生除本人外，可免除家里 2 丁的差役，享受"廪食居黉舍，差徭不到门"④的特殊待遇。十三年八月，又将月廪增至 1 升⑤。十五年四月，再增至 1 石⑥。为了保证师生俸廪的供给，明廷继承和发展宋元时代的学田制度，拨出一定数量的官田充作学田，田租收入全部用于办学。十五年四月，正式诏定天下学田之制，规定府学 1000 石，州学 800 石，县学 600 石，应天府学 1600 石，各设吏一名，以司出纳⑦。

生员如果努力学习，成绩优异者，"岁贡易得美官"。国子监生廷试得第一名，朱元璋还特命在国子监门口立进士题名碑，加以褒奖。但如果入学 10 年，仍学无所成和犯有大过，则通通"送部充吏，追夺廪粮"⑧。郡学的生员，学业优异者，每年选出一名作为贡士，保送朝廷，经翰林院考试，及格者一等送入京师国子学，二等送到中都国子学，继续进行深造；不及格者罚为吏，其所在学官罚停廪禄⑨。

对学官，朱元璋也是优礼有加。洪武十四年，松江府华亭县儒学教谕曹宗儒上书，反映自己屡被府县衙门派差去干杂活，影响教学。朱元璋告谕礼部大臣："教官训导，所以作养生徒，为国储材。迩者有司往往委以公务，使不得尽心教训，甚非崇儒重学之意。"⑩下令严禁有司差遣学官。学官教学成绩突出的，可以升任中央或地方官职。如洪武十四年，即升国子学助教赵新为山西布政使，郝仲诚为陕西布政司左参政，马懿为江西布政司左参议，王景范为湖广布政司右参政，试司业张励为山东布政司右参议。翌年，上海儒学训导

---

① 《明史》卷 69，《选举志一》，第 1676 页。

② 《南雍志》卷 1，《事纪》。

③ 《明史》卷 69，《选举志一》，第 1686 页。

④ （明）钱谷辑：《吴郡文萃续集》卷 7，《学校·社学·义塾》，林钟：《题西斋壁勉诸生一绝句》，《四库全书》本。

⑤ 《明太祖实录》卷 133，洪武十三年八月。

⑥ 《万历明会典》卷 78，《礼部·学校》；《明太祖实录》卷 144，洪武十五年四月丙戌。

⑦ 《明太祖实录》卷 144，洪武十五年四月丙戌。

⑧ 《明史》卷 69，《选举志一》，第 1688 页。

⑨ 《南雍志》卷 1，《事纪》。

⑩ 《明太祖实录》卷 140，洪武十四年十一月己酉。

顾或被擢任户部左侍郎①,更从一个未入流的学官跃升为正三品的部级大员。洪武二十六年五月,定学官考课法后,也有许多学官被擢升为给事、御史②。

第四,书籍笔墨免税。为了鼓励书本文具的生产流通,洪武元年(1368)的《大赦天下诏》规定,书籍笔墨等物,均不得征收商税③

朱元璋的这些措施,有力地推动了教育的发展。全国"无地而不设之学,无人而不纳之教。庠声序音,重规叠矩,无间于下邑荒徼,山陬海涯"④。明代教育的发达,超过了以往的唐宋时代。

由于朱元璋的重视和扶植,明代的各类学校培养了大批人才。特别是国子监,成绩更为突出,"历科进士多出太学",为朝廷输送了大批官员。当时的国子监生,不仅可以通过科举做官,而且还可以不由科举,直接做官。早在洪武二年(1369)十月,朱元璋就"擢国子生试用之,巡行列郡,举其职者,竣事复命,即擢行省左右参政、各道按察司佥事及知府等官"⑤。以后,他经常直接任命国子监生做官,有的出任朝廷的部院官、监察官,有的出任地方的财政官、司法官、府州县官和学校的教谕、训导,最高的做到从二品的布政使。其中,以洪武十九年任用人数最多,共选拔国子监生千余人,由吏部除授知州、知县等职⑥,而以洪武二年和二十六年任职最高,二年有许多监生被擢为行省左右参政、各道按察司佥事及知府等官,二十六年除了选拔三十岁以上、能文章的监生 341 人,由吏部除授教谕等官⑦,还擢升监生刘敏、龙镡等 64 人担任行省布政、按察两使及参政、参议、副使、佥事等官⑧。此外,还有大量国子监生临时受命出使,巡行地方郡县,或被派到各地稽核百司案牍,丈量记录土田面积,订定粮额,清查黄册,督修水利等。正如《明史》所说:"太祖虽间行科举,而监生与荐举人才参用者居多,故其时布列中外者,太学生最盛。"⑨

明代的科举制度,正式建立于洪武三年。在这之前,朱元璋在吴元年(1367)三月曾下令设文、武二科取士,命"有司预为劝谕民间秀士及智勇之人,以时勉学,俟开举之岁,充贡京师"⑩。明朝建立后,洪武三年五月下诏正式建立科举制度。诏书说:"自今年八月为始,

---

① 《南雍志》卷 1,《事纪》。
② 《南雍志》卷 1,《事纪》。
③ 《皇明诏令》卷 1,《大赦天下诏》。
④ 《明史》卷 69,《选举志一》,第 1686 页。
⑤ 《南雍志》卷 1,《事纪》。
⑥ 《南雍志》卷 1,《事纪》。
⑦ 《南雍志》卷 1,《事纪》。
⑧ 《明史》卷 69,《选举志一》,第 1678 页。
⑨ 《明史》卷 69,《选举志一》,第 1679 页。
⑩ 《明太祖实录》卷 22,吴元年三月丁酉。

特设科举,以起怀才抱道之士,务在经明行修,博通古今,文质得中,名实相称。其中选者,朕将亲策于庭,观其学识,第其高下,而任之以官。果有才学出众者,待以显擢。使中外文臣,皆由科举而选;非科举者,毋得与官。"①洪武四年正月,又令各行省连试三年,以后则三年一举,著为定例②。当年,京师和行省都分别举行乡试。第二年举行会试,朱元璋亲制策问,试于奉天殿,录取了吴伯宗等 120 人。从洪武四年起,连续举行乡试三年,因为官员缺额很多,考取的举人都免于会试,赴京听候选官③。但连试三年后,朱元璋发现录取的大多是"后生少年",文词虽然写得头头是道,试用后却缺少实际工作能力。洪武六年二月,又下诏停止科举,别令察举贤才④。从此,科举停止了 10 年。但荐举上来的人,滥竽充数的也有不少,监督御史赵仁反映,荐举的贤良方正、聪明正直、孝弟力田、文学之士,"授任之际,才智高下未尽周知。将一考矣,政绩少闻"⑤。为了补救这个缺陷,朱元璋又决定对被荐者实行考试,同时恢复科举,于洪武十七年三月命礼部定科举之式,颁行各省,遂为永制⑥。

明制规定,参加科举考试的,必须是学校的生员。考试时"专取生员所学的《四书》及《易》《书》《诗》《春秋》《礼记》五经命题","文略仿宋经义,然代古人语气为之,体用排偶,谓之八股,通谓之制义"⑦。《四书》《五经》只能以指定的程朱一派注疏为依据⑧。生员应试,要写八股文⑨,就题命意,依注作解,并代圣人立意,用古人语气行文。据说,这种制度是朱元璋和刘基制定的。八股文的写作,要求考生具有相当的写作能力,诸如遣词排句、段落呼应、音和韵谐、首尾一贯,并要求主题表达得精练详明。因此,采用八股文考试,既可考查考生对儒家经典的领会程度,又可考查考生的文字写作水平。这样,使科举与学校衔接起来,并使科举考试更趋标准化、规范化,更便于人才的培养和选拔。不足之处,是容易束缚士人的思想和创造活力。

---

① 《明太祖实录》卷 52,洪武三年五月己亥。
② 《明太祖实录》卷 60,洪武四年正月丁未。
③ 《明史》卷 70,《选举志二》,第 1696 页。
④ 《明太祖实录》卷 79,洪武六年二月乙未。
⑤ 《明太祖实录》卷 147,洪武十五年八月辛丑。
⑥ 《明史》卷 70,《选举志二》,第 1696 页。
⑦ 《明史》卷 70,《选举志二》,第 1693 页。
⑧ 《明太祖实录》卷 160,洪武十七年三月戊戌。
⑨ 八股文的产生经过漫长的历史过程。历代学者多数认为,它滥觞于北宋的经义。经义是宋代科举考试的一种文体,以经书中的文句命题,应试者作文阐明其中义理。宋代的经义虽无固定的格式,不求对仗排偶,但在代圣人立意这点上,已奠定了八股文的雏形。经义后来吸收南宋以来的散文和元曲的一些成分,到明初被确定为一种独立的八股文体,成化(1465—1487)以后逐渐形成比较严格的程式,遂演变成为一种僵死的官僚式文体。此后一直沿用,直到近代戊戌变法,才随着科举制度的停止而废弃。因为它要求文章中必须有四段对偶排比的文字,一共八个部分。所以叫作八股文。

科举考试,分乡试、会试和殿试三级进行。乡试是省级的考试,又称乡闱,每三年一次,于子、午、卯、酉年在直隶和各布政司治所所在的省城举行。应试者必须在其籍贯所在地的省城参加考试,"其直隶府、州、县赴京乡试"。"凡试官不得将弟男子侄亲属徇私取中,违者赴省、台指实陈告"①。考试时间为八月,分为三场。洪武三年(1370),定初场试本经一道,四书义一道;二场试礼、乐论一道,诏、诰、表、笺内选一道;三场试经、史、时务策一道;第三场考完后十天,再面试骑、射、书、算、律②。十七年三月,颁布科举定式,规定初场试四书义三道、经义四道,二场试论一道,判五道,诏、诰、章、表内选一道,三场试经、史、策五道,取消了骑、射、书、算、律的面试③。考官出题;"或经或史,所问须要含蓄不显,使答者自详问意,以观才识"。考生答卷,要求"惟务直述,不尚文藻"。二十四年更规定:"凡对策,须参详题意,明白对答","务在典实。不许敷衍繁文"④。考生黎明进入考场,要经过严格搜身,不许挟带。入场后,考场的内外门户全部封闭加锁。一名考生由一名号军监视,不许作弊。到黄昏交卷,如未做完,给蜡烛三支,继续答卷。考生交卷后,经过弥封、誊录、对读等程序,然后送交考官评阅,中式者称为"举人"。录取名额开始定为500名,除直隶100名,广西、广东各25名外,其他布政使司各40名,"才多或不及者,不拘额数";十七年诏"不拘额数,从实充贡"⑤。会试是中央一级的考试,又称礼闱,由礼部主持,在乡试的第二年,也就是在辰、戌、丑、未年于京师举行。参加会试的必须是乡试中式的举人。考试时间是八月,也分为三场,考试内容基本上和乡试相同。但考生入场时的搜查不那么严格,因为朱元璋曾说:"此已歌《鹿鸣》而来者,奈何以盗贼待之?"⑥录取名额没有固定,皆临期奏请定夺。洪武十八年一次录取多达472名,二十四年一次则仅录取31名⑦。举人经会试中式后称为贡士,可参加殿试。

殿试又称廷试,考场设在皇帝的殿廷,是以皇帝的名义主持的复试。考试时间在三月,仅试时务策一道,分三甲录取。一甲只取三名,称状元、榜眼、探花,赐进士及第出身;二甲若干名,赐进士出身;三甲若干名,赐同进士出身。当时的士大夫又称乡试第一名为解元,会试第一名为会元,二、三甲第一名为传胪。解元、会元和状元合称三元。连中三元者,被传为科场佳话。洪武二十四年(1391)考中状元的许观⑧,是明代连中三元的第一人,

①　《明史纪事本末》补编卷2,《科举开设》,第1525页。
②　《皇明诏令》卷1,《设科诏》。
③　《明太祖实录》卷160,洪武十七年三月戊戌。
④　《万历明会典》卷77,《礼部·科举》。
⑤　《明史》卷70,《选举志二》,第1696—1697页。
⑥　《万历野获编》卷16,《会场搜检》,第413页。按:《鹿鸣》,《诗经·小雅》之一篇,系宴会宾客时演奏的乐歌。
⑦　《明太祖实录》卷172,洪武十八年三月壬戌;卷208,洪武二十四年三月丁酉。
⑧　《明史》卷3,《太祖本纪三》,第48页。

也是整个明代两名连中三元者之一（另一名是成化年间的商辂）。明初的科举，"乡试难而会试易"，乡试的竞争比会试更加激烈，"故俗有'金举人，银进士'之谣"①。

经过科举考试，中进士者都给官做。状元授翰林院修撰，榜眼、探花授翰林院编修，二、三甲考选为庶吉士的皆为翰林院官，其他或授给事、御史、主事、中书、行人、评事、太常、国子博士，或授府推官、知州、知县等官。举人、贡生多次参加考试落第的，可以改入国子监，卒业后也可担任小京官，或做府佐和州、县正官，或做郡学的学官②。在洪武年间，作为选用官员的一条途径来说，科举虽然远不如荐举和学校重要，不过通过科举，明朝还是选拔了一些比较优异的人才，其中有些人还成为后来永乐、洪熙（1425）、宣德（1426—1435）诸朝的重要辅臣。例如，洪武十八年（1385）举进士的蹇义，以"诚笃干济"受到朱元璋的赏识任用，到明成祖时更受重用，仁宗、宣宗继位后"委寄尤隆"，是永、熙、宣诸朝"匡翼令主"的重要辅臣③。洪武二十一年举进士的解缙及洪武末年举进士的黄淮，永乐年间与杨士奇、胡广、金幼孜、杨荣、胡俨"并直文渊阁，预机务"，都成为明成祖的重要辅臣④。因此，《明史》赞扬朱元璋说："树人之效，远矣哉！"⑤

① （清）顾公燮：《消夏闲记摘抄》卷中，《金举人银进士》，《涵芬楼秘笈第二集》本。
② 《明史》卷70，《选举志二》，第1695页。
③ 《明史》卷149，《蹇义传》赞，第4156页。
④ 《明史》卷147，《解缙黄淮传》，第4103页。
⑤ 《明史》卷149，《蹇义传》赞，第4156页。

第二节　人才的选用及其局限

朱元璋在广开才路、学路的同时，还注意人才的识别、选拔和使用。他时常告诫臣下："人才不绝于世，朕非患天下无贤，患知人之难耳。苟所举非所用，为害甚大。"[1]他指出："忠良者，国之宝；奸邪者，国之蠹。故忠良进，则国日治；奸邪用，则国日乱。观唐太宗用房（玄龄）、杜（如晦），则致斗米三钱、外户不闭之效；玄宗用杨（国忠）、李（林甫），则致安史之乱，有蒙尘播迁之祸，此可鉴矣。"[2]因此，他强调："任人之道当严于简择，简择严则庸鄙之人不进；当专于任使，任使专则苟且之意不行。然必贤者乃可以专任之，非贤而专任者必生奸也。"[3]

朱元璋借鉴历史经验，主张用人要注重德才，特别是像六部这种"总领天下之务"的重要部门，一定要由"学问博洽、才德兼美之士"来掌管[4]。为了把这种才德兼美之士选拔上来，发挥他们的作用，朱元璋提出了一个"惟才是与"[5]的政策，并制定一系列的相应措施。

首先，不拘资格，不问亲疏，唯才是举。在尊卑贵贱等级森严的封建社会，统治者用人历来注重资格。出身卑微者固然不得出任高官，资历低浅的也不能骤升要职。出身卑微的朱元璋痛感此中之弊，认为人才不可一概而论，有许多贤能之士隐身佛道、卜巫、负贩之中，就看上面的当政者能不能擢用。如果像元朝那样，做官的都举用世族，这些人虽有志于从政，多数还是上不来的[6]。他特地指示吏部："资格为常流设耳，有才能者当不次用之。"[7]有些大臣认为儒士起自乡野，一下子就提拔做大官，甚非朝廷爱重名爵之意。他开导说："朝廷爵禄所以待士，彼有卓越之才，岂可限以资格？朕但期得贤，名爵非所吝。若曰起自田里，不当骤用，如伊尹在莘野，孔明在隆中，一旦举之，加于朝臣之上，遂至建功立业，何尝拘以官职！朕所患不得贤耳，诚得贤而任之，品秩非所限也。"[8]由于不限资格，许多才能之士得到了破格任用。如洪武十一年（1378），李焕文由西安知府、费震由宝钞提举被越级擢升为户部侍郎，另有95名低级官吏被提升为郎中、知府、知州等官，费震随后又被擢升为户部侍郎，寻进尚书[9]。类似事例，多不胜举。

① 《明太祖实录》卷36上，洪武元年十一月己亥。
② 《明太祖实录》卷174，洪武十八年七月己酉。
③ 《明太祖实录》卷174，洪武十八年七月丙辰。
④ 《明太祖实录》卷49，洪武三年二月戊子。
⑤ 《明太祖实录》卷48，洪武三年正月辛卯。
⑥ 《明太祖实录》卷96，洪武八年正月丙寅。
⑦ 《明史》卷138，《杨思义传附费震传》，第3966页。
⑧ 《明太祖实录》卷197，洪武二十二年九月戊辰。
⑨ 《明太祖实录》卷117，洪武十一年二月丁亥；《明史》卷138，《杨思义传附费震传》，第3966页。

在封建社会,任人唯亲,裙带关系之风盛行。元朝任官更是不问贤否,"但贵本族,轻中国(这里指汉族)之士,南人至不得入风宪"①。朱元璋认为这种用人之策很不可取,"国家用人,惟才是与,使苟贤无间于疏远,使不肖何恤于亲昵"②,"朕之用人,惟才是使,无间南北"③。朱元璋虽然也任用一些亲属做官,但都反复告诫他们,要严格遵守国家法纪,不可恃亲骄纵,恣意妄为。洪武三年(1370)正月,他任命驸马都尉王恭为福建行省参政,即郑重叮嘱说:"福建从昔富庶,元末困于弊政,朘剥尤甚,民病未苏,今命汝往抚绥之。汝毋恃亲故,以生骄纵,贻患于民。国家政令一本至公,尔不能守法,失人臣之道,朕亦岂敢纵法,违天下公议? 汝其钦哉!"④

正是从"惟才是与""无间疏远"的原则出发,朱元璋起用了大批有才能的故元官吏和同他长期对立的陈友谅、张士诚、方国珍、陈友定等人的部属。元朝学官阮畯归附后,洪武三年(1370)授太常司赞礼郎,五年转博士,升为丞,十二年迁少卿,十三年六月又升为吏部尚书⑤。元枢密副使胡昱,归降后于洪武十四年二月授为江西布政司右参议⑥。徐寿辉的平章周时中,率所部投降,累官至吏部尚书,后出任镇江知府、福建盐运司副使。徐寿辉、陈友谅部将元震"善战有名",降后授为指挥副使⑦。尝仕陈友谅的詹同、蔡哲,归附朱元璋后,也分别授为国子博士、江西行省理问,后来又分别进为吏部尚书、中书省参知政事⑧。张士诚的司徒李伯昇、平章潘元明,降后仍任原职,李伯昇还进中书平章、同知詹事府事,并曾出任征南右副将军,与吴良一起带兵出征,潘元明在云南平定后也受命署布政司事⑨。方国珍的长子方礼降后任广洋卫指挥金事⑩,次子方关"献三郡海船水手数万及建言沿海筑城防倭"⑪,任虎贲卫千户所镇抚⑫。陈友定的记室郑定,在陈友定败亡后坐船逃往交、广间,后还居福建长乐,也被荐出任官职,洪武末年一直做到国子监助教⑬。

其次,因才授职,宥过而用,不搞责备求全。朱元璋对用人具有朴素的辩证观点,认

① 《明太祖宝训》卷3,《任官》。

② 《明太祖实录》卷48,洪武三年正月癸巳。

③ 《明太祖宝训》卷3,《任官》。

④ 《明太祖实录》卷48,洪武三年正月癸巳。

⑤ 《明太祖实录》卷132,洪武十三年六月癸酉。

⑥ 《明太祖实录》卷135,洪武十四年二月庚申。

⑦ 《明史》卷123,《陈友谅传》,第3692页。

⑧ 《明史》卷136,《詹同传》,第3928页;《皇明开国功臣录》卷21,《蔡哲》。

⑨ 《明史》卷123,《张士诚传》,第3697页。

⑩ 《明史》卷123,《方国珍传》,第3700页。

⑪ 《国初事迹》。

⑫ 《明史》卷123,《方国珍传》,第3700页。

⑬ 《明史》卷124,《陈友定传》,第3717页。

为:"人之才智或有长于彼而短于此者,若因其短而并弃其长,则天下之才难矣。"①主张用人要取长弃短,因才授职,"毋求备于一人"②。他屡屡宣布:"今令天下求才,其长于一艺者,皆在选列"③;"凡有一善可称、一才可录者,皆具实以闻,朕将随其才以擢用之"④;"凡军民怀一才一艺者,得以自效"⑤;"在野贤人君子,果能练达治体、敷陈王道,许其赴京面奏"⑥。有一年,四明(浙江宁波府别称)人王桓和两位儒士一起应召入京,朱元璋在奉天殿接见他们,问他们在家从事什么职业? 一位儒士说在家业农,朱元璋问禾、麦之节有何不同,为什么会有不同? 他回答说禾有三节,而麦四节,因为禾种于春,至秋而获,经历三个季节,所以有三节,而麦子要经历四个季节才能收获,所以有四节。朱元璋认为他是位"能知稼穑之艰难者",即擢任知州。另一位儒士说在家行医,朱元璋问他是否知道蜜有苦的,胆也有甜的? 他回答说蜜蜂采集黄连花粉,酿出的蜜是苦的,猿猴吃的野果多,其胆汁是甜的。朱元璋认为此人是位"能格物者",擢为太医院使。王桓说在家教儿童读书,朱元璋问他喜好什么厌恶什么,他回答说人之善者好之,其不善者恶之。朱元璋说他是位"能明理者",擢为国子助教⑦。明代的军户是世袭的,只有做官做到兵部尚书,才能脱离军籍,朱元璋因此曾有"凡选举毋录隶卒之徒"⑧的规定。但是,当他发现隶卒有才能可用之时,又打破这条禁令加以擢用。如辽东开元卫军士马广"读书不缀""能诗",洪武二十六年(1393)诣阙上书,上言五事。朱元璋"观所言有可采者",即命礼部择其可者行之,接着又令吏部破格擢用,任为吉安泰和县丞⑨。潮州府学生员陈质,父亲戍守大宁死,有司取其补入伍,他请求准其读完府学,以图将来报效国家。朱元璋当即指示兵部尚书沈缙:"国家得一卒易,得一才难。此生既有志于学,可削其兵籍,遣归进学。"沈缙以"缺军伍"为由表示反对,他开导说"苟军士缺伍,不过失一力士耳,若奖成一贤才以资任用,其系岂不重乎?"⑩宁夏人唐庸代父至贵州卫充任戍卒,他根据"凡军民怀一才一艺者得以自效"的诏令,到京师自陈才艺,吏部认为他是个正军,不能擢用。朱元璋说:"令既下而背之,是不信也;人有才而不用,是弃贤也。"⑪下令提拔他做给事中。

①　《明太祖实录》卷101,洪武八年十月丙辰。
②　《明太祖实录》卷210,洪武二十四年七月甲寅。
③　《明太祖实录》卷101,洪武八年十月丙辰。
④　《明太祖实录》卷141,洪武十五年正月庚戌。
⑤　《明太祖实录》卷252,洪武三十年四月辛亥。
⑥　《明太祖实录》卷147,洪武十五年正月庚戌。
⑦　《涌幢小品》卷8,《召问命官》,第164页。
⑧　《明太祖实录》卷203,洪武二十三年八月壬申。
⑨　《明太祖实录》卷225,洪武二十六年二月乙未。
⑩　《明太祖实录》卷199,洪武二十三年正月戊子。
⑪　《明太祖实录》卷252,洪武三十年四月辛亥。

朱元璋还认为，天下没有完人，谁都难免会有过失，"苟因一事之失而弃一人，则天下无全人矣"①。主张看人要有发展的眼光，犯过错误的人，如果确有才德，只要改正了错误，就要重新任用。朱元璋一再告谕吏部大臣："为国以任人为本，作奸者不以小才而贷之，果贤者不以小疵而弃之。奸者必惩，庶不废法；宥过而用，则无弃人。"②他屡次下令起用犯过错误而被罢免甚至判罪服刑的官吏。如洪武七年，令中书省、御史台择取在凤阳屯田的年龄在四十岁以上，才堪任用的以及年龄在四十岁以下原犯公罪和已经宥免的有罪官吏，"取至京师者凡一百九十四人，各授职有差"③。九年，又"起凤阳屯田官吏梅珏等五百十八人赴京"，命中书省"量才用之"④。十七年，令吏部移文各布政司："凡罢免官通经术、有才干者，悉起送京师"，于是"贯道等五十余人至京，皆擢居显职"⑤。洪武后期，由于整肃吏治和受到几个大案的牵连，许多官吏被罢免、降职、判刑甚至诛杀，官员奇缺，更多次下诏录用大批免职或被判刑的官吏。礼部郎中金润，有次在殿廷奏事，应对称旨，很受朱元璋的赏识，后因事获罪，被贬到都察院审案。洪武二十五年十二月，朱元璋忽然想起此人，问周围大臣：过去有个戴方巾的官员，奏事颇有条理，这几年一直没见到他，现在何处？吏部臣说此人因为犯事，已贬到都察院去做审案工作。朱元璋说"此人才可用。"遂"命复原职"⑥。

再次，有才必举，老少参用。朱元璋强调用人应不拘年龄，凡有才能者，都要选拔上来，互相参用，这样既可取长补短，还可以老带新，使年轻人更快成才。早在即位之前，他就敕谕中书省臣："其郡县官年五十以上者，虽练达政事而精力既衰，宜令有司选民间俊秀、年二十五以上、资性明敏、有学识才干者，辟赴中书，与年老者参用之。十年之后，老者休致，而少者已熟于事，如此则人才不乏，而官使得人。"⑦即位以后，他屡诏举贤，荐举的对象既包括年老的耆民，也包括年轻的俊秀。有些大臣认为人到六十岁，精力衰耗，难以胜任工作，见到岁数大的就弃置不用，任用的大多是些壮年英俊的后生⑧，朱元璋便举周文王任用吕尚而兴、秦穆公不听蹇叔而败、伏生虽老犹能传经的例子，指出人才难得，不能因为岁数一大就通通弃置不用，因为"老者虽不任以政，至于咨询谋谟，则老者阅历多而见闻广，达于人情，周于物理，有可资者"。遂规定：凡是荐举上来、果有才能者，年六十以上、七

---

① 《明太祖实录》卷223，洪武二十五年十二月丙辰。
② 《明太祖实录》卷188，洪武二十一年正月戊寅。
③ 《明太祖实录》卷94，洪武七年十一月壬午。
④ 《明太祖实录》卷103，洪武九年正月丁卯。
⑤ 《明太祖实录》卷159，洪武十七年正月丙寅。
⑥ 《明太祖实录》卷223，洪武二十五年十二月丁未。
⑦ 《明太祖实录》卷14，甲辰年三月庚午。
⑧ 《明太祖实录》卷178，洪武十九年七月辛巳；(明)朱元璋：《大诰续编·婚娶第八十六》，《皇明制书》第1册，第166页。

十以下者当置翰林以备顾问,四十以上、六十以下者则于六部及布政司、按察司用之①。此后,他除命令继续荐举年轻的俊秀,又多次专门下令荐举耆民。

被荐举到京的年老的耆民,朱元璋都给予隆重的礼遇。洪武十五年(1382)十一月,礼部主事刘镛推荐鲍恂、余诠、张绅、张长年四名耆儒至京。八十多岁的鲍恂和七十多岁的余诠、张长年三人先到京师,朱元璋非常高兴,命为文华殿大学士。鲍恂等人推说年迈有病,不肯就任,他即免其早朝,规劝说:"以卿等年高,故授此职,烦辅导东宫(皇太子)耳。免卿早朝,日晏而入,从容侍对。不久当听卿等致仕还乡,以终余年,庶不负卿等平生所学,而乡里亦有光矣,卿何辞焉?"鲍恂等人一再推辞,朱元璋只好放他们回家。张绅后至京师,被"授陕西鄠县(今陕西户县)儒学教谕"②。对推荐上来的年轻人,如果是"未尝历练"的后生少年,朱元璋则叫他们入学读书,修养德行,"养其德性,变化气质",待学成之后,再任以官职,以免他们"恃才轻忽,用其血气之勇","生事扰民"③。

复次,严于简择,擢贤黜奸。朱元璋主张:"任人之道,当严于简择。"④怎样"简择"呢?朱元璋强调,第一,要坚持德才第一的标准。他指出,选用人才,要先看大节:"其廉让也,可以知其仁;其善谋也,可以知其智;其果断也,可以知其勇。若唯见其人之小节未睹其大端而辄置之,乃有天下无贤之叹,虽有稷、契之才,亦难见矣。"⑤所谓看大节,就是要看德才:"材德俱优者,上也;材不及德者,其次也;材有余而德不足,又其次也;苟两者俱无,此不足论矣。若逐势变移,好作威福,言是而行非,此小人,不可用也。"⑥第二,要出于公心,不存私意。朱元璋指出:"人君之于天下,当示人以至公,不可存一毫私意也。"这样才能把真正有才学的贤能之士提拔上来。他认为汉文帝恭俭玄默则有之,至于用人则未尽其道。例如贾谊才识超群,文帝却加以疏远,不予重用,致使其忧郁愤懑而死,这种做法实不可取⑦。第三,"当兼取于众论"⑧,注意听取公众的意见。吏部大臣曾对朱元璋诉苦,说人之邪正实在很难辨别,朱元璋开导说:"众人恶之,一人悦之,未必正也。众人悦之,一人恶之,未必邪也。盖出于众人为公论,出于一人为私意。然正人所为,治官事则不私其家,当公法则不私其亲。邪人反是。此亦可辨。"⑨当然,对公众的毁誉之言还有个辨别真伪的问

---

① 《明太祖实录》卷178,洪武十九年七月辛巳。
② 《明太祖实录》卷150,洪武十五年十一月辛酉。
③ 《明太祖实录》卷203,洪武二十三年八月辛酉。
④ 《明太祖实录》卷174,洪武十八年八月丙辰。
⑤ 《明太祖实录》卷101,洪武八年十月丙辰。
⑥ 《明太祖实录》卷256,洪武三十一年三月己酉。
⑦ 《明太祖实录》卷173,洪武十八年六月庚戌。
⑧ 《明太祖实录》卷254,洪武三十年七月丙寅。
⑨ 《明太祖实录》卷135,洪武十四年正月己丑。

题,因此朱元璋又强调:"人固有卓然自立不同于俗而得毁者,亦有谄媚狎昵同乎污俗而得誉者。夫毁者未必真不贤,而誉之者未必真贤也,第所遇有幸不幸尔。人主能知其毁者果然为贤,则诬谤之言可息,而人亦不至于受抑矣;知其誉者果然不肖,则偏陂之私可绝,而人亦不至于倖进矣。"①

朱元璋的这些用人政策和措施付诸实施后,收到了一定的效果。《明史》说:"明始建国,首以人材为务,征辟四方,宿儒群集阙下,随其所长而用之。自议礼定制外,或参列法从,或预直承明,而成均胄子之任尤多称职,彬彬乎称得人焉。"②这话虽不免有点溢美,但朱元璋在洪武年间确实培养、招揽和任用了许多人才,这对于治国理政、澄清吏治、恢复和发展社会经济,起到了重要的作用。

不过,作为封建社会后期的一个君主,朱元璋对人才的培养、使用带有很大的局限性。同历代封建帝王一样,他所培养和使用的人才,仅仅局限于地主阶级及其知识分子的范围之内。至于广大劳动人民,他们大多数没有读书学习的条件,更没有当官从政的权利。所谓"毋拘资格""惟才是与""因才授职"等,对他们来说只是一纸空文。除了这种阶级的局限性,朱元璋从洪武中期起大力强化封建专制主义的统治,对人才更是造成了极大的压制和摧残,使他的"惟才是与"政策打了个大折扣。

第一,随着封建专制的高度发展,皇权的极度膨胀,全国文武官员的任用大权集中到皇帝一人手里,官员的晋升和黜陟便完全取决于朱元璋的好恶,并不真正取决于自己的德才。任何人,只有绝对忠于朱元璋,并能为巩固朱家皇朝的统治效力,才可得到任用和提拔,否则,纵有满腹匡时的谋略,浑身救弊的才干,也不得进用,甚至会招来杀身灭族之祸。不仅如此,由朱元璋个人来决定成千上万个官员的任免,势必要导致"所学或非其所用,所用或非其所学"③的局面。例如,有一年太常寺缺官,朱元璋召集诸儒面试,想从中挑选几名官员。应诏的儒士一下子来了不少,朱元璋感到很为难,"必欲以言知其所以,何下数千万言交接而后知其人焉。若此,朕精神有限,对者词多,岂能周遍而当乎?况特以言动其心者使应之,欲辨利钝,凡此人多默然,其贤愚盖不知矣",于是"面选者多",大都凭一面的印象,就以貌定夺了。江宁知县高炳以通经被荐,被任命为工部员外郎,当时也站在这批待选的儒士之中。朱元璋见他雍容儒雅,像个老实人,认为"外貌若此,心必亦然",就选入太常寺,担任少卿。不久,此人因犯罪被罢官还乡。过了五年,他又以通经被荐,被任命为江宁知县,但"到任未久,非公而事觉,罪犯徒年(被判了一年徒刑)"④。朱元璋所谓注重德

---

① 《明太祖实录》卷232,洪武二十七年三月丁未。

② 《明史》卷137,《刘三吾传》赞,第3960页。

③ 《明史》卷139,《叶伯巨传》,第3991页。

④ 《御制大诰三编·作诗诽谤第十一》,《皇明制书》第1册,第217页。

才的主张,往往就这样被他自己的专制行为所否定,从而屡屡出现"进人不择贤否,授职不量重轻"①的现象。

第二,在强化封建专制统治的过程中,朱元璋对官僚机构不断进行清洗,迭兴大案,使不少有用之才遭到无辜的杀害。例如,"一变元风、首开大雅"②的诗人高启,洪武二年被召参修《元史》,授翰林院国史编修官,复受命教授诸王。翌年秋,受朱元璋召见,被擢为户部右侍郎,他力辞还乡,授书自给。后应苏州知府魏观之聘,为郡学考订经史。苏州府的治所,元末被张士诚用作王宫,而移府治于都水行司。魏观因其地湫隘,又将治所迁回原址,重新进行修缮改建。不意,有人借此诬告魏观"兴既灭之基",致使魏观被杀。高启此前"尝赋诗,有所讽刺,帝嗛之未发也",这时朱元璋抓住他为魏观作《郡治上梁文》的把柄,下令把他"腰斩于市"。和高启一起修纂《元史》,并一起受魏观之聘为郡学考订经史的诗人王彝也同一被杀③。参加《元史》修纂的其他文人,后来有不少也获罪被杀或遭遣谪,如陶凯曾自号"耐久道人",朱元璋"闻而恶之",后坐在礼部任职时,属下的主客曹误用符验,而被处死④;高逊志"以事谪胸山(在今江苏连云港海州区)"⑤;傅恕"后坐累死";张孟兼为吴印所讦而被杀;张宣"坐事谪徙豪梁,道卒"⑥;就连朱元璋的顾问、担任《元史》总裁官的翰林院学士宋濂,退休后也因其长孙宋慎"坐胡惟庸党"被贬至茂州,途中在夔州忧愤成病,"不食者二十日"而死⑦。与高启并称"吴下四杰"的著名诗人杨基,因曾在张士诚手下任职,明师下平江后,被谪徙临濠,旋徙河南,洪武二年放归,后屡起屡伏,最后在山西按察使任上被谗夺官,谪服工役,"卒于工所";张羽曾应召撰写滁阳王庙碑,寻获罪贬谪岭南,没到半道,又被召回,"自知不免,投龙江以死";徐贲曾被张士诚辟为僚属,未已谢去,明师平吴后,也被谪徙临濠,后被荐为官,最后任河南左布政使,因出征洮、岷的明军过其境,"坐犒劳不时",下狱"瘐死"。此外,"淹贯经史百家言"的文人王行,因曾馆于蓝玉之家,并多次得蓝玉之荐受到朱元璋的召见,蓝玉案发,"行父子亦坐死";"词采灿然"的诗人孙蕡,尝为蓝玉题画,"遂论死";"工画山水、兼善人物"的画家王蒙,尝至胡惟庸私第观画,胡惟庸案发后,"坐事被逮,瘐死狱中";"精通六籍及释、老书"的文人赵介,无意仕进,屡次被荐,皆力辞不就,后亦"坐累逮赴京,卒于南昌舟次"⑧。供事内府的宫廷画家赵原奉命画昔贤

① 《明史》卷147,《解缙传》,第4117页。
② (明)杨慎:《升庵诗话》卷7引唐子元荐语,《丛书集成初编》本。
③ 《明史》卷285,《文苑列传一》,第7320页。
④ 《明史》卷136,《陶凯传》,第3934—3935页。
⑤ 《明史》卷143,《王艮传附高逊志传》,第4048页。
⑥ 《明史》卷285,《文苑列传一》,第7319—7321页。
⑦ 《宋濂全集》附录2,《潜溪录》卷3,(明)郑楷:《翰林学士承旨宋公墓志》,第2638页。
⑧ 《明史》卷285,《文苑列传一》,第7328—7333页。

像,"应对失旨,坐法";盛著奉命画天界寺影壁,"以水母乘龙背,不称旨,弃市"①。类似事例,不胜枚举。在朱元璋的严刑酷法之下,才能之士"幸存者百无一二"②。洪武十九年,方孝孺在致好友的信中,曾悲愤地写道:"近时海内知名之士,非贫困即死,不死即病。"③

第三,与政治专制相辅而行,朱元璋大力推行文化专制,不仅明确宣布:"寰中士大夫不为君用,是外其教者,诛其身而没其家,不为之过。"④而且明令学校生员不得妄言军国政事,规定科举以八股文取士,专取《四书》《五经》命题,并以程朱一派的注疏为准。这样,士子不得妄议朝政,他们只能"以摘经拟题为志,其所最切者唯《四书》一经之笺,是窥是钻,余皆漫不知省。与之交谈,两目瞪然视,舌木强不能对"⑤,"自《四书》一经外,咸束高阁,虽图史满前,皆不暇目"⑥,思想受到严重束缚,聪明才智也被扼杀。加上严酷的专制统治,"为士者以混迹无闻为福,以受玷不录为幸,以屯田工役为必获之罪,以鞭笞捶楚为寻常之辱"⑦。为免罹罪惹祸,士人便大都闭眼不看现实,闭口不议朝政,"见人斫轮只袖手,听人谈天只箝口"⑧。刚正之气日消,柔媚之风日长,庸鄙之士日多,贤明之士日少。许多人做官消极怠工,但求无过,不求有功,甚至拒绝出仕,出现了"人多不乐仕进"⑨的现象。有些人"家有好学之子,恐为郡县所知,反督耕于田亩"⑩。有的为免被强征出仕,甚至自残肢体。如福建沙县罗辅等13人即私下议论说:"如今朝廷好生厉害,我每各断了手指,便没用了。"⑪因此,朱元璋不时哀叹道:"朕自即位以来,虽求贤之诏屡下,而得贤之效未臻!""朕临御三十年矣,求贤之心夙夜孜孜,而鲜有能副朕望。任风宪者无激扬之风,为民牧者无抚字之实!"⑫

一方面努力培养和网罗人才,一方面又无情地摧残和扼杀人才,这就是朱元璋用人政策的两个方面。这两个方面既互相矛盾又是彼此统一的。朱元璋的一切政策,都是以巩固封建统治特别是朱家王朝的专制统治为出发点和归宿的。他用人政策的这两个方面就统一在维护和强化封建专制统治这一点上。为了强化封建专制统治,朱元璋需要培养和

---

① (清)徐沁:《明画录》卷2,《丛书集成初编》本。
② 《明史》卷139,《茹太素传》,第3987页。
③ 《逊志斋集》卷10,《与郑叔度》。
④ 《御制大诰三编·苏州人才第十三》,《皇明制书》第1册,第220页。
⑤ 《宋濂全集》卷53,《大明故忠顺大夫礼部侍郎曾公神道碑》,第1248页。
⑥ (清)廖燕:《二十七松堂文集》卷1,《明太祖论》,清刻本。
⑦ 《明经世文编》卷8,《叶居升奏疏·万言书》。
⑧ (元)张昱:《可闲老人集》卷1,《寄河南卫镇抚赵克家叙旧》,《四库全书》本。
⑨ 《廿二史札记校证》卷32,《明初文人多不仕》,第741页。
⑩ 《明朝小史》卷2,《士不乐仕》。
⑪ 《御制大诰续编·断指诽谤第七十九》,《皇明制书》第1册,第159页。
⑫ 《明太祖实录》卷131,洪武十三年五月丙辰;卷229,洪武二十六年九月丁巳。

选拔大批人才供其使用,同时也必然要毫不留情地摧残和扼杀有碍于此的人。这不是朱元璋个人言而无信、出尔反尔的品质问题,而是封建社会末期君主专制统治必然要产生的社会问题①。

---

① 参看拙作《朱元璋对人才的使用与摧残》,《社会科学辑刊》1982 年第 2 期;《朱元璋研究》第 195—212 页。

第三节　纳谏与拒谏

朱元璋认为："人君统理天下，人情物理必在周知，然后临事不惑。"[1]君主治理天下，只有深入了解各方面的情况，才不会被一些表面现象所迷惑，避免或减少决策的失误。然而，"凡人所为，不能无过举"[2]，人非神仙，不可能不犯错误。特别是君主，高高在上，更容易"隔绝聪明，过而不闻其过，阙而不知其阙"，这就需要有献替之臣、忠谏之士随侍左右，"以拾遗补阙"[3]。因此，朱元璋一再强调："人主治天下，进贤、纳谏二者，真切要事也。"[4]把纳谏与进贤，视为治国成败的两个重要因素。

早在龙凤二年（1356）七月，朱元璋任命俞中、郭士信、栾秉德为参谋，即询问道："魏徵可复见乎？"俞中答曰："若有唐太宗，魏徵见矣。"朱元璋连连点头称"善"[5]。龙凤十年，朱元璋对左右诸臣强调："治国之道，必先通言路。""诸公有所建明，当备陈之"[6]。登基之后，他进一步探讨历代皇朝兴亡的教训，看到商汤以改过不吝而为三代盛王，唐太宗屈己从谏亦致贞观之治，商纣王饰非拒谏而亡，唐玄宗为奸臣所蔽酿成安史之乱，从中悟出"兴亡之道在从谏咈谏"的道理，说："昔唐太宗谓：'人主自贤，臣不匡正，欲不危败，岂可得也？'此言甚善。"[7]因此，他非常重视纳谏，一再诏求直言，要求大臣访察民间利病，何事当兴，何事当革，"具为朕言"[8]，就是专事纠察的宪台官，见到朝廷政事有何缺失，也"皆得言之"[9]。

但尽管求言之诏屡下，却应者寥寥。洪武七年（1374）春，正当明中都营建工程紧张进行之际，朱元璋为"壮京师以镇遐迩"，曾拟役使罪囚，在京城西北狮子山上修建一座阅江楼。"抵期而上天垂象，责朕以不急，即日惶惧，乃罢其工"。为了试探臣僚是否有谏诤的风气，他命诸臣各写一篇《阅江楼记》。结果大臣呈上来的《阅江楼记》，"文章虽有高下，其大意则亦然"，"不过皆夸楼之美"，而没有半句谏阻之言。他浏览之后，"不得而无忧"，不禁感慨道："吁，难哉！令人矣。"[10]洪武九年六月，他曾无限感慨地对侍臣说："朕乐闻嘉谟，屡敕廷臣直言无讳，至今少有以启沃朕心者！"侍臣搪塞说："陛下聪明天纵，孜孜为治，事

---

① 《明太祖实录》卷85，洪武六年九月乙卯。
② 《明太祖实录》卷254，洪武三十年七月丙寅。
③ 《明太祖宝训》卷3，《纳谏》。
④ 《明太祖实录》卷127，洪武十二年十一月乙亥。
⑤ 《纪事录笺证》卷上，第63页。
⑥ 《明太祖实录》卷15，甲辰年六月戊戌。
⑦ 《明太祖实录》卷80，洪武六年三月乙卯。
⑧ 《明太祖实录》卷92，洪武七年八月辛丑。
⑨ 《明太祖实录》卷63，洪武四年闰三月庚辰。
⑩ 《明太祖集》卷13，《辟阿奉文》，第266页。

无缺失,群臣非不欲言,但无可言者。"①为了打破这种沉闷的局面,朱元璋反复向他们说明谏净的意义,指出昏庸之主,吝一己之非,拒天下之善;全躯保禄之臣,或缄默不言,或畏威莫谏,塞其聪明,昧于治理,最后必将导致国家社稷的沦亡②。他再三鼓励群臣直言进谏,说:"忠臣爱君,谠言为国。盖爱君者,有过必谏,谏而不切者,非忠也;为国者,遇事必言,言而不直者,亦非忠也。"③又说:"若君有过而臣不言,是臣负君;臣能直言而君不纳,是君负臣。"④"臣不谏君,是不能尽臣职;君不受谏,是不能尽君道。臣有不幸,言不见听而反受其责,是虽得罪于昏君,然有功于社稷人民也"⑤。臣下的职责是进谏,君主有过失就要给他指出来,否则就是失职;君主的责任就是纳谏,指出他的错误而不接受,就是无道。如果臣下的谏净,不幸不被采纳,反而受到责难,他虽然得罪了昏君,却对社稷人民立下了大功。因此,为臣的要为社稷人民的利益着想,敢于对君主的失误直言进谏。

为了鼓励臣民的进谏,朱元璋一再申明自己对待谏净的态度。

第一,虚怀纳谏。他坦率承认自己既不是完人,更不是神明,同普通人一样也会犯错误,一再表示:"朕以一身任天下之事,闻见计虑,岂能周遍?"⑥"朕总万几,安能事事尽善?"⑦"朕日总万几,所行有得失,非资人言何由以知? 故广开言路以来众言。"⑧并表示,对臣民的进谏,他将"虚心以纳之","至于言而无实者,亦略而不究"⑨。

第二,认真听取逆己之言。朱元璋说:"朕观往昔议论于廷,有忤人主之意者,必君子也;其顺从人主之意者,必小人也。"⑩一再表示:要多听与自己不同的意见,"逆己之言必求其善,顺己之言必审其非"⑪;同时,要尽可能"兼听广询"⑫,"取信于公论,不偏信人言"⑬,采纳那些得到大多数人支持的忠谠之言,防止偏听偏信。

第三,言是采纳,无实益戒。朱元璋认为,对臣民的进谏应该推诚以待,"其有实而人言之,则当益勉于善;其无实而人言之,则当益戒于不善"⑭。他宣布,对臣民的进谏,"言而

<hr>

① 《明太祖实录》卷106,洪武九年六月壬寅。
② 《明太祖实录》卷100,洪武八年五月庚申。
③ 《明太祖实录》卷29,洪武元年正月壬午。
④ 《明太祖实录》卷30,洪武元年二月乙未。
⑤ 《明太祖实录》卷29,洪武元年正月己卯。
⑥ 《明太祖实录》卷92,洪武七年八月辛丑。
⑦ 《明太祖实录》卷106,洪武九年六月辛丑。
⑧ 《明太祖实录》卷161,洪武十七年四月己丑。
⑨ 《明太祖实录》卷30,洪武元年二月己未。
⑩ 《明太祖实录》卷254,洪武三十年七月丙寅。
⑪ 《明太祖实录》卷85,洪武六年九月乙卯。
⑫ 《明太祖实录》卷15,甲辰年六月戊戌。
⑬ 《明太祖宝训》卷3,《去谗佞》。
⑭ 《明太祖实录》卷30,洪武元年二月己未。

是也有褒奖之美,言而非也无谴责之意"①,鼓励大家直言谏净。

与此同时,朱元璋还采取许多重要措施,以推动臣民的谏净。

第一,允许臣民直至御前奏闻。在封建社会,一般臣民不能直接同皇帝见面,有事要反映,只能写成奏章,交给所在地方的官府,再层层向上转达。由于当时的衙门官僚作风盛行,不仅传递速度缓慢,而且容易中途泄密,或者被有关官员拦截扣留,遭到打击报复。为了防避这种状况出现,朱元璋于洪武六年在《祖训录》中特地规定:"今后大小官员并百工技艺之人,应有可言之事,许直至御前闻奏。其言当理,即付所司施行,诸衙门毋得阻滞,违者即同奸论。"②后来,《祖训录》屡经修订,定名《皇明祖训》,这条规定始终保留不变③。

第二,为言事者保密。能直至御前奏闻的臣民毕竟是少数,京师之外的臣民就没有直至御前奏事的条件。所以,后来朱元璋还下令:"凡军民利病,政事得失,条陈以进。下至编民卒伍,苟有所见,皆得尽言无讳。"④为了解除言事者担心泄密遭到打击报复的顾虑,朱元璋专门下达命令:"天下臣民,凡言事者,实封直达御前。"⑤这个措施当时确实起到保护言事者的作用,据记载,"洪武、永乐年间,实封皆自御前开拆,故奸臣有事即露,无幸免者"⑥。不过,它亦有负面的作用,即容易被一些心术不正的人用来搞诬告,形成"讦告风炽"⑦的局面。

第三,言而有实则奖,言而无实不罪。朱元璋宣布,臣民凡有谏净,"有善者则奖而行之,言之非实亦不之罪,惟谗佞而谀者,决不可容也"⑧。洪武年间,特别是洪武早期和晚期,有不少臣民响应号召上书言事,凡是可行的建言他即转交有关部门施行,有些建议经再三斟酌,实在不可行的才搁置一旁。有的官吏因敢于直言,还受到朱元璋的嘉奖。洪武十四年二月,谏院右司谏石时中、判禄司左司副夏守中"公直敢言",朱元璋即赐给他们每人钞10锭⑨。有的官吏勇于进谏,还被擢升官职。工部奏差张致中洪武十年上书,建议精择"在朝老成謇谔之士或有司官属公明廉正者"担任监察御史;在各府、州、县设常平仓,"每遇秋成,官司出钱钞收籴入仓,如遇歉岁,平价出粜",以平抑物价;北方郡县守令常责

① 《明太祖实录》卷100,洪武八年五月庚申。

② (明)朱元璋:《祖训录·慎国政》,张德信等主编:《洪武御制全书》,黄山书社1995年版,第368页。

③ (明)朱元璋:《皇明祖训·慎国政》,《皇明制书》第3册,第789页。

④ 《明太祖实录》卷171,洪武十八年二月庚子。

⑤ 《明太祖实录》卷113,洪武十年六月丁巳。

⑥ 《菽园杂记》卷9,第116页。

⑦ 《明史》卷139,《萧岐传》,第3984页。

⑧ 《明太祖实录》卷161,洪武十七年四月己丑。

⑨ 《明太祖实录》卷135,洪武十四年二月庚申。

令里甲谎报垦田亩数，"罔上损民"，宜令各处农民"自实见垦亩数，以定税粮"。朱元璋悦而嘉之，"擢张致中为宛平知县"①。江西南丰典史冯坚，洪武二十四年上言九事："颐养圣躬以为民社之福"，"慎择老成之臣以为诸王之福"，"攘夷狄以为中国之福"，"精选有司以为生民之福"，"褒封祀典以励忠烈"，"减省宦官以防内权"，"调易边将以防外患"，"采访廉能以惩贪墨"，"增置关防以革奸弊"。朱元璋除调易边将一条认为不妥外，都表示同意，说"所言知时务，达事变"，诚为可嘉，命吏部擢之为都察院左佥都御史②。巩昌秦州儒学训导门克新，洪武二十六年秩满入觐。朱元璋向入觐的学官询问经史及民间政事得失，"在列者多应对不称旨，独克新敷奏亮直"，敢于指陈时弊，"直言无隐"，被授为左春坊左赞善，"不数年，擢礼部尚书"③。

　　在朱元璋的倡导及其一系列措施的推动下，当时颇有不少臣民上书言事，指陈时弊，倡议革新，被朱元璋采纳。洪武七年（1374）七月，靖海侯吴祯奉命前往浙东收集方国珍台、温、明三郡旧部，以备御倭。当地一些无赖恶少乘机诬指平民、富家为方国珍旧部，闹得人心惶惶。宁海知县王士弘认为："诬良民为兵，此不可也"，于十二月向朝廷上了一个密封奏章。朱元璋读后，"即日诏罢之，三郡之民赖以复安"④，并擢王士弘为南雄府通判。十三年六月，太原、大同二府上奏："郡地旧以多碱，民煮为盐，自宋金以来输课于官，凡大口月人米三升，小二升。国朝洪武三年始征其课，而皆减米一升。洪武五年以二郡民贫地瘠，艰于输米，悉免其征。今已七年，而户部复欲循旧例征课，恐民力不堪。"朱元璋"是其言"，即命户部悉蠲之⑤。同年八月，福建布政使司上书反映，泉州府惠安、德化二县在归附之初，因降臣主簿张子安以旧征秋粮妄增田亩，民户有粮1石的虚作田40亩，驿夫户有粮1石的虚作田84亩，总共虚报了503顷30亩，税粮3000余石，久为民病。上书要求有关部门重新核实，除掉虚报的数字。朱元璋诏从之⑥。十八年，国子祭酒宋讷献守边策："备边固在乎屯兵，实兵又在乎屯田，屯田之制必当法汉"，建议效法汉朝赵充国屯田边郡以制西羌的办法，"选其有智谋勇略者数人，每将以东西五百里为制，随其高下，立法分屯"，训练士卒，督令耕作，防敌人犯。朱元璋"嘉纳之"⑦，将前已实行的军屯更大规模地推行于沿边各地。二十四年九月，嘉兴府通判庞安破获一个贩卖私盐的案件，将私盐贩子解送京师，并根据明律的规定把缴获的私盐赏给捉到罪犯的人。但户部却认为庞安的处理违反

① 《明太祖实录》卷111，洪武十年正月丙戌。
② 《明太祖实录》卷213，洪武二十四年九月乙丑。
③ 《明太祖实录》卷246，洪武二十九年八月乙酉；《明史》卷139，《萧岐传附门克新传》，第3985页。
④ 《明太祖实录》卷95，洪武九年十二月庚申。
⑤ 《明太祖实录》卷132，洪武十三年六月庚申。
⑥ 《明太祖实录》卷133，洪武十三年八月丁亥。
⑦ 《明太祖实录》卷171，洪武十八年二月甲辰。

根据皇帝敕令所形成的"例"①,下令把赏给捉拿案犯者的私盐没收入官,并责取罪状。庞安不服,给皇帝上书,说律是万世之常法,例为陛下一时之旨意,岂可以一时之例破万世之法。从前唐太宗发现官员的选拔有许多弄虚作假、冒名顶替的现象,曾颁敕要求有诈冒行为的官员自首,不自首者一律处死。不久,有人前来自首,唐太宗命杀之。大理少卿戴胄上奏,说犯有诈冒罪的,依照法令的规定应处流刑而非死刑。唐太宗大怒,说:"卿言守法而使朕失信!"戴胄回答说:"敕者,出一时之喜怒;法者,国家所以布大信于天下也。陛下忿选人之多诈,故欲杀之,既而知其不可,复断之以法。此忍小忿而存大信也。"现今的律即古时之所谓法,国家布大信于天下者也;现在的例即古时之所谓敕,出于陛下一时之命也。现在要依例行事,则与《大明律》内"应捕人给赏"的规定自相违背,是失信于天下。朱元璋认为他说的在理,"诏论如律"②,维持了原判。二十九年三月,苏州府崇明县宝庆观的道童孙守常上书,反映十年前该地改建城池,侵用官民田地,但租税未除,要求免除这些被占用土地的租税,朱元璋下诏悉蠲之③。第二年十月,行人高积奉命到陕西宣谕禁鬻私茶,回到京师提出三条建议:"一曰乞减内地巡茶关隘,二曰选老成练达兵务之将捍御西陲,三曰民之通粮宜从土地所宜折收",朱元璋并从其言④。类似事例,多不胜举。

值得注意的是,当时还有不少耿直之士,记取朱元璋"忠臣爱君,谠言为国","言不见听而受其责,是虽得罪于昏君,然有功于社稷人民"的谕旨,冒着触犯龙鳞的风险,敢于犯颜直谏,对朱元璋的一些失误提出谏诤,有的甚至为此献出了自己的生命。有一年,监察御史欧阳韶同另一名御史侍班,碰上朱元璋正发脾气要杀人。那个御史吓得面如土色,不敢吭气,他快步走到殿廷下跪劝阻,但仓促之间不知如何措辞,忙捧手加额,高声呼喊:"陛下不可!"朱元璋看出他一片朴实诚挚的心意,果然"从之"⑤。有一次,监察御史周观政受命监守奉天门,"以防邪僻"。宦官领着一班女乐要进宫,他出面阻拦,宦官说是奉皇上之命而来,他还是不让进。宦官非常恼火,跨步冲入宫门,过一会又走出宫门对周观政说:"御史且休,女乐已罢不用。"周观政仍气鼓鼓地说:"必面奉诏!"又过一会儿,朱元璋竟走出宫门,对周观政说:"宫中音乐废缺,欲使内家肄习耳。朕已悔之,御史言是也!"左右大臣见皇帝居然屈尊向臣下当面道歉,"无不惊异者"⑥。四川大宁(治今重庆巫溪北)人青文胜,洪武中期出任龙阳(治今湖南汉寿)典史。龙阳地处洞庭湖滨,连年遭受水灾,赋额又

---

① "例"是我国古代律条的一种补充形式。所谓"例",即以前事作为后事的处理依据、标准。明代自洪武初年起,就沿用宋朝以"敕"断案的传统,在司法实践中广泛运用"例"来断案。

② 《明太祖实录》卷212,洪武二十四年九月乙巳。

③ 《明太祖实录》卷245,洪武二十九年三月癸未。

④ 《明太祖实录》卷255,洪武三十年十月壬午。

⑤ 《明史》卷139,《韩宜可传附欧阳韶传》,第3984页。

⑥ 《明史》卷139,《韩宜可传附周观政传》,第3984页。

重,每年征收 37000 多石,老百姓交纳不起,年年拖欠,累计达数十万石,官府屡屡派人催逼,"毙于敲扑者相踵"。青文胜到任后,又遇上水灾歉收,发生饥荒。他先后两次诣阙上书,请求蠲恤,都没有得到批准。青文胜叹道:"吾为民请命,百不得,明主可以死悟也!"又起草一封谏书,掖在袖子里,击响登闻鼓,然后在鼓下自杀而死。朱元璋闻讯大惊,"诏宽龙阳租二万四千余石,定以为额"①。

有的官员虽因进谏忤旨获罪,但重新起用后仍未改耿直之志,继续直言谏净。浙江山阴(今浙江绍兴)人韩宜可,洪武初年被荐举为山阴教谕,后累官至监察御史。当时,丞相胡惟庸、御史大夫陈宁、中丞涂节等深得朱元璋的宠信,他认为这三个人都是佞臣,不宜重用。有一天,见三个大臣在朱元璋跟前侍坐,正与皇上谈话,他就走上前去,从怀中取出一份奏章交给朱元璋,"劾三人险恶似忠,奸佞似直,恃功怙宠,内怀反侧,擢置台端,擅作威福,乞斩其首,以谢天下"。朱元璋大怒,说:"快口御史,敢排陷大臣耶!"下令把他关进监狱。不久,韩宜可获释,洪武九年出任陕西按察司金事。这时,他听说全国犯罪官吏,受到笞刑以上处罚的都贬谪凤阳屯田,数达万余人,又上书谏净,说刑罚应该分别情节轻重、因公还是因私以及罪行之大小,现在不加区分,通通谪屯凤阳,此小人之幸,而君子却感到寒心。奏书请求对谪屯凤阳的罪犯进行甄别,"以协众心"。这次,朱元璋"可之",接受了他的意见。后来,韩宜可到京师朝觐,刚好碰上朝廷把一批籍没入官的罪犯家属赐给诸司官员,他拒不接受,并上疏极论:"罪人不孥,古之制也。有事随坐,法之滥也。况男女,人之大伦,婚姻逾时,尚伤和气。合门连坐,岂圣朝所宜!"朱元璋又"是其言"②。

臣民们的进谏,多少减少或缩小了朱元璋的某些失误,匡正了某些时弊。此外,明初一些耿介之士,把谏净看作是臣民应尽的职责,是忠于社稷、忠于君主的义举,即使以言触祸,也视为分内之事。他们这种不怕坐牢、不怕杀头、敢于直言谏净的精神,还对后人产生了深远的影响。因此,在朱元璋之后,每当昏庸之君在位,常常有人冒着杀身之祸,犯颜直谏,要求革新朝政,改弦易辙。而且往往是这个人刚被杀,另一个人又站出来,继续进谏。正如近代史学家孟森所指出的:"明一代虽有极黯之君,忠臣义士极惨之祸,而效忠者无世无之,气节高于清世远甚"③。

当然,同历史上任何封建帝王一样,朱元璋的纳谏也是极有限度的。洪武年间,就有不少臣民响应他诏求直言的号召,上书进谏,不仅未被采纳,反而遭到严厉打击。特别是那些对他强化封建专制统治的重大决策持有异议的谏净者,更使朱元璋感到不快,非置之死地不可。

---

① 《罪惟录》列传卷 13 上,《青文胜》,第 1974 页;《明史》卷 40,《青文胜传》,第 4010 页。
② 《明史》139,《韩宜可传》,第 3983 页。
③ 孟森:《明清史讲义》上册,中华书局 1981 年版,第 75 页。

洪武九年闰九月，朱元璋因星变诏求群臣言事。山西平遥训导、浙江宁海人叶伯巨上万言书，批评朱元璋"分封太侈""用刑太繁""求治太速"。他特别指出："国家裂土分封，使诸王各有分地，以树藩屏，以复古制，盖惩宋之孤立、宋室不竞之弊也。然而秦、晋、燕、齐、梁、楚、吴、闽诸国，各尽其地而封之，都城宫室之制，广狭大小，亚于天子之都，赐之以甲兵卫士之盛。臣恐数世之后，尾大不掉，然后削其地而夺之权，则起其怨，如汉之七国、晋之诸王；否则恃险争衡，否则拥众入朝，甚则缘间而起，防之无及也。此皇天眷顾之甚，或者谴告以相刑之象欤？"①朱元璋看了大怒，认为叶伯巨挑拨他和子孙的骨肉关系，厉声喝令左右："速逮来，吾手射之！"叶伯巨被捕后，中书丞相乘朱元璋高兴的时候，奏请将他关进刑部大牢，后来死在牢里②。

在叶伯巨上书的同一个月，怀庆知府方徵、宁海人郑士利等也纷纷上书。郑士利的上书主要是为空印案诉冤③。空印案发生在前一年，牵连到全国各地的许多官吏，郑士利的哥哥、湖广按察司金事郑士元也被捕入狱。朱元璋诏求直言的消息传来，郑士利挥笔写了一份数千言的奏章，"言数事，而于空印事尤详"。奏章写好后，自知必死无疑，关起门来哭了几天。他的侄儿问他：叔叔为何悲伤？他说：我准备上一份奏章，如果触怒了天子，必定要招来大祸。但杀我一人，能救活几百人，我死也无憾！奏章呈递上去后，朱元璋看了果然大怒，叫丞相、御史追查幕后主使者，郑士利笑答："顾吾书足用否耳！吾业为国家言事，自分必死，谁为我谋？"结果同郑士元一起被罚到江浦去做苦役，"而空印者竟多不免"④。方徵的上书批评朝廷赏罚不明，"去年各行省官吏以用空印罹重罪，而河南参政安然、山东参政朱芾俱有空印，反迁布政使，何以示劝惩？"朱元璋一看就发火，责问他："罗织及多征赃罚者为谁？"方徵说河南金事彭京就干过这种事。朱元璋还是不饶，将他贬为沁阳驿丞，洪武十三年又"以事逮至京，卒"⑤。

随后，在当年十二月，刑部主事茹太素又以五事上言，写了洋洋17000字。朱元璋叫中书郎中王敏读给他听，念到6370个字，才听到"才能之士，数年以来，幸存者百无一二，不过应答办事"，"所任者，多半迂儒俗吏"的批评，尚未涉及所要谈的五件事。朱元璋嫌他

① 《明经世文编》卷8，《叶居升奏疏·万言书》；(清)黄宗羲编：《明文海》卷47，《上万言书疏》(中华书局1987年影印本)。按：叶伯巨上书中所举朱元璋分封诸王，诸书收录的万言书(全文或摘录)互有出入。《皇明文衡》《明史纪事本末》《明经世文编》《明文海》皆为"秦、晋、燕、齐、梁、楚、吴、闽诸国"，《国榷》《明纪》却为"秦、晋、燕、齐、吴、楚诸国"，而《明史》《明史稿》《明通鉴》则作"秦、晋、燕、齐、梁、楚、吴、蜀诸国"。查《明史》的《诸王传》及《诸王表》，朱元璋所封诸子，未见有梁王、闽王者，恐有误。《罪惟录》录载的《万言书》，此句又作"然而秦、晋、燕、齐以往，各尽其地而封之"(见列传卷13上，《叶伯巨》，第1978—1979页)。

② 《明史》卷139，《叶伯巨传》，第3995页。

③ 参看第10章第2节。

④ 《明史》卷139，《郑士利传》，第3996—3997页。

⑤ 《明史》卷139，《郑士利传附方徵传》，第3998页。

文字啰唆,气不打一处来,就把茹太素找来,问道:你是刑部官员,刑部有200多号人,你能不能给我仔细分辨一下,哪几个是迂儒,哪几个是俗吏?茹太素沉默不语,朱元璋大怒,把他斥责一顿,处以廷杖之刑,令锦衣卫在殿廷之上把他痛打一顿。第二天深夜,准备就寝,又想起茹太素的上书,叫人再念一遍,直到16500个字之后,才谈到五件事,"其五事之字,止是五百有零"。朱元璋听后,觉得所言五事有四件切实可行。第二天早朝,敕令中书省和御史台付诸实施,并下令释放茹太素,表示:"今朕厌听繁文而驳问忠臣,是朕之过,有臣如此,可谓忠矣。"随后,命中书省定出《建言格式》,亲自作序,颁示全国,规定"若官民有言者,许陈实事,不许繁文"①。过了两年,茹太素出任参政,后累官至户部尚书,仍然抗直不屈,爱提意见,因而"累濒于罪"。一天,朱元璋在便殿宴请茹太素,给他倒了一杯酒,吟诗道:"金杯同汝饮,白刃不相饶。"茹太素磕头致谢,续韵吟道:"丹诚图报国,不避圣心焦。"朱元璋听了,不禁为之恻然。但不久还是找借口把茹太素降职,甚至叫他与同僚一起戴上脚镣办公,最后又以事把他处死②。

洪武十三年五月,谨身殿遭到雷击,朱元璋认为是自己犯了错误,上天向他发出警告,除下诏蠲免当年全国田租,还蠲免江西积欠的田赋。不久,又以"国用不足"为由,派郎礼去江西追缴十分之三的逋赋。郎礼拒不奉诏,曰:"唯皇上毋失信于天下。"朱元璋严令督之,仍不执行。又派人抄他的家,把他妻子捉来,强迫他执行命令,他硬是不干,曰:"宁杀臣,臣不敢阿陛下,失信江西之民!"朱元璋拿他没办法,竟下令将他处死,"妻亦自缢死"③。

洪武十五年四月,朱元璋应僧人金碧峰之请,设置僧司机构,任命僧人充任官职。大理寺卿李仕鲁认为这是"舍圣学而崇异端",上书劝朱元璋崇儒辟佛。他连续上书,朱元璋都坚决不从;请求"还陛下笏,乞赐骸骨,归田里",也不批准。他一气之下,把朝笏扔到地上,朱元璋大怒,"命武士摔搏之,立死阶下"④。礼科给事中陈汶辉也对设置僧录司、道录司的机构进行谏诤,朱元璋目以为迂,不予理睬。此后,陈汶辉改任大理寺丞、少卿,又多次为冤案申辩,并为李善长之狱喊冤。后来,有个内戚犯法,山东副使张甲未报请皇帝审批就鞭笞之。朱元璋拟将张甲处死,陈汶辉认为处刑过重,封还御旨。朱元璋发火,派御前指挥将他逮捕,押送刑部。行至金水桥,陈汶辉"投水死"⑤。

洪武十八年,同州(今陕西大荔)人王权考中进士,朱元璋见他性格耿直,为之改名王

① 《明太祖集》卷15,《建言格式序》,第305页

② 《明史》卷139,《茹太素传》,第3987页。按:此传记茹太素上万言书事在洪武八年,实误。《明太祖实录》卷110载此事发生于洪武九年十二月。

③ 《罪惟录》列传卷13上,《郎礼》,第1975页。

④ 《明史》卷139,《李仕鲁传》,第3989页;《罪惟录》列传10,《李仕鲁》,第1597页。

⑤ 《罪惟录》列传13上,《陈汶辉》,第1971页;《明史》卷139,《李士鲁传附陈汶辉传》,第3989页。

朴,授吏科给事中。不久,王朴以直谏忤旨被罢官。旋起为御史,陈时事数千言,未被采纳。他几次同朱元璋当面展开辩论,朱元璋气极,下令将他斩首。但刚押到刑场,又派人将他召回,问道:"汝其改否?"他气鼓鼓地回答说:"使臣无罪,安得戮之? 有罪,又安用生之? 臣今日愿速死耳!"①朱元璋遂下令将他处死。

洪武二十一年,年仅十八岁的江西才子解缙考中进士。解缙的父亲解开曾担任陈友谅的谋士,后劝说陈友谅的许多部将投奔朱元璋。洪武初年被荐,受到朱元璋的接见,"欲官之,固辞归"②。因为这层关系,朱元璋对解缙"甚见爱重",授予中书庶吉士,让他随侍左右。当年四月的一天,他在大庖西室侍从朱元璋,朱元璋让他"试举今政所宜施者"③。解缙当天就呈上万余言的密封奏章,批评皇上法令"数改",用刑"太繁";"进人不择于贤否,授职不量于重轻";"起科之轻重无别","役重而民困"。但他把这些过错都归到大臣身上,说"天下皆谓陛下任意喜怒为生杀,而不知皆臣下之乏忠良也"④。朱元璋读了连称"奇才",未加问罪。接着,他又献《太平十策》。洪武二十三年,解缙因闯入兵部索取皂隶,出言不逊,被兵部尚书沈缙告了一状,朱元璋认为他"优闲怠逸",将他改任江西道监察御史,"盖以繁剧玉成之也"。第二年,解缙又代郎中王国用起草上书,为被杀的李善长喊冤。接着,又为同官夏长文起草弹劾左副都御史袁泰家人恣肆横暴、多次违法的奏疏。朱元璋觉得解缙到处替人草拟奏疏,惹是生非,实在缺乏涵养,"将为众所倾",就召见他父亲解开,说:"才之生甚难,而大器者晚成。其以而子归,益进其学。"并叮嘱解缙道:"朕于尔,义则君臣,恩同父子,其归益尽心于古人,后十年来朝,朕大用尔。"⑤

除了直接拒绝臣民的谏诤,朱元璋从洪武中期起大力强化封建专制主义的统治,也使臣民的谏诤受到很大的限制。随着封建专制的强化,朱元璋不但取消专职的谏官和给事中对上封驳职权,而且集全国行政、军事、司法、监察大权于一身,垄断了文武官员的任用大权,官员的一举一动、一言一行都要瞻前顾后,生怕触犯龙颜。同时,在强化封建专制的过程中,朱元璋又滥用严刑酷法,迭兴大狱,弄得官员人心惶惶。许多人做官从政,只好不求有功,但求无过,甚至闭口不言朝政。这样,全躯保禄之臣日多,切中时弊的谏诤日少。有时,朱元璋召见群臣,征询政事得失,他们往往缄口不言,支吾了事。有次朱元璋召见全国学校的教官训导,询问民间疾苦,一个答说:"臣为学正,以教导为职业,民事无闻。"另一

---

① 《明史》卷139,《王朴传》,第3999—4000页。

② 《罪惟录》列传卷20,《解缙》,第2414页。

③ 《皇明世法录》卷85,《大学士解公传》。

④ 《明经世文编》卷11,《解学士文集·大庖西封事》。

⑤ (明)杨士奇撰,刘伯涵、朱海点校:《东里文集》卷17,《前朝列大夫交阯布政司右参议解公墓碣铭》,中华书局1998年版,第253—257页。

个答以："臣守职常在学,未尝出外,于民事无所知。"气得他大骂"诈也","窜之极边"①。所以,尽管朱元璋对谏诤有不少真知灼见,并且采取一些相应措施,但洪武年间的谏诤之风远不如唐太宗时期那么兴盛,朱元璋的一些决策失误也就未能及时得到制止和纠正,给后世留下了不少遗患。

朱元璋为什么有时能虚怀纳谏,有时却又顽固拒谏呢? 朱元璋从投奔起义到建立大明皇朝,几乎没有遭受过重大的挫折和失败,因而逐渐形成了过分自信和固执的性格,这对于他接受不同意见多少会有些妨碍。然而他之所以厌恶与拒绝臣下的一些谏言,主要则是因为这些谏言触犯了朱家皇朝的利益。朱元璋的纳谏也同他的进贤一样,是以巩固封建统治,特别是朱家皇朝的专制统治为出发点和归宿的。符合维护和强化封建专制统治的谏言,他就采纳;否则,即使意见再正确,他也不会接受。朱元璋的纳谏与拒谏,同他对人才的使用与摧残一样,也是既相互矛盾而又彼此统一的,统一在维护朱家皇朝的封建专制统治这一点上。

---

① 《明太祖实录》卷 219,洪武二十五年月己酉。

第九章　封建专制
中央集权的高度发展

第一节　洪武初年动荡不安的政局

朱元璋登基以后，每天"昧爽临朝，日晏忘餐"，兢兢业业，勤奋理政。"兵动二十余年，始得休息。天之有心于太平，亦已久矣，民之思治亦切矣"①。朱元璋原想，既然全国范围内的大规模战争已经结束，民心思治，他依靠刚刚建立的一套政权机构和礼乐法律制度，运用宽猛适中的统治策略，很快便可稳定全国的形势，出现天下大治的局面。然而，他所期盼的这种局面却迟迟没有出现。洪武初年，社会一直处于动荡不安的状态。

首先，是广大农民始终未曾停止对地主阶级的反抗斗争。明朝建立后，尽管朱元璋把赋役的征派数额定得较低，但在当时经济凋敝的条件下，它对农民来说仍是一项十分沉重的负担。就以民田的赋税而论，在陕西一带，不管土地是肥沃还是贫瘠，也不管是熟地还是新垦荒地，一律亩征一斗，当地的地方官员也承认，这是一项极为苛重的负担②。官田的田赋是地租与赋税合并征收的，其中地租部分虽然表面维持私租的原额，但由私租改为官租后，一切要由衙门吏胥经手，并且要送到指定的官仓交纳，农民的负担便大大加重了。"田未没入之时，小民于土豪处还租，朝往暮回而已。后变租税为官粮，乃于各仓送纳，运涉江湖，动经岁月，有二三石纳一石者，有四五石纳一石者，有遇风波盗贼者，以致累年拖欠不足"③。"输之官仓，道路既遥，劳费不少，收纳之际，其弊更多，故亦或有甚于输富民之租者"④。加上明初江南官田的数额不断扩增，背上官租这种沉重负担的农民数量也比往昔大大增加。至于赏赐给公侯将官的公田，其赋税则按"元定官粮、私租之数，仍依主佃分数收之"⑤，不仅官租依元末私租原额征收，而且田赋也按元末苛重的官粮数额征收，没有丝毫的改革和减省。明初"百役俱举"，征派的徭役又大部分落到农民头上。朝廷营建宫室，征召各地的木工石工，"县吏胥并缘为奸利，不问老幼废疾之不可任，悉上其名，索之弗得，辄捕比邻以代"，搞得鸡犬不宁⑥。济宁府役民万余筑城，"民不得稍，哀号即工，声闻数里，且暮不休"⑦。

朱元璋又大力扶植地主经济。元末农民战争过后，明朝地方官吏即根据"凡威取田宅者归业主"的原则，支持地主夺取农民直接凭借战争暴力耕占的土地。逃亡地主纷纷重返

① 《明史》卷139，《茹太素传附曾秉正传》，第3987页。
② 《明太祖实录》卷100，洪武八年五月己巳。
③ 《天下郡国利病书·苏松备录》，杜宗桓：《上巡抚侍郎周忱书》，第671页。
④ 《明经世文编》卷12，《王翰林奏疏·资治策疏》。
⑤ 《明太祖实录》卷85，洪武六年九月丁未。
⑥ 《宋濂全集》卷60，《义乌王府君墓志铭》，第1403页。
⑦ 《逊志斋集》卷21，《先府君行状》。

故里,在官府的支持下,向农民反攻倒算。如江苏宜兴地主强如心,在农民战争以后,即"复吾宅田"①,重新夺回他们失去的土地财产。浙江诸暨官宦的后裔赵淑,在东西吴交战期间携带田籍逃匿深山穷谷,田地大部分被他人耕占,战争结束后她"持田籍与辨,卒赖以完"②,也把田地全部倒算回去。义乌地主王某,洪武初年在官府的支持下,几年时间就把被农民剥夺的产业又全部夺回,"积谷至数千斛"③。地主阶级的势力迅速得以发展,各地出现了不少"有田连数万亩"或"千亩之下至百十亩"的地主④。如元末江南首富沈万三的后裔"赀巨万万,田产遍吴下"⑤,丹徒曹定占田"万亩有奇"⑥,义乌巨室楼士祥家产无数,豢养食客多达几十人⑦。不少地主的服食居处已与公卿"无异"⑧,他们"上足以持公府之柄,下足以钳小民之财"⑨。对皇亲国戚及勋臣宿将等一批新生贵族,朱元璋则赐给大量的田土和财富。如洪武五年四月,赐秦王、晋王、燕王苏州府吴江县田各 100 顷,并赐秦王江西湖池鱼课岁米 9200 石,晋王、燕王各 3000 石;六月,又赐吴王、靖江王、楚王、潭王吴江县田各 100 顷。翌年闰十一月,赐给尚未赐予封土的亲王田各 100 顷,并湖池课米各 3000 石⑩。洪武九年二月,又规定郡王诸子年及 15 者,每人赐田 60 顷,以为永业,并免除这些田土的国家租税⑪。十九年九月,赐给寿春公主吴江县田 124 顷 70 亩⑫。朱元璋赐给勋臣宿将土地,数量也很大。建国之初,明廷未定百官俸禄之制,继续执行此前听从武官开垦荒地以为己业,文官拨典职田,召佃耕种,送纳籽粒,以代俸禄的做法。如洪武三年十一月大封功臣,并定其岁禄,规定韩国公李善长食禄 4000 石,魏国公徐达 5000 石,郑国公常茂、曹国公李文忠、宋国公冯胜、卫国公邓愈俱 3000 石,中山侯汤和、延安侯唐胜宗、吉安侯陆仲亨、江夏侯周德兴、淮安侯华云龙、济宁侯顾时、长兴侯耿炳文、临江侯陈德、巩昌侯郭子兴俱 1500 石,六安侯王志、荥阳侯郑遇春俱 900 石,平凉侯费聚、江阴侯吴良、靖海侯吴祯、南雄侯赵庸、德庆侯廖永忠、南安侯俞通源俱 1500 石,广德侯华高 600 石,营阳侯杨璟、蕲春侯康铎(康茂才之子)、永嘉侯朱亮祖、颍川侯傅友德、豫章侯胡美、东平侯韩政也皆 1500 石,宜春侯

---

① 《清江贝先生文集》卷 17,《复初斋记》。

② 《宋濂全集》卷 20,《周节妇传》,第 389 页。

③ (明)王绅:《继志斋集》卷下,《王处士传》,《四库全书》本。

④ 《御制大诰·民不知报第三十一》,《皇明制书》第 1 册,第 62 页。

⑤ 《碧里杂存》卷上,《沈万三传》。按:沈万三当死于洪武初年,《碧里杂存》所记的明初沈万三,应是沈万三的后裔。

⑥ 《御制大诰·妄告水灾第六十三》,《皇明制书》第 1 册,第 81 页。

⑦ 《逊志斋集》卷 20,《楼君墓志铭》。

⑧ 《明太祖实录》卷 55,洪武五年八月庚申。

⑨ 《明经世文编》卷 9,《方正学文集·与友人论井田》。

⑩ 《明太祖实录》卷 73,洪武五年四月己卯;卷 74,洪武五年六月庚辰、癸巳;卷 86,洪武六年闰十一月戊辰。

⑪ 《明太祖实录》卷 104,洪武九年二月丙戌。

⑫ 《明太祖实录》卷 179,洪武十九年九月壬申。

黄彬、宣宁侯曹良臣、汝南侯梅思祖、河南侯陆聚皆 900 石。"俱子孙世袭,惟华高嫡子许令承袭禄米五分之四,康铎嫡终,如无后嗣,庶长及之。"①月底,又封中书右丞汪广洋为忠勤伯,食禄 360 石,封御史中丞兼弘文馆学士刘基为诚意伯,食禄 240 石②。洪武四年正月,制定各级文武官员的俸禄制度。此后,仍继续给文武大臣拨赐公田,以其租入作为俸禄的补充。如六年九月,"赐公侯及武官公田,命取量其元定官粮、私租之数,仍依主佃分数收之"③。七年八月,又赐中山侯以下的 13 个列侯各 1000 石公田④。十年十月,再次颁赐百官公田,"以其租入充俸禄之数",共计赐给"公侯、省府、台部、都司、内外卫官七百六十人,凡田四千六百八十八顷九十三亩,岁入米二十六万七千七百八十石"⑤。直到二十五年八月,对俸给制度实行改革,"令公侯伯皆给禄米",责成他们"各归其赐田于官"⑥,颁赐公侯公田以代禄米之制始告废止。除了颁赐公田,朱元璋还常给功臣宿将赐田。如洪武三年十二月,"赐魏国公徐达以下勋臣田有差"⑦。四年正月,李善长致仕,赐临濠地若干顷、守冢户 150 家、佃户 1500 家、仪仗士 20 家⑧。三月,赐韩国公李善长等 6 国公和延安侯唐胜宗等 25 侯及丞相、左右丞、参政等临濠山地 658 顷余⑨。八月,赐沐英吴江县田 12 顷 80 亩⑩。当年十月,据中书省的统计,李善长等 6 国公和唐胜宗等 28 侯,共拥有佃户达 38194 户⑪。十二月,又赐中山侯汤和田万亩,并以千石田所收之租赐巩昌侯郭子兴⑫。六年五月,复赐沐英安徽铜陵县田 12 顷 40 亩⑬。十九年七月,"诏以凤阳府玉儿桥东西山场赐中山武宁王徐达家及韩国公李善长等凡十有四人"⑭。二十五年三月,又赐江夏侯周德兴田 27 顷 60 亩⑮。这些赐田,则由功臣自己管业而成为他们的私产,可由子孙世代相传。后来,嘉靖朝的夏言奉命查勘功臣田土后,就曾指出:"功臣之中,勋劳者至今仍有庄田"⑯。

① 《明太祖实录》卷 58,洪武三年十一月丙申。
② 《明太祖实录》卷 56,洪武三年十一月乙卯。
③ 《明太祖实录》卷 85,洪武六年九月丁未。
④ 《明太祖实录》卷 92,洪武七年八月乙卯。
⑤ 《明太祖实录》卷 115,洪武十年十月辛酉。
⑥ (明)徐石麒:《官爵志》卷 1,《公侯伯俸给》,《学海类编》本。
⑦ 《明太祖实录》卷 59,洪武三年十二月己卯。
⑧ 《明史》卷 127,《李善长传》,第 3771 页。
⑨ 《明太祖实录》卷 62,洪武四年三月庚寅。
⑩ 《明太祖实录》卷 67,洪武四年八月庚子。
⑪ 《明太祖实录》卷 68,洪武四年十月甲辰。
⑫ 《明太祖实录》卷 70,洪武四年十二月壬辰。
⑬ 《明太祖实录》卷 82,洪武六年五月癸丑。
⑭ 《明太祖实录》卷 178,洪武十九年七月甲戌。
⑮ 《明太祖实录》卷 216,洪武二十五年三月庚申。
⑯ 《明经世文编》卷 202,《夏文愍公文集·查勘功臣田土疏》。

除了赐田，朱元璋还在洪武五年十一月"诏建公侯第宅于中都"①，洪武三年所封6公28侯，除华高在四年四月已死且无子嗣，未及修建宅第之外，其余6公27侯李善长、徐达、常茂、李文忠、邓愈、冯胜、汤和、唐胜宗、陆仲亨、周德兴、华云龙、顾时、耿炳文、陈德、郭兴、王志、郑遇春、费聚、吴良、吴祯、赵庸、廖永忠、俞通源、杨璟、康铎、朱亮祖、傅友德、胡美、韩政、黄彬、曹良臣、梅思祖、陆聚均在中都建有宅第。十八年八月，又"赐公侯钞人一万锭，俾还乡建第宅"②。除此前已在中都建宅者外，其他公侯也陆续在家乡建置宅第。此外，明廷还给官僚地主以优免徭役的特权。十年二月，朱元璋下令："自今百司见任官员之家有田土者，输租税外，悉免其徭役"③。十三年十二月，又规定："凡功臣之家有田土，输税纳粮并应充均工夫役之外，如粮长、里长、水马驿夫等役悉免之。"④退休官员也有免役特权，十二年八月规定："自今内外官致仕还乡者，复其家终身无所与"⑤，全部免除了一家的徭役。就连岁数大的富民，也赐给里士、社士、乡士的爵位，免其杂泛差役；败落的缙绅贫户，还可奏销豁免"税粮"⑥。新旧地主的势力迅速膨胀，据洪武三十年四月户部的统计，仅浙江等9个布政司和直隶、应天18个府、州，占地7顷以上的地主就有14341户之多⑦。

但是，地主阶级并不以此为满足，他们的胃口由于受到宋元以来不断发展的商品经济的刺激，变得更加膨胀，对财富的追求更加疯狂。奸顽豪富之家，用尽一切手段逃避皇朝的赋役，把负担转移到农民身上。两浙的地主，经常把自己的田产假写在亲邻佃仆名下，叫作"铁脚诡寄"，久之相习成风，乡里欺骗州、县，州、县欺骗府，奸弊百出，称为"通天诡寄"⑧。他们还用包荒、洒派、移丘换段等手法，"靠损小民"⑨。如镇江丹徒大地主曹定等人，将68顷98亩的熟地报作荒地，逃避税粮⑩。洪武三年五月，仅苏州府拖欠秋粮就达305800余石⑪。那些上升为新贵族的勋臣宿将，"既享爵禄，犹且贪心不已"，更是越礼犯分，诛求无度。他们拼命扩占土地，私纳奴婢，侵夺民财，驱役士卒，贪赃枉法，影蔽差徭，

① 《明太祖实录》卷76，洪武五年十一月癸亥。

② 《明太祖实录》卷174，洪武十八年八月丙午。

③ 《明太祖实录》卷111，洪武十年二月丁卯。

④ 《明太祖实录》卷134，洪武十三年十二月丁巳。

⑤ 《明太祖实录》卷126，洪武十二月辛巳。

⑥ 《皇明诏令》卷3，《存恤高年诏》；《明太祖实录》卷178，洪武十九月五月甲辰；《明史》卷3，《太祖本纪三》，第43页。

⑦ 《明太祖实录》卷252，洪武三十年四月癸巳。

⑧ 《明太祖实录》卷180，洪武二十年二月戊子。

⑨ 《御制大诰续编·洒派包荒第四十五》，《皇明制书》第1册，第130—131页。

⑩ 《御制大诰·妄告水灾第六十三》，《皇明制书》第1册，第81页。

⑪ 《明太祖实录》卷52，洪武三年五月丙辰。

胡作非为,无所顾忌。丞相胡惟庸收受四方贿赂的金帛、名马、玩物,多至"不可胜数"①。华云龙在北平占用故元丞相脱脱的宅第,"凡元宫龙榻凤祸及金玉宝器非人臣可僭者,皆用之弗疑",后又借口"其第高旷,灾害屡生",复役战疲之士、创残之民,重新翻盖,"奢丽过制特甚"②。蓝玉"尝占东昌民田"③,"多畜庄奴、假子数千人"④,并叫家人"中云南盐万余引,倚玉势先支"⑤,"又于本家墙垣内起盖房舍,招集百工技艺之人,在内居住,与民交易"⑥。许多功臣的亲戚、家人甚至佃仆、火者,倚势冒法,横暴乡里,欺压百姓,"诸勋臣亦不禁戢"⑦。如信国公汤和的姑父庸某,仗势蔑视法纪,"隐瞒常州田土,不纳税粮"⑧。

衙门的官吏,往往便承袭元末官场腐败的风气,无视朝廷的法令,擅权枉法,贪污受贿,巧取豪夺,蠹政害民。明初,"中外贪墨所起,以六曹为罪魁"⑨。中央的六部官员,"临政之时,袖手高坐,谋由吏出,并不周知"⑩,搞起贪污,却精神百倍。如宝钞提举司与户部官相勾结,在洪武十八年(1385)二月到十二月印造钞币6946699锭,私藏1437540锭,分肥入己⑪。刑部尚书开济执法犯法,收受囚犯贿赂,"以狱中死囚代而脱之"⑫。兵部侍郎王志借勾补逃军等事,受贿22万⑬。其他中央机构的违法贪污案件,也层出不穷。地方官吏更是群起效尤,横征暴敛。苏州知府陈宁督征税粮,"欲事速集,令左右烧铁烙人肌肤,人甚苦之,呼为陈烙铁"⑭。浙江官府折收秋粮,按规定每米1石官折钞2贯,但州、县官吏巧立名目,"取要水脚钱一百文,车脚钱三百文,口食钱一百文,库子又要办验钱一百文,蒲篓钱一百文,竹篓钱一百文,沿江神佛钱一百文"⑮。百姓每折钞2贯(2000文),就要缴纳7种附加税计900文,高达应交折钞的百分之四十五。嘉定县粮长金仲芳等三人,巧立名目多征钱粮,名目多到18种⑯。粮长邾阿仍与谭理、徐付六等人勾结,巧立舡水脚米、斛面

---

① 《明史》卷308,《胡惟庸传》,第7906页。

② 《宋濂全集》卷53,《敕赐开国辅运推诚宣力武臣荣禄大夫柱国淮安侯华君神道碑铭》,第1253—1254页。

③ 《明史》卷132,《蓝玉传》,第3865页。

④ 《弇州山人续稿》卷84,《韩、宋、颍三国公》。

⑤ 《洞庭集·大明初略四》《国初事迹》。

⑥ 朱国桢:《皇明大训记》卷1,《皇明史概》本;朱元璋:《御制稽古定制序》,《皇明制书》第2册,第737页。

⑦ 《明太祖实录》卷70,洪武四年十二月甲申。

⑧ 《国初事迹》。

⑨ 《明史》卷94,《刑法志二》,第2318页。

⑩ 《御制大诰·胡元制治第三》,《皇明制书》第1册,第47页。

⑪ 《御制大诰续编·钞库作弊第三十二》,《皇明制书》第1册,第121页。

⑫ 《明太祖实录》卷158,洪武十二年十二月戊戌。

⑬ 《御制大诰·谕官毋作非为第四十三》,《皇明制书》第1册,第68页。

⑭ 《明太祖实录》卷129,洪武十三年正月戊戌。

⑮ 《御制大诰·折粮科敛第四十一》,《皇明制书》第1册,第67页。

⑯ 《御制大诰续编·粮长金仲芳等科敛第二十一》,《皇明制书》第1册,第112页。

米、装粮饭米、车脚钱、脱夫米、造册钱、钱局知房钱、看米样中米、灯油钱、运黄粮脱夫米、均需钱、棕软篾钱等 12 种名目,计征收米 37000 石,钞 11100 贯。除应该征收的田赋米 1 万石外,共苛敛贪污米 27000 石,钞 11100 贯。农民交纳不起,就强迫以房屋准折,或者揭屋瓦卖牲口,甚至以衣服、缎匹、布帛、锅灶、水车、农具准折①。卫所官军,也擅科民财,扰害百姓。如陈州卫指挥胡琏等 6 人,颍州卫指挥陈胜等 19 人,冒支官粮 38 万石,私分入己②。杭州右卫指挥陈祥率军出海追捕倭寇,勾结令史魏克铭,阻挡捕鱼船只,勒索钱钞,拒不交纳者,概不放行,共"取受钞一千二十一贯入己"③。

　　地主阶级贪得无厌的榨取,使元末农民战争后缓和下来的阶级矛盾很快又趋于激化。明朝建立以后,不少农民仍不顾朱元璋多次下令胁迫或派兵围剿,继续屯聚山林,不入户籍,不供赋役。陕西汉中一带,直到洪武七年(1374)冬,农民犹多屯聚深山,诛茅为屋,焚翳下种,"所种山地皆深山穷谷,迁徙无常,故于赋税,官不能必其尽实,遇有差徭,则鼠窜蛇匿"④。在籍民户,也大批逃亡。如洪武五年,太原河曲等县"民多逃亡,负粮二千五百八十余石"⑤。军屯的士卒,也纷纷逃亡,据大都督府奏报,仅从吴元年(1367)十月到洪武三年(1370)十一月三年间,全国逃亡军士达 47986 人⑥。

　　有些地方的农民,还拿起武器,发动起义。由于明初在战乱之后,中原草莽,人民稀少,农民比较容易得到土地,江南则无此旷土流民,土地兼并比较严重。而且明初的田赋剥削,江南又较北方为重。因此,这个时期农民的武装斗争大多爆发于南方地区,遍及于湖北、江西、浙江、福建、广东、广西、云南、贵州、四川等地,尤以东南地区的起义最为频繁。参加起义的有农民,有士兵,有汉族,也有苗、瑶、僮(壮)等少数民族。很多起义者,继续利用白莲教的组织,以"弥勒降生""明王出世"相号召。如洪武六年(1373)正月,蕲州民王玉二"聚众烧香",密谋起义⑦。同年四月,罗田县人王佛儿"自称弥勒佛降生,传写佛号",鼓动起义⑧。十四年八月,四川广安州山民"有称弥勒佛者",集众密谋起义⑨。另有一些起义者,则抛弃宗教外衣,提出了"铲平"口号,要求打碎明皇朝所恢复的封建秩序,铲除人间的不平等现象。如十五年十月,南雄侯赵庸镇压广东一支数万人的起义军,其首领即号称

①　《御制大诰续编·粮长邾阿仍害民第四十七》,《皇明制书》第 1 册,第 132 页。

②　(明)朱元璋:《大诰武臣·冒支官粮第一》,《皇明制书》第 1 册,第 260 页。

③　《大诰武臣·生事害民第二十八》,《皇明制书》第 1 册,第 277 页。

④　《明太祖实录》卷 100,洪武八年五月己巳。

⑤　《明太祖实录》卷 72,洪武五年二月丙戌。

⑥　《明太祖实录》卷 59,洪武三年十二月甲戌。

⑦　《明太祖实录》卷 78,洪武六年正月。

⑧　《明太祖实录》卷 81,洪武六年四月丙子。

⑨　《明太祖实录》卷 138,洪武十四年八月丁卯。

"铲平王"①。

其次，地主阶级内部存在着尖锐的矛盾和斗争。一些曾经在元朝做过官的旧地主官僚，仍然忠于元朝，不与朱元璋合作。他们采取各种手段，拒绝朱元璋的征召，不肯为明朝效力。广信府贵溪县儒士夏伯启叔侄，各截去左手大指，立誓不到明朝做官。朱元璋派人把他们逮到京师，责问道："昔世乱，汝居何处？"回答说："红寇乱时，避兵于福建、江西两界间。"朱元璋大怒："朕知伯启心怀愆怒，将以为朕取天下非其道云。"派人把他们押回原籍"枭令"，籍没全家②。苏州人姚闰、王谔以儒学被荐，都躲藏起来，不肯去京师做官食禄，后来也被枭令，籍没全家③。扬州人李征臣，做过元朝的翰林待诏，入明后拒不出仕，家属全被杀光，他仍坚不屈从，被谪戍宁夏④。山阴人杨维桢，元泰定四年(1327)考中进士，曾做过元朝小官，以诗歌创作闻名于世。洪武二年(1369)，朱元璋派翰林詹同持币造访，召他参加礼乐书的修纂，他婉辞不就，说："岂有老妇将就木，而再理嫁者邪？"翌年，朱元璋叫地方官府催逼上路，他又赋《老客妇谣》，并说："皇帝竭吾之能，不强吾所不能则可，否则有蹈海死耳！"朱元璋还是要他进京，说等拟好礼乐书的编纂体例，放他回去。他到南京住了110天，果然就收拾行装回家⑤。回回巨商的后裔、诗人丁鹤年，"自以家世仕元，不忘故国"，元顺帝北逃后，"饮泣赋诗，情词凄恻"。为逃避征召，晚年学佛法，庐居父墓，到永乐时才死⑥。山阴人张宪，曾仕张士诚，任枢密院都事，张士诚灭亡后，变易姓名，寄食杭州报国寺直至身死⑦。浦江人戴良，朱元璋亲征婺州时，与胡翰等12人同被征召，翌年被授为学正。但他"不忘故主"，等朱元璋返回应天，就"弃官逸去"，投奔张士诚。张士诚即将垮台时，又携家潜回山东登、莱，想投奔扩廓帖木儿，因路途受阻，在昌乐住下。洪武六年，举家南还，改名换姓，隐居四明山。十五年，朱元璋召他到南京，"命居会同馆，日给大官膳"，想给他官做。他以老疾固辞，翌年四月自杀身亡⑧。江阴人王逢，张士诚据吴时，他献策劝其弟降元以对抗朱元璋。朱元璋灭张士诚后，想起用他，他坚卧不起，"隐上海之乌泾，歌咏自适"⑨。听到元顺帝子爱猷识里达腊即位，改元宣光，作《秋感六首》，诗曰："本是宣光

---

①　《明太祖实录》卷149，洪武十五年十月戊子。

②　《御制大诰三编·秀才剁指第十》，《皇明制书》第1册，第215页。

③　《御制大诰三编·苏州人才第十三》；《皇明制书》第1册，第220页。

④　(明)王鏊：《守溪笔记》，《纪录汇编》本。

⑤　《明史》卷285，《文苑列传一·杨维桢传》，第7309页。

⑥　《明史》卷285，《文苑列传一·戴良传附丁鹤年传》，第7313页。

⑦　《明史》卷285，《文苑列传一·陶宗仪传附张宪传》，第9326页。

⑧　《明史》卷285，《文苑列传一·戴良传》，第7312页。

⑨　《明史》卷285，《文苑列传一·戴良传附王逢传》，第7313页。

中兴日,腐儒长夜泣遗编","心自隐忧身自逸,几时天马渡滹沱"①。

明朝统治阶级内部,也是矛盾重重。由起义将领转化而成的新地主官僚和先后投奔朱元璋的旧地主官僚,在明朝建立之后,大多迅速腐化。他们为了满足自己的贪欲,不仅在经济上追求更多的土地和财富,而且在政治上追逐更大的权力,彼此勾心斗角,互相倾轧,形成尖锐的冲突②。

此外,明朝还面临着其他一些社会矛盾。除北元势力的骚扰外,亡命海上的张士诚、方国珍余部仍继续与明朝为敌。他们有的结交明朝内部的农民起义队伍,如吴元年(1367)四月,张士诚故元帅府副使韩复春、施仁济即与上海钱鹤皋联合起兵,从事反明活动③。有的还勾结其他国家的海上势力,"东借日本之诸岛悍夷以为爪牙,而西南借交趾(今越南北部)、占城(今越南中部和南部部分地区)、阇婆(今印度尼西亚爪哇岛)、暹罗(今泰国)以为逋薮……而又内结山寇,以为腹心之援"④,甚至导倭人寇,骚扰沿海州、县。云、贵、川、广等地的少数民族上层分子,也时服时叛,破坏国家的统一。元代以来不断侵扰我国沿海地区的倭寇,明初亦"乘中国未定","率以零服寇掠沿海"⑤,危害明朝的国家主权。

错综复杂的社会矛盾,使得明初的社会动荡不安,很不稳定,严重影响明朝的巩固。这种状况,引起了地主阶级的极大忧虑。我国自宋代以来,地主土地所有制和佃租制得到普遍发展。在地主土地所有制和租佃制之下,封建地主对土地的占有是不固定的。对佃农的占有也不稳定,同时地主本身又没有亲自掌握行政、司法和军事权力,对佃农的超经济强制相对削弱。但是,没有超经济强制,也就没有封建的剥削。这样,就要有一套凌驾于整个社会之上的完整而复杂的官僚机构,来专门掌握行政、司法和军事权力,代表地主阶级的意志,对农民实行超经济强制,以保证地主对农民剩余劳动的榨取。因此,地主阶级迫切希望朝廷能进一步加强封建专制主义的中央集权制度,以便巩固封建统治,强化对农民的超经济强制。

面对动荡不安的政治形势,朱元璋更是"如履渊冰","忧虑积心"⑥。起义之前,三年多的流浪生活,使他多少沾染上一些游民习气,形成猜忌、残忍的阴暗心理。战争期间,个别将领的背叛,又加重了他的猜忌心理。明朝建立后,农民的纷起反抗,臣僚的越礼非分,加上北元势力的骚扰等,更使朱元璋的神经处于一种高度紧张的状态,越发变得多疑和残

---

① 《梧溪集》卷3,《秋感六首》。

② 详见第11章。

③ 《明太祖实录》卷23,吴元年四月丙午。

④ 《弇州史料》后集卷30,《岭南弭寇策》。

⑤ (清)金安清:《东倭考》,《中国历史研究资料丛书》本。

⑥ 《明太祖实录》卷130,洪武十三年二月辛未;《明史》卷3,《太祖本纪三》,第55页。

暴。他时刻担心有人谋夺他的宝座,自己的子孙不能永坐江山,以至于每晚睡觉,经常"夜起窃听,四外无人声,方就安寝"①。为了朱明皇朝的长治久安,他决心采取各种手段,不惜一切代价,扩充自己手中的权力,进一步强化封建专制的中央集权制度。

① 《明经世文编》卷86,《林贞肃公集·庆幸讨戮宦贼永绥福祚疏》。

第二节 "躬览庶政",加强集权

朱元璋强化君主专制中央集权制度的关键步骤,是改革国家的政权体制,集军、政、司法大权于一身,使皇权得到高度的扩张。

洪武初年的政权体制袭自小明王,而小明王的宋政权是按照元朝的体制建立起来的。元朝的政权体制,在中央设中书省总理全国政务,最高长官中书令是一个名义上的虚衔,中书令之下设左右丞相,为实任丞相,下设平章政事、左右丞、参知政事为副相。在地方设行中书省,作为中书省的派出机构。除了地大事繁的行中书省有时也设丞相外,一般的行中书省不设丞相。其他的中书省官职,行中书省全都照设。中书省统军政、民政、财政,行中书省也照样管军政、民政、财政,"凡钱粮、兵甲、屯种、漕运、军国重事,无不领之"①,号称"外政府",职权极重。后期四处兵起,地方军政首脑各自为政,往往擅权自专,不听朝廷指挥,形成分裂割据的局面。朱元璋是从宋政权的行中书省丞相起家的,他文檄用龙凤年号,然事皆不禀其节制,做事从来不奏请小明王批准,行中书省俨然是个独立王国。这正好为朱元璋借小明王的旗号暗中发展自己势力提供了便利,所以他对这种制度表示赞赏。但是,随着军事上的不断胜利,他担心部下效而仿之,闹起独立。果然,在朱元璋称吴王前后,臣僚越礼非分的事即时有发生,甚至还出现部将叛变投敌的事件。这不能不引起他的警惕和忧虑,同时也使他认识到这种体制的弊端,说:"元氏昏乱,纪纲不立,主荒臣专,威福下移,由是法度不行,人心涣散,遂致天下骚乱。"②不过,当时元朝尚未推翻,战事频繁,无暇进行改革。跻登宝位之后,臣僚越礼非分、违法逾制的事件层出不穷,朱元璋越来越感到改革的紧迫性。洪武三年(1370)十二月,儒士严礼等上言治道,提出臣民不得隔越中书省直接向皇帝奏事,朱元璋即指出:"夫元氏之有天下,固由世祖之雄武,而其亡也,由委任权臣,上下蒙蔽故也。今礼所言不得隔越中书奏事,此正元之大弊。人君不能躬览庶政,故大臣得以专权自恣。"③强调君主必须"躬览庶政",认为这是实现天下大治的一个前提条件。所谓"躬览庶政",当然是指君主必须亲预朝政,但更重要的是要求进一步扩大皇权,加强君主专制的中央集权,以确保君主能完全按自己的意志行事。此后,朱元璋悉心研究扩大君主权力、加强中央集权的途径和办法。到洪武九年考虑成熟了,便着手对国家机构进行大刀阔斧的改革。

改革首先从地方行政机构入手。洪武九年六月,朱元璋下令改行中书省为承宣布政

---

① 《元史》卷91,《百官志七》,第2305页。

② 《明太祖实录》卷14,甲辰年正月戊辰。

③ 《明太祖实录》卷59,洪武三年十二月戊辰。

使司,简称布政司,废除行省平章政事、左右丞等官职,改参知政事为布政使,秩正二品,以"掌一省之政"①,主要是民政和财政。十三年,改布政使秩正三品。十四年,改设左、右布政使各一人,二十二年俱秩从二品。布政使是朝廷派驻地方的使臣,朝廷的政策、法令和派给地方的多种任务,就是通过他们下达各府、州、县的地方官执行的。全国除南京直辖区之外,分为浙江、江西、福建、北平、广西、四川、山东、广东、河南、陕西、湖广、山西 12 布政司,十五年增设云南布政司,共有 13 布政司②。各布政司的管辖范围,大致同元朝的行中书省差不多,但不包括分散于其中的卫地。由于行中书省的名称已叫惯了,朝廷和民间仍把布政司叫作行省,简称为省。布政司不仅职权比行中书省大大缩小,而且性质也发生了变化。行中书省是中书省在地方的分出机构,是中央分权于地方,而布政司则是朝廷的派出机构,凡事都要秉承朝廷的意旨,这是地方集权于中央。在布政司之外,各省还保留原设的提刑按察司,统称为提刑按察使司,简称按察司,仍以按察使为长官,秩正三品,"掌一省刑名按劾之事"③;还保留都指挥使司,简称都司,仍以都指挥使为长官,秩正二品,管辖所属的卫地,"掌一方之军政"④。从东北到西北直至西南的少数民族聚居区,不设布政司,只设都司,实行军政与民政合一的统治。都司、按察司与布政司同为朝廷的派出机构,合称"三司"。三司互不统辖,均由皇帝直接指挥。凡遇重大政事,都要由三司会议,上报中央的部院。这样,不仅地方机构的权力大大削弱,强化了中央集权,而且地方机构职权专一,又互相牵制,便于皇帝的操控。布政司之下的地方政权机构也做了简化,仍保持府(直隶州)、县(府属州)的二级建制不动。

稍晚,又对中央机构进行改革。朱元璋认为丞相制度是妨碍君主"躬览庶政"的一大障碍,说:"昔秦皇去封建,异三公,以天下诸国合为郡县,朝廷设上、次二相,出纳君命,总理百僚。当是时,设法制度,皆非先圣先贤之道。为此,设相之后,臣张君之威福,乱自秦起,宰相权重,指鹿为马。自秦以下,人人君天下者,皆不鉴秦设相之患,相继而命之,往往病及于君国者,其故在擅专威福而致是欤?"⑤取消行中书省后,加强了中央对地方行政、财政、司法的控制,丞相的职权增大,和皇帝的冲突更加严重,朱元璋于是决心废除丞相制度。洪武十三年正月,左丞相胡惟庸因谋反而被诛杀,朱元璋对文武大臣宣布:"朕欲革去中书省,升六部,仿古六卿之制,俾之各司所事,更置五军都督府,以分领军卫,如此则权不

---

①　《明史》卷 75,《职官志四》,第 1840 页。

②　后来,明朝的地方行政区有所变化,永乐元年(1403),改北平布政司为北京。十一年,又设贵州布政司。宣德三年(1428),除北京和南京及南北直隶外,正式定为 13 布政司。

③　《明史》卷 75,《职官志四》,第 1840 页。

④　《明史》卷 76,《职官志五》,第 1872 页。

⑤　《明太祖集》卷 10,《敕问文学之士》,第 202 页。

专于一司,事不留于壅蔽。"①随即下令废除中书省和中书省的丞相,仿照周官六卿执政之
制,把中书省的权力分属吏、户、礼、兵、刑、工六部。各部长官尚书由原先的正三品升为正
二品,副长官侍郎由正四品升为正三品②。这样,六部便成为替皇帝总理政务的全国最高
一级的行政机构。中国历史上延续 1700 多年的丞相制度从此废除,丞相职权由皇帝兼
使,皇权空前地加强。

丞相制度被废除后,全国的重大政务都由皇帝亲自处理,臣僚唯面奏取旨而已。朱元
璋尽管起早睡晚,克勤不怠,但还是忙不过来,遇到重大问题也无人商量。于是他除命翰
林和左右春坊帮看诸司的奏章并兼司平驳③之外,又于洪武十三年九月设置四辅官以"协
赞政事"。但所用的四辅官都是来自乡间的老儒,"淳朴无他长"④,起不到作用,到十五年
七月又下令废除。接着,在十五年十一月又依照宋朝制度,以"辅导太子"的名义设置殿阁
大学士,随侍皇帝左右,以备顾问⑤。这些大学士秩仅正五品,其职责实际上并未超出翰林
官"以论思为职"⑥的范围,对军国大事鲜所参决。后来,经过建文(1399—1402)、永乐、洪
熙、宣德诸朝的发展,殿阁大学士的品秩不断提高,职权日益扩大,逐渐形成独具特色的内
阁制度。不过,终明一代,内阁始终不是法定的中央一级的行政机构或决策机构,而仅是
为皇帝提供顾问的内侍机构而已。

在废除中书省的同时,朱元璋又撤销大都督府,改设左、右、中、前、后五军都督府。每
个都督府以左、右都督为长官,秩正一品,各领所属都司和卫所的军队,以分散中央军事机
构的权力⑦。并规定五军都督府管兵籍,掌军政,但无调动军队之权,兵部掌军官铨选和军
令,但无直接指挥军队之权。"征伐则(皇帝)命将充总兵官,调卫所军领之;既旋则将上所
佩印,官军各回卫所"⑧,"兵部有出兵之令,而无统兵之权,五军有统军之权,而无出兵之
令……合之则呼吸相通,分之则犬牙相制"⑨。这样,既可防备将领擅调兵力发动叛乱,又
使军权集中到皇帝手中。

洪武十三年五月,还下令罢除御史台。

诛杀胡惟庸,废除丞相,罢中书省,又改大都督府为五军都督府,并罢除御史台,这些

① 《明太祖实录》卷 129,洪武十三年正月己亥。

② 《明史》卷 72,《职官志一》,第 1734—1762 页。

③ 《明史》卷 72,《职官志一》,第 1733 页。

④ 《明史》卷 137,《安然传》,第 3944 页。

⑤ 《明史》卷 72,《职官志一》,第 1733 页。

⑥ 《明太祖实录》卷 249,洪武三十年正月己卯。

⑦ 《明史》卷 76,《职官志五》,第 1856—1857 页

⑧ 《明史》卷 89,《兵志一》,第 2175 页。

⑨ 《春明梦余录》卷 30,《五军都督府》。

都是震动全国的重大举措。为了防止意外事变的发生,朱元璋采取了一系列的相应措施。首先是安抚百姓、军士和官吏。洪武十三年二月,下诏郡县举荐聪明正直、孝弟力田、贤良方正、文学之士与精通术数者;四月,命群臣各举所知人才;到年底,各府、州、县荐举至京者达 860 余人,授予各种官职①。第二年正月,又命新授官员,各举所知人才;八月,再次诏求明经老成儒士②。十三年三月,诏减苏、松、嘉、湖四府重租赋额,"旧额田亩科七斗五升至四斗四升者,减十之二;四斗三升至三斗六升者,俱止征三斗五升;以下仍旧"③。五月,谨身殿遭到雷击,朱元璋又认为是自己犯了错误上天示警,下诏实行大赦,"除十恶不宥外,洪武十三年五月初三日以前已、未发觉结正,罪无大小,咸赦除之"。并宣布:"军民已有定籍,敢有以民为军、乱籍以扰吾民者,禁之。自洪武初至十二年终,军民逋逃、追捕未获者,勿复追","山西民为军者二万四千余户悉还为民"。同时宣布,"太平、镇江、宣城、广德、滁和今岁夏秋税粮免其征"。接着,又下诏释放在京及临濠屯田输作的罪犯;免除全国今年田租;全国官员以罪罢黜、情非实犯者,遣赴京师,仍授以职;从征士卒老疾者,许以子代,老而无子及妇人寡居,有司资遣还乡④。八月,还将全国学校师生的廪膳,由洪武初年的月米六斗增至一石,鱼肉盐醢,皆官给之⑤。第二年三月,再次实行大赦⑥。其次,加强对勋臣宿将的控制,洪武四年李善长致仕后,朱元璋曾赐给公侯仪仗户,以民户充之。胡惟庸案发后,李善长"以老辞仪从"。十三年三月,朱元璋命易以军,"诏以京卫军士充公侯仪仗户,韩国公李善长、魏国公徐达皆二十户,曹国公李文忠等皆十九户,侯皆十五户"⑦。胡惟庸案发后,朱元璋还命翰林院的儒臣辑录历代诸侯王、宗戚、宦官之属"悖逆不道者"凡 212 人,"备其行事,以类书之"。六月书成,赐名曰《臣戒录》,颁给内外之臣,"俾知所警"⑧。第三,加强对北元的警戒和打击,防其乘机内犯。十三年三月,命燕王朱棣就藩北平。九月又命景川侯曹震、营阳侯杨璟、永城侯薛显赴北平督兵屯田⑨,以加强北边的防御力量。同年三月,西平侯沐英至灵州,遣侯骑侦知北元部将脱火赤在亦集乃路,率兵长途奔袭,获其部曲以归。五月,都督濮英又进兵赤斤站,获故元豳王亦怜真及其部曲而还。七月再进兵苦峪,擒获故元省哥失里王等⑩。十一月,北元平章完者不花、乃儿不花入犯永

---

① 《明太祖实录》卷 130,洪武十三年二月壬午;卷 131,洪武十三年四月己丑;卷 134,洪武十三年十二月。
② 《明太祖实录》卷 135,洪武十四年正月乙巳;卷 138,洪武十四年八月丙子。
③ 《明太祖实录》卷 130,洪武十三年三月壬辰。
④ 《明太祖实录》卷 131,洪武十三年五月甲午、丙申、戊戌。
⑤ 《明太祖实录》卷 133,洪武十三年八月。
⑥ 《明太祖实录》卷 136,洪武十四年三月丙戌。
⑦ 《明太祖实录》卷 130,洪武十三年三月癸巳。
⑧ 《明太祖实录》卷 132,洪武十三年六月。
⑨ 《明太祖实录》卷 130,洪武十三年三月壬寅;卷 133,洪武十三年九月辛卯。
⑩ 参看第 7 章第 3 节。

平,明守军奋起反击,指挥刘广战死,千户王辂击败之,擒获完者不花①。第二年正月,朱元璋命徐达为征虏大将军,汤和、傅友德为左、右副将军,率师征讨乃儿不花。四月,徐达率诸将出塞,进至潢河(今内蒙古西拉木伦河),击败乃儿不花,"获全宁四部以归"②。

由于这些措施的实行,局势显得比较平静,未出现意外的突发事变。朱元璋于是继续进行机构改革,洪武十五年十月,设立新的中央监察机构都察院,置监察都御史为长官,秩正七品。十六年,改设左、右都御史为长官,秩正四品,翌年升为正二品,与六部尚书品秩相同。都御史代表皇帝对行政和军事系统实行监督,"职专纠劾百司,辨明冤枉,提督各道",至凡"大臣奸邪,小人构党,作威作福者","百官猥茸贪冒,坏官纪者","学术不正,上书陈言变乱成宪,希进用者",均可举发弹劾;遇有朝觐、考察,还可"同吏部司贤否陟黜"③,职权极大。朱元璋说他"以六部为朕总理庶务,都察院为朕耳目"④。台职与部权并重,故都御史与六部尚书合称"七卿"。都察院与六科彼此分权,又互相牵制。都察院之下,设十三道监察御史。一布政司为一道,浙江、江西、河南、山东各10人,福建、广东、广西、四川、贵州各7人,陕西、湖广、山西各8人,云南11人,共110人。这些监察御史品秩与外任知县相同,只有七品,但权力不小,"主察纠内外百司之官邪,或露章面劾,或封章奏劾",在京巡视京营,监临乡、会试及武举,巡视仓场、内库、皇城等,在外则巡按,清军,提督学校,巡盐,茶马,巡漕,巡关,儹运,印马,屯田,出征则监军记功等。而巡按则"代天子巡狩",凡政事得失,军民利病,皆可直言无避,"所按藩服大臣,府、州、县官诸考察,举劾尤专,大事奏裁,小事立断"⑤,更是威权赫赫。必须指出的是,十三道监察御史并非都察院都御史的属官,不仅彼此不相统辖,而且还可互相纠举。另外,在洪武十四年还设置大理寺,以大理寺卿为长官,秩正三品,"掌审谳平反刑狱之政令"⑥。刑部、都察院、五军断事官所推问的狱讼,均需经过大理寺的复审。大理寺与刑部、都察院合称"三法司"。三个司法部门互相牵制,便于皇帝的操控。

中国古代的监察制度,原来是既控下又监上的,上至最高君主,下至百官臣僚,都在监控的范围之内。到宋代,随着君主专制的加强,台谏的职权趋于合一,御史台与谏院合称"台谏",但其监控的对象仍包括君主在内,规定谏官"凡朝政阙失,大臣至百官任非其人,三省至百司事有违失,皆得谏正",给事中"如政令有失当,除授非其人,则论奏而驳正

---

① 《明太祖实录》卷134,洪武十三年十一月丙午。

② 《明太祖实录》卷135,洪武十四年正月戊子;卷137,洪武十四年四月庚午。

③ 《明史》卷73,《职官志二》,第1767—1768页。

④ 《典故纪闻》卷4,第65页。

⑤ 《明史》卷73,《职官志二》,第1768页。

⑥ 《明史》卷73,《职官志二》,第1781页。

之"①。吴元年(1367)设立的御史台,基本上是继承宋代的"台谏"合一体制。洪武十三年
(1380)五月罢除御史台后,六月曾"置谏院官左、右司谏各一人,秩正七品,左、右正言各二
人,秩从七品,书吏四人"②,但当年就废除了③。十五年十月设立都察院后,十一月设立谏
院,"以兵部尚书唐铎为谏议大夫"④。但未几,唐铎又"左迁监察御史"⑤,谏院大概也随之
撤销,最后还是恢复台谏合一的体制。由于没有专职的谏官,由监察御史一身兼掌言事与
察事,职权混一,逐渐导致台权对谏权的吞并,使都察院变成纯粹的天子耳目之司了。所
以,在洪武年间还有韩宜可、周观政、王朴等监察御史直言谏诤之事,以后便很少见到这种
现象。与此同时,朱元璋赋予六科给事中的职权,是专门封驳六部的章奏,称作"科参",而
没有封驳皇帝诏令之权。经过这番改革,监察机构就完全变成皇帝监控臣僚的工具,进而
强化了君主的专制。

为了了解下情,朱元璋曾于洪武三年设察言司,寻罢。十年七月,又设通政使司,以通
政使为长官,秩正三品,"掌受内外章疏敷奏封驳之事",并有参预大政之权,"凡议大政、大
狱及会推文武大臣,必参预"⑥。通政使居于七卿之下的最高位次,与六部、都察院之长和
大理寺卿合称"九卿"。

在国家机构的改革过程中,朱元璋对官吏的回避制度做了适当的调整。洪武十三年
正月,将洪武初年所定的南北更调法改为三大区域互调之法,"以北平、山西、陕西、河南、
四川之人于浙江、江西、湖广、直隶有司用之,浙江、江西、湖广、直隶之人于北平、山西、陕
西、河南、四川、广东、广西、福建有司用之,广西、广东、福建之人亦于山东、山西、陕西、河
南、四川有司用之"⑦。洪武二十六年还规定,户部的官员"不得用浙江、江西、苏松人"⑧,
户部的吏员"不许用江浙、苏松人"⑨。对巡按御史,洪武二十六年也规定,不得到原籍及与
自己有仇隙的地区出巡⑩。

为了监视臣僚,朱元璋在明朝建立之前,就常派手下的亲信利用特务手段搞侦察活

①　(元)脱脱等:《宋史》卷161,《职官志》,中华书局1977年版,第3778—3779页。

②　《明太祖实录》卷132,洪武十三年六月丁丑;《明史》卷74,《职官志三》,第1807页。

③　(清)孙承泽:《天府广记》卷10《六科》"洪武十三年五月,置谏议官,左右司谏各一人。……是年,革中书
省,并革。"(北京古籍出版社1982年版,第119页)按:谏议官的设置在罢革中书省之后,故两者并非同时"并革"。
但据此条记载,可知谏议官之革,当在"是年"即洪武十三年。

④　《明太祖实录》卷150,洪武十五年十一月癸酉。

⑤　《明史》卷138,《唐铎传》,第3975页。

⑥　《明史》卷73,《职官志二》,第1780—1781页;《国榷》卷8,洪武十年七月甲申,第656页。

⑦　《明太祖实录》卷129,洪武十三年正月乙巳。

⑧　《万历明会典》卷5,《吏部·选官》。

⑨　《万历明会典》卷8,《吏部·吏役参拨》。

⑩　《万历明会典》卷210,《都察院·出巡事宜》。

动。他的亲随伴当从行小先锋张焕,在龙凤十二年(1366)以后即常被派作特使,到前线军中传达政令和察事。明朝建立后,朱元璋又起用许多心腹充当检校,察听在京大小衙门官吏不公不法及风闻之事,"无不奏闻太祖知之"①。这些检校既有文官,如高见贤、夏煜、杨宪、凌说等,也有禁卫军官,如兵马司指挥丁光眼、金吾后卫知事靳谦、毛骐之子管军千户毛骧、耿忠等,还有和尚,如吴印、华克勤。检校的足迹遍及大街小巷,勋臣小吏都在其伺察之中。有一次,检校察听将官家属,发现有女僧引诱华高、胡大海妻敬奉藏僧,行"金天教法",朱元璋下令将两家的妇人及女僧统统投水淹死②。京城各部皂隶原先都戴漆巾,诸司衙门原先都挂牌额,检校派巡卒阴伺诸司得失,发现礼部皂隶白天睡觉,兵部晚上不设巡警,就把礼部皂隶的漆巾和兵部衙门前的牌额偷偷拿走,以示惩罚。礼部皂隶从此不戴漆巾,兵部衙门也无牌额,成了明代的典故③。老儒钱宰奉命编《孟子节文》,朝罢低吟:"四鼓鼕鼕起著衣,午门朝见尚嫌迟。何时得遂田园乐,睡到人间饭熟时?"检校偷听后向朱元璋报告。第二天,在文华殿宴毕,朱元璋召见诸儒,对钱宰说:"昨日好诗,然何尝嫌汝,何不用忧字?"钱宰被吓出一身冷汗,忙磕头谢罪。不久,朱元璋便让他退休,遣送回到老家④。国子监祭酒宋讷有一天独坐生闷气,面有怒色,检校见了,偷偷给他画了张像。第二天,朱元璋问宋讷昨日为何生气,宋讷大吃一惊,说有个国子监生走路很快,摔了一跤,撞碎了茶具。我惭愧自己有失教诲,正在自责哩。但陛下怎么会知道这事呢? 朱元璋拿出画像给他看,他恍然大悟,忙顿首谢罪⑤。宋濂为人诚谨,朱元璋曾夸奖他"事朕十九年,未尝有一言之伪,诮一人之短,始终无二,非止君子,抑可谓贤矣"。但仍派人暗中察听他的行动。有一天,宋濂与客人饮酒,第二天朱元璋问他:昨日喝酒没有,座上客人是谁,吃了什么菜? 宋濂如实回答,朱元璋才笑着说:"诚然,卿不朕欺。"⑥有时,朱元璋甚至换上老百姓的衣服,亲自伺察大臣的活动。就连为人谦虚谨慎、安分守己,并为明皇朝的创建立下盖世之功的徐达,也受到朱元璋的猜忌。他在为徐达撰写的神道碑中,就承认自己曾因所谓"太阴数犯上将"的星象而"恶之",谓:"(洪武十七年甲子)太阴数犯上将,朕恶之,召罢北镇,劳于家。"⑦洪武十八年初,徐达背上生疽而卧床,朱元璋仍不放心,又微服私访其家。徐达从枕褥下抽出一把宝剑,对他说:"戒之戒之,若他人得,以戮汝也。"⑧此后,朱元璋再

① 《国初事迹》。
② 《国初事迹》。
③ 《菽园杂记》卷3,第26页;《野记》1。
④ (明)叶盛撰,魏中平校点:《水东日记》卷4,《钱子予》,中华书局1980年版,第39页。
⑤ 《明史》卷137,《宋讷传》,第3952页。
⑥ 《明史》卷128,《宋濂传》,第3786—3787页。
⑦ 《献征录》卷5,朱元璋:《徐公达神道碑》。
⑧ 《翦胜野闻》。

也未敢到勋臣之家微服私访。

检校横行霸道,连开国元勋李善长等人都怕他们三分。朱元璋则对他们非常欣赏,说:"有此数人,譬如恶犬,则人怕。"①并给一些察听有功的检校升官,如毛骧以管军千户升为都督金事,掌锦衣卫事,典诏狱;耿忠做到大同兵马指挥使;杨宪做到中书省右丞、左丞。连和尚吴印、华克勤,也还俗做了大官②。

检校不隶属于专门的机构,只能察听而不能直接逮捕判刑。到洪武十五年,又特设既能察听又具有逮捕判刑权力的专门机构锦衣卫。它的前身是龙凤十年(1364)三月仿元拱卫直而设的拱卫司,领校尉,上隶于都督府。不久,改名拱卫指挥使司,再改为都尉府。洪武二年(1369),定名为亲军都尉府,管领左、右、中、前、后五卫亲军,下设仪鸾司③。十五年四月,罢府及司,设锦衣卫亲军指挥使司,以卫指挥为长官,秩从三品,十七年改为正三品。所隶有大汉将军、力士、校尉,"掌直驾侍卫、巡察缉捕"。凡遇朝会或皇帝出巡,锦衣卫官得具卤簿仪仗,率领大汉将军 1507 人侍从扈行。平时,得派员轮流宿卫,保护皇帝的安全。还负责巡逻街途沟洫,缉拿盗贼奸宄之徒。锦衣卫下设镇抚司,掌本卫刑名,兼管军匠,民间称之为"诏狱"。十五年,增设北镇抚司,专治诏狱,而将原设的镇抚司改称南镇抚司,专理军匠。"天下重罪逮至京者,收系(锦衣卫)狱中,数更大狱,多使断治,所诛杀为多"④。二十年正月,朱元璋得知诏狱"非法凌虐"囚犯的情况,说:"讯鞫者,法司事也。凡负重罪来者,或令锦衣卫审之,欲先付其情耳,岂令其锻炼耶? 而乃非法如是!"这时,胡惟庸早已被族诛,受牵连的案犯多已被杀,而三法司机构也已渐健全,他便"命取其刑具悉焚之,以所系囚送刑部审理"⑤。二十六年二月,蓝玉又被族诛,可能对皇权构成威胁的功臣宿将已被屠戮殆尽,六月他下令禁止再设诏狱,规定锦衣卫不得刑审囚犯,"凡所隶者俱属法司理之"⑥。不过,到了永乐年间,明成祖朱棣因自己称帝有篡夺之嫌,为了伺察臣民的动静,又恢复锦衣卫诏狱,令其亲信纪纲领锦衣卫亲兵,负责诏狱的工作。纪纲遂用其党羽庄敬、张江、王谦、李春等,缘借作奸数百千起,怨声载道。永乐十八年(1420),明成祖又下令设立由宦官掌理的专门刺探外事的东厂,从此东厂与锦衣卫合称厂卫,成为明史上臭名昭著、恶贯满盈的特务机构。

随着国家机构的改革,权力高度集中,皇权极大膨胀,朱元璋又对中央决策机构中的

---

① 《国初事迹》。

② 《国初事迹》;《明史》卷 135,《郭景祥传附毛骧传》,第 3921 页;《明史》卷 139,《李士鲁传》,第 3988 页。

③ (明)王圻:《续文献通考》卷 95,《职官考·锦衣卫》,现代出版社 1986 年影印本。

④ 《明史》卷 95,《刑法志三》,第 2335 页。

⑤ 《明太祖实录》卷 180,洪武二十年正月壬子。

⑥ 《明太祖实录》卷 228,洪武二十六年六月丁酉。

廷议制度加以完善。明朝建立后,为了集思广益,避免决策的失误,朱元璋除早朝和午朝(又称晚朝),由百官就军政事务面奏讨论之外,沿袭历朝的传统惯例,军国大事皆召集有关大臣讨论,然后再由自己权衡利弊得失,做出决定,交付实施。如洪武元年二月,中书省臣李善长等进郊社宗庙议,朱元璋敕礼官、翰林院、太常诸儒臣:"卿等宜酌古今之宜,务在适中,定议以闻。"八月,又"诏中书省及台、部集耆儒议便民事宜"①。二年,朱元璋"召诸老臣,问以建都之地",老臣提出建都关中、洛阳、汴梁、北平等各种意见,朱元璋则认为:"今建业长江天堑,龙蟠虎踞,江南形胜之地,真足以立国;临濠则前江后淮,以险可恃,以水可漕,朕欲以为中都,何如?"结果"群臣皆称善"②,于是命有司营建中都。三、四年,"以中原田多芜,命(中书)省臣议,计民授田"③。十五年七月,命群臣"议屯田之法"④。到二十四年,由于中央机构改革完成,朱元璋进一步规定:"今后在京衙门,有奉旨发放为格为例,及紧要之事,须会多官计议停当,然后施行。"⑤此后,朱元璋的几代后继者又陆续加以改进,廷议制度进一步得到完善,不仅扩大集议的内容,举凡国家的典章制度、军国大事,如立君立储、继嗣、建都、封爵、郊祀、宗庙、典礼、亲藩、民政、漕运、赏功罚罪、边政海防以及政区的变动、大臣的任命等等,都在集议之列,而且廷议的程序也更为规范。在宣德以前由皇帝亲自主持,正统以后,凡所议之事属于某部,则由某部尚书主持。参加者包括阁臣、九卿、科道官及与所议内容有关的文武官员,人数自三四十人至百人不等。廷议之后,主持者应将会议的各种意见上奏,由皇帝定夺。皇帝认为所议不合,可以发回重议,甚至加以否决,而径自按己意发布谕旨,交付施行。

高级官员的选任,是皇帝掌握的一项重要权力。明朝初期,高级官员有缺,皆由吏部推举人选,报请皇帝亲简。后来,为了集思广益,避免失误,在宣德年间开始出现会举制,改由吏部尚书同内阁、各部、都察院、通政司、大理寺三品以上官员共同举荐的任命方式,称为会举。至成化年间,会举制废止,为皇帝亲简或吏部推选所取代。至成化年间,形成了廷推与敕推两种形式。两京衙门的堂上官有缺,由本部奏请,吏部尚书会各部、都察院、通政司、大理寺三品以上官推举,叫作廷推。但内阁大学士及兵、吏两部尚书有缺,则由皇帝敕令吏部会同九卿及科道掌印官推举,叫作敕推。不论会举、廷推还是敕推,都要提出正推与陪推的名单,供皇帝点选。皇帝可从中点用,也可全部否决而出特旨任命。

常朝与廷议、会举、廷推、敕推制度,构成中央决策运行机制的重要组成部分,起到了

---

① (明)黄光昇:《昭代典则》卷5,《续修四库全书》本。

② 《明太祖实录》卷45,洪武二年九月辛丑。

③ 《明史》卷77,《食货志一》,第1882页。

④ 《昭代典则》卷9。

⑤ 《万历明会典》卷80,《礼部·会议》。

集思广益、减少失误的作用。

此外，朱元璋还对洪武三年实行的分封制度做了某些改革。分封制度是与中央集权原则相违背的，洪武九年山西平遥训导叶伯巨上书，即对此提出尖锐的批评，朱元璋拒绝接受。十一年和二十四年，他又两次将其他几个儿子分封为王。这样，朱元璋的 26 个儿子，除长子朱标立为皇太子，第二十六个朱楠早死未及封王，第九子朱杞死于受封的次年，因无子嗣而除封之外，实际上分封了 23 个儿子和 1 个从孙，共 24 个亲王①。不过朱元璋尽管坚持分封制度，但他还是根据强化中央集权的原则，对诸王的政治权力做了某些限制和削弱。洪武九年，取消了王傅府，只保留王相府②，后又规定王相府官员的职权只限于王府之内，毋出位以干有司③，不得干预地方事务。十三年，又撤销王相府，只保留王相府下属的长史司，左、右长史的职权也只限于"掌王府之政令，辅相规讽以匡王失，率府僚各供乃事，而总其庶务焉"④。十四年还规定，王府官员任满黜陟，"俱取自上裁"⑤，从而将亲王的行动置于皇帝亲信的直接监视之下。

但是，为了使诸王能起到镇抚地方、藩屏王室的作用，朱元璋继续加强诸王的军事权力。洪武初年分封诸王时，护卫军士人数并不很多，仅供侍从护卫而已。到洪武末年，各王府三护卫的建制已逐渐健全，少者 3000，多者至 19000 人。封在内地的藩王，有的拥有护卫精卒 16000 余人，牧马数千匹。封在北方的塞王兵力更为雄厚，如封在大宁的宁王朱权，就拥有"带甲八万，革车六千"的护卫军⑥。不仅如此，朱元璋还赋予诸王以监督地方守镇兵的权力。《皇明祖训》明确规定："凡王国有守镇兵，有护卫兵。其守镇兵有常选指挥掌之，其护卫兵从王调遣。如本国是险要之地，遇有紧急，其守镇兵、护卫兵并从王调遣。"还规定："凡朝廷调兵，须有御宝文书与王，并有御宝文书与守镇官。守镇官既得御宝文书，又得王令旨，方许发兵；无王令旨，不得发兵。"并规定，诸王有起兵帮助朝廷讨伐奸臣的权力："如朝无正臣，内有奸恶，则亲王训兵待命，天子密诏诸王统领镇兵讨平之。"⑦这样，诸王也就由皇帝在地方的政治代表演变为军事代表。

随着分封制度的改革，《祖训录》也不断进行修改，并更名为《祖训条章》，再更名为《皇明祖训》，最后于洪武二十九年十二月形成定本而颁之天下诸司。

经过改革和整顿，君主专制中央集权制度在唐、宋的基础上大大发展了一步。行政、

---

① 《明史》卷 2，《太祖本纪二》，第 33 页；卷 3，《太祖本纪三》，第 48 页。

② 《明史》卷 75，《职官志四》，第 1837 页。

③ 《明太祖实录》卷 117，洪武十一年三月己丑。

④ 《明史》卷 75，《职官志四》，第 1838 页。

⑤ 《明太祖实录》卷 139，洪武十四年十月壬申。

⑥ 《明史》卷 117，《宁王传》，第 3591 页。

⑦ 《皇明祖训》，《皇明制书》第 3 册，第 804、796 页。

军事、司法监察三大系统的机构互相独立,三权分治而又彼此牵制,最后均直接归属皇帝操控,全国最高决策权力完全集中于君主一人之手。朱元璋对此非常满意,洪武二十八年六月,特敕谕文武大臣曰:"我朝罢相,设五府、六部、都察院、通政司、大理寺等衙门,分理天下庶务,彼此颉颃,不敢相压,事皆朝廷总之,所以稳当。以后嗣君,并不许立丞相,臣下敢有奏请设立者,文武群臣即时劾奏,处以重刑。"①九月,命礼部颁行《皇明祖训》时,又特地规定:"后世敢有言改更祖法者,即以奸臣论,无赦。"②

随着国家机构的改革,朱元璋也对百官的俸禄制度进行了调整。攻占应天后,由于战争还在进行,经济尚待恢复,财政还很困难,朱元璋只能继续沿用元朝的职田制度,"听从武官开垦荒田,以为己业",文官拨给典职田,召佃耕种,"送纳子粒,以代俸禄"。到洪武四年,始令中书省与户部共同拟定文武官员俸禄的文件。这个文件规定的百官岁禄比前代明显偏低,它按官员品级的高下,定出正、从九品共18级官员的岁禄为:"正一品九百石,从一品七百五十石;正二品六百石,从二品五百石;正三品四百石,从三品三百石;正四品二百七十石,从四品二百四十石;正五品一百八十石,从五品一百六十石;正六品一百石,从六品九十石;正七品八十石,从七品七十五石;正八品七十石,从八品六十五石;正九品六十石,从九品五十石。省部、府县、卫所、台宪诸司官验数月支。"③不过,因为当时的经济恢复刚在起步,到处存在大量荒田,明政府仍继续给公侯、武将及百官拨赐公田。仅洪武十年十月"制赐百官公田,以其租入充俸之数",就颁赐"公侯、省府、台部、都司、内外卫官七百六十人,凡田四千六百八十八顷九十三亩,岁入米二十六万七千七百八十石"④。

由于洪武初年的田赋征收,夏季以麦为主,秋季以米为主,称为本色,所以官俸也都按月发米。从洪武三年起,田赋除征收米、麦外,还折收布、绢等东西,称为折色。如当年九月,户部因赏赐官军用布数量甚多,奏请令浙西四府秋粮内收布30万匹,朱元璋曰:"松江乃产布之地,止令一府输纳,以便其民。余征米如故。"⑤六年九月,又"诏直隶府州及江西、浙江二行省今年秋粮、令以绵(棉)布代输,以给边戍"⑥。到九年四月,又"命户部天下郡县税粮除诏免外,余处令民以银钞丝绢代输"。户部奏:"每银一两、钱千文、钞一贯折输米一石,小麦则减直十之二,绵、苎布一匹,折米六斗、麦七斗,麻布一匹折米四斗、麦五斗,以彩

① 《明太祖实录》卷239,洪武二十八年六月己丑。
② 《明太祖实录》卷241,洪武二十八年九月庚戌。参见拙作《论朱元璋强化封建专制中央集权的统治》,《中央民族学院学报》1980年第2期;《朱元璋研究》,第101—139页。
③ 《明太祖实录》卷60,洪武四年正月庚戌。
④ 《明太祖实录》卷115,洪武十年十月辛酉。
⑤ 《明太祖实录》卷56,洪武三年九月辛卯。
⑥ 《明太祖实录》卷85,洪武六年九月庚子。

绢代输者,亦各以轻重损益。愿入粟者,听。"①因此,朱元璋便在九年二月批准户部的奏请:"文武官吏俸、军士月粮,自九月为始,以米麦钞兼给之。其陕西、山西、北平给米什之五,湖广、浙江、河南、山东、江西、福建、两广、四川及苏、松、湖、常等府给米什之七,余悉以钱钞准之,储麦多者,则又于米内兼给。每钱一千、钞一贯各抵米一石,麦减米价什之二。"②官俸和军士月粮,也就实行本折兼支了。

从洪武九年起,朱元璋陆续进行地方和中央机构的改革。与此同时,社会经济也逐步得到复苏和发展。明朝于是对俸禄制度进行了适当的调整。洪武十三年二月,颁布敕令,将官员的薪俸分为禄米与俸钞两项,并相应提高了各级官员岁禄的数额,规定百官的岁禄为:"正一品禄米千石,从一品九百石;正二品八百石,从二品七百石;正三品六百石,从三品五百石;正四品四百石,从四品三百石;皆给与俸钞三百贯。正五品二百五十石,从五品一百七十石,俸钞皆一百五十贯;正六品一百二十石,从六品一百一十石,俸钞皆九十贯;正七品百石,从七品九十石,俸钞皆六十贯;正八品七十五石,从八品七十石,俸钞皆四十五贯;正九品六十五石,从九品六十石,俸钞皆三十贯。"当年三月,又制定吏员的月俸制度,规定"一品、二品衙门,提控、都吏月俸二石五斗,椽史、令史二石二斗,知印、承差、典吏一石二斗;三品、四品衙门,令史、书吏、司吏二石,承差、典吏一石;五品衙门,司吏一石二斗,典吏八斗;六品至杂职(衙门),司吏一石;光禄司等,典吏六斗"。同时,还确定了教官、首领官、杂职官的俸禄,规定"教官之禄,州学正月米二石五斗,县教谕月米二石,府、州、县训导月米二石。首领官之禄,凡内外衙门提控案牍、州吏目、县典史,皆月米三石。杂职之禄,凡在京并各处仓库、关场、司局、铁冶、各处递运、批验所大使,月米三石,副使月米二石五斗,河泊所官月米二石,闸坝官月米一石五斗"③。

洪武四年和十三年所定的俸禄制度,都是按年定禄而按月支取,一年的俸禄按月一平均,不可避免地要出现升斗的零头。朱元璋认为这种做法"甚非所以示朝廷忠信重禄之道",于二十年九月下令调整百官的俸禄,规定"自今百官月俸皆以石计,或止于斗,毋得琐碎"。户部根据他的谕旨,将原先的禄米、俸钞两项,改为禄米一项,按月发放,奏定"正一品月俸米八十七石,从一品七十四石;正二品六十一石,从二品四十八石;正三品三十五石,从三品二十六石;正四品二十四石,从四品二十一石;正五品一十六石,从五品一十四石;正六品一十石,从六品八石;正七品七石五斗,从七品七石;正八品六石五斗,从八品六石;正九品五石五斗,从九品五石"④。这次调整,名义上是为了体现朝廷的"忠信重禄之

①　《明太祖实录》卷105,洪武九年四月己丑。
②　《明太祖实录》卷104,洪武九年二月庚子。
③　《明太祖实录》卷130,洪武十三年二月丁丑、三月庚戌。
④　《明太祖实录》卷185,洪武二十年九月丙戌。

道"，实际上除正一品（岁禄1044石）和正从八品（正八品岁禄78石，从八品岁禄72石）、正九品（岁禄66石）略有提高，从九品（岁禄60石）维持原定的数额外，其他品级都比前减少。明代官俸的标准从此固定不变，"自后为永制"①。到二十年八月，朱元璋又"令公、侯、伯皆给禄米，论功定数"，而让他们"各归旧赐田于官"②。中国古代以职田充当俸禄的制度从此废除，这是一个历史的进步。

由于从洪武九年起田赋本色与折色兼收已成为一种常态，朱元璋在洪武十八年十二月又敕令户部："凡天下有司官禄米，以钞给之，每钞二贯五百文代米一石。"③《明史·食货志》更谓："十八年，天下有司官禄米皆给钞，二贯五百文准米一石。"④但是，此项规定并未完全落实。因为直到洪武二十六年，朱元璋还"令凡在京府部等衙门官吏俸给，每岁于秋粮内起运，拨付各衙门收贮，按月造册支给"⑤，说明当时俸禄的发放仍是本折兼支的。因此，洪武十年调整的俸禄制度，虽将禄米、俸钞两项标准归并为禄米一项，但实际支付时并不全部给米。《明史·职官志》虽将此项更定百官禄米制度的年代误记为洪武二十五年，但明确指出：发放时"俱米钞兼支"⑥。

洪武年间，社会经济尚处于恢复与发展时期，人民的生活水平不高，朱元璋所定的俸禄标准并不算低。汉代的三公地位与明代正一品官员地位相当，东汉三公月俸350斛（古代1斛为10斗，南宋末年改1斛为5斗，2斛为1石），明代正一品官员月俸87石，汉代比二百石官员地位与明代的从九品官员相当，东汉比二百石官员月俸27斛，明代从九品官员月俸5石，从表面来看，两者相差达四五倍之多。不过，我国古代的度量衡是随着时代的不同而不断变化的。仅以升为例，据吴承洛的研究，东汉1升合今0.1981市升，明代1升合今1.9737市升⑦。据此推算，明代官员所得禄米数量要稍多于东汉的官员。问题在于，东汉官员在俸禄之外得到赏赐之类的其他收入要比明代官员多。同时更要看到，洪武初年俸禄全部给米，从洪武九年起虽改为米钞兼支，但本色即米所占比重较大，而折色部分即钞币所占比例较小，而且禄米折钞还能随钞值的变化做出调整。如洪武九年规定"钞一贯折输米一石"，到十八年因钞值下跌又改为"每钞二贯五百文代米一石"。所以当时官员的生活还较宽裕。不过官俸的本折兼支已成定制，到明中期折色部分在官俸中所占比例越来越大，官员的俸禄便打了一个大折扣。加上洪武二十年所定的百官俸禄数额成为

---

① 《明史》卷82，《食货志六》，第2002页。

② 《官爵志》卷1，《公侯伯俸给》。

③ 《明太祖实录》卷176，洪武十八年十二月己丑。

④ 《明史》卷81，《食货志五》，第1962页。

⑤ 《万历明会典》卷39，《户部·俸给》。

⑥ 《明史》卷72，《职官志一》，第1741页。

⑦ 吴承洛：《中国度量衡史》，商务印书馆1957年修订重印本。

"永制",此后明代的官俸虽然也有一些变动和调整,但品官薪俸之额基本维持洪武二十年所定之额,而没有根据经济的发展、人民生活水平的提高做出适当的调整,便凸显出百官俸薪的低薄。当时一个正一品的官员一年的俸禄 1044 石,"十石之米折银仅三钱也"[①],全年俸禄约折成银子 300 余两,竟抵不上一个富家子弟日常的生活费用。职位卑微的官吏,本折兼支的结果,实际拿到的俸禄更少,甚至难以支付一家人日常的生活费用。因此,在明代的中后期,一些官吏便不顾国家的法纪,贪污纳贿,聚敛钱财,导致贪风的炽盛。高薪未必能够养廉,但低薪肯定是难以养廉的,正如明末清初的思想家顾炎武所言:"今日贪取之风,所以胶固于人心而不可去也,以俸给之薄而无以赡其家也。"[②]此话不无道理。朱元璋要求他的后继者遵守他制定的各种典章制度,不许改易,并大力惩治贪腐,以求吏治的清明。但他万万没有想到,其子孙恪守他制定的俸禄制度而不变,却导致他所不愿看到的贪腐的重现!

---

① 《日知录集释》卷 12,《俸禄》。
② 《日知录集释》卷 12,《俸禄》。

第三节 《大明律》与御制《大诰》的颁行

朱元璋在加强封建统治的过程中,非常重视利用法律工具为强化君主专制的中央集权制度服务。朱元璋在他亲撰的《大明律序》中说:"朕有天下,仿古为治,明礼以导民,定律以绳顽。"①他强调,治天下者必礼、法并用,才能建立起"上下相安、和气充溢、天下清宁"的社会秩序②。因此,他在制礼作乐的同时,也着手开展律法刑政的建设工作。

朱元璋主张,刑罚应该根据社会条件的变化"世轻世重"③。元朝未曾编成像《唐律》那样的刑法典,只"取所行一时之例为条格而已"④。所谓条格,就是皇帝临时颁布的各种单行敕令、指示的汇编,不仅内容繁杂重出,往往罪同罚异,官吏容易上下其手,而且也不适应元末明初已经变化的形势。建国之前,朱元璋的主要精力忙于指挥其部以攻城略地,未及制订律令,在其辖区只能以军律用刑,将管理军队的军规条例用以处理社会上的刑事案件,这对一般百姓来说,刑罚过于严酷。龙凤四年(1358)三月,朱元璋命提刑按察司佥事分巡郡县录囚,令"凡笞罪者释之,杖者减半,重囚杖七十,其有赃者免征"。有的官员提出异议,认为"用法太宽","法纵弛,无以为治"。朱元璋开导他们说:"百姓自兵乱以来,初离创残,今归于我,正当抚绥之,况其间有一时误犯者,宁可尽法乎? 大抵治狱以宽厚为本,少失宽厚,则流入苛刻矣。所谓治新国用轻典,刑得其当,则民自无冤抑,若执而不通,非合时宜也。"⑤吴元年(1367)十月,明朝即将建立的前夕,朱元璋即命左丞相李善长为总裁官,参知政事杨宪、傅瓛,御史中丞刘基,翰林学士陶安等28人为议律官,议定律令。并告谕他们:"立法贵在简当,使言直理明,人人易晓。……务求适中,以去烦弊。夫网密则水无大鱼,法密则国无全民。"⑥李善长等提出:"历代之律,皆以汉《九章》为宗,至唐始集大成,今制宜遵唐旧。"⑦朱元璋赞同这个意见,并经常与议律官一起探讨律义,审定律令的条文。十二月,律令编纂完毕,正式颁布执行。它包括律和令两个部分,律"准唐之旧而增损之",共285条,为判刑的法律依据;令145条,以记载诸司制度为主,没有具体的处刑规定。整部律令贯彻"刑新国用轻典""宽厚""适中"的精神,"去烦就简,减重就轻者居多"⑧。但这部律令的制定仅历时两个月,时间过于仓促,尚有定罪量刑轻重失宜、不合中典之处。

---

① 《大明律》,第1页。

② 《明太祖实录》卷202,洪武二十三年五月癸巳。

③ 《明史》卷93,《刑法志一》,第2283页。

④ 《明史》卷93,《刑法志一》,第2279页。

⑤ 《明太祖实录》卷6,戊戌年三月己酉。

⑥ 《明太祖实录》卷26,吴元年十月甲寅。

⑦ 《明史》卷93,《刑法志一》,第2279页。

⑧ 《明太祖实录》卷28上,吴元年十二月甲辰。

明朝建立后,朱元璋决定进行重修。洪武元年(1368)八月,他命四名儒臣会同刑部大臣讲解唐律,将吴元年律令"日写二十条取进,止择其可者从之。其或轻重失宜,则亲为损益,务求至当"①。经过几年的修订,于洪武六年夏重新刊著《律令宪纲》,颁之诸司。闰十一月,又命刑部尚书刘惟谦详加审定,并亲自审阅,细加裁定。七年二月,正式编成《大明律》606条,分为30卷,颁行全国②。九年十月,朱元璋仍然觉得律条"犹有拟议未当者",令中书省右丞相胡惟庸、御史大夫汪广洋等大臣"详议更定,务合中正"③。胡惟庸、汪广洋等大臣于是详加考订,厘正13条,编成一部446条的《大明律》。这部洪武九年律,便成为洪武年间定罪量刑最轻的一部法律。

就在洪武九年律编成的时候,明朝统治阶级内部的斗争日趋激化,农民的反抗斗争也不时发生。在朱元璋看来,这是"乱世"的重现,决定实行重典政策,对所谓"情犯深重、灼然无疑"的"奸顽刁诈之徒"实行"法外加刑"④。于是,从洪武十八年起,便亲自汇集一批法外加刑的案例,加上一些峻令和自己的训话,编成《御制大诰》《御制大诰续编》《御制大诰三编》和《大诰武臣》,相继颁行于十八年十月、十九年三月和十二月、二十年十二月。四编《大诰》的量刑均较《大明律》大大加重,是《大明律》外的"法外之法"。二十二年八月,又下令重新修订《大明律》,增加以镇压反对皇权和封建专制统治为核心的死罪条款,加重对"谋反""谋大逆""强盗""官吏犯赃"等直接危害封建统治行为的惩处。直到二十六年蓝玉党案基本结束后,明朝的君主专制中央集权统治已经得到巩固,朱元璋才又逐步减轻刑罚。二十八年六月,他宣布,过去对"奸顽刁诈之徒"的法外加刑,是出于形势需要的"权宜处置","非守成之君所用常法"⑤。翌年,皇太孙朱允炆建议修改过于苛重的律条,朱元璋即命改定畸重者73条,曰:"吾治乱世,刑不得不重。汝治平世,刑自当轻,所谓刑罚世轻世重也。"⑥洪武三十年五月,朱元璋将改定后的《大明律》重新颁布,并择取《大诰》有关条目,与有关律文一起编成《钦定律诰》,附于《大明律》之后,规定"其递年一切榜文禁例,尽行革去。今后法司只依律与大诰议罪"⑦。这个重颁的《大明律》便成为明律的最后定型本,终明之世未再修订。

《大明律》以唐律为模本,吸收了唐代以来特别是明初的统治经验,无论体例结构或内容都比唐律有了进一步的发展,富于革新精神和时代特色。在体例结构上,唐律继承和发

---

① 《明太祖实录》卷34,洪武元年八月戊寅。
② 《明史》卷93,《刑法志一》,第2281页。
③ 《明太祖实录》卷110,洪武九年十月辛酉。
④ 《明太祖实录》卷239,洪武二十八年六月己丑。
⑤ 《明太祖实录》卷239,洪武二十八年六月己丑。
⑥ 《明史》卷93,《刑法志一》,第2283页。
⑦ (明)朱元璋:《御制大明律序》,《大明律》第1页。

展隋律的篇章结构,分为12篇30卷。洪武七年编成的《大明律》沿用唐律篇目,但将唐律的末篇《名例》列为首篇,作为全律的总则,其下依次曰《禁卫》《职制》《户婚》《厩库》《擅兴》《贼盗》《斗讼》《诈伪》《杂律》《捕亡》《断狱》①。二十二年修订时,考虑到中书省和丞相已于十三年废除,由六部分掌中书省的职权,除首篇《名例律》,其他11篇归并为6篇,依六部官制分为《吏律》《户律》《礼律》《兵律》《刑律》《工律》,合共7篇30卷。隋唐以来沿袭800多年的法律体例结构,至此面目一新,不仅分类更为合理,而且内容更加集中,条理更加分明,也更接近于近代按部门的分科立法。明律的这种体例结构,后来为清律所沿袭。在内容上,为了强化君主专制中央集权,《大明律》除了扩大朝廷特别是君主的权力,还设立"奸党"条,增加有关惩处思想言论犯罪的条款;并设《受赃》的专卷,加重对官吏赃罪的惩罚。适应明初社会经济发展的实际情况,《大明律》又增加经济立法的比重,设立《户律》和《工律》两个专篇和《课程》《钱债》《市廛》等几个专卷,新添了"匿税""舶商匿货""违禁取利""费用受寄财产""私充牙行埠头""市司评物价""把持行市""私造斗斛秤尺""器用布绢不如法"以及"钞法""钱法""伪造宝钞""私铸铜钱"等许多与商品货币有关的条款。随着封建土地私有制的进一步发展,明律还取消了唐律中有关"占田过限"的条款。军事内容的立法,明律也有明显的增加,除在《名例律》中增添"军官有犯"等条款,还设立了《兵律》专篇。此外,有关行政管理、诉讼程序等方面的立法,明律也比唐律更加完备。明律充分反映了明代统治阶级的意志,是我国封建社会晚期高度成熟的一部法典。

明律适应以父权、夫权为中心的封建宗法关系以及封建伦理道德规范相对松弛的社会现实,也相对减轻了触犯封建宗法关系和伦理道德的惩处。如子孙告发祖父母、父母,妻妾告发夫及夫之祖父母、父母,唐律定为绞罪,《大明律》定为徒罪;闻父母及夫丧匿不举哀,唐律定为流罪,《大明律》定为徒罪;家长为奴娶良人为妻及奴自娶,奴婢妄称良人而与良人为夫妻,唐律定为徒、流罪,《大明律》定为杖罪;立嫡违法,祖父母、父母在而子孙别立户籍而分割财产,子孙违反祖父母、父母教令及奉养有缺,居父母及夫丧而身自嫁娶,祖父母、父母犯死罪被囚禁而子孙嫁娶,监临官娶为事人妻妾及女为妻妾,妻无应出及义绝之状而出之或犯义绝应离而不离,男女和奸,唐律定为徒罪,《大明律》定为杖罪;奴奸良人妇女,唐律加凡奸罪二等,《大明律》加一等;祖父母、父母年高或笃疾而弃之赴任,悔婚及子弟在外自娶,以妻为妾或以妾为妻或有妻更娶妻,《大明律》的处刑也均较唐律为轻②。

此外,明律还适当放松对间接触犯封建统治行为的惩处。比之唐律,明律对一般性侵犯皇帝尊严和在祭祀、仪制上亏礼废节的不敬行为的惩处,都有所减轻。如和合御药药误

---

① 《明太祖实录》卷86,洪武六年闰十一月己丑;(明)王圻:《续文献通考》卷168,《刑考·刑制下》。

② 参看(清)薛允升撰,怀效锋点校:《唐明律合编》,法律出版社1999年版。

不按配方、造御膳误犯仓禁,制造御舟误不坚固,唐律定为绞罪,《大明律》定为杖罪;宫禁应值而私自替代,唐律定为徒、流、绞罪,《大明律》定为笞、杖罪;大祀及庙享违制,失误朝贺及迎接诏书、祭祀、拜谒园陵及朝会行礼差错失仪,擅入宫殿和御膳所及御在所,擅入行宫营门,无故直行御道等,《大明律》的处刑均较唐律为轻,有的甚至减轻数等①。明代中后期之所以有许多嘲讽朱元璋和马皇后的民间传说,大概与此不无关系。明律对违反户籍和人口管理制度的行为,处罚也较唐律减轻。脱漏、隐蔽户口,唐律均拟徒罪,脱户者家长徒三年;脱口者一口徒一年,罪止徒三年;里正罪止徒三年,州、县官吏罪止徒三年。《大明律》则规定:"凡一户全不附籍,有赋役者,家长杖一百;无赋役者,杖八十,附籍当差。若将他人隐蔽在户不报,及相冒合户附籍,有赋役者,亦杖一百;无赋役者,亦杖八十。若将另居亲属隐蔽在户不报,及相冒合户附籍者,各减二等。所隐之人,并与同罪,改正立户,别籍当差。""若隐漏自己成丁人口不附籍,及增减年状妄作老幼废疾以免差役者,一口至三口,家长杖六十,每三口加一等,罪止杖一百;不成丁,三口至五口,笞四十,每五口加一等,罪止杖七十,入籍当差。若隐蔽他人丁口不附籍者,罪亦如之。所隐之人与同罪,发还本户附籍当差。若里长失于取勘,致有脱户者,一户至五户,笞五十,每五户加一等,罪止杖一百。漏口者,一口至十口,笞三十,每十口加一等,罪止笞五十。本县提调正官、首领官吏,脱户者,十户笞四十,每十户加一等,罪止杖八十。漏口者,十口笞二十,每三十口加一等,罪止笞四十。知情者,并与犯人同罪"②。处刑均较唐律要轻。

明律降低封建官僚的法律特权,提高劳动者的身份地位,减轻对间接触犯封建统治行为的惩处,以及增加反映封建土地私有制进一步扩大,商品货币经济进一步发展的有关律条,显明地体现了中国封建社会后期的时代特点,这是一个历史的进步③。

但是,明律大大加重了对直接危害封建统治行为的镇压。皇权是封建专制中央集权制度的核心,皇帝是地主阶级利益和意志的最高代表。《大明律》首先运用暴力手段严格保护皇权的至上权威和君主的绝对专制。《大明律》继承唐律,在《名例律》首列"十恶"大罪,将人民反抗封建专制统治的行为定为"谋反""谋大逆"之罪,一律按重罪加重的原则处刑,不在常赦之列。唐律规定,"谋反"或"谋大逆",不论主犯从犯皆斩,其父、子年满十六岁以上者皆绞,十六岁以下及母、女、妻、妾、祖、孙、兄弟、伯叔父、兄弟之子及笃疾、废疾者,可不处死。《大明律》则规定,不仅犯罪者本人不分首从均凌迟处死,其亲族凡年满十六岁以上的男子,如祖父、父、子、孙、兄、弟、伯叔父、兄弟之子,不限籍之异同,不论笃疾、废疾,一律处斩,甚至连异姓同居之人如外祖父、岳父、女婿、女仆也同处斩刑。唐律对谋

---

① 参看《唐明律合编》。
② 《大明律》卷4,《户律·户役》,第43—44页。
③ 参看张显清:《大明律的形成及其反映的时代特点》,《中国史研究》1989年第4期。

反罪的惩处,还注意区分情节的不同,如"词理不能动众,威力不足率人者",本人处斩,父、子可不处死,祖、孙也不牵连。再如"口陈欲反之言,心无真实之计者",亦可不处死,只流2000里。《大明律》则完全没有这种区别,只要犯有"谋反"罪,不论情节轻重,一律处死。往往一案诛连,数族尽灭,乡里为墟。《大明律》还规定,凡遇有"谋反"及"谋大逆"的罪犯,"知情故纵隐藏者,斩。有能捕获者,民授以民官,军授以军职,仍将犯人财产全给充赏。知而首告、官为捕获者,止给财产;不首者,杖一百,流三千里"①,以分化瓦解人民的反抗力量。礼部还榜示,郡邑学校生员不得妄言军国重事,但如发现有人犯了"十恶"之罪,有确凿的证据的,"许诸人密窃赴京面奏"②。中国封建社会早期立有"诽谤之法",自汉文帝废除之后,历代未再采用,《大明律》亦无专治"诽谤罪"的条文。但《御制大诰》复立"诽谤之法",用以惩处所谓"诽谤朝廷"之罪。福建沙县罗辅等13人,说"如今朝廷法度好生厉害,我每各断了手指,便没用了",结果被指控为"捏词上谤于朝廷",被枭令于市,家中成丁男子悉被诛杀,妇女被迁置边疆的不毛之地③。江宁知县高炳也因"妄出谤言",被杀身亡④。

为了保证皇权的高度集中,明律规定国家的文武官员任用权专属皇帝。《大明律》明文规定,凡大臣专擅选用者,斩;大臣的亲戚非特奉旨不许除授官职,违者处斩;大臣滥设官吏、擅勾属官等,也严加治罪。守御官军的千户、百户、镇抚有缺,"若先行委人权管,希望实授者,当该官吏各杖一百,罢职役充军"⑤。臣下无条件地服从皇帝的意旨,听从朝廷的指挥,是确保皇帝行使专制权力的一个前提。《大明律》规定,在朝官员受皇帝差遣及调动职务而托故不行,无故擅离职守,赴任无故过限者,均治重罪。一切国家大事均需奏请皇帝裁决,"凡军官犯罪,应请旨而不请旨,及应论功上议而不上议,当该官吏处绞。若文职有犯,应奏请而不奏请者,杖一百;有所规避,从重论。若军务、钱粮、选法、制度、刑名、死罪、灾异及事应奏而不奏者,杖八十;应申上而不申上者,笞四十。若已奏已申,不待回报而辄施行者,并同不奏不申之罪"⑥。

鉴于唐宋两朝臣下结党和内外官员互相勾结、危害皇权的教训,朱元璋不仅实行官吏任用的回避制度,还在《大明律》中特设惩治"奸党"的条款,以禁"党比之私"。规定"凡奸邪进谗言左使杀人(谓不由正理,借引别事以激怒人主,使杀其人,以快己私也)者,斩。若犯罪律该处死,其大臣小官,巧言谏免、暗邀人心者,亦斩。若在朝官员,交结朋党、紊乱朝

---

① 《大明律》卷18,《刑律·贼盗》,第133页。
② 《学校格式》,《皇明制书》第2册,第780页。
③ 《御制大诰续编·断指诽谤第七十九》,《皇明制书》第1册,第159—160页。
④ 《御制大诰三编·作诗诽谤第十一》,《皇明制书》第1册,第217页。
⑤ 《大明律》卷2,《吏律·职制》,第29—33页。
⑥ 《大明律》卷3,《吏律·公式》,第37页。

政者,皆斩,妻子为奴,财产入官。若刑部及大小各衙门官吏,不执法律,听从上司主使出入人罪者,罪亦如之"①。并严禁各衙门官吏及近侍人员互相交结,违者犯人处斩,妻子流放到 2000 里之外安置②。《御制大诰三编》对朋党和内外官交结的处刑,比《大明律》的规定还要重。如李茂实、林贤被定为"胡惟庸同党",不仅本人被杀,而且连家属中的幼小儿童也全部被杀光③。江浦知县杨立因追征李茂实盐货,交结近侍官员,也被凌迟示众④。官员阿谀奉承、溜须拍马,是搞宗派、结朋党的一个重要途径,明律亦严加禁止。《大明律》规定凡衙门官吏及百姓,如有上言宰执大臣美政才德者,即为奸党,犯人处斩,妻子为奴,财产入官;宰执大臣如事先知道而不加制止,亦按同罪论处⑤。衙门官吏出城迎送上司和上级派来办事的官员,也在禁止之列⑥。

　　官吏贪污受贿,直接损害到皇朝利益,明律的惩处更为严厉。朱元璋曾下令:"官吏犯赃罪者毋贷。"⑦并敕谕刑部:"官吏受赃者,并罪通贿之人,徙其家于边,著为令。"⑧明廷又规定:"凡官吏人等犯枉法赃者,不分南北,俱发北方边卫充军。"⑨当时"官赃至十六两以上(按:据赵翼《廿二史札记》卷 33《重惩贪吏》的记载,应为六十两以上),剥皮贯草。府、州县、卫所之左,特立一庙,祀土地,为剥皮场,名曰剥皮庙。于公座旁置一剥皮贯草之袋"⑩,以警戒继任的官员。《大明律》还规定:凡官吏受财者计赃科断。受财枉法者,1 贯以下杖70,每 5 贯加 1 等,至 80 贯绞;受财不枉法者,1 贯以下杖 60,每 10 贯加 1 等,至 120 贯,罪止杖 100,流 3000 里;监守自盗仓库钱、粮等物,不分首从,并赃论罪,在右小臂膊上刺"盗官钱(粮、物)"三字,1 贯以下杖 80,每 2 贯 500 文加 1 等,至 25 贯杖 100,流 3000 里,40 贯斩⑪。至于私借官府钱粮和私借官物、挪移出纳、冒支官粮、多收税粮斛两、隐瞒入官家产等,也都规定了很重的刑罚。就连因公乘坐官畜、车、船附载私物超过规定重量者,也要处罚。对监察官的贪污受赃,处刑更重。《大明律》规定:"凡风宪官吏受财,及于所按治去处求索借贷人财物,若卖买多取价利及受馈送之类,各加其余官吏罪二等。"⑫《御制大诰》还

---

① 《大明律》卷 2,《吏律·职制》,第 33—34 页。
② 《大明律》卷 2,《吏律·职制》,第 34 页。
③ 《御制大诰三编·李茂实胡党第七》、《大诰三编·林贤胡党第九》,《皇明制书》第 1 册,第 212、214—215 页。
④ 《御制大诰三编·臣民倚法为奸第一》,《皇明制书》第 1 册,第 178 页。
⑤ 《大明律》卷 2,《吏律·职制》,第 34 页。
⑥ 《大明律》卷 12,《礼制·仪制》,第 92—93 页。
⑦ 《明史》卷 2,《太祖本纪二》,第 26 页。
⑧ 《明史》卷 93,《刑法志一》,第 2288、2289 页。
⑨ 《明史》卷 93,《刑法志一》,第 2288、2289 页。
⑩ (明)屠叔方:《建文朝野汇编》卷 11,《大理寺少卿胡闰》附录,《北京图书馆古籍珍本丛刊》本。
⑪ 《大明律》卷 23,《刑律·受赃》,第 136—137 页;卷 18,《刑律·贼盗》,第 181—182 页。
⑫ 《大明律》卷 23,《刑律·受赃》,第 186 页。

规定,所有贪污案件,都要层层追查,顺藤摸瓜,直到全部弄清案情,将贪污分子一网打尽为止。"如六部有犯赃罪,必究赃自何而至。若布政司贿于部,则拘布政司至,问斯赃尔自何得,必指于府。府亦拘至,问赃何来,必指于州。州亦拘至,必指于县。县亦拘至,必指于民。至此之际,害民之奸岂可隐乎"①? 此外,朱元璋还告谕中书省臣,遇到大赦令,"凡犯赃罪者,罪虽已赦,仍征其赃",绝不能让他们在经济上占到便宜。刑部据此立下法令:"官吏受赃遇赦免,罪赃并追纳;其在赦前犯赃事发,惧罪逃避及革后发露,依律追究。"②

对于封建专制中央集权制度赖以建立的经济基础,明律极力加以保护。封建国家和皇室、贵族、勋戚、官僚、地主的财产,都是神圣不可侵犯的。《大明律》规定,凡盗卖、换易、冒认及侵占他人田宅者,田1亩、屋1间以下,笞50;每田5亩、屋3间,加1等;属于官府的田宅,各加2等。强占官民山场、湖泊、茶园、芦荡及金银铜场、铁冶者,杖100,流3000里。盗耕种官民的田地,也要受到严厉的惩罚③。对官僚地主兼并土地,明律也适当加以限制。《大明律》无占田数量的限制,但严厉禁止脱漏版籍、移丘换段、挪移等则、以高作下、诡寄影射等欺隐田粮的行为,禁止接受朦胧投献,禁止官员在现任处所置买田宅④。对于惩治窃盗和强盗行为,更被视为治国之急务。《大明律》规定:"凡强盗已行而不得财者,皆杖一百,流三千里。但得财者,不分首从,皆斩。"⑤

明律还进一步强化皇帝的审判权,加强朝廷对司法的控制。《大明律》规定,各府、州、县只能决定徒、流刑以下的案件,死刑的案件在京需经监察御史,在各布政司要经按察司审核,提出处理意见后,呈送中央。中央的刑部、大理寺、都察院对案件做出判决后,需报请皇帝裁决。朱元璋还下令:"凡有大狱,当面讯,防拘陷锻炼之弊。"洪武年间的重大案件,大多由他亲自审讯,"不委法司"⑥。就是一些本来应该由府、州、县司法部门审理的一般民事、刑事案件,朱元璋也常越俎代庖,亲自审问,而且量刑往往比《大明律》要重,常常出现轻罪重判的现象。有的按《大明律》的规定并不构成犯罪,也被判处酷刑。比如浙江会稽县河泊所官吏张让上交征收的渔课钞,将6067贯200文写作"六百六万七千二百文",这只是使用了不同的计量单位,将1贯换算为1000文,就被朱元璋说成是"故生刁诈,广衍数目,意在昏乱掌钞者",下令治以重罪,并警告说:"今后敢有如此者,同其罪而罪之。"⑦朱元璋还捡起东汉光武、明帝、隋文帝、唐玄宗等人以及元朝使用过的廷杖之刑,在

① 《御制大诰·问赃缘由第二十七》,《皇明制书》第1册,第60页。
② 《明太祖实录》卷76,洪武五年九月癸亥。
③ 《大明律》卷5,《户律·田宅》,第53、54页。
④ 《大明律》卷5,《户律·田宅》,第51、53页。
⑤ 《大明律》卷18,《刑律·贼盗》,第139页。
⑥ 《明史》卷94,《刑法志二》,第2305页。
⑦ 《大诰续编·钱钞贯文第五十八》,《皇明制书》第1册,第145页。

殿廷之上对大臣施行体罚,用暴力强迫臣下完全顺从自己的意志。此外,由朱元璋亲自指挥的锦衣卫还可直接参加审判,拥有比一般司法机构更大的权力,"天下重罪逮至京者,收系(锦衣卫)狱中,数更大狱,多使断治,所诛杀为多"①。

　　清末法制史学家薛允升曾经指出,明律贯穿着"重其重罪,轻其轻罪"的原则,"大抵事关典礼及风俗教化等事,唐律均较明律为重,盗贼及有关帑项钱粮等事,明律则又较唐律为重"②。它适当减轻了对间接触犯封建统治行为的惩处,而大大加重了对直接危害封建统治行为的镇压,使镇压和保护的对象更加集中,从而成为朱元璋强化君主专制中央集权的锐利武器。

---

　　① 《明史》卷95,《刑法志三》,第2335页。
　　② 《唐明律合编》卷9,第170页。

第四节　严酷的专制统治

朱元璋强化封建专制中央集权的另一个重大措施，是大力加强对人民的控制和统治。

控制全国的户口和户籍，既是稳定社会秩序的必要手段，同时也是保障国家赋役收入的前提条件。早在明朝建立之前，朱元璋亲征婺州时即"命籍户口"，并实行"给民户由"的制度。明朝建立之初，朱元璋决定废除元朝按民族和隶属关系划分户等的制度，但仍沿用元朝按照职业编制户籍的做法，将全国的人户主要划分为民、军、匠三大类。民籍除一般应役的民户外，还有儒、医、阴阳（以堪舆为业）等户；军籍除一般供应军役的军户外，还有校尉、力士、弓兵、铺兵等；匠籍除一般承应匠役的匠户外，还有厨役（供京师太常寺、光禄寺办膳时驱使）、裁缝（供官府役使）、马船（驾驶运河官船的民夫）等。除了这三大类，在沿海为官府煮盐的盐丁或灶丁，寺、观的僧、道，为官府养马的马户，看管皇帝陵墓的陵户，管园的园户，打柴的柴炭户，种茶的茶户，承应买办的铺户，等等，亦各立户籍。为此，他在登基之后，即命令出征将领和地方官员注意搜集元朝的户口版籍，并下令："凡军、民、医、匠、阴阳诸色户，许以原报抄籍为定，不许妄行变乱，违者治罪，仍从原籍。"并令户部榜谕全国："凡有未占籍而不应役者，许自首，军发卫所，民归有司，匠隶工部。"①这样，元朝将编户变为差户的制度就继续沿袭下来，所有的人户皆以籍为定，世代当差服役，不得改变。

为了准确地掌握全国户口的数字，朱元璋于洪武三年（1370）十一月命中书省稽核民数，编制户籍，谕曰："今天下已定，而民数未核实。其命户部籍天下户口，每户给以户帖。"户部于是"制户籍、户帖，各书其户之乡贯、丁口、名岁。合籍与帖，以字号编为勘合，识以部印。籍藏于部，帖给以民。仍令有司岁计其户口之登耗，类为籍册以进。著为令"②。户籍藏于户部，作为征派赋役的依据；户帖发给户主，作为人口的户籍证明。这次稽查户口，朱元璋还令百万大军下到各府、州、县去点户比勘合，"比著的，便是好百姓，比不著的，便拿来做军"，"有官吏隐瞒了的，将那有司官吏处斩"③。

此后，在洪武三、四年，江南的湖州府吴兴、乌程、长兴、德清、安吉等县，嘉兴府海盐县，徽州府歙县等地开始出现一种以里甲编制为官府催办税粮的黄册制度。江南地区基层的税粮，在宋代原本责之户长、催头等，南宋绍兴年间（1131—1162）改行"甲首之法"，"以十户为一甲，一甲之中，择管额多者为首，承帖拘催"，即将十户编为一甲，以所交税粮

---

① 《万历明会典》卷19，《户部·户口》。

② 《明太祖实录》卷58，洪武三年十一月辛亥。

③ （明）李诩撰，魏连科点校：《戒庵老人漫笔》卷1，《半印勘合户帖》，中华书局1982年版，第34页。

最多的一户当甲首,负责催办一甲的税粮。这种绍兴甲首之法,至洪武初年遂演变成里甲正役的小黄册制度。其具体办法,据《永乐大典》卷 2277 引《吴兴续志》所记的吴兴役法为:"黄册、里长、甲首,洪武三年为始。编置小黄册,每百家画为一图,内推丁力田粮近上者十名为里长,余十名为甲首。每岁轮流,里长一名,管甲首十名,甲首一名,管人户九名,催办税粮,以十年一周。"①不过,《吴兴续志》记述湖州府所辖乌程、长兴、德清、安吉诸县的役法时,却说每百家设里长一名,而洪武三年敕撰成书的《大明集礼》和洪武七年已经成文的《大明律》也都记为每百户设里长一名,可知说每百户设里长十名应为一名之误。由这些记载可知,这种小黄册制度,是将每百家编为一图,推举丁力田粮最多的一户担任里长,另推十户担任甲首,每年由里长带领一户甲首及其所管领的九户人手,负责催办一里之内的税粮,挨甲轮值,十年轮流当差一次。这就是明代徭役的一种,叫里甲正役。

　　洪武十三年,朱元璋决定在小黄册制度的基础上,建立更加严密的黄册制度②。翌年正月,"命天下郡县编赋役黄册"③,黄册制度正式在全国推行。所有编入里甲的人户,均以一家一户为单位,填报《清册供单》,供单内容包括户主的乡贯、姓名、年岁和全家的丁口、事产(田地山塘面积,应交夏税秋粮数额、住宅、牲畜),其中的丁口和事产须按"旧管"(上次登记的数额)、"新收"(上次登记后增加的数额)、"开除"(上次登记后减少的数额)、"实在"(现有的数额)四个项目分别填写,以便了解变动的情况④。供单由各户填好后交给甲首,甲首审核无误后交给里长,里长审核无误后将一里的户籍编成里册,一式四份,呈送本县。各县、府、布政司各留下一份,另一份里册连同本县、本府、本布政司的丁口、事产统计总册一并上报户部。户部再类编全国人丁、事产的户籍总册,进呈皇帝御览。《明史·食货志》说:"上户部者,册面黄纸,故谓之黄册。"⑤认为由于送交户部的册籍皆以黄纸做封面,所以称为黄册。但明人张萱却说:"今制,丁口税粮,十岁一籍其数,曰黄册,自刘宋时已有之。齐高帝即位,尝敕虞玩之与傅坚意检定,诏曰'黄籍,人之大纲,国之政端'云云。时亦称人籍。今世多不解黄字之义。余偶阅唐开元制,凡男女始生为黄,四岁为小,十六为中,二十有一为丁,六十为老。每岁一造计帖,三年一造户籍,即今之黄册也。谓之曰黄,亦自男女之始生登籍而名之耳。"⑥实际上,从隋朝开始,"黄"字已正式应用于户籍制度

---

①　《永乐大典》卷 2277,《湖州府·田赋》引《吴兴续志》,中华书局影印本。

②　《明史》卷 138,《杨思义传附范敏传》,第 3966 页。

③　《明太祖实录》卷 135,洪武十四年正月。

④　参看韦庆远:《明代黄册制度》,中华书局 1961 年版,第 24—25 页。

⑤　《明史》卷 77,《食货志一》,第 1878 页。

⑥　(明)张萱:《疑耀》卷 2,《黄册》,《丛书集成初编》本。

之中,隋制"男女三岁已下为黄"①,唐制"凡民始生为黄"②,宋制"诸男女三岁以下为黄"③,金制"男女二岁以下为黄"④。明代的"黄册"之称即承此而来,含有版籍与户口之意。故明人丘濬曰:"所谓版者,即前代之黄籍,今世之黄册也。"⑤

黄册是明政府征派赋税徭役的依据,所以时人又称之为"赋役黄册"。黄册制度正式在全国施行以后,户帖便逐渐为黄册所取代。黄册每十年重编一次。每次编造的黄册,都以上次黄册登记的各户"实在"事产作为本次黄册的"旧管",然后增加"新收"部分,减去"开除"部分,得出本次黄册登载各户的"实在"数字,使每次所造的黄册互相衔接,掌握各户丁口、事产的变化情况。由于黄册的编造关系到朝廷对人口的控制和赋役的收入,朱元璋对此非常重视。洪武二十四年下令,清册供单必须由本户填写或根据本户自报的情况代为填写,叫作"亲供",不许甲首、里长或他人代为包办,"若官吏、里甲通同人户,隐瞒作弊,及将原报在官田地不行明白推收过割,一概影射、减除数额者,一体处死;隐瞒人户,家长处死,人口迁发化外"⑥。同年颁布的《攒造黄册格式》规定:"其各州、县每里造册二本,进呈册用黄纸面,布政司、府、州、县册用青纸面。"⑦并在南京后湖(今玄武湖)四面环水的岛上建造东、西黄册库,"令各处布政司及直隶府、州、县,并各土官衙门,所造黄册,俱送户部,转送后湖收架"⑧。

赋役黄册仅仅是一种户口总籍,它登记了除卫所现役官兵之外的所有编入里甲的人户,包括民、军、匠、灶等户,并在册上逐一注明他们的户类。除了这种户口总册,明朝还另外编造各种不同户类的户口册,如匠籍册、灶籍册、军籍册等,交给有关的主管部门如工部、内官监、盐运司及兵部保管,只有民户,不再另外造册。军籍黄册的编造始于洪武二十一年(1388),当年九月,朱元璋"以内外卫所军伍有缺,遣人追取户丁,往往鬻法,且又骚动于民",采纳兵部尚书沈溍的建议,下令编造军户图籍,由各卫所登记亡故军士的姓名、乡贯,报送兵部,然后"照籍移文取之"。接着,又下令编造军户户口册,由各郡县登记军户的丁口之数,"如遇取丁补伍,有司按籍遣之,无丁者止"⑨。当年十二月,又命兵部设置军籍勘合,登记每个军丁的从军来历,调补卫所的年月及在营丁口之数,称为"勘合户由",发给

① (唐)魏徵等:《隋书》卷24,《食货志》,中华书局1973年版,第680页。

② (宋)欧阳修、宋祁等:《新唐书》卷51,《食货志一》,中华书局1975年版,第1342页。

③ (宋)窦仪等:《宋刑统》卷12,《户婚律·脱漏增减户口》,中国书店影印本。

④ (元)脱脱等:《金史》卷46,《食货志一》,中华书局1975年版,第1031页。

⑤ 《大学衍义补》卷31,《制国用·傅算之籍》。

⑥ 《万历明会典》卷20,《户部·黄册》。

⑦ 《正德明会典》卷21,《户部·攒造黄册》,《四库全书》本。

⑧ 《万历明会典》卷42,《户部·南京户部》。

⑨ 《明太祖实录》卷193,洪武二十一年九月戊戌。

内外各卫,用以管理现役军士①。后来,军户户口册就发展成为军籍黄册,简称军黄册或军黄。其他如匠籍册、灶籍册等,都陆续编造。一般的户籍黄册就称为民黄册,或称民黄,以与军黄册相区别。明初黄册的编造,奠定了明朝的户籍制度。

黄册制度建立后,明廷对户口户籍的管理极为严格。规定全国编入里甲的人户,一律要在黄册上逐一登记,"人户以籍为断","以其业著籍"②。男为丁,女为口。男子一生下来,即"籍其名曰不成丁,年十六曰成丁"③。成丁之后,必须为国家服徭役,直到六十岁才能免除。男子在十岁以上就要被编入黄册的正图,十岁以下的男孩和妇人、女子以及鳏、寡、孤、独,则编入畸零项内。就连寺院庵观的僧、道,只要是有田地财产的,不论是寺庙或本人的产业,也要编入黄册正图(特许者除外),没有产业的才编入畸零项内。民人一旦被编入户籍,就不许随便改变籍属,也不许随便迁徙。民户因灾荒重役等被迫逃往他乡的,"督令还本籍食业,赐食一年"。只有老弱不能归及不愿归者,才许"令在所著籍,授田输赋"④。

《大明律》规定:"凡军民驿灶医卜工乐诸色人户,并以籍为定。若诈冒脱免,避重就轻者,杖八十。其官司妄准脱户,及变乱板籍者,罪同。若诈称各卫军人,不当军民差役者,杖一百,发边远充军。"⑤凡一户全不附籍,将他人亲属隐蔽在户不报,及相冒合户附籍,隐漏自己或他人成丁人口不附籍,民户逃往邻境州县躲避差役,丁夫杂匠在役及工乐杂户逃亡者,均严加惩治。

在实行黄册制度的同时,朱元璋还把始行于江南地区的里甲制度推向全国,以便加强对人民的控制。洪武十三年(1380),当朱元璋下令编造黄册时,户部尚书范敏建议以"百一十户为里,丁多者十人为里长,鸠一里之事以供岁役,十年一周,余百户为十甲"⑥。朱元璋采纳他的意见,第二年即在全国普遍推行,令各府、州、县在编造赋役黄册之时,把所有的人户都编入里甲之内。据《明太祖实录》记载,其法"以一百一十户为里。一里之中,推丁粮多者十人为之长,余百户为十甲。甲凡十人。岁役里长一人,甲首十人,管摄一里之事。城中曰坊,近城曰厢,乡都曰里。凡十年一周,先后则各以丁粮多寡为次。每里编为一册,册之首总为一图。其里中鳏、寡、孤、独不任役者,则带管于百一十户之外,而列于图后,名曰畸零"⑦。从"岁役里长一人,甲首十人"以及"十年一周"等记载看,洪武十四年推

---

① 《明太祖实录》卷 194,洪武二十一年十二月。

② 《明史》卷 77,《食货志一》,第 1878 页。

③ 《明史》卷 78,《食货志二》,第 1893 页。

④ 《明史》卷 77,《食货志一》,第 1879 页。

⑤ 《大明律》卷 4,《户律·户役》,第 44 页。

⑥ 《明史》卷 138,《杨思义传附范敏传》,第 3966 页。

⑦ 《明太祖实录》卷 135,洪武四年正月。

行于全国的里甲制度,每里由原来小黄册的 100 户增为 110 户,里长由 1 户增为 10 户,甲首也由 10 户增为 100 户。每里分为 10 甲,每甲 11 户。1 里长户下辖 10 甲首户,按照黄册上编定的年份,挨甲轮差,10 年 1 周。对此,章潢《图书编》的记载更为明确:"洪武十四年创赋役黄册,以一百一十户为一图,选其粮多者十户为里长,余百户为甲首。十年轮役,催办钱粮,追摄公事。"①里长由丁粮多的 10 户,轮流充任。如果里长家道中落,无法应役,则于 110 户内推选丁粮多者补充。"轮年应役,十年而周,当年谓之见役,轮当者谓之排年"②。每年由 1 里长带领本里 10 户甲首充当现役。里甲的职责极为广泛,除了负责追征钱粮、勾摄公事、祭祀鬼神、接应宾旅以及应付官府的各种征求,还要督促生产,"凡里长部内已入籍纳粮当役田地,无故荒芜及应课种桑麻之类而不种者,俱以十分为率,一分笞二十,每一分加一等,罪止杖八十"③。此外,里甲必须对全里人户进行管辖和约束,"谁贫谁富,谁困苦,谁逃流,谁人钱粮多寡,谁人丁口消长,彼尽知之"④。民间发生纠纷,里甲也要负责决断,若"其顽民不服,辗转告官,捏词诬陷者,正身处以极刑,家迁化外"⑤。里甲还设有里正、甲正,掌管鱼鳞图总册。并设老人一职,又称里老、耆宿,规定由"年高有德""公正可任事者"担任,实际多由"殷实户"的老人充当,与里长共同主一里之事。里甲之内,所有民户都要"互相知丁,互知务业",并且互相作保,实行连坐。"民间一里之中,若有强劫盗贼、逃军、逃囚及生事恶人,一人不敢缉捕,里甲、老人即须会集多人擒拿赴官。违者以罪罪之"⑥。"若一里之间,百户之内,见《诰》(指御制《大诰续编》)仍有逸夫(游民),里甲坐视,邻里亲戚不拿……逸夫处死,里甲四邻化外之迁"⑦。这种里甲编制,不仅是封建国家征派赋税和徭役的基本单位,而且也是州、县以下最广泛的基层组织单位,兼具农村政权的性质。

朱元璋还设立路引制度,与里甲制度相配合,全面约束人民的行动。路引也叫丁引,就是通行证或身份证,是从古代的"传""过所""公凭"发展而来的。朱元璋规定,自京师及至全国,一切臣民,朝出暮入,都要检查路引。路引必须向所在地方的官府申请,申请的手续非常严格,违反者要受到严厉的刑罚。军、民走出百里之外,即需持有路引;出外住宿,亦须检查路引,"市村人民舍客之际,辨人生理,验人引目"⑧。军、民如果走出百里之外,

---

① (明)章潢:《图书编》卷 90,《江西差役事宜》,《四库全书》本。

② 《大学衍义补》卷 31,《制国用·傅算之籍》。

③ 《大明律》卷 5,《户律·田宅》,第 54 页。

④ 陈义钟编校:《海瑞集》上编,《参评·里长》,中华书局 1962 年版,第 150 页。

⑤ 《教民榜文》,《皇明制书》第 2 册,第 727 页。

⑥ 《教民榜文》,《皇明制书》第 2 册,第 727 页。

⑦ 《御制大诰续编·互知丁业第三》,《皇明制书》第 1 册,第 99 页。

⑧ 《御制大诰续编·辨验丁引第四》,《皇明制书》第 1 册,第 100 页。

"不给引者,军以逃军论,民以私渡关津论"①。对逃军的处罚是:"凡军官、军人,从军征讨,私逃还家,及逃往他所者,初犯,杖一百,仍发出征。……各处守御城池军人在逃者,初犯,杖八十,仍发本卫充军。再犯,并杖一百,俱发边远充军。三犯者,绞。"②对私渡关津的处罚是:"凡无文引私渡关津者,杖八十。若关不由门、津不由渡而越度者,杖九十。若越度缘边关塞者,杖一百,徒三年。因而出外境者,绞。"③此外,明廷还多次下令实行海禁,严禁私下诸蕃互市。人民的一举一动,都受到严格的控制。

　　除了通过黄册制度、里甲制度、路引制度,把全国人民牢固地束缚在固定的土地上,朱元璋又大力维护封建家长制的统治。植根于小生产个体经济之上的封建家长制,是君主专制中央集权制度得以维持统治的重要条件。按照传统的封建宗法制,《大明律》明确规定,封建家长只能由嫡长子继承,不立嫡长子要受到杖 80 的惩处,只有当嫡妻年五十以上又不生子者,才可立庶子,即使立庶子,也须立庶长子,否则与不立嫡子同罪。家长被赋予处理家庭财产的全权,以便巩固家长制的物质基础。"别籍异财"受到严格的禁止,卑幼擅用本家财产,也要受到刑事处分,20 贯笞 20,每 20 贯加 1 等,至杖 100 为止。家政一概由家长负责,子孙必须绝对服从家长的教诫和命令,包括主办婚姻在内。"不孝"被列为"十恶"之一,要受到严厉的惩处,"凡子孙违犯祖父母、父母教令及奉养有缺者,杖一百"④。子孙对祖父母、父母,妻妾对丈夫,弟妹对兄姊进行骂詈或殴打,要受凌迟、斩、绞和其他轻重不等的刑罚⑤。至于匿父母丧、冒哀出任、弃亲之任、居丧嫁娶等等违背孝道的行为,都在禁止之列。百官不得擅离职守,但闻父母丧,"不待报,得去官"⑥。家长的统治地位和家庭的尊卑名分,受到严格的保护。《大明律》专门立有"亲属相为容隐"的条款,规定家庭中的成员犯法,除"谋叛"以上罪行之外,亲属为之隐瞒者无罪⑦。还立有"干名犯义"的专款,禁止亲属之间的诉讼行为,否则将处以凌迟或其他刑罚⑧。浙江观海乡千户吕祥犯罪,他弟弟向官府揭发,朱元璋便以"兄不友其弟,弟不恭其兄"的罪名,把他们兄弟俩都谪戍于边⑨。亲属之间互相侵犯,则按尊卑亲疏定罪,对尊长的处刑远比卑幼为轻。在保护家长的权利和地位的同时,明廷则要求家长负责担保全家对国家、社会承担的义务,不仅全家

---

① 《大明律》卷 15,《兵律·关津》,第 116 页。

② 《大明律》卷 14,《兵律·军政》,第 112 页。

③ 《大明律》卷 15,《兵律·关津》,第 115 页。

④ 《大明律》卷 22,《刑律·诉讼》,第 178 页。

⑤ 《大明律》卷 20,《刑律·斗殴》,第 163—164 页;卷 21,《刑律·骂詈》,第 171 页。

⑥ 《明史》卷 296,《孝义列传》序,第 7576 页。

⑦ 《大明律》卷 1,《名例律》,第 18—19 页。

⑧ 《大明律》卷 22,《刑律·诉讼》,第 176 页。

⑨ 《明太祖实录》卷 230,洪武二十六年十一月乙酉。

的户口、租赋和徭役都要家长负责,家属犯罪,家长也要受到牵连,"若家人共犯,止坐尊长"①,就连家属冒用家中其他人的路引偷渡关津,也"罪坐家长"②。

朱元璋认为,庶民百姓的本分就是规规矩矩地遵守朝廷的法度,"田赋、力役出以供上"。洪武十五年(1382)十一月,他命户部榜谕两浙、江西之民说:"为吾民者当知其分,田赋、力役出以供上者,乃其分也。能安其分,则保父母妻子,家昌身裕,斯为仁义忠孝之民,刑罚何由而及哉!近来两浙、江西之民,多好争讼,不遵法度,有田而不输租,有丁而不应役,累其身以及有司,其愚亦甚矣。……今特谕尔等,宜速改过从善,为吾良民。苟或不悛,则不但国法不容,天道亦不容矣。"③如果百姓"不遵法度",不服从统治,不向国家纳赋服役,不向地主交纳地租,朱元璋便动用国法,诉之于残酷的刑罚和血腥的镇压。明初刑罚极其野蛮残酷,唐律本已废止古代墨、劓、剕、宫、大辟五刑,而代之以笞、杖、徒、流、死(斩、绞)五刑。元代除沿用这些刑罚手段,又采用唐、宋等朝罕用的断舌、断臂、挑筋、剥皮、菹醢等酷刑④。明代沿袭元朝的做法,也采用许多极其残酷的非刑。《大明律》关于刑名,除规定笞、杖、徒、流、死(斩、绞)五种刑罚外,还新创了比流刑更重的充军刑,并把最残酷的凌迟刑列为正式的用刑手段。明律还广泛使用连坐族诛之刑,犯有"十恶"大罪者,一案往往株连到数十人,甚至有夷九族、十族的。人民动辄得咎,稍为触犯法律,便会遭到严厉的惩处。工匠沈添二等207人因为用老弱幼孺顶工赴役,朱元璋下令叫匠人亲身赴工,并将顶替赴工的幼丁、老者尽发广西充军⑤。镇江坊甲邻里,因坐视、纵容韦栋等18人违犯《大诰》,没有把他们擒拿赴官,"事发,将坊甲邻里尽行责罚搬石砌城,其费有空其家者有之,有不能存活者有之,有不及搬运石块而逃死者有之"⑥。句容县杨馒头等人合谋伪造钞币,官府发兵搜捕,"自京至于句容,其途九十里,所枭之尸相望"⑦。对官府和地主的压迫、剥削如有不满和反抗,更要遭到残酷的镇压。浙江崇德县官府征调李付一等人到海边筑城,他们两次拒绝赴工,并将前来催逼赴工的甲首王辛三当作"害民甲首"绑赴京师,即被"凌迟示众"。浙江归安县民戴兴四等拒纳秋粮,将里长派去催讨的丘华一当作"帮虎"拿赴官府,结果都被"发广西拿象,全家抄扎,人口迁于化外"。江西吉安县民金方,佃种潘俊二田一亩六分,两年未交田租,并将前来逼租的潘俊二作为"害民豪户"绑赴官府,也被枭首示众。浙江乌程县佃农余仁三等29人,向地主游茂玉借米,到期无法交还,游茂玉日

① 《大明律》卷1,《名例律》,第17页。

② 《大明律》卷15,《兵律·关津》,第115页。

③ 《明太祖实录》卷150,洪武十五年十一月丁卯。

④ (民国)柯劭忞:《新元史》卷15,《武宗纪》;卷103,《刑法志》,《柯劭忞先生遗著》本。

⑤ 《御制大诰三编·工匠顶替第三十》,《皇明制书》第1册,第234页。

⑥ 《御制大诰三编·违诰纵恶第六》,《皇明制书》第1册,第211页。

⑦ 《御制大诰·伪钞第四十八》,《皇明制书》第1册,第71—72页。

夜催逼，他们便联合周围群众 100 多人，冲进游家，捣毁了他家的门户，分掉他的财产，并搜出借米文约"唱名俵还各户"，然后将游茂玉当作"豪民"绑缚至京。朱元璋下令把余仁三等为首的三人枭令示众，并把参与者全部"发化外充军，家下人口，迁发化外"①。洪武二十八年十二月，广东宁远县迁家村罗危等人"劫掠人民"，都指挥同知花茂统兵剿捕，屠杀逮捕了 357 人②。

明朝建立后，有些农民仍然利用白莲教等秘密宗教组织，来从事反抗明朝封建专制统治的活动。朱元璋原本就是借助白莲教发动的元末农民战争来推翻元朝统治的，因此对白莲教等秘密宗教的活动就十分警惕和不安。登基之后，他告诫臣下："夫邪说不去，则正道不兴。正道不兴，天下乌得而治？"③在《御制大诰三编》里，朱元璋十分恼怒地说："元政不纲，天将更其运祚，而愚民好作乱者兴焉。初本数人，其余愚者闻此风而思为之合，共谋倡乱。是等之家，吾亲目睹。……今江西有等愚民，妻不谏夫，夫不戒前人所失，夫妇愚于家，反教子孙一概念诵'南无弥勒尊佛'，以为六字，又欲造祸以殃乡里"。下令进行取缔，规定："今后良民凡有六字者，即时烧毁，毋存毋奉，永保己安，良民戒之哉！"④《大明律》还规定："凡师巫假降邪神，书符咒水，扶鸾祷圣，自号端公、太保、师婆及妄称弥勒佛、白莲社、明尊教、白云宗等会，一应左道乱正之术，或隐藏图像，烧香集众，夜聚晓散，佯修善事，扇惑人民，为首者，绞；为从者，各杖一百，流三千里。"即使迎神赛会，也要"杖一百，罪坐为首之人"⑤。"凡造谶纬、妖书、妖言及传用惑众者，皆斩。若私有妖书隐藏不送官者，杖一百，徒三年"⑥。湖广罗田县的王佛儿，"自称弥勒佛降生，传写佛号惑人，欲聚众为乱"，即被官军"捕斩之"⑦。

对于揭竿而起的农民起义，朝廷则动用优势的兵力进行围剿。朱元璋命令兵部榜谕天下："各地卫所地方设有寇三四十人，即调官军一二百人，寇有数百人，即调数千人，刻期捕获，毋令滋蔓。"⑧按照明朝的制度，没有皇帝下达兵部的命令，官军不得擅自调发，但是为了对付农民的反抗，《大明律》特地规定，各地守御官军的将帅，遇有"反叛""贼寇"事件发生，因"事有警急及路程遥远"来不及申奏朝廷者，"并听从便，火速调拨军马，乘机剿捕。若贼寇滋蔓，应合会捕者，邻近卫所虽非所属，亦得调发策应，并即申报本管上司，转达朝

① 《御制大诰三编·臣民倚法为奸第一》，《皇明制书》第 1 册，第 181—182 页。
② 《明太祖实录》卷 243，洪武二十八年十二月戊申。
③ 《明太祖实录》卷 29，洪武元年正月癸巳。
④ 《御制大诰三编·造言好乱第十二》，《皇明制书》第 1 册，第 218—219 页。
⑤ 《大明律》卷 11，《礼律·祭祀》，第 87 页。
⑥ 《大明律》卷 18，《刑律·贼盗》，第 134 页。
⑦ 《明太祖实录》卷 81，洪武六年四月丙子。
⑧ 《明太祖实录》卷 239，洪武二十八年七月甲寅。

廷知会",否则"与擅调发罪同"①。因此,各地卫所的官军,对起义群众无不实行灭绝人性的大屠杀。如洪武十一年(1378)四月,陕西都指挥使叶昇镇压庆阳灵州屯田百户山丹等起义,"斩山丹等,俘其众二千六百五十人";十二年七月,平羌将军、御史大夫丁玉等镇压成都嘉定州眉县(今四川眉山)彭普贵起义,"尽歼其众";九月,福建都司镇压福建龙岩县江志贤起义,"斩获几三千人";十四年十一月,南雄侯赵庸镇压广东曹真、苏文卿、单志道、李子文、李平天等起义,"擒贼二万余,贼属八千有奇,斩馘五千余";十二月延安侯唐胜宗镇压浙江衢、处、温山民起义,"擒首贼吴达三、叶丁香及其党三千三百余人,家属一千五百人,斩首二百八十级";十五年正月,赵庸镇压东莞起义,"擒伪官百余人";十月镇压广东"铲平王"起义,"获贼党一万七千八百五十人,贼属一万六千余,斩首八千八百级";二十一年四月,广州右卫指挥佥事吴诚与赣州指挥同知张泰等镇压广东惠州龙川县苏文山等起义,"俘斩贼众一千九百七十余人"②。

明朝对人民的高压统治和残酷镇压,充分反映了朱元璋所建立的高度君主专制的中央集权国家维护地主阶级利益的阶级本质。这说明明初封建专制中央集权制度的强化,不仅是出于维护朱家天下万世一系的需要,同时也适应了整个地主阶级要求加强对农民的超经济强制的需要。正如朱元璋曾对各郡富民一再表白的那样:"今朕为尔主,立法定制,使富者得以保其富,贫者得以全其生。"③"方今豪富之家、中等之家、下等之家,富者富安,中者中安,下者下安。……其凶顽之徒孰敢称名道姓而盗取之。云何?盖君礼法之所治也"④。明初的富豪地主,之所以能从农民身上榨取地租,过着"富者富安"的生活,而不遭到农民的反抗,不遭到"凶顽之徒"的"盗取",就是由于朱元璋大力强化封建专制中央集权统治的结果⑤。

————————

　　① 《大明律》卷14,《兵律·军政》,第105—106页。

　　② 《明太祖实录》卷118,洪武十一年四月;卷125,洪武十二年七月丙辰;卷126,洪武十二年九月戊午;卷140,洪武十四年十一月庚戌、十二月丙子;卷141,洪武十五年正月甲辰;卷148,洪武十五年十月癸未;卷190,洪武二十一年四月甲子。

　　③ 《明太祖实录》卷49,洪武三年二月庚午。

　　④ 《御制大诰·民知报获福第四十七》,《皇明制书》第1册,第71页。

　　⑤ 参看拙作《论朱元璋强化封建专制中央集权的统治》,《中央民族学院学报》1980年第2期;《朱元璋研究》第101—139页。

第十章
"锄强扶弱",安定民心

第一节 "安民为本","锄强扶弱"

明朝建立后,面对动荡不安的局势,朱元璋在重建政权、强化君主专制中央集权统治的同时,也从地主阶级的长远利益出发,不断地思考如何协调阶级关系、缓和地主与农民的矛盾、稳定社会秩序的问题,从而提出了"安民为本"的主张。

朱元璋为"安民"的主张披上一件天命论的外衣,说:"天之爱民,故立君以治之,君能妥安生民则可以保(其君位)"①,"朕本布衣,以有天下,实由天命"②,"朕为天下主,凡吾民有不得其所者,皆朕之责"③。天命论是唯心主义的世界观,但朱元璋的天命论同与血统论、符瑞论联系在一起的天命论毕竟有所不同。朱元璋的天命论是与道德论联系在一起的,他认为自己之所以能膺天命,是由于"祖宗深仁厚德所致"④。"天命之去留,由人心之向背"⑤。君主最大的"仁德"就是得人心,"人者国之本,德者身之本,德厚则人怀,人安则国固。故人主有仁厚之德,则人归之如就父母"⑥。是否能膺天命,关键就看是否能得人心,"人事迩,天道远,得乎民心,则得乎天心"⑦,"为政以得民心为本"⑧。这种道德论,实质上是一种民心论。这样,朱元璋就把天命论与民心论紧密地联系在一起,强调君主为保天命之永驻,不仅必须"畏天""敬天",同时必须"恤民""安民",说:"所谓敬天者,不独严而有礼,当有其实。天以子民之任付于君,为君者欲求事天,必先恤民。恤民者,事天之实也。"⑨

朱元璋之所以能够提出"安民为本"的主张,归根到底,乃是由于他亲历过元末农民战争的洗礼,进而不断反思和总结历代皇朝特别是元朝兴亡的历史教训的结果。正是通过元末农民战争,他深刻认识到起义农民的强大力量,惊呼:"所畏者天,所惧者民。苟所为一有不当,上违天意,下失民心,驯致其极而天怒人怨,未有不危亡者矣!"⑩他一再引述儒家的名言说:"民犹水也,君犹舟也,水能载舟,亦能覆舟。"⑪强调民对君既有依存的一面,也有制约的另一面,指出君主不仅不能"轻民",而且要"畏民""敬民",说:"朕则上畏天,下

---

① 《明太祖实录》卷232,洪武二十七年四月壬午。
② 《明太祖实录》卷29,洪武元年正月丁丑。
③ 《明太祖实录》卷124,洪武十二年五月癸未。
④ 《明太祖实录》卷29,洪武元年正月甲戌。
⑤ 《明太祖实录》卷51,洪武三年四月戊辰。
⑥ 《明太祖实录》卷49,洪武三年二月辛酉。
⑦ 《明太祖实录》卷24,吴元年六月戊辰。
⑧ 《明太祖实录》卷174,洪武十八年七月丙子。
⑨ 《明太祖实录》卷180,洪武二十年正月甲子。
⑩ 《明太祖实录》卷32,洪武元年七月己卯。
⑪ 《明太祖实录》卷51,洪武三年四月戊辰。

畏地,中畏人。"①又说:"朕每观《尚书》至敬授人时,尝叹敬天之事,后世中主犹能知之;敬民之事,则鲜有知者。盖彼自谓崇高,谓民皆事我者,分所当然,故威严日重,而恩礼浸薄。所以然者,只为视民轻也。视民轻,则与己不相干,而畔涣离散不难矣。惟能知民与己相资,则必无慢视之弊,故曰:'可爱非君,可畏非民。众非元后何戴,后非众罔与守邦。'古之帝王视民何尝敢轻? 故致天下长久者,以此而已。"②基于这种认识,朱元璋提出了"安民为本"的主张,认为"凡为治以安民为本,民安则国安"③,要求得天下大治,防止"覆舟"之患,最根本的一条,就是要安定百姓,只有民心安定了,社会才能稳定,统治才能巩固。

那么,如何才能安民呢? 古代中国以农立国,社会上存在"富者"即地主与"贫者"即农民两大对立的阶级。在朱元璋的心目中,理想的社会,是"富者自安,贫者自存","富者得以保其富,贫者得以全其生"④,也就是说,地主阶级能够保有他们的财富,过着富裕的生活,而农民也具备进行简单再生产的条件,能够维持一家人的温饱,可以继续生存下去。要实现这个目标,自然必须加强封建专制的统治,恢复和发展千疮百孔的经济,并用法律手段来约束人们的行为,更重要的是要协调地主与农民这两大对立阶级的关系,使富与贫、强与弱双方都能循分守法,和谐共存,不致激化矛盾,形成对抗,导致社会的分裂与动乱的发生。在农民战争结束之后,富者即富豪地主和强者即维护地主阶级利益的各级官吏,掌握着主要的生产资料土地和国家的权力,处于强势地位,是矛盾的主要方面。如无适当的限制和约束,听任他们恣意妄为,肆意榨取和欺压贫者和弱者,农民必然无法自存。贫苦农民出身的朱元璋,对此有着深刻的认识。他深知,贫苦农民最为切齿痛恨的,就是土豪劣绅和贪官污吏,他自己"于大姓兼并,贫吏渔取",也是"深恶嫉之"的⑤。因此,为明皇朝的长治久安着想,朱元璋极力主张"锄强扶弱",一再告谕百官:"天生烝民,有欲无主乃乱。所以乱者,正谓人皆贪心不已,动辄互相兼并,以致强凌弱,众暴寡",他作为全国的最高君主,必须采取必要的手段和措施来"锄强扶弱","使有力大的不敢杀了力小的,人多的不敢杀了人少的。纵有无眼的,聋哑的,他有好财宝、妻妾,人也不敢动他的。若强将了,以强盗论;暗将了,以窃盗论。因此这般,百姓方安"⑥。明朝建立前夕,朱元璋在接见各郡新任的县官时,即谕之曰:"自古生民之众,必立之君长以统治之。不然,则强者愈强,纷纭吞噬,乱无宁日矣。然天下之大,人君不能独治,必设置百官有司以分理之,锄强扶

---

① 《明太祖实录》卷80,洪武六年三月癸卯。

② 《明太祖实录》卷146,洪武十五年七月庚戌。

③ 《明太祖实录》卷113,洪武十年七月。

④ 《明太祖实录》卷49,洪武三年二月庚午。

⑤ 《天潢玉牒》。

⑥ 《皇明诏令》卷2,《诫谕诸司敕》。

弱,奖善去奸,使民遂其所安,然后可以尽力田亩,足其衣食,输租赋以资国用。"要求他们认真贯彻"锄强扶弱"的政策,"勤于政事,尽心于民,民有词讼,当为辨理曲直"①。清代官修《明史》,将朱元璋这个"锄强扶弱"政策称作"右贫抑富",说:"(明太祖)惩元末豪强侮贫弱,立法多右贫抑富。"②

根据"锄强扶弱"的政策,朱元璋以法律形式提高了劳动者的身份地位。明初制定的《大明律》与《大诰》对农民的反抗活动做出了严厉的惩罚规定,同时也适当肯定农民战争的部分成果,相应地提高农民的身份地位。在唐律中,奴婢、部曲、杂户、官户的地位均低于良人,明代已不存在与良人不同的部曲、杂户、官户的等级,故明律未见有与此相应的条文。关于奴婢,《大明律》明确禁止庶民之家存养奴婢,禁止官民之家阉割役使"火者",禁止将他人迷失子女卖为奴婢,禁止冒认良人为奴。洪武二十四年(1391),明廷还规定:"役使奴婢,公侯家不过二十人,一品不过十二人,二品不过十人,三品不过八人。"③唐律的《监主借官畜奴》《役使所监临》等条,都把官员役使借用奴婢与役使借用牲畜、车船并列,《大明律》的有关条文,则只讲役使借用牲畜、车船,而不言奴婢。唐律中有关部曲的某些规定,《大明律》改为"雇工人",但其法律地位高于部曲,介于良人与奴婢之间。

唐律规定雇主人殴死部曲,徒一年;故杀,徒一年半。《大明律》规定雇主殴死雇工人,徒三年;故杀,绞。唐律规定部曲杀、伤、殴打主人或其亲属者,处刑与奴婢同,即杀主,斩;过失杀主,绞;殴伤主之近亲,斩或绞。《大明律》则规定:"若雇工人殴家长及家长之期亲若外祖父母者,杖一百,徒三年;伤者,杖一百,流三千里;折伤者,绞;死者,斩;故杀者,凌迟处死;过失杀、伤者,各减本杀、伤罪二等。"④唐律规定部曲骂詈、奸污、告发等干犯主人之罪,处刑与奴婢无大区别。《大明律》则规定:"凡奴婢骂家长者,绞。""若雇工人骂家长者,杖八十,徒二年"⑤。"凡奴及雇工人奸家长妻、女者,各斩"⑥。"若奴婢告家长及家长缌麻以上亲者,与子孙卑幼罪同。若雇工人告家长及家长之亲者,各减奴婢罪一等"⑦。从这些条文来看,雇工人奸家长妻、女与奴婢同罪,但骂詈及告发家长,处刑则较轻。另外,《大明律》对雇工人对家长有犯虽以"贱"论处,但对"良人"有犯则往往以"良人"论处。如"良贱相殴"的律条,只规定奴婢殴良人的处刑标准,而未言雇工人殴良人如何处治,司法部门往往便以"良人相殴"的律条论处了。凡此种种,表明雇工人的身份地位是介于"良

---

① 《明太祖实录》卷24,吴元年七月丁丑。
② 《明史》卷77,《食货志一》,第1880页。
③ (清)龙文彬:《明会要》卷5,《民政》,中华书局1956年版,第969页。
④ 《大明律》卷20,《刑律·斗殴》,第162页。
⑤ 《大明律》卷21,《刑律·骂詈》,第170页。
⑥ 《大明律》卷25,《刑律·犯奸》,第197页。
⑦ 《大明律》卷22,《刑律·诉讼》,第177页。

人"与"贱人"之间,而高于奴婢。至于佃户的身份地位,唐律没有明确的反映。这是因为现存的唐律修订于唐前期的永徽年间,而中国封建社会的租佃关系则是在唐后期实行两税法后才逐渐发展起来的。在宋、元两代,主佃之间的法律地位相差悬殊。宋律规定:"佃客犯主,加凡人一等。主犯之,杖以下勿论,徒以上减凡人一等。"①元律规定,地主与佃户行主仆之礼,地主打死佃客,仅科以"杖一百七,征烧埋银五十两",便告了事。洪武五年五月,朱元璋的《正礼义风俗诏》规定,佃见田主,不论齿论,行"以少事长之礼"②,若在亲属则不拘主佃,概以亲属之礼行之。明制父辈叫"尊",兄辈叫"长"。佃户与地主的关系,由仆主升为少长,佃户虽然仍被置于地主的宗法统治之下,但比之宋、元,其身份地位毕竟有了提高。因此,《大明律》不仅取消了元律关于地主殴死佃户仅科以杖 170、征烧埋银了事的条款,而且重新厘定乡饮酒礼,规定举行乡饮酒礼时,"除乞丐外,其余但系年老者,虽至贫,亦须上坐,少者虽至富,必序齿下坐,不许搀越"③。也就是说,不管贫富,不论是地主还是佃客,一律按年龄的大小入座,即便是贫穷的佃农,年龄大的就坐上席,再富有的地主,年龄小的也得坐在下席。《大明律》的《私役民夫抬轿》律条还规定:"凡各衙门官吏,及出使人员,役使人民抬轿者,杖六十。有司应付者,减一等。若富豪之家,役使佃客抬轿者,罪亦如之。每名计一日,追给雇工钱六十文。"④奴婢、雇工人和佃农的人身依附和超经济强制已有了相对的松弛。

与此同时,明律则降低了贵族官僚的特权地位。在中国的封建社会,不同等级的人在法律面前是不平等的,所谓"刑不上大夫,礼不下庶人",就是这种法律现象的概括与反映。周代有所谓"八辟"的专门规定,赋予贵族官僚以减免刑罚的特权。唐律将"八辟"发展为"八议"。"八议"的具体范围是:"议亲"——皇亲,"议故"——皇帝的故旧,"议贤"——所谓有"大德"者,"议能"——有"大才艺"者,"议功"——有大功勋者,"议贵"——三品以上职事官、二品以上散官及有一品爵位者,"议勤"——有"大勤劳"者,"议宾"——前朝国君与贵族。《唐律·名例篇》开列"议、请、减、赎、当、免之法"。"议"适用于"八议"范围以内的贵族官僚,规定这些人除犯"十恶"大罪外,流罪以下可减一等。死罪则根据其身份和犯罪情节,由有关官吏集议减罪,报请皇帝批准。"请"适用于皇太子妃大功以上亲,应议者期以上亲及孙,以及五品以上官,犯流罪以下可减一等。"减"适用于七品以上官及应请者亲属,流罪以下可减一等。"赎"适用九品以上官,及七品以上官的亲属,流刑以下可以钱听赎。"官当"适用于一般官吏,可以其官员的等级抵罪。"免"也适用于一般官吏,徒、流

---

① 《宋史》卷 199,《刑法志一》,第 4981 页。
② 《皇明诏令》卷 2。
③ 《万历明会典》卷 79,《礼部·乡饮酒礼》。
④ 《大明律》卷 17,《兵律·邮驿》,第 129 页。

刑可以免除官职抵罪。总之,唐律除"谋反""谋大逆"等"十恶"重罪之外,贵族官僚及其荫亲犯罪,几乎都可免受审判和刑罚。《大明律》则不然,只规定"凡八议者犯罪,实封奏闻取旨,不许擅自勾问。若奉旨推问者,开具所犯及应议之状,先奏请议,议定奏闻,取自上裁。其犯十恶者,不用此律"①。还规定,文武官员犯公罪,只有笞刑可以听赎。凡文官犯私罪,"笞四十以下,附过还职;笞五十,解见任别叙;杖六十,降一等;七十,降二等;八十,降三等;九十,降四等;俱解见任。流官于杂职内叙用,杂职于边远叙用。杖一百者,罢职不叙。若军官有犯私罪,该笞者,附过收赎;杖罪,解见任,降等叙用;该罢职不叙者,降充总旗;该徒、流者,照依地里远近,发各卫充军"②。其余所有法律特权,一概取消。和唐代相比,明代贵族官僚的法律特权地位大大降低了。明律还严禁公侯之家侵占官民田地财产、接受投献、隐蔽赋役,禁止藩王侵占民田。并严禁官豪势要侵占他人田宅以及欺隐自己田地粮差的行为,禁止官员在现任处所置买田宅。如有违反,处罚都极其严厉。

也正是基于"锄强扶弱"的政策,朱元璋之"好用峻法,于约束勋贵官吏极严",而"未尝滥及平民,且多唯恐虐民"③。洪武年间,朱元璋兴起的几起大狱,打击的对象都是勋贵官吏,而没有一起是针对平民百姓的。

根据"锄强扶弱"的政策,朱元璋还调整土地关系,推行垦荒屯田。贫苦农民出身的朱元璋深知,广大农民之所以处于贫弱无告的困境,就是因为他们很少甚至没有最主要的生产资料土地。要"扶弱""右贫",就必须解决他们无地少地的问题。元代土地高度集中,除官府控制着大量官田之外,蒙汉地主阶级也大量兼并土地,特别是江南一带,豪右之家更是连阡亘陌。经过长期的战乱,不少地主或死或逃,原先为元朝官府控制的官田和蒙汉地主阶级霸占的民田,部分为农民所耕垦,更多的则成为无主的荒地。洪武元年下诏规定:"各处人民,曩因兵燹抛下田土,已被有力之家开垦成熟者,听为己业。"并鼓励百姓积极开垦无主的荒地,"各处荒闲田地,许令诸人开垦,永为己业,与免杂泛差役三年,后并依民田起课税粮"④。三年六月,又采纳济南知府陈修及司农官的建议,将北方郡县近城荒地授予乡民无田者耕种,"户率十五亩,又给地二亩,与之种蔬,有余力者不限顷亩,皆免三年租税"⑤。从一些文献资料的记载来看,这个计丁授田的政策不仅在北方而且也在南方一些地方实行过,只是授田的亩数视各地人口的稠稀、荒地的多寡而有所不同。宣德八年(1433),江南巡抚周忱曾在一封书信中说:"忱尝以太仓一城之户口考之,洪武年间见丁授

① 《大明律》卷1,《名例律·应议者犯罪》,第5页。
② 《大明律》卷1,《名例律·文武官犯私罪》,第6—7页。
③ 孟森:《明清史讲义》上册,中华书局1981年版,第70页。
④ 《皇明诏令》卷1,《大赦天下诏》。
⑤ 《明太祖实录》卷53,洪武三年六月丁丑。

田十六亩。"①说明在江南地区也曾计丁授田。洪武十三年,又诏陕西、河南、山东、北平等布政司及凤阳、淮安、扬州、庐州等府,"民间田土,许尽力开垦,有司毋得起科"②。二十四年,"令公侯大官以及民人,不问何处,惟犁到熟田,方许为主。但是荒田,俱系在官之数,若有余力,听其再开";又"令山东概管农民,务见丁著役,限定田亩,著令耕种,敢有荒芜田地流移者,全家迁发化外充军"③。二十六年,"令开垦荒芜官田,俱照民田起科"④。二十八年十二月,令山东、河南"二十七年以后新垦田地,不论多寡,俱不起科"⑤。同年,还"令凡民间开垦荒田,从其自首,首实三年后官为收科,仍仰所在官司,每岁开报户部,以凭稽考"⑥。由于这些法令的颁布,不仅逃亡地主遗下的田地为农民耕垦为熟田者,得到官府的承认,而且有大量荒废的官民田被农民开发出来,并通过向国家纳税服役,取得了合法的土地所有权。明初土地关系的调整,使广大农民获得了一份土地,自耕农的数量因此大增,占到整个农村人口的多数,成为明初农业生产迅速恢复和发展、乡村社会秩序迅速趋于稳定的一个关键因素。

由于我国幅员辽阔,各地自然条件千差万别,经济发展状况也参差不齐,人口的分布极不均匀。元末农民战争期间,各地遭受战火的破坏又程度不一,中原诸州是当时的主要战场,遭到的破坏最为严重,积骸成丘,居民鲜少,大多变成丁少田多的"宽乡"。按规定数额分配土地,并鼓励农民尽力垦辟之后,还闲置着大量荒地,而其他未曾遭受战火或遭受战火破坏较少的地方,人口较多,荒地较少,又成为田少丁多的"窄乡",土地不够分配。朱元璋于是又下令"移民就宽乡",将无田或少田的农民从窄乡移至宽乡,由政府授予田地,"给牛、种、车、粮,以资遣之,三年不征其税"⑦。这些移民,后来也多变成拥有小块土地的自耕农。

朱元璋还根据"锄强扶弱"的政策,实行轻徭薄赋,减轻百姓负担。朱元璋指出,元朝的统治,是由于"昏主恣意奢欲,使百姓困乏,至于乱亡"的⑧,所以统治者不能只顾眼前利益,竭泽而渔,不顾百姓的死活。"善治者,视民犹己,爱而勿伤。不善者,征敛诛求,惟日不足。殊不知道君民一体,民既不能安其生,君亦岂能独安厥位乎? 譬之驭马者,急衔勒,

---

① 《明经世文编》卷 22,《王周二公疏·与行在户部诸公疏》。
② 《万历明会典》卷 17,《户部·田土》。
③ 《万历明会典》卷 17,《户部·田土》。
④ 《万历明会典》卷 17,《户部·田土》。
⑤ 《明太祖实录》卷 243,洪武二十八年十二月壬辰。
⑥ 《万历明会典》卷 15,《户部·田土》。
⑦ 《明史》卷 77,《食货志一》,第 1879 页。
⑧ 《明太祖实录》卷 176,洪武十八年十一月甲子。

励鞭策，求骋不已，鲜不颠蹶。马既颠蹶，人独能无伤乎"①？他对军官的一番训话，把这个意思表达得更加直截了当："且如人家养个鸡、狗及猪、羊，也等长成然后用。未长成，怎么说道不喂食，不放。必要喂食看放有条理，这等禽兽畜生方可用。"②因此，他反复告诫臣僚："夫步急则蹶，弦急则绝，民急则乱。居上之道，正当用宽。"③强调要把眼前利益和长远利益结合起来，对百姓"取之有制，用之有节"④，将赋役的征派和国家的财政支出控制在一定限度之内。

按照"取之有制"的原则，朱元璋实行轻徭薄赋政策。明初的赋役法规定："凡官田亩税五升三合五勺，民田减二升。"⑤民田一般亩税 3 升 3 合 5 勺，按当时亩产最低 1 石而论，为三十税一。不论官田或民田，负担都较元末大为减轻。官田是地租和赋税合并征收，所以税率较重。苏、松、嘉、湖四府官田集中的地方，因为税率重，农民负担不了，朱元璋曾在洪武七年五月令户部减租，"如亩税七斗五升者除其半，以苏民力"⑥。十三年三月，又令户部再减一次，"旧额田科七斗五升至四斗四升者，减十之二，四斗三升至三斗六升者，俱止征三斗五升，以下仍旧"⑦。

历来人民负担最重的是徭役，朱元璋也做了较大的改革。洪武初年的徭役分为三类。一类是均工夫役，按"验田出夫"的原则金派。这一派役原则的产生，可以追溯到洪武建国之前。早在元代中叶以后，有些元朝的地方官鉴于"赋役屡不均"之弊，曾经试行"令民自实田，随其高下为定"⑧的办法，按田亩数额金派徭役。朱元璋占有江南地区后，他的一些部属也曾采用这种办法来征派徭役。如龙凤六年(1360)，左司郎中王恺在婺州即曾"令民自实田"，"通验其粮而均赋之，有(粮)一斗者役一日，贱与贵皆无苟免者"⑨。吴元年(1367)，徐达等奉命筑松江等府城墙，也"檄各府验民田，征砖甃城"⑩。洪武元年(1368)二月，正式议定役法，朱元璋以立国之初，经营兴作，必资民力，恐役及贫民，乃命中书省验田出夫。于是省臣奏议，田一顷出丁夫一人，不及顷者以别田足之，名曰均工夫。直隶、应天等 18 府州及江西饶州、九江、南康 3 府，计田 357269 顷，"出夫如田之数，遇有兴作，于农隙

① 《明太祖实录》卷 76，洪武五年十月丁酉。

② (明)朱元璋：《大诰武臣序》，《皇明制书》第 1 册，第 257 页。

③ 《明太祖实录》卷 38，洪武二年正月庚子。

④ 《明太祖实录》卷 27，吴元年十一月甲午。

⑤ 《明史》卷 77，《食货志一》，第 1896 页。

⑥ 《明太祖实录》卷 89，洪武七年五月癸巳。

⑦ 《明太祖实录》卷 130，洪武十三年三月壬辰。

⑧ 《宋濂全集》卷 56，《元故翰林待制朝散大夫致仕雷府君墓志铭》，第 1319 页。

⑨ 《宋濂全集》卷 56，《故江南等处行中书省左司郎中赠奉直大夫浙东等处行中书省左右司郎中飞骑尉追赠当涂县子王公墓志铭》，第 1316 页。

⑩ 《明太祖实录》卷 23，吴元年四月丙午。

用之"①。三年七月，令直隶、应天等 18 府及江西九江、饶州、南康等 3 府编制《均工夫图册》，计田出夫，在每年的农闲，赴京服役 30 天。田主如不亲自赴役，雇佣佃户充役，每顷田地需出米 1 石，作为雇佣佃户的资费；如雇用其他人充役，其资费则每亩出米 2 升 5 合，百亩出米 2 石 5 斗②。八年三月重申此令，"复命户部计田多寡之数，工部定其役，每岁冬农隙至京，应役一月遣归"③。洪武初年，全国尚未完全统一，这种均工夫役只行之于江南地区，是组织当地人民到南京应役的办法，而未通行于全国。不过，其他地方金派徭役，也贯彻了均工夫役"验田出夫"的原则。如洪武四年二月晋王相曹兴请建晋王府于太原古城，朱元璋指示中书省臣："筑城之役，宜令民计田，每顷出一夫，参以太原、平阳、潞州诸卫军士。"④

另一类徭役是杂役，也叫杂泛。名目极其繁多。这类徭役的金派原则是"验田金差"，即按田粮的多寡点当，同"验田出夫"差不多。如洪武元年正月，置水、陆驿站及递运所、急递铺，所需马、驴、车、人夫等，皆"验民田粮出备"。其中，水驿的舡夫"于民粮五石之上、十石之下者充之，不足者众户合粮并为一夫"，水递运所的水夫"皆选民粮五石以下者充之"，陆递运所的运夫"选民粮十五石者充之，如不足者，众户合粮并为一夫"，急递铺的铺兵"于附近民有丁力田粮一石五斗之上、二石之下者充之"⑤。又如湖州府及所属各县的祇候（侍候官员）、禁子（看守监狱）、弓兵（在兵马司、巡检司供役）、铺兵、驿夫、水夫等，"皆验苗额之数"点差⑥。个别杂役，也有按丁粮多寡金派的。如洪武五年十月，朱元璋曾下令："马夫必从粮富丁多者充之"⑦。

第三类是正役，即"里甲正役"。它最初实行于江南地区，洪武十四年黄册制度与里甲制度推向全国后，里甲正役便推行于全国各地。明代的里甲制度规定以 110 户为 1 里，1 里之中，推丁粮多者 10 户为里长，其余 100 户为 10 甲，每甲 11 户。每年由 1 里长户带领 10 甲首户，负责催征一里的税粮，并负责勾摄公事、祭祀鬼神、接应宾客以及应付官府的各种征求，此外还要对全里人户进行管束，督促生产，裁决纠纷等。挨甲轮值，10 年轮流当差一次。

这三类徭役施行之后，朱元璋觉得仍存在负担不均的问题。洪武十七年七月，又告谕户部大臣："今天下郡县，民户以一百一十户为里，里有长，然一里之内，贫富异等，牧民之

①《明太祖实录》卷 30，洪武元年二月乙丑。

②《明太祖实录》卷 54，洪武三年七月辛卯。

③《明太祖实录》卷 98，洪武八年三月壬戌。

④《明太祖实录》卷 61，洪武四年二月戊午。

⑤《明太祖实录》卷 29，洪武元年正月庚子。

⑥《永乐大典》卷 2277，《湖州府·田赋》引《吴兴县志》。

⑦《明太祖实录》卷 16，洪武五年十月丁酉。

官苟非其人,则赋役不均,而贫弱者受害。尔户部其以朕意谕各府、州、县官,凡赋役必验民之丁粮多寡、产业厚薄,以均其力。赋役均,则民无怨嗟矣。"①第二年正月,朝廷又命天下府、州、县官,将民户分为上、中、下三等编制赋役黄册,贮存厅事,凡遇徭役,发册验其轻重而派役②。三等人户的具体划分标准是:"其如有父子三丁以上,田粮十石以上,或虽止一二丁、田种不多,而别有生理,衣食丰裕,以仆马出入者,定为上丁。其有三丁以上,田种五石上下,父子躬耕足食,及虽止有一二丁,田种不多,颇有生理,足勾衣食者,为中丁。其有一二丁,田种不多,力耕衣食不缺,辛苦度日,或虽止单丁,勤于生理,亦勾衣食者,为下丁。其若贫门单丁,或病弱不堪生理,或佣工借贷于人者,为下下丁。"③洪武二十六年定制:"凡各处有司,十年一造黄册,分豁上、中、下三等人户,仍开军、民、灶、匠等籍,除排年里甲依次充当外,其大小杂泛差役,各照所分上、中、下三等人户点差。"④这样,原先佥派均工夫役和杂役"验田出夫""验田佥差"的原则也就失效了,均工夫役便废而不行。除里甲正役外,所有徭役都统称为杂役或杂泛,按丁粮多寡佥派。

上述诸种徭役,均工夫役的"验田出夫",里甲正役与杂泛差役的"验民之丁粮多寡"或"验田佥差",都是有利于无地或少地农民的。

为了减少田赋征收中的舞弊现象,并保证国家的田赋收入,朱元璋还建立粮长制度。原先各地的田赋由郡县官吏直接征收,令纳粮人户亲赴府、州、县所在地交纳。郡县官吏往往乘机舞弊,侵渔于民。有的纳粮户因为路途遥远,只得花一笔钱将税粮委托揽纳户代为交纳。揽纳户往往和府、州、县官吏互相勾结,从中贪污,共同分赃。朱元璋召集大臣讨论解决办法,大臣们认为地方官都是外地人,不了解本地情况,容易被黠胥宿豪蒙蔽,民受其害,不如用有声望的本地地主当粮长,由他们负责向纳粮户征收田赋,解送官府。朱元璋接受这个建议,于洪武四年九月令户部计算民田租税,大致以纳粮1万石划为1区,选用占地最多的地主担任粮长,负责督征税粮,说:"此以良民治良民,必无侵渔之患矣。"⑤这个制度主要实行于税粮数额较大的浙江、南直隶、江西、湖广、福建等地。开始每区只设粮长1名,常常忙不过来,洪武十年增设副粮长1名⑥,三十年七月又改为每区设正副粮长3名,"以区内丁粮多者为之,编定次序,转流应役,周而复始"⑦。粮长只是尽义务的杂役,为

---

① 《明太祖实录》卷163,洪武十七年七月乙卯。
② 《明太祖实录》卷170,洪武十八年正月乙卯。
③ 《明经世文编》卷134,《胡端敏公奏议·为定册籍以均徭役疏》。
④ 《万历明会典》卷20,《户部·赋役》。
⑤ 《明太祖实录》卷68,洪武四年九月丁丑。
⑥ 《明太祖实录》卷112,洪武十年五月戊寅。
⑦ 《明太祖实录》卷254,洪武三十年七月乙亥。

了鼓励粮长做好工作,规定他们如有杂犯、死罪和徒流者,可以纳铜赎罪①,以示优待。粮长按期如数将税粮解运京师的,朱元璋还亲自召见,提拔他们做官。浙江乌程富户严震直就是在担任粮长时"岁部粮万石至京师,无后期,帝才之",于洪武二十三年被提拔为通政司参议,再进为工部侍郎、都察院右佥都御史,最后升至工部尚书的②。

朱元璋注意救灾赈贫,并在各府、州、县设立惠民药局,置官医,给贫病之军民提供医药③。贫病死亡无地可葬者,则由官府在京城或地方设置的漏泽园(又名露泽园),或由官府、私人在各府、州、县建立的义冢,给予安葬④。各地发生水旱灾害,查勘属实,全部蠲免税粮。灾情严重的,除蠲免夏、秋二税,还给灾民借贷,或者赈济米、布和钞。遇到灾荒,官吏不向朝廷报告,或者不及时赈济的,严加惩处。洪武十年(1377),荆、蕲发生水灾,朱元璋命户部主事赵乾前往赈济,赵乾迁延半载,他怒而诛之。二十年,青州发生旱灾,有关部门没有及时报告,第二年正月朱元璋逮治其官吏,并规定:"旱伤州、县,有司不奏,许耆民申诉,处以极刑。"⑤除了赈灾,朝廷还对一些生活有困难的贫民实行救济。洪武八年正月,朱元璋即命中书省,令天下郡县官吏"探访穷民无告者,月给以衣食;无依者,给以屋舍"⑥。十二年二月,因雨雪经旬,气候寒冷,朱元璋敕谕中书省说:"今春雨雪,经旬不止,严凝之气切骨。朕思昔在寒微,当此之际,衣单食薄,艰苦特甚。今居九重,拥裘衣帛,尚且觉寒若是。其天下孤老,衣不蔽体,食不充腹者有之。尔中书省令天下有司,俱以钞给之,助其薪炭之用。"又敕谕说:"连日阴雨,京民中亦有孤贫者,尔中书审其户,凡孤幼户给盐十五斤,孤寡者户十斤。"⑦此外,朝廷还多次对贫民实行救济。整个洪武年间,赈灾所赐布、钞数百万,米百余万,所蠲租税无数。

在"取之有制"的同时,则是"用之有节",尽量压缩和减少官府的财政开支,以减轻百姓的负担。朱元璋对群臣说:"四民之业,莫劳于农。观其终岁勤劳,少得休息。时和岁丰,数口之家,犹可足食。不幸水旱,年谷不登,则举家饥困。朕一食一衣,则念稼穑机杼之勤。尔等居有广厦,乘有肥马,衣有文绣,食有膏粱,当念民劳。"⑧因此,他比较体恤民情,惜用民力,不仅不建台榭苑囿,营建宫室不事华丽,而且对一些大规模的建筑工程也尽量加以限制,"必度时量力顺民情而后为之,时可为而财力不足,不为也,财有余而民不欲,

① 《明太祖实录》卷102,洪武八年十二月癸巳。

② 《明史》卷151,《严震直传》,第4174页;《匏翁家藏集》卷43,《尚书严公流芳录序》。

③ 《明太祖实录》卷53,洪武三年六月壬申。

④ 《明史》卷77,《食货志一》,第1880页。

⑤ 《明史》卷78,《食货志二》,第1908页;卷2,《太祖本纪二》,第32页;卷3,《太祖本纪三》,第45页。

⑥ 《明太祖实录》卷96,洪武八年正月癸酉。

⑦ 《明太祖实录》卷122,洪武十二年二月乙巳。

⑧ 《明太祖实录》卷250,洪武三十年二月壬辰。

不为也"①。并下令:"凡有劳民之事,必奏请而后行,毋擅役吾民。"②一般的工程尽量安排在农闲时进行,不很急需的则缓建。洪武元年十一月,工部准备征调苏、松、嘉、湖四府的民工到京师修筑城池,户部侍郎杭棋上书表示反对,说各郡秋租尚未交纳,农民正在种麦,时不可违。况且现今北征军士的战袄还未备齐,也需要老百姓制作。他建议推迟京师城池的修筑,以纾民力。朱元璋马上采纳,说古者役民用其一而缓其二,既征其布帛,岂宜再劳以力役,下令免除四府人民的均工夫役,只令制办战袄③。二年十一月,中书省奏请营建后堂,朱元璋说:"土木工程,连岁不息,今又欲为此,能不病民乎? 待民力稍纾,为之未晚也。"④十一年五月,浙江都司申请建台州卫所并重修台州城墙,他说:农事正忙,不可修城,待秋收以后再说⑤。第二年,冯胜在开封府督建周王宫殿,准备在九月动工,朱元璋认为那时百姓正要种麦,是夺其时,下令放还民工,待农闲时再开工兴建⑥。十三年九月,山东都司请筑德州城,也未批准⑦。同年十月,已退休的兵部尚书单安仁建议疏浚仪真从南坝到朴树湾的长江航道,他回答说:所言虽善,但恐此役一兴,未免重劳百姓,姑且缓之⑧。十七年正月,应天府因京师大中、昇平、幕府、金川、百川、云集六座桥梁年久失修,请求调集民工修治,朱元璋认为正值春耕,恐妨农务,令以输作的罪徒赴工,官给其费⑨。

根据"锄除扶弱"的政策,朱元璋还大力施行教化,移风易俗。朱元璋认为教化是治民之本,"不明教化之本,致风陵俗替,民不知趋善,流而为恶,国家欲长治安,不可得也"⑩。"古者风俗淳厚,民相亲睦,贫穷患难,亲戚相救,婚姻死丧,邻保相助。近世教化不明,风俗颓敝,乡邻亲戚,不相周恤,甚者强凌弱,众暴寡,富吞贫,大失忠厚之道"⑪。为此,他除倡导尊孔崇儒、制礼作乐、兴办学校、推行科举,还决心移风易俗,淳厚人情。他规定,基层的里甲组织,除了催征税粮、勾摄公事外,还需负起教化之责:"一里之间,有贫有富。凡遇婚姻死丧、疾病患难,富者助财,贫者助力,民岂有穷苦急迫之忧? 又如春秋耕获之时,一家无力,百家代之,推此以往,百姓宁有不亲睦者乎?"⑫他要求"每村置鼓一面,凡遇农种时

---

① 《明太祖实录》卷235,洪武二十七年十月己丑。
② 《明太祖实录》卷145,洪武十五年四月丙子。
③ 《明太祖实录》卷36上,洪武元年十一月甲寅。
④ 《明太祖实录》卷47,洪武二年十一月丁酉。
⑤ 《明太祖实录》卷118,洪武十一年五月丁丑。
⑥ 《明太祖实录》卷126,洪武十二年八月丁亥。
⑦ 《明太祖实录》卷133,洪武十三年九月丙申。
⑧ 《明太祖实录》卷134,洪武十三年十月甲戌。
⑨ 《明太祖实录》卷159,洪武十七年正月壬寅。
⑩ 《明太祖宝训》卷1,《论治道》。
⑪ 《明太祖实录》卷236,洪武二十八年二月乙丑。
⑫ 《明太祖实录》卷236,洪武二十八年二月乙丑。

月,五更擂鼓,众人闻鼓下田,该管老人点闸。若有懒惰不下田者,许老人责决"。每乡每里还需各置木铎一个,选本里内年老或残疾之人或盲人,每月六次,由小儿牵引,持铎巡行本里,高声呼喊:"孝顺父母,尊敬长上,和睦乡里,教训子孙,各安生理,毋作非为。"①朱元璋还下令,在全国遍设申明亭、旌善亭,以旌善惩恶。申明亭始建于洪武五年,除张贴法令文告外,"凡境内人民有犯,书其过名,榜于亭上,使人有所惩戒"②。后来,觉得将犯人所犯罪过不论大小,一律张榜公布,会"使良善一时过误者为终身之累,虽欲改过自新,其路无由尔",十五年改为"自今犯十恶、奸盗、诈伪、干名犯义、有伤风俗及犯赃至徒者,书于亭,以示惩戒。其余杂犯公私过误非干风化者,一切除之"③。旌善亭始建于何时,今已无考。但一些地方在洪武十六年已建有这类亭子。亭内既书"民之孝子顺孙、义夫节妇及善行之人",也录"有司官善政著闻者"④。

朱元璋还重新恢复传统的乡饮酒礼。乡饮酒礼始行于周代,是当时唯一一种达于庶民的礼制。原是乡人的一种聚会形式,儒家为之注入尊贤敬老的思想,旨在使一乡之人在宴饮欢聚之时受到教化。后来时兴时废,至元代,由于朝廷不予提倡,在民间已基本消失,《元史·礼乐志》已不见有乡饮酒礼的记载⑤。洪武三年八月,朱元璋接受监察御史睢稼的建议,诏中书省详定乡饮酒礼条式,"使民岁时燕会,习礼读律,期于申明朝廷之法,敦叙长幼之节"⑥。洪武九年成书的《大明集礼》,已列出乡饮酒礼仪注。五年四月,正式诏令全国举行乡饮酒礼。十四年二月,重申该制。十六年十月,再定《乡饮酒礼图式》,成为定制。于是,乡饮酒礼作为嘉礼之一,便普遍推行于全国各地的儒学、里社和各卫的武职衙门,于每年孟春正月与孟冬十月行之。

明初的乡饮酒礼,是针对当时的社会现实,参酌古代的制度而制定的,具有三个鲜明的特征。首先,是继承传统的礼制,将别贵贱与叙长幼紧密结合起来。它严格规定,在府、州、县的儒学举行的乡饮酒礼,设主(席)一名,"以府知府,州知州,县知县"为之,如无正官,"佐贰官代";大宾一名,"以致仕官员"为之;僎宾一名,"择乡里年高有德之人(往往也是致仕官员)为之";介一名,"以次长"为之;三宾,"以宾之次者为之";司正一名,"以教职为之";赞礼者一名,"以老成生员为之"⑦。在明代,现任官员"家有田土者,输租税外,悉免

---

① 《教民榜文》,《皇明制书》第2册,第728、729页。
② 《明太祖实录》卷72,洪武五年二月。
③ 《明太祖实录》卷147,洪武十五年八月乙丑。
④ 《嘉靖象山县志》卷1,《建置考·诸署》,明隆庆增刻本。
⑤ 在元代,只有个别地方官员曾在其管辖地区推行过乡饮酒礼,如至正初年,庆元郡守王元恭、绍兴路总管泰不华曾在当地推行过乡饮酒礼(《庚申外史笺证》第39、41页)。
⑥ 《万历明会典》卷79,《礼部·乡饮酒礼》。
⑦ 《万历明会典》卷79,《礼部·乡饮酒礼》。

其徭役"①;致仕官员,"亦复免其家,终身无所与"②;生员是官员的预备队伍,除身免服徭役外,也可"免其家差徭二丁"③。所有这些人,身份都高于庶民一等,分别属于贵贱两个等级,因此他们都各有专席,不与作为众宾的庶民以及违条犯法之人坐在一起,以示贵贱有别。里甲在申明亭举行乡饮酒礼,"有粮长者,粮长为主席,无粮长者,里长为主席"④。在武职衙门举行的乡饮酒礼,则由镇守武官担任主席,其座位安排和仪式,与府、州、县儒学略同,亦皆严格区分尊卑贵贱的不同等级身份。与此同时,为了协调阶级关系,《乡饮酒礼图式》又规定,"除宾、僎之外,众宾序齿列坐",众宾的座位均按年齿的大小排列,而不分贫富,"百家内,除乞丐外,其余但系老者,虽至贫,亦须上坐,少者虽至富,必序齿下坐,不许搀越,违者以违制论"⑤。《大明律》还规定:"凡乡党序齿及乡饮酒礼,已有定式。违者,笞五十。"⑥

其次,是在乡饮酒礼中兼读律令,将礼与法紧密地结合起来。洪武二年八月,监察御史睢稼上书建议推行乡饮酒礼时兼读律令,说:"《周官》有悬法象魏之文,《礼经》载乡饮酒读法之说,皆导民知礼法而远刑罚也。"⑦不过,细检《礼经》即《仪礼》这部现存最早的关于礼的典籍,在乡饮酒礼中并没有读律的内容。此后汉、唐、宋诸代的乡饮酒礼,也未见有读律的仪节。但朱元璋历来重视法律的普及工作,早在吴元年(1367)律令编成之后,即令大理寺卿周祯等人编制《律令直解》,说:"律令之设,所以使人不犯法,田野之民岂能悉晓其义,有误犯者,赦之则废法,尽法则无民。尔等前所定律令,除律乐、制度、钱粮、选法外,凡民间所行事宜,类聚成编,直解其义,颁之郡县,使民知晓。"⑧睢稼的建议,符合朱元璋的旨意,他即加以采纳,令中书省制定乡饮酒礼条法时,要使民"习礼读律"。后来,礼部奏请推行乡饮酒礼,便规定由"能者"即读书人担任的"读律者"诵读《大明律》,里社的乡饮酒礼还兼读刑部所编的《申明诫谕书》,武职衙门的乡饮酒礼也兼读大都督府所编的《诫谕书》。

第三,是分别善恶。洪武初年,朱元璋命中书省制定乡饮酒礼条法时,只强调要"敦叙长幼之节"⑨,并没有分别善恶的内容。故洪武三年九月成书的《大明集礼》,其《县邑饮酒读律仪注》和《里社饮酒读律仪》,都没有任何区别善恶的规定。后来,随着打击贪官污吏和豪强劣绅斗争的展开,朱元璋又于十四年二月谕礼部曰:在举行乡饮酒礼时,"其有违条

① 《明太祖实录》卷 126,洪武十二年八月辛巳。
② 《万历明会典》卷 78,《礼部·学校》。
③ 《明太祖实录》卷 111,洪武十年二月丁卯。
④ 《水东日记》卷 21,《乡饮酒礼》,第 456—457 页。
⑤ 《万历明会典》卷 79,《礼部·乡饮酒礼》;《明太祖实录》卷 157,洪武十六年十月乙未。
⑥ 《大明律》卷 12,《礼律·乡饮酒礼》,第 95 页。
⑦ 《明太祖实录》卷 44,洪武二年八月戊子。
⑧ 《明太祖实录》卷 28 上,吴元年十二月戊午。
⑨ 《万历明会典》卷 79,《礼部·乡饮酒礼》。

犯法之人,列于外坐,不许杂于善良之中"①。十六年十月颁行的《乡饮酒礼图式》便规定:"其有过犯之人,虽年老财富,须坐于众宾席末";读律之时,"有过之人,俱赴正席立听,读毕复位"②。朱元璋在十八年十月颁布的御制《大诰》,又特地重申:"其有曾违条犯法之人,列于外坐,同类者成席,不许干于善良之席。"③二十二年,重定《乡饮酒礼图式》,更将庶民的座位分为三等,规定凡良民之中,年高有德、无公私过犯者自为一席,坐于上等;有因户役差税迟误及因犯公杖私笞招犯在官者,专为一席,序坐中门之外;有曾犯奸盗诈伪、说事过钱、起灭词讼、蠹政害民、排陷官长以及一应私杖徒流重罪者,又为一席,序坐于东门之内,执壶供事。各用本等之家子弟,务要分别三等座次。如果不按规定序坐,及有过之人不行赴饮者,告官流放④。这样,便将正面表彰与反面警告结合起来,以期起到彰善瘅恶、化民成俗的作用⑤。

朱元璋深知民间流行的词曲、戏曲等通俗文艺,对民风民俗有潜移默化的巨大功能,他要求通俗文艺,应该为宣扬儒家伦理道德服务。元末戏曲作家高明,主张戏曲创作要有关风化,合乎礼教,他的传奇作品《琵琶记》通过对蔡伯喈和赵贞女"子孝与妻贤"故事的叙写,极力宣扬儒家伦理的重要性,希望通过戏曲的"动人"力量,让观众受到教化。朱元璋对其赞赏有加,曰:"《五经》《四书》在民间,譬诸五谷,不可无。此《记》乃珍羞之属,俎豆之间,亦不可少也。"⑥朱元璋要求民间的戏曲仿效这种做法,大力播扬儒家的伦理道德,教化民间百姓。《大明律》严禁杂剧戏文"装扮历代帝王、后妃、忠臣、烈士、先圣、先贤、神像"的同时,极力鼓励演出宣扬儒家伦理、"劝人为善"的杂剧戏文,以化民成俗,规定:"其神仙、道扮及义夫、节妇、孝子、顺孙、劝人为善者,不在禁限。"⑦

朱元璋"锄强扶弱"政策的种种措施实行二三十年之后,收到了良好的效果,加上他严惩贪官污吏、打击不法豪强(这也是"锄强扶弱""右贫抑富"的重要举措),使社会矛盾得到了很大的缓和。特别是土地制度的改革,垦荒屯田的推行,使许多无地少地的农民获得土地,自耕农数量大增,加上轻徭薄赋的施行,推进农业生产的恢复与发展,使广大农民的生活得到改善,更是有力地缓解了当时主要的社会矛盾即阶级矛盾,使农村的社会秩序逐渐趋于稳定⑧。

---

① 《明太祖实录》卷135,洪武十四年二月丁丑。

② 《万历明会典》卷79,《礼部·乡饮酒礼》。

③ 《御制大诰·乡饮酒礼第五十八》,《皇明制书》第1册,第77页。

④ 《万历明会典》卷79,《礼部·乡饮酒礼》。

⑤ 参看拙作《朱元璋推行乡饮酒礼述论》,《北京联合大学学报》2013年第2期。

⑥ (明)田艺蘅:《留青日札》卷19,《琵琶记》,《中国内乱外祸历史丛书》第7辑;《闲中今古录摘抄》。

⑦ 《大明律》卷26,《刑律·杂犯》,第202页。

⑧ 参看拙作《朱元璋治理乡村社会的理念与措施》,《江南大学学报》2012年第5期。

第二节　整肃吏治，严惩贪腐

明朝建立之初，继承的是元朝腐败的吏治遗产。朱元璋登基不久，就敏锐地觉察到，"所任之人，不才者众，往往蹈袭胡元之弊"①。他们擅权枉法，蠹政害民，"掌钱谷者盗钱谷，掌刑名者出入刑名"②。这种不法行为，不仅侵犯朝廷的经济利益，妨碍国家机器的正常运转，而且额外加重人民的负担，激起农民的强烈不满和反抗。明朝司法部门讯问江西赣州的"降寇"，他们即"咸言有司贪墨，守御官军扰害，以故逃窜山林，群聚为盗"③。朱元璋联系到自己在元末目睹吏治腐败的感受："朕向在民间，尝见县官由儒者多迂而废事，由吏者多奸而弄法，蠹政厉民，靡所不至，遂致君德不宣，政事日坏。加以凶荒，弱者不能聊生，强者去而为盗。"认识到"不禁贪暴，则民无以遂其生"④，下决心整肃吏治，严惩贪腐。登基的次年，他即对百官宣布："但遇官吏贪污，蠹害吾民者，罪之不恕，卿等当体朕言。若守己廉而奉法公，犹人行坦途，从容自适。苟贪贿罹法，犹行荆棘中，寸步不可移；纵得出，体无完肤矣。"⑤并开始采取一些措施，着手整肃吏治。但是经过一段时间的整顿，官场的腐败不仅未能抑制，而且愈演愈烈。于是，朱元璋决定采取更加严厉手段，来打击贪官污吏，刷新吏治。洪武十七年（1384）七月，他宣布："朕握乾符，抚蒸黎，于今十有八年矣。孜孜求贤，期于致治。然职任方隅者，无牧民之政，而有殃民之患，于是欲尽革其人而更张之，以措生民于治安。"⑥大约从这一年起，整肃吏治的斗争开始进入高潮。

朱元璋整肃吏治、严惩贪腐的第一步，是建立严格的官吏考核制度。

要对官员进行考核，首先必须明确官员的职责。为此，朱元璋在洪武五年六月制定《六部职掌》，作为岁终考绩黜陟的依据。后来，随着行政机构的改革，又令吏部同翰林院的儒臣仿照《唐六典》之制，编纂《诸司职掌》，对中央自五府、六部、都察院以下诸司官职的设置及官员的职责做出详细的规定，使任职的职吏知道具体的职责，于洪武二十六年三月正式颁行。此外，朱元璋还制定并颁布了《祖训录》《洪武礼制》《孝慈录》《礼仪定式》《稽古定制》《节行事例》《资世通训》《学校格式》《武臣训诫录》《武臣保身敕》《昭鉴录》《醒贪简要录》《永鉴录》《世臣总录》《皇明祖训》《为政要录》等条规敕令，对诸王和各级官吏所应遵守的事项做出了详细的规定，使之有章可循，有法可依。

---

① 《御制大诰·胡元制治第三》，《皇明制书》第2册，第47页。
② 《御制大诰·谕官毋作非为第四十三》，《皇明制书》第2册，第68页。
③ 《明太祖实录》卷190，洪武二十一年五月甲申。
④ 《明太祖实录》卷29，洪武元年正月乙酉。
⑤ 《明太祖实录》卷39，洪武二年二月甲午。
⑥ 《明太祖实录》卷174，洪武十八年七月乙丑。

府、州、县等地方官员，既是牧民之令，又是亲民之官。朱元璋认为："百姓安否在守令。"①为此，他还在洪武初年特地为地方官制定了《授职到任须知》，将他们的政务概括为"祀神""恤孤""吏典""狱囚""田粮"等31项，逐项列出应负的具体职责。后来，他发现不少地方官员将这个文件视为具文，没有认真执行，又在二十三年颁行《责任条例》，令各省、府、州、县"刻而悬之，永为遵守"。条例规定，上级机构要对下级机构及其官员进行监督检查，所有的官府衙门必须设置一个文簿，逐项记录办过的事情，每个季度送交上极机构查考。"布政司考府，府考州，州考县，务从实效，毋得诳惑繁文，因而生事科扰。每岁进课之时，布政司将本司事迹，并府、州、县各赍考过事迹文簿，赴京通考。敢有坐视不理，有违责任者，罪以重刑"②。

对官员的考核，主要采取考满与考察两种办法，二者相辅而行。考满是对任职达到规定年限的单个官吏包括京官、外官和吏员等政绩的考核。早在洪武二年九月，朱元璋即"诏府、州、县正官三年一考课于吏部"③。九年十二月，命中书吏部："自今诸司正佐首领杂职官，俱以九年为满"，"各处有司知府以实历俸月日为始，每年一朝觐，其佐贰官及知州、知县每三年一朝觐"④。后来逐渐形成一种考满制度，规定内外官在九年任职期间，每三年考核一次，三年曰一考（或曰初考）、六年曰再考、九年曰通考。其具体程序履次调整变动，至二十六年定制。其中，在京六部四品以上的官员和近侍官员通政司、光禄司、翰林院、尚宝司、给事中、中书舍人、东宫官、耳目风纪之司监察御史以及不系常选的太医院、钦天监、王府官，九年任满，无需考核，黜陟俱由皇帝裁夺。六部五品以下的官员，历任三年，由本衙门正官"察其行能，验其勤惰"，写出称职、平常、不称职的评语，送监察御史考核，再由户部复考。在京的军职文官，皆由监御史考核。茶马、盐马、盐运、盐课提举司、军职首领官，皆由布政司考核，送按察司复考。布政司四品以上、按察司、盐运司五品以上的官员，三年考满，从都察院考核，吏部复考，具奏黜陟，"取自上裁"。各布政司、按察司的首领官（指各机构中负责文移和各机构内部庶务的官员）、属官（指各机构正官之下分理政务的属员及其下辖机构的官员），从本衙门正官（指各机构的主要负责官员）考核，送都察院再考，吏部复考。府、州、县官"三年考满，先行呈部（吏部），移付选部（吏部所属之文选清吏司）作缺铨注，司勋（吏部所属之稽勋清吏司）开黄，仍令给由。其见任官将本官内行过事迹，保勘核实明白，出给纸牌，攒造事迹功业文册、记功文簿，称臣金名，交付本官，亲赍给由。如县官给由到州，州县当面察其言行、办事勤惰，从实考核称职、平常、不称职词语。州、县给由

① 《明太祖宝训》卷3，《任官》。
② 《万历明会典》卷12，《吏部·责任条例》。
③ 《明太祖实录》卷45，洪武二年九月癸卯。
④ 《明太祖实录》卷110，洪武九年十二月乙未。

到府,府官给由到布政司,考核如之。以上俱从按察司官核考。仍将考核复考词语,呈部考核①。每次考核后,都要对官员的政绩和才干做出评定,评语分为"称职""平常""不称职"三种,为上、中、下三等。最后根据三次考核的评语进行综合评判:"二考称职,一考平常,从称职;二考称职,一考不称职,或二考平常,一考称职,或称职、平常、不称职各一考者,俱从平常;二考平常,一考不称职,从不称职。"②

考满官员的政绩与才干,是决定其升迁、降黜或者保持原有品级的一项关键因素。此外,决定官员升迁、降黜或者保持原有品级的还有任职机构政务繁简及是否有公私过名两个因素。《诸司职掌》规定:"在外,府以粮十五万石以上,州以七万石以上,县以三万石以上,或亲临王府、都司、布政司、按察司,并有军马守御,路当驿道、边方、冲要去处,俱为事繁。府、州、县,田粮在十五万、七万、三万石以下,僻静去处,俱为事简。在京衙门俱从繁例。""凡有在京衙门,及在外布政司,并直隶府、州、县见任官员,但系兵、刑等部,都察院等衙门,或因事提问等项,问过应有的决纪录,公私过名,开咨本部,于纪录文册内明白附写,候九年通考,以凭黜陟。其有司官员三年考满,给由到部,供报任内公私过名,于册内比查。除上司未行知会纪录罪名,另行抄录外,已行知会任内公私过名隐匿不报者,议拟具奏,法司问罪"③。考满的官员,即综合其政绩与才干、任职机构政务的繁简、是否有公私过名,而决定其升迁、降黜或者保持原有的品级:"繁而称职、无过升二等,有私笞公过升一等,有纪录徒流罪一次本等用,二次降一等,三次降二等,四次降三等,五次以上杂职内用;繁而平常,无过,升一等,有私笞公过,本等用,有纪录徒流罪,一次降一等,二次降二等,三次降三等,四次以上,杂职内用;简而称职,与繁而平常同;简而平常,无过,本等用,有私笞公过,降一等,有纪录徒流罪,一次降二等,二次杂职内用,三次以上黜降;考核不称职,初考繁处降二等,简处降三等,若有纪录徒流罪者,俱于杂职内用。"④

对吏员、承差、知印等政府机构中低级办事人员的考满及其黜陟,洪武二十六年也做了具体的规定。

考察是对官员群体的定期或不定期的考核,以查处其中的不胜任职务者,带有监察的性质。考察的对象,只限于官员而不包括吏员。洪武四年(1371)十二月,朱元璋命工部尚书朱守仁考察山东莱州诸郡官吏,六年二月令御史台御史及各道按察司察举有司有无过犯,奏报黜陟,这是一种不定期的巡视考察⑤。除了巡视考察,还有对地方官定期的朝觐考

---

① 《万历明会典》卷12,《吏部·考核通例》。
② 《万历明会典》卷12,《吏部·考核》。
③ 《诸司职掌·吏户部职掌·考功部》,《皇明制书》第2册,第407、408—409页。
④ 《万历明会典》卷12,《吏部·考核》。
⑤ 《明史》卷71,《选举志三》,第1723页。

察,称为"外察"。起初,地方官的入京朝觐考察,往往是由朝廷临时决定,下令征召的。洪武十三年九月,朱元璋下诏:"命天下诸司正官、首领官来朝明年正旦。"①从十四年起,地方官于每年朝觐正旦便成为惯例。十六年九月,又"命天下诸司官来朝明年正旦者,预立功业册"②。所谓"功业册",即记载官员政绩的文册,是对官员进行考课的依据。这样,就把地方官朝觐正旦与对其进行考察结合起来。十八年六月,觉得地方官每年都要朝觐考察,负担太重,朱元璋又谕吏部臣曰:"自今定为三年一朝,赍其纪功图册,文移稿簿,赴部考核。"③当年为乙丑年,此后三年一朝,依次应为辰、未、戌、丑之岁,这就形成了"以辰、戌、丑、未为朝觐之期"的定制。具体的办法,洪武二十六年规定,除远在边鄙的云南省外,各布政司、按察司、盐运司、府、州、县及土官衙门、流官衙门等,在入朝的前一年底,都应依照《到任须知》编造文册,然后和原领敕谕、《诸司职掌》的事迹文簿,一起亲自带到京师奏缴,以凭考核。不论路途远近,都限于当年十二月二十五日到京,既不许预先离职,也不许过期迟到。第二年正旦朝觐皇帝,朝毕由吏部会都察院进行考察,奏请定夺④。考察的评语,"分称职、平常、不称职、贪污、阘茸五等"⑤。十八年正月,"吏部言:天下布政司、按察司及府、州、县朝觐官共四千一百一十七人,考其政绩称职四百三十五人,平常二千八百九十七人,不称职四百七十一人,贪污百七十一人,阘茸百四十三人。诏称职者,升;平常者,复其职;不称职者,降;贪污者,付法司罪之;阘茸者,免为民"⑥。后来,从正德十年(1515)起,又逐步建立起对京官的考察制度⑦,称为"京察"。京察与外察都称为"大计",凡在大计中受到处分的,不复叙用。洪武年间的考核,考满多升迁,考察则多罢黜。

官吏经过考核之后,如有好的表现,朱元璋就大力加以表彰。是否具有廉洁奉公的品质,这是朱元璋衡量官吏好坏的一条最重要的标准。执政以来,他一再旌表清介自持、忠勤不贪的人物事迹,以树立正面的典范。洪武四年(1371)闰三月,刑部搜出狱中囚犯、御史台管勾宇文桂所藏书信百封,送给朱元璋过目。朱元璋发现其中有一封嘉兴府布衣王升托宇文桂转交给自己儿子、平凉知县王瑱的书信,信中教导王瑱:"凡事须清心洁己,以廉自守。食贫处俭,儒者之常,慎勿以富贵为念。古人云:'贫乏不能存,此是好消息。'正当以此为受用也。治民以仁慈为心,报国以忠勤为本,处己当以谦敬,学业更须勉力。暇日即以性理之书及群经留玩,自然所思无邪。更须熟读新律,自然守法不惑。"朱元璋异常

---

① 《明太祖实录》卷133,洪武十三年九月乙未。
② 《明太祖实录》卷170,洪武十六年九月戊辰。
③ 《明太祖实录》卷173,洪武十八年六月戊申。
④ 《万历明会典》卷13,《吏部·朝觐考察》。
⑤ 《罪惟录》帝纪卷1,《太祖高皇帝》,第39页。
⑥ 《明太祖实录》卷170,洪武十八正月癸巳。
⑦ 《明武宗实录》卷123,正德十年四月甲午,(台北)"中央研究院历史语言研究所"1962年影印本。

高兴,称赞说:"书中语言谆切,教以忠孝。子之贤否虽未可知,然薄俗中有善于为人父者如此,谁能出其右哉!"立即命中书省派人赍诏到王升家予以褒奖,赐以白金100两、附子5枚、川椒5斤、绢10匹,免除里长、弓兵之役,并将自己亲撰的诏书、王升的谢恩表文及家书公布于众,以为表率①。官吏为政忠勤不贪、廉洁奉公者,朱元璋即予旌表,加以提拔。早在龙凤七年(1361),朱元璋攻下婺州后,便选派隶仆出身的王兴宗为金华知县。当时文武重臣李善长、李文忠等人都表示反对,认为王兴宗出身微贱,难充一邑之长,但朱元璋力排众议,说兴宗跟随我已经好长时间了,他勤廉能断,谁也比不上!王兴宗任职三年,果然政绩卓著,远近闻名。朱元璋又提升他为南昌通判,后改任嵩州知州,再迁怀庆知府。大计之年,地方官入京朝觐,朱元璋逐个考问一番,轮到王兴宗,说这个人公勤不贪,不须问,又任命他做苏州知府②。到洪武十年五月,他又被擢升为河南布政使,成为一员地方大吏③。洪武十六年,国子监生陶垕仲被擢为监察御史,清介自持,纠弹不避权贵,曾联合其他御史弹劾刑部尚书开济的违法行为,使开济伏法,直声动天下。不久,升任福建按察使,又诛杀赃吏数十人,兴学劝士,抚恤军民,政绩卓著,朱元璋"下诏褒异"④。袁州通判隋赟政简事治,州内流民归业,田野垦辟,当地老百姓曾为他立碑记功,朱元璋下令提拔他做广东按察使⑤。宁波知府李仲文派小吏马仁生到慈溪县办事,这个小吏违法乱纪,扰害百姓,县丞秦仲彰把他捉到南京告状,朱元璋即下令擢秦仲彰为宁波知府,贬李仲文为慈溪县丞⑥。河南按察司佥事王平与书吏高源按临孟津、宜阳,地方官吏送来贿赂,王平把他们抓起来,向上司告发。朱元璋嘉其"得宪臣体",赐给王平文绮、袭衣和钞100锭及衣被,赐给高源钞50锭⑦。后来,王平秩满入觐,朱元璋考虑他"廉介明敏,为政有声",又擢为都察院左佥都御史⑧。兵部吏崔士先有才干,做了十年的小吏,未尝有过,朱元璋破格提拔他做户部主事,"以激劝为吏者"⑨。当时曾有不少官吏,因为政绩显著,自下僚不次擢用,如王尚贤自宁远尉擢为广西参政,邹俊自祥符县丞擢为大理寺卿,元善自静宁州判擢为佥都御史,李行素自芝阳县令擢为刑部侍郎⑩。

---

① 《水东日记》卷11,《记王轸父家书事》,第115—117页。按:《明太祖实录》卷63,武洪四年闰三月条记王升子名瑱,《水东日记》则说名轸,此处采用《实录》的说法。
② 《明史》卷140,《王宗显传附王兴宗传》,第4005页。
③ 《明太祖实录》卷112,洪武十年五月乙酉。
④ 《明史》卷140,《陶垕仲传》,第4002页。
⑤ 《明太祖实录》卷125,洪武十二年闰五月庚申。
⑥ 《明太祖实录》卷177,洪武十九年四月丙午。
⑦ 《明太祖实录》卷229,洪武二十六年九月丁巳。
⑧ 《明太祖实录》卷232,洪武二十七年三月癸卯。
⑨ 《明太祖实录》卷230,洪武二十六年十月丙子。
⑩ 《明史》卷140,《魏观传》赞,第4011页。

对官吏的表彰,朱元璋很注意听取士民的意见。他立下一条法令:自布政司至府、州、县的官吏,如非出自朝廷号令,私下巧立名色,害民取财,或者清廉直干,抚民有方的,允许境内耆宿老人、遍处乡村市井士君子等,联名赴京状奏,作为官吏赏罚升降的参考,并特地指出《大明律》关于士庶人等不得上言宰执大臣美政的条文,目的是为了警告在京官吏人毋得结党营私,紊乱朝政,在外诸司不受这个律条的限制①。又规定:凡有耆民人等赴京面奏官吏品行政绩者,虽无文引,所在关津把隘去处问清缘由后,即时放行,毋得阻挡;阻挡者按"邀截实封罪"论处,予以斩首②。当时由于法令严酷,官吏常因一些微疵细过而被逮捕判刑,不少清官循吏也含冤下狱。但是,如果老百姓能列举这些官吏的政绩,出面替他们申诉,朱元璋便下令予以释放,官复原职,甚至还越级提拔。如汉中府同知柴庸以事下刑部狱,他的僚属和关在一起的案犯,代为申诉,一致证明他"在官廉介",朱元璋即让柴庸复职,并将代为申冤的同狱案犯减罪一等③。四川定远(治今四川武胜西南)知县高斗南,才识精敏,多有善政,洪武二十九年与永州知府余彦诚、齐东(今山东青城东南)知县郑敏、仪真知县康彦民、岳池(今四川广安)知县王佐、安肃(今河北徐水)知县范志远、当涂知县孟廉及怀宁(今安徽安庆)县丞苏亿、休宁县丞甘铺、当涂县丞赵森并坐事,先后被捕,所在府、县的耆民奔走京师,上报他们的政绩,代为申冤,朱元璋"嘉之",即赐给这些官员袭衣、宝钞,令官复原职,并赐给耆民路费。他们还任后,政绩益著。不久,高斗南还被举为廉吏,被列名《彰善榜》《圣政记》。九年考满,政绩为同僚之最,又擢为云南新兴(治今云南玉溪)知州④。灵璧知县周荣、宜春知县沈昌、昌乐知县于子仁、新化(今属湖南)县丞叶宗因事遭逮捕审讯,这几个县的百姓到京师颂其贤能,朱元璋便将他们四个人都提拔为知府⑤。衡山县(今属湖南)主簿纪惟正刚直有为,廉洁自守,遭到同僚陷害下狱,当地百姓以其廉能请求宽宥,朱元璋立即提拔他做陕西参议⑥。旌表与惩治相结合,收到了奖廉惩奸的效果,"由是长吏竞劝,一时多循良之绩焉"⑦。

对于官吏玩忽职守、违法乱纪的行为,朱元璋则采取断然措施,严厉惩办。洪武六年八月,御史大夫陈宁奉命祭奠孔子,丞相胡惟庸、诚意伯刘基、参政冯冕等不陪祭而受胙(祭祀用过的酒肉等祭品),朱元璋说:刘基等学圣人之道而不陪祀,对不学圣人之道者将何以示劝? 既不预祭而享其胙,于礼可乎? 下令停发刘基、冯冕各一月的俸禄,陈宁因知

① 《御制大诰·民陈有贤否第三十六》,《皇明制书》第1册,第65页。
② 《御制大诰·文引第四十六》,《皇明制书》第1册,第70页。
③ 《明太祖实录》卷235,洪武二十七年十二月辛卯。
④ 《明史》卷281,《循吏列传》,第7190页。按:苏亿,《明太祖实录》卷248及《明史稿》传157写作苏益。
⑤ 《明史》卷281,《循吏列传》,第7191页。
⑥ 《明太祖实录》卷235,洪武二十七年十一月甲辰;《明史》卷281,《循吏列传》,第7189页。
⑦ 《明史》卷281,《循吏列传》,第7191页。

情不举,亦停俸半月①。十九年二月,监察御史辛彦德奏报江西彭泽歉收,当地官吏未及时存恤,至有鬻其儿女者,朱元璋下令将彭泽县令施以杖刑。同月,礼部尚书任亨泰出使安南,市买人口为仆,被降为监察御史②。二十四年八月,礼部右侍郎凌汉因不修职事,被降为都察院左佥都御史③。

对于官吏的公务性错误,朱元璋一般大多采用罢官、贬官、调职等行政处理的办法来处置,即使处刑,一般也都较轻,很少采用刑戮的手段。有些人以事被捕待判,因为不是犯贪污罪,朱元璋往往还加以赦免。如洪武二十七年(1394)九月,浙江右布政使杨允、左参政罗钟、右参政李文华、湖州知府王祯俱以事被逮,朱元璋因为他们都不是犯贪污罪,全部赦免,官复原职④。但是对贪赃舞弊行为,则绝不轻饶。朱元璋认为吏治弊莫甚于贪墨,而庸鄙者次之⑤,说:"朕于廉能之官,虽或有过,常加宥免。若贪虐之徒,虽小罪亦不赦也。"洪武四年十一月,他特地下达一条命令:"自今官吏犯赃罪者无贷。"⑥官吏犯赃罪者,他不仅动用刑狱,严加惩处,而且往往法外加刑。罪行较轻的,被处以谪戍、屯田、工役之刑。如徐州丰县丞姜礼在任之时,借口替犯人交纳赃款,挨家挨户敛民宝钞,全部装入自己的腰包,因而被当作积年害民官吏,"发付修城"⑦。九年,"官吏有罪者,笞以上悉谪屯凤阳,至万数"⑧,其中绝大多数是犯赃官吏。罪行严重的,则处以墨面文身、挑筋、挑膝盖、剁指、断手、刖足、刷洗、称竿、抽肠、黥刺、刵、劓、阉割为奴、锡蛇游、斩趾枷令、常号枷令、枷项游历、迫令自杀、枭首、凌迟、免发广西拿象、全家抄没发配远方为奴、族诛等各种非刑⑨。户部尚书赵勉夫妻两人贪污受贿,案发后被杀⑩。工部侍郎韩铎上任不到半年,伙同本部其他官员,先后卖放工匠 2550 名,得钞 13350 贯,克扣工匠伙食钱钞 3000 贯,盗卖芦柴 28000 束,得钞 14000 贯,还盗卖木炭 80 多万斤,私分入己,被杀身处死⑪。大名府开州(治今河南滋阳)判官刘汝霖,追索该州官吏罗从礼等代贪官藏匿的赃款,逼令各乡村的百姓代为赔纳,被枭令于市⑫。凤阳临淮知县张泰、县丞林渊、主簿陈日新、典史吴学文及河南

①《明太祖实录》卷 84,洪武六年八月丙午。
②《明太祖实录》卷 244,洪武二十九年二月乙卯、甲午。
③《明太祖实录》卷 211,洪武二十四年八月乙丑。
④《明太祖实录》卷 234,洪武二十七年九月戊戌。
⑤《明太祖实录》卷 148,洪武十五年九月庚申。
⑥《明太祖实录》卷 79,洪武六年二月壬寅。
⑦《御制大诰续编·教人受赃第二十六》,《皇明制书》第 1 册,第 117 页。
⑧《明史》卷 139,《韩宜可传》,第 3983 页。
⑨ 参看《御制大诰》各篇及《野记》1。
⑩《明太祖实录》卷 223,洪武二十五年十二月辛卯;《明史》卷 137,《刘三吾传》,第 3942 页。
⑪《御制大诰续编·韩铎造罪第二十四》,《皇明制书》第 1 册,第 114—116 页。
⑫《御制大诰·开州追赃第二十五》,《皇明制书》第 1 册,第 58 页。

嵩县知县牛承、县丞毋亨、主簿李显名、典史赵谷安等接受逃军钱钞,逼令他人代充军役,案发后"两县官员尽行典刑"①。福建右布政使陈泰,经常下乡科敛扰民,被拿赴京师,斩首于市②。福建东流江口河泊所官陈克素勾结同业户人,侵吞本所鱼课1万贯,又勾结东流、建德两县官吏王文质等,验丁敛钞,不下数万,被杀身死③。进士秦昇、张子恭、王朴奉命到昆山县查勘水灾,接受当地教谕漆居恭、茜泾巡检姚诚的宴请,并收下他们贿赂的缎匹、衣服等物和钞币1100贯,将当地的22600亩熟田"作灾妄奏",朱元璋命锦衣卫给刃器、绳索,令其自尽④。尚书郎某依仗李善长的权势,"放肆奸贪",朱元璋下令诛之,籍没其家⑤。当时官吏贪赃到60两以上,均处枭首示众、剥皮实草之刑。各府、州、县和卫所衙门左首的土庙,就是行刑的场所,叫作剥皮庙,也叫皮场庙。贪官被押到那里,砍下脑袋,挂到旗竿上示众,再剥下人皮,塞上稻草,摆到衙门公座旁边,用来警诫继任的官吏⑥。后来,朱元璋见官吏犯贪赃罪的很多,说:"本欲除贪赃官吏,奈何朝杀而夕犯!"甚至下令:"今后犯赃者,不分轻重皆诛之!"⑦

对违法犯禁的官吏,除了平常随时惩办外,还进行几次大规模的集中清洗。如洪武四年(1371)录(甄别)天下官吏⑧,八年的空印案,十八年的郭桓案,十九年逮官吏积年为民害者⑨,声势都极浩大。其中,尤以空印案与郭桓案的规模最大,两案连坐被杀的达七、八万人。

空印案发生在洪武八年⑩。原来按照规定,全国各布政司和府、州、县,每年都必须派计吏到户部报告地方财政的收支账目。所有钱粮、军需等款项,府报布政司,布政司报部,层层上报,经过户部审核,户部掌握的数字必须与各布政司收支款项总和的数字完全符合,各布政司的数字也必须与下辖各府收支款项总和的数字完全符合,才能结账。数字如有分毫差错,合不拢的,整个表册即被驳回,需要重新填造。布政司和府离京师远的六七千里,近的三四千里,重造表册要加盖原衙门的大印,来回跑一趟得花上个把月甚至一年

---

① 《御制大诰·冒解军役第七十三》,《皇明制书》第1册,第87—88页。

② 《御制大诰续编·官吏下乡第十七》,《皇明制书》第1册,第110页。

③ 《御制大诰续编·东流鱼课害民第三十四》,《皇明制书》第1册,第122—123页。

④ 《御制大诰续编·秦昇等怙终第八十三》,《皇明制书》第1册,第162—163页。

⑤ 《国初事迹》。

⑥ 《建文朝野汇编》卷11,《大理寺少卿胡闰》附录;《名山藏》卷48,《刑法记》,第1318页;《廿二史札记校证》卷33,《重惩贪吏》,第764页。

⑦ 《国初事迹》。

⑧ 《明史》卷139,《周敬心传》,第3999页。

⑨ 《明史》卷139,《周敬心传》,第3999页。

⑩ 空印案的发生年代,一说为洪武九年,一说为洪武十五年,实为洪武八年。详见拙作《明初空印案发生年代考》,《历史研究》1982年第4期;《朱元璋研究》,第337—338页。

的时间，那就会错过报账的日期。为了减少麻烦，节省时间，各地的计吏都带上已经盖好官印的空白表册，以备部驳时填用。这种空白表册，盖的是骑缝印，除了向户部报账外，并不能做别的用途，谁也不认为这里面有什么问题。各地计吏年年都这么办，已经成了习惯①。洪武八年，多疑的朱元璋知道了这件事，大发雷霆，说：如此作弊瞒我，此盖部官容私，所以布政司敢将空印纸填写，尚书与布政司官尽诛之！②于是，凡主印吏及署吏有名者皆逮系御史狱，狱凡数百人③。户部尚书周肃及"行省大臣二十余辈，守、令署印者"皆处死，"佐贰以下杖一百，免死，为军远方"④。

洪武十八年(1385)，御史余敏、丁廷举告发北平布政司、按察司官吏李彧、赵全德等与户部右侍郎郭桓、胡益、王道亨等通同舞弊，侵盗官粮。朱元璋下令将他们逮捕审讯，牵连到礼部尚书赵瑁、刑部尚书王惠迪、兵部侍郎王志、工部左侍郎麦至德等。三月，将赵瑁等人弃市，六部左右侍郎以下皆处死，追赃粮700万石。供词牵连到各布政司的官吏，入狱被杀者有数万人⑤。《御制大诰》宣布郭桓等人的罪状说："其所盗仓粮以军卫言之，三年所积卖空。前者榜上若欲尽写，恐民不信，但略写七百万（石）耳。若将其余仓分并十二布政司通同盗卖见在仓粮，及接受浙西四府钞五十万张（贯），卖米一百九十万石不上仓，通算诸色课程鱼盐等项，及通同承运库官范朝宗偷盗金银，广惠库官张裕妄支钞六百万张（贯），除盗库见在宝钞、金银不算外，其卖在仓税粮及未上仓该收税粮及鱼盐诸色等项课程，共折米算，所废者二千四百余万（石）精粮。"⑥因为案件株连的人多，打击面大，引起许多地主官僚的不满和恐慌，他们纷纷攻击告发、审讯的御史和法官，并说朝廷罪人，玉石不分⑦。为了防止矛盾的扩大，朱元璋一面手诏公布郭桓等人的罪状，一面又将原审法官右审刑吴庸等人处以磔刑，以平众怨，并下令："朕诏有司除奸，顾复生奸扰吾民，今后有如此者，遇赦不宥！"⑧

对吏治的整肃，朱元璋还注意做到不避亲故。皇亲国戚、故旧勋臣违法犯禁，他也毫

---

① 《明史》卷94，《刑法志二》，第2318—2319页；卷139，《郑士利传》，第3996页。

② 《国初事迹》。

③ 方孝孺：《叶伯巨郑士利传》，《明文海》卷387。

④ 《立斋闲录》《国朝典故》卷39，第912页；《弇山堂别集》卷48，《户部尚书表》，第895页；《明史》卷94，《刑法志二》，第2318—2319页。

⑤ 《国榷》卷8，洪武十八年三月戊子，第653页。

⑥ 《御制大诰·郭桓造罪第四十九》，《皇明制书》第1册，第72页；《明太祖实录》卷172，洪武十八年三月己丑。按：《御制大诰·朝臣优劣第二十六》（《皇明制书》第1册，第59页）记案发时郭桓为户部试侍郎，《明史》卷3《太祖本纪三》（第42页）、卷94《刑法志二》（第2318页）则记为户部侍郎，未明言是左侍郎还是右侍郎。查《明史》卷111《七卿年表》（第2398页），郭桓于洪武十七年五月任为户部试尚书，《明太祖实录》卷170，洪武十八年正月甲子又记擢户部试尚书郭桓为右侍郎，则案发时他应是户部右侍郎。

⑦ 《御制大诰·朝臣优劣第二十六》，《皇明制书》第1册，第59页。

⑧ 《明史》卷94，《刑法志二》，第2318页。

不宽假,照样处刑。淮安侯华云龙在北平私据元丞相脱脱的大宅第,犹嫌不足,还役使士卒修大长公主府并"僭用故元宫中物",朱元璋就撤了他的职务,将他调回京师,后来死于回京的途中①。永嘉侯朱亮祖出镇广东,收受贿赂,强行释放被番禺知县道同捉起来的犯罪土豪和亲戚,并诬陷道同,使之含冤屈死。朱元璋弄清真相后,洪武十三年九月下令将朱亮祖和他的儿子、府军卫指挥使朱暹一起鞭死②。驸马都尉欧阳伦是马皇后亲生女儿安庆公主的夫婿,他不顾朝廷禁令,多次派家奴去陕西偷运私茶出边境贩卖。家奴个个倚仗权势,骄横暴虐,尤其是周保,更随意凌辱地方官吏,稍不如意,就把他们狠揍一顿,所到之处,不胜其扰,就连封疆大吏也怕他三分,叫干什么就干什么,丝毫不敢怠慢。洪武三十年(1397)四月,正值春耕大忙季节,欧阳伦又强迫陕西布政司发文叫下辖府、州、县派车替他往河州运送私茶。家奴周保走到哪里,就叫哪里的衙门官吏给他派车,共"索车五十辆"。到了兰县(治今甘肃兰州)河桥巡检司,又肆意殴打巡检司的小吏。小吏不堪忍受,向朝廷告发。朱元璋闻讯怒不可遏,六月"以布政司官不言,并论赐死,保等皆伏诛,茶货没入于官",并写了一通敕书,派人送到河桥巡检司,表彰、慰问那个不避权贵的小吏③。

　　明初整肃吏治的斗争前后延续二三十年的时间,大约在洪武十八年至二十八年达到高潮。这场斗争,是在强化封建专制统治的历史背景之下进行的,因而带有特别残暴的特征。朱元璋的性格猜忌多疑,刚愎自用,又求治心切,恨不得一个早上就能扫除官场的腐败现象。洪武建国之前,他强调"刑新国用轻典",据此制定吴元年律令和建国后洪武七年和九年的两次修律,一再强调要慎用刑罚,刑当其罪,"但贵得中"④。后来,见官吏的违法行为层出不穷,便大搞法外用刑,"施五刑而不拘常宪"⑤,相继颁行御制《大诰》四编,并在洪武二十二年重修《大明律》,对官吏的惩处量刑大大加重,用刑手段也更加残暴。仅《大诰三编》所列的案件,凌迟、枭令、族诛者"无虑千百,弃市以下万数"。《大诰三编》所列的案件算是较轻的,"然所记进士监生罪名,自一犯至四犯者犹三百六十四人"⑥。同时,随着皇权的不断扩张,朱元璋又常越俎代庖,直接参与刑狱的审裁,并着意追求刑狱的深刻。许多司法官员在办案中便"务求深刻,以趋上意"⑦,对案犯大搞逼供讯,处刑也尽可能从重从严。如刑部尚书开济,每次上朝奏事,则"置奏札怀中,或隐而不言,觇伺上意,务为两

　　① 《国初事迹》;《明史》卷130,《华云龙传》,第3825页。

　　② 《明史》卷132,《朱亮祖传》,第3860页;卷140,《道同传》,第4008页;《牧斋初学集》卷105,《太祖实录辨证》5,第2143页。

　　③ 《明太祖实录》卷253,洪武三十年六月己酉;《明史》卷121,《公主列传》,第3664—3665页。

　　④ 《明太祖实录》卷179,洪武十九年十二月戊申。

　　⑤ 《御制大诰三编·库官收金第三十五》,《皇明制书》第1册,第238页。

　　⑥ 《明史》卷94,《刑法志二》,第2318页。

　　⑦ 《明经世文编》卷8,《叶居升奏疏·万言书》。

端"。他摸透了朱元璋的心理,任职期间"好以法中伤人",以治狱"深刻"著称①。因此,不可避免地会出现"不分臧否"的滥杀现象,产生一些冤枉错案。如空印案明显是一个定性错误的冤案。案发时,湖广按察司佥事郑士元受到牵连,其弟郑士利曾上书指出:"夫文移必完印乃可,今考校书策,乃合两缝印,非一印一纸比。纵得之,亦不能行,况不可得乎?……且国家立法,必先明示天下而后罪犯法者,以其故犯也。自立国至今,未尝有空印之律。有司相承,不知其罪。今一旦诛之,何以使受诛者无词?"朱元璋硬是不听,把他和郑士元都罚到江浦去做苦工,"而空印者竟多不免"②。再如洪武三十年的南北榜(又称春秋榜)案件,显然也是一个冤案。当年春,由翰林学士、湖南茶陵人刘三吾和王府纪善白信蹈等主持会试,录取 51 名,全是南方人。秋天举行廷试,以闽县陈䢿为第一名,吉安尹昌隆第二名,会稽刘谔第三名,他们自然也都是南方的士子。落榜的北方举人纷纷上告,说刘三吾等主考官是南方人,偏袒同乡。朱元璋很生气,命侍讲张信等官员和陈䢿、尹昌隆、刘谔等抽查落榜的考卷,每人评阅 10 份卷子,结果没有一份及格。北方举人又告状,说张信等人受刘三吾的嘱托,故意拿不及格的卷子评阅。朱元璋更为恼火,秋天亲自出题重考,录取了 61 名,全都是北方的士子,授第一名韩克忠为翰林修撰,第二名王恕为编修、第三名焦胜为行人司副,进士陈性善为行人,陈诚为检讨,而将白信蹈等考官处死,刘三吾年已八十五,免死充军边塞,陈䢿、刘谔也充军戍边,两人后来也均被杀③。其实,当时北方经过长期战争的破坏,经济和文化教育水平都远远落后于南方,北方士人在某次会试、廷试中全部落榜并不奇怪。况且会试结束后,所有考卷都需弥封,阅卷人看的是重新誊录的卷子,根本无从得知考生的姓名和籍贯,也无从作弊。要说作弊的话,朱元璋主持重考录取的全是北方人,才是货真价实的作弊。即便是郭桓案,尽管定性正确,但"词连直省诸官吏,系死者数万人"④,追赃又牵涉各地的许多地主富豪,搞得他们倾家荡产,显然也存在牵连过多的问题。

由于打击面过大,一些没有重大过失的官吏,包括不少清官循吏与有用之才,遭到了错杀和冤杀。如克勤自奉简朴,一件布袍穿了十年没有换新的,一天只吃一餐带肉的菜,但抚民有方,担任济宁知府三年,"吏不得为奸,野以日辟","户口增数倍,一郡饶足","又立社学数百区",大兴教化,老百姓歌颂他是"我民父母",最后因受空印案的牵连而"逮死"⑤。湖广按察使佥事邓士元刚直有才华,任职期间,荆襄卫所掳掠妇女,官吏都不敢过

---

① 《明史》卷 138,《开济传》,第 3978 页。

② 《明史》卷 139,《郑士利传》,第 3997 页。

③ 《弇山堂别集》卷 81,《科试考一》,第 1546 页;《明史》卷 137,《刘三吾传》,第 3942 页。

④ 《明史》卷 94,《刑法志二》,第 2318 页。

⑤ 《明史》卷 281,《循吏列传》,第 7187—7188 页。

问,他找到卫所军官,叫他们把掳来的妇女全部释放;安陆有冤狱,他冒着触怒御史台的风险,上书为之平反。这名能干的清官,也因为受空印案牵连的兄长郑士利鸣冤,而与其一起被罚做苦工①。又如洪武十年,苏州知府金炯认为全府的税粮,官、民田轻重过于悬殊,主张将两者摊平。户部尚书滕德懋支持他的主张,让他奏请朝廷施行。朱元璋接到奏书,诏下户部详议,滕德懋说:三吴民田税轻,官田税重,税则有数十百条,老百姓搞不清楚,吏胥往往从中捣鬼。应该采纳金炯的建议,把两种税粮摊平了。朱元璋担心国家收入受到损失,坚决反对,并怀疑他们的建议另有企图。他派人暗中查访金炯家,发现他家的民田少于官田,即以"挟私自利、罔上不忠"的罪名将他处死,并将滕德懋抓进大牢,不久又以"盗用军粮一十万石"的罪名将他处死。滕德懋死后,朱元璋派人暗中侦察他的妻子。滕德懋的妻子正在家里纺麻,来人告诉她滕德懋因偷盗军粮 10 万石,已被处死。她说:我丈夫偷盗国家那么多粮食,却从不捎些回来赡养我们妻儿老小,是该死! 朱元璋听到报告,派人检查滕德懋的肚肠,发现里面全是粗粮野菜,叹息说:他原来是个大清官呵! 下令买棺装殓他的尸首②。还有不少官吏,仅仅因为被朱元璋看不惯,便被处死。如以博学著称的陶凯,洪武初年被荐参加《元史》的修纂,书成后授翰林应奉,一时诏令、封册、碑志多出其手,升礼部尚书,又参与军礼和科举等制度的制定,后历任湖广参政、国子祭酒、晋王府左相,未曾有任何过失,只因为起个"耐久道人"的别号,朱元璋"闻而恶之",就找了个借口把他杀掉,并亲制《设大官卑职馆阁山林辩》,历数其"轻君爵而美山野"等罪③。由于诛戮过甚,两浙、江西、两广和福建的行政官员,从洪武元年(1368)到十九年春竟没有一个做到任期满的,往往未及终考便遭到贬黜或杀头④。有些衙门,因为官吏被杀太多,没有人办公,朱元璋不得不实行"戴斩、绞、徒、流罪还职"的办法⑤,让判刑后的犯罪官吏,带着镣铐回到公堂办公。

由于打击面过大,刑罚过严过滥,官吏人人自危。据说,朱元璋每天上朝,如果把玉带高高地贴在胸前,这一天杀的人就少一些;如果把玉带低低地按在肚皮下面,这一天准得大杀一批,官员就吓得面如土色⑥。在这种恐怖气氛中,不论大官小官,个个胆战心惊,不知道什么时候就会大祸临头。传说当时的京官,每天清早入朝,必与妻子诀别,到晚上平安回家便阖家庆贺,庆幸又活过一天⑦。有人忍受不了,干脆装疯卖傻。有一次,刑部报审

---

① 《明史》卷 139,《郑士利传》,第 3996—3997 页。

② 《民国吴县志》卷 78,《杂记》,1933 年苏州文新公司铅印本。

③ 《明史》卷 136,《陶凯传》,第 3934—3935 页;《明太祖集》卷 16,第 344—346 页。

④ 《御制大诰续编·松江逸民为害第二》,《皇明制书》第 1 册,第 98 页。

⑤ 《御制大诰三编·进士监生不悛第二》,《皇明制书》第 1 册,第 184—208 页。

⑥ 《翦胜野闻》。

⑦ 《廿二史札记校证》卷 32,《明祖晚年去严刑》,第 744 页。

一批案犯的判刑名单,朱元璋主张处死,皇太子主张从宽处理。朱元璋问御史袁凯:朕和太子的主张,哪个正确?袁凯觉得两边都不能得罪,只得回答道:陛下要杀,这是守法;皇太子想要赦免,这是心慈①。朱元璋认为他是个滑头,把他关进监狱。袁凯绝食三天,才被释放。袁凯上朝后,朱元璋见了他还说:"是持两端者!"袁凯怕被杀头,后来索性假装疯癫。朱元璋说疯子不怕痛,叫人用木椎子椎他,袁凯咬紧牙关,忍住不喊痛。朱元璋以为他真疯了,就让他退休。袁凯回到到乡下老家,将铁链拴在自己的脖子上,自毁形骸,蓬头垢面。后来,朱元璋想起用他为本郡儒学教授,派使臣去召他。他却故意在乡饮酒礼上对着使臣大唱《月儿高》,爬在篱笆边吃狗屎(事先放好的假狗屎,用炒面拌糖稀做成)。使臣回去报告,说袁凯确实疯疯癫癫的,朱元璋只好作罢,他因此得以寿终。有的官吏在时过境迁之后,回想起洪武朝的情景,还心有余悸。如吴人严德珉,由御史升任左金都御史,因病要求辞职,朱元璋大怒,将他黥面谪戍广西南丹。后来遇赦放还,活到宣德朝。一天,因事被御史逮到公堂,他跪在堂下,说自己曾在御史台干过事,晓得三尺法度。御史问他做过什么官,他回说洪武中台长严德珉,就是老夫也。御史大吃一惊,赶紧把他扶起来。他回到住处,怕朝廷再叫他做官,就挑起铺盖搬家。第二天,御史去拜访,扑了个空。后来,有个儒学教授同他喝酒,见他面上刺字,戴的是顶破帽,问老人家犯过什么法?他叙述了自己的经历,说先时国法甚严,做官的常保不住脑袋,这顶破帽不好戴啊!说完还北面拱手,连称:"圣恩!圣恩!"②为了保全身家性命,许多人做官从政,不求有功,但求无过,唯唯诺诺,无所作为。士子们更视仕途为畏途,多不乐仕进。为了避免被强征出仕,甚至自残肢体。还有人出仕之后,过若干年又找各种理由辞官不做。陈遇天资聪颖,笃学博览,精于象数之学,元末做过温州儒学教授,已而弃官归隐。朱元璋渡江后,经秦从龙推荐,被召至应天,留密谘议,很受信任。朱元璋称吴王后,授予供奉司丞,他却推辞不就,要求退隐。朱元璋做了皇帝,三次任命他为翰林学士,他仍不肯上任。洪武三年,朱元璋派他到浙江廉察民隐,回来后赏赐金帛,要他做中书左丞,他还是推辞。第二年,又先后任命他为礼部侍郎兼弘文馆学士、太常少卿、礼部尚书,他都固辞不就。朱元璋还想给他的儿子官做,陈遇又推托说:"臣三子皆幼,学未成,请俟异日。"③所有这一切,都大大挫伤了官吏的积极性和进取心,妨碍行政效率的提高。

　　不过应该看到,朱元璋对吏治的整顿,尽管存在着以上的偏差和失误,付出沉重的代价,但仍然收到很大的成效,起到了"整顿一代之作用"④。在严刑酷法之前,大多数官吏还

---

① 《蒭胜野闻》。

② (明)陆深:《金台纪闻摘抄》,《纪录汇编》本;《明史》卷285,《文苑列传一·袁凯传》,第7327页。

③ 《明史》卷135,《陈遇传》,第3913—3914页;(明)陆深:《玉台漫笔摘抄》,《纪录汇编》本。

④ 《廿二史札记校证》卷32,《明祖晚年去严刑》,第744页。

是重足而立,不敢恣肆妄为,"郡县之官虽居穷山绝塞之地,去京师万余里外,皆惊心震胆,如神明临其庭,不敢少肆。或有毫发出法度、悖礼仪,朝按而暮罪之"①。经过长期的坚决斗争,一大批腐败的官吏遭到惩处和打击,官场的风气逐渐发生变化,明初吏治日趋清明。《明史》的《循吏列传》序说:"一时守令畏法,洁己爱民,以当上指,吏治焕然丕变矣。下逮仁、宣,抚循休息,民人安乐,吏治澄清者百余年。"②后来,嘉靖、万历时期的著名清官海瑞赞扬说:"我太祖视民如伤,执《周书》'如保赤子'之义,毫发侵渔者加惨刑。数十年民得安生乐业,千载一时之盛也。"③

① 《逊志斋集》卷14,《送祝彦芳致仕还家序》。

② 《明史》卷281,《循吏列传序》,第7185页。

③ (明)海瑞撰,陈义钟编校:《海瑞集》下编,《赠赵三山德政序》,中华书局1962年版,第354页。参看拙作《评朱元璋整肃吏治的斗争》,《光明日报》1979年7月16日;《新华月报(文摘版)》1979年第12期;《朱元璋研究》,第171—194页。

第三节　抑制与打击豪强势族

地主阶级是封建专制政权的统治基础,朱元璋极力保护他们的利益。不仅帮助他们恢复遭到农民起义打击的经济势力,而且提拔他们到各级政权机构做官,或者在基层担任里长和粮长,希望他们能与自己通力合作,奉君守法,共同维护和加强明朝的统治。洪武三年(1370)二月,他特地召见各地富民,告谕他们:"汝等居田里,安享富税者,汝知之乎?古人有言:'民生有欲,无主乃乱。'使天下一日无主,则强凌弱,众暴寡,富者不得自安,贫者不能自存矣。今朕为尔主,立法定制,使富者得以保其富,贫者得以全其生。尔等当循分守法,能守法则能保身矣。毋凌弱,毋吞贫,毋虐小,毋欺老,孝敬父兄,和睦亲族,周给贫乏,逊顺乡里,如此则为良民。若效昔之所为,非良民矣。"①地主阶级对朱元璋政权当然是支持和拥护的,但是贪婪的阶级本性决定他们必然要不顾一切地突破皇朝法令的约束,扩占土地和劳力。各地的豪强地主,不仅"欺凌小民,武断乡曲",残酷压榨农民,埋下社会动乱的祸根,而且"有田而不输租,有丁而不应役"②,千方百计逃避朝廷的赋税和徭役,直接侵害皇朝的利益。于是,朱元璋为了维护朱家皇朝和地主阶级的根本利益,又秉承"锄强扶弱"的原则,采取各种措施,对豪强势族进行抑制与打击。

明朝初年,朱元璋在支持逃亡地主重返家园、恢复产业的同时,为防避社会矛盾的激化,又实行抑制兼并的政策,限制地主经济势力的过分扩张。他规定:"凡威取田宅者,归业主。"农民直接凭借战争暴力剥夺地主的土地和财产,一律要退还给原主;但是"各处人民,曩因兵灾抛下田土,已被有力之家开荒成熟者,听为己业。其田主回还,仰有司于附近荒田内,验数拨付耕种"③。也就是说,如果地主自己逃亡抛荒的土地,已被农民垦为熟田,就归农民所有,地主回乡后,另由官府拨给一块荒田,作为补偿。由于经过长期战争,地主死的死,逃的逃,出现了大片荒闲的无主田地,朝廷大力奖励垦荒,并积极鼓励公侯大官和地主尽力开垦。地主往往利用他们雄厚的财力,乘机多犁多占,兼并土地。洪武四年三月,朱元璋发现临濠地多闲弃,有力者遂得兼并的状况,即指示中书省:"今临濠之田连疆接壤,耕者亦宜验其丁力,计亩给之,使贫者有所资,富者不得兼并。若兼并之徒多占田以为己业,而转令贫者佃种者,罪之。"④五年五月,他又把这种"验其丁力,计亩给之"的办法推向全国,下诏规定:"兵兴以来,所在人民抛弃产业,逃避他方,天下既定,乃归乡里。其

① 《明太祖实录》卷49,洪武三年二月庚午。

② 《明太祖实录》卷150,洪武十五年十一月丁卯。

③ 《皇明诏令》卷1,《大赦天下诏》。

④ 《明太祖实录》卷62,洪武四年三月壬寅。

间若有丁力少而旧田多,不许依然占护,止许尽力耕种到顷亩,以为己业。若有去时丁少,归则丁多而旧产少者,许令于附近荒田内,官为验其丁力,拨付耕种。敢有以旧业多余占护者,论罪如律。"①这种抑制兼并的政策,使明初大地主土地所有制的发展受到了一定的限制。

朱元璋还通过清查户口和丈量土地,查出地主隐瞒的丁口和田地,编制赋役黄册和鱼鳞图册,作为征派赋役的依据。同时,又陆续颁布一系列法令,严禁脱漏户口、隐瞒土地的行为,规定:"凡一户全不附籍,有赋役者,家长杖一百;无赋役者,杖八十,附籍当差。若将他人隐蔽在户不报,及相冒合户附籍,有赋役者,亦杖一百;无赋役者,亦杖八十。若将另居亲属隐蔽在户不报,及相冒合户附籍者,各减二等。所隐之人,并与同罪,改正立户,别籍当差";人户以籍为定,"若诈冒脱免,避重就轻者,杖八十。其官司妄准脱户,及变乱板籍者,罪同"②;"凡期隐田粮脱漏板籍者,一亩至五亩,笞四十,每五亩加一等,罪止杖一百。其田入官。所隐税粮,依数征纳。若将田土移丘换段,挪移等则,以高作下,减瞒粮额,及诡寄田粮,影射差役,并受寄者,罪亦如之。其田改正,收科当差。里长知而不举,与犯人同罪";典卖田宅必须过割,"不过割者,一亩至五亩,笞四十,每五亩加一等,罪止杖一百。其田入官"③;"诸人不得于诸王、驸马、功勋大臣及各衙门,妄献田土、山场、窑冶,遗害于民,违者治罪";"各处奸顽之徒,将田地诡寄他人名下者,许受寄家首告,就赏为业"④。当时,全国的田赋以浙江、江西和苏、松最多,因"恐飞洒为奸",朱元璋还在洪武二十六年立下一条法令,规定浙江、江西和苏、松之人不得担任户部官员,江浙和苏、松之人不得担任户部吏员。

对那些不肯服从朝廷法令,欺凌小民,损害皇朝利益的豪强势族,朱元璋则进行无情打击。当时的江南地区是地主经济最为发达的地区,豪强势族的势力最大,朱元璋对他们的打击也最为严厉。他颁行的《大明律》和《大诰》,不仅残酷镇压敢于反抗的农民群众,打击蠹政害民的贪官劣吏,同时也严厉打击违法犯禁的豪强势族。明初派到各地的官吏有一部分酷吏,就是这种政策的坚决执行者。如薛岩守镇江,执法极严,"豪强为之屏迹"⑤,不敢恣肆妄为。苏州府太守王观,因当地拖欠税粮,就把全府的富豪都叫到府衙,命令他们拿出家中的储积代为赔偿⑥。朱元璋还借当时的一些重大案件,牵连诛杀了许多豪强势

---

① 《皇明诏令》卷2,《正礼义风俗诏》。
② 《大明律》卷4,《户律·户役》,第43—44页。
③ 《大明律》卷5,《户律·田宅》,第51—53页。
④ 《万历明会典》卷17,《户部·田土》。
⑤ 《乾隆江南通志》卷14,《职官志·名宦》,《四库全书》本。
⑥ 《乾隆江南通志》卷14,《职官志·名宦》。

家。洪武年间的四大案即空印案、郭桓案、胡惟庸案和蓝玉案,都有不少地主受到牵连。特别是胡、蓝党案,江南豪强地主受到株连的更多,仅吴江一县,罹祸的就有张琦、莫礼、张瑾、李鼎、崔龄、徐衍等"不下千家"①。富土镇的顾学文是元末江南首富沈万三的女婿,因受蓝玉党案的牵连而被灭族,并牵连到"妻族沈旺、沈德全、沈昌年、沈文规、沈文矩、沈文学、沈文载、沈海,凡八人,皆万三子孙"②,他们被谋杀或谪戍远方。此外,洪武三十年(1397)六月发生"南北榜"事件,第二年朱元璋又"以江南大家为'窝主',许相讦告",不少江南地主因此罹祸。如江苏吴县徐佑之遭到告发,他的女婿、当地的望族都文信冒名代为抵罪,至京下刑部狱,大病了一场,出狱即死③。这些豪强势族在政治上遭到打击后,他们的财产往往即被抄没入官,在经济上陷于破产。朱元璋规定:"凡民间有犯法律,该籍没其家者,田土合拘收入官,户部书填勘合,颁行各布政司、府、州、县,将犯人户丁、田土、房屋,召人佃赁,照依没官则例收科。"④归安沈梦麟,其子孙坐事谪戍,田亦没官⑤。吴江莫礼曾任户部侍郎,洪武末年受到党案的牵连,死于京师,举族被谪戍边地,第宅荡然⑥。由于大批地主私田被没收,明初江南的官田数量因而激增,朝廷的田赋收入也大量增加。苏州府在元末延祐四年(1317)应纳秋粮米882100石,明初一跃而增至290余万石,松江府也从66万余石骤升至140万余石⑦。

除了诛杀,朱元璋还将许多豪强劣绅迁离故土,徙置他乡。明朝建立前后,他就开始执行这一政策,将张士诚、方国珍、陈友谅和元朝的孤臣孽子以及依附于他们的江南地主迁离故土。张士诚集团的僚属如余饶臣、杨基、徐贲等200家,先后被迁徙临濠⑧;方国珍的官属刘庸等200余人被徙居濠州⑨;元朝的遗老,如松江谢伯礼、华亭洪允诚、萧山载起之、昆山顾得辉父子等,被徙居濠梁⑩;富民豪族,如苏州郁瑜"家素饶于财",被迁置临淮⑪,

① 《同治苏州府志》卷146,《杂记》,清光绪八年江苏书局刻本。
② 《乾隆吴江县志》卷56,《旧事》,清乾隆十三年刻本。
③ (明)王锜撰,张德信点校:《寓圃杂记》卷7,《都文信代死》,中华书局1984年版,第58—59页。
④ 《万历明会典》卷17,《户部·田土》。
⑤ (清)朱彝尊:《静志居诗话》卷4,《沈梦麟》,清嘉庆二十四年扶荔山房刻本。
⑥ 《匏翁家藏集》卷35,《东村记》。
⑦ 《嘉庆松江府志》卷21,《田赋》,清嘉庆松江府学明伦堂刻本。
⑧ 《明史》卷285,《文苑列传一·高启王行传》,第7328—7331页;《嘉庆松江府志》卷51,《古今人物》;《贝清江先生文集》卷24,《荐福草堂记》。
⑨ 《明太祖实录》卷28上,吴元年十二月丁巳;《国榷》卷2,至正二十七年十二月丁巳,第350页。
⑩ (明)郑真:《荥阳外史集》卷11,《石庵记》;《四库全书珍本》本,卷27,《送戴起之归萧山序》;《贝清江先生文集》卷24,《东轩记》;《明史》卷285,《文苑列传一·陶宗仪传附顾德辉传》,第7326页;《匏翁家藏集》卷51,《跋桃源雅集记》。
⑪ 《解文毅公集》卷13,《户部尚书郁公墓志铭》。

松江朱孟闻"家饶于赀"①,被徙置濠梁,松江上海黄黻"以农起家致巨富",被徙居颍上②。另外,朱元璋还仿效刘邦徙天下富民以实关中的做法,迁徙各地的富户以实中都和京师。早在吴元年(1367)十月,他就下令"徙苏州富民实濠州"③。洪武二十四年(1391)七月,又对工部大臣说:"昔汉高祖徙天下豪富于关中,朕初不取。今思之,京师天下根本,乃知事有当然,不得不尔。朕今欲令富民入居京师,卿其令有司验丁产殷富者,分遣其来。"工部按照这个指示,把各地富民5300户迁到了南京④。为了防止这些富户逃回原籍或移徙他处,明廷还颁布禁止逃亡的法令,规定"富民私归者有重罪"⑤。朱元璋迁徙富民的目的,一方面是想利用他们的力量来发展京师的经济,安定人心,"以壮京畿",借以巩固封建专制中央集权的统治,正如隆庆年间大学士高拱所说的:"夫至尊所居,根本之地,必使百姓富庶,人心乃安,而缓急亦有可赖,祖宗取天下富室填实京师,盖为此也。"⑥另一方面,则是为了限制地主大族在地方上发展势力,飞扬跋扈,欺压百姓,侵犯皇朝的利益,危害明朝的统治。

朱元璋的这些措施,使豪强势族受到了沉重的打击。《明史》说,郭桓案"核赃所寄借遍天下,民中人之家大抵皆破"⑦。建文帝的谋士方孝孺谈及明初对豪强地主的打击时说:"太祖高皇帝以神武雄断治海内,疾兼并之俗,在位三十年间,大家富民多以逾制失道亡其宗。"⑧弘治年间(1488—1505)的礼部尚书吴宽说他的家乡长洲(治今江苏苏州)在洪武之世,"乡人多被谪徙,或死于刑,邻里殆空"⑨,并谈及三吴地区的情况说:"皇明受命,政令一新,豪民巨族,划削殆尽","一时富室或徙或死,声销景灭,荡然无存"⑩。洪武初年与修《元史》后任国子助教的贝琼也说,当时三吴巨姓"既盈而覆,或死或徙,无一存者"⑪。这些说法自然有夸张失实之处。因为一方面,朱元璋抑制与打击的对象只限于那些违法犯禁的豪强势族,对于那些遵守法纪的地主则是采取保护和依靠的政策,并非不分青红皂白地滥加打击。例如贝琼一家,即"以业农独全。岁给贡赋外,则击鲜酿酒,合族人乡党酌而相

① 《荥阳外史集》卷10,《乐胜云间记》。
② 《荥阳外史集》卷47,《濠东耕者传》。
③ 《明太祖实录》卷26,吴元年十月乙巳
④ 《明太祖实录》卷210,洪武二十四年七月庚子。
⑤ 《消夏闲记摘抄》上。
⑥ 《典故纪闻》卷18,第336页。
⑦ 《明史》卷94,《刑法志二》,第2318页。
⑧ 《逊志斋集》卷22,《参议郑公墓表》。
⑨ 《匏翁家藏集》卷57,《先世事略》。
⑩ 《匏翁家藏集》卷58,《莫处士传》;卷51,《跋桃源雅集记》。
⑪ 《清江贝先生文集》卷19,《横塘农诗序》。

劳,荣辱得丧,举不得挠吾中矣"①。吴宽的先祖"每戒家人闭门,勿预外事",历洪武之世,"独能保全无事"②。另一方面,还有些地主大族采取散发家财、攀附军籍或外出逃亡等手段,躲过了朝廷的打击。如吴江莫处士在胡惟庸案发后,"以尝附尺籍(军籍)免"③;无锡华宗寿家田地很多,富甲邑中,"至国初悉散所积以免祸"④;长洲朱士清入赘乌溪大姓赵惠卿为婿,"赵以富豪于一方",朱士清预料会出事,"出居于外以避之,后竟保其家"⑤。不过,在朱元璋的打击之下,一批欺凌小民、武断乡曲的豪强劣绅被消灭,则是无可置疑的事实。这对促进明初社会的安定、经济的恢复和发展,产生了积极的作用。

---

① 《清江贝先生文集》卷 19,《横塘农诗序》。
② 《匏翁家藏集》卷 57,《先世事略》。
③ 《匏翁家藏集》卷 58,《莫处士传》。
④ 《匏翁家藏集》卷 73,《怡隐处士墓表》。
⑤ 《匏翁家藏集》卷 74,《山西副使朱公墓表》。

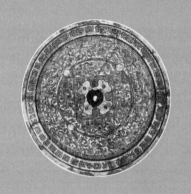

第十一章
统治阶级内部的斗争

第一节　对淮西将臣的重用与抑制

朱元璋"龙飞淮甸",最早参加他队伍的,不论是主动投奔的"从军"者,还是从其他队伍前来投奔或归降的"归附"者,都是淮西人。淮西指的是皖北、豫东淮河北岸一带,就明代而言,淮西的皖北,大致包括凤阳府和滁州(洪武七年至二十二年正月曾隶属于凤阳府)所辖诸县。

农民出身的朱元璋,也同其他古代农民一样,有着浓厚的乡土、宗族观念。最早投奔朱元璋的这批淮西人,同他有着密切的乡土、宗族关系,朱元璋对他们十分信任,极力加以扶植,让他们充当领兵作战的将帅和幕府的臣僚,成为军中的骨干。随着朱元璋势力的发展,这批淮西将臣的地位也不断提高。到龙凤二年(1356)朱元璋渡江攻占集庆后,宋小明王提升他为江南等处行中书省平章,同时任命李善长为左右司郎中,"以下诸将俱升元帅"①,淮西将臣的地位已经相当显赫。贝琼的一首《秋思》诗写道:"两河兵合尽红巾,岂有桃源可避秦? 马上短衣多楚客,城中高髻半淮人。"②两河指的是黄河与淮河,淮河流域在春秋时期是楚国的一部分,所谓"楚客""淮人"指的都是朱元璋队伍中的淮西人。后来,尽管朱元璋的势力不断扩大,江北归附者和渡江后的归附者数量迅速增加,非淮西籍将臣的数量也日益增多,但淮西将臣仍然最受朱元璋的信任和倚重,是他队伍的核心骨干。在朱元璋南征北战、推翻元朝、统一全国的斗争中,这批淮西将臣有的留守后方,筹划粮饷,更多的则统兵出征,冲锋陷阵,为大明皇朝的创建立下汗马功劳,成为功绩卓著的开国元勋。

朱元璋是依靠这批淮西将臣夺取天下、登上皇位的,他当然也亟盼能同他们一起同心协力,励精图治,求得大明江山的永固,共享安乐。龙凤十二年,他同侍臣讨论汉高祖与唐太宗孰优的问题时,就曾批评汉高祖"内多猜忌,诛夷功臣","度量亦未弘远"的缺点,而赞赏唐太宗"能驾驭群臣,及大业既定,卒皆保全"的优点③。登基践祚后,他下令在凤阳营建中都,准备将来把都城迁到那里,与淮西将臣一起"荣归故里",依靠他们维护和巩固明朝的统治。因此,他对这批淮西将臣采取了优待、重用的政策。不仅赏赐这些劳苦功高的淮西将臣大批土地、财产和各种经济特权,使他们由昔日的农民武夫变成拥有大量土地、佃户的贵族地主,而且给他们封公拜相,加官进爵,使他们成为身居高位掌权握兵的上层官僚。洪武元年(1368)正月,朱元璋刚就帝位,即任命李善长、徐达为左、右丞相,位列文武

① 《纪事录笺证》卷上,第48页。
② (明)贝琼:《清江诗集》卷7,《秋思》,《四库全书》本。
③ 《明太祖宝训》卷4,《评古》。

百官之首,汤和、邓愈为御史台的左、右御史大夫①。随后,又以李善长兼太子少师,徐达兼太子少傅,常遇春兼太子少保②。洪武三年十一月大封功臣,封公者有李善长、徐达、常遇春之子常茂、李文忠、冯胜、邓愈等六人,其中徐、常、冯、邓与李文忠五人为淮西籍的渡江旧人,且以凤阳人数量居多,李善长原籍歙县但在蕲黄起义后已徙居滁阳,在渡江前已投奔朱元璋,人们一般也将他看作是淮西老臣。此后,朱元璋又陆续分封一批公、侯、伯。终洪武之朝,封公者计 11 人,除上述六国公,另有信国公汤和、凉国公蓝玉、梁国公胡显、开国公常昇,也都是淮西老将,颍国公傅友德虽是砀山人,但"其先宿州人,后徙砀山"③,也可算是淮西籍。封侯者计 57 人,仍以淮西籍居多。只有封伯者六人皆非淮西籍。而所封的侯、伯,其中有些只是恩赐给战败的对手的一种名誉性封爵,如归德侯陈理、归义侯明昇、承恩侯陈普才、归仁伯陈友富、怀恩伯陈友直、崇礼侯买的里八剌等,他们并没有什么实权和地位④。此外,朱元璋还通过联姻方式,来笼络淮西将臣。他除娶武定侯郭英之妹为宁妃,又聘开平王常遇春之女为皇太子妃,太原卫都指挥使谢成之女为晋王妃,卫国公邓愈之女为秦王次妃,中书右丞相、魏国公徐达之长女为燕王妃,宋国公冯胜之女为吴王妃,大都督佥事王弼之女为楚王妃⑤,并将自己的大女儿临安公主下嫁给中书左丞相、韩国公李善长的长子李祺为妻⑥。昔日的淮西将臣,便由开国元勋变成新朝显贵,成为执掌朝廷军政大权的最高统治阶层。

不过,朱元璋的性格具有猜忌多疑的特点,他对淮西将臣并不完全放心。特别是在龙凤八年(1362)八月淮西骁将、中书平章邵荣与参议赵继祖谋叛之后,九年四月又发生了枢密院判谢再兴的谋叛事件,更在他的心中投下浓重的阴影,使他变得更加猜忌。而随着明朝的建立,朱元璋由一方的首领变成全国的最高君主,他与淮西将臣的关系也发生根本变化,过去生死与共的患难伙伴就被一道不可逾越的君臣名分的鸿沟隔开了,一边是称孤道寡,另一边则是俯首称臣。此时如何提高皇权,保证朱家子孙能长坐江山,便成为朱元璋考虑问题的焦点。未做皇帝之前,他就开始思考如何防范功臣宿将的问题。龙凤十一年八月,朱元璋阅读《宋史》,当读到赵普建议宋太祖收夺诸将兵权时,即对起居注詹同说:赵普实在是位贤相,假使诸将不早日解除兵权,那么宋代的天下未必不会重现五代的分裂局

---

① 《弇山堂别集》卷 52,《都察院左右都御史表》,第 981 页。
② 《明太祖实录》卷 25,洪武元年正月辛巳,《明史》卷 115,《兴宗孝康皇帝传》,第 3548 页。
③ 《明史》卷 129,《傅友德传》,第 3799 页。
④ 《国榷》卷首之 2,《勋封》,第 67 页。
⑤ 《明太祖实录》卷 64,洪武四年四月乙巳;卷 84,洪武六年八月丁丑;卷 102,洪武八年十一月甲子;卷 103,洪武九年正月壬午;卷 113,洪武十年六月庚申;卷 122,洪武十二年二月庚子。
⑥ 《明太祖实录》卷 107,洪武九年七月壬戌;《明史》卷 121,《公主列传》,第 3662 页。

面。史称赵普为人忌刻,仅此一事,就功施社稷,泽被生民,岂可以"忌刻"二字来贬低他呢①!

明朝建立后,朱元璋在优待、重用开国功臣特别是淮西勋臣的同时,也对他们采取了许多防范措施。

首先,用礼制和法令来约束淮西将臣的行为。除了制定各种礼制和法令,要求功臣宿将严格遵守,洪武三年(1370)十月还采纳监察御史袁凯的建议,令省台延聘儒士,于每月朔望早朝之后,在都督府官署轮流为诸将讲论经史及君臣之礼,"庶几忠君爱国之心、全身保家之道油然日生而不自知也"②。五年,又作铁榜申诫公侯,规定:凡内外各指挥、千户、百户、镇抚并总旗、小旗等,不得私受公侯金帛、衣服、钱物;凡公侯等官非奉特旨,不得私役官军;凡公侯之家,不得强占官民山场、湖泊、茶园、芦荡及金、银、铜场、铁冶;凡内外各卫官军,非当出征之时,不得辄于公侯门首侍立听候;凡功臣之家管庄人等,不得倚势在乡欺殴人民;凡功臣之家屯田佃户、管庄干办、火者、奴仆及其亲属等,不得倚势凌民,侵夺田产、财物;凡公侯之家,除赐定仪仗户及佃田人户,已有名额报籍在官,不得私托门下,影蔽差徭;凡公侯之家,不得倚恃权豪,欺压良善,虚钱实契,侵夺人田地、房屋、孳畜;凡功臣之家,不得受诸人田土及朦胧投献物业。对违反上述禁令者,榜文逐项规定了处罚和用刑的办法。其中,公侯家人倚势凌人,侵夺田产、财物和私托门下,影蔽差徭,都处斩刑③。八年二月,又编纂御制《资世通训》,"以一己之见,总先贤之确论,托谒者评之,直述其意,以利今后人"④,要求臣僚认真学习,以便做到"勿欺勿蔽",效忠君主⑤。朱元璋还一再召见勋臣宿将,反复诫谕他们说:"朕赖诸将佐成大业,今四方悉定,征伐休息,卿等皆爵为公侯,安享富贵。当保此禄位,传子孙,与国同休。然须安分守法,存心谨畏,则自无过举。朝廷赏罚一以至公,朕不得而私也。昔尉迟敬德见唐太宗危迫,单骑入王世充阵中,与单雄信力战,翼卫太宗以出,其功大矣。及太宗宴群臣,敬德与任城王道宗争长,击其目几眇。太宗怒,欲置之法,非群臣力谏,太宗肯惜其功而贷其罪乎?又如长孙无忌,文德皇后亲弟也,尝佩刀入禁门,监门者失于觉察,后请治以法,太宗特命释之。帝室亲姻,有罪犹不可免,况其他乎?卿等能谨其所守,则终身无过失矣。"又说:"古人不亏小节,故能全大功,不遗细行,故能成大德,是以富贵终身,声名永世。今卿等功成名立,保守晚节,正当

① 《明太祖宝训》卷4,《评古》。
② 《明太祖实录》卷57,洪武三年十月丙辰。
③ 《明太祖实录》卷74,洪武五年六月乙巳。
④ 《明太祖集》卷15,《资世通训序》,第298页。
⑤ 《明太祖实录》卷97,洪武八年二月丙午。

留意！"①

第二，在中书省和六部安插非淮西籍官员，以掺沙子。在中书省，朱元璋任命非淮西籍的胡美、王溥、杨宪、汪广洋、丁玉、蔡哲、冯冕、殷哲、陈宁等担任平章政事、左右丞和参知政事等职，汪广洋还一度出任右丞相。特别是六部尚书，更以非淮西籍为主②。这样，既可团结地主阶级的各派势力，又可以利用各派势力来监视、牵制淮西勋贵，便于朱元璋的操纵和控制。

第三，加强对淮西勋臣的监视。朱元璋除利用检校和锦衣卫的特务伺察淮西勋臣的活动，还"以公、侯、伯于国有大勋劳，人赐卒百十有二人为从者，曰奴军"③。这些奴军名义上是赐给勋臣宿将的奴仆，供其驱使，实际上负有暗中监视他们的任务，"盖防其二心，且稽察之也"④。

但是，朱元璋的这些措施，并没有真正起到约束淮西勋贵的作用。淮西勋贵虽然大部分刚由农民起义将领转化为贵族地主，但都不例外地暴露出当时地主阶级所固有的腐朽性和贪婪性。这些人大部分是农民出身，没有什么文化，李善长、冯国用、冯胜等少数地主出身者，虽然读过书，但文化水平也不很高，如李善长就只"粗持文墨"而已。他们既缺少文化及历史知识的训练，又缺少传统礼制和法律的教育，加上长期在农村生活，乡土和宗族观念都很重，眼界一般都较狭小，目光也较短浅，办事往往只顾眼前的利益而不及其他。为了追逐更多的财富，攫取更大的政治权力，他们对朱元璋的警告往往置若罔闻，自恃劳苦功高，又是皇帝的同乡，骄纵妄为，逾越法纪的现象屡屡发生。如洪武二年（1369）十一月，奉命权镇庆阳的冯胜，见徐达、汤和被调回京以议功赏，生怕自己得不到赏赐，竟置朱元璋的命令于不顾，私自引兵还京。洪武三年，"武臣恃功骄恣，得罪者渐众"⑤。如汤和嗜酒妄杀，不由法度；赵庸随李文忠出征应昌，私占奴婢，废坏国法；郭兴不奉主将之命，不守纪律⑥；薛显妄杀胥吏，杀兽医，杀火者，杀马军，为了抢夺天长卫千户吴富缴获的牲口，还动手杀了吴富⑦。此后，朱元璋尽管不时对功臣宿将发出警告，他们仍然我行我素，未见收敛。如徐达、李文忠总兵塞上，手下的偏裨将校，日务群饮，"济宁侯顾时、六安侯王志酗饮

① 《明太祖宝训》卷5，《保全功臣》。
② 《明史》卷109，《宰辅年表一》，第3306—3309页；《弇山堂别集》卷46—51，《中书省表》《六部尚书表》，第873—960页。
③ 《明太祖实录》卷202，洪武二十三年五月辛未。
④ 《万历野获编》卷17，《铁册军》，第428页。
⑤ 《明通鉴》卷3，洪武三年十月丙辰，第256页。
⑥ 《明太祖实录》卷58，洪武三年十一月丙申。
⑦ 《明太祖实录》卷59，洪武三年十二月戊辰。

终日，不出会议军事"，都督蓝玉更是"昏酣悖慢尤甚"①。谢成在山西擅夺民利②。周德兴恃帝故人，营第宅逾制③。冯胜也未改其急功贪利之本性。洪武五年，率西路军出征甘肃，不仅私藏缴获的驼马，还因"恨陕西都指挥濮英搜其仆妾金珠"，诬告濮英"守陕西有不法者数事"④。十一年，他因派人向陕西行都司都指挥使宁正索马未能得手，又诬告宁正"不以国法为重，不善治西番，致有叛"⑤，使之降为归德州守御千户。勋臣宿将的家人、庄佃，也多狐假虎威，倚势冒法，如胡惟庸的家人"为奸利事道关，榜辱关吏"⑥。

为了维护自己在政治上的垄断地位，淮西勋贵还互相勾结，一起排斥、打击非淮西籍的大臣。淮西勋贵集团的核心人物是李善长，早在至正十四年（1354），他就投奔朱元璋，任幕府书记，后历官帅府都事、参议、参知政事、右相国、左相国、左丞相，是辅弼朱元璋夺天下、定基业的重要助手，有萧何之褒称，又与朱元璋结成儿女亲家，在朝廷诸臣中位列第一。他退休后，与之关系密切的定远人胡惟庸继任丞相。在两人掌控中书省的17年中，淮西勋贵竭力排挤、打击非淮西籍臣僚，图谋独揽朝政。

最先与淮西勋贵集团发生冲突的是杨宪。杨宪，初名慈，字希武，山西阳曲人，小时候随其父寓居江南。龙凤二年（1356），朱元璋初据应天，他同儒士夏煜、孙炎等进见，深受器重，被留居幕府。他"美姿容，通经史，有才辨"，奉命出使平江张士诚处，"还，称旨"，被擢为江南行中书省都事。当时战争频繁，"征调日发，文书填委，宪裁次明敏，人服其能"⑦。后累官至中书省参议，兼任检校。他对淮西勋贵炙手可热的权势既羡慕又忌恨。吴元年（1367）年末，朱元璋准备登基称帝，正考虑丞相的人选。时任左相国的李善长，自然是他优先考虑的人物。但他不过个"粗持文墨"的乡间小知识分子，"有心计而无远识"⑧，并没有什么高明的文韬武略。除初见朱元璋时劝其仿效汉高祖刘邦的计策外，再未贡献过其他锦囊妙计。在和州时，元军谍知朱元璋外出攻打鸡笼山寨，乘机来袭，李善长曾率少量的留守士卒设伏败之，使"太祖以为能"⑨。但龙凤六年（1366）闰五月，陈友谅亲率大军东下，约张士诚夹攻应天，朱元璋采纳刘基"伏兵伺隙击之"的建议，授意与陈友谅有过交往的康茂才"作书遣使伪降友谅为内应，招之速来"，李善长大惑不解，问道："方以寇来为

① 《明太祖实录》卷96，洪武八年正月丁丑。
② 《明太祖实录》卷98，洪武八年三月甲子。
③ 《明史》卷132，《周德兴传》，第3861页。
④ 《纪事录笺证》卷下，第364页。
⑤ 《纪事录笺证》卷下，第404页。
⑥ 《献征录》卷11，王世贞：《胡惟庸》。
⑦ 《明太祖实录》卷54，洪武三年七月丙辰。
⑧ （明）朱国祯：《皇明开国功臣传》卷3，《韩国李公》，《皇明史概》本。
⑨ 《明史》卷127，《李善长传》，第3769页。

忧,何以更诱致之也?"朱元璋解释说:"使二虏(陈友谅、张士诚)相合,吾何以支? 先破此虏,则东寇(张士诚)胆落矣。"①他才恍然大悟。龙凤十二年七月,朱元璋决定攻灭张士诚,李善长又认为张士诚"其势虽屡屈而兵力未衰,土沃民富,又多储积,恐难猝拔,宜视隙而动",结果遭到朱元璋的严厉驳斥:"彼疆域日蹙,长淮东北之地皆为吾有,吾以胜师临之,何忧不拔,况彼败形已露,何待观隙?"②说明李善长缺乏用兵作战的战略战术素养。况且李善长为人"外宽和,内多忮刻"③。他依靠乡土、宗族关系,拉帮结派,营建以自己为核心的淮西集团。定远人胡惟庸在和州投奔朱元璋,初为宁国知县,给李善长送了300两黄金,他力加推荐,被召任太常司少卿,不久又升为太常司卿,成为淮西勋贵集团的重要人物。对非淮西籍的臣僚,李善长则极力加以排挤、打击。如果说在攻占应天之前,朱元璋的队伍数量较少,控制的区域较小,战争的规模不是很大,李善长多少还起过参谋作用的话,那么在攻占应天之后,刘基、宋濂等富于谋略的大儒纷纷前来投奔,并逐渐担任起谋士的职责,李善长主要便是扮演大管家的角色。论武功,他比不上后来被封为公、侯、伯的任何一位武将;论文治,也比不上刘基、宋濂、朱升、宋讷、刘三吾等一批文臣。由他出任即将建立的皇朝丞相,掌管全国的行政事务,显然不是理想的人选。恰在此时,"上适以事责丞相李善长",杨宪便联合检校凌说、高见贤、夏煜攻击李善长"无宰相才"④。朱元璋征求刘基的意见,刘基还是认为:"李公勋旧,且能辑和诸将。"朱元璋生气地说:"是数欲害汝,汝乃为之地耶! 汝之忠勤,足以任此。"刘基知道,这不过是句气话,赶忙叩头辞绝:"是如易柱,必须得大木然后可。若束小木为之,将速颠覆。以天下之广,宜人才胜任彼者。如臣驽钝,尤不可尔。"⑤朱元璋最后表示:"善长虽无宰相才,与我同里,我自起兵,事我涉历艰难,勤劳簿书,功亦多矣。我既为家主,善长当相我,盖用勋旧也,今后勿言。"⑥洪武元年(1368)正月就帝位后,还是任命李善长为左丞相。

李善长出任大明皇朝左丞相后,仍未改其"忮刻"的本性。"参议李饮冰、杨希圣稍侵善长权,即按其罪奏黜之"⑦。而且"富贵极,意稍骄"⑧,更引起朱元璋的不满。洪武三年上半年,李善长病倒,右丞相徐达又长期在外征战,中书省无人主持政务,朱元璋又动起换相的念头,"欲相杨宪"。杨宪时任中书省右丞,朱元璋认为他有才干,想以其为相,并征求

① 《明太祖实录》卷8,庚子年闰五月庚申。
② 《明太祖实录》卷20,丙午年七月丁未。
③ 《明史》卷127,《李善长传》,第3771页。
④ 《国初事迹》。
⑤ 《故诚意伯刘公行状》,《诚意伯刘先生文集》卷1,第15页。
⑥ 《国初事迹》。
⑦ 《明史》卷127,《李善长传》,第3771页。
⑧ 《国初事迹》。

刘基的意见。刘基虽然"与宪素厚",但仍以为不可,说:"宪有相才,无相器。夫宰相者,持心如水,以义理为权衡,而己无与焉者也。今宪不然,能无败者乎?"朱元璋又问中书省左丞汪广洋如何?刘基也未赞同,认为"此褊浅,观其人可知。"朱元璋再问中书省参知政事胡惟庸如何?刘基更坚决反对,说:"此小犊,将偾辕破犁矣。"朱元璋心目中的三个丞相人选被逐一否定,又生气地说:"吾之相无逾先生乎?"刘基赶忙回答:"臣嫉恶太甚,又不耐繁剧,为之且孤大恩。天下何患无才?愿明主悉心求之,如目前诸人,臣诚未见其可也。"①

而对杨宪的进攻,淮西勋贵极力进行反击。听说朱元璋想以杨宪为相,胡惟庸就对李善长说:"杨宪为相,我等淮人不得为大官矣。"②他们决心寻找机会出手,置杨宪于死地。杨宪在明朝建国前夕,由中书省参议出为山西省参知政事,召入为司农卿,不久改任中书省参政,寻改河南省参政。洪武二年调山西,当年九月调为中书省右丞。朱元璋欣赏他的才干,三年正月赐其名华。但他虽有才干,却无容人的器量。在朱元璋身边工作的时间一长,受到器重,便假宠市权,藐视同列,谁也不敢同他抗衡。升任中书省右丞后,尽变中书省事,将旧吏全部调走,换上自己的亲信,"阴入市权"③。他专恣擅权,对不是自己派系的人,都加以倾陷、打击。宁海人詹鼎有才学,曾做过方国珍幕府都事,判上虞,有治声。方国珍投降后,他在洪武元年代为起草谢书,受到朱元璋的欣赏。朱元璋把他召到南京,想给他官做,就受到杨宪的极力阻挠,直到杨宪死后,才出任留守经历的小官④。高邮人汪广洋在洪武三年被任命为中书省左丞,位居杨宪之上,他对杨宪百依百顺,杨宪还是不容,唆使侍御史刘炳等人弹劾汪广洋"奉母不如礼,以为不孝",使之革职遣还高邮老家⑤。当年七月,杨宪升为中书省左丞后,又"使御史刘炳奏徙之海南,上不从。又教炳诬奏刑部侍郎左安善入人罪,上觉之,下炳狱"。李善长抓住这个机会,"奏宪排陷大臣,放肆为奸"⑥。皇太子召杨宪,"杨宪不即至"⑦。朱元璋闻之大怒,令群臣按治,杨宪辞伏,被"锁置天界寺前,沿身刺(刺)'奸党杨希武',剥皮作交床,置省、府、台堂,令后人坐之,以示警戒"。刘炳、凌说、高见贤、夏煜等人也先后被杀,"连坐者五百余人"⑧。汪广洋被召回,于当年十一月进封忠勤伯。

清除杨宪之后,淮西勋贵的势力更加膨胀,于是又把矛头指向刘基。

① 《故诚意伯刘公行状》,《诚意伯刘先生文集》卷1,第15页。

② 《国初事迹》。

③ 《明书》卷157,《杨宪传》。

④ 《明史》卷124,《方国珍传》,第3700—3701页;《明通鉴》卷1,洪武元年十二月,第210页。

⑤ 《国初事迹》。

⑥ (明)雷礼:《国朝列卿记》卷3,《中书省左右丞行实杨宪》,(台北)明文书局影印明万历刻本。

⑦ 《国史考异》卷2之5。

⑧ 《纪事录笺证》卷上,第372页。

刘基和宋濂、叶琛、章溢等一批浙东籍的儒士,都有较高的文化素养,知兵识礼,富于谋略。他们在龙凤四年(1358)朱元璋进军浙东时先后归附,不仅使浙东地区迅速平定,而且此后全力辅佐朱元璋,为大明皇朝的缔造做出突出的贡献。刘基担任朱元璋的主要谋士,朱元璋"察其至诚,任以心膂。每召基,辄屏人密语移时。基亦自谓不世遇,知无不言。遇急难,勇气奋发,计画立定,人莫能测。暇则敷陈王道,帝每恭己以听,常呼为老先生而不名"。他为消灭陈友谅和张士诚提供过很好的计策,被朱元璋誉为"吾子房(张良)也"①。章溢、叶琛、胡深等人也多有功绩,叶、胡二人还先后战死。宋谦、王祎等人则为大明皇朝创设典章制度、主持文化教育,也成绩斐然。他们"或以功业定乱,或以文章赞化,卒能合四海于分裂之余,不越十年,遂致乎治"②,因而成为明朝的开国功臣,深得朱元璋的器重,这就引起淮西勋贵的忌恨。在明朝建立前,以武定天下,淮西将臣尚不觉得这些浙东文人对他们有什么威胁,相反甚至认为他们足智多谋,有助于弼成自己的赫赫武功。如今,明朝已经建立,要以文治天下,淮西勋贵不免感到恐慌,生怕怀有满腹经纶的浙东儒士会取自己而代之,成为朝廷所依靠的重臣。

在这些浙东籍的功臣当中,以刘基、宋濂、叶琛、章溢四人"尤为杰出"。叶琛在龙凤八年(1362)为祝宗、康泰的叛军所执,不屈而死,章溢也于洪武二年(1369)五月病逝,宋濂则为人小心谨慎,凡事与世无争,淮西勋贵便把矛头集中指向刘基,非除之而后快。虽然随着张士诚的消灭,朱元璋在即将命将北伐、推翻元朝、创建新朝之时,又重拾"忠君"思想以为维护新朝统治的武器,对曾经仕元背元的刘基不再重用,改命基为太史令,寻拜御史中丞兼太史令,只能做些诸如卜宅相土、营建都城、清理狱囚、制定律令、完善科举制度、编定《戊申大统历》及《大明集礼》等具体工作,不复充任谋士顾问、参与国家大事的决策,但李善长对他仍不放过。吴元年(1367),当朱元璋"因事责丞相李善长",杨宪又联合凌说、高见贤、夏煜弹劾李善长"无宰相才"时,刘基出面斡旋,说李善长是有功之臣,能够调和诸将,朱元璋说:"是数欲害汝,汝乃为之地耶!"说明此前李善长即曾想加害刘基而未得逞。洪武元年五月至七月,朱元璋赴汴梁,对徐达部署攻取大都之策,命刘基与左相国李善长留守应天。刘基认为元朝以宽纵失天下,现今当严肃纪纲,令御史纠劾无所避,宿卫宦侍如有过失,皆奏请皇太子依法惩处。中书省都事李彬贪纵犯法,他是李善长的亲信,李善长为之求情,刘基没有同意,主张依法惩处。双方争执不下,刘基派人报告朱元璋,得到批准,即予处斩。"由是与善长忤"③,更加深李善长的仇恨。闰七月,朱元璋返回应天后,李

---

① 《明史》卷128,《刘基传》,第3782页。
② 《逊志斋集》卷19,《华川王先生像序赞》。
③ 《明史》卷128,《刘基传》,第3780页。

善长便向他进谗，"诉其专（权）"①，"僇人坛壝下，不敬"；"诸怨者亦交潜之"②。到八月，因应天自夏至秋不雨，有司求神祈雨不果，朱元璋认为这是"在京法司及在外巡按御史、按察司冤枉人"所致，派人将京畿巡按御史何士弘等人捆绑于马坊，并令中书省、御史台及都督府发表意见。第二天，刘基上言停办三件事，"一曰出征阵亡、病故军妻数万，尽令寡妇营居住，阴气郁结；二曰工役人死，暴露尸骸不收；三曰张士诚投降头目不合充军"。刘基要求停办的三件事，有的是朱元璋出的主意，有的是由他批准施行的，这自然引起朱元璋的不满，但为求雨，他还是下令："寡妇听其嫁人，不愿者送还乡里依亲；工役人释放宁家；投降头目免充军役。"过了十天，仍不见下雨，朱元璋非常生气，加上听了李善长等人的谗言，更令"刘基还乡为民"③。正好刘基的妻子在老家病逝，他便还乡料理其丧事。到了十一月底，朱元璋火气已消，才又将刘基召回，恢复其御史中丞之职。洪武三年四月，置弘文馆，又命刘基等兼弘文馆学士④。

洪武三年五月，明军攻占应昌，逐走元嗣君爱猷识里达腊。六月，捷报传到京师，百官相继拜贺，朱元璋又令礼部榜示"尝仕元者不许称贺"⑤。当年七月，朱元璋又免去刘基的御史中丞官职，只保留弘文馆学士的虚衔。当年十一月大封功臣时，只封刘基为诚意伯，岁禄 240 石，同李善长岁禄 4000 石的韩国公爵位简直无法相比。刘基看到自己在朝廷不再担任具体职事，加以洪武三年上半年朱元璋征求宰相人选时，他又得罪了胡惟庸，便激流勇退，多次上书请求告老还乡。洪武三年年底，朱元璋准其返归故里养老，而且密旨"令察其乡有利病于民社者潜入奏"⑥。回到南田老家后，他仍然关心朝中大事。四年正月朱元璋下令"作圜丘、方丘、日月社稷山川坛及太庙于临濠，上以画绣，欲都之"，他又从地理形势的角度提出反对意见，说："中都曼衍，非天子居也"⑦。朱元璋派人以手书问天象，刘基详加解答而焚其稿，"大要言霜雪之后，必有阳春，今国威已立，宜少济以宽大"。为防出事，刘基整天饮酒下棋，读书吟诗，口不言功，并谢绝同地方官的往来。青田县令求见不得，换上老百姓的衣服前来拜访，刘基正在洗脚，让侄儿引入茅舍，做饭招待。县令亮明自己的身份："某青田知县也。"刘其惊起称"民"，县令辞谢而去，"终不复见"⑧。尽管刘基处处小心谨慎，但很快还是出事了。

---

① 《国榷》卷 4，洪武元年闰七月丁丑，第 371 页。
② 《明史》卷 128，《刘基传》，第 3780 页。
③ 《国初事迹》。
④ 《明太祖实录》卷 51，洪武三年四月庚辰。
⑤ 《明太祖实录》卷 53，洪武三年六月壬申。
⑥ 《野记》1。
⑦ 《国榷》卷 4，洪武四年正月庚寅，第 437 页。
⑧ 《明史》卷 128，《刘基传》，第 3781 页。

　　洪武四年正月,李善长病愈,朱元璋令其致仕,擢升汪广洋为右丞相,胡惟庸为左丞。六年正月,汪广洋被贬为广东行省参知政事,朱元璋一时找不到合适的丞相人选,胡惟庸遂以左丞的身份独尊省事。他便借谈洋事件向刘基发起攻击。谈洋地处瓯闽交界之处,"元末顽民负贩私盐,因挟方(国珍)寇以致乱,累年民受其害",至明初"遗俗犹未革"。洪武四年刘基在致仕前,建议"设巡检司守之",得到朱元璋的采纳。但巡检司设立后,"顽民以其系私产,且属温州界,抗拒不服。适茗洋逃军周广三反,温、处旧吏持府县事,匿不以闻"。休致后的刘基闻讯,依据朱元璋的密旨,令其长子刘琏赴京上奏,"径诣上前而不先白中书省"。民不得隔绝中书省奏事,是元朝遗留下来的体制。胡惟庸便唆使刑部尚书吴云胁迫一名老吏上书攻击刘基,说他"谋求谈洋为墓地,民弗与,则建立(巡检)司之策以逐其家"①,并诬陷刘基之所以争夺谈洋之地,是因为"刘某善相地,以此地据山面海,有王气"②,怀有不可告人的政治野心。中书省随即请求逮捕刘琏严加惩处。但是,不得隔越中书奏事正是朱元璋准备革除的"弊政"。洪武三年十二月,儒士严礼等上书论治国之道,其中建言"不得隔越中书奏事",朱元璋即对侍臣指出:"今礼所言不得隔越中书奏事,此正元之大弊。人君不能躬览庶政,故大臣得以专权自恣。今创业之初,正当使下情通达于上,而犹欲效之,可乎?"③因此,在洪武初年,他是默许臣民越过中书省向他递进密疏的,而且在刘基致仕后还给他下过"察其乡有利病于民社者潜入奏"的密旨,所以并未下令逮捕刘琏。不过,刘基还是在洪武六年七月入朝"引咎自责"④。朱元璋却置先前的密旨于不顾,表示:"若明以宪章,则轻重有不可恕;若论相从之始,则国有八议。故不夺其名,而夺其禄。"⑤意思是按国法,刘基罪不可恕;但按八议,仍保留其诚意伯的名位而削夺俸禄。就在刘基入朝之时,朱元璋于六年七月任命胡惟庸为右丞相,刘基悲戚长叹:"使吾言不验,苍生之福也!言而验者,其如苍生何?"后忧愤成疾,一病不起。八年正月,朱元璋叫胡惟庸派医生诊视。刘基服下这个医生开的药,"有物积腹中拳石",病情加重。三月初,朱元璋降手敕让他回老家养病,过一个月便死了⑥。刘基死后,长子刘琏亦"为惟庸党所胁,堕井死"⑦。胡惟庸案发被诛后,朱元璋曾多次召见刘基次子刘璟,回忆说:"我到婺州时,得了处州。他那里东边有方国珍,南边有陈友谅,西边有张家(士诚)。刘伯温那时挺身来随着我。他的天文别人看不着,他只把秀才的理来断,到(倒)强如他那等。鄱阳湖里到处厮

---

① 《故诚意伯刘公行状》,《诚意伯刘先生文集》卷1,第15—16页。

② 《野记》1。

③ 《明太祖实录》卷59,洪武三年十二月己巳。

④ 《故诚意伯刘公行状》,《诚意伯刘先生文集》卷1,第15—16页。

⑤ (明)朱元璋:"诏书",《诚意伯刘先生文集》卷1,第7页。

⑥ 《明史》卷128,《刘基传》,第3781页。

⑦ 《明史》卷128,《刘基传附刘琏传》,第3782页。

杀,他都有功。后来胡家结党,他吃他下的蛊(毒),只见一日来和我说:'上位,臣如今肚内一块硬结怛,谅着不好。'我派人送他回去,家里死了。后来宣得他儿子来问,说肚胀起来鼓鼓的,后来泻得瘪瘪的,却死了。这正是着了蛊。"①此时,朱元璋想起刘基生前的许多谏言后来都得到事实的验证,觉得他确是一位难得的功臣,乃命其子孙世袭诚意伯的爵位。

浙东儒臣之中,胡深在龙凤十一年(1365)六月攻打建宁的战斗中,遭到陈友定部将阮德柔伏兵的截击,马蹶被俘,不屈而死;王祎又于洪武五年出使云南,赍诏招谕梁王,于当年十二月惨遭杀害;刘基再被毒死,浙东官僚的势力已被清除殆尽。剩下的非淮西籍官僚,权小势孤,对淮西勋贵集团构不成威胁,淮西勋贵集团的权势达到了顶峰。

---

① (明)刘璟:《遇恩录》,《纪录汇编》本。

第二节　胡惟庸党案

随着淮西勋贵权势的不断膨胀，朱元璋同他们之间的矛盾也日益加深，特别是胡惟庸晋升相位、专恣擅权之后，相权对皇权构成严重威胁，更使双方的矛盾发展到不可调和的地步。

胡惟庸是淮西勋贵集团的重要人物。他是定远人，"为人雄爽有大略，而阴刻险鸷，众多畏之"①。早年曾做过元朝的小官，龙凤元年(1355)在和州投奔朱元璋，任元帅府奏差，寻转宣使。三年，除宁国主簿，寻升知县。七年，迁吉安府通判。十二年，擢湖广按察佥事，整整做了十年的地方官。吴元年(1367)，经大同乡李善长的推荐，擢升为太常司少卿，寻转为太常司卿，成为一名中央大员。据后来李善长家奴卢仲谦等人的揭发，为了报答李善长的推荐，"惟庸以黄金三百两谢之"②。而"依《昭示奸党录》所载招辞，有云龙凤年间，举荐惟庸为太常司丞，以银一千两、金三百两为谢者。此太师火者不花之招也"③。到洪武三年(1370)，他升任中书省参知政事，跨入权力中枢的门槛。四年正月，左丞相李善长休致，右丞相徐达长期在外征战，不与省事，朱元璋命汪广洋为右丞相，胡惟庸接替他的左丞职务。十二月，徐达从北平还京，也不再兼任右丞相的官衔。六年正月，汪广洋因整天喝酒，浮沉守位，"无所建明"，以"怠职"左迁为广东行省参知政事④，朱元璋一时找不到合适的丞相人选，胡惟庸便以左丞的身份独专省事。他使尽浑身解数，极力逢迎巴结朱元璋，"晨朝举止便辟(逢迎谄媚)，即上所问，能强记专对，少所遗，上遂大幸爱之"⑤，于当年七月被擢任右丞相，十年九月又升为左丞相。在胡惟庸升任左丞相的同时，汪广洋也恢复了右丞相的官职，位居胡惟庸之下，仍是浮沉守位而已。

随着权势的扩张，胡惟庸结党营私，排斥异己。胡惟庸的乡土观念极重，他本来是利用乡土关系给李善长行贿而由外放调任京官的，独专省事乃至任相之后，更利用乡土关系巴结拉拢淮西将臣。他不仅将自己的侄女嫁给李善长的侄子李佑，同李善长结成亲戚，还力图与另一同乡徐达结好。徐达鄙薄他的为人，未予理睬，他又贿赂徐达的看门人福寿，"使为间以图达"。这个看门人向徐达告发，"达亦不问，惟时时为上言惟庸不可过委，过委必败"⑥。有些淮西武将违法乱纪，受到朱元璋的惩处，胡惟庸便乘机拉拢，结为死党。濠

---

① 《献征录》卷11，王世贞：《胡惟庸》。
② 《明太祖实录》卷202，洪武二十三年五月庚子。
③ 《牧斋初学集》卷104，《太祖实录辨证》4。
④ 《明太祖实录》卷128，洪武十二年十二月
⑤ 《献征录》卷11，王世贞：《胡惟庸》。
⑥ 《皇明开国功臣录》卷1，《徐达》。

州人、吉安侯陆仲亨自陕西返回京城,擅用驿马,被罚到山西代县捕"盗";五河人、平凉侯费聚奉命抚治苏州军民,沉溺酒色,被罚到西北招降蒙古部落,又无功绩,受到朱元璋的严厉切责。胡惟庸遂"阴以权利胁诱二人。二人素戆勇,见惟庸用事,密相往来"①。对于非淮西籍的臣僚,胡惟庸也设法加以笼络,拉到自己一边。高邮人汪广洋与胡惟庸在中书省同事多年,后来又同居相位,即受胡惟庸拉拢而成为他的同党。钱谦益的《太祖实录辨证》即指出:"据《昭示奸党录》诸招,广洋实与惟庸合谋为逆"②,但由于《昭示奸党录》今已不存,其结党细节今已无法弄清。湖广茶陵人陈宁,元末做过镇江小吏,后投奔朱元璋,累官至中书省参知政事。洪武二年,坐事出知苏州。此人有些才气,但性特严酷,人称"陈烙铁"。不久改任浙江行省参政,未行,经胡惟庸推荐,召为御史中丞,后升任右御史大夫、左御史大夫。及居宪台,益尚严酷,"上切责之,不改。其子孟麟,亦数以谏,宁怒,杖之数百至死。上深恶其不情,尝曰:'宁于其子如此,奚有于君父耶!'宁闻之惧,遂与惟庸通谋"③。陈宁从此成为胡惟庸帮派的一名核心骨干,并拉了同在御史台共事的中丞涂节入伙。对于不肯附己的非淮西人,胡惟庸则极力加以排挤和打击。江西金溪人吴伯宗,洪武四年廷试第一,中进士,朱元璋特赐袍笏,授礼部员外郎,与修《大明日历》。胡惟庸派人拉拢,欲其附己,"伯宗不为屈,惟庸衔之,坐事谪居凤阳"。后来吴伯宗上书论时政,"因言惟庸专恣不法,不宜独任,久之必为国患"④,才被朱元璋召回。

胡惟庸还大肆贪污受贿。吴元年之前,他在地方任职,先是做了七年的正七品知县,再做了二年的正六品通判,而后做了一年正五品的按察金事。当时由于战事频繁,经济凋敝,财政十分困难,国家根本发不出官俸。在攻占应天之后,文官拨付职田,召佃耕种,收取田租作为俸禄。估计从职田上收取的租米除维持一家人的温饱外,仅有不多的盈余。他能一下子拿出"银一千两、金三百两"或"黄金三百两"这样一笔巨款向李善长行贿,表明他为官并不清廉,不是向百姓横征暴敛,就是贪污公帑,收受贿赂。独专中书省事后,各地想升官发财的官吏和失职的功臣武夫纷纷投靠胡惟庸,争相给他送金帛、名马、玩好,多至"不可胜数"⑤。

胡惟庸独相数年,利用乡土关系拉拢淮西勋旧,和他的门下故旧僚佐结成一个小帮派,仗恃李善长的支持,骄横跋扈,专恣擅权,"生杀黜陟,或不奏径行。内外诸司上封事,必先取

---

① 《明史》卷308,《胡惟庸传》,第7907页。
② 《牧斋初学集》卷103,《太祖实录辨证》3。
③ 《明太祖实录》卷129,洪武十三年正月戊戌。
④ 《明史》卷137,《吴伯宗传》,第3945页。
⑤ 《明史》卷308,《胡惟庸传》,第7906页。

阅，害己者辄匿不以闻"①，甚至"僭用黄罗帐幔，饰以金龙凤文"②。在明代，龙凤纹饰属皇帝专用，玄、黄、紫三色也为皇家专用，官、民的衣服帐幔均不得使用。"凡帐幔，洪武元年，令（官民）并不许用赭黄龙凤文"③。胡惟庸这一举措，表明其政治野心已膨胀到了极点。

胡惟庸的所作所为，显然已突破当时礼法制度的底线，直接损害到皇权的利益，这是任何一个封建君主都不能容忍的。他的末日，很快也就到来了。

朱元璋原先乡土观念也极为浓厚，他不仅主要依靠淮西将臣打天下，还想依靠淮西将臣治天下，故而有中都的营建。但是洪武八年中都营建工匠的"厌镇"事件发生后，他即决定抛弃乡土观念，从倚重淮西乡党逐步转向任用五湖四海之能士。与此同时，随着自己逐渐坐稳龙椅，朱元璋开始思谋改革国家机构，以便扩张皇权，强化专制集权，"躬览庶政"。

洪武九年六月，朱元璋下令撤销行中书省，改置布政司、都司和按察司，将地方的行政、军政和司法大权集中到中央，中书省的权限因而扩大，相权和君权的矛盾更加突出。接着，他便采取一系列措施来限制和削弱中书省的权力。当年闰九月，朱元璋一面下诏确定中书省的左、右丞相为正一品官，另一面又取消中书省的平章政事和参知政事，"惟李伯昇（平章政事）、王溥（右丞）等以平章政事奉朝请者（只参加朝会而不署事，因为李是投降的张士诚部将，王是投降的陈友谅部将，奉朝请是给他们的一种荣誉待遇）仍其旧"④。这样，中书省就只留下左丞相胡惟庸和右丞丁玉，而丁玉已在当年正月率兵至延安备边，到七月才返回京师，中书省实际上只留胡惟庸在唱独角戏。第二年五月，又令李善长与亲外甥李文忠共议军国重事，"凡中书省、都督府、御史台悉总之，议事允当，然后奏闻行之"⑤。六月又"命政事启皇太子裁决奏闻"。九月，擢升胡惟庸为左丞相，命汪广洋为右丞相，又将丁玉调任御史大夫，将中书省的佐理官员全部调空。十一年三月，更下令"奏事毋关白中书省"⑥，彻底切断中书省与中央六部和地方诸司的联系，使中书省变成一个空架子。下一步，便是选择适当的时机撤销中书省，以便独揽大权，"躬览庶政"了。为防止突然事件的发生，十二年七月，朱元璋还将李文忠从陕西调回京师，提督大都督府事，以加强对军队的控制⑦。

胡惟庸眼看自己的权势受到抑制和削弱，深感焦虑和不安。他知道，如果中书省被撤销，丞相的官职也将被废除，他苦心经营的一切都将尽付东流。于是，便与御史大夫陈宁、

① 《明史》卷308，《胡惟庸传》，第7906页。
② 《明太祖实录》卷243，洪武二十八年十一月乙亥。
③ 《万历明会典》卷62，《礼部·房屋器用等第》。
④ 《明太祖实录》卷109，洪武九年闰九月癸巳。
⑤ 《明太祖实录》卷112，洪武十年五月庚子。
⑥ 《明史》卷2，《太祖本纪二》，第33页。
⑦ 《明太祖实录》卷125，洪武十二年七月丙申。

中丞涂节等密谋造反。据《明太祖实录》卷129洪武十三年正月甲午条记载：

> （吉安侯陆仲亨、平凉侯费聚）尝过惟庸家饮酒。酒酣，屏去左右，因言："吾等所为多不法，一旦事觉，如何？"二人惶惧，计无所出。惟庸乃告以己意，且令其在外收辑军马以俟。二人从之。又与陈宁坐省中，阅天下军马籍。令都督（佥事）毛骧取卫士刘遇宝及亡命魏文进等为心膂，曰："吾有用尔也。"

根据这段史料，胡惟庸除了让陆仲亨、费聚"在外收辑军马以俟"，叫毛骧"取卫士刘遇宝及亡命之徒魏文进等为心膂"，还与陈宁在中书省偷阅"天下军马籍"。明初的军队册籍是归大都督府（洪武十三年正月析为五军都督府）掌握，其他衙门包括中书省都不能过问。史载："祖制五军府，外人不得预闻，惟掌印都督司其籍。前兵部尚书邝埜，向恭顺侯吴某（即吴克忠）索名册稽考，吴按例上闻。邝惶恐疏谢。"[1]邝埜是在明英宗正统年间担任兵部尚书的，可见在明前期，连主管军政的兵部尚书都不许查阅军队册籍。胡惟庸却不顾禁令，将大都督府掌管的军队册籍弄到中书省，与陈宁一起查阅，为调动军队做准备。

　　不仅如此，胡惟庸还力图劝说李善长同他一道谋反。朱元璋虽然不满意李善长的丞相工作，洪武四年让其退休，赐给临濠地若干顷，置守冢户150家，又给佃户1500家、仪仗士20家，作为对他的补偿。不过，朱元璋并未完全失去对他的信任。第二年，李善长病愈，朱元璋命他督建中都宫殿。他留居临濠数年，督工甚力，洪武七年七月又推恩提拔其弟李存义为太仆寺丞，并让李存义的两个儿子李伸和李佑当群牧所官。洪武九年七月，还将临安公主嫁给李善长的长子李祺。但是临安公主刚出嫁一个月，御史大夫汪广洋和陈宁就上疏告发"善长狃宠自恣，陛下病不视朝几及旬，不问候。驸马都尉祺六日不朝，宣至殿前，又不引罪，大不敬"[2]。但朱元璋只削减李善长岁禄1800石，寻又命与李文忠总中书省、大都督府、御史台，同议军国重事，督建圜丘。由于李善长在明初政坛的重要地位和影响，胡惟庸久"谋善长为己用"，于洪武十年九月将反谋密告其婿父李存义，让他阴说李善长参与，"善长中坐默然而不答"。过了十天，胡惟庸命其故旧杨文裕再去劝说李善长，"许以淮西地封王"，李善长说"这事九族皆灭"，没有答应。到十一月，胡惟庸又亲自往说李善长，李善长"犹趑趄未许"。十二年八月，经李存义再三劝说，李善长乃云："我老了，你每等我死时自去做。"[3]

　　不久，胡惟庸的儿子在市街上策马狂奔，撞到一辆大车，身受重伤，不治而亡。胡惟庸

---

①　（明）陈衍：《槎上老舌》，《丛书集成初编》本。
②　《明史》卷127，《李善长传》，第3771页。
③　《牧斋初学集》卷104，《太祖实录辨证》4。

不分青红皂白，一怒之下命人杀了马车夫。朱元璋大怒，要他偿命。胡惟庸眼看大祸临头，即刻派人"阴告四方及武臣从己者"①，准备起事谋反。

胡惟庸的阴谋正在紧锣密鼓地进行。不料，洪武十二年九月，占城使臣阳须文旦入明朝贡，中书省未及时引见，被值门内使告发。朱元璋敕责中书省臣，胡惟庸与汪广洋等叩头谢罪，而"微委其咎于礼部，部臣又委之中书"。朱元璋益怒，"尽囚诸臣，穷诘主者"②，胡惟庸、汪广洋等皆下狱，严加追查。十二月，御史中丞涂节和已谪为中书省吏的原御史中丞商暠都告发胡惟庸的反谋。涂节揭发胡惟庸毒死刘基之事，并说"广洋宜知其状"。朱元璋审问汪广洋，汪广洋回答说没有此事，被贬海南。舟次太平，朱元璋又追究其往昔担任江西行省参政时曲庇朱文正，后又未曾献一谋划、进一贤才，未能揭发杨宪的罪责，给他加上"怠政坐视兴废"的罪名，"特赐敕以刑之"，"以归冥冥"③。汪广洋被杀后，他的小妾跟着自杀。朱元璋查明此妾是被籍没入官的陈姓知县的女儿，大怒曰："凡没官妇人女子，止配功臣为奴，不曾与文官。"因勒法司取勘，遂"出胡惟庸等并六部官擅自分给，皆处以重罪"④。翌年即洪武十三年正月初六日，朱元璋下令处死胡惟庸、陈宁。两人被押往玄津桥斩首，埋进一个丈余深的大坑，第二天又将尸首挖出，"支解于市，纵犬食之"，两人的家财全都没收入官，"妻子分军士，子弟悉斩之"⑤。廷臣认为"涂节本为惟庸谋主，见事不成，始上变告，不诛无以戒人臣之奸究者"，于是"乃并诛节，余党皆连坐"。大都督府左都督丁玉即"坐党论死"⑥。翌日，朱元璋召集文武百官，宣布胡惟庸的罪状是："窃取国柄，枉法诬贤，操不轨之心，肆奸欺之蔽，嘉言结于众舌，朋比呈于群邪，蠹害政治，谋危社稷，譬堤防之将决，烈火之将燃，有滔天燎原之势。"⑦接着，朱元璋下令撤销中书省，废除丞相，由自己直接掌管国家大事。从此，"勋臣不预政事"⑧，淮西勋贵除继续领兵作战之外，一般就不再担任行政职务了。

① 《明太祖实录》卷129，洪武十三正月甲午。

② 《明史》卷308，《胡惟庸传》，第7907页。

③ 《明太祖集》卷7，《废丞相汪广洋》，第123页。按：钱谦益曾指出："据《昭示奸党录》诸招，广洋实与惟庸合谋为逆，而上但以坐视兴废诛之。盖此时则党初发，其同谋诸人，尚未一一著明也。"（《牧斋初学集》卷103，《太祖实录辨证》3）潘柽章也指出："余考（洪武十三年）正月癸卯诏云：'丞相汪广洋、御史大夫陈宁昼夜淫昏，酣饮肆乐，各不率职，坐视兴废，以致胡惟庸私撝群小，贪缘为奸，因是发露，人各伏诛。以广洋与陈宁并称，则太祖之罪状广洋者深切矣。而手敕但摘其佐朱文正、杨宪以往之过，绝不及惟庸等，岂狱词未具，不欲讼言耶？'"（国史考异）卷2之11）。

④ 《国初事迹》。

⑤ 《纪事录笺证》卷下，第414页。

⑥ 《皇明开国功臣录》卷17，《丁玉》。

⑦ 《明太祖实录》卷129，洪武十三年正月己亥。

⑧ 《明史》卷130，《郭英传》，第3824页。

胡惟庸被杀后,朱元璋又进一步扩大与开国武将的联姻,以"因结肺腑"①。此前,在洪武三年五月,朱元璋曾明令规定:"天子并诸王后妃宫嫔等,必慎选良家子而聘焉,戒勿受大臣所进。"②但他自己却置此令于不顾,从十五年起,又亲自决定,聘中山王徐达次女为代王妃、三女为安王妃,信国公汤和长女与次女为鲁王妃,安陆侯吴复之女为齐王妃,宁河王邓愈之女为秦王妃,前军都督金事于显之女为潭王妃,靖海侯吴忠(吴祯之子)之女为湘王妃,永昌侯蓝玉之女为蜀王妃,颍国公傅友德之女为晋世子妃③,并将第五女汝宁公主嫁给吉安侯陆仲亨之子陆贤,第八女福清公主嫁给凤翔侯张龙之子张麟,第九女寿春公主嫁给颍国公傅友德之子傅忠,第十一女南康公主嫁给东川侯胡海之子胡观,第十二女永嘉公主嫁给武定侯郭英之子郭镇④。这样,通过血缘与裙带关系,把为明朝建立汗马功劳的一批武臣联结成一个以皇帝为中心的姻娅集团,以图达到拱卫皇权的目的。

此后,朱元璋以胡案为武器,抓住一些淮西勋臣的违法事件,搞扩大化,对淮西勋贵及其子弟展开大规模的诛杀。他采取捕风捉影的手段,不断扩大胡惟庸的罪状。当时由于倭寇问题与日本交涉未果,明廷断绝与日本的外交关系。洪武十九年十月,便借林贤事件⑤,将其罪名升级为私通日本,先后将一批心怀怨望,骄横跋扈,可能对皇权构成威胁的文武官员都牵连进胡案,处以死刑。洪武年间,蒙古为明朝劲敌。二十三年五月,朱元璋又将胡惟庸的罪名升级为私通蒙古,说胡惟庸当初准备谋反时,曾私派封绩前往漠北,带信给北元,"着发兵扰边"⑥。后来,胡惟庸案发,封绩不敢回来,二十一年蓝玉北征,在捕鱼儿海将其俘获,押解回京,李善长又不以奏。至二十三年五月,"事发,捕绩下吏,讯得其状,逆谋益大著"⑦。最后,朱元璋还给胡惟庸加上勾结李善长谋反的罪名。洪武十三年胡案初发时,有人揭发李善长与此案有牵连。朱元璋看在勋旧的面上,未予深究。当年五月,御史台左中丞安然告老还乡,还命其"理台事"⑧。十八年,有人告发李善长弟李存义父子"实惟庸党者",朱元璋将李佑处死,李存义与李伸免死,安置崇明。"善长不谢,帝衔之"⑨。二十三年,李善长年已届七十七的高龄,却"耆不能检饬其下",又要营建宅第,向汤和"假卫

① 《万历野获编》补遗卷1,《公主下嫁贵族》,第808页。
② 《明太祖实录》卷52,洪武三年五月乙未。
③ 《明史》卷116,《诸王列传一》,第3560、3574页;卷125,《徐达传》,第3730页;《明太祖实录》卷142,洪武十五年二月壬申;卷172,洪武十八年三月乙酉;卷175,洪武十八年九月庚辰;卷176,洪武十八年十月壬辰;卷198,洪武二十二年十一月庚午。
④ 《明史》卷121,《公主列传》,第3665—3600页;《万历野获编补遗》卷1,《公主下嫁贵族》,第808页。
⑤ 详看第14章第3节。
⑥ (明)明太祖敕录:《昭示奸党录》,转引自《牧斋初学集》卷104,《太祖实录辨证》4。
⑦ 《明史》卷308,《胡惟庸传》,第7908页。
⑧ 《明太祖实录》卷131,洪武十三年五月丙申。
⑨ 《明史》卷127,《李善长传》,第3772页。

卒三百人役"，汤和攘臂曰："太师敢擅发兵耶?"并"密以闻"①。四月，京民有坐罪应徙边者，李善长私亲丁斌受胡案牵连被谪边，他又出面为之说情。朱元璋怒按丁斌，丁斌原在胡惟庸家当差，供出李存义勾结胡惟庸之事。朱元璋下令逮捕李存义严加审问，李存义供认曾替胡惟庸劝说李善长参加谋反，李善长曾表示："吾老矣。吾死，汝等自为之。"②在这之前，有人已告发他包庇封绩之事，李善长家奴卢仲谦、陆仲亨家奴封帖木等也揭发他参与胡惟庸的密谋③。五月，朱元璋便给李善长定个"知逆谋不发举，狐疑观望怀两端，大逆不道"的罪名，借口有星变，需杀大臣应灾，下令将李善长及其妻女弟侄家口70余人通通诛杀，抄没家产，"籍入六万金"④。陆仲亨、唐胜宗及费聚等同时坐胡党被杀⑤。京师应天府所辖上元、江宁二县之民多受胡惟庸、郭桓等案的牵连，朱元璋遂乘机大加诛杀，"僇其半，以半迁之化外"⑥。为防止对李善长的定罪与处决引起公侯的过激反应，朱元璋特在五月初诏遣公侯还乡居住，并规定魏国公徐辉祖、曹国公李景隆、开国公常昇、宋国公冯胜、申国公邓镇、颍国公傅友德等六公各赐黄金300两、白金2000两、钞3000锭、文绮30匹、绫10匹，永平侯谢成、南雄侯赵庸、崇山侯李新、怀远侯曹兴、凤翔侯张龙、定远侯王弼、安庆侯仇正(仇成之子)、武定侯郭英、巩昌侯郭兴、鹤庆侯张翼等10侯各赐黄金200两、白金2000两、钞1000锭、文绮30匹⑦。随后，又诏令景川侯曹震、凉国公蓝玉、长兴侯耿炳文还乡。到二十五年二月，再召还京师⑧。

胡惟庸党案前后延续十几年，先后诛杀了3万多人，其中公、侯一级的就有22人。被杀的主要人物有御史大夫陈宁、中丞涂节、韩国公李善长、延安侯唐胜宗、吉安侯陆仲亨、平凉侯费聚、南雄侯赵庸、荥阳侯郑遇春、宜春侯黄彬、河南侯陆聚、申国公邓镇、临江侯陈镛(陈德之子)、大将毛骧、李伯昇、丁玉和宋濂的次子宋璲、长孙宋慎等。另有宣德侯金朝兴、济宁侯顾时、营阳侯杨璟、靖海侯吴帧、永城侯薛显、巩昌侯郭兴、六安侯王志、南安侯俞通源、汝南侯梅思祖、永嘉侯朱亮祖、淮安侯华云龙，在案发之前已死，也追坐胡党，革除

① 《献征录》卷11，王世贞：《中书省左丞相太师韩国公李公善长传》。

② 《明史》卷127，《李善长传》，第3772页。

③ 《明太祖实录》卷202，洪武二十三年五月戊戌。

④ 《国榷》卷9，洪武二十三年五月乙卯，第709页。

⑤ 《明史》卷127，《李善长传》，第3772页。按：李善长之死，《明史》卷3《太祖本纪三》(第47页)、《罪惟录》帝纪录1《太祖本纪》(第45页)记为赐死。《明太祖实录》卷202，洪武二十三年五月乙卯条云："善长遂自缢，上命以礼葬之，厚恤其家。"《国榷》卷9，洪武二十三年五月乙卯条亦云"李善长自杀"，但认为"所谓礼恤，或史笔曲为之饰也耳"(第708—720页)。

⑥ 《野记》1；《菽园杂记》卷1，第9页；《纪事录笺证》卷下，第417页。

⑦ 《明太祖实录》卷202，洪武二十三年五月甲午。

⑧ 《明太祖实录》卷216，洪武二十五年二月戊午。

爵位。顾时之子顾敬、朱亮祖次子朱昱、华云龙之子华中也被处死①。一案株连如此之广，自然要引起臣民的怀疑和议论。为了让人们知道胡惟庸等人的"罪状"，朱元璋命刑部尚书杨靖将刑讯逼供所得的口供辑为《昭示奸党录》，冠以朱元璋将近4000言的手诏，陆续予以公布，算是为胡案画上了一个句号。

李善长死后第二年即洪武二十四年，工部的虞部郎中王国用，冒死呈上由御史解缙代为起草的奏疏，为其喊冤叫屈，说：

> 善长与陛下同心，出万死以取天下，勋臣第一，生封公，死封王，男尚公主，亲戚拜官，人臣之分极矣，富贵无复加矣。籍令欲自图不轨未可知，而今谓其欲佐胡惟庸者，则大谬不然。夫人情爱其子，必甚于兄弟之子，安享万全之富贵者，必不侥幸万一之富贵。善长于胡惟庸则犹子耳，于陛下则亲子女也。使善长佐胡惟庸成，不过勋臣第一而已矣，太师、国公、封王而已矣，尚主纳妃而已矣，宁复有加于今日？且善长岂不知天下之不可幸取，取天下之百危？当元之季，欲为此者何限，莫不身为齑粉，覆宗绝祀，能保首领者几何人哉？善长胡乃身见之，而以衰倦之年身陷之也。凡为此者，必有深仇激变，大不得已，父子之间或至相挟以求脱祸。今善长之子祺（尚临安公主）备陛下骨肉亲，无纤芥之嫌，何苦而忽为此？若谓天象，大臣当灾，则尤不可。天下闻之，孰不解体？臣亦知善长已死，言之无益，所愿陛下作戒将来耳。②

朱元璋读了这个奏疏，"虽不能用，亦不罪也"③。后来，潘柽章在《国史考异》中明确指出，解缙没有认真研读《昭示奸党录》④，其讼冤疏草一味为李善长的被诛鸣冤叫屈，却忽略了《昭示奸党录》所载的李善长虽未参与胡惟庸的谋反却也没有检举揭发的事实，而这则是作为一名朝廷重臣所不许可的行为。李善长自投奔朱元璋后，一直对他忠心耿耿，受到朱元璋的器重。朱元璋就任江南行省平章时，就以李善长为参议，称吴王后直到称帝，一直让他担任丞相之职。吴元年，虽曾以事责李善长，有换相的想法。洪武三年大封功臣时，又授予最高一级的爵位。但李善长"有心计而无远识"，"富贵极，意稍骄"，又引起朱元璋的不满与猜忌，翌年便令其病退，使之失去昔日的荣宠。他的心中不免腾起一股对朱元璋的怨气。此后，他同朱元璋的关系总是磕磕绊绊，不时遭到朱元璋的敲打，甚至被削减

---

① 《明史》卷308，《胡惟庸传》，第7908页；《牧斋初学集》卷103、104，《太祖实录辨证》卷3、4；《国史考异》卷2、3；《廿二史札记校证》卷32，《胡蓝之狱》，第743页；《国榷》卷9，洪武二十三年五月乙卯，第710页。

② 《献征录》卷11，王世贞：《中书省左丞相太师韩国公李公善长传》。

③ 《献征录》卷11，王世贞：《中书省左丞相太师韩国公李公善长传》。

④ 《国史考异》卷2之12。

岁禄 1800 石。对朱元璋的这种积怨，就促使他对胡惟庸的谋反采取默许的态度，既不贸然参与，也不检举揭发。朱元璋正是抓住他的这个把柄，把他牵连进胡案加以诛杀的。因此，李善长之被诛杀，固然是朱元璋强化君主专制的必然产物，也是李善长自酿的一杯苦酒。

由于朱元璋严酷的封建专制统治，胡案事发后，时人大多不敢加以记载，而辑录案犯供状的《昭示奸党录》后来佚失不存，仅在个别史著如钱谦益的《太祖实录辨证》中抄录了个别段落，难以窥其全貌。时过境迁之后，史实的真相已经模糊不清，许多史书只能根据某些史籍一鳞半爪的记载，加上自己的揣测，加以叙述。于是便出现了歧异迭出、真假混淆的诸多记述，令人莫衷一是。比如，雷礼在《国朝列卿记》卷 1《胡惟庸传》中引《国琛录》的记载云："太监云奇，南粤人，守西华门，迩胡惟庸第，刺知其逆谋。胡诳言所居井涌醴泉，请太祖往视。銮舆西出，云虑必与祸，急走冲跸，勒马衔言状。气方勃崒，舌驶不能达。太祖怒其犯跸，左右挝捶乱下，云垂毙，右臂将折，犹奋指贼臣第。太祖乃悟，登城眺顾，见其壮士披甲伏屏帏间数匝，亟返棕殿，罪人就擒。"将胡惟庸罪行的揭发归功于所谓云奇告变，与《明史》所记涂节、商暠告发迥异。类似彼此相左的记载，不胜枚举。因此，明清以来不少史学家不断搜集史料，排比考订，力图弄清事实的真相。明末清初的钱谦益、潘柽章分别撰有《太祖实录辨证》《国史考异》，对胡案做过深入的考辨，指出云奇告变是"凿空说鬼"、《明太祖实录》所载李善长罪状"不胜舛误"。而考订最力、影响最大的，当推吴晗 1934 年 6 月发表在《燕京学报》第 15 期的《胡惟庸党案考》。

《胡惟庸党案考》一文，在前人研究的基础上，通过细致考订，进一步指出所谓云奇告变、如瑶贡舶、封绩使元以及胡惟庸勾结李善长通倭款虏诸事纯系向壁虚构，可谓确论。但吴晗的翻案有点过头，他连胡惟庸毒死刘基、贪污受贿、朋比为奸特别是谋反的罪行也一并推翻，把整个胡案都说成是彻头彻尾的大冤案。此后有不少学者沿袭这种说法，进而认定胡惟庸谋反的故事是编造的[①]。这种说法，显然有悖于历史事实。

吴晗并不否认胡惟庸毒死刘基的史实，但认为此举系受朱元璋的指使，因为是朱元璋命其派医给刘基看病，所以朱元璋才是毒死刘基的主谋。他的直接论据是《明史·胡惟庸传》的如下记载："御史中丞（刘）基尝言其（胡惟庸）短。久之，基病，帝遣惟庸挟医视，遂以毒中之。"[②]但是，这段文字仅仅是说刘基生病，朱元璋命胡惟庸携带御医前往探视，并没有说朱元璋令其暗中下毒，而且还点明胡惟庸是因刘基"尝言其短"，怀恨在心，"遂以毒中之"。叫医生下毒的命令，显然是出自胡惟庸而非朱元璋。刘基自投奔朱元璋之后，在政

治上对朱元璋一直忠心耿耿,并为其夺取天下贡献许多计策,在经济上又不贪不占,廉洁自持。告老还乡后,也谨慎有加,口不言功,没有任何得罪过朱元璋的言行。他固然有"仕元"的历史包袱,但毕竟省悟得较早,朱元璋尽管猜忌心重,但也没有将其置于死地的必要和理由。江西临川人危素在元末官至从一品的翰林院学士承旨,又出为正二品的岭北行省左丞。后因"言事不报,弃官居房山"。明军此伐进抵通州后,元顺帝北逃,淮王帖木儿不花监国,复起之为翰林学士承旨。洪武元年八月,明军进占大都,危素躲进报恩寺投井,被寺僧救起出降。二年,应召至应天,朱元璋授其为翰林侍讲学士,"数访以元兴亡之故,且诏撰《皇陵碑》文,皆称旨"。不久,坐失朝,遭弹劾罢官。过了一年,复故官,兼弘文馆学士。后来,御史王著等劾奏危素为"亡国之臣,不宜列侍从",朱元璋遂"诏谪居和州,守余阙庙,岁余卒"①。令危素看守为元朝殉国的余阙庙,尽管带有羞辱的性质,但毕竟没有把他处死。刘基在元末担任的行省都事、儒学副提举之职都是从七品,后来进为行枢密院经历或行省郎中,也不过是从五品,官阶比危素低多了,而他归附朱元璋的时间又比危素早得多,功劳也大得多,朱元璋更没有理由非置之死地不可②。

吴晗否认胡惟庸的贪污受贿行为,依据是朱元璋的《跋夏珪长江万里图》一文,称:"文中有指摘惟庸受赃语,不过尽他所能指摘的也不过是一幅不甚著名的图。"这显然是曲解朱元璋跋文的文意。朱元璋这篇跋文分为两个部分,第二部分是重点,记述该图描绘的风景、艺术成就和跋文作者的观感。第一部分是引言,交代此图的来历,谓:"洪武十三年春正月,奸臣胡惟庸权奸发露,令诸司捕左右小人,询情究源。良久,人报左相赃贪淫乱,甚非寡欲,朕谓来者曰:'果何为实,以验赃贪?'对曰:'前犯罪人某被迁,将起,其左相犹取本人山水图一轴,名曰《夏珪长江万里图》。'朕犹未信,试遣人取以验。去不逾时而至。呼!微物尚然,受赃必矣。傍曰:'乃夏珪之亲笔也。'"③作为图跋,这里只简单交代此图的来历,说明它是胡惟庸从"前犯人某"手中勒索去的,"微物尚然,受赃必矣"。但此文毕竟不是查抄胡惟庸赃物的清单,不能据此得出胡惟庸一生只贪污了"一幅不甚著名的图"的结论。其实,胡惟庸一生何只贪污一幅《长江万里图》,据《明史·胡惟庸传》,他独专省事后,"私擅奏差胡懋为巡检,营其家事",收取各方馈遗的金帛、名马、玩好就多至"不可胜数"④!

吴晗承认胡惟庸有"树党"行为,但又说"庚午诏书所指的'枉法朋比',《明史》所记无事实可证"。这种说法,从逻辑上讲,本身就自相矛盾。中国古代的"党",不是指现代意义

---

① 《明太祖实录》卷53,洪武三年六月壬申。

② 参看拙作《刘基死因考》,《江南大学学报》2011年第4期。

③ 《明太祖集》卷16,《跋夏珪长江万里图》,第388—389页。

④ 《明史》卷308,《胡惟庸传》,第7906页。

上的政党,而是指为了谋取私利而结合起来的小集团。既然是为谋私利而树党,必然要依附、勾结同类,排斥、打击异己,树党就与朋比紧密相连,故有朋党之称。而无原则的朋比,必然要越出法律的界限,出现枉法的行为,胡惟庸自然也不例外。《明史》所载胡惟庸勾结李善长、拉拢陈宁、贿徐达阍者以图达、诬陷乃至毒死刘基、发杨宪"奸状"致其被杀、以事谪吴宗伯于凤阳等事实,难道不正是胡惟庸朋比为奸的确证吗?

吴晗还否定胡惟庸的谋反罪行。《胡惟庸党案考》一文援引钱谦益《太祖实录辨证》3据《昭示奸党录》第三录的供词概述胡惟庸谋反罪状的文字:"自洪武八年以后,惟庸与诸公侯约日为变,殆无虚日。或候上朝,则惟庸入内,诸公侯客守四门;或候上临幸,则惟庸扈从,诸公侯分守信地,皆听候惟庸调整,期约举事。期间或以车驾不出而罢,或以宿卫严密不能举事而罢,皆惟庸密遣人麾散,约令再举。见于《昭示奸党三录》者,五年之中,朝会者无虑二百余。"接着写道:"考《太祖本纪》,胡惟庸以洪武六年七月壬子任右丞相,十年九月辛丑改左。其时惟庸正被恩眷,得太祖信任。"说从洪武八年起胡惟庸就开始策划谋反,显然难以令人信服。因此,吴晗认为:"据《奸党录》言,则不特《实录》所记惟庸诸谋反动机为子虚,即明人诸家所言亦因此而失其立足点。"《胡惟庸党案考》一文,还援引史籍关于胡惟庸决心谋反的两种不同记载:一是《明史·胡惟庸传》:"会惟庸子驰马于市,堕死车下,惟庸杀挽车者。帝怒,命偿其死。惟庸请以金帛给其家,不许。惟庸惧,与御史大夫陈宁、中丞涂节等谋起事,阴告四方及武臣从己者。"一是《献征录》卷 11 所录王世贞撰《胡惟庸》:"会其家人为奸利事,道关榜辱关吏。吏奏之,上怒,杀家人,切责,丞相谢不知乃已。又以中书违慢,数诘问所由。惟庸惧,乃计曰:'主上鱼肉勋臣,何有我耶! 死等耳,宁先发,毋为人束,死寂寂。'"然后写道:"同样地叙述同一事件,并且用同一笔法,但所叙的事却全不相符,一个说是惟庸子死,一个说是惟庸家人被诛。"吴晗未明言何种说法对,何种说法错,或者二说皆错,但言外之意非常明确,那就是二说既然不相符合,就都不可信。因为紧接着,他这样写道:"根据当时的公私记载……在胡案初起时,胡氏的罪状只是擅权植党","我们找不出有'谋反'和'通倭''通虏'的具体记载。……到了洪武二十三年后,胡惟庸的谋反便成铁案。"意思是说,在洪武十二年九月胡惟庸被捕入狱,直至十三年正月被杀,朱元璋并没有给他加上谋反的罪名,后来编造"通倭""通虏"的罪状,直到洪武二十三年后才将胡惟庸的谋反弄成铁案。这样,胡惟庸的谋反罪,从动机到行动就都被一笔勾销了。如果再加上吴晗对胡惟庸毒死刘基、朋比为奸、贪污受贿等罪行的否定,胡案也就成为彻头彻尾的大冤案了。

但是,吴晗的这番考证,却存在许多明显的漏洞。第一,其所引钱谦益概述胡惟庸谋反罪行的话,出自《昭示奸党录》。胡案的《昭示奸党录》与后来蓝玉案的《逆臣录》性质相同。朱元璋为《逆臣录》所写的《御制逆臣录序》,谈到该书的内容及编撰目的时讲得十分清楚："特敕翰林，将逆党情词辑录成书，刊布中外，以示同类，毋得再生异谋。"①据此可知，《太祖实录辨证》录存的《昭示奸党录》情词，全都是案犯的口供。某个案犯的口供出现与事实不符甚至是荒唐怪诞的现象，这是毫不奇怪的。我们不能据此就推断"《实录》所记惟庸诸谋叛动机为子虚"，进而认定"明人诸家所言亦因此而失去其立足点"。第二，促成胡惟庸谋反的具体动机，明代史籍的记载有两说，吴晗咬定说的是同一件事，同一件事却有两种说法，因而全不可信。但他却未能说明这两种记载的两件事为何是同一件事，更未能说明它们是否存在。而迄今为止，我们还未见到哪位学者找出确凿的证据否定这两件事的存在，既然如此，这两件事都可能成为胡惟庸谋反的导火索。第三，《胡惟庸党案考》一文，完全回避了明代史籍中有关胡惟庸策划谋反的某些具体史实，如胡惟庸与陈宁"坐省中，阅天下军马籍"等。第四，吴晗说胡案初发时，当时的公私记载没有其谋反的罪状，直到洪武二十三年后才说他勾结李善长谋反，将胡案弄成铁案，更与史实不符。早在洪武十二年正月诛杀胡惟庸的第二天，朱元璋对文武大臣宣布胡惟庸的诸多罪状，其中就有"谋危社稷"四个字。"谋危社稷"指的就是谋反，属于不可赦免的十恶大罪之首。《大明律》的《名例律》及《刑律》，对十恶大罪中的谋反罪，都明确注明："谓谋危社稷。"②吴晗的论文虽然也征引了朱元璋对文武大臣宣布胡惟庸罪状的这段谕词，遗憾的是他没有弄清"谋危社稷"一词在明代法律中的真正含义，却说找不出当时有说胡惟庸谋反的具体记载。

胡惟庸党案是明初皇权与相权矛盾冲突的产物。胡惟庸独专省事，任相之后，不仅在经济上贪污受贿，而且在政治上拉帮结派，打击异己，飞扬跋扈，擅专黜陟，藏匿于己不利的奏章，侵犯了皇权，最后发展到策划谋反，他的被杀是罪有应得，咎由自取。而朱元璋大兴党狱，是为了加强君主专制的中央集权。胡案一发生，他就乘机搞扩大化，"余党皆连坐"，这些被株连的"余党"有的是冤死鬼。此后，他将罪名步步升级，用以打击一部分恃功骄横、飞扬跋扈的功臣，这些则纯粹是冤假错案了。因此，就整个案件来说，是真真假假，有真有假，真假混淆。我们必须进行细致辨析，分清哪部分是真案，哪部分是假案。只有这样，我们才能对整个案件的作用和影响做出正确的评价，既看到朱元璋通过此案清除部分骄横跋扈的勋臣，产生了促进社会安定、经济恢复与发展的积极作用，又看到朱元璋所制造的大量冤假错案，冤杀了大批无辜的将臣，造成政治的恐怖，出现人人自危，"多不乐仕进"的消极影响③。

---

① （明）明太祖敕录，王天有、张何清点校：《逆臣录》，北京大学出版社1991年版，《序》第2页。
② 《大明律》卷1，《名例律》；卷18，《刑律·贼盗》，第3、133页。
③ 参看拙作《胡惟庸党案再考》，《明清论丛》第10辑。

第三节　蓝玉党案

胡惟庸党案结束后,相权与皇权的矛盾消除了,但军权与皇权的矛盾又突出地显露出来。

经过胡惟庸党案的诛杀,淮西勋贵的核心人物已被基本铲除,只剩下为数不多的开国武将仍在边防要地担任军事职务。朱元璋除通过分封在各地的藩王,对他们进行严密监视和节制,还在洪武二十年(1377)十二月颁布《大诰武臣》,使知守纪律,抚军士,立勋业,保爵位。翌年,又相继颁布御制《谕武臣敕》《武臣保身敕》,以训诫武臣。二十二年二月,又下令禁止武臣预民事,规定民间词讼,虽事涉军务,"均归有司审理,(武臣)毋得干预"①。二十三年诛杀李善长之前,还以"诸将老矣,令其还乡"为名,诏遣武臣中的 6 公 10 侯还乡。诛杀李善长后,又于当年六月把遣送还乡的武将名单扩大到 7 公 24 侯,并为原先赐给他们作为侍从的奴军"各设百户一人,统率其军以护之,给屯戍之印,俾其自耕食,复赐铁册"②,以护其家,实际上是专责对其进行监视。

但是,开国武将违法乱纪的现象仍然时有发生,如会宁侯张温"居室器用僭上"③,而表现最为严重的要算淮西勋贵凉国公蓝玉。

蓝玉,定远人,是开平王常遇春的妻弟。生得高大威武,面颊红紫。投奔朱元璋的起义队伍后,初隶常遇春帐下,临敌勇敢,所向克捷,由管军镇抚累升至大都督府佥事。洪武四年,从颍川侯傅友德入川讨伐明昇夏政权,克绵州。第二年,从徐达北征,先出雁门,败元兵于野马川,再败之于土剌河。七年,率师攻拔兴和,俘获北元国公帖里密赤。十一年,同西平侯沐英一起征讨西番洮州等处的叛乱,擒获叛酋三副使。翌年班师后被封为永昌侯,岁禄 2500 石,子孙世袭,成为淮西勋贵集团的重要人物。十四年,从傅友德出征云南,在曲靖擒获北元平章达里麻,进而包围昆明,北元梁王投滇池自尽。旋复西进,连克大理、鹤庆、丽江、金齿、车里、平缅等地。"滇地悉平,玉功为多"④,朱元璋下令增其岁禄 500 石,并册其女为蜀王妃。蓝玉从此踏入皇亲国戚的行列,备受朱元璋的器重。

洪武二十年,蓝玉以征房右副将军从大将军冯胜出征辽东北元太尉纳哈出,驻屯于金山西侧。纳哈出亲率数百骑至蓝玉军营约降,蓝玉设盛宴款待,亲自为他敬酒。纳哈出一饮而尽,又斟酒回敬蓝玉,蓝玉却脱下身上的汉族服装,对他说:"请服此而后饮!"纳哈出

---

① 《明通鉴》卷 9,洪武二十二年二月壬戌,第 470 页。
② 《明太祖实录》卷 202,洪武二十三年六月辛未。
③ 《明史》卷 132,《蓝玉传附张温传》,第 3868 页。
④ 《明史》卷 132,《蓝玉传》,第 3864 页。

认为这是对他的侮辱,拒不接受,蓝玉也不肯喝他敬的酒。双方僵持一会,纳哈出将酒泼到地上,用蒙古语指示随行部下,准备脱身离去。在座的郑国公常茂,抽刀砍伤纳哈出的臂膀,都督耿忠忙招呼身边的士卒,簇拥着纳哈出去见冯胜。纳哈出的部众,纷纷溃散。冯胜以礼遇纳哈出,复加慰谕,令耿忠与同寝食,并派人招抚其溃散的部众,然后下令班师。此役冯胜虽收降有功,但有人告发他"窃取房骑","娶虏有丧之女"①,失降附心,加上指挥失当,班师途中丢失殿后的都督濮英 3000 人马,被收夺大将军印。尽管蓝玉违反朱元璋"因俗而治"的民族政策,朱元璋还是"命玉行总兵官事。寻,即军中拜玉为大将军,移屯蓟州"②。

洪武二十一年,蓝玉受命为征虏大将军,统率 15 万大军北征,"以清沙漠"。至捕鱼儿海东南哈剌哈河岸边,侦知北元嗣君脱古思帖木儿驻帐捕鱼儿海东北方向 80 多里处,令定远侯王弼为前锋,自率大军继后,对敌营发动突袭,杀北元太尉蛮子等,降其部众。脱古思帖木儿与太子天保奴等数十人上马逃窜,蓝玉率精骑追奔数十里,不及而还。此役计俘脱古思帖木儿次子地保奴、爱猷识里达腊之妃及公主以下百余人。又追获北元吴王朵儿只、代王达里麻及平章以下官属 3000 人、男女 77000 余人,并宝玺、符敕、金牌、金银印诸物、马驼牛羊 15 万余匹,焚其甲杖蓄积无数。朱元璋得到捷报大喜,"赐敕褒劳,比之卫青、李靖"③。接着,蓝玉又破北元将领哈剌章的营盘,获其部下军士 15800 余户,马驼48000 余匹。班师还朝后,朱元璋进其为凉国公。蓝玉一生的事业,至此达到辉煌的顶点。

洪武二十二年,蓝玉奉命至四川督修城池。翌年,率师赴湖广、贵州平定几个土司的叛乱,朱元璋增其岁禄 500 石,诏还乡。二十四年,又命其与魏国公徐辉祖、曹国公李景隆、徽先伯桑敬、宋国公冯胜、颍国公傅友德往陕西练兵,加强防务。二十五年二月,在外练兵的公、侯悉被召回京师。三月,蓝玉受命往理兰州、庄浪、西宁、西凉、甘肃等七卫军务。四月,他为追捕逃寇祁者孙,违背朱元璋在西番藏族聚居地借茶马贸易"以系番人归向之心"的羁縻政策,未经朝廷的准许,擅自率兵攻打罕东之地(一说在今甘肃敦煌一带,一说在今甘肃酒泉西南,一说在今青海西宁西北)。就在这一个月,建昌卫(今四川西昌)指挥使、故元降将月鲁帖木儿发动叛乱,朱元璋命蓝玉移师往讨,但考虑到他远在甘肃,路途遥远,又命都督佥事聂纬权代总兵官,义子、中军金都督徐司马和四川都指挥使瞿能为左、右副手,率所部及陕西步骑兵先行征讨,待蓝玉到达后,聂纬、徐司马与瞿能皆为之副。五月初,蓝玉抵达罕东,部将建议:"莫若缓以待之,遣将招谕,宣上威德,令彼以马来献,因抚其部落,全师而归。"但蓝玉就是不听,派都督宋晟等率兵徇阿真川,番酋哈昝等逃遁。

---

① 《明太祖实录》卷 184,洪武二十年八月壬子。
② 《明史》卷 132,《蓝玉传》,第 3864 页。
③ 《明史》卷 132,《蓝玉传》,第 3865 页。

追袭祁者孙,也不及而还。不久,接到朱元璋命其移师讨伐月鲁帖木儿的诏令,他还想深入西番之地,取道松叠前往建昌。"会霖雨积旬,河水泛急,玉悉驱将士渡河,麾下知非上意,多相率道亡"①。蓝玉不得已,才由陇右前往建昌。六月,待他抵达建昌,月鲁帖木儿已被瞿能击败,逃往柏兴州。十一月,蓝玉进次柏兴州,遣百户毛海以计诱擒月鲁帖木儿及其子,尽降其众。蓝玉派人将月鲁帖木儿解送京师伏诛,因奏"四川之境,地旷山险,控扼西番,连岁蛮夷梗化,盖由军卫少而备御寡也"。建议增置屯卫,籍民为军守之,并请求移兵讨伐长河西朵甘百夷。朱元璋没有同意,认为"其民连年供输烦扰,又以壮者为兵,其何以堪",不可再籍兵以困边民;蓝玉所率部队"兵久在外,不可重劳",况且往征长河西朵甘百夷,"此非四十万众不行"。因此命令蓝玉:"今尔所统之兵,选留守御,余令回卫。尔即还京。"②蓝玉只得下令班师。

蓝玉为明朝的建立和巩固立下了赫赫战功,但是这个粗鄙的武夫也因此逐渐滋长居功自傲的思想,贪财嗜利,骄淫奢靡,违法乱纪,逾礼犯分,无所不为。史载:"(洪武二十一年八月)丁卯,征虏大将军、永昌侯蓝玉等还朝,上谓玉曰:'尔率将士北征,功最大。然虏主妃来降,不能遇之以礼,乃纵欲污乱。又尝恃劳遣人入朝,觇伺动静,此岂人臣之道哉?'"③"玉素不学,性复狠愎,见上待之厚,又自恃攻伐,专恣暴横。畜庄奴假子数千人,出入乘势渔猎。尝占东昌民田,民讼之,御史按问,玉捶逐御史。及征北还,私其驼马珍宝无算。夜度喜峰关,关吏以夜不即纳,玉大怒,纵兵毁关而入,上闻之不乐。会有发其私元主妃者,上切责之。玉漫不省,尝见上命坐,或侍宴饮,玉动止傲悖,无人臣礼。及总兵在外,擅升降将校,黥刺军士,甚至违诏出师,恣作威福,以胁制其下"④。"上谓翰林士刘三吾等曰:'……迩者逆贼蓝玉越礼犯分,床帐、护膝皆饰金龙,又铸金爵以为饮器,家奴至于数百,马坊、廊房悉用九五间数。'"⑤"甚者无如蓝玉越礼犯分,其房屋、家奴至于数百,马坊、廊房皆用九五间数,又于本家墙垣内起盖店舍,搜集百工技艺之人在内居住,与民交易"⑥。"蓝玉令家人中到云南盐一万余引,倚势兑支"⑦。

李贽曾指出,蓝玉"私元主后"是"罪当死";尝占东昌民田,民讼之,御史为置狱,玉执御史笞而逐之,也是"罪当死"的行为⑧。那么,他僭用皇帝专用的金龙纹饰、九五间数,就

---

① 《明太祖实录》卷 217,洪武二十五年五月辛巳。
② 《明太祖实录》卷 222,洪武二十五年十一月甲午。
③ 《明太祖实录》卷 193,洪武二十一年八月丁卯。
④ 《明太祖实录》卷 225,洪武二十六年二月乙酉。
⑤ 《明太祖实录》卷 243,洪武二十八年十一月乙亥。
⑥ (明)朱元璋:《稽古定制序》,《皇明制书》第 2 册,第 737 页。
⑦ 《国初事迹》。
⑧ (明)李贽:《续藏书》卷 4,《开国功臣·蓝公》,中华书局 1959 年版,第 76—77 页。

更是包藏着政治野心、图谋不轨的行为了。联想到过去胡惟庸案发时，曾发现蓝玉"尝与其谋"，当时"以开平之功及亲亲之故"，即照顾到蓝玉为开平王常遇春之妻弟，常遇春之女为懿文太子朱标之妃，蓝玉之女为蜀王妃，对蓝玉之罪"宥而不问"①，朱元璋对蓝玉不能不高度警惕。洪武二十一年北征归来，朱元璋原拟封其为梁国公，"以过改为凉，仍镌其过于券"②。但是，蓝玉仍然我行我素，不仅没有悔改之意，而且变本加厉，竟然"擅升降将校，黥刺军士，甚至违诏出师"，未经朝廷准许，擅自率兵攻打罕东的藏族聚居地。

蓝玉正是由于居功自傲，贪财嗜利，贪污盗窃，侵夺民利，骄奢淫逸，道德败坏，违法乱纪，越礼犯分，最终走上谋反道路的。洪武二十五年九月，因皇太子朱标在四月间去世，朱元璋立朱标次子朱允炆为皇太孙。十一月，蓝玉由建昌进至柏兴州，最后平定月鲁帖木儿之叛，奏请朝廷允其率兵往征长河西朵甘百夷，想以更多的战功谋求太子太师职衔。但朱元璋却未批准，而是令其班师。蓝玉闷闷不乐地率部回到成都，想起其亲家靖宁侯叶昇于八月间坐前交通胡惟庸被杀，怀疑是叶昇的口供里指认他为胡党，故而引起朱元璋的猜忌，他奏办的几件事皇上都不从，下定了谋反的决心。十一月底，中军金都督谢熊奉命前往四川都司接蓝玉还京。十二月二十二，抵达四川都司的驿馆住下，然后去见蓝玉，说他奉命"来取大人回家"。蓝玉说："必是我亲家靖宁侯胡党事内有我名字，差你来提取。"谢熊回答说："上位只教我宣唤大人，不知就里如何。"蓝玉看他话说得非常坦率，估计不会告发自己。于是设宴招待，坦白地告诉他说："实不瞒你，我如今回家看动静，若是果有这话说，好歹下手做一场。你回去休要泄机，若事成时，大家安享富贵。"谢熊回答："我的小儿也为这事（指与胡党有牵连之事）在身上常常忧怕。大人谋的事，小人如何肯漏泄了？"③十二月二十八，朱元璋下诏"以宋国公冯胜、颍国公傅友德兼太子太师，曹国公李景隆、凉国公蓝玉兼太子太傅，开国公常昇、全宁侯孙恪兼太子太保，詹徽为太子少保兼吏部尚书，茹瑺为太子少保兼兵部尚书"④。消息传来，蓝玉的太子太师梦破灭，随即加紧了谋反的策划活动。闰十二月初一，他备酒席宴请谢熊和随同征讨月鲁帖木儿的副手徐司马和聂纬以及四川徐都督、周指挥、陕西王都指挥、随征西安右卫、西安左卫、西安前卫、西安后卫、华山卫、秦山卫的将领，进一步商议谋反之事。同时，派部将联络陕西卫所的将领，让他们收集人马，准备接应他的谋反⑤。闰十二月底，蓝玉与谢熊离开成都，顺长江东下，二十六年

---

① 《明太祖实录》卷225，洪武二十六年二月乙酉。
② 《明史》卷132，《蓝玉传》，第3866页。
③ 《逆臣录》卷1，第36—37页。
④ 《明太祖实录》卷223，洪武二十一年十二月乙亥。
⑤ 《逆臣录》卷1，第23、25、34—35页。

正月初一二到武昌,初三到九江,初七到安庆,沿途又联络当地一些卫所,布置接应其谋反之事①。

洪武二十六年正月初十前后,蓝玉抵达南京。此时朱元璋因受不住皇太子病死的打击,身患"热症","几将去世"②,经过太医的精心治疗,虽从死神手里夺回了性命,但身体仍很虚弱。蓝玉认为"如今上位病症缠身,殿下(指皇太孙朱允炆)年纪幼小,天下军马都是我掌"③,正是谋反的好机会,于是密遣亲信,暗中联络景川侯曹震、鹤庆侯张翼、舳舻侯朱寿、东莞伯何荣、左军都督府同知黄辂、后军都督府同知祝哲、中军都督府同知汪信、吏部尚书詹徽、户部侍郎傅友文等和自己过去的老部下,把他们分别召至自己的私宅密谋策划。在夜阑酒酣之际,蓝玉煽动说:"如今天下太平,不用老功臣似以前,我每一般老公、侯都做了反的也都无了,只剩得我每几个没由来只管做甚的,几时是了?"④诸将于是分头搜罗士卒和马匹、武器,最后定在当年二月十五朱元璋外出耕耤田时起事。正月二十八,蓝玉派人去找准备担任谋反主力的府军前卫步军百户李成。二月初一,李成匆匆赶到蓝玉私宅,蓝玉对他下达了起事令:"我想二月十五日上位出正阳门外劝农时,是一个好机会。我计算你一卫里有五千在上人马,我和景川侯两家收拾伴当家人,有二三百贴身好汉,早晚又有几个头目来,将带些伴当,都是能厮杀的人,也有二三百都通些,这些人马尽勾(够)用了。你众官人好生在意,休要走透了消息。定在这一日下手。"⑤

蓝玉的密谋,早被锦衣卫的特务察觉。就在正月初一李成赴到蓝玉私邸听取蓝玉下达起事命令之前,锦衣卫指挥蒋瓛已向朱元璋告发了。据尚宝少卿、何荣之弟何宏事后的招供称:"至二月初一日早朝,退至长安西门,有詹尚书(徽)对宏言说,前日凉国公谋的事,上位知觉了。"⑥可见在二月初一之前,朱元璋已经知道蓝玉的密谋。此时朱元璋已届六十五岁的高龄,而皇太孙朱允炆只有十六虚岁,他担心自己百年之后,这个年轻的接班人控制不住局面。尽管经过自己的一番改革,全国最高的行政、军事和司法大权都已集中到君主手里,但皇太孙毕竟缺少治国理政的经验,而且性格仁柔宽厚,心慈手软,能否对付得了骄横自恣、进止自专的蓝玉等高级将领,实在令他担心。鉴于明朝的劲敌北元经过明军的多次打击,已被击溃,陷于分裂的状态,北部边防比较巩固,朱元璋决定再次大开杀戒,彻底铲除那些可能会对朱家天下构成严重威胁的开国老将,为皇太孙留下一个稳固的宝座。

① 《逆臣录》卷5,第261、270、281页。

② (明)朱元璋:《周颠仙人传》,钱伯城、魏同贤、马樟根主编:《全明文》第1册,上海古籍出版社1992年版,第813页。

③ 《逆臣录》卷1,第38页。

④ 《逆臣录》卷1,第11页。

⑤ 《逆臣录》卷2,第115—116页。

⑥ 《逆臣录》卷1,第26页。

二月初二,他"命晋王总宋国公冯胜等所统河南、山西马步军士出塞",以防北元残余势力的骚扰,而令"胜及颍国公傅友德、开国公常昇、定远侯王弼、全宁侯孙恪等驰驿还京,其余将校悉听晋王节制",并"诏长兴侯耿炳文还京"①。二月初八,蓝玉入朝,即下令将其拘押,次日投入锦衣卫的诏狱,"玉不肯伏",第三天未经廷鞫即将其"磔于市,夷三族"②。与此同时,朱元璋又以蓝党的罪名,下令逮捕大批淮西公侯功臣、文武大吏以及偏裨将士乃至番僧、内竖、豪民、贱隶。其中,景川侯曹震之"党逆最力",与蓝玉同时诛死。其他案犯皆入锦衣卫诏狱,进行严刑拷打,录取口供,然后于五月初一为辑录案犯口供的《逆臣录》撰写御制序,宣布其罪名是"谋为不轨""谋危社稷"③,刊布中外。列名《逆臣录》的 1 公、13 侯、2 伯,除凉国公蓝玉和景川侯曹震于二月初十诛死,鹤庆侯张翼、会宁侯张温、怀远侯曹兴、西凉侯濮屿(濮英之子)、东平侯韩勋(韩政之子)、全宁侯孙恪(孙兴祖之子)、沈阳侯察罕(纳哈出之子)、东莞伯何荣(何真之子)、徽先伯桑敬(桑世杰之子)也陆续被杀④。航海侯张赫已于二十三年病逝,二十六年仍坐蓝党论死⑤。吏部尚书詹徽(詹同之子)、户部侍郎傅友文也被杀。"同时以党连坐者,都督则有黄恪、汤泉、马俊、王诚、聂纬、王铭、许亮、谢熊、汪信、萧用、杨春、张政、祝哲、陶文、茹鼎凡十余人,多玉部下偏裨"⑥。朱元璋的义子徐司马,洪武二十六年正月初五已在成都病死,也"追坐蓝玉党,二子皆获罪"⑦。蓝玉的外甥、开国公常昇(常遇春之子),在蓝玉被杀后,"又于三山聚兵谋逆",也被处死⑧。到九月,为了安定人心,朱元璋发布《赦蓝党胡党诏》,宣布:"除已犯已拿在官者不赦外,其已犯未拿及未犯者,亦不分蓝党、胡党,一概赦宥之。"⑨事实上,赦免令颁布后,诛杀仍在进行。过了一年,颍国公傅友德、定远侯王弼也坐蓝党赐死⑩。又过一年,宋国公冯胜也以蓝党罪名赐死⑪。"及洪武末年,诸公、侯且尽,存者惟(耿)炳文及武定侯郭英二人"⑫。

---

① 《明太祖实录》卷 225,洪武二十六年二月丁丑。

② 《罪惟录》列传卷 8 下,《蓝玉》,第 1440 页。

③ 《逆臣录》御制序,第 2 页。

④ 《明史》卷 105,《功臣世表一》,第 3043—3083 页。

⑤ 《弇山堂别集》卷 37,《高帝功臣公侯伯表》,第 668 页。

⑥ 《明史》卷 132,《蓝玉传附曹兴传》,第 3870 页。

⑦ 《明史》卷 134,《何文辉传附徐司马传》,第 3899 页。

⑧ 《牧斋初学集》卷 105,《太祖实录辨证》5。

⑨ 《明史》卷 129,《傅友德传》,第 3803 页;卷 132,《王弼传》,第 3863 页。按:二传记两人被"赐死",未明载缘由。《纪事录笺证》卷下(第 478 页)记:"宋国公冯胜、颍国公傅友德等为党逆事伏诛,而家属悉令自缢,毁其居室而焚之。"可知傅友德系坐蓝党而被赐死。《弇山堂别集》卷 37,《高帝功臣公侯伯表》(第 667 页)又明载王弼"二十六年坐蓝党论死"。

⑩ 朱元璋:《赦蓝党胡党诏》,《全明文》第 1 册,第 250 页。

⑪ 《明史》卷 129,《傅友德传》,第 3799 页。

⑫ 《明史》卷 130,《耿炳文传》,第 3819 页。

经过胡、蓝两案的大规模诛杀,明朝的开国功臣已被基本铲除,只有少数善于揣摩朱元璋心理的功臣宿将,主动交出军权和多占的庄田及佃户,侥幸逃脱了被杀的厄运。信国公汤和是朱元璋的同乡,还是他投奔起义的指路人,后来随朱元璋南征北战,屡立战功,至开国前夕已是仅次于徐达、常遇春、邓愈的第四位大将。洪武十九年,他随楚王朱桢镇压湖广五开(今贵州黎平)吴勉起义归来,想到常遇春早已战死,邓愈也已病逝,李文忠又因劝朱元璋裁减宦官,其门客全被朱元璋杀掉,于十七年受到惊吓,"得疾暴卒"①,不能不为自己的未来感到担忧。他看出朱元璋春秋渐高,"念天下承平无事,不欲诸大将屡典兵"②,对皇上说:"臣犬马齿长,不堪复任驱策,愿得归故乡,为容棺之墟,以待骸骨。"③朱元璋大喜,立刻赐给宝钞5万锭,在凤阳为他修建了一座豪华宏壮的大宅第。二十一年六月,汤和在福建完成筑城御倭的任务后,朱元璋就送他还乡养老,并赐给他夫妇一大堆金银彩币。汤和晚年中风,不能说话,也不能行走,不再对朱元璋构成威胁,故得以善终。二十八年八月病逝,享年七十,朱元璋还追封他为东瓯王。崇山侯李新,看到许多功臣宿将被牵连到党案被杀,向朝廷建议:"公、侯家人及仪从户各有常数,余者宜归有司。"朱元璋非常高兴,下令叫公侯之家将超过规定的人户"悉发凤阳隶籍为民"④。并令礼部编纂《稽制录》,于二十六年三月颁赐功臣,以防公侯奢侈逾制。武定侯郭英赶紧归还佃户,依法纳税,汤和急忙归还仪从户,曹国公李景隆也交出庄田6所,计有田地、山塘、池荡200多顷⑤。郭英、李景隆也和汤和一样,在洪武朝均未出事。骁骑舍人郭德成,两个哥哥郭兴和郭英都封侯,妹妹为郭宁妃,但他看出朱元璋猜忌功臣,便整天喝酒,明哲保身。朱元璋拟授以都督之职,他坚辞不受。朱元璋作色道:我念你跟随了我这么长时间,既亲且旧,你兄弟都跻登列侯,只有你没做大官,所以授你这个官职,享享太平盛世之福,你怎么还推辞?郭德成免冠泣拜曰:圣恩如天,臣非草木、瓦砾,岂能不知!但臣秉性狂愚懒散,耽酒嗜卧,不识事体。倘若居高位,享厚禄,陛下必然要交给我具体的职事,一旦工作没做好,你就会把我杀了。人之所乐,不过是多得钱,饮美酒,随意自适,则足了此一生矣。朱元璋于是写了一通敕书,赐给他100瓶美酒和一批金帛。后来有一天,他陪皇上在后苑喝酒,醉了趴在地上,脱冠谢恩。朱元璋见他脑袋上头发快掉光了,笑问道:酒疯汉,你头上只剩几根毛发,是不是酒喝得太多了? 他仰起头说:这几根我还嫌多了,想剃个精光哩! 朱元璋一听就沉下脸,默默不语。郭德成酒醒之后,想起朱元璋当过和尚,剃过光头,担心自己的话犯

---

① 《弇山堂别集》卷20,《史乘考误一》,第369页。

② 《皇明世法录》卷84,《东瓯王世家》。

③ 《明史》卷126,《汤和传》,第3754页。

④ 《明史》卷132,《李新传》,第3871页。

⑤ 《明史》卷132,《李新传》,第3781页;《明太祖实录》卷230,洪武二十六年十月庚申。

了禁忌，索性剃光头发，披上袈裟，狂呼唱佛，装成疯子。朱元璋信以为真，不再注意，对郭宁妃说：我过去还以为你哥哥是闹着玩的，现在果真如此，确实是个疯子！胡、蓝党案发生后，许多人牵连被杀，"德成竟得免"①。

蓝玉党案结束后，为了安抚那些对朱元璋已构不成威胁的尚存武将，他特于洪武二十九年九月，将已退休的武臣 2500 余人召至京师，每人赏给一大堆银子钞币，让他们"还家抚教子孙，以终天年"。十月，又给他们各进秩一级②。

同胡案一样，蓝案发生后，时人也大多未敢加以记载，即使有个别著作涉及此案，论述也极为简略。记载稍微详细的是官修的《明太祖实录》。建文朝修纂、永乐朝两次重修的《明太祖实录》，是将《逆臣录》隐括为文来记述蓝玉党案的发生过程和处理结果的，却没有只字提到《逆臣录》，并存在两个明显的缺陷：一是史事的记述存在错讹，二是略去"蓝玉逆节之最著者"即蓝玉及其骨干谋反的具体情节③。因而《逆臣录》就不仅是研究蓝玉党案的第一手原始资料，而且是探明蓝玉及其同党谋反具体情节的唯一资料。明末清初的史学家钱谦益曾征引《逆臣录》所载吏部尚书詹徽、浙江余姚县民史敬德的供状驳郑晓《异姓诸侯传》所记之妄④，表明他认为詹、史之招是真实可信，蓝玉及其骨干的谋反罪行是确实存在的。潘柽章则肯定蓝玉谋反的事实，他在《国史考异》卷 3 中以《逆臣录》所载的案犯供状，补《明太祖实录》所载之疏略，并不否定蓝玉谋反的事实，但他认为《逆臣录》中"所载番僧、内竖、豪民、贱隶累累至数千人，其间岂无讹误、罗织不能自解者？翰林所载，要亦未足尽信也"⑤。这就是说，他认为《逆臣录》辑录的供状有真有假，蓝玉党案也是真假混淆的。

当然，明清时期也有个别史学家对蓝玉及其骨干是否谋反持怀疑甚至否定的态度。晚明的何乔远在《名山藏》之《臣林记二·蓝玉》传中记述蓝案之后，加了一个按语，称："凉国公之亡也，岂不有狗烹弓藏之悲？"⑥弦外之音是，蓝玉并无谋反的实际策划与行动，他的被杀实系朱元璋的狗烹弓藏之举。明末清初的谈迁，在其《国榷》中简单记述蓝案之后，附录何乔远的按语，再加上自己的按语，称："蓝凉公非反也。虎将粗暴，不善为容，彼犹沾沾一太师，何有他望！"⑦不过，何乔远、谈迁两书都未提到《逆臣录》，估计他们都未见到该书，所以都未曾针对该书辑录的案犯供状来评说蓝案的真假问题。首次援引《逆臣录》的供状来评说蓝案，进而认定该案为冤假错案的是吕景琳。

---

① 《明史》卷 131，《郭兴传》，第 3844—3845 页。
② 《明太祖实录》卷 247，洪武二十九年九月乙亥、十月戊戌。
③ 《国史考异》卷 3 之 8，卷 3 之 7。
④ 《牧斋初学集》卷 105，《太祖实录辨证》5。
⑤ 《国史考异》卷 3 之 8。
⑥ 《名山藏》臣林记 2，《蓝玉》，第 1534 页。
⑦ 《国榷》卷 10，洪武二十六年二月乙酉，第 739 页。

20世纪90年代,吕景琳发表《蓝玉党案考》一文①,认为蓝玉党案"是完完全全的一个假案,不但牵连而死的一二万人是无辜的,就是蓝玉本人也没有谋反的行动和策划"。他的理由主要有以下五条:一、《逆臣录》没有本案首魁蓝玉和二号人物的口供,表明两名主犯根本没有招供;二、谋反的时间众说纷纭,口径不一;三、说蓝玉曾参与胡惟庸、李善长谋反,纯属胡乱编造,为了将蓝党与胡党挂起钩来,有些供状更将蓝玉的谋反时间推至洪武八年、十一年、十二年,荒唐可笑;四、蓝玉被捕前28天,先后接待千余人,门庭若市,不可思议;五、说蓝玉选择在皇帝耕藉田之日动手谋反,是根本不可能的。所以,他认为"蓝玉案是完完全全的一个假案"。但是,吕景琳提出的这些理由,都经不起仔细推敲,因而是难以服人的。

吕景琳所说的前四条,确实存在。第一条所说的《逆臣录》没有本案两名主犯的供状,确是它的一个重大缺陷。但是案件的判决,取决于证据而不是口供,所以此条尚不足以构成推翻本案的充足理由。至于第二、三、四条所说问题的出现,则是由《逆臣录》的性质所决定的。朱元璋的《御制〈逆臣录〉序》即已明确指出,这部《逆臣录》是"特敕翰林,将逆党情词辑录成书"的,它既然是案犯口供的汇编,供词中出现口径不一、互相矛盾乃至荒唐怪诞的现象,也就不足为怪了。何况,这些口供又是在刑讯逼供的情况下取得的,并经过翰林院官员的加工整理,表述的自然不全是客观的真实情况。也就因此,书中的供词既有歧异迭出、互相矛盾的一面,又有大同小异、千篇一律的另一面。这说明《逆臣录》所辑录的供状是有真有假,真假混淆的。这就要求进行认真细致的辨析,并和别的史料相印证,分清哪些是虚假的,哪些是真实的。很明显,《逆臣录》的供状中那些招供"多次"甚至"时常"出入蓝玉府邸,受到酒饭招待,听其"下手做一场"的动员者,多为千百户、总小旗、普通军士、皂隶、农夫,从而呈现门庭若市的景象。作为一名"饶勇略"的高级将领蓝玉尽管"素不学",性粗暴,但他当然懂得谋反是一项十恶大罪,不在常赦之列。他既然察觉到"上疑我矣",知道返京之后必然处处受到朱元璋耳目的监视,要谋反也只能暗中联络平时同自己关系密切又对朱元璋怀有不满情绪的高级将领、文臣与旧部的头目,通过这些头目秘密收集人马和武器,而不至于愚蠢到自己亲自出面,四处联络一些下层军官、奴仆家丁、贩夫走卒、流氓地痞,让他们日夜出入自己的府邸,招待酒饭,直接对其发表"下手做一场"的鼓动演说。也就因此,这些案犯供词中所反映出来的凉国公府门庭若市的景象是虚构的,说蓝玉在洪武八年、十年、十一年、十二年、二十一年、二十三年、二十四年就拟谋反也有悖史实。但《逆臣录》辑录的部分案犯的供状,则是真实可信或基本可信的。如蓝玉征西返京后,他以凉国公兼太子太傅的身份,在上朝之外,同曹震、陈桓、朱寿、黄辂、汪信、詹徽、傅

---

① 《东岳论丛》1994年第5期。

友文等文武大臣互相交往,有时还在蓝玉直房和府邸饮酒、交谈,乃是正常的现象。蓝玉就是在这种合法身份和正常交往的掩盖之下,暗中进行谋反的策划的。不能见到他们的供状有在蓝玉直房和府邸饮酒吃饭之事,就一概否定其供词。

吕景琳所说的"蓝玉谋反的时间众说纷纭",这里的"谋反时间"实际上包含两层含义,一是决定进行谋反的时间,二是动手谋反的具体日期。这里先谈后一个问题,即动手谋反的具体日期。蓝玉究竟决定何时动手谋反,从《逆臣录》的供状来看,时间定在洪武二十六年是没有问题,但具体日期说法不一。金吾前卫千户周本状招"约至(正月)十六日大祀天地,上位驾出"时动手①。锦衣卫指挥金事陶干的火者姚福童、吴江县粮长沈文矩家人倪原吉均状招在二月内动手,没有具体日期②。景川侯曹震之子曹炳状招听其父言,是"等今年(指洪武二十六年)四、五月间"动手。但是,更多的案犯则状招蓝玉定在二月十五(有的状招定在二月半,实同)朱元璋往南郊享先农、耕耤田时举事。供出这个日期的招状有:羽林左卫指挥金事马聚、戴成、千户苏庆、王逊、陈继、镇抚陈贵、府军卫千户金贵、府军前卫千户单庆(另有 53 名千百户招同)、李成(另有 23 千百户、小旗招同)、军士吴二、锦衣卫千户潘福荣、百户汤泉、镇抚陈铭、总旗魏再兴、小旗魏迪、旗手卫小旗王德、留守中卫千户张仁等③。总计 93 人。李成、单庆等人还交代蓝玉布置的一些举事细节。后来,朱元璋果然在二月十五这一天亲往南郊享先农、耕耤田,证明这些案犯所供的日期是准确可靠的。

关于蓝玉与胡惟庸的关系问题,《逆臣录》中所录的王行、王诚、陈桓等交代的具体情节不一定准确可靠。但蓝玉曾交通胡惟庸却是不争的事实。《明太祖实录》洪武二十六年二月乙酉条记载:"初,胡(惟庸)、陈(宁)之反,玉尝与其谋,上以开平之功及亲亲之故,宥而不问。后诸将多殁,乃推为大将。"所谓"以开平之功及亲亲之故",是指蓝玉为开平王常遇春之妻弟,常遇春之女为懿文太子妃,蓝玉之女为蜀王妃,朱元璋是照顾到这层关系,才对蓝玉之罪宥而不问的,后来命其为大将,乃是由于"诸将多殁"的缘故,不能因此而否认他曾交通胡惟庸的事实。试想,蓝玉如果没有把柄攥在朱元璋的手里,他又何必担心因交通胡惟庸被诛的靖宁侯叶昇"招内有我名字"呢?

吕景琳所说的第五条,被认为是否定蓝玉谋反罪行最有力的证据。吕景琳认为,按照明代的礼制,皇帝耕耤田的日子虽定在仲春二月,至于二月的哪一天,要由钦天监临时"择日",选择晴好的日子进行。即使择定了日期,朱元璋也未必亲自前往,他可以派官员代行,"去不去的随意性很强"。朱元璋"诸事慎之又慎,行踪诡秘",即使决定前往南郊祭祀

---

① 《逆臣录》卷 2,第 69 页。

② 《逆臣录》卷 3,第 157 页;卷 5,第 304 页。

③ 《逆臣录》卷 2,第 86—87、89—93、98、109、110、115 页;卷 3,第 162、164、167—168、185、226 页。

或躬耕,也"不可能提前广为宣泄","一般人绝无可能较早知道享先农耕耤田的日期,更不可能预测朱元璋今年去不去躬耕耤田"。因此,"具体谋反日期露出了马脚","这件最确凿的事实,却恰恰成了蓝玉案中的最大漏洞和最有力的反证"。

然而这条理由也是似是而非,站不住脚的。明代耕耤田的具体日期虽由钦天监择定,但绝非临时择定,而是提前一段时间择定,因为耕耤田并非只是皇帝本人或委派代行官员的个人行动,而是牵涉一大批公、侯、百官、耆宿的集体行动。"其耕耤仪:祀先农毕,太常卿奏请诣耕耤位,皇帝至位,南向立,公、侯以下及应从耕者各就耕位。户部尚书北向进耒,太常卿导引皇帝秉耒三推,户部尚书跪受耒。太常卿奏请复位,南面坐,三公五推,尚书、九卿九推,各退就位。太常卿奏礼毕。太常卿导引皇帝还大次,应天府尹及上元、江宁两县令率庶人终亩。是日宴劳百官、耆宿于坛所。"①参加耕耤田的,不仅有皇帝(或皇帝委派的代行官员),还有三公九卿、太常卿和应天府尹、上元及江宁县令,此外还有耆宿庶民等。这样一个大规模的祀礼,显然需要提前进行认真细致地筹备。所以耕耤田的日期绝非临时择定,而须提前择定,并事先通知参与耕耤田的各位官员耆宿。而提前预测短期的天气变化,就当时的科学水平来说,是可以办到的。吴元年(1367)十一月十二,朱元璋半推半就地接受文武百官的奉表劝进,决定登基就位,建立大明皇朝后,开始着手进行各项筹备工作。登基的具体日期,是朱元璋与刘基商量后决定的。刘基精通象纬之学,时任太史令之职,主持历法的制定工作。他预测来年的正月初四是个大晴天,是朱元璋登基的吉日。十二月二十二,朱元璋专就这个日期祭告上帝皇祇。在举行这个祭告仪式的前两天,应天连降雨雪,但到来年的正月初一,大雪却突然停止,初四果然是个大晴天。我们无法确定,刘基是在什么时候预测到来年的正月初四是大晴天的,但应该不会早于吴元年十一月十二,晚于十二月二十二,如果是前者则预测到 50 天后的天气,如果是后者也预测到 11 天后的天气变化。据《逆臣录》的记载,揭发蓝玉定于二月十五耕耤田之日动手谋反的案犯中,苏庆、王逊、陈继、吴贰、汤泉和王德交代是在"洪武二十六年正月内失记的日"得知这个具体日期的②,马聚、戴成和陈贵交代是在当年正月十二③,张仁交代是在当年正月十四④,潘福荣、陈铭、魏再兴和魏迪交代是在当年正月二十五⑤,单庆和李成等人交代是在当年二月初一⑥。其中,能明确说出得知耕耤田的具体日期的,最早是当年正月十二,从

① 《明太祖实录》卷 39,洪武二年二月壬午。

② 《逆臣录》卷 2,第 89—91、98、122 页;卷 3,第 164、185 页。

③ 《逆臣录》卷 2,第 87、94 页。

④ 《逆臣录》卷 4,第 226 页。

⑤ 《逆臣录》卷 3,第 162、167—168 页。

⑥ 《逆臣录》卷 2,第 109—110、115—116 页。

这一天到二月十五为 33 天,最晚则在当年二月初一,从这一天到二月十五为 14 天,在当时的条件下,专掌气候观测历法制定工作的钦天蓝,是完全能够办到的。

耕耤田在以农立国的中国古代社会,是国家的重大典礼之一。耕耤田的日期确定后,朱元璋是亲自前往还是遣官代行,这要看皇帝政务是否繁忙、身体健康状况如何而定,而不是随心所欲,想不去就临时遣官代行。而且在皇帝亲往躬耕抑或遣官代行之事决定之后,还须及时通知掌管操办耕耤田祀典的太常卿,以便就相关礼仪是否变动(如遣官代行,"太常卿奏请诣耕耤位,皇帝至位,南向立","户部尚书北向进耒,太常卿导引皇帝秉耒三推,户部尚书跪受耒。太常奏请复位,南面坐","太常卿奏礼毕,太常卿导引皇帝还大次",这一系列礼仪就须做相应的改动,因为代行礼仪的官员是不能"南向立""南面坐""还大次"的,户部尚书也不必"跪受耒"),安全保卫是否应该加强(如皇帝亲往,不仅必须提前清道,而且要加强沿途及先农坛周边的警卫和保卫力量)做出决定和安排。

耕耤田的具体日期以及皇帝亲往或遣官代行之事,当然是"不可能提前广为宣泄"的,一般人确实无法预先得知。但蓝党的骨干詹徽是吏部尚书,作为必须参加耕耤典礼的九卿之一,他当然会事先知道耕耤田的日期并得知皇帝将亲往躬耕,会将消息告诉蓝玉,所以蓝玉选择在皇帝耕耤田之日动手,并不是什么奇怪的事。明代的礼制是在洪武年间奠定的,许多翰林院的官员曾参与礼制的制定与礼书的编撰,对《逆臣录》进行加工整理的翰林院官员当不至于弄出违反礼制常识的大笑话,否则让人一眼就能看穿,何至于明清的史学家竟无一人看出这个"最大漏洞",岂非咄咄怪事! 耕耤田的日期既然不是临时而是事先择定的,后来朱元璋果然在这一天亲往先农坛,"躬耕耤田"[①]。因此,许多案犯所交代的"具体谋反日期",不是蓝玉党案的"最有力的反证",相反,恰是它的最有力的铁证!

蓝玉党案是明初皇权与军权矛盾冲突的产物。朱元璋为了使自己及其子孙能"躬览庶政",拼命扩张皇权,不仅把军权集中到君主手里,而且要求所有武臣都"事君以忠",绝对服从君主的调遣与指挥。但是,一批开国功臣特别是淮西勋臣"身处富贵,志骄气溢,近之则以骄恣启危机,远之则以怨望扞文网"[②],最后竟图谋造反,导致蓝玉党案的爆发。同胡惟庸党案一样,蓝玉党案也是有真有假,真假混淆的,我们同样也必须进行认真辨析。就蓝玉串通几个武将,策划在朱元璋耕耤田之日谋反之事来说,迄今为止,尚无人能够拿出有力的证据来加以否定,表明这是真案。但整个案件诛杀了 15000 人[③],他们则大多是冤死鬼,这些又是冤假错案。朱元璋通过此案,打击了一部分骄横跋扈的功臣,自然有其积极的意义。但大规模的诛杀,又必然造成大量的冤狱,以至"勇力武健之士芟夷略尽,罕

①　《明太祖实录》卷 225,洪武二十六年二月庚寅。

②　《明史》卷 132,《蓝玉传赞》,第 3871 页。

③　《赦蓝党胡党诏》,《全明文》第 1 册,第 750 页。

有存者"①,其消极影响也不容忽视。朱元璋死后,燕王朱棣起兵"靖难",建文帝朱允炆无将可用,先后起用年迈的老将耿炳文和没有作战经验的膏粱子弟李景隆为大将军,率师北上讨伐,结果均遭败绩,就是一个突出的例证②。

---

① 《明史》卷132,《蓝玉传》,第3870页。

② 参看拙作《蓝玉党案再考》,《明清论丛》第15辑。

第十二章
休养生息，发展生产

第一节　与民休息，振兴农业

明朝建立之后，到处是战争废墟，显现一派人口锐减、田畴荒芜的凋敝景象。往昔的繁荣胜地扬州，元末为地主武装青军元帅张明鉴所据，其"党众暴悍，专事剽劫，由含山、全椒转掠六合、天长，至扬州，人皆苦之"。到龙凤三年(1357)朱元璋部将缪大亨攻克扬州时，"城中居民仅余十八家"①。素称繁盛的苏州，也是"邑里萧然，生计鲜薄"②。湖广澧州慈利县，"流亡者众，田多荒芜"③。常德府武陵等十县"土旷人稀，耕种者少，荒芜者多"④。甘肃河州卫"城邑空虚，人骨山积"⑤。陕西保德州府谷县"田野荒芜，人烟稀少"⑥。云南"土地甚广，而荒芜居多"⑦。四川所辖州、县"居民鲜少"，成都故田数万亩"皆荒芜不治"⑧。中原诸州，"元末战争受祸最惨，积骸成丘，居民鲜少"⑨，遭受的破坏更为严重。洪武元年(1368)闰七月，徐达从汴梁率师北伐，"徇取河北州、县，时兵革连年，道路皆榛塞，人烟断绝"⑩。山东也是残破不堪，洪武三年三月，山东按察司佥事吴彤奏曰："博平、清平、夏津、朝城、观城、范、馆陶七县，户少地狭。"⑪六月，济南知府陈修和司农官上奏："北方郡县，近城之地多荒芜。"⑫兖州府定陶县"井田鞠为草莽，兽蹄鸟迹交于其中，人行终日，目无烟火"⑬。河南、两淮也好不了多少，卫辉府获嘉县，洪武三年县太爷上任时，"口、土著不满百，井间萧然"⑭。颍州地区，"民多逃亡，田多荒芜"⑮。濠州一带，"百姓稀少，田野荒芜"⑯。直到十五年九月，致仕晋府长史桂彦良上《太平治要十二条》，还说："中原为天下腹心，号膏腴之地，因人力不至，久致荒芜。"⑰到二十七年，全国各地尚"多荒芜田土"⑱。人

---

① 《明太祖实录》卷5，丁酉年十月甲申。
② 《寓圃杂记》卷5，《吴中近年之盛》，第42页。
③ 《明太祖实录》卷61，洪武四年二月癸酉。
④ 《明太祖实录》卷250，洪武三十年二月丁酉。
⑤ 《明太祖实录》卷56，洪武三年九月甲寅。
⑥ 《明太祖实录》卷179，洪武十九年九月庚申。
⑦ 《明太祖实录》卷181，洪武二十年三月丙子。
⑧ 《明太祖实录》卷145，洪武十五年五月癸丑。
⑨ 《明太祖实录》卷176，洪武十八年十一月乙亥。
⑩ 《明太祖实录》卷33，洪武元年闰七月庚子。
⑪ 《明太祖实录》卷50，洪武三年三月。
⑫ 《明太祖实录》卷53，洪武三年六月丁丑。
⑬ 《乾隆定陶县志》卷9，清乾隆十八年刻本。
⑭ 《万历获嘉县志》卷5，《官师志·宦绩》，明万历三十年刻本。
⑮ 《明太祖实录》卷36下，洪武元年十一月。
⑯ 《明太祖宝训》卷4，《仁政》。
⑰ 《明经世文编》卷7，《桂正字集·上太平治要十二条》。
⑱ 《明太祖实录》卷231，洪武二十七年二月癸未。

民力竭财尽，百姓的生活极端困苦，地主贵族难以榨取到地租，国家的税源近于枯竭，各地的官府和卫所不断传来报告："累年租税不入"，"租税无所从出"，"积年逋赋"①。许多府、州、县，因户、粮不及数只得降格，如开封由上府降为下府，莱州由上府降为中府②。洪武十年，河南、四川布政司由州改为县者 12 个，县并者 60 个③。十七年，全国因民户不及 3000，由州改为县者多达 37 个④。

元末农民战争结束后，民心思治。广大农民迫切要求保有斗争果实，并且希望新皇朝能废除暴政，减轻赋税，安定社会，让他们回到土地上进行生产，改善困苦的生活。作为新皇朝的最高君主，朱元璋也清醒地认识到，"民富则亲，民贫则离，国家休戚系焉"，并提出"藏富于民"的主张，说："保国之道，藏富于民。"⑤他指出："民贫则国不能独富，民富则国不至独贫"，"大抵百姓足而后国富，百姓逸而后国安，未有民困穷而国独富安者"⑥。他决定顺应民心思治的历史潮流，实行"休养生息"的政策，恢复与发展生产。登基前夕，朱元璋向山东派遣一批府、州、县官员，便特地叮嘱他们："今山东郡县新附之民，望治犹负疾者之望良医。医之为术者，有攻治，有保养。攻治者，伐外邪；保养者，扶元气。今民出丧乱，是外邪去矣，所望休养生息耳。休养生息，即扶元气之谓也。汝等今有守令之寄，当体予意，以抚字为心，毋重困之。"⑦登基即位的当月，他又郑重告谕入京朝觐的各府、州、县官员："天下初定，百姓财力俱困，譬犹初飞之鸟不可拔其羽，新植之木不可摇其根，要在安养生息之！"⑧

农业是我国封建社会最主要的生产部门，朱元璋的休养生息政策，重点就放在农业上面。他反复告谕群臣"农为国本，百需皆其所出"，"农桑衣食之本"，"足衣食者在于劝农桑"⑨，要求各级官员把"田野辟，户口增"作为治国之急务，并采取一系列措施，落实休养生息政策，促进农业生产的恢复和发展。除前面提到的调整土地配置、提高劳动者地位、减轻赋役征派、节省国家开支、慎重使用民力、注意恤贫赈灾之外，还施行限制僧道数量、招抚流民、移民、屯垦、军队屯田、奖励农桑、兴修水利等重大举措。

元朝的残暴统治，元末的天灾和战乱的破坏，使全国人口大量减少，造成农村劳动力

① 《明太祖实录》卷 61，洪武四年二月丙辰；卷 197，洪武二十二年八月丙申；卷 255，洪武三十年九月壬午。

② 《明太祖实录》卷 96，洪武八年正月戊辰；卷 102，洪武八年十二月壬子。

③ 《明太祖实录》卷 112，洪武十年五月戊寅。

④ 《明太祖实录》卷 164，洪武十七年八月丙戌。

⑤ 《明太祖实录》卷 176，洪武十八年十一月甲子。

⑥ 《明太祖实录》卷 253，洪武三十年五月丙寅；卷 250，洪武三十年二月壬辰。

⑦ 《明太祖实录》卷 28 下，吴元年十二月。

⑧ 《明太祖实录》卷 29，洪武元年正月庚子。

⑨ 《明太祖实录》卷 42，洪武元年五月乙巳；卷 77，洪武五年十二月甲戌；卷 26，吴元年十月癸丑。

的严重缺乏。为了解决劳动力的严重不足,使大量荒地尽快得到耕垦,朱元璋在提倡佛教、道教以加强对人民的精神统治的同时,严格限制僧、道的数量。洪武六年(1373)八月,礼部报告全国共有僧、尼、道士96328人,朱元璋认为人数太多,安坐而食,蠹财耗民,于十二月下令:"府、州、县止存大寺观一所,并其徒而处之,择有戒行者领其事。若请给度牒,必考试,精通经典者方许。"又以民家多以女子为尼姑、女冠,规定:"自今年四十以上者听,未及者不许。"①十七年闰十月,礼部尚书赵瑁报告,说自设置僧、道二司,不到三年时间,全国已有僧、道20954人,现在要求当僧、尼、道士的人数更多,这些人其实不过想借此以逃避差役。他建议三年发放一次度牒,而且要严加考试,朱元璋立即付之施行②。二十年八月,又做出更加严格的规定:"民年二十以上者不许落发为僧,年二十以下来请度牒者,俱令于在京诸寺试事三年,考其廉洁无过者,始度为僧。"③二十四年六月,命令礼部对全国佛、道二教进行大规模清理,规定:"自今天下僧、道,凡各府、州、县寺、观虽多,但存其宽大可容众者一所,并而居之,毋杂处于外,与民相混,违者治以重罪;亲故相隐者流;愿还俗者听。"④七月,又诏天下僧、道有创立庵堂寺观超过规定数额的,一概拆毁⑤。二十七年正月,还命礼部榜示全国:"僧寺道观凡归并大寺,设砧基道人一人,以主差税。每大观道士编成班次,每班一年高者率之。余僧、道俱不许奔走于外及交搆有司,以书册称为题疏,强求人财。其一二人于崇山深谷修禅及学全真(道)者听,三四人勿许,仍毋得创庵堂。若游方问道,必自备道里费,毋索取于民,民亦毋得辄自侮慢。凡所至僧寺,必揭周知册以验其实,不同者获送有司。僧、道有妻妾者,诸人许捶逐,相容隐者罪之。愿还俗者听。亦不许收民儿童为僧,违者并儿童父母皆坐以罪。年二十以上愿为僧者,亦须父母具告有司奏闻方许,三年后赴京考试,通经典者始给度牒,不通者杖为民。"⑥二十八年十月,因全国僧、道数量仍然太多,皆不务本教,又令六十岁以下的一律赴京考试,不通经典者开除⑦。规定一步比一步严格,使不事生产、蠹财耗民的僧、道数量比元代大为减少,不仅相对减轻朝廷和民间的负担,而且也相应增加了农业生产的劳动力。

元末农民战争结束后,一些起义农民继续屯聚山林,不登户籍,打官劫舍,既威胁到明朝的统治,也减少了农村的劳动力。洪武元年十月,朱元璋颁发《克复北平诏》,宣布他们只要回乡参加生产,一律不予追究。诏书规定:"避兵人民,团结山寨,诏旨到日,并听各还

---

① 《明太祖实录》卷84,洪武六年八月丙戌;卷86,洪武六年十二月戊戌。
② 《明太祖实录》卷167,洪武十七年闰十月癸亥。
③ 《明太祖实录》卷184,洪武二十年八月壬申。
④ 《明太祖实录》卷209,洪武二十四年六月丁巳。
⑤ 《明太祖实录》卷210,洪武二十四年七月丙戌。
⑥ 《明太祖实录》卷231,洪武二十七年正月戊申。
⑦ 《明太祖实录》卷242,洪武二十八年十月己未。

本业。若有负固执迷者，罪在不原。"①大赦的实行，使许多逃户回村投入生产，这对安定社会和发展生产是有好处的。到洪武后期，朱元璋甚至允许不愿回乡的逃户流民，就地落籍耕垦。二十四年(1391)三月，太原代州繁峙县上奏，说该县有逃民300户，屡年招抚不还，请求派卫所军队追捕。朱元璋谕户部臣曰："今逃移之民，不出吾疆域之外，但使有田可耕，足以自赡，是亦国家之民也。即听其随地占籍，令有司善抚之。若有不务耕种，专事末作者，是为游民，则逮捕之。"②

要发展农业生产，光有劳动力还不行，还得让耕者有其田。为此，朱元璋称帝后，就大力调整土地配置，实行计民授田，并鼓励有余力者尽力耕垦。但是，由于荒地太多，仍有许多土地闲置荒废，无人耕垦。朱元璋于是继承历代皇朝一些成功的经验，在全国范围内开展大规模的移民屯垦和军队屯田。

移民屯垦即民屯，在明朝建立前即已开始实行。吴元年(1367)十月，朱元璋命大将军徐达率师北伐的同时，下令移苏州富民实濠州；十二月，又徙方国珍官属于濠州，这些被迁至濠州的富民、官属都在当地垦荒屯种。明朝建立后，洪武三年(1370)三月，郑州知州苏琦上书说："自辛卯(至正十一年，1351)河南兵起，天下骚然，兼以元政衰微，将帅凌暴，十年之间，耕桑之地变为草莽。方今命将出师，廓清天下，若不设法招徕耕种，以实中原，虑恐日久国用虚竭。为今之计，莫若计复业之民垦田外，其余荒芜土田，宜责之守令，召诱流移未入籍之民，官给牛、种，及时播种。"③朱元璋采纳他的建议，开展大规模的移民屯田。

明代的民屯，按移民的不同来源分为三种形式："移民就宽乡，或召募，或罪徙者。"④其中最主要的也是效果最显著的一种形式是"移民就宽乡"，即把无田或少田的农民从窄乡(人多田少)移至宽乡(人少田多)屯田。移民的对象有二，一是丁多田少的人户，按一定的比例分丁迁移。如洪武二十八年(1395)二月，山东布政使司奏请将青、兖、登、莱、济南五府民五丁以上田不及一顷、十丁以上田不及二顷、十五丁田不及三顷并小民无田可耕者，分丁往东昌开垦闲田，至七月共起赴东昌编籍屯种者1051户，4666口⑤。三十年二月，命户部遣官至江西，移民至湖南常德府武陵等10县屯种，其中也有一部分属于"丁多人民"，即丁多田少的人户⑥。二是"无田者""无恒产者"，不论有多少人丁，全家迁移。如洪武三

① 《皇明诏令》卷1。

② 《明太祖实录》卷208，洪武二十四年三月癸亥。

③ 《明太祖实录》卷50，洪武三年三月丁酉。

④ 《明史》卷77，《食货志一》，第1884页。

⑤ 《明太祖实录》卷236，洪武二十八年二月戊辰；卷239，洪武二十八年七月乙未。

⑥ 《明太祖实录》卷250，洪武三十年二月丁酉。

年六月，徙苏州、松江、嘉兴、湖州、杭州五郡无田产者 4000 余户到临濠屯种①。九年十一月，徙山西及真定民无产业者于凤阳屯田②。二十一年八月，迁山西泽、潞二州民之无田者往河北彰德、真定、临清和河南归德、太康诸处闲旷之地，置屯耕种③。二十二年四月，命杭、湖、温、台、苏、松诸郡民无田者，许令往淮河迤南滁、和等处就耕④。二十五年二月，命徙苏州府崇明县滨海民之遭灾无田耕种者 2700 户于江北屯种，又徙山东登、莱二府贫民无恒产者 5635 户就耕于东昌⑤。二十七年二月，迁苏州府崇明县无田民 500 余户于昆山开种荒田⑥。

民屯的另一种形式是招募民人屯田，招募的对象主要是"流移未入籍之民"，即流民。洪武二十二年（1389）九月，山西沁州民张从整等 116 户，自愿应募到北平、山东等地屯种，命赏钞锭，分田给之⑦。三十年五月，户部尚书郁新的奏书又提到"山西狭乡无田之民募至山东东昌高唐境内屯种给食，已及三年"⑧。这就是招募民人屯田的两个实例。不过，洪武年间招募的次数不多，一般规模也都不大。直到宣德以后，由于土地兼并日益严重，流民大量涌现，招募民人屯田的次数才逐渐增多，规模也不断扩大。

民屯的又一种形式是所谓"罪徙"，即迁徙敌对势力屯田。迁徙的对象包括故元官吏和将士、塞外边民、周边少数民族的降民和降卒、江南豪强势族、群雄残余势力、罪犯。这种民屯，带有明显的政治意图，但拓垦荒地仍是重要的目的。故元官吏和将士、塞外边民以及周边少数民族的降民、降卒大多迁入内地屯田，其中有一部分至凤阳屯种。如洪武四年三月，徐达奏报已令指挥使潘敬左、傅高显徙山后顺宁、宜兴州沿边之民入北平州、县屯戍，"计户万七千二百七十四，口九万三千八百七十八"⑨。六月，徐达徙北平山后之民 35800 户、197027 口散处卫府，"籍为军者给以粮，籍为民者给田以耕"，又以沙漠遗民 32860 户屯田北平府管内之地，"凡置屯二百五十四，开田一千三百四十三顷"⑩。五年七月，撤销妫川、宜兴、兴、云四州（均在今河北省长城附近），迁当地居民至北平附近州、县屯

---

①　《明太祖实录》卷 53，洪武三年六月辛巳。

②　《明太祖实录》卷 110，洪武九年十一月戊子。

③　《明太祖实录》卷 193，洪武二十一年八月癸丑。

④　《明太祖实录》卷 196，洪武二十二年四月己亥。

⑤　《明太祖实录》卷 216，洪武二十五年二月庚辰。

⑥　《明太祖实录》卷 231，洪武二十七年二月丁酉。

⑦　《明太祖实录》卷 197，洪武二十二年九月甲戌。

⑧　《明太祖实录》卷 253，洪武三十年五月丙寅。

⑨　《明太祖实录》卷 62，洪武四年三月乙巳。

⑩　《明太祖实录》卷 66，洪武四年六月戊申。

田①。六年八月,徐达等师至朔州,徙其边民入居内地②。九月,"上以山西弘州、蔚州、定安、武、朔、天城、白登、东胜、丰州、云内等州、县北边沙漠,屡为胡虏寇掠,乃命指挥江文徙其民居于中立府,凡八千二百三十八户,计口三万九千三百四十九有差"③。十一月,陈德、郭兴、叶昇等奏:"绥德、庆阳之境胡寇出没无常,常多惊溃,请迁入内地,听其耕种","诏可"。十二月,诏罢瑞州州治,迁其民于滦州,并徙抚宁县治于洋河西,迁近边之民于内地④。七年四月,徐达招致山西河曲府山谷军民2092户,计5988人,徙居塞内⑤。十五年八月,故元遗民148人自黄城郎该来降,"诏给衣粮,俾屯田于析木城(今辽宁海城东南)"⑥。十七年七月,"命北平降卒已编入京卫者,悉放为民屯田"⑦。十五年,广东农民起义被扑灭,九月迁番禺、东莞、增城降民24400余人于江苏泗州屯田⑧。翌年九月,广东清远县瑶民起义被镇压,降众1307人押送京师,也被发往泗州屯田⑨。群雄残余势力及江南豪强势力,主要是迁往凤阳屯田。前面提到过,早在吴元年(1367)十月,即徙苏州富民实濠州;十二月,又徙方氏官属刘庸等200余人居濠州。罪犯屯田,主要集中在凤阳和荒地较多的地方。洪武四年之前,罪犯多被谪往两广充军。五年正月,朱元璋"诏今后犯罪当谪两广充军者,俱发临濠屯田"⑩。八年二月,朱元璋又敕谕刑部官:"官吏受赃及杂犯私罪当罢职役者,谪凤阳屯种;民犯流罪者,凤阳输作一年,然后屯种。"⑪到第二年,"官吏有罪者,笞以上悉谪屯凤阳,至万数"⑫。二十年三月,四川汉州德阳知县郭叔文奏言:"四川所辖州、县,居民鲜少,地接边徼,累年馈饷,舟车不通,肩任背负,民实苦之。成都故田数万亩,皆荒芜不治,请以迁谪之人开耕,以供边食,庶少纾民力。"朱元璋"从之"⑬。

民屯的移民,除了招募的那一小部分是出于自愿的以外,大部分是由官府强制迁徙的。即使是家无恒产的农民,他们安土重迁的观念极为浓厚,也不怎么愿意远离家园到偏僻的荒地去屯田。因此,在移民迁出地,官府往往采用法律或军事手段强迫他们迁徙。例

① 《明太祖实录》卷75,洪武五年七月戊辰。
② 《明太祖实录》卷84,洪武六年八月辛卯。
③ 《明太祖实录》卷85,洪武六年九月丙子。
④ 《明太祖实录》卷86,洪武六年十一月己酉、十二月癸卯。
⑤ 《明太祖实录》卷88,洪武七年四月乙巳。
⑥ 《明太祖实录》卷147,洪武十五年八月辛丑。
⑦ 《明太祖实录》卷163,洪武十七年七月丙辰。
⑧ 《明太祖实录》卷148,洪武十五年九月。
⑨ 《明太祖实录》卷156,洪武十六年九月乙未。
⑩ 《明太祖实录》卷71,洪武五年正月壬子。
⑪ 《明太祖实录》卷97,洪武八年二月甲午。
⑫ 《明史》卷139,《韩宜可传》,第3983页。
⑬ 《明太祖实录》卷181,洪武二十年三月丙子。

如洪武八年春，"有旨遣（江南）贫民无田者至中都凤阳养之，遣之者不以道，械系相疾视，皆有难色"①。据民间传说，山西在移民之初，官府在三晋遍贴告示："不愿迁徙者，到洪洞大槐树下集合，限三天赶到。愿迁徙者，可在家等候。"那些不愿迁徙的乡民，纷纷携儿挈女，从各地赶到洪洞来。三天之内，在大槐树下集结了 10 万之众。大批官兵忽然蜂拥而至，把他们包围起来，用绳索将每户的一家老小拴在一起，强行迁徙。为了防止他们半路逃跑，官兵还在每人的小脚趾上划了一刀，使之呈现两瓣趾甲的形状。山东就有民谣唱道："谁的小脚指甲两瓣瓣，谁就是大槐树底下的孩。"在迁徙中，每个移民都是双手反剪到背后，用绳索拴起来。这些移民也就形成背着双手走路的习惯。移民在路上想大小便，要向押送的解差报告：老爷，请解开手，我要小便（大便）。经历的次数多了，后来就简化成：老爷，解手。于是，解手便成为大小便的代名词。说小脚指甲呈复瓣状是大槐树移民的后代，显然缺乏科学根据，因为后天造成的肢体伤害并不带有遗传性。但关于背着双手走路和解手一词由来的说法，听起来也能自圆其说。这些民间传说，反映了当时官府的残暴和移民的无奈与辛酸。

移民到达屯垦地区后，都编成里甲，即所谓"迁民分屯之地，以屯分里甲"②。1 屯就是 1 里，下分 10 甲，共 110 户，由主管屯田的官员监督进行生产。20 世纪 50 年代曾在河南汲县（今河南卫辉）郭全屯发现一块明初迁民碑，碑上记载了洪武二十四年（1391）从山西泽州建兴乡迁到河南汲县双兰屯的 110 户民屯户主名单，有当年轮值的里长、甲首及各户主的姓名，同一般的里甲组织名单一样，排列得十分规范整齐③。

屯田的移民，由官府授给土地垦种，"永为己业"④。这种屯地属于官田性质。具体的授田数额未见有统一的规定，大概是"验其丁力，计亩给之"⑤。同一般民户的计丁授田数额差不多。北方地区大抵是"户率十五亩，又给地二亩，与之种蔬"，江南地区大抵是"见丁授田十六亩"，荒地多的，则任其开垦，不限顷亩。除了在迁徙时发给移民一些路费、衣、粮，官府一般还在屯区发给他们耕牛、农具和种子。洪武四年（1371）二月，朱元璋曾命工部遣官往广东买耕牛以给中原屯种之民⑥。二十五年闰十二月，命户部遣官于湖广、江西诸郡买牛 22300 余头，分给山东屯种贫民⑦。二十八年正月，命户部以耕牛 1 万头给东昌

---

① （明）胡翰：《胡仲子集》卷 9，《吴季可墓志铭》，《四库全书》本。
② 《明史》卷 77，《食货志一》，第 1882 页。
③ 高兴华：《明初迁民碑》，《文物参考资料》1958 年第 3 期。
④ （明）徐学聚：《国朝典汇》卷 98，《户部》，书目文献出版社 1996 年影印本；《国初事迹》。
⑤ 《明史》卷 77，《食货志一》，第 1882 页。
⑥ 《明太祖实录》卷 61，洪武四年二月辛未。
⑦ 《明太祖实录》卷 223，洪武二十五年闰十二月己卯。

府屯田贫民①。八月,又遣官分赴河南、山东、湖广诸府、州、县买牛,分给山东屯种之民②。移民屯垦之后,"三年不征其税"③。满三年后,必须向国家交纳赋税。税率各地参差不齐,有的是"中分收"④,有的是"什一取税"⑤,洪武二十六年才改为"俱照民田起科"⑥,即按亩税三升三合五勺的则例征收。

洪武年间的移民,除了政治性的移民外,主要是来自人口比较稠密的山西和江西,其次是江南苏、松诸府和徽州、北平的真定、湖广的黄州府以及山东东部。他们往往是先集中到附近的某个地点,然后再成群结队地往外迁徙,从而形成若干个较大的移民集散地。其中,尤以山西平阳府洪洞县大槐树(今洪洞县旧城北一公里贾村西侧)、江西饶州府鄱阳县瓦屑坝(今江西鄱阳瓦燮岭村)、直隶苏州府城的西门阊门、湖广黄州府麻城县孝感乡、山东兖州府滋阳县枣林庄(今山东兖州安丘府村)最为有名。这些移民的后裔,年代久远之后,忘记了他们祖籍的所在地,往往把当年祖辈外迁的集散地作为家乡的代名词,自称是鄱阳瓦屑坝人、洪洞大槐树人、苏州阊门人、兖州枣林庄人。

当时移民流向的地区也很广泛,"东自辽左,北抵宣、大,西至甘肃,南尽滇、蜀,极于交阯,中原则大河南北,在在兴屯"⑦。其中,尤以迁至山东西部、河南及北平的移民数量最多,其次为南京、凤阳和泗州等地。移民的数量相当庞大。如洪武七年移江南民于凤阳多达14万人。又如徐达仅在洪武四年,就徙山后之民9万余人于北平州、县屯戍,另有19万余人散处卫府屯戍,又徙沙漠遗民32860户于北平府管内之地屯田,以每户5口计算,共有16万人,三次移民的数量总计多达45万人左右。再如洪武二十八年十一月后军都督金事朱荣奏报,"东昌等三府屯田迁民五万八千一百二十四户"⑧,以每户5口计算,共有290620人。右军都督金事陈春奏报,"彰德等四府屯田凡381屯"⑨,以当时每屯110户计算,共有41910户、209550人。据统计,洪武一朝有数字可考的移民数量为160余万人⑩,实际数量可能是这个数字的一倍甚至还要多。如此大规模的移民屯垦,在一定程度上调整了全国不同地区劳动力和土地配置的疏密程度,使许多荒无人烟的草莽之地得到了开

---

① 《明太祖实录》卷236,洪武二十八年正月庚戌。
② 《明太祖实录》卷240,洪武二十八年八月辛未。
③ 《明太祖实录》卷53,洪武三年六月庚辰。
④ 《明太祖实录》卷50,洪武三年三月丁酉。
⑤ 《明太祖实录》卷81,洪武六年四月壬申。
⑥ 《万历明会典》卷17,《户部·田土》。
⑦ 《明史》卷77,《食货志一》,第1884页。
⑧ 《明太祖实录》卷243,洪武二十八年十一月戊寅。
⑨ 《明太祖实录》卷243,洪武二十八年十一月戊寅。
⑩ 徐泓:《明洪武年间的人口移徙》,《第一届历史与中国社会变迁研讨会论文集》,(台北)"中央研究院"1982年版。

发。如洪武二十八年十一月，后军都督佥事朱荣奏报，东昌等三府迁入的 58124 户屯田移民，年收获谷物 3225980 余石，棉花 248 万斤；右军都督佥事陈春奏报，彰德等四府的 381 屯移民，年收获谷物 2333319 石，棉花 5025500 余斤①。长江流域的相当一部分地区和华北平原的大部分地区，就是在洪武朝由移民开垦出来的。这两个地区，在明代便构成中国最基本的经济区域。

军队的屯田早在明朝建立之前，就已经开始在江南的某些地区实行。不过，那是为了解决军粮供应、支援战争而采取的一项临时措施，屯田的将士"且耕且战"，这是营田，而不是严格意义上的屯田。明朝建立以后，继续推行军屯，但改变了以前那种"且耕且战"的做法，令部分将士专事守御，另一部分将士专事屯垦，实行名副其实的屯田。洪武元年（1368），朱元璋即位的当年，即令诸将分军屯种滁州、和州、庐州、凤阳地方，开立屯所，规定京卫旗军七分（十分之七）下屯，三分（十分之三）守城，以每军受田 50 亩作 1 分，设都指挥 1 人统之。又置北平都司于北平府，领燕山等卫，复置大宁都司于兀良哈地，各置屯田，以 50 亩为 1 分，七分屯种，三分守城②。三年三月，郑州知州苏琦的上书建议在与蒙古接境的关辅、平凉、北平、辽右等地"屯田积粟，以示长久之规"。朱元璋命中书省臣参酌行之，说："屯田以守要害，此驭夷狄之长策，李牧、赵充国常用此道，故能有功。"③于是，"诸将在边屯田募伍，岁有常课"④。到第二年十一月，中书省奏报，河南、山东、北平、陕西、山西及直隶、淮安等府，均已推行屯田⑤。其他边地的驻军也陆续进行屯田。二十一年九月，因为有的卫所尚未实行屯田，有的虽已屯田，但垦种不力，朱元璋敕谕五军都督府臣："养兵而不病于农者，莫若屯田。今海宇宁谧，边境无虞，若但使兵坐食于农，农必受弊，非长治久安之术。其令天下卫所督兵屯种，庶几兵农兼务，国用以舒。"⑥要求全国的卫所皆督兵屯种。二十六年，朱元璋又下了一道圣旨："那北边卫分都一般叫他屯种，守城军的月粮，就屯种子粒内支。"⑦要求北边卫所完全实现屯田自给。此后，全国各地特别是边疆的卫所都普遍实行大规模的屯田。

当时的军屯，以"屯"为单位。洪武二十八年二月规定：100 户为 1 屯⑧，设立"屯田百

---

① 《明太祖实录》卷 243，洪武二十八年十一月戊寅。按：朱荣、陈春奏报的谷物、棉花数量，均称为屯田移民交纳的租税。据徐泓《明洪武年间的人口迁徙》一文考证，如此巨大数额的谷物、棉花应为屯田移民的年收获量，而非交纳的租税。

② 《万历明会典》卷 18，《户部·屯田》。

③ 《明太祖实录》卷 50，洪武三年三月丁酉。

④ 《明史》卷 131，《费聚传》，第 3852 页。

⑤ 《明太祖实录》卷 69，洪武四年十一月壬申。

⑥ 《明太祖实录》卷 193，洪武二十一年九月丁丑。

⑦ 《明经世文编》卷 198，《潘简肃公文集·请复军屯疏》引明太祖圣旨。

⑧ 《明太祖实录》卷 236，洪武二十八年二月戊辰。

户所"即"屯所"。军士屯守的比例,开始没有统一的规定。洪武元年,滁州、和州、庐州、凤阳和北平都司、大宁都司是十分之三屯种,十分之七守城。十三年,陕西诸卫军士是三分之一守城,余皆屯田自给①。辽东地区,有的是"八分屯种,二分戍逻",有的则是"全伍屯田"②。二十一年十月,朱元璋命五军都督府更定屯田法,这才规定:"凡卫所系冲要都会及王府护卫军士,以十之五屯田,余卫所以五之四"③。但是,这个法令规定冲要地区屯种军士只有十分之五,达不到屯田自给的要求。二十五年二月,朱元璋在听取户部尚书赵勉关于陕西、甘肃等地卫所屯田情况的汇报后,便"命天下卫所军卒,自今以十之七屯种,十之三城守"④。不过,这个法令可能是针对边疆地区的卫所而发的,至于内地卫所,仍然继续执行八分屯种、二分守城的规定。同时,各地卫所的执行情况也千差万别,如辽东定辽等21卫军士,自洪武二十八年起"俱令屯田自食"⑤。《万历明会典》概括洪武年间卫所军士的屯田情况说:"军士三分守城、七分屯种,又有二八、四六、一九、中半等例,皆以田土肥瘠、地方冲缓为差(主要指边地和腹里的差别)。"⑥

对屯田的军士,由官府拨给一定亩数的屯地,并在军籍黄册之外,另行编造"屯田黄册",对屯田进行详细登记⑦。军士分得的屯种土地,一般称为"分"。由于各地人口密度不同、荒地数量不一以及田土肥瘠和耕种条件的不同,一分的亩数也不相等。一般说来,江南较少,江北较多,大体上是"每军种田五十亩为一分。又或百亩,或七十亩,或三十亩、二十亩不等"⑧。因为战乱之后荒地较多,朝廷鼓励屯卒多开多种,个别地方也有种至500亩者⑨。除了正军,余丁也有屯种的。按明朝的军政制度,每一军户出正军一名,每一正军则携带户下余丁一名,随营生产,佐助正军,供给正军的资费。正军与余丁都携带家口,正军下屯,余丁和家属一般就协助他进行屯种。有些地区,余丁也和正军一样,自己领种一分屯地。如福建福州府"明初之制,一军一余,各受三十亩而耕"⑩。

军士屯种的土地属于官田,不准转移,不准买卖。屯军改调、老疾、事故而不能耕种的,必须交还官府。承种者必须交纳屯田籽粒即屯粮。拨屯之初,为了鼓励军士屯种,免

---

① 《明太祖实录》卷133,洪武十三年九月。

② 《明宪宗实录》卷244,成化十九年九月戊申;《明英宗实录》卷25,正统元年十二月壬申,(台北)"中央研究院历史语言研究所"1962年影印本。

③ 《明太祖实录》卷194,洪武二十一年十月丙午。

④ 《明太祖实录》卷216,洪武二十五年二月己卯。

⑤ 《明太祖实录》卷233,洪武二十七年六月戊寅。

⑥ 《万历明会典》卷18,《户部·屯田》。

⑦ 《明经世文编》卷63,《马端肃公奏疏·清屯田以复旧制疏》。

⑧ 《万历明会典》卷18,《户部·屯田》。

⑨ 《明太祖实录》卷185,洪武二十年九月丁酉。

⑩ (清)顾炎武撰,黄坤等校点:《天下郡国利病书·福建备录》,上海古籍出版社2012年版,第3009页。

征屯粮，但适当减少军饷即月粮的供应，"其城守兵月给米一石，屯田者减半，在边地者月减三斗。官给农器、牛、种"①。洪武四年（1371）十一月，中书省臣奏请征收屯粮，朱元璋"诏且勿征。三年后亩收租一斗"②。根据这个命令，从洪武七年起始征屯粮。具体的征收数额则因地制宜，没有统一的规定，一般比民田的赋额要高，但不承担徭役。山西大同的军屯，洪武八年亩收 3 斗 7 升 4 合③。陕西的军屯，洪武二十五年规定每年收获的粮食，扣除谷种之外，余粮"以十分之二上仓，以给士卒之城守者"④。辽东的军士，洪武初每军限田 50 亩，租 15 石⑤，平均每亩交纳 3 斗。后来到建文四年（1402），才制定统一的科则，规定每军田 1 分，纳"正粮"12 石，收贮屯所仓库，听本军支用，"余粮"12 石，供作本卫官军的俸粮⑥。

军屯制度是一种残暴的农奴制度，存在着种种弊端，宣德以后便逐步遭到破坏，不能长久维持。但在明初经济残破、人民流徙的情况下，它对土地的开发、军粮的供应还是起过一定的积极作用。洪武末年，全国有 120 余万军队，屯垦的土地数量相当可观。傅维麟说，明代军屯"国初原额九十万三千三百一十三顷九十五亩零"⑦；策衡说："国家原额屯田八十九万二千七百八十九顷余"⑧，这两个数字可能都来源于弘治年间修撰、正德年间刊行的《明会典》。该书记载了各都司卫所的屯田数，总计为 896350 余顷，但是这个数字并不是洪武年间的原额。王毓铨认为"明初屯地总额，大致应该接近于万历间六十三万多顷的亩数"⑨。有人认为要高于这个数字，达到 70 多万顷，有人则认为要低于这个数字，不超过 50 万顷甚至还要少一些。由于南京后湖所存屯田黄册的毁灭，现在已无从得知洪武年间卫所屯田的确切数字。不过，其数额很大，当是没有疑问的。所以朱元璋曾夸口说："吾京师养兵百万，要令不费百姓一粒米。"⑩

商屯是一种特殊的民屯。当时在边境驻有大量军队，他们的战守任务繁重，屯田产量又不高，粮饷难以做到完全自给，朝廷每年都要向他们供应大批粮食。如洪武四年（1371）

---

① 《明太祖实录》卷 56，洪武三年九月庚寅。
② 《明太祖实录》卷 69，洪武四年十一月壬申。
③ 《明太祖实录》卷 96，洪武八年正月丁丑："中书省臣奏：'山西大同都卫屯田二千六百四十九顷，岁收粟豆九万九千二百四十余石。'"据此推算，则每亩岁收粮额为 3 斗 7 升 4 合。
④ 《明太祖实录》卷 216，洪武二十五年二月庚辰。
⑤ 《明宪宗实录》卷 244，成化十九年九月戊申。
⑥ 《万历明会典》卷 18，《户部·屯田》。
⑦ 《明书》卷 67，《土田志》。
⑧ 《春明梦余录》卷 36，《户部·田土》引。
⑨ 王毓铨：《明代的军屯》，中华书局 1965 年版，第 113 页。
⑩ （明）陆深：《俨山外集》卷 34，《同异录》，《四库全书》本。

八月，"以北平、山西馈运之艰，命以白金三十万两、绵（棉）布十万匹，就附近郡县易米以给将士"①。这不仅加重了国家的财政负担，而且由于路途遥远，交通不便，也往往容易违期误事。于是，明廷就利用手中掌握的食盐专卖权，规定商人把一定数量的粮食运到边境粮仓，向官府换取盐引，然后凭引到指定的盐场支取食盐，再运到指定的地区去贩卖，这就叫"开中法"。洪武三年六月，山西行省上言："大同粮储自陵县（在山东）、长芦（在河北）运至太和岭（在今山西代县北），路远费重。若令商人于大同仓入米一石、太原仓入米一石三斗者，给淮盐一引二百斤。商人鬻毕，即以原给引自赴所在官司缴之。如此，则转输之费省而军储之用充矣。"朱元璋下令"从之"②。九月。中书省臣在谈及陕西、河南的军储时，又建议"请募商人输粮而与之盐。凡河南府一石五斗、开封府及陈桥仓二石五斗、西安府一石三斗者，并给淮浙盐一引。河东解盐储积甚多，亦宜募商中纳。凡输米西安、凤翔二府二石，河南、平阳、怀庆三府二石五斗，蒲、解、陕三州三石者，并给解盐一引"。诏悉从之③。以后，各行省和边境地区纷纷招募商人中盐，以充军储，"盐法边计，相辅而行"④。洪武四年，户部总结实践经验，制定淮、浙、山东中盐则例，规定商人可输粮到临濠、开封、陈桥、襄阳、安陆、辰州、永州、峡州、荆州、归州、大同、太原、孟津、北平、河南、西安、北通州等地的官仓中盐，根据里程的远近，每1盐引输粮5石至1石不等⑤。后来，为了调动商人的积极性，七年十二月和九年五月，又对中盐则例做了调整，减轻了输粮定额⑥。二十年十一月，还命户部招募商人于云南毕节卫纳米中盐，每米2斗给浙盐1引，3斗给川盐1引⑦。贩卖食盐有利可图，有些商人为了多获利，就干脆雇人在边地开荒屯种，把收获的粮食就地纳仓换取盐引，这就出现了商屯。商屯的兴起，对供应边防的粮饷和开发边疆的土地都起了积极的作用。可惜，由于史料的匮乏，当年各地开展商屯的具体情况，现今已无从知晓。

在大力垦荒屯田的同时，朱元璋还大力奖励农桑。为了促使全国上下都重视农业生产，洪武五年十二月，朱元璋敕谕中书省，令今后有司考课官吏，必书农桑、学校治绩，否则"论拟违制，杖降罚，历三年后，注以吏事出身"⑧。地方官吏对农业的发展做出成绩的，就加以擢升。如太平知府范常，大力募民垦种，贷民谷种数千石，秋天获得大丰收，"私庾既

---

① 《明太祖实录》卷67，洪武四年八月癸巳。

② 《明太祖实录》卷53，洪武三年六月辛巳。

③ 《明太祖实录》卷56，洪武三年九月癸巳。

④ 《明史》卷80，《食货志四》，第1935页。

⑤ 《明太祖实录》卷61，洪武四年二月癸酉。

⑥ 《明太祖实录》卷95，洪武七年十二月戊戌；卷106，洪武九年五月甲戌。

⑦ 《明太祖实录》卷187，洪武二十一年十一月庚子。

⑧ 《明太祖集》卷1，《农桑学校诏》，第2页；《明太祖实录》卷76，洪武五年十二月甲戌。

实,官廪亦充",加上办学成绩突出,被召为侍仪①。朱元璋还规定,"民有不奉天时而负地利者,如律究焉"②。并令所有村庄置大鼓一面,到耕种时节,清晨鸣鼓集众。鼓声一响,全村人丁都要会集田野,及时耕作。如有怠惰者,由里老督责,里老放纵不管,未加劝督者,则严加惩处③。他还颁诏,规定田器等物"不得征税"④。

朱元璋积极提倡桑麻、棉花等经济作物的种植。洪武元年(1368),他重申龙凤十一年(1365)的命令:"凡农民田五亩至十亩者,栽桑、麻、木绵(棉花)各半亩,十亩以上者倍之,其田多者率以是为差。有司亲临督劝,惰不如令者有罚,不种桑使出绢一匹,不种麻及木绵使出麻布、绵(棉)布各一匹。"要求全国的农村都要认真执行,并规定桑、麻科征之额,麻每亩征收八两,棉花每亩征收四两,栽桑者四年以后有收成,才开始征税⑤。洪武十八年,因农桑课税太重,百姓艰难,又下令:"今后以定数为额,听从种植,不必起科。"⑥洪武二十四年二月,见京师朝阳门外空地很多,下令在钟山之麓栽种桐、棕、漆树各50余万株,岁收桐油、棕、漆,以备造船之用。并令江南旷土中植苜蓿⑦。二十五年正月,谕五军都督府臣:"天下卫所分兵屯种者,咸获稼穑之利。其令在屯军士,人树桑、枣百株,柿、栗、胡桃之类随地所宜植之,亦足以备岁歉之不给。尔五府其遍行程督之。"⑧十一月,诏凤阳、滁州、庐州、和州等处民每户种桑、枣、柿各200株⑨。十二月,后军都督府都督金事李恪、徐礼奏报彰德、卫辉、广平、大名、东昌、开封、怀庆七府的山西移民598屯,当年收获谷、粟、麦300多万石,棉花1183000多斤,现种有麦苗2180多顷,朱元璋高兴地说:"如此十年,吾民之贫者少矣!"⑩二十七年三月,又指示工部臣:"尔工部其谕民间,但有隙地,皆令种植桑、枣,或遇凶歉,可为衣食之助。"并规定,多种棉花的免税⑪。工部于是行文书让全国百姓务要多栽桑、枣,每1里种2亩树苗,每100户内共出人力,挑运柴草烧地,耕过再烧,耕烧三遍下种。待树苗长到三尺高,然后分栽,每五尺宽为一垄。每1户初年200株,次年400株,三年共

---

① 《明太祖实录》卷31,洪武元年四月癸亥。
② 《明太祖集》卷1,《农桑学校诏》,第2页。
③ 《明太祖实录》卷255,洪武三十年九月辛亥。
④ 《明太祖实录》卷34,洪武元年八月乙卯。
⑤ 《万历明会典》卷17,《户部·农桑》;《明太祖实录》卷31,洪武元年四月辛丑。
⑥ 《万历明会典》卷17,《户部·农桑》。
⑦ 《明太祖实录》卷207,洪武二十四年二月癸酉;《国榷》卷9,洪武二十四年二月癸酉,第318页;《罪惟录》帝纪卷1,《太祖高皇帝》,第46页。
⑧ 《明太祖实录》卷215,洪武二十五年正月戊子。
⑨ 《明太祖实录》卷222,洪武二十五年十一月壬寅。
⑩ 《明太祖实录》卷223,洪武二十五年十二月辛未。
⑪ 《明太祖实录》卷232,洪武二十七年三月庚戌。

600株。"栽种过数目,造册回奏,违者全家发遣充军"①。第二年十二月,规定山东、河南民人凡洪武二十六年以后栽种的桑、枣、果树,不论多少,全部免于起科,"若有司增科扰害者罪之"②。到这一年为止,湖广布政司报告所属郡县栽种桑、枣、栗、胡桃等果树凡8439万株③,全国估计当达10亿株以上④。二十九年五月,以湖广诸府、县适宜种桑而种之者少,他还命令淮安府及徐州取桑种20石,派人送到辰、沅、靖、全、道、永、宝庆、衡州等处,各给一石,令其民种之⑤。经济作物的大量种植,使荒田隙地得到充分利用,既增加了农民的收入,又为手工业的发展提供了更多的原料。尤其是棉花种植业成就更加突出,意义也更加重大。在宋、元时代,棉花的种植主要集中在南方的局部地区。经过朱元璋的推广,植棉从此成为全国性的事业。特别是北方,地广人稀,气候又适宜棉花的生长,河南、河北、山东、山西逐渐发展成棉花的主要产地,成为日后江南地区棉纺业的原料供应基地。

水利是农业的命脉,朱元璋对此极为重视。明朝建立后,他即下令:"所在有司,民以水利条上者,即陈奏。"⑥洪武二十七年(1394),又谕工部:"陂塘湖堰可蓄泄以备旱潦者,皆因其地势修治之。"⑦洪武年间,明朝官府组织大批人力物力,修建了许多大规模的水利工程。洪武元年,修和州铜城堰闸,周回200余里⑧。六年二月,征调松江、嘉兴民夫2万人,开上海县胡家港,自海口至漕泾1200余丈,宽20丈,以通海船,并浚海盐县澉浦河;十二月,疏浚开封府自小木到陈州沙河口18闸淤塞者63处,以通漕运,计工25万⑨。八年十月,命长兴侯耿炳文疏浚陕西泾阳县洪渠堰,灌泾阳、三原、醴泉、高陵、临潼200余里的田地⑩。十九年六月,筑福建长乐县海堤,使田无斥卤之患,而岁获其利⑪。二十三年,修江南崇明、海门溃决海堤23900余丈,役夫25万人⑫。二十四年正月,修江南通州海圩岸,又筑浙江上虞县海堤4000丈,改建石闸;四月,筑宁海堤3900余丈,用工76000,又筑奉化海堤440丈,用工5600;五月,疏浚定海、鄞二县东钱湖,灌田数万顷⑬。二十五年九月,凿江

① (明)何孟春:《余冬序录内外篇》卷5,《丛书集成初编》本。
② 《明太祖实录》卷243,洪武二十八年十二月壬辰。
③ 《明太祖实录》卷243,洪武二十八年十二月乙卯。
④ 吴晗:《明初社会生产力的发展》,《历史研究》1956年第3期。
⑤ 《明太祖实录》卷246,洪武二十九年五月丙寅。
⑥ 《明史》卷88,《河渠志六》,第2145页。
⑦ 《明史》卷88,《河渠志六》,第2145页。
⑧ 《明史》卷88,《河渠志六》,第2145页。
⑨ 《明太祖实录》卷79,洪武六年二月戊子;卷86,洪武六年十二月庚申。
⑩ 《明太祖实录》卷101,洪武八年十月丙辰;《明史》卷88,《河渠志六》,第2146页。
⑪ 《明太祖实录》卷178,洪武十九年六月癸丑。
⑫ 《明史》卷88,《河渠志六》,第2146页。
⑬ 《明太祖实录》卷207,洪武二十四年正月癸巳;卷208,洪武二十四年五月辛巳。

南溧阳银墅东坝河道 4300 余丈,计役嘉兴等州民丁 359700 人①。三十一年三月,复命长兴侯耿炳文修治泾阳县洪渠堰,又浚渠 103668 丈,民皆获利②。除了兴修这些大规模的水利设施,朝廷还责令各地官府组织民力,利用农闲,修筑了许多中小型的灌溉工程。如洪武二十七年八月,朱元璋命国子监生分行各地,督吏民兴修水利,到第二年底,全国共修治塘堰 40987 处,河 4162 处,陂渠堤岸 5048 处③。另外,朱元璋还很注意水利设施的保护。《大明律》规定,凡盗决河防、圩岸、陂塘者,均受重刑,"凡盗决河防者,杖一百。盗决圩岸、陂塘者,杖八十"。"若故决河防者,杖一百,徒三年。故决圩岸、陂塘,减二等"④。提调官吏不修河防、圩岸或修而失时者,也要被处刑。明初水利工程的广泛兴建,不仅使大批被洪水、海潮淹没的土地变为良田,扩大耕地面积,而且大大加强抵抗水旱灾害的能力,提高了农作物的产量。

朱元璋采取的这些措施,保留农民战争的某些斗争成果,改革生产关系的某些腐朽环节,调整阶级关系,使广大农民的处境得到改善,从而调动了他们的生产积极性。随着社会的安定,经过广大农民的辛勤劳动,千疮百孔、破烂不堪的农业生产逐渐恢复和发展起来了。

耕地和户口数量的增减,是衡量封建社会农业生产乃至整个社会经济发展与否的一个重要标志。洪武年间农业生产发展的一个突出表现,就是耕地和户口的显著增加。据《明太祖实录》的记载,每年都有大量荒地被开垦出来,耕地面积不断增加。成书于洪武二十六年(1393)三月的《诸司职掌》,记载了全国 12 布政司并直隶府州的田土面积:"总计八百四十九万六千五百二十三顷零。"⑤正德刊本《明会典》转录了这一数字。万历重修《明会典》转录正德《明会典》的数字,按重修凡例记为"洪武二十六年",并将数字稍作改动,记为"十二布政司并直隶府州田土,总计八百五十万七千六百二十三顷六十八亩零"⑥,比《诸司职掌》多出 11100 顷 68 亩。《后湖志》沿用这一记载,但具体数字记为"八百八十万四千六百二十三顷六十八亩"⑦,比《诸司职掌》多出 308100 顷 68 亩。《明史》沿用《万历明会典》的记载,舍亩存顷,谓:"二十六年,核天下土田,总八百五十万七千六百二十三顷,盖骎骎

---

① 《明太祖实录》卷 221,洪武二十五年九月戊申。
② 《明太祖实录》卷 256,洪武三十一年三月辛亥。
③ 《明太祖实录》卷 234,洪武二十七年八月乙亥;《明史》卷 88,《河渠志六》,第 2145 页。
④ 《大明律》卷 30,《工律·河防》,第 225 页。
⑤ 《诸司职掌·吏户部职掌·田土》,《皇明制书》第 2 册,第 412 页。
⑥ 《万历明会典》卷 17,《户部·田土》。
⑦ 《后湖志》卷 2,《黄册事产》,江苏广陵古籍刻印社 1987 年影印本。

无弃土矣。"①拿这个数字与《明太祖实录》所载洪武二十四年的官民田 3874746 顷 73 亩②相比较,全国的耕地面积又多了一倍有余;元代没有全国的耕地数字可供比较,但它与史籍所载的北宋耕地数字最高时宋真宗天禧五年(1021)的 5245584 顷③相比,也增加了 326万余顷。中外学者对这个数字的看法存在分歧,有的认为可信,有的认为不可信,并进行多方考订,推算出各种不同的田土数字。有的学者指出,当时明朝的版图除了 12 布政司和直隶府、州之外,还有大片土地(包括耕地)属于云南、贵州、辽东、大宁等都司和山西、陕西、四川等行都司管辖,此外其他的卫所都司也各自管辖着不属于府、州、县管辖的土地(包括耕地),因此,这个数字看来是五军都督府综合军事系统管辖耕地与户部综合行政系统管辖耕地的总和④。应当指出的是,《诸司职掌》成书的洪武二十六年并非大造黄册之年,所以这个数字并非当年实际丈量全国土地所得出的数字,而应是大造黄册的洪武二十四年的数字,也就是说,它是《明太祖实录》所记载的户部综合各布政司并直隶府、州的官民田数和五军都督府综合各都司卫所的屯田及其带管的民籍田土。

经过长期的休养生息,全国的户口也迅速地增长。据《明太祖实录》的记载,洪武十四年和二十四年两个大造黄册之年,全国的户口分别为 10654362 户、59873305 口和10684435 户、56774561 口⑤。《诸司职掌》则记载了另外一项数字:10652870 户、60545821口⑥。《正德明会典》转录了这项数字,《万历明会典》又加以转录,并标明为"洪武二十六年造册户口数目"。《后湖志》和《明史》也皆沿用这项数字。有学者已指出,《诸司职掌》的数字源出于洪武二十四年大造黄册的数字,但又与《明太祖实录》所载二十四年的户口数字有所不同。这可能是因为《明太祖实录》所载数字是当年呈报上来的各处黄册的汇总数字;但各处呈报上来的黄册由于文牍主义的作风,甚或是为了降低赋役负担而弄虚作假,往往被驳查的官员驳回重造,《诸司职掌》所载可能便是驳查重造后的数字。这次驳查重造,往往只是依据驳查官员的驳语,对原报黄册数字做些修改,并不一定进行实地的核查,所以其数字反而不如原报的数字可靠⑦。必须指出,明代的军户虽然都与民户混同编入里

① 《明史》卷 77,《食货志一》,第 1882 页。

② 《明太祖实录》卷 214,洪武二十四年十二月。

③ (元)马端临:《文献通考》卷 4,《田赋考》,《十通》本。

④ 顾诚:《明前期耕地数新探》,《中国社会科学》1986 年第 4 期。

⑤ 《明太祖实录》卷 140,洪武十四年十二月;卷 214,洪武二十四年十二月。

⑥ 《诸司职掌·吏户部职掌·户口》,《皇明制书》第 2 册,第 415 页。

⑦ 参看葛剑雄:《中国人口发展史》,福建人民出版社 1991 年版,第 231—234 页;葛剑雄主编、曹树基著:《中国人口史》第 4 卷《明时期》,复旦大学出版社 2000 年版,第 46—54 页;高寿仙:《明代人口数额的再认识》,《明史研究》第 7 辑。

甲,登入黄册①,但是那些犯罪而被阖家迁到边境地区的"全户充军者"、在边境未设州、县地区垛集为军的少数民族人民,及在营滋生的军户后裔即所谓卫籍的人口,以及卫所带管的民籍人口,是不编入里甲、登入黄册的。此外,明朝疆域之内的少数民族人口,也未计在内。因此,《明太祖实录》所载数字,要低于实有的人口。中外学者为了弄清洪武时期的人口数字,做了大量研究,推算出各种数字,多者认为洪武高峰时期的人口当在 1 亿以上,少者也认为要超过 6500 万。但即以洪武二十六年《诸司职掌》所公布的人口数字,也比《元史》所载元代最高的人口数字即元世祖至元二十八年(1291)的 59848964 人(未包括429118 口游食者)②,增加了近 70 万人;而与北宋人口高峰期的宋徽宗大观四年(1110)的4673784 人③相比,更是增加了 381 万余人。

农业生产发展的另一个突出表现,是粮食和棉花等经济作物产量的增加。洪武十四年(1381),明朝岁征麦、米、豆、谷 26105251 石,丝绵、棉花、蓝靛 1030629 斤④;十八年,岁征田租 20889617 石多⑤;二十三年,征收税粮米、麦、豆、谷 31607600 余石,绸、绢、布735830 余匹,丝绵、棉花绒、茶等物 1363890 余斤⑥;二十四年,征收米、麦、豆、谷、粟32278983 石,绸、绢、布 646870 匹,丝绵、棉花、漆等物 3665390 斤⑦;二十六年,岁征粮32789800 余石,布帛 512202 匹,丝绵、茶等物 3654000 余斤⑧。其中,仅税粮收入一项,二十六年比十八年多了三分之一,与元朝岁入 12114708 石⑨比较,增加了近两倍。封建国家田赋收入的大量增加,自然是剥削农民的结果,但这是在轻徭薄赋而不是在急征暴敛的政策下出现的,无疑是农业生产发展的一个明显反映。

由于税粮收入的大量增加,一些府、县也不断升格。明朝制度,以税粮的多少划分府、县的等级,县按田赋 10 万石、6 万石、3 万石以下划为上、中、下三等;府按 20 万石以上、20万石以下、10 万石以下划为上、中、下三等⑩。洪武八年(1375)正月,开封府"以税粮数及三十八万石有奇,遂升为上府"⑪。三月,升陕西平凉府为中府,"以户口、田赋增于旧也",

---

① 参看韦庆远:《明代黄册制度》,第 54 页;栾成显:《明代黄册研究》,中国社会科学出版社 1998 年版,第37、192—193、211—212 页。

② 《元史》卷 16,《世祖本纪十三》,第 354 页。

③ 《宋史》卷 85,《地理志一》,第 2095 页。

④ 《明太祖实录》卷 140,洪武十四年十二月。

⑤ 《明太祖实录》卷 176,洪武十八年十二月。

⑥ 《明太祖实录》卷 206,洪武二十三年十二月。

⑦ 《明太祖实录》卷 214,洪武二十四年十二月。

⑧ 《明太祖实录》卷 230,洪武二十六年十二月。

⑨ 《元史》卷 93,《食货志一》,第 2360 页。

⑩ 《明史》卷 78,《食货志二》,第 893 页。

⑪ 《明太祖实录》卷 96,洪武八年正月庚午。

河南怀庆府以税粮增至 15 万石以上,也升为中府①。十二月,升太原、凤阳、河南、西安为上府,扬州、巩昌、庆阳为中府,明州之鄞县为上县②。十三年十一月,升四川夔州为府,绵县、眉县俱为州,河南开封府睢阳县为睢州,陕西延安府葭县为葭州,广西南宁府横县为横州,北平保定府安县为安州③。

在洪武年间经济发展的基础上,农业生产在此后的永乐、洪熙、宣德三朝,继续保持发展的势头。史载:"洪、永、熙、宣之际,百姓充实,府藏衍溢。盖是时,劝农务垦辟,土无莱芜,人敦本业,又开屯田、中盐以给边军,饷馈不仰藉于县官,故上下交足,军民胥裕。""宇内富庶,赋入盈羡,米粟自输京师数百万石外,府、县仓廪蓄积甚丰,至红腐不可食"④。有些史籍还记载说:明初"四民各有定业,百姓安于农亩,无有他志,官府亦驱之就农,不加烦扰,故家给人足,乐于为农"⑤。从而形成明前期的盛世局面,为明中后期商品货币经济的发展繁荣准备了物质条件⑥。

---

① 《明太祖实录》卷 98,洪武八年三月辛酉、戊子。
② 《明太祖实录》卷 102,洪武八年十二月壬子。
③ 《明太祖实录》卷 134,洪武十三年十一月庚戌。
④ 《明史》卷 77、78,《食货志》一、二,第 1877、1895 页。
⑤ 《古今图书集成·职方典》卷 696,《松江府部》。
⑥ 参看拙作《论朱元璋的"休养生息"政策》,《中州学刊》1984 年第 2 期;《朱元璋研究》,第 213—242 页。

第二节　手工业的复苏

朱元璋对手工业十分重视。为了促进手工业的恢复和发展,他对匠户制度进行了某些改革。

洪武初年,明廷继续沿用元朝的制度,将有技艺的工匠编为匠户,另立户籍,专为官府服工役。洪武元年(1368),朱元璋命各地作战的总兵官和地方官员随时注意收集元朝的户口版籍,就包括匠户的版籍在内。第二年,又下令让各处"漏口脱户之人"包括匠户在内,须到所在官府自报户口,收籍当差,规定"许以原报抄籍为定,不许妄行变乱。违者治罪,仍从原籍"。三年,再次令户部榜谕天下军民:"凡有未占籍而不应役者,许自首,军发卫所,民归有司,匠隶工部。"①这种匠户人身依附关系很强,社会地位很低,而且世代不得脱籍,自然难有劳动积极性和技术创造性。后来,为了调动他们的积极性,便逐步对匠户制度实行改革。当时的匠户大部分归工部管辖,他们分散在全国的各省府,根据官府工役的需要,随时应召入京服役。十九年之前,工部曾建议对各地赴京服役的匠户实行轮班制,"籍诸工匠,验其丁力,定以三年为班,更番赴京输作三月,如期交代,名曰轮班匠",但议而未行。十九年四月,经过工部侍郎秦逵的再次建议,朱元璋批准执行,将各地的匠户"量地远近,以为班次,且置籍为勘合付之。至期赍至工部听拨,免其家他役"。实行轮班制以后,匠户每三年只需到京服役三个月,还可免除家里的其他徭役,"诸工匠便之"②。不过,这种办法硬性规定所有的工匠一律三年轮班赴役三个月,往往与京师工役的实际需要互相脱节,以致有些工匠风尘仆仆地按期赶到南京之后,却无工可役,往返徒劳,造成很大的浪费。二十六年十月,朱元璋又采纳工部的建议,"令先分各色匠所业,而验在京诸司役作之繁简,更定其班次,率三年或二年一轮"③。工部根据各部门工役的实际需要和行业的不同,最后确定了五年一班、四年一班、三年一班、二年一班、一年一班等五种轮班制,给62种行业的23289名工匠重新颁发了勘合,匠户由免其全家他役,改为"与免二丁,余丁一体当差"④。实行五种轮班制后,"赴工者各就其役而无费日,罢工者得安家居而无费赀业","人人咸便之"⑤。除了轮班匠,当时还有住坐匠。十一年,"在京工匠凡五千余人"⑥,他们就是住坐匠。只是当时还没有住坐匠的称呼,住坐匠的名称是永乐年间才正式出现的。

---

① 《万历明会典》卷19,《户部·户口》。

② 《明太祖实录》卷177,洪武十九年四月丙戌。

③ 《明太祖实录》卷230,洪武二十六年十月乙亥。

④ 《万历明会典》卷189,《工部·工匠》。

⑤ 《明太祖实录》卷230,洪武二十六年十月乙亥。

⑥ 《明太祖实录》卷118,洪武十一年五月壬午。

十三年,朝廷"起取苏、浙等处上户四万五千余家填实京师,壮丁发给各监局充匠,余为编户,置都城之内外,爰有坊厢"①。这些发给各监局充匠的壮丁,实际上也是住坐匠。住坐匠在京师等地固定做工,主管机关是内府的内官监,但匠籍的管理和工匠的征调仍归工部。十一年五月,朱元璋"命工部凡在京工匠赴工者,月给薪米盐蔬,休工者停给,听其营生勿拘"。匠户不仅可在服役期间得到伙食津贴,而且可在休工期间自行营业,"在京工匠""皆便之"②。二十四年,又实行计日给钞的办法,"令工匠役作内府者,量其劳力,日给钞贯"③。二十六年的规定,更进一步明确住坐匠的服役期限:"例应一月上工一十日,歇二十日,若工少人多,量加歇役"④。另外,洪武四年,朱元璋曾命以脚蹬弩给各边将士,令全国军卫如式制造⑤。二十年,又"令天下都司卫所各置局,军士不堪征差者,习弓箭、穿甲等匠,免致劳民"⑥。这样,又出现了大批军匠。军匠一部分隶属内府和工部,大部分隶属各地卫所。隶属卫所的军匠和军士一样,都住在指定的卫所内,不得随意迁移,也属于住坐性质。经过这番改革,匠户虽然还没有得到彻底解放,他们特别是军匠比农民还具有较强的人身依附性,不过同元代相比,所受的压迫剥削已经大大减轻。他们在服役时间之外,可以自由营业,尤其是占匠户绝大多数的轮班匠,自由劳动时间更多。这既可调动他们的生产积极性,又可促进技术的交流和改进,有利于手工业的发展⑦。

匠户制度的改革,调动了手工业者的积极性,再加上人口的增长提供了更多的劳动力,桑、棉等经济作物的普遍种植提供了更多的原料,而整个社会经济的发展又提供了广阔的市场,明初的手工业如纺织、矿冶、火器、陶瓷、造船、制茶、制盐等,便逐步复苏和发展起来。

明初的手工业,以纺织业的发展最为突出。在江南的某些地区兴起了丝绸织染业,明、清两代蜚声中外的苏州丝织印染中心就是在洪武年间开始创立起来的。文徵明说:"苏郡织染之设,肇创于洪武,鼎新于洪熙。"⑧棉纺织业在元代的基础上又有了显著的发展。江南地区如江苏、浙江、福建、广东、江西、安徽的农村妇女,都普遍参加纺织,就连一些地主家庭的妇女,也以纺纱织布为副业,"诸妇每岁公堂于九月俵散木棉,使成布匹,限

---

① 《天下郡国利病书·江宁庐州安庆备录》,第 889 页。

② 《明太祖实录》卷 118,洪武十一年五月壬午。

③ 《万历明会典》卷 189,《工部·工匠》。

④ 《万历明会典》卷 189,《工部·工匠》。

⑤ 《万历明会典》卷 192,《工部·军器军装》。

⑥ 《万历明会典》卷 192,《工部·军器军装》。

⑦ 参看陈诗启:《明代官手工业的研究》,湖北人民出版社 1958 年版。

⑧ 洪焕椿主编:《明清苏州工商业碑刻集》,江苏人民出版社 1981 年版,第 1 页。

以次年八月交收，通卖钱物，以给一岁衣资之用"①。崛起于元代的松江，仍是全国的棉纺织业中心，"其布之密丽，他方莫并"②，产品畅销全国，有"衣被天下"之称③。北方的河北、河南、山东、山西等地，由于棉花的普遍种植，棉纺织业也同江南地区一样，逐渐成为广大农村妇女的一种家庭副业。洪武九年(1376)正月，朝廷曾令山东运棉布 20 万匹以给辽东军士；二十二年正月，命山东、北平、山西、陕西四布政司运棉布 134 万匹赴辽东赐给军士；二十九年二月，令以山东布政司征收的棉布 60 万匹给北平都司、55 万匹给辽东都司，山西布政司所征棉布 50 万匹给山西都司，河南所征棉布 50 万匹给陕西都司④。这说明，北方农村的棉布产量已经相当可观。

由于棉纺织业的迅速发展，棉布产量急剧增长，国家的赋税收入也大为增加。以赋税形式缴给国库的大量棉布，成为供给军队的一宗重要物资。如洪武二年(1369)七月，以木棉战袄 11 万件赐北征军士⑤。四年八月，赐在京将士 190400 余人棉布，人各 2 匹；又赐长淮卫军士棉布，人各 2 匹；并诏中书省："自今凡赏赐军士，无妻子者给战袄一袭(套)，有妻子者给绵(棉)布二匹。"⑥此后，明廷每年都赐给军士大量棉布或战袄。十二年六月，给陕西都司并护卫兵棉布 54 万余匹；十二月，给北平都司卫所士卒棉布 278000 余匹⑦。十六年正月，给山东 14 卫士卒棉布 150400 余匹；二月，给北平大兴诸卫征南士卒棉布 339000 余匹；九月，给四川等都司所属士卒棉布 961000 余匹⑧。由于国库贮存的棉布很多，朝廷有时还以它顶替货币，用来交换其他急需的物资。如洪武五年七月，用白银 10 万两、棉布 10 万匹在北平易米供给北平军卫，发山东棉布 1 万匹易马供给辽东军士⑨。十七年七月，诏户部运棉布至贵州，命宣慰霭翠易马，得马 1300 匹⑩。

随着棉纺织业的发展，纺织技术不断提高，到明代中叶以后，棉布成为人民衣着的普通原料，人不分贵贱，地无分南北，人人都以棉花、棉布制作御寒的衣服。在明朝以前，棉花的种植不够普遍，棉布被视为一种珍贵的物品，只有富贵人家才穿得起。直到元代，元太祖、元世祖以缣素木棉缝制的衣服，穿破了还"重加补缀"，不忍舍弃⑪。至于老百姓穿的

---

① 　(元)郑涛：《旌义编》，《金华丛书》本。
② 　(明)王象晋：《群芳谱》，上海锦江图书局民国影印本。
③ 　《嘉庆松江府志》卷 6，引《梧涛杂佩》，松江府学明伦堂嘉庆刻本。
④ 　《明太祖实录》卷 103，洪武九年正月癸未；卷 195，洪武二十二年正月乙未；卷 244，洪武二十九年二月庚子。
⑤ 　《明太祖实录》卷 43，洪武二年七月庚戌。
⑥ 　《明太祖实录》卷 67，洪武四年八月丙戌。
⑦ 　《明太祖实录》卷 125，洪武十二年六月甲申；卷 128，洪武十二年十二月辛未。
⑧ 　《明太祖实录》卷 151，洪武十六年正月壬申；卷 152，洪武十六年二月；卷 156，洪武十六年九月丙午。
⑨ 　《明太祖实录》卷 75，洪武五年七月癸巳。
⑩ 　《明太祖实录》卷 163，洪武十七年七月丁巳。
⑪ 　《元史》卷 28，《英宗本纪二》，第 631 页。

所谓布衣,则是用麻布做成的。到了明代,所谓布衣,才指的是棉布缝制的衣服。

矿冶业有官营和民营两种。官营的矿冶由朝廷派遣官员直接经营管理,劳动力主要是由民间征调来的坑冶户,还有匠户、军户和犯罪判刑的囚犯①。朱元璋对官营矿冶采取慎重的态度,注意不专擅利,不重劳民力,一般以足够供应朝廷营造和军需之用为限,不许多开多采。洪武元年(1368),徐达下山东,近臣说山东旧有银矿,建议开采,朱元璋训斥说:"银场之弊,我深知之,利于官者少而损于民者多,况今凋瘵之余,岂可以此重劳民力?"十五年四月,廉州(治今广西合浦)巡检王德亨说他的家乡阶州有水银坑冶及青绿紫泥,建议朝廷出兵攻取,朱元璋对户部臣说:"恐此途一开,小人规利,劳民伤财,为害甚大……此人但知趋利不知有害,岂可听也!"五月,广平府吏王允道说磁州临水镇产铁,元朝曾设置八冶,役使炉丁1500户,每年收铁百余万斤,建议重新开采。朱元璋说:"朕闻治世天下无遗贤,不闻天下无遗利。且不在官则在民,民得其利,则利源通而有益于官,官专其利,则利源塞而必损于民。今各冶铁数尚多,军需不乏,而民生业已定,若复设此,必重扰之,是又欲驱万五千家于铁冶之中也。"②下令把王允道打了一顿,流放海外。十二月,济南、青州、莱州三府奏报每年役民2660户采铅,因开采年代已久,凿山愈深而得铅愈少,请罢其役,朱元璋马上同意,说:"为物劳民,非善政也,其即罢之。"③二十年正月,府军前卫老校丁成请开河南陕州银矿,朱元璋又说:"凡言利之人,皆戕民之贼也。朕尝闻故元时江西丰城之民,告官采金,其初岁额犹足取办,经久民力消耗,一州之人卒受其害,盖土地所产,有时而穷,民岁课成额,征收无已。有司贪为己功而不以言,朝廷纵有恤民之心,而不能知。此可以为戒,岂宜效之!"④后来,临淄丞王基请求"发山海之藏以通宝路",也遭贬黜⑤。所以,洪武年间的官矿除铁矿有较大的发展外,金、银、铜、铅等矿的发展非常有限。

整个洪武年间,官营的金、银、铜、铅等矿产量不多。银矿以洪武十九年(1386)设置的福建龙溪县银屏山银场规模较大,"置炉冶四十有二座,置炉首二人,岁办银二千一百两。洪武二十年增其额,并闰月银一百八十五两,二十一年、二十二年又增额银一十两",到二十三年,所收银课凡2295两⑥。此外,在陕西商县有凤凰山银坑八所⑦,在浙江温州、处州、丽水、平阳等七县也设有场局,岁课皆2000余两⑧。全国的金、银矿课,据洪武二十三年统

① 《明太祖实录》卷135,洪武十四年二月癸酉;卷150,洪武十五年十二月辛丑。
② 《明太祖宝训》卷4,《仁政》。
③ 《明太祖实录》卷150,洪武十五年十二月辛丑。
④ 《明太祖宝训》卷4,《仁政》。
⑤ 《明史》卷81,《食货志五》,第1970页;(明)王原:《明食货志》卷11,《上供采造》,《学庵类稿》本。
⑥ 《明太祖实录》卷206,洪武二十三年十二月。
⑦ (清)梁章钜:《浪迹丛谈》卷5,《梁氏笔记》本。
⑧ 《明史》卷81,《食货志五》,第1970页。

计，有金 200 两，银 29830 余两①。铜矿有池州府的铜场，洪武五年收铜课 18 万斤②。铅矿有济南、青州、莱州三府的铅场，每年采铅 323400 余斤，洪武十五年十二月以后罢采③。

　　洪武年间的官营矿业，以铁矿的规模最大。洪武五年（1372），已有湖广、广西、江西、山东、陕西、山西、河南七省的铁冶，当年收铁课 8056405 斤④。第二年九月，工部又奏："今年各省铁冶之数凡八百五十万三千八百二十斤有奇"⑤。洪武七年四月，设立管理铁矿、铁场、铁厂及负责征收铁课的铁冶所，有江西南昌府的进贤冶、临江府的新喻（今江西新余）冶、袁州府的分宜冶、湖广的兴国冶、蕲州府的黄梅冶、山东济南府的莱芜冶、广东广州府的阳山冶、陕西的巩昌冶、山西平阳府的富国冶和丰国冶、太原府的大通冶（在今山西交城县）、潞州的润国冶、泽州的益国冶等 13 所，岁炼铁 8052987 斤⑥。后来，河南、四川也设立铁冶。洪武十二年，又增置湖广茶陵铁冶所。十八年十二月，以采铁劳民，诏罢各布政司铁冶，听民自采。二十年三月，工部臣说："山西交城产云子铁，旧贡十万斤，缮治兵器，他处无有。"乃复开大通铁冶。二十七年正月，因营造益广，用铁颇多，又陆续恢复其他地方的铁冶⑦。到二十八年闰九月，内库贮铁 3743 万余斤，朱元璋认为已足供军需、营造之用，又命罢各处铁冶，令民得自采炼而岁输课程，"每三十分取其二"⑧。三十一年正月，工部大臣反映："各处铁冶久已住罢，今内库所贮铁有限而营造所费甚多，恐岁用不敷。"这才又重开铁冶，但"令暂开炉冶一年，仍复住罢"⑨。据《万历明会典》载："国初定各处炉冶该铁一千八百四十七万五千二十六斤。"⑩从二十七年正月复开各处铁冶至次年九月内库存铁 3743 万斤的情况来看，这个数字当系洪武末年的铁课数字，比洪武五年到七年每年输铁 800 多万斤的数字，翻了一番还多。从中可以看出，洪武末期的官营铁矿，产量比前期增长了一倍多。

　　洪武年间民营的矿业，只限于开采金、银等贵金属以外的其他矿藏，而且必须取得官府的批准，交纳一定的课税。与《大明律》并行的《例》规定："凡盗掘金、银、铜、锡、水银等项矿砂，每金砂一斤折钞二十贯，银砂一斤折钞四贯，铜、锡、水银等砂一斤折钞一贯，俱比

① 《明太祖实录》卷 206，洪武二十三年十二日。
② 《明太祖实录》卷 77，洪武五年十二月庚子。
③ 《明太祖实录》卷 150，洪武十五年十二月辛丑。
④ 《明太祖实录》卷 77，洪武五年十二月庚子。
⑤ 《明太祖实录》卷 85，洪武六年九月丙辰。
⑥ 《明太祖实录》卷 88，洪武七年四月癸卯。
⑦ 《明史》卷 81，《食货志五》，第 1973 页；《明太祖实录》卷 123，洪武十二年三月辛巳；卷 176，洪武十八年十二月；卷 181，洪武二十年三月辛未；卷 231，洪武二十七年正月丁未。
⑧ 《明太祖实录》卷 242，洪武二十八年闰九月庚寅。
⑨ 《明太祖实录》卷 256，洪武三十一年正月丙子。
⑩ 《万历明会典》卷 194，《工部·冶课》。

照盗无人看守物,准窃盗论。"①但朱元璋对民间的采矿采取积极鼓励的态度,对官矿适当加以限制,某些矿藏如铁矿允许"民得自采炼",税率也定得比较低,为每三十分取其二,课税为产量的十五分之一,所以民矿也呈现逐步发展的状态。不过,由于资料缺载,洪武年间民矿的开采情况,目前尚不清楚。

传统的瓷器制造业,在元代的基础上又有新的发展。江西浮梁县景德镇是全国制瓷业的中心,那里既设官窑,也有民窑。官窑是洪武二年(1369)设于珠山之麓的御器厂,有大龙缸窑、青窑、色窑、风火窑、匣窑、爁熿窑等共20座②。这些官窑占有最熟练的制瓷工匠,并独占景德镇的优质瓷土和制作青花瓷所必需的青料,产品也最为精美。所产瓷品胎土洁白细腻,釉质匀净,制作、造坯和装饰绘画都很考究,不比以后景德镇官窑的产品差。青花瓷器是当时官窑生产的主流。1964年,在南京明故宫出土了一批洪武时期生产的瓷器,其中就有青花云龙纹盘和青花缠枝莲碗各一件。青花云龙纹盘的装饰纹样继承元代青花瓷的装饰手段,外壁青花绘画,里壁阳模印花,两面同是云龙纹饰,但画法已有变化,云彩的云脚比元瓷画得短,龙的形象也不像元瓷画得那么凶猛。国内外传世的一批元末明初青花瓷器,据有关专家研究,认为有部分似应属于洪武时期的官窑产品,其共同特征是青花色泽一般偏于暗黑(可能是由于战争环境中断青料进口而改用国产青料的缘故),绘画装饰开始改变元瓷绘画层次多、花纹满的风格,而趋向于多留空白地,因而有别于元末以及永乐以后的青花瓷器。除了青花瓷器,景德镇官窑还烧制釉里红、釉上彩、单色釉如酱色釉、蓝釉等多种瓷器。现存的一件洪武釉里红云龙环耳瓶,胎、釉洁白细腻,纹饰精致,造型优美,色彩绚丽,极为难得。1964年,南京明故宫出土的一件洪武白釉红彩云龙纹盘,盘壁表里各绘有两条五爪红龙和两朵云彩,灯光透映,两面花纹叠合为一,反映了当时釉上彩制作的高超水平③。成书于洪武二十年的《格古要论》,提到洪武时的御器厂产有"青花及五色花"瓷器④。这件白釉红彩云龙纹盘的发现,表明洪武时期景德镇官窑的釉上彩绘技术已经达到成熟阶段,《格古要论》的记载是可信的。

景德镇官窑的产品专供宫廷使用,不仅质量高,而且产量大。这些瓷器,一部分供宫廷日常生活之用,另一部分作为祭器用于祭祀⑤,还有一部分则用于朝廷的对外赏赍和交换。洪武七年(1374)十二月,朱元璋命刑部侍郎李浩、通事梁子名携带大批文绮、陶(瓷)

---

① 《问刑条例·刑律·贼盗》,《大明律》,第406页。

② (清)蓝浦:《景德镇陶录》卷5,《景德镇历代窑考》,《美术丛书二集》第8辑。

③ 南京博物院:《南京明故宫出土洪武时期瓷器》,《文物》1976年第8期。

④ (明)曹昭:《格古要论》卷下,《古窑器论》,《格致丛书》本。

⑤ 《万历明会典》卷201,《工部·器用》:"(洪武)二年定,祭器皆用瓷。"

器、铁器等物品出使琉球，赏赐给琉球中山王察度，并"就其国市马"①。九年夏，李浩归国后，反映琉球"不贵纨绮，惟贵磁（瓷）器、铁釜"，此后朝廷对琉球的赏赉便多用瓷器和铁釜②。十六年八月，朱元璋又遣使赐给占城、暹罗、真腊国王大量礼物，其中有瓷器各19000件③。仅此数例，便可想见景德镇官窑产量之大。

景德镇民窑，生产民间日常使用的器皿。洪武二十六年，朝廷曾对日用器皿做出严格的规定，除了为数不多的公、侯和一、二品官员允件使用金、银器，三品以下官员及庶民之家，酒注及酒盏以外的所有器皿，一律只许使用瓷器和漆器④。因此，民用瓷器的需求量很大，拥有广阔的市场。景德镇民窑就是在这种历史背景下迅速得到恢复和发展的。1964年，南京明故宫出土的洪武时期瓷器，即有大量景德镇民窑的产品，包括青花瓷、青白釉等品种，而以青花瓷器的数量最多。这些青花瓷器的选料、制坯虽不及官窑产品细致，装饰艺术也不如官窑产品精美，但绘画技法独特新颖，用笔简练纯熟，表现力很强，首开明代早期青花瓷"一笔点画"的风气之先⑤。除了景德镇，民窑还广泛分布于山西、河南、江西、浙江、广东、广西、福建等地，其中浙江的龙泉、福建的德化，都是当时著名的瓷器产地。

造船业也是明初最发达的官营手工业之一。洪武元年，明朝一建立即"命（汤）和造舟明州，运粮输直沽"⑥。此后，朝廷出于漕运和防倭的需要，在江苏、浙江、福建、广东、山东等地设立船厂造船，官营造船业迅速地发展起来。洪武初年设置的福州造船厂，主要生产防倭船只。洪武五年设于江苏太仓小北门外的苏州府船厂，所造大船"可载重几万斛，载人上千"⑦。洪武年间设于南京城西北隅龙江关的龙江船厂，是当时规模最大、设备最齐全的造船厂。它上辖工部，洪武、永乐年间拥有从浙江、江西、湖广、福建、南直隶江海沿岸征调来的匠户400户，按专业编为四厢：一厢出船木、梭橹、索匠；二厢出船木、铁、缆匠；三厢出舱匠（用麻筋与油灰等物黏合船缝）；四厢出棕篷匠⑧。厂内设有篷厂、细木作房、油漆作房、舱作房、铁作房、篷作房、索作房、缆作房等⑨，不仅能制造或修理各种用途的船只，而且产量很大。当时从山东到辽东海上运粮所用的船只，即系南京龙江关承造。其间，从直隶

①　《明太祖实录》卷95，洪武七年十二月乙卯。
②　《明史》卷323，《外国列传四·琉球传》，第8363页。
③　《明太祖实录》卷156，洪武十六年八月乙未。
④　《明史》卷68，《舆服志四》，第1672页。
⑤　南京博物院：《南京明故宫出土洪武时期瓷器》，《文物》1976年第8期。
⑥　乾隆敕撰：《续文献通考》卷31，《国用考二》。
⑦　《弘治太仓州志》卷2，清宣统《汇刻太仓旧志五种》本。
⑧　（明）李昭祥：《龙江船厂志》卷3，《官司志·杂役》，江苏古籍出版社1999年版，第92页。
⑨　《龙江船厂志》卷4，《建置志》，第106—167页。

太仓运粮至辽东牛家庄,使用的船只动计数千艘[①]。后来,永乐年间郑和下西洋所用的大型宝船,有很大部分也是这个船厂建造的。

明代的制盐业也同历代一样,是由官府直接控制和垄断的。早在龙凤十二年(1366)二月,朱元璋就在两淮设置都转运盐使司。第二年二月,在两浙也置都转运盐使司。明朝建立后,在全国各盐产地遍设都转运盐使司(简称转运司、运盐司或盐司)和盐课提举司,直辖户部,负责管理全国的盐务。计有两淮、两浙、北平河间(后改长芦)、山东、福建、河东六个转运司,广东、海北、四川、云南黑盐井、白盐井、安宁盐井、五井七个盐课提举司,另外还在陕西灵州设立盐课司。两淮、两浙、长芦、山东、福建五个转运司和广东、海北两个盐课提举司,共管辖沿海 144 个盐场,河东转运司和其他盐课提举司、盐课司则管辖内地的一大批盐井和盐池[②]。制盐的劳动力主要是灶户,还有罪犯[③]。灶户有的地方亦称"盐户",或沿袭宋、元之旧,称为"亭户"。他们被登记为灶籍,世代以煎盐为业,不得脱籍。灶户中成丁男子(从十六岁到六十岁)称为灶丁,都必须负担定额的盐课,只有不成丁者方可免除此项义务。官府把岁办盐课的定额落实到每个灶,拨给灶丁一块草场,供其樵采,用作煎盐的燃料,并免其杂泛差役。灶丁每煎盐一大引(一大引为 400 斤,一小引为 200斤),付给工本米一石。洪武十七年(1384),改发工本钞,规定两淮、两浙每引盐给钞 2 贯500 文,其他各处一律 2 贯[④]。灶丁缴足规定的盐课之后,多余的盐不得自行处理,全部由官府给价征收,"二百斤为一引,给米一石"[⑤]。如将余盐夹带出场或私自煎盐出卖,一律处以绞刑[⑥]。全国每年盐课约共 1148718 大引,即 2297436 小引[⑦],成为明朝的一项重要财政收入。

此外,洪武年间的火器制造业也获得很大发展,不仅使我国的火器生产保持世界领先的地位,而且也为此后永乐年间创建专门的火器部队——神机器奠定了基础。

---

① 《嘉靖全辽志》卷 1,《海道》;卷 6,《外志》,《辽海丛书》本。

② 《明史》卷 80,《食货志四》,第 1931—1934 页。

③ 《明太祖实录》卷 135,洪武十四年二月癸酉;《明书》卷 81,《盐法》。

④ 《明史》卷 80,《食货志四》,第 1937 页;《万历明会典》卷 34,《户部·盐法》。

⑤ 乾隆敕撰:《续文献通考》卷 20,《征榷考三》。

⑥ 《万历明会典》卷 34,《户部·盐法》。

⑦ 据《万历明会典》卷 32、33《户部·盐法》所载数字统计。

第三节 商业的逐步繁荣与大明宝钞的发行

朱元璋的休养生息政策，贯穿着"重本抑末"的总原则，以维护"农不废耕，女不废织"[①]的自给自足的自然经济。在中国古代的传统观念里，"本"是指农业，"末"指的是工商业，汉代以后则多指商业。但农业、手工业与商业并非绝对对立的，自然经济也并不完全排斥商业经济，无论是地主、农民或其他的社会阶层，他们所必需的生产资料和生活资料，都不可能做到全部自给自足。朱元璋深明此理，说："《中庸》曰：'来百工也。'又，古者日中而市。是皆不可无也。"[②]因此，他对商业也颇为重视。明朝建立前，朱元璋已在其辖区普遍设立流通商品的税收机构，在应天称为宣课司，在府、州、县称为通课司，在水域关津去处还设立竹木抽分场。明朝建立后，京师的税收机构仍称宣课司，在府者改称税课司，在州、县者改称税课局，并在一些市镇设立分司、分局，共有 400 余所，按龙凤十年（1364）"三十税一"的规定征收商税[③]。竹木抽分场曾于洪武十三年（1380）撤销，二十六年复设于南京的龙江和大胜港，对过境的贩卖竹木收取实物税：芦柴、茅草、稻草等，三十分抽一；杉木、软篾、棕毛、黄藤、白藤等，三十分抽二；松木、松板、杉篙、杉板、檀木、黄杨、梨木、杂木、锄头柄、竹扫帚、菱苗筈帚、猫竹、水竹、杂竹、木炭、煤炭、竹交椅、筀竹、黄藤鞭杆、木柴、箭竹等，十分抽二[④]。

为了加强对市场的管理，净化交易环境，洪武元年朱元璋诏中书省："命在京兵马指挥司并管市司，每三日一次校勘街市斛斗、秤尺，稽考牙侩（经纪人）姓名，平其物价。在外府、州各城门兵马，一体兼领市司。"[⑤]由负责治安的京师五城兵马指挥使司和各府、州、县的兵马司兼管城镇的商业活动，包括校勘度量衡、稽考牙侩和评定物价等。商人外出经商，必须报请官府批准，领取"关券"，"凡商贾赍货于四方者，必先赴所司起关券"[⑥]。所谓"关券"，就是"商引"，也称"路引""物引"，上面载明商人所携带的金钱、货物及其"所趋远迩水陆"[⑦]。如无商引，坊厢村店必须把商人拿赴官府，治以游食，重则杀身，轻则黥窜化外[⑧]。商人住进客店，必须在"店历"即店簿上登记姓名人数、起程月日，以便"所司查

---

① 《明太祖实录》卷 177，洪武十九年三月戊午。

② 《明太祖集》卷 10，《敕问文学之士十三篇》，第 206 页。

③ 《明太祖实录》卷 14，甲辰年正月丁卯；《明史》卷 81，《食货志五》，第 1974—1975 页。

④ （明）王圻：《续文献通考》卷 29，《征榷考·杂征》。

⑤ 《明太祖实录》卷 37，洪武元年十二月壬午。

⑥ 《大学衍义补》卷 30，《征榷之税》。

⑦ 《御制大诰续编·互知丁业第三》，《皇明制书》第 1 册，第 100 页。

⑧ 《御制大诰续编·验商引物第五》，《皇明制书》第 1 册，第 101 页。

照"①。商人必须按照规定的税率纳税,否则要遭到惩罚,"凡客商匿税及卖酒、醋之家不纳课程者,笞五十。物货、酒、醋一半入官"②。市场使用的度量衡,由工部统一标准,"凡度量权衡,(工部)谨其校勘而颁之,悬式于市,而罪其不中度者"③。凡是私造斛、斗、秤、尺,把持行市、哄抬物价的,都要治罪。有些牙侩操纵市场,盘剥商人,洪武十九年曾下令禁止牙侩,规定全国府、州、县、镇店,不许有官牙、私牙。一切客商应有货物,照例纳税之后,听从发卖。"敢有称系官牙、私牙,许邻里坊厢拿获赴京,以凭迁徙化外。若系官牙,其该吏全家迁徙。敢有为官牙、私牙,两邻不首,罪同"④。不过,到洪武末年又恢复官牙的设置,但仍禁私牙。洪武三十年颁布的《大明律》规定:"凡城市乡村诸色牙行及船埠头,并选有抵业人户充应。官给印信文簿,附写客商客户住贯、姓名、路引字号、物货数目,每月赴官查照。私充者,杖六十,所得牙钱入官。官牙埠头容隐者,笞五十,革去。"⑤

对海外贸易,则由吴元年(1367)十二月设立的市舶司加以管理⑥。这一机构最初设于太仓黄渡。洪武三年(1370),以其地近京师而罢撤⑦。同年,改置泉州、明州、广州三市舶司⑧。民间私人出海贸易,必须事先请领商引即路引,出海归来,必须报官抽分,"凡泛海客商,舶船到岸,即将货物尽实报官抽分。若停塌沿港土商牙侩之家不报者,杖一百;虽供报而不尽者,罪亦如之。货物并入官。停藏之人同罪。告获者,官给赏银二十两"⑨。在此期间,由于张士诚、方国珍的余党窜踞一些沿海岛屿,日本的倭寇又不时前来骚扰,朱元璋担心他们互相勾结,曾下令禁海,至洪武四年十二月籍方国珍余部充当沿海卫所戍兵时,乃下令"禁濒海民不得私出海"⑩。洪武七年九月,取消泉州、宁波和广州三个市舶司,不久复设,后又复废⑪。此后,除官方的贡赐往来,私人的海外贸易就被禁止了。

朱元璋认为,商贾可以"通有无"⑫,对他们不宜过分苛取。洪武年间的商税仍维持建国前"三十税一"的税率,"过者以违令论"。有些官吏超额征课,朱元璋即严加训斥和惩

① 《万历明会典》卷 35,《户部·钞关》。
② 《大明律》卷 8,《户律·课程》,第 78 页。
③ 《明史》卷 72,《职官志一》,第 1761 页。
④ 《御制大诰续编·牙行第八十二》,《皇明制书》第 1 册,第 161—162 页。
⑤ 《大明律》卷 10,《户律·市廛》,第 83 页。
⑥ 《明太祖实录》卷 28 下,吴元年十二月。
⑦ 《国朝典汇》卷 40。
⑧ (明)王圻:《续文献通考》卷 31,《市籴考·市舶互市》。
⑨ 《大明律》卷 8,《户律·课程》,第 78 页。
⑩ 《明太祖实录》卷 70,洪武四年十二月丙戌。
⑪ 《明太祖实录》卷 93,洪武七年九月辛未;王圻:《续文献通考》卷 31,《市籴考·市舶互市》。
⑫ 《典故纪闻》卷 4,第 74 页。

处。彰德税课司的官吏，连蔬菜瓜果、饮料食品和畜牧之物都要征税，他"闻而黜之"①。广东南雄商人运货入京出售，到长淮关，"关吏留而税之，既阅月而货不售"，商人向官府告状，刑部议其罪当记过，朱元璋命杖其吏，夺其俸禄赔偿商人②。山西平遥主簿成乐秩满入朝，州官为他做了个"能恢办商税"的考课评语，朱元璋说：土地所产有常数，官府所取有常制，商税自有定额，何待恢办？若额外恢办，岂不要苛剥于民？主簿之职是佐理县政，抚安百姓，岂以办课为能？若只以办课为能，其他政绩一无可称，是失职矣！随即命吏部"移文讯之"③。洪武初年，各个税课司、局征税的数额，皆以司、局设置第一年所征的税额为准，固定不变，如不足额，就责令当地商民赔纳。洪武十年（1377）三月，户部报告全国税课司、局有178处征税达不到规定的数额，朱元璋派人前去核实，重新确定税额④。但是，解缙的《献太平十策》对这种硬性规定各税课司、局固定税额的做法提出异议，指出："今税有定额，民必受害。宜令各处税课随时多少，从实征收。"⑤十三年，吏部建议撤销税收额米不足500石的税课司、局，朱元璋于是下令裁撤了364个税课司、局⑥。同年，还谕户部臣："曩者奸臣聚敛，深为民害，税及天下纤悉之物，朕甚耻焉。"除过去所规定的书籍、农具免税之外，又规定："自今如军民嫁娶丧祭之物，舟车丝布之类，皆勿税。"⑦二十年九月，户部奏报全国税课司收税比往年减少，请求以洪武十八年所收税额立为商税的定额，朱元璋没有同意，批复说："商税之征，岁有不同。若以往年概为定额，苟有不足，岂不病民？宜随其多寡，从实征之。"⑧这次，他终于接受解缙的意见，将商税的征收由定额制改为实征制。明代各城镇都设有官、私客店，供过往商人住宿。洪武年间，京师人口密集，军民住宅连廊栉比，没有空地。许多商人到京，货物无处存放，只好留在船上，或者寄存在城外老百姓的家里，牙侩乘机压价，迫使商人贱价出售，商人深以为苦。朱元璋了解到这一情况，二十四年八月，命工部在三山门等门外濒水之处盖了几十座房子，称为"榻坊"，让商人存放货物。商人到京后，将货物存在榻坊，上了税即可自相贸易，"商旅称便"。榻坊刚盖好时，有些官吏连贫民负贩也要收税，朱元璋知道后，又下令"禁之"⑨。

在农业和手工业发展的基础上，农产品和手工业产品越来越多地投向市场，因元末的

---

① 《明史》卷81，《食货志五》，第1925页。

② 《明太祖实录》卷98，洪武八年三月己巳。

③ 《明太祖实录》卷106，洪武九年六月己酉。

④ 《明太祖实录》卷111，洪武十年三月甲申。

⑤ 《明经世文编》卷11，《解学士文集·献太平十策》。

⑥ 乾隆敕撰：《续文献通考》卷18，《征榷考一》；《明史》卷81，《食货志五》，第1975页。

⑦ 《明太祖实录》卷132，洪武十三年六月戊寅。

⑧ 《明太祖实录》卷185，洪武二十年九月壬辰。

⑨ 《明太祖实录》卷211，洪武二十四年八月己卯。

长期战乱而陷于停滞的商品货币关系又开始缓慢地复苏。加上朱元璋采取轻税、保护的政策,商业也逐步繁荣起来。城市成为商品的生产和销售中心,设有许多手工业作坊和批发商号,聚集着大量手工业工人和小商贩,人口急剧增长,呈现一派欣欣向荣的状态。

首都南京,洪武十一年(1378)改称京师,辖有上元、江宁二县。由于这里地理条件十分优越,素有"龙蟠虎踞"之称,早在2400多年以前的春秋末期,即已有了城市的建设。后来东吴、东晋、宋、齐、梁、陈和南唐等朝先后在此建都,使之逐渐发展成为一个繁华的大城市。但是,在龙凤二年(1356)三月朱元璋率部攻占这座城市后,李善长"籍军民凡五十万"①,这些人后来随着朱元璋队伍的南征北伐而远走四方,其余的土著人口大多也在洪武建国之后被徙置云南②,因此,洪武初年南京的人口数量不是很大。据统计,洪武四年关厢的军民官吏有人户"凡二万七千一百五十九"③,大约10多万人,另有驻京军士143200余人④,总人口约有25万余人。此后,除淮西勋贵及其家属入住京城,朱元璋又不断下令从各地调入吏员、军士、力士、富户、仓脚夫和工匠。如十二年四月,令浙江杭州诸府募民1347人,入京充当力士、校尉⑤;十八年六月,调各地"民丁充力士者"14200余人入住京城⑥;十九年八月,从直隶应天诸府选富民子弟1460人赴京补吏⑦;二十四年七月,谕工部曰:"昔汉高祖徙天下豪富于关中,朕初不取。今思之,京师天下根本,乃知事有当然,不得不尔。朕今亦欲令富民入居京师,卿其令有司验丁产殷富者,分遣其来。"工部于是徙全国富民5300户于京师⑧;二十八年十一月,诏从直隶、苏州等17府、州及浙江等6布政司所属府、州、县征调小民2万户赴京,占籍上元、江宁二县,"以充各仓夫役,名曰仓脚夫"⑨。此外,洪武、永乐时还曾"起取浙江、江西、湖广、福建、南直隶滨江府、县居民四百余户,来京造船,隶籍提举司,编为四厢"⑩。京师的人口因此不断增加,到洪武二十四年,上元已有"户三万八千九百有奇,口二十五万三千二百有奇",江宁已有"户二万七千有奇,口二十二

① (明)郑晓:《吾学编》名臣记卷3,《太师丞相韩国李公》,《北京图书馆古籍珍本丛刊》本。

② (明)顾起元撰,谭棣华、陈稼禾点校:《客座赘语》卷2《坊厢始末》(中华书局1987年版,第64页):"高皇帝定鼎金陵,驱旧民置云南。"

③ 《明太祖实录》卷63,洪武四年闰三月庚午。

④ 《明太祖实录》卷61,洪武四年正月辛未。

⑤ 《明太祖实录》卷124,洪武十四年四月戊午。

⑥ 《明太祖实录》卷173,洪武十八年六月丙午。

⑦ 《明太祖实录》卷179,洪武十九年八月辛卯。

⑧ 《明太祖实录》卷210,洪武二十四年七月庚子。按:《国榷》卷9(第721页),洪武二十四年七月庚寅条亦记徙天下富民"五千三百户"居京师。但《明史》卷77《食货志一》(第880页)又记明太祖"尝命户部籍浙江等九政司,应天十八府、州富民万四千三百余户,以次召见,徙其家以实京师,谓之富户"。可知朱元璋徙天下富豪实京师非止一次也。

⑨ 《明太祖实录》卷243,洪武二十八年十一月甲子。

⑩ 《龙江船厂志》卷3,《官司志·杂役》附,第92页。

万有奇"①,合计有 66900 多户、473000 多人,加上京师驻军,当有 65 万人左右,如再加上国子监生、轮班工匠和来京商人等非常住人口,人口总数可能达到八九十万人。后来,京师人口还在陆续膨胀,达到"比舍无隙地"②的地步。

京师的手工业非常发达,丝棉纺织业、造船业、印刷业尤为有名,金银首饰、铜铁器、乐器、弓箭、鞍辔等的制作也有较高的水平。官营手工业作坊的规模很大,除有大批终身服工役的住坐匠之外,还有大量从各地轮流赴京服工役的轮班匠。据洪武二十六年的规定,当时全国 232000 余名轮班匠,就有 129900 余人在京师上班服役③。除了官营手工业作坊,京师还有许多民营的手工业作坊和店铺,"百工货物买卖,各有区肆"。如铜、铁器在铁作坊,皮市在笪桥南,鼓铺在三山街口、旧内西门之南,履鞋在轿夫营,帘箔在武定桥之东,伞在应天府街之西,弓箭在弓箭坊,木器南在钞库街、北在木匠营,䌷缎在织锦坊,颜料在颜料坊,毡毯在毡匠坊④。除固定的店铺之外,还有许多小商小贩,在闹市的路旁搭棚披厦,进行各种贸易活动。此外,在人烟稠密的闹市区和各地商人经常出入的各座城门外,还建有十几个市集。如大市,在旧天界寺门外的大市街,百货齐集;大中街市,在大中桥西,三山街市,在三山门内斗门桥左右,时果所聚;新桥市,在新桥南北,鱼菜所聚;来宾街市,在聚宝门外,竹木柴蔬等物所聚;龙江市,在金川门外,柴炭等物所聚;江东市,多聚客商船只米麦货物;北门桥市,在洪武门街口,多售鸡鹅鱼菜等物;长安市,在大中街东,内桥市,在旧内府西,聚卖羊只牲口;六场场,在江东门外,买卖马、牛、驴、骡、猪、羊、鸡、鸭等畜禽;上中下榻房,在清凉门外,聚卖缎匹、布帛、茶、纸、蜡等货物;草鞋夹,在凤仪门外江边,屯集桯门⑤。为了便于各地客商的往来,官府还在京师的长安街口、竹桥北、通济街西和江东门内南北街各开设一处客店⑥,并在通政司、鼓楼、应天府、安德门外和太平门外各设置一处邮铺⑦。同时,还建造 16 座楼,以待四方工商贾士大夫,用官妓无禁。据周晖《金陵琐事》的记载,这 16 座歌妓酒楼在城内者曰南市楼、北市楼,在聚宝门外之西者曰来宾楼,在聚宝门外之东者曰重译楼,在瓦屑坝者曰集贤楼、乐民楼,在西关中街北者曰鹤鸣楼,在西关中街南者曰醉仙楼,在西关南街者曰轻烟楼、淡粉楼,在西关北街者曰柳翠楼、梅妍楼,

---

① 《客座赘语》卷 2,《户口》,第 59 页。
② 《万历上元县志》卷 2,《版籍·户口》,明万历二十五年刻本。
③ 《万历明会典》卷 189,《工部·工匠》。
④ 《客座赘语》卷 1,《市井》,第 23 页。
⑤ (明)王俊华:《洪武京城图志·街市》,《北京图书馆古籍珍本丛刊》本。
⑥ 《洪武京城图志·街市》。
⑦ (明)胡应麟:《少室山房笔丛》甲部,《经籍会通》,《四库全书》本;(明)项元汴:《焦窗九录》,《知不足斋丛书》本。

在石城门外者曰石城楼、讴歌楼，在清凉门外者曰清江楼、鼓腹楼①。洪武进士李泰曾集诗句描述16座楼的繁华景象，"于北市（楼）则云'极目乱红妆'，于集贤（楼）则云'妙舞向春风'，于清江（楼）则云'时哢遏云声'，于鼓腹（楼）则云'舞破日初斜'，于石城（楼）则云'翠袖拂尘埃'，于来宾（楼）则云'烟花象外幽'"②。此外，还建有一座专供商贾娱乐，禁止文武官员及舍人进入的富乐院③。所有这一切，使京师显得异常繁荣。

除了京师，北平、苏州、松江、镇江、淮安、常州、扬州、仪真、杭州、嘉兴、湖州、福州、建宁、武昌、荆州、南昌、吉安、临江、清江、广州、开封、济南、济宁、德州、临清、临桂（桂林）、太原、平阳、蒲州、成都、重庆、泸州等地，也是明初著名的工商业城市④。此外，各地还兴起一批小市镇，如吴江县的平望镇，明初已有"居民千百家，百货贸易如小邑"；严墓市"明初以村名，时已有邸肆"⑤，它们到明代中后期都发展成为商业繁盛的市镇。

朱元璋在恢复和发展社会生产、整顿工商业的同时，还进行货币的改革。从龙凤七年（1361）起，朱元璋下令在应天置宝源局，铸"大中通宝"钱代替不断贬值的元朝纸币，与历代铜钱并用。平陈友谅后，命江西行省置泉货局，颁"大中通宝"钱大小五等钱式，使铸之。即帝位后，又铸"洪武通宝"钱，"其制凡五等：曰'当十''当五''当三''当二''当一'。'当十'钱重一两，余递降至重一钱止"。各行省皆设宝泉局，与京师的宝源局共同负责铸钱。各地所铸的铜钱，都在背面铸明产地，如京师宝源局铸"京"字，各行省宝泉局铸"豫""浙""福"等字。后来，京师宝源局铸钱，大多不再铸"京"字，民间以为无"京"字的是私铸的钱，不肯使用。洪武四年（1371），又下令改铸大中、洪武通宝大钱为小钱⑥。六年，禁止民间私自铸钱，"凡私铸者，许作废铜送官，每斤给官钱一百九十文。诸税课内如有私钱，亦为更铸"⑦。

铸钱需要用铜，洪武年间铜矿开采不多，铜较缺乏⑧。尽管官府时常责令百姓交铜，迫使他们砸毁铜器交给官府铸造铜钱，但数额毕竟有限，因此铜钱数量不多⑨，无法满足流通的需要。一些不法奸民遂私自铸钱，扰乱市场。而且铜钱分量重，价值低，不便携带，"不

---

① （明）周晖：《金陵琐事》，《国学珍本文库第一集》本。

② （清末民初）陈田辑撰：《明诗纪事》甲签卷14，《揭轨》，上海古籍出版社1993年版，第301页。

③ 《客座赘语》卷6，《立院》，第188—189页。

④ 《明宣宗实录》卷50，宣德四年正月乙丑。

⑤ 《乾隆震泽县志》卷4，《镇市村》，清乾隆十一年刻本。

⑥ 《明史》卷81，《食货志五》，第1961—1962页。

⑦ 《万历明会典》卷31，《户部·钱法》。

⑧ 据《明太祖实录》卷181，洪武二十年四月丙申条载："工部右侍郎秦逵言：'宝源局铸钱乏铜。'"

⑨ 据彭信威（《中国货币史》，上海人民出版社1958年版，第461、479页）考证，洪武二十六年全国有326.5座的铸钱炉，每年共铸铜钱190414800文，按《诸司职掌》所载的全国人口有6000万人平均，每人只占3文。

可致远"①，商人因此多"沿元之旧习用钞"②，不愿使用铜钱。这迫使朱元璋加紧谋划纸钞的发行。

纸钞的印造成本较低，不过宋元发行纸钞需要预先筹集一笔不菲的储备金。明朝刚建立之时，国库空虚，而又百废待兴，根本无法筹措到巨额的储备金。朱元璋于是考虑依据政权的力量和信用，发行一种不需要金银做抵押，不需要铜钱做保证，也不依赖于任何实物的纯信用钞币，这样既不需要国库筹措储备金，而且反过来可以借助发行钞币让国库迅速充裕起来。信用是货币流通的基础，朱元璋对自己所建立的明政权是充满自信的。因此，尽管此前没有人这样做过，朱元璋还是决心尝试一下。洪武七年九月，他下令设立宝钞提举司，稽考宋元发行纸币的办法，进行印造钞币的准备。翌年三年，下诏命中书省印造"大明通行宝钞"。大明宝钞以桑穰为纸料，纸质青色，"高一尺，阔六寸许"，外为龙纹花栏，上头横额有"大明通行宝钞"六个字，其内上栏两旁有篆文小字，右旁是"大明通宝"，左旁是"天下通行"，其中图绘钱贯形状，以10贯为一串，下栏是"中书省奏准印造大明宝钞，与铜钱通行使用，伪造者斩，告捕者赏银二百五十两，仍给犯人财产"。背和面都加盖朱印。大明宝钞分1贯、500文、400文、300文、200文、100文六种，1贯的钞币上画钱10串，500文的画5串，以下各画4串、3串、2串、1串。1贯准铜钱1000文，白银1两，4贯准黄金1两③。大明宝钞，无论是大钞还是小钞，钞币的纸张都比前朝的要大，成为我国历史上最大张的钞票。十三年，朱元璋下令废中书省，铸钱归工部，造钞归户部，新发行的宝钞将钞面文中的"中书省"改为"户部"，与旧钞一并流通。十六年，设户部宝钞广源库、广惠库掌管钞币的回收与发行，"入则广源掌之，出则广惠掌之"。二十二年，复造小钞，自10文至50文，以便民用④。

宝钞印行后，朱元璋曾下令罢宝源局、宝泉局，停止铸钱。洪武十年(1377)，复令各布政司设宝泉局，铸小钱与钞币兼行，百文以下只使用铜钱⑤。二十二年六月，工部尚书秦逵奏言："鼓铸铜钱本与宝钞相参行使，不宜停罢，请仍收废铜铸造，以便民用。"朱元璋从之，并采纳工部主事徐观的建议，更定钱制，规定每生铜1斤，铸造小钱160枚，或者铸"当二"钱80枚，铸"当三"钱54枚，铸"当五"钱32枚，铸"当十"钱16枚。并恢复江西、河南、广西、陕西、山西、山东、北平、四川等八个布政司所辖的宝泉局⑥。后来，由于钞币贬值，二十

① 《明经世文编》卷4，《王忠文公集·泉货议》。

② 《明史》卷81，《食货志五》，第1962页。

③ 《万历明会典》卷31，《户部·钞法》；《明太祖实录》卷98，洪武八年三月辛酉。

④ 《明史》卷81，《食货志五》，第1963页。

⑤ 《万历明会典》卷31，《户部·钱法》。

⑥ 《明太祖实录》卷196，洪武二十二年四月戊申、甲子。

三年十月，又谕户部尚书赵勉："近闻两浙市民有以钞一贯折钱二百五十文者，此甚非便。尔等与工部议，凡两浙市肆之民，令其纳铜送京师铸钱，相兼行使。"于是再次更定钱制，规定每小钱1文，用铜2分，其余四等钱依小钱之制递增。凡钞1贯，准钱1000文①。到二十六年七月，因铸钱扰民，诏罢各布政司宝泉局，只保留京师的宝源局一个机构继续铸钱②。

为了保证钞币的流通，朱元璋在命令印造大明宝钞的诏书里规定："禁民间不得以金银物货交易，违者治其罪，有告发者，就以其物给之。若有以金银易钞者，听。凡商税课程，钱钞兼收，钱什三，钞什七，一百文以下则止用铜钱。"③后来，以钞用久昏烂，立"倒钞法"，令各布政司设行用库，允许军民商贾用昏烂旧钞到行用库换取新钞，量收工墨费。在外卫所军士，每月食盐皆给钞购买，各盐场的工本米也改给工本钞。洪武十八年（1385），天下有司的官禄米也全部改发钞币，每米1石给钞2贯500文④。

大明宝钞不是根据国家的财力而是依据国家财政开支的需要来印造的。从洪武八年开始印造，除个别年份因国家财政需要已经满足，如十七年因"国用既充，欲轻匠力"而下令停造⑤之外，几乎年复一年地进行。印造的数额史无明载，不过《大诰续编·钞库作弊第三十二》载明洪武十八年造钞6946599锭的数字。明制以钞5贯为1锭，这笔钞款为3400多万贯。从八年到三十一年朱元璋去世共23年，假设其间有3年停造，则印钞的时间长达20年，总计大约印造了68000万贯。开头几年，由于钞币印造的数量有限，尚能和物价保持一定的比例，受到人民的欢迎。但后来，钞币逐年印造，数量越来越多。而且钞币又基本上是只放不收。九年七月，朝廷立"倒钞法"，设立宝钞行用库，允许百姓以昏烂钞币换取新钞，"每昏烂钞贯，收工墨直三十文，五百文以下递减之"⑥。《明太祖实录》二十三年十月己未条又载："复出新钞，于承天门外听民易换，命行人主之，凡五阅月复罢"。这次以旧钞换新钞，只限于京师一地。但到十三年五月，户部报告"在外行用库裁革已久，今宜复置"⑦，说明在外行用库存在不到四年就废除，收换旧钞的工作已告停止。十三年五月复置行用库，只过了半年，又"罢在京行用库"⑧。按照明代的惯例推测，京城之外的行用库当在

① 《明太祖实录》卷205，洪武二十三年十月戊辰。

② 《明太祖实录》卷229，洪武二十六年七月丙午。

③ 《明太祖实录》卷98，洪武八年三月辛酉；《万历明会典》卷31，《户部·钞法》。

④ 《明史》卷81，《食货志五》，第1962页。

⑤ 《明太祖实录》卷160，洪武十七年三月壬子。

⑥ 《明太祖实录》卷107，洪武九年七月甲子。

⑦ 《明太祖实录》卷131，洪武十三年五月己亥。

⑧ 《明太祖实录》卷134，洪武十三年十一月丁亥。

此前已经罢撤不存。二十五年二月，复开行用库于京师东市，但"行之逾年而复罢"①。此后，便不再见有收换旧钞的记载。因此，当时人实际上难有以昏钞换新钞的机会，钞币基本上处于只放不收的状态。加以当时钞币的印造很不精致，缺乏防伪措施，容易仿制，伪钞屡屡出现。如在两浙和江西，官府就曾破获一起伪造宝钞的大案，处决了以句容县民杨馒头为首的一大批案犯②。由于宝钞的印造没有限额，加上伪钞大量流入市场，导致钞币不断贬值。洪武二十三年，两浙一带，钞1贯只折钱250文，币值下降了四分之三。二十七年，又降到折钱160文，竟跌了五分之四还多③。在正常的状态下，随着经济的发展，人民消费量的提高，货币会有小幅度贬值。但大明宝钞如此大幅度贬值，就不是一种正常的现象。因此，一些地方便出现宝钞阻滞不行的问题。朱元璋于是下令，限军民商贾在半个月内将所有铜钱都送到官府更换钞币，以后只许流通钞币，禁用铜钱，"敢有私自行使及埋藏弃毁者罪之"④。尽管如此，钞币还是继续贬值，到洪武三十年，杭州诸郡商贾，不论货物贵贱，一概以金、银定价，不用钞币。当年三月，朱元璋又再下令："禁民间无以金、银交易。"⑤

尽管如此，由于朱元璋强化君主专制中央集权制度，整肃贪腐，打击豪强，社会日趋安定，"下逮仁、宣，民人安乐，吏治澄清者百余年"，社会经济向前发展，国库充盈，在洪、永、熙、宣的整个明前期，呈现"百姓充实，府藏衍溢"的景象。大明宝钞依靠皇朝的信誉和专制权力，不仅在洪武朝，而且下逮永乐、洪熙、宣德都在流通使用。宣德三年(1428)六月，明宣宗下令停印宝钞⑥。此后朝廷不再印造新钞，但此前印造的钞币仍在继续使用。直到明中期，大明宝钞才退出商品流通领域，只使用于与国家财政有关的某些方面，如皇帝用钞赏赐臣下或外国宾客，民间交易则使用白银和铜钱。到隆庆元年(1567)，明穆宗正式下诏，"令买卖货物，值银一钱以上者，银、钱兼使；一钱以下者，止许用钱"⑦，正式以法权形式承认白银货币的合法地位。

朱元璋是世界历史上发行纯信用纸币的第一人。由于没有现成的经验可供借鉴，大明宝钞的印造和发行不可避免地存在许多弊病。但无可否认，钞币的发行，对明初的商业和整个社会经济的恢复发展，还是发挥了一定的作用。

---

① 《太明祖实录》卷216，洪武二十五年二月庚辰。
② 《御制大诰·伪钞第四十八》，《皇明制书》第1册，第71—72页。
③ 《明太祖实录》卷205，洪武二十三年十月戊辰；卷234，洪武二十七年八月丙戌。
④ 《明太祖实录》卷234，洪武二十七年八月丙戌。
⑤ 《明太祖实录》卷251，洪武三十年三月甲子。
⑥ 《明宣宗实录》卷44，宣德三年六月己酉。
⑦ 《万历明会典》卷31，《户部·钱法》。

第十三章
开明的民族政策

第一节　威德兼施，德怀为主

明朝肇建之初，不仅边疆少数民族地区尚待统一，而且民族矛盾也还相当尖锐。控制着北方大片土地的蒙古贵族，固然不甘心失去统治阶级和统治民族的地位与特权，拒不接受明朝的招抚。留居内地的蒙古人，也担心明朝沿用元朝残暴的民族歧视和民族压迫政策，对他们施行报复，因而心怀疑惧，顾虑重重。在夏国割据势力和元朝残余势力控制下的其他少数民族，虽然深受元朝的民族歧视和压迫政策之害，但无法预料明朝将对他们采取什么政策，大多又抱着观望态度。采取怎样的政策和措施来缓和民族矛盾，争取各少数民族特别是蒙古的归附，对边疆地区实行有效的管辖和治理，这不仅关系到我国统一多民族国家的发展和巩固，而且更是直接关系到明朝的命运。因此，在洪武建国之后，朱元璋在开展统一全国战争的同时，便着手制定其民族政策。

历代皇朝的民族政策，都是在民族观的指导下制定出来的。朱元璋的民族观比较庞杂，举其大要有如下数端。一、"定天下于一"。朱元璋继承儒家治国的大一统思想，极力维护我国多民族国家的统一。早在元末与群雄逐鹿中原之时，朱元璋就与群臣讨论如何"定天下于一"的问题。他曾问国子博士许存仁等人："孟子言，五百年必有王者兴……天下纷纷，未定于一者，何也？"许存仁对曰："稽之于历，自宋太祖至今，当五百年之数，定天下于一，斯其时矣！"①此后，他即以"誓清四海，以同吾一家之安"②作为自己的奋斗目标。登基称帝后，仍念念不忘实现"天下一统"的大业。洪武十五年（1382），明军消灭云南故元梁王后，傅友德遣使招谕大理总管段世，段世三下战书，声称云南为"遐荒"之地，"历代所不能臣"，朱元璋严加驳斥，指出"云南自汉以来服属中国，惟宋不然，胡元则未有中国已下云南"，必须坚决进兵统一之。二、"内中国而外夷狄"。朱元璋沿袭历代汉族皇朝"内中国而外夷狄"的观念，把少数民族视为"禽兽""犬羊""豺狼"③，认为"非我族类，其心必异"④。因此，"自古帝王临御天下，中国居内以御夷狄，夷狄居外以奉中国"⑤，否则就会酿成"祸乱"。三、"华夷无间"，"一视同仁"。在元末农民战争后期，为了争取北方汉族地主阶级的支持，朱元璋曾提出"驱逐胡虏，恢复中华"的口号，但登基称帝后又遵循儒家"远人不服，则修文德以来之"的思想，反复申明："朕既为天下主，华夷无间，姓氏虽异，抚字如一。"⑥"圣人之

---

① 《明太祖实录》卷19，丙午年三月戊戌。
② 《明太祖实录》卷96，洪武八年正月壬申。
③ 《明太祖集》卷15，《解夷狄有君章说》，第342页。
④ 《明太祖实录》卷41，洪武二年四月丁丑。
⑤ 《宋濂全集》卷2，《谕中原檄》，第70页。
⑥ 《明太祖实录》卷53，洪武三年六月丁丑。

治天下,四海之内,皆为赤子,所以广一视同仁之心。朕君主华夷,抚御之道,远迩无间"①。

在上述民族观的指导下,朱元璋制定了"威德兼施"的民族政策,强调"治蛮夷之道,必威德兼施,使其畏感,不如此不可也"②。这种"威德兼施"的政策,乃是历代封建统治者所惯用的一种古老的治世法则。但是,过去的封建帝王,除了唐太宗等少数人之外,在运用这一法则时,往往只注意军事上的威服,很少注意政策上的德怀,从而导致民族矛盾的激化,难以取得积极的效果。元朝统治者更在大规模的军事征服之后,把各族人民按民族的不同和被征服的先后划为四个等级,实行赤裸裸的民族压迫和歧视政策,激化民族矛盾,埋下日后败亡的一个祸根。朱元璋吸取他们的教训,非常强调德怀的作用,指出:"自古人君之得天下,不在地之大小,而在德之修否。"③"蛮夷之人""若抚之以安静,待之以诚意,谕之以道理,彼岂有不从化哉?"④因此,他主张威德兼施,二者不可偏废。洪武七年(1374),有个御史进《平蛮六策》,内有"立威"一目,他批评说:"汝策甚善,但立威之说亦有偏耳。夫中国之于蛮夷,在制驭之何如。盖蛮夷非威不畏,非惠不怀,然一于威则不能感其心,一于惠则不能慑其暴,惟威惠并行,此驭夷之道也。古人有言:'以怀德畏威强',政以此耳。"⑤

朱元璋在统一战争和治理边疆民族地区的过程中,始终坚持这个"威德兼施"的政策。但在具体实践中,则视各少数民族的不同情况而有所侧重。在一般情况下,他侧重于政治上的恩怀和德惠,力求"以德怀之",不滥用武力或者尽可能避免使用武力,只是当某些少数民族的上层分子拒绝归附或者发动叛乱时,他才临之以兵,"以威服之",一旦他们放下武器,表示归服,他又施以恩怀和德惠。从总的倾向来看,朱元璋处理民族问题的政策基本上是一种威德兼施、德怀为主的政策。

在元末农民战争的后期,当朱元璋由农民起义领袖转化为地主阶级的代表人物之后,为了争取北方汉族地主的支持,他曾提出"驱逐胡虏,恢复中华"的口号。但是在夺取全国的最高统治权、建立明朝之后,朱元璋的施政方针并没有把蒙古族排斥在外,而是把蒙古民族同其他国内少数民族一样看待,同样施行"威德兼施"的政策。当然,由于北元的最高统治者仍以武力相抗拒,不肯归附,朱元璋对他们主要侧重于军事打击,力求"以威服之"。但他从未放弃政治上的恩抚,力图争取"以德怀之"。他多次发动招抚攻势,反复申明:"如蒙古、色目,虽非华夏族类,然同生天地之间,有能知礼义、愿为臣民者,与中国之人抚养无异",宣布元顺帝父子如能归附,"当效古帝王之礼,俾作宾我朝";北元官吏能倾心来归,当

① 《明太祖实录》卷 134,洪武十三年十月丁丑。

② 《明太祖实录》卷 149,洪武十五年十月丙申。

③ 《明太祖实录》卷 76,洪武五年正月辛未。

④ 《明太祖实录》卷 34,洪武元年八月戊寅。

⑤ 《明太祖宝训》卷 6,《怀远人》。

"不分等类,验才委任";其宗王伯驸马、部落臣民能率众来朝,"当换给印信,还其旧职,仍居所部之地,民复旧业,羊马孳畜,从便牧养"①。这就消除了部分蒙古、色目人的疑惧和敌对情绪,不少故元的宗戚、将官率部相继投向明朝,从而加速了北元势力的分化和衰败过程。

元朝被推翻后,各地行省的蒙古宗王、官员、驻军及其家属大部分未及撤走。据《蒙古源流》记载,元顺帝北徙后,"四十万蒙古中,得脱者惟六万,其三十四万(皆)被围而陷矣"②。这个数字是不够确切的,因为元朝驻扎各地的蒙古军队数字是保密的,但它反映了进驻内地的蒙古军队绝大部分滞留中原各地的事实。后来,明朝在同北元的战争中,又多次俘虏、招降了大量蒙古军民。这两部分蒙古军民,总计有几十万人之多。对这些蒙古军民,朱元璋按照自己宣布的政策,都妥善加以安置。

对投降和被俘的故元诸王和蒙古官吏,朱元璋封授官衔,厚加赏赐。凡有归降者,他都优加赏赉。如洪武三年(1370),赐北元皇太孙买的里八剌母妃以下镀金银首饰60副,每副各9件,纱罗布衣服60袭,每袭各7件。二十一年,赐北元降将纳哈出玉带1条,金银香带1条,白金1000两,文绮帛各40匹,钞1000贯;诸部将金带、百花素银带700条,纱帽800顶,银钞各不等。又赏钞30万锭、金文绮2000匹,赏其部众。又赐纳哈出文绮帛各10匹,白金250两,衣1袭,赐其妻衣靴袜线。赐宗王先童、国公观童等10人各文绮帛2匹,白银25两,又给纳哈出妻子米500石,将校男女44179人布176716匹,棉袄27552领,皮裘5353领,冬衣及色绢衣32240余袭。又赐纳哈出等318人银23840两,文绮帛2094匹,钞12969锭③。即使是战败被俘的北元将官,朱元璋也优礼有加。洪武八年十二月,纳哈出裨将乃剌吾自恃骁勇,乘金州城垣尚未修复之机,至城下挑战,为守城明军射伤俘获,押送南京。"群臣皆请戮之,上不许,命乃剌吾为镇抚,赐以妻妾田宅"④。

除了赏给优厚的财物,朱元璋还量才擢用,委任他们官职,有的还赐以姓名。不少故元官吏,归明后在地方出任知府、知县,在中央做到侍郎、尚书。如脱因任廉州知府⑤,忽哥赤任工部右侍郎,安童任刑部尚书⑥。世家宝在元末任集贤院学士,守胶东登、莱等郡,洪武元年(1368)以所守莱阳城降,被授为大理寺少卿,寻改礼部侍郎。第二年升任刑部尚书,未几以事贬为庐陵知县,后召还授兵马都指挥司副指挥,改两浙盐运司同知。十五年,

①　《明太祖实录》卷53,洪武三年六月丁丑。
②　(清)萨囊彻辰著,道润梯步译注:《蒙古源流》卷5,内蒙古人民出版社1981年版,第223页。
③　《弇山堂别集》卷77,《赏赉考下·降虏之赏》,第1487—1489页。
④　《明太祖实录》卷102,洪武八年十二月。
⑤　《明史》卷138,《周祯传》,第3967页。
⑥　《明太祖实录》卷201,洪武二十三年闰四月辛未;卷199,洪武二十三年正月辛巳。

改授临安知府,至秩满才致仕还家①。北元工部尚书丑驴,二十一年归降后,赐姓名李贤,授燕王府纪善,他"侍燕世子最恭谨",因助燕王"靖难"有功,累迁都指挥同知,到仁宗朝更升至右都督②。至于在军队里任职的,数量就更多了。起初有的是由明朝换给印信,仍领旧部,原地屯戍,如北元参政脱火赤等自忙忽滩来降,诏置忙忽军民千户所,隶绥德卫,以脱火赤为副千户③。有的则另授新职,迁入内地驻防,如北元惠王伯都不花及宗王子蛮蛮、赤斤帖木儿等降后,授为千百户、镇抚,令各领兵千人,往温、台、明三郡戍守④;北元保宁王雅纳失里、宗王汪右图、别里帖木儿、把的忙、哥者、乃马歹等六人及辽阳行省左丞速哥秃等自大同来降,并授浙江等卫所镇抚⑤;纳哈出所部归降后,随傅友德出征云南,官属悉授以指挥、千百户,"俾各食其禄而不任事,分隶云南、两广、福建各都司以处之"⑥。到二十一年二月,朱元璋命中军、左军二都督府移文所属都司:"凡归附鞑靼官军,皆令入居内地,仍隶各卫编伍。"⑦从此,所有归附的北元军队全都编入内地卫所,归附的北元武官也随之到内地卫所任职了。在亲军中甚至还设有蒙古军队和军官,如洪武五年"置蒙古卫亲军指挥使司,以答失里为佥事"⑧。洪武中后期,朱元璋担心一些蒙古上层贵族利用过去的身份地位从事反明活动,曾把其中的少数人迁往国外。如平云南后,于洪武十五年四月将元梁王把匝剌瓦尔密及威顺王子伯伯等人的家属迁至耽罗岛⑨;二十一年,北元太子地保奴口出怨言,被送至琉球⑩;二十二年四月又诏"故元诸王来降者,俾居耽罗国"⑪。但对其他北元降将降官,他依然执行"量材擢用"的政策。据《明史》的记载,"明兴,诸番部怀太祖功德,多乐内附,赐姓名、授官职者不可胜纪"⑫。

对归降的蒙古牧民,朱元璋也"因俗而治",多方给予照顾。早在龙凤十年(1364)十一月,朱元璋在处理湖广的少数民族问题时,就提出过"因其俗而治之"⑬的主张。洪武建国后,他把这个原则普遍运用于边疆各少数民族地区。按照这个原则,他首先是照顾蒙古人

---

① 《明太祖实录》卷235,洪武二十七年十二月辛卯。

② 《明史》卷156,《薛斌传附李贤传》,第4272页。

③ 《明太祖实录》卷54,洪武三年七月丙申。

④ 《明太祖实录》卷78,洪武六年正月壬子。

⑤ 《明太祖实录》卷110,洪武九年十一月壬辰。

⑥ 《明太祖实录》卷185,洪武二十年二月丁卯。

⑦ 《明太祖实录》卷188,洪武二十一年二月丁卯

⑧ 《明太祖实录》卷71,洪武五年正月甲子。

⑨ 《明太祖实录》卷144,洪武十五年四月甲申;《明史》卷3,《太祖本纪三》,第39页。

⑩ 《明史》卷327,《鞑靼传》,第8466页。

⑪ 《明太祖实录》卷196,洪武二十四年四月甲寅。

⑫ 《明史》卷156,《吴允诚传》赞,第4284页。

⑬ 《明太祖实录》卷15,甲辰年十一月庚寅。

的生活习惯,把他们安置在水草肥美的地方,从事游牧生活。洪武三年(1370)十二月,中书省臣认为西北边地的蒙古人是势穷力屈,迫不得已才投降的,不宜就地安置,否则一旦反侧,恐怕边镇无法制服。主张把他们统统迁置内地,以绝后患。朱元璋坚决否定了这种意见,说:"凡治胡虏,当顺其性。胡人所居,习于苦寒。今迁之内地,必驱而南,去寒凉而即炎热,失其本性,反易为乱。不若顺而抚之,使其归就边地,择水草孳牧。彼得遂其生,自然安矣。"①后来,明廷为了减少蒙古入侵时利用边民充当内应的危险,曾一度将归降的北元官吏及将士家属和塞外边民分别迁至南京、北平诸卫及附近的府、州、县。但是,蒙古牧民不习惯内地定居的农耕生活,有些内迁者又设法逃往塞外。七年三月,燕山都卫将一批归附的故元官吏和降民遣送南京,途中就有人逃窜。朱元璋又敕谕边将说:"元运既终,天命归我中华,凡其遗民,皆吾赤子。今既来归又辄逸去,盖彼生长之日深,而此抚绥之意浅,故去之耳。自今凡有来归者,尔等善抚绥之。有欲就彼住者,择善地以居之,便其畜牧;有欲来京者,择善人以送之,毋使失所。"四月,徐达报告俘获一批北元官属并招降河曲府山谷军民,朱元璋又起疑心,令将"官属送京师,军民居之塞内",随后还下令将"塞外夷民,皆令迁入内地"②。不过,这一规定的实施对象只限于北方与蒙古接邻的边境居民,至于西北与东北地区的蒙古人归附之后,明廷一般都令就边地,择水草孳牧。二十年,纳哈出归附后,朱元璋给冯胜等发出的第一个敕谕,就是让他们把纳哈出的部众安排在原地居住,使之"顺水草以便牧放,择膏腴之地以便屯种"③。接着,他给冯胜又发出第二个敕谕,指出"胡虏生计,惟畜牧是赖,犹汉人资于树艺也",要他诫谕将士,不得"少有侵渔"④。但是这两个敕谕还没发到辽东,冯胜等人已经将纳哈出的部众全部迁移,朱元璋又赶忙派人对他们进行解释,表示慰问,并赏给布匹等大量物资,以安定人心⑤。后来,兀良哈部归降后,朱元璋于二十二年五月即其聚居地设立兀良哈三卫,谕三卫首领曰:"自古胡人无城郭,不屋居,行则车为室,止则毡为庐,顺水草,便骑射为业,今一从本俗,俾遂其性,尔其安之。"⑥第二年正月,北元平章把都帖木儿、知院笼秃儿、灰纳纳罕等人派部将来到西凉(今甘肃武威),表示要率领蒙古百姓并家属 5000 余口归降于明,朱元璋以其道远,也让他们"就水草便利之地居住"⑦。

其次,在蒙古族聚居的地区,设立羁縻性质的卫所。洪武二十一年(1388),北元辽王

---

① 《明太祖实录》卷 59,洪武三年十二月戊午。
② 《明太祖实录》卷 88,洪武七年三月丁亥,四月乙巳、辛酉。
③ 《明太祖实录》卷 182,洪武二十年闰六月甲寅。
④ 《明太祖实录》卷 183,洪武二十年七月丁酉。
⑤ 《明太祖实录》卷 184,洪武二十年乙卯、丙辰。
⑥ 《明太祖实录》卷 196,洪武二十三年五月癸巳。
⑦ 《明太祖实录》卷 199,洪武二十三年正月甲申。

阿札失里、宁王塔宾帖木儿等来降,第二年五月设泰宁、朵颜、福余三卫于兀良哈之地。这些羁縻卫所,均以归附的当地首领担任卫所长官,"各领所部,以安畜牧"①。他们的内政拥有很大的自主权,但必须服从朝廷的指挥与调遣。这种羁縻卫所的设置,既可以安抚当地的蒙古部众及其他少数民族,又可以利用其军事力量来对付北元,"以夷制夷",达到"内安诸夏,外抚四夷"②的目的。

第三,尊重蒙古的风俗习惯。洪武元年,朱元璋曾下诏恢复唐式衣冠,禁止"辫发、椎髻、胡服、胡语、胡姓"③。许多蒙古、色目人入仕后,纷纷改用汉姓汉名。后来,朱元璋觉得这样做不够妥当,又提倡蒙、汉各从其俗,于洪武三年四月下诏"禁蒙古、色目人更易姓氏",说:"朕虑岁久,其(蒙古、色目)子孙相传,昧其本源,诚非先王致谨氏族之道。中书省其告谕之,如已更易者听其改正。"④

如果说朱元璋对北方的蒙古偏于"以威服之"的话,那么他对其他地区少数民族则侧重于"以德怀之"。当他派兵进入这些地区消灭元朝和其他敌对势力的武装时,就遣使招谕当地的少数民族。这些少数民族在元代都处于被统治地位,深受民族歧视和压迫之苦,对元朝的统治极为不满,对朱元璋"华夷无间""抚字如一"的怀柔政策较为欢迎,大多陆续归顺了明朝。只有少数土酋如云南大理段氏等拒绝招抚,朱元璋才出兵征讨,"以威服之"。在完成全国的统一后,朱元璋又根据"抚字如一""因俗而治"的原则,采取相应的措施,对这些少数民族实行恩怀和德惠。

南方湖广、四川、贵州、云南、广东、广西、福建、台湾等地的僮(壮)、峒(侗)、土蛮(土家)、瑶、畲、黎、东番夷(高山)、苗、仡佬、仲家(布依)、僰(白)、罗罗(彝)、百夷(傣)、摩些(纳西)、和泥(哈尼)、栗粟(傈僳)、阿昌、景颇、回、哈剌(佤)、蒲(布朗、德昂)等族,归附的时间不一。在统一南方的过程中,中书省臣曾建议将一些少数民族迁往内地,说广西诸溪洞已经平定,应将当地土著居民迁入内地,可无边患。朱元璋坚决反对,认为"其人不知礼义,顺之则服,逆之则变,未可轻动。今惟以兵分守要害,以镇服之,俾之日渐教化,则自不为非,数年之后皆为良民,何必迁也"⑤。他坚持尊重南方各族的生活习惯,让他们留居原地。同时,还保留南方各族原有的行政体制,不做大的变动。南方的少数民族,只有粤、闽、浙、赣一带的畲族生产力水平较高,大致与当地的汉族持平,因而较早成为中原皇朝的

---

① 《明太祖实录》卷196,洪武二十三年五月癸巳。
② (明)杨荣:《北征记》,《广百川学海乙集》本。
③ 《明太祖实录》卷30,洪武元年二月己酉。
④ 《明太祖实录》卷51,洪武三年四月甲子。参看拙作《论朱元璋对蒙古的"威德兼施"政策》,《中央民族学院学报》1993年第2期;拙著《古代民族关系论稿》,中央民族大学出版社2006年版,第192—214页。
⑤ 《明太祖实录》卷43,洪武二年六月丁未。

编户齐民。在其归附后，明朝官府便将他们普遍"编图隶籍"①，同当地汉族一起置于府、州、县流官的直接统治之下。其他的南方少数民族，生产力比较低下，经济较为落后，有的还处在原始公社阶段，有的处在奴隶制或农奴制阶段，有的正逐步由封建领主经济向地主经济过渡，只有个别少数民族地区地主经济占据统治地位。加上那里山高林密，交通不便，历代皇朝的统治力量难以深入进去，当地的大姓世代相嬗，据有其土，实行豪酋统治。故"宋、元皆用其土酋安抚使统之"②，宋设羁縻州、县，元设土官，任用当地少数民族头领为官，世领其他，世长其民。朱元璋"踵元故事，大为恢拓"③，在南方广泛设置土司。明初最早设置的一批土司，大都就是在录用归附的元朝土官的基础上建立起来的。龙凤九年(1363)，朱元璋在鄱阳湖战胜陈友谅，翌年进克武昌，十一月元授慈利军民安抚使覃垕等归附，"以故元所授参知政事照会三道来上，乞改置官司"，朱元璋即从其所请，置慈利军民宣抚司，以土官覃垕、夏克武为宣抚使，田重я为同知宣抚司事，"俾因其俗而治之"④。于是，湖广诸郡"元时所置宣慰、安抚、长官司之属，皆先后迎降，太祖以原官授之"⑤。洪武元年(1368)，明军平定福建、广东、广西，"诸夷纳土，乃各因其酋长，立为宣慰、安抚等官"⑥。四年，平定四川及贵州北部、西部；十四年，统一贵州南部及云南，凡"西南夷来归者，即用元官授之"⑦。除了广泛录用归附的元朝土官，明廷还任用许多归顺的少数民族头目或土民，建立一批新的土司。如洪武二年，"以广西地接瑶、僮，始于关隘冲要之处设巡检司，以警奸盗，后遂增置各处"⑧。这些遍布南方少数民族地区和边境地带的土巡检，就是明代新增置的土司。所有这些土司，不论是原设还是新建的，"皆因其俗，使之附辑诸蛮，谨守疆土"⑨。

土司制度在元代已初具雏形。朱元璋在推广这一制度时，对它做了进一步的改进与完善，使之更趋完备与严密。第一，确立完备的土司职衔。在武职土司系统，将元代置于边境的宣慰使、宣抚使、安抚使、招讨使和长官等职称，变为授予土官的武职职称，规定宣慰使司设宣慰使一人，从三品，同知一人，正四品，副使一人，从四品，佥事一人，正五品；宣抚司设宣抚使一人，从四品，同知一人，正五品，副使一人，从五品，佥事一人，正六品；安抚

①　《民国福建通志》卷2，《福建风俗志》，1938年刻本。
②　《明史》卷317，《广西土司列传一》，第8207页。
③　《明史》卷310，《土司列传》序，第7981页。
④　《明太祖实录》卷15，甲辰年十一月庚辰。
⑤　《明史》卷310，《胡广土司列传》，第7982页。
⑥　(明)朱震孟：《西南夷风土记序》，《丛书集成初编》本。
⑦　《明史》卷310，《土司列传》序，第7982页。
⑧　《明史》卷75，《职官志四》，第1852页。
⑨　《明史》卷76，《职官志五》，第1876页。

司设安抚使一人，从五品，同知一人，正六品，副使一人，从六品，佥事一人，正七品；招讨司设招讨使一人，从五品，副招讨一人，正六品；长官司设长官一人，正六品，副长官一人，从七品，蛮夷长官司也设长官一人，正六品，副长官一人，从七品①。在少数民族地区的卫所，还参用土人，形成卫所土司的职称，其"设官如京卫，品秩并同"②。即卫指挥使土司设指挥使一人，正三品，指挥同知二人，从三品，指挥佥事四人，正四品；千户所设正千户一人，正五品，副千户二人，从五品，镇抚二人，从六品，下设百户，正六品③。文职土司系统，则将唐、宋以来封授少数民族首领充当州、县土官的做法变为定制，形成"土知府""土知州""土知县"等文职土司职称，"其品秩一如流官"④，即府设知府一人，正四品，同知无定员，正五品，通判也无定员，正六品，推官一人，从六品；州设知州一人，从五品，同知无定员，从六品，判官也无定员，从七品；县设知县一人，正七品，县丞一人，正八品，主簿一人，正九品⑤。这样，一套专为民族地方政权而设的土司职衔也就完备了。第二，明确土司的隶属关系。洪武初年，各地土司均划归吏部管辖，"土官承袭原俱属（吏部）验封司掌行"。到洪武三十年（1397），"以宣慰、宣抚、安抚、长官皆领土兵，故改隶兵部，其守土者仍隶验封司"⑥，"隶验封者，布政司领之；隶（兵部）武选（司）者，都指挥领之"⑦。这样，"文武相维，机权所寓，细大相关，股掌易运"⑧。不过，这个规定当时并未认真执行，有些地方的宣慰、宣抚、招讨、长官司，直到明中期以后仍然是隶属吏部管辖⑨。而且所有的土司，不管是文职或武职，又都尽可能组织和保持一支土兵，文武职实难做出绝对的划分。此外，明廷还规定，土司之间发生纠纷，需由朝廷裁决，"有相仇者，疏上听命于天子"⑩。

土司一经封授，就成为朝廷的命官，他们必须向朝廷"修职贡，供征调"⑪，即缴纳贡赋，调兵从征。这是土司臣服中央朝廷的标志，也是他们对中央朝廷应尽的义务。但是，明廷对土司又给予优厚的待遇。土司的职衔是世袭的，有些率先归附的，朝廷还特地授予世袭之明文。如广西思明府土官黄忽都于洪武二年遣使贡马及方物，"诏以忽都为思明府知

① 《明史》卷76，《职官志五》，第1875页。按：据《明史》卷310《湖广土司列传》（第7987页）载："以四百户以上者设长官司，四百户以下者设蛮夷长官司。"

② 《明史》卷76，《职官志五》，第1873页。

③ 《明史》卷76，《职官志五》，第1860、1873、1874页。

④ 《万历野获编》补遗卷4，《土司文职》，第926页。

⑤ 《明史》卷75，《职官志四》，第1849—1850页。

⑥ 《万历明会典》卷6，《吏部·验封清吏司》；卷118，《兵部·武选清吏司》。

⑦ 《明史》卷310，《土司列传》序，第7982页。

⑧ （清）毛奇龄：《蛮司合志》序，《绍兴先正遗书第三集》本。

⑨ 《万历野获编》补遗卷4，《土司文职》，第926页。

⑩ 《明史》卷76，《职官志五》，第1876页。

⑪ 《明史》卷76，《职官志五》，第1876页。

府,世袭"①;贵州宣慰使霭翠、宣慰同知宋蒙古歹及普定府女总管适尔在洪武五年先后归附,"俱令领原职世袭"②。土司在辖区之内,仍可保留其传统的统治机构和各种权力,内政完全自理,不受朝廷的干预。为了笼络土司,朝廷还给予土司大量的赏赐。土司"遇三年朝觐,差人进贡一次"③,为谢恩入贡者,不受此限。每次朝贡,朝廷均按"厚往而薄来"④的原则,给予丰厚的回赐。朱元璋还特地叮嘱礼部大臣,凡是各地土官亲自入京朝觐者,"赍予之物宜厚,以示朝廷怀柔之意"⑤。土司有"敬上爱下"、效忠朝廷的突出表现者,赏赐尤其优厚。贵州宣慰使霭翠是贵州较早归附的一个土司,洪武六年诏其"位各宣慰之上"。霭翠每年贡方物马匹,朱元璋"赐锦绮、钞币有加"。十四年,霭翠年老,由其妻奢香代袭。奢香曾率境内土民修筑两条驿道,置龙场九驿,并每年完成输赋 3 万石的任务。其子安的袭职后,也很效忠朝廷,朱元璋誉之"最为诚恪"。二十五年,安的来朝,朱元璋便赐给三品服并袭衣金带、白金 300 两、钞 50 锭。奢香随后又遣其儿媳奢助及部长入京贡马 66 匹,朱元璋复诏赐奢香银 400 两和许多锦绮、钞币。"自是每岁贡献不绝,报施之隆,亦非他土司所望也"⑥。另外,按照朝廷的规定,土司入贡时,除贡品外还可多带方物,在京师会同馆开市五日,与商民进行交易,但严禁买卖武器等违禁物品⑦。由于朝贡可以得到价值大大超过贡品的赏赐,又可附带到内地进行贸易,很多土司往往突破朝廷的限制,增加朝贡的次数。如贵州宣慰使霭翠、安的父子,贵州宣慰同知宋蒙古歹,思州宣慰使田仁厚、田弘正与田琛祖孙三人,播州宣慰使杨铿、杨升父子,在洪武年间就年年入贡。其中,思州宣慰使田琛在二十二年竟连续两次贡马⑧,贵州宣慰使安的在二十七年也两次贡马⑨。

"因俗"是为了致"治"。朝廷之所以实行"以夷治夷"之策,录用大量土酋充当土官,以统其民,是期望收到"蛮情易服,守兵可减"⑩的效果,即以最小的代价实现国家的统一,巩固明朝的统治。但如果民族地区的土酋拒不归附,或降而复叛,或庸弱不能御众,无法达到致治的目的,朱元璋便不惜出动武力加以征服,并废除原有的土司,实行改土归流。如洪武初年湖广诸"蛮""梗化",已经归附的慈利安抚使覃垕又复叛明,"连拘诸蛮入寇"。此

---

① 《明史》卷 318,《广西土司列传二》,第 8233 页。

② 《明史》卷 316,《贵州土司列传二》,第 8196 页。

③ 《万历明会典》卷 108,《礼部·朝贡》。

④ 《明太祖实录》卷 87,洪武七年正月乙亥。

⑤ 《明太祖实录》卷 154,洪武十六年五月戊申。

⑥ 《明史》卷 316,《贵州土司列传二》,第 8169—8170 页。

⑦ 《万历明会典》卷 108,《礼部·朝贡》。

⑧ 《明太祖实录》卷 195,洪武二十二年二月己巳。

⑨ 《明太祖实录》卷 231,洪武二十七年正月乙丑;卷 235,洪武二十七年三月壬午。

⑩ 《明太祖实录》卷 38,洪武二年正月壬戌。

后，湖广土酋的"梗化"事件连续不断，屡仆屡起①。朱元璋在派兵镇压之后，就罢废了不少土司。据《明太祖实录》的记载，明朝在洪武建国前，已在湖广设置安定等处宣抚司，怀德军民宣抚司，抽栏、不夜、黄石三洞长官司，籥洞元帅府，梅梓、麻寮二洞长官司。洪武元年至二十六年，又先后建立慈利军民宣抚司，靖州安抚司，容美洞等处军民宣抚司（后改为黄沙、靖安、麻寮等处军民宣抚司），保靖军民安抚司（后改为宣慰司），镇南军民宣慰司，太平、台宜、靖安等处安抚司，幸直、荒溪等处宣抚司，守镇边境等处大屯军民元帅府，太平、台宜、麻寮等十寨长官司，施州宣慰司，金洞、隆奉、忠孝世德、平溪、东乡等五路长官司，永顺军民安抚司（后改为军民宣尉司），忠建长官司，沿边溪洞长官司，散毛沿边宣慰司，堂厓长官司，家乡寨五里自崖、椒山玛瑙、水尽原通塔坪、石梁下洞、五峰宝寨六长官司，镇边忠义安抚司，忠义蛮夷安抚司，池著、田阿、世业三洞长官司，大旺安抚司，东流安抚司，皮蜡、井坝、九明蛮夷三洞、市备金菌四长官司，镇南大奴、辰原、龙潭、采邑、台平、上河六安抚司，黑假、蛮王、西平、波皮、龙爪、常亚六洞长官司，施南宣慰司等土司②。但到洪武二十七年，"更定蕃国朝贡仪"时，上述土司已大部被废，只剩下施南、思南、永顺、保靖四个宣慰司和忠建一个安抚司③。不久，忠建、施南二司亦废④。被废的土司，有些在永乐年间重新恢复，有些未再恢复，如慈利安抚司在洪武四年被废后，就再未见于史籍的记载。在广西，庆远南丹军民安抚司同知莫天护，"素庸弱不能御众，而宗族强者动肆跋扈，至于杀河池县丞盖让，与诸蛮相扇为乱"⑤，朱元璋于洪武三年下令罢废安抚司，改置庆远府，令莫天护赴京，另派流官管理。在云南，当傅友德等统率明军征服乌撒、乌蒙、东川、芒部之后，朱元璋即于十五年二月下令置云南都司"以统诸军"，"置布政使司及府、州、县以治之"，并命将乌撒、乌蒙、东川、芒部土酋"悉送入朝"⑥，准备实行改土归流。闰二月，因担心此举会激起诸部土酋的强烈反抗，影响傅友德对大理的进攻，才不得不改变初衷，令"赐各土酋冠带，给以诰敕，使任本州知州等官"⑦。但云南最大的土司头目、大理的最后一任总管段世被俘后，因其屡次拒绝明廷的招谕，朱元璋还是把他迁往内地，令其"随侍齐王，给千户禄"⑧，从而废除了段氏对大理445年的世袭统治。曲靖的越州土知州阿资，也因于洪武二十一年九月、二十四年十二月、二十七年十一月先后三次举兵反叛，二十八年正月为沐春等擒杀，

① 《明史》卷310，《湖广土司列传》，第7983页。

② 《明太祖实录》卷14至23。

③ 《明太祖实录》卷232，洪武二十七年四月庚辰。

④ 《明史》卷44，《地理志五》，第1096、1097页。

⑤ 《明太祖实录》卷50，洪武三年三月辛亥。

⑥ 《明太祖实录》卷142，洪武十五年二月戊午。

⑦ 《明太祖实录》卷143，洪武十五年闰二月甲午。

⑧ 《明太祖实录》卷161，洪武十七年四月己巳。

朱元璋也令削其籍，"以其地入流，分属邻近州、县，置平彝、越州卫以镇之"①。在贵州，普定土知府者氏"洪武十八年废，十九年降为长官"②。普安土知府普旦于洪武十一年联结越州土知州阿资举兵反叛，攻陷普安府。翌年为明军平定，罢府，置普安卫③。

不过，限于客观条件，明初的改土归流只在个别州、县的小范围内进行，而在西南及其相邻的一些少数民族地区，还是沿袭元制广置土司。为了防止这些土司因世代相袭出现割据的局面，朱元璋又采取许多措施加强对他们的控制。

第一，制定严格的承袭制度。元代对土司的承袭是"从本俗，权职以行"的，老土官亡故以后，即按当地民族的习俗，由其"子侄兄弟袭之，无则妻承夫职"④，不需要履行什么手续。明朝对土司的承袭虽也"胥从其俗"，在老土官亡故之后，由"其子弟、族属、妻女、若婿及甥"袭替⑤，但必须履行严格的手续。洪武二十六年（1393）明确规定："其湖广、四川、云南、广西土官承袭，务要本司（验封司）委官体勘，别无争袭之人，明白取具宗支图本，并官吏人等结状，具部呈奏。"⑥按照这个规定，土司承袭之前，要由吏部验封司委派的官员查核该土司的"宗支图本"，"全凭宗支一图为据"⑦。同时，还必须有当地的府、州、县官具结作保。然后，再报请吏部审查核准，方可承袭。此其一。其二，朝廷还规定，"袭替必奉朝命"。当时所有的中小土司，"虽在万里外，皆赴阙受职"⑧。只有一些大土司，是由朝廷下诏，就地袭职的。

第二，建立严明的赏罚制度。土司有功，朝廷除给予优厚的赏赐，还常常擢升其官职，以资鼓励。所谓有功，既包括忠于职守，也包括从征立功。如金筑长官司长官密定，在明军平云南时"首献马五百匹，以助征讨"⑨，朱元璋为酬其功，诏升金筑长官司为安抚司，以密定为安抚使。龙家寨长阿窝，洪武十八年（1385）因军功除授安顺州判官，其侄阿宁后亦"因军功升授"本州同知⑩。有些土司功劳比较显著的，还被授予流官职衔，或加授散阶、勋级虚衔。如安宁州土酋董赐，在明军入滇时"率众来降，复从军征贼有功"，洪武十七年被授为鹤庆世袭知府，其子董节也被授为安宁州世袭知州。董赐率其官属入朝贡马及方物，

① 《光绪平彝县志》卷7，《秩官志·土司》，清光绪三十四年刻本。
② 《咸丰安顺府志》，清咸丰元年刻本。
③ 《光绪普安直隶厅志·土司》，清光绪十五年刻本。
④ 《元史》卷26，《仁宗本纪三》，第589页。
⑤ 《明史》卷72，《职官志一》，第1752页。
⑥ 《诸司职掌·吏户部职掌·司封部·封爵》，《皇明制书》第2册，第384页。
⑦ 《万历野获编》补遗卷4，《土官承袭》，第934页。
⑧ 《明史》卷310，《土司列传》序，第7982页。
⑨ 《明史》卷316，《贵州土司列传》，第8196页。
⑩ 《土官底簿》卷下，《贵州·贵州都司普安卫军民指挥使司安顺州同知》，《四库全书》本。

"以父子俱受显荣,无以仰报,子幼冲,不达政治,乞还父子所授官,而自为安宁知州"。朱元璋说:"尔能绥靖边鄙,授尔官以酬尔勋。今辞尊居卑,奈何?"后经傅友德及诸大臣讨论,乃升授董赐为"明威将军、云南前卫世袭指挥金事"①。云南罗次土知县杨大用,二十三年因军功"升除户部郎中",二十五年又"除云南右参议"②。土官宣慰使郑彦文,还因功升至工部左侍郎③。对土司犯罪,则改变元代"罚而不废"④的做法,实行严厉惩处。如广西罗白土知县梁敬宣因"谋杀本州知州黄智斌",被处以"重刑监候"⑤。云南广南府土同知侬贞右因聚众反对官军在该地筑城建置卫所,二十九年被械送京师,朝廷下令降其子"郎金为府通判"⑥。当然,考虑到少数民族的政治、经济状况与内地的汉族有所不同,朝廷对土司犯罪并未全按《大明律》的规定来惩处,而是采取比较宽容的办法从轻处罚。如洪武初年,广西龙州土知州赵帖坚死后无子,由其侄宗寿袭职。帖坚妻黄氏与其婿太平州土官李园泰为抢夺龙州知州之职,与之发生争斗。朱元璋原"诏宗寿勿问,独议帖坚妻与园泰罪",既而"以蛮夷远人,并释之"⑦。洪武二十五年,思明州知州门三贵谋杀思明府知府黄广平。黄广平察觉后,杀死门三贵,"乃以病死闻于朝"。朱元璋下令"逮广平鞠之",既至,又令刑部"姑宥之,使其改过"⑧。

第三,实行土流合治。洪武四年(1371),曹良臣率明军攻取桑植,容美洞元施南道宣抚使覃大胜弟覃大旺、副宣慰覃大兴等来朝,纳元所授金虎符,朱元璋"命以施州宣慰司为从三品,东乡诸长官司为正六品,以流官参用"⑨。此后,朝廷在湖广、广东、广西、四川、贵州、云南一些平坝和交通比较便利、汉族与少数民族杂居、生产水平较高的地区,便派遣可由朝廷随时撤换的流官,与土官参用,实行土流合治或土流参治。一般在土官势力较弱的地方,用流官担任正职,土官担任副职;在土官势力较强的地方,用土官担任正职,流官担任副职,起辅佐和监督的作用。以广西为例,"惟桂林与平乐、浔州、梧州未设土官",在瑶、僮等少数民族聚居区,南宁所属四州,新宁、横州设流官,上思州、下雷州为土官;程县设流官知县;忻城初设流官知县,后因知县苏宽不任职,复以元土官莫保之孙诚敬为土知县;那地州、南丹州、归德州、果化州、下石西州、忠州、利州、江州授土官知州,另设流官吏目佐

① 《明史》卷314,《云南土司列传二》,第8092—8093页。

② 《土官底簿》卷上,《云南·罗次县知县》。

③ 《弇山堂别集》卷9,《皇明异典述四·土官升府部大臣》,第167页。

④ 《元典章》卷3,《圣政》卷2,《霆恩宥》。

⑤ 《土官底簿》卷下,《广西·罗白县知县》。

⑥ 《道光云南志钞》卷7,《土司·广南府土同知》,清刻本。

⑦ 《蛮司合志》卷12,《两广》,

⑧ 《明史》卷318,《广西土司列传二》,第8234页。

⑨ 《明史》卷310,《湖广土司列传》,第7985页。

之,忠州还设有流官同知;上林县和太平所领的 14 个州、县,亦授土官知州、知县,另设流官吏目佐之①,此即《明史·职官志五》所说:"大率宣慰等司经历皆流官,府、州、县佐贰多流官。"②这种土流合治的办法,加强了中央对边疆地区的管辖,多少限制土官的特权,削弱土司的势力,不仅可以减少少数民族人民所受的土司压迫和剥削,而且也有利于边疆和内地的经济、文化交流。

西北地区民族众多,居住着畏兀儿(维吾尔)、撒里畏兀儿(裕固)、回回、哈剌灰、蒙古、藏、土等少数民族。鉴于西北地域辽阔,交通不便,明朝的统治力量一时还很难普遍深入进去的状况,朱元璋对归附的各少数民族,便针对不同的情况,实行不同的管辖制度。

洮、岷之外的大部分陇右地区以及河西走廊一带,汉族人口占大多数,他们早已成为中原皇朝的编户齐民,明朝实行的是流官的直接统治。但具体的治理办法,又因地而异。陇右靠近内地,明朝的统治力量比较强大,除建立卫所掌管军政,还设置府、州、县掌管民政。河西走廊因地处边防的前沿,又系阻隔蒙、藏联系的战略要地,则不设府、州、县等行政机构,只设卫所和陕西行都司,作为朝廷派驻该地行使管辖权力的机构,军政合一,便于加强控制。

河、湟、洮、岷藏区在历史上原本就是少数民族聚居的地区,元代蒙古族的势力不断深入,使民族成分变得更加复杂。那里的社会发展比较落后,家族世袭统治延续不断,豪酋势力根深蒂固。元朝曾任用当地土酋为官,世领其地,世长其民,"以夷治夷"。明初,从洪武四年到十二年,先后在这里设立河州、西宁、洮州和岷州四个军事卫所。其间,洪武六年曾应河州卫之请,设立河州府及州、县,以"专掌钱谷",不过寻即罢撤各州、县③。因为"自设州之后,征发繁重,人日困敝。且番人恋世官,而流官又不乐居,遥寄治他所",所以"仍撤州设卫如故"④。十二年,发生洮州十八族番酋三副使的叛乱后,七月又革去河州府⑤。这样,河、湟、洮、岷地区也同河西一样,全都不设府、州、县而采用军事卫所制的管辖制度,军政合一,但具体的治理办法又与河西有所不同。这里实行的是以流官为主、土官为辅的土流合治,四卫的正职全由汉族的流官担任,借以控制卫所的管辖统治之权,卫的副职、千百户所的副职和部分正职则起用归附的土官及部落酋长担任,许其子孙世袭,利用他们的地位和影响统治当地的少数民族,达到以土治番的目的。如洪武三年五月,邓愈统兵至河

① 《明史》卷 317—319,《广西土司列传》,第 8201—8270 页。
② 《明史》卷 76,《职官志五》,第 1876 页。
③ 《明太祖实录》卷 78,洪武六年正月己酉。
④ 《明史》卷 330,《西域列传二》,第 8545—8546 页。
⑤ 《明太祖实录》卷 125,洪武十二年七月丁未;《明史》卷 42,《地理志三》,第 1009 页。

州,故元吐蕃宣慰使何锁南普率众归附,遂设河州卫,任韦正为指挥使①。翌年正月,以何锁南普为指挥同知,故元知院朵儿只、汪家奴为指挥佥事,"设千户所八,百户所七,皆命其酋长为之"。寻又"以降人马梅、汪瓦儿并为河州卫指挥佥事"②。而河州卫的正职指挥使则为汉官韦正③。其他三卫及所辖卫所的任职情况也大体如此。这就是河、湟、洮、岷地区实行的土流参治、以流管土、以土治番的制度,从而形成了许多武职土官。

关西的撒里畏兀儿和哈密地区,地处明朝西北边陲,是畏兀儿、撒里畏兀儿、蒙古、回、藏等族的聚居地,大多是经过招抚而归附的,明朝的统治力量比较薄弱,实行同东北兀良哈三卫的羁縻卫所一样的管辖制度。从洪武四年至三十年,先后建立安定、阿端、曲先、罕东四个羁縻卫所。这些卫所的官员,皆由当地诸族的酋长担任,而由朝廷发给印信。后来,永乐年间设置沙州、赤斤、哈密诸卫,也沿用这种做法。因其在嘉峪关以西,总称为关西七卫④。在这些卫所任职的少数民族酋长,通过朝廷的任命,接受颁赐的诰命、印信及官服而成为朝廷的命官,"各统其官军及其部落,以听征调、守卫、朝贡、保塞之令"⑤。朝廷在这些卫所并不派遣官吏,也不驻扎军队,对其内政概不干预,让其享受高度的自治权力。但朝廷掌管着卫所官员的任命、升降和承袭的决定权力及卫所辖地的范围、变动和迁徙的批准权力,就是卫所之间的纠纷,也必须听从朝廷的处理。此外,朝廷除通过贡赐、互市让这些卫所的各级官员得到经济上的实惠外,还为其提供种子、农具,帮助其兴修水利,发展生产。明朝采取这种羁縻卫所的间接统治制度,目的是为了使它们"犬牙相制",难以形成统一的力量来对付朝廷,同时又利用它们为明朝构成一道西陲的屏障,以壮西土藩篱。

西北地区民族成分复杂,宗教信仰多样。朱元璋因俗而治,对各种宗教都加以扶持,令其"化导为善","阴助王化"⑥。当地有部分汉族和少数民族信奉佛教,藏族则普遍信仰藏传佛教,朱元璋对此均大力扶持。洪武二十五年(1392),西宁番僧三剌招降罕东诸部后,在碾伯(今青海乐都)南川建寺以居其众。翌年,三剌入贡,请敕护持,颁赐寺额,朱元璋即"赐名曰瞿昙寺",并赐敕护持,明令"诸人不许扰害","违者罪之"⑦。二十七年,西宁卫镇抚李喃哥等建佛刹于其地以居番僧,来请寺额,也"赐名曰宁番寺"⑧。此后,僧徒争建

① 《嘉靖河州志》卷1,《地理志》,明嘉靖二十五年刻本;《明史》卷42,《地理志三》,第1009页。

② 《明史》卷330,《西域列传二》,第8540页。

③ 《明史》卷134,《宁正传》,第3905页。

④ 成化十五年(1479),又设罕东左卫,故亦称关西八卫。

⑤ 《明史》卷72,《职官志一》,第1752—1753页。

⑥ 《明史》卷331,《西域列传三》,第8572页;《明太祖实录》卷226,洪武二十六年三月丙寅。

⑦ 《明太祖实录》卷225,洪武二十六年三月壬寅。

⑧ 《明太祖实录》卷231,洪武二十七年正月丙午。

寺庙，朝廷"辄赐以嘉名，且赐敕护持。番僧来者日众"①。二十六年三月，还设西宁僧纲司，以僧三刺为都纲；设河州卫汉僧纲司，以故元国师魏失剌监藏为都纲；设河州卫番僧纲司，以僧月监藏为都纲②。僧纲司隶属中央的僧录司管辖，其职责是"主其教以绥来远人"③，并检束僧人，"务要恪守戒律、阐扬教法，如有违犯清规、不守戒律及自相争讼者，听从究治，有司不许干预"④。

回族及畏兀儿等族崇信伊斯兰教，驻守西北的明军也有部分回族军士是信仰伊斯兰教的穆斯林。朝廷对伊斯兰教也采取宽待和扶持的政策，为穆斯林修建了礼拜寺。如旧洮州堡（今甘肃临潭县旧城）的礼拜上寺，就是洮州卫在洪武年间修建的⑤。

为示朝廷怀柔之意，朱元璋还对入京朝贡的西北各族僧俗首领给予大量的赏赐。如洪武七年（1374），安定王卜烟帖木儿前来朝贡，"赐织金文绮四匹"⑥。二十九年十月，安定卫酋长搭孩虎都鲁入朝贡马 40 匹，"上嘉其慕义，厚赍之。复遣中使赍金币往赐其酋长、指挥，人织金衣一袭、文绮帛各三匹、白金一百五十两；千户人衣一袭、文绮帛各二匹、白金一百两；百户人衣一袭、文绮帛各一匹、白金五十两"⑦。此外，朝廷还允许入贡使者将多余的物品在会同馆与民间进行交易，并在京师及返回途中购买所需的物品。贡赐与茶马贸易，使西北各族首领获得很大的经济利益。因此，他们都极力维护与朝廷的臣属关系。这种贡赐往来，还作为一种特殊的贸易形式施行于明朝辖区之外的西域各邦国。只要这些邦国遣使入明朝贡，明廷均按"厚往而薄来"之策，给予优厚的回赐。如二十四年七月，别失八里的黑的儿火者首次派遣千户哈马力丁、百户斡鲁撒等抵达南京贡马 11 匹、海青 1，朱元璋"诏赐其王彩币十表里，哈马力丁二表里、银一百两，斡鲁撒等各二表里、银十两、钞十锭，从者各银五两、钞五锭"⑧。随着经济联系的不断加强，明朝在西域的政治地位日益提高，政治影响也在不断地扩大。

西部的藏族主要聚居在西藏，还有部分聚居在青海、甘肃、四川和云南等地。洪武二年（1369），明军进入陇右，遣使招谕吐蕃诸部，宣布元君失政，天下易主。寻遣陕西行省员外郎许允德前往招抚，"令各族酋长举故官至京授职"⑨。翌年，邓愈攻占元朝吐蕃等处宣

---

① 《明史》卷 330，《西域列传二》，第 8541—8542 页。
② 《明太祖实录》卷 226，洪武二十六年三月丙寅。
③ 《明太祖实录》卷 226，洪武二十六年三月丙寅。
④ 《金陵梵刹志》卷 2，《钦录集》。
⑤ 《光绪洮州厅志》卷 3，《建置·寺观》，清光绪三十三年刻本。
⑥ 《万历明会典》卷 112，《礼部·给赐·外夷》。
⑦ 《明太祖实录》卷 247，洪武二十九年十月甲午。
⑧ 《明太祖实录》卷 210，洪武二十四年七月癸丑。
⑨ 《明太祖实录》卷 42，洪武二年五月甲午；卷 79，洪武六年二月癸酉。

慰使司都元帅府驻地河州,再次遣使招降藏族各部。故元陕西行省吐蕃宣慰使何锁南普,吐蕃地区法理上的所有者、镇西武靖王卜纳剌相继归降。洪武四年,明军攻入四川,灭亡夏国,故元阶州、文州、茂州、威州、松潘等地的蒙、藏官员和各族头领也纷纷归附。此后,朵甘、乌思藏等地藏族僧、俗首领转相招引,遣使入朝,接受明廷的敕封。这样,广大的藏族地区摆脱了元朝统治,归入明朝的版图。

在成功地招抚藏族各部后,朱元璋未再恢复元代中央管理西藏地方事务的宣政院和以藏族僧人兼领院事的帝师制度,直接在藏区施行内地特别是在其他少数民族地区实施的军事行政制度。在靠近内地的藏区,首先于洪武四年设河州卫,以明将韦正为指挥使,授何锁南普为指挥同知。其下设千户、百户,以归附的各部头领充任,子孙世袭①。六年,故元六番招讨使高英派他儿子敬严等入京朝贡,朱元璋诏置天全六番招讨司,以高英为正招讨②。第二年,又置汶山、汝州、陇木头、静州、岳希蓬五个长官司,隶重庆卫③。十年,松州、茂州藏族上层举兵叛乱,翌年洮州藏族上层也发动叛乱,朱元璋命沐英等率兵镇压。在平叛过程中,相继设置了茂州、岷州、洮州、松州、威州诸卫。陇木头等长官司划归茂州卫管辖,松潘等处安抚司及所属各长官司划归松州卫管辖。其他几个卫大致也下辖若干藏族土司,"各降印信,仍立首领一人为土官,以世掌之。土官之下,每寨又有牌头寨之名,便于各卫所认纳青稞差役"④。靠近内地的这些卫所,均实行汉藏参治、军政合一,卫指挥的正职由中央派遣,藏族头领担任副职,管理当地藏族事务,督领各土司下属的土军。在乌思藏及其东部朵甘等藏族聚居地区,朱元璋则设置羁縻卫所,其他仍沿用元朝制度,未做更大变动。洪武三年,明军克复河州后,河州以西朵甘、乌思藏诸部归附,翌年十月设立朵甘卫指挥使司⑤。六年二月,由于许允德的招抚,故元摄帝师喃加巴藏卜⑥入京朝贡,举荐故元国公南哥思丹八亦监藏等60人,请授职名。诏置乌思藏卫指挥使司和2个宣慰司、1个元帅府、4个招讨司、13个万户府、4个千户所,任命南哥思丹八亦监藏等为指挥同知、金事、宣慰使同知、副使、元帅、招讨、万户等官,并遣使诏谕朵甘、乌思藏等处,宣布:"我国家受天明命,统驭万方,恩抚良善,武威不服,凡在幅员之内,咸推一视之仁。……自今为官者,务遵朝廷之法,抚安一方;为僧者,务敦化导之诚,率民为善,以共乐太平。"⑦同

---

① 《明史》卷330,《西域列传二》,第8539—8540页。

② 《明太祖实录》卷86,洪武六年十二月壬寅、丙午。

③ 《明太祖实录》卷89,洪武七年五月癸巳。

④ 《古今图书集成·边裔典》卷71,《吐蕃部》。

⑤ 《明太祖实录》卷68,洪武四年十月乙未。

⑥ 喃加巴藏卜,即元末退居西藏萨迦寺南之达仓的最后一任摄帝师郎杰桑波。

⑦ 《明太祖实录》卷79,洪武六年二月癸酉。

月,最边远的阿里的藏族头领搠思公失监"委心效顺",诏置俄力思军民元帅府,授予元帅之职①。七年七月,升朵甘、乌思藏二卫为行都卫,分别授予锁南兀即尔和管招兀即尔为都指挥同知,并隶属同时设置的西安行都卫管辖②。十二月,奉朱元璋之命返回乌思藏招谕未附头领的喃加巴藏卜,与朵甘都指挥同知锁南兀即尔等遣使入朝,奏举土官赏竺监藏等56人,诏置朵甘思宣慰司及6个招讨司、4个万户府、17个千户所,以赏竺监藏等7人为朵甘都指挥同知,南哥思丹八亦监藏等3人为乌思藏都指挥同知,其他人也授予各种官职③。八年正月,诏置帕木竹巴万户府④。十月,西安行都卫改为陕西行都司,朵甘、乌思藏行都卫也一并改为行都司。后来,朱元璋又陆续敕封一批藏族首领以宣慰、招讨等官。十八年正月,又设俺不罗行都司,以古鲁监藏为都指挥佥事⑤。三十年,诏设长河西鱼通宁远宣慰司⑥。这样,在洪武三十多年间,基本上完成了藏族聚居地区行政机构的建置,在自雅砻江、金沙江流域至阿里、拉达克地区分别设立了乌思藏、朵甘、俺不罗行都司与俄力思军民元帅府以及所属各级机构。各级官员包括都指挥使在内,皆敕封归附的当地僧、俗首领担任,并保留他们内部的上下级关系。但官员的品秩和任免升迁,则由明廷直接掌握,使之服从朝廷的统一管辖。这些机构,有的属于土司,有的则属于羁縻卫所的性质。

藏族地区盛行藏传佛教,俗称喇嘛教,教派众多。朱元璋虽然废除了元朝的帝师制度,但乃"因其俗尚,用僧徒化导为善"⑦,沿用元朝赐给僧徒封号的办法,敕封宗教首领,利用宗教来统治藏族人民。帕木竹巴派(伯木古鲁派)是当时乌思藏势力较强的教派,洪武五年(1372)四月河州卫言:"乌思藏帕木竹巴之地,有僧曰章阳沙加监藏(藏文史籍作释迦坚赞),元时封灌顶国师,为番人推服。"朱元璋即封他为灌顶国师,破格遣使入藏,赐玉印、彩币。章阳沙加监藏死后,又授其徒锁南札思巴噫监藏卜(藏文史籍作索南桑保[福贤])为灌顶国师⑧。二十一年,锁南札思巴噫监藏卜上表称病,举其弟吉剌思巴监藏巴藏卜(藏

---

① 《明太祖封俄力思军民元帅诏书》,《西藏地方是中国不可分割的一部分》,西藏人民出版社1986年版,第93—94页。按:《明太祖实录》卷91记诏置俄力思军民元帅府为洪武八年正月事。

② 《明太祖实录》卷91,洪武七年七月己卯;《明史》卷331,《西域列传三》,第8588页。按:上引二书皆谓洪武七年七月诏置西安行都司,并升朵甘、乌思藏二卫为行都卫。然《明史》卷76《职官志五》(第1872页)则载:"(洪武)七年置西安行都卫指挥使司于河州。八年十月,诏各都卫并改为都指挥使司。"《明太祖实录》卷101洪武八年十月癸丑条亦载:"以在外各处所设都卫并改为都指挥使司……西安行都卫为陕西行都指挥使司。"据此可知,洪武七年七月应是诏置西安行都卫,并升朵甘,乌思藏二卫为行都卫,至八年十月才一并改为行都司的。

③ 《明太祖实录》卷95,洪武七年十二月壬辰;《明史》卷90,《兵志二》,第2228页。

④ 《明太祖实录》卷96,洪武八年正月庚午。

⑤ 《明太祖实录》卷170,洪武十八年正月壬午。

⑥ 《明史》卷331,《西域列传三》,第8592页。

⑦ 《明史》卷331,《西域列传三》,第8572页。

⑧ 《明史》卷331,《西域列传三》,第8579页;《明太祖实录》卷73,洪武五年四月丁酉。

文史籍作札巴坚赞)代之,又授予灌顶国师之号①。萨迦派在元朝一直掌握帝师的职务,代表中央统治藏区,位高望尊,朱元璋自然也极为重视。六年二月,故元摄帝师喃加巴藏卜入贡,即敕封他为炽盛佛宝国师,赐玉印及彩缎表里 20 匹,玉印刻成后,觉得那块玉还不太好,又令工匠另选一块美玉重刻,以示崇敬②。七年秋,还诏封元朝第一任摄帝师八思巴的后人公哥监藏巴藏卜为圆智妙觉弘教大国师③。另外,止贡派僧人也有受封为国师、大国师的。在赐予各教派高僧封号的同时,朱元璋还颁布诏令,要求藏区民众严遵佛教,不得侮慢僧徒,说:"今朵甘、乌思藏两卫地方,诸院上师,踵如来之大教,备五印之多经,代佛阐扬,化凶顽以从善,启人心以涤愆。朕谓佛为众生若是,今多院诸师亦为佛若是,而为暗理王纲,与民多福。敢有不遵佛教而慢诸上师者,就本处都指挥使司如律施行,勿怠!"④

朱元璋不仅赐予藏族高僧荣宠的封号,让他们在藏区自由传教,而且还颁赐诏敕,特许他们到内地云游,在名山佛刹驻锡安禅,授徒传教。比如,他在《谕善世禅师板的达敕》里就说:"禅师自西而来,朝夕慕道,务在利人济物。……前者东达沧海而礼补陀(普陀),旋锡钱塘而暂禅天目,西游庐岳,中国之名山,遂禅师之意已达,复来京师,驻锡钟山之阳,日禅岩穴。禅师之所以玄中仰观俯察,志在神游八极,惟神天昭鉴。迩者朕建陵山前,闻禅师欲徙禅他往,被无知者所惑,乃曰非旨不前,是致踌躇。朕今敕禅师:凡欲所向,毋自猜疑,当飞锡而进,锡止而禅。"⑤在赐给番僧端月监藏的护持敕里也说:"尔番僧端月监藏修行有年,今来朝京师,特赐敕护持。凡云游坐禅,一听所向,以此为信。诸人毋得慢忽其教,违者国有常刑。"⑥由于朱元璋的积极招徕,有不少藏僧来到内地驻锡安禅,久留不返,甚至建立自己的寺院道场,收徒传教,或者担任僧纲司的官职,如星吉监藏在洪武十八年即曾出任僧纲司右觉义之职⑦。

为了笼络藏族上层,朱元璋除了实行"凡来者辄授官"的政策,还规定各级僧俗官员,不论他们之间有无统属关系,均可入京朝贡,凡入贡者都给予优厚赏赉。如洪武四年(1371),赐何琐南普文绮帛 10 匹,银碗 1 个,后又赐文绮 30 匹。三十年,赐乌思藏灌顶国师银 150 两,文绮帛 10 匹,赐乩列工国师察里巴、乌思藏都指挥仰卜罗沙鲁、万户列思巴

---

① 《明史》卷 331,《西域列传三》,第 8579 页。

② 《明太祖实录》卷 79,洪武六年二月癸酉。

③ 《明史》卷 331,《西域列传三》,第 8572 页。

④ 《明太祖集》卷 1,《护持朵甘思乌思藏诏》,第 12—13 页。

⑤ 《明太祖集》卷 7,第 144 页。按:板的达即班智达,为梵文译音,意即佛教大学者。

⑥ 《明太祖实录》卷 85,洪武六年十月己卯。

⑦ 《明太祖实录》卷 136,洪武十八年十二月;《金陵梵刹志》卷 2,《钦录集》。

端竹、都指挥答里巴远毋尔监卒银 100 两,文绮帛各 10 匹,并赐给其使者衣纱不等①。此外,与其他地区的土官一样,藏族官员入贡时亦可兼行贸易。藏族僧、俗官员于是争相入贡,"修贡惟谨"。

①　《弇山堂别集》卷 77,《赏赉考·降虏之赏》《东西南夷之赏》,第 1487、1485 页。

第二节 "严明以驭吏,宽裕以待民"

朱元璋对少数民族实行恩怀和德惠的一个重要内容,是针对边疆地区"民未熟化,况兵戈凋瘵之余,未遂生业"的实际情况,提出"严明以驭吏,宽裕以待民"[①]的主张,将中原地区整肃吏治、轻徭薄赋、休养生息的精神贯彻到边疆地区,以缓和民族矛盾,发展少数民族地区的经济文化。

朱元璋认为,边疆地区的土民不遵礼法,非中原之民可比,设置卫所的地方,统兵戍守者,"非德望素重,不足以镇其地而抚其人"[②],而设置郡县的地方,更应"择贤守令以抚辑之"[③]。因此,他对派往边疆的各级军政官员一般都非常慎重,尽可能挑选才德兼美、廉洁正直、奉公守纪的人去担任,并注意副手的搭配,以便取长补短,互相兼顾。如云南金齿卫指挥李观处事宽厚,当地少数民族对他很有好感,但他治军不严,部下常常违反纪律,朱元璋就派严于治军的储杰、严武做他的副手,说:"尔指挥李观处事宽厚,名播蛮中,为诸夷所爱,然其下指挥、千百户、镇抚等,多恃功放肆,有乖军律。故朕特命尔储杰、严武辅之,盖以观之宽可以绥远人,必杰、武之严然后可以驭群下。"[④]

边疆官吏赴任后,朱元璋严禁他们随意征敛,扰害当地的少数民族。克复大都后,他在洪武元年(1368)十月的诏令中规定:"新附州城军民官吏,非奉朝廷明文,毋得擅科取索,骚扰百姓,以妨农务。"[⑤]第二年,徐达率领明军进至甘肃会州,发现有的部将准备搜刮所下州、县羊马以供军用,即下令禁止,说:"西北之民,素以畜牧为生。今奉命吊伐,本以安民,若尽括其所资,彼将何以为生?"[⑥]

朱元璋还注意对边疆官吏的考核和监督,他叮嘱巡视边疆地区的监察官员说:如果发现当地官吏有奸贪强暴、虐害百姓的,应该就地逮捕,鞫问审决,然后奏闻。如果等到奏闻朝廷才做处理,路途遥远,就会误事[⑦]。边疆官吏如有善政,深得民心者,他即予旌赏,加以提拔。张纮任云南布政司左参政五年,后来升任云南左布政使,他"能抚绥夷人","言出则诸蛮听服,令布则四野欢欣",洪武二十年秩满入朝,朱元璋赞扬其功出乎天下十二牧之首,赐玺书嘉奖,复命仍治黔南(滇)[⑧]。二十六年考满入朝,"以其绥辑荒裔有治绩",命吏

---

① 《明太祖实录》卷54,洪武三年七月己亥。
② 《明太祖实录》卷182,洪武二十年六月乙亥。
③ 《明太祖实录》卷172,洪武十八年四月丙辰。
④ 《明太祖实录》卷182,洪武二十年六月乙亥。
⑤ 《皇明诏令》卷1,《克复北平诏》。
⑥ 《明太祖实录》卷41,洪武二年四月癸未。
⑦ 《明太祖实录》卷54,洪武三年七月己亥。
⑧ 《明太祖实录》卷181,洪武二十年三月甲戌。

部不必考核,即遣复任,并赐宴及道里费①。边疆官吏如果扰民致乱,必从重惩处。贵州都指挥使马晔"为开创贵阳功居第一"②,是开拓贵州的元勋。洪武十四年,奢香承袭丈夫霭翠的贵州宣慰使之职后,他认为奢香对自己不那么驯服,"恶之,思尽灭诸罗(彝族)而郡县其地","欲辱香激诸罗怒,俟其反而后加之以兵"。他把奢香找来,用言词横加凌辱,并让几个壮汉扒光奢香的衣裳,把她痛打一顿。罗罗48部听到消息,纷纷赶来,以手击额,表示"愿尽死力助香反"。奢香说:"反非吾愿。且反则人得借天兵以临我,中歹计矣!我之所以报歹者,别有在也。"她让宣慰同知宋钦的妻子刘淑贞到京师上诉,朱元璋赐以绮纱,让刘淑贞回贵州抚慰奢香。第二年,奢香和儿媳妇奢助率部属入京朝贡,控诉马晔的罪状,表示"愿世世职诸罗,令不敢为乱",并愿率部修通从黔东北到四川的驿道。朱元璋即给予奢香大量赏赐,并下令召回马晔,"数其罪而下之狱"③。南宁卫指挥金事左君弼籍无籍之民为军,又纵所部军士入山伐木,诱发了一场叛乱。事平后,朱元璋命大都督府治左君弼罪,而禁戢其卒④。

由于朱元璋注意官员的遴选,并"严明以驭吏",被派到边疆地区的文武官吏大都奉公守职,兢兢业业,对安抚少数民族、开发边疆地区做出了显著的成绩。如王真任广西都指挥使,在镇七年,军民辑睦,以称职见称,死后被追封为临沂侯⑤。朱元璋的义子沐英留镇云南,"百务具举,简守令,课农桑,岁较屯田增损以为赏罚,垦田至百余万亩。滇池溢,浚而广之,无复水患。通盐井之利以来商旅,辨方物以定贡税,视民数以均力役。疏节阔目,民以便安"⑥。袁义随沐英平滇,留镇楚雄,以功迁楚雄卫指挥使,历20年,垦田筑堰,治城郭,修桥梁,规划甚备,军民德之⑦。梅思祖任云南布政使,善抚辑,"民夷安之"⑧。叶旺与马云留镇辽东,剪除荆棘,置立军府,抚辑军民,垦田万余顷,"遂为永利"。叶旺任职时间尤长,先后凡17年,"辽人德之"⑨。

边疆地区的自然条件较差,生产比较落后,少数民族人民生活比较困苦。朱元璋体恤民情,多次下令减免边疆少数民族的赋役。广西田州府知府岑伯颜在洪武六年十一月上奏:安州、顺龙州、候州、阳县、罗博州和龙威寨的百姓没有耕牛可以耕地,而且缺乏口粮,

---

① 《明太祖实录》卷226,洪武二十六年三月壬申。
② 《弘治贵州图经新志》卷3,《名宦》,明弘治刻本。
③ 《民国大定县志》卷9,《宦绩志》,1926年石印本。
④ 《明太祖实录》卷73,洪武五年四月戊子。
⑤ 《明太祖实录》卷132,洪武十三年七月甲辰。
⑥ 《明史》卷126,《沐英传》,第3759页。
⑦ 《明史》卷134,《宁正传附袁义传》,第3906页。
⑧ 《明太祖实录》卷149,洪武十五年十月壬午。
⑨ 《明史》卷134,《叶旺传》,第3900—3901页。

希望给予救济。朱元璋即命有关部门发给耕牛和粮食,并蠲免当地二年的赋税①。川西松州从洪武十二年设卫,因当地各族人民生活困苦,此后四年一直未曾征税,直到十六年正月才确定每三户或四户共交马一匹②。川南播州杨氏归明后,洪武七年三月中书省奏称:播州宣慰使司土地既入版图,即同王民,当收其贡赋。请令自四年开始,岁纳粮 2500 石以为军储,贵州金筑、程番等 14 长官司,每岁纳粮 273 石,著为令。境内所有自实田赋,亦请一并征收。朱元璋没有同意,说:"播州西南夷之地,自昔皆入版图,供贡赋,但当以静治之,苟或扰之,非其性矣。朕君临天下,彼率先来归,所有田税随其所入,不必复为定额以征其赋。"③川南永宁宣抚使禄肇,十八年正月遣其弟入朝,说往年所赋之马匹都已如数交纳,但因大军南征,居民惊逃,耕种失时,加上战后疾疫流行,许多人染疾死亡,岁粮无法如数输足。朱元璋下令悉数蠲免④。二十七年九月,又诏免其积年拖欠税粮 1330 余石⑤。川北茂州汶山知县于洪武二十二年三月入京考绩,奏称当地羌民 28 个寨因语言不通,自设县治至今,"七年不听差役",朱元璋说:"蛮俗素与中国(指中原内地)异,岂可拘其徭役?能善抚之,久则自然服从。"⑥贵州宣慰使霭翠、金筑安抚使密定的租税累年逋欠,二十一年二月户部要求派人督征。朱元璋说:"蛮夷僻远,其知畏朝廷、纳赋税,是能遵声教矣,其逋负岂故为耶?必其岁收有水旱之灾,故不能及时输纳耳。所逋租悉行蠲免。今宜定其常数,务从宽减。"户部于是奏定从洪武十九年起,霭翠岁纳 3 万石,密定岁纳 3000 石⑦。二十三年闰四月,户部奏言四川、贵州、芒部、马湖土官积年所欠税粮很多,也诏皆蠲免⑧。二十六年十一月,户部转奏霭翠后裔安的申诉,说境内水东地区(今贵州贵阳东北)所统"异种蛮民",言语不通,虽承纳租赋,而近年逋欠益多,逃徙邻境,无从征纳,西平侯沐春也反映原定霭翠所纳的税粮,连年递减至 2 万石,但仍不能如数缴纳。朱元璋下令:"其贡赋之逋负者悉免征,逃徙者招谕复业。"⑨云南平定不久,乌蒙知府亦德奏称该地刀耕火种,比年霜旱疾疫,民人饥窘,岁输之粮,无从征纳,他也下诏悉免⑩。十七年五月,确定云南乌撒、乌蒙、东川、芒部的赋额:乌撒岁输粮 2 万石,毡衫 1500 领;乌蒙、东川、芒部皆岁输粮 8000

① 《明太祖实录》卷 86,洪武六年十一月丁巳。

② 《明太祖实录》卷 151,洪武十六年正月辛丑。

③ 《明太祖实录》卷 88,洪武七年三月甲戌。

④ 《明太祖实录》卷 170,洪武十八年正月癸酉。

⑤ 《明太祖实录》卷 234,洪武二十七年九月辛亥。

⑥ 《明太祖实录》卷 195,洪武二十二年三月辛巳。

⑦ 《明太祖实录》卷 188,洪武二十一年二月庚申。

⑧ 《明太祖实录》卷 201,洪武二十三年闰四月丙戌。

⑨ 《明太祖实录》卷 230,洪武二十六年十一月庚戌。

⑩ 《明太祖实录》卷 171,洪武十八年二月丁巳。

石,毡衫 800 领①。到二十八年,因所征皆不及数,又下诏免征。郡县衙门没有执行命令,继续向当地百姓追征赋税。朱元璋得到户部的报告,再次下诏重申免征之令②。

为了减轻边疆各族人民的负担,朱元璋在某些边疆地区往往只设军事卫所而不设行政机构。如在辽东,北元辽阳行省平章归降后,有人劝说朱元璋重新设置辽阳省,他没有同意,只设置辽东都司,而在部分地区设置州、县等行政机构,到洪武十年连州、县也撤销了③。后来,他曾对群臣解释这样做的原因,说:"朕以其地早寒,土旷人稀,不欲建置劳民,但立卫以兵戍之。"④此外,为减轻边疆各族人民的负担,朱元璋有时还下令裁减当地亲王的禄米,缓建亲王的宫室。洪武二十二年二月,蜀王府长史司奏:"亲王之国,岁用米五万石,已收万石,余米例于十月收受,请定拟拨给。"朱元璋考虑到自洪武十八年爆发平缅麓川宣慰使思伦发的叛乱,明军连年用兵麓川,所需粮饷全靠四川供给,四川各族人民负担很重,便指示户部侍郎杨靖说:"四川粮饷供给云南,民甚艰苦,蜀王禄米宜且停五年。若王欲有赏赉,朝廷运钞与之。"⑤岷王原定封镇岷州,后以云南新附,宜用亲王镇抚,改封云南。云南布政司于是在当地征调大批民工,兴建岷王宫殿。二十七年十月,朱元璋命工部臣下令停工,说:"今云南土旷民稀,军饷转输,民力甚劳,若复加以兴造之役,非惟时力未可,于民情亦有所不欲。岷府姑为棕亭以居,俟十五年后民富力纾,作之未晚。"⑥二十八年四月,还下令停造辽王宫室,"且令立营屋以居,十年之后再为之"⑦。同年九月,岷王就国,朱元璋又令户部尚书郁新再减其禄米,"岁与米六百石",不足之数以金银钱钞代之⑧。

此外,朱元璋还采取许多措施,推动边疆地区经济文化的发展。第一,兴修水利。规模较大的工程有:洪武四年正月,修复广西兴安灵渠,可灌溉万顷田地⑨;十二年,河州卫指挥使宁正兼领宁夏卫事,修筑汉唐旧渠,引黄河水灌田数万余顷⑩;二十三年九月,四川永宁宣慰使司反映:"所辖水道有九十滩,江门大滩等八十二处,皆石塞其流",诏景川侯曹震督工疏浚,将 270 多处石滩全部凿通⑪;二十七年十二月,采纳广西郁林州民李友松的建

① 《明太祖实录》卷 162,洪武十七年五月辛丑。
② 《明史》卷 311,《四川土司列传一》,第 8005 页。
③ 《读史方舆纪要》卷 9,《历代州域形势·明》,第 379 页
④ 《明太祖实录》卷 145,洪武十五年五月。
⑤ 《明太祖实录》卷 195,洪武二十二年甲子。
⑥ 《明太祖实录》卷 235,洪武二十七年十月己丑。
⑦ 《明太祖实录》卷 238,洪武二十八年四月辛未。
⑧ 《明太祖实录》卷 241,洪武二十八年九月乙未。
⑨ 《明太祖实录》卷 60,洪武四年正月甲辰。
⑩ 《明太祖实录》卷 245,洪武二十九年四月。
⑪ 《明太祖实录》卷 204,洪武二十三年九月。

议,凿通相隔20余里的南北二江,设石陡诸闸,以通舟楫①;二十九年九月,命御史严震直再次整修兴安灵渠,烧凿陡涧之石,把渠道拓宽挖深,既可灌溉万顷田地,亦可通行小舟,输送粮饷②。在其他地方,也修建了不少水利工程,如沐英镇守云南期间,因滇池年久失修,泥沙淤积,池水外溢,淹没附近大片良田,他组织军民进行整治,"浚而广之",消除了水患③。后来,他又整修近郊的南坝,"甃石为闸而扃以木,视水之大小而时其闭纵",以利灌溉④。

第二,修筑驿道。洪武十五年二月云南归附,朱元璋即派人置邮驿以通云南,令水西、乌撒、乌蒙、东川、芒部、沾益等地土司,拘刷土民,随疆界远近,开筑驿道,宽各10丈,并依古制,每60里设1驿站⑤。十月,又谕傅友德等"乘兵势修治道途,务在平广,水深则搆桥梁,水浅则垒石以成大路"⑥。十七年十月,令四川军民修复自眉州峨眉到建昌的古驿道⑦。同年二月,贵州宣慰使奢香率土酋入朝,朱元璋又令其开辟驿道。她回贵州后,组织诸罗(彝族)艰苦奋战,修筑了400余里的驿道,以偏桥(今贵州施秉)为中心,一条向西,经水东,过乌撒以通乌蒙,一条向北,经草塘(今贵州瓮安东北)以通容山(今贵州湄潭);并在水西境内设立龙场等9个驿站⑧。二十一年二月,礼部主事高惟善招抚长河西、鱼通、宁远诸处藏族土司后,建议修筑自碉门(在今四川天全)到长河西口(今四川康定)的驿道,"量地里远近,均立邮传",诏"从之"⑨。同年四月,诏令自湖广五开至靖州(今湖南靖县)设置12个驿站,以刑徒充任驿夫,屯田自给⑩。二十四年六月,又遣官修治自湖广到云南的道路⑪。年底,再派曹震到四川修治道路,曹震亲自督修两条驿道,"自茂州一道至松潘,一道至贵州以达保宁(今四川阆中),通陕西"⑫。二十九年五月,成都各卫军士又合力修成峨眉到越嶲(今四川越西)的驿道⑬。三十一年二月,因碉门到长河西口的道路险峻狭隘,跋涉艰难,诏令左军都督府左都督、徐达的四子徐增寿另行开辟一条"道路平坦、往来径直"的

① 《明太祖实录》卷235,洪武二十七年十二月辛未。
② 《明太祖实录》卷247,洪武二十九年九月丙辰。
③ 《明史》卷126,《沐英传》,第3759页。
④ 《民国新纂云南通志》卷139,《农业考》,1949年印本。
⑤ 《明太祖实录》卷142,洪武十五年二月癸丑。
⑥ 《明太祖实录》卷149,洪武十五年十月丙申。
⑦ 《明太祖实录》卷166,洪武十七年十月乙酉。
⑧ 《明史》卷316,《贵州土司列传》,第8169页;《明太祖实录》卷159,洪武十七年二月乙亥;《弇山堂别集》卷21,《史乘考误二》,第385页。
⑨ 《明太祖实录》卷188,洪武二十一年二月壬戌;《明史》卷331,《西域列传三》,第8591页。
⑩ 《明太祖实录》卷190,洪武二十一年四月丁巳。
⑪ 《明太祖实录》卷209,洪武二十四年六月壬午。
⑫ 《明太祖实录》卷214,洪武二十四年十二月己未。
⑬ 《明太祖实录》卷246,洪武二十九年五月。

自碉门出枯木任场直达长河西口的驿道①。此外,明朝官府还设法疏浚边疆地区的河道,以通舟楫,如前面提到的对广西兴安灵渠、郁林南北二江、四川永宁河道的修治等。到洪武二十七年修成《寰宇通衢》时,东到辽东都司,东北到三万卫,西到四川松潘卫,西南到云南金齿,南到广东崖州,东南到福建漳州府,北到北平大宁卫,西北到陕西、甘肃,均有驿道可通京师②。

第三,兴办教育。朱元璋摒弃了"夷狄同夫禽兽""不可以仁义教"的传统陈腐观念,认为少数民族同样"能遵声教",是可以"从化"的③。洪武二年,他下达在全国郡县设立学校的命令。后来,一些边疆地区归附或为明军平定后,朱元璋还常常发布文告,要求当地官府开办学校。如洪武十五年明军平定云南,翌年正月,他即发布榜文,规定:"府、州、县学校,宜加兴举,本处有司选保民间儒士堪为师范者,举充学官,教养子弟,使知礼义,以美风俗。"④边疆各地有条件的,便陆续开办儒学。云南在十六年的榜文发布后,靠近内地的各府、州、县即建立了学校。辽东都司和金、复、海、盖四州,也在十七年设置儒学⑤。二十五、二十六和二十七年,贵州宣慰司、云南元江府和贵州普定卫也相继开办儒学⑥。二十八年正月,设立陕西行都司儒学;二月,设置宁夏卫及前、左、中、屯四卫儒学;六月,令云南、四川边夷土官皆设儒学;九月,令四川贵、播二州,湖广思南州宣慰使司及所属安抚司、州、县,贵州都司平越、龙里、新添、都匀等卫,平浪等长官司,皆设儒学⑦。在洪武年间,仅云南一地,新创办府、州、县学25所⑧。朱元璋还让各地土司选派子弟到京师入国子学(监)读书,各地土司子弟于是纷纷到京师入监读书。如洪武十七年,有普定军民知府者额的儿子吉隆及其营长之子阿黑子等16人⑨,二十一年有云南土官禄肇之子阿聂、阿智2人⑩,二十三年有建昌土官安配之子僧保等42人,又有乌撒军民府土官知府何能之弟忽山及啰啰生二人,乌蒙、芒部二军民府土官之子以作、捕驹等人⑪,他们都受到了朱元璋的关心和照顾。

---

① 《明太祖实录》卷256,洪武三十一年二月丙午。

② 《明太祖实录》卷234,洪武二十七年九月庚申。

③ 《明太祖实录》卷188,洪武二十一年二月庚申;卷34,洪武元年八月戊寅。

④ 《云南机务抄黄》。

⑤ 《明太祖实录》卷167,洪武十七年闰十月辛酉。

⑥ 《明太祖实录》卷222,洪武二十五年十一月癸卯;《明史》卷314,《云南土司列传二》,第8100页;《明太祖实录》卷231,洪武二十七年正月壬寅。

⑦ 《明太祖实录》卷236,洪武二十八年正月庚子、二月庚午;卷236,洪武二十八年六月辛未;卷241,洪武二十八年九月甲辰。

⑧ 据《万历云南通志》卷8《学校》(1934年印本)的记载统计。

⑨ 《明太祖实录》卷162,洪武十七年六月乙亥。

⑩ 《南雍志》卷1,《事纪》。

⑪ 《明太祖实录》卷201,洪武二十三年四月壬辰;卷203,洪武二十三年七月戊申;卷204,洪武二十三年九月辛卯。

昆明人李特被选作贡生入监,朱元璋还宣见便殿,厚加赏赐,并赐名忠。后来李特会试中式,成为云南有史以来的第一名进士,后受命出任陕西凤翔知县①。西南少数民族地区的教育,就是从明代起才有了较大的发展。到景泰年间,"贤臣哲士之生于其乡,仕于他地,诗、书、礼、乐之教养其人,于是道德既同而风俗丕变矣"②。弘治、正德以后,更是"人材辈出,炳炳琅琅,与中州人士并埒"③。正如谢圣纶所说:"滇南文明之象,至明始开。"④

特别值得注意的是,朱元璋还在边疆少数民族地区大力推行屯田。边疆地区归附或平定之后,朝廷经常采用移民就宽乡,或者招募民人和迁徙罪囚的办法,将内地的汉人迁移到边疆实行屯种。另外,朝廷还招募盐商前往边疆地区开中纳粮以给军食,盐商也在这些地区募民屯田。明初边疆的屯田,以军屯的规模最大。洪武二年八月,置燕山都卫⑤,开始在北部边境推行屯田。三年三月,郑州知州苏琦建议将内地的军屯推行北方的关辅、平凉、北平、辽右等地,朱元璋命参酌行之。于是,诸将在边募伍屯田,"岁有常课"⑥。十八年二月,国子监祭酒宋讷献守边策,主张屯田守边,"宜选其有智谋勇略者数人,每将以东西五百里为制,随其高下立法分屯",朱元璋"嘉纳之"。同年,云南"诸蛮"平定,增置卫所,屯戍戍守⑦。二十一年九月,又诏五军都督府,令申谕天下卫所督军屯种⑧。此后,边疆卫所的军屯发展更加迅速。云南在洪武二十五年沐英去世时,已"垦田一有(百)一万二千亩"⑨。后由其子沐春嗣爵,守滇七年,又增"辟田以亩计三十万五千九百八十四,益粮饷以石计四十三万五千八百有奇"⑩。辽东在洪武二十四年屯田收粮达53万余石⑪,到三十年不仅实现"屯田自给",而且还"颇有赢余"⑫。西北的甘、青一带,据洪武三十年正月陕西行都司的奏报:"凉州等卫十有一屯,军三万三千五百余人,屯田万六千三百顷。凉州、西宁、永昌、肃州、庄浪累岁丰熟,以十之二输官,八分给与士卒。"⑬

随着屯田的开展,内地先进的生产工具、生产技术和优良的农作物品种纷纷传入边疆少数民族地区,对推动当地经济、文化的发展产生了巨大作用。如《弘治贵州图经新志》记

---

① 《万历云南通志》卷11,《人物》。

② 《万历云南通志》卷15,郑颙:《重修云南志序》。

③ 《乾隆滇黔志略》卷6,《云南·学校·明》,清乾隆二十八年刻本。

④ 《乾隆滇黔志略》卷6,《云南·学校·明》。

⑤ 《明史》卷131,《费聚传》,第3852页。

⑥ 《明太祖实录》卷171,洪武十八年二月甲辰。

⑦ 《万历明会典》卷18,《户部·屯田》。

⑧ 《明太祖实录》卷193,洪武二十一年九月己酉。

⑨ 《献征录》卷5,《黔国公沐英传》。

⑩ 《献征录》卷5,唐愚士:《西平惠襄公沐春行状》。

⑪ (明)程开祜辑:《筹辽硕画》卷1,熊廷弼:《修复屯田疏》,国立北平图书馆《善本丛书第一集》本。

⑫ 《明太祖实录》卷255,洪武三十年九月戊子。

⑬ 《明太祖实录》卷249,洪武三十年正月戊辰。

载,贵州清平卫由于"卫人与夷民杂处",少数民族人民受到汉族军民的影响,到明中叶时,已是"男以耕读为业,女以织纺为务";威清卫更出现了"居田野者以耕织为业,处城市者以商贩为生"的景象。《嘉靖思南府志》记载,当地少数民族原先实行刀耕火种,后来"渐被德化,俗效中华",到嘉靖年间便已掌握内地进步的耕作技术,"务本力稼"了。云南除部分僰人即白族外,其他少数民族原先也都是刀耕火种,后来由于受到军、民屯使用牛耕的影响,"即夷人亦渐习牛耕"①,有的少数民族如罗罗即彝族逐渐掌握了牛耕技术。

朱元璋"严明以驭吏,宽裕以待民"的种种措施,旨在安抚少数民族,使他们服从自己的统治。如果少数民族的上层分子发动叛乱,他立即临之以兵,"以威服之"。不过,在出兵平叛之时,他还是尽可能采取"抚之以安静,待之以诚意,谕之以道理"②的办法来解决。一旦他们有认罪表现,就予以宽大处理。洪武十八年底,云南西部麓川平缅宣慰使、百夷即傣族大农奴主思伦发举兵叛乱,率10万众攻打景东,妄图割据一方。二十一年,在马龙州他郎甸的摩沙勒寨(今云南新平莫沙)和定边(今云南南涧)遭到沐英的沉重打击,损失惨重。翌年十一月,遣使求降,朱元璋马上派人赍敕诏谕,命令他"修臣礼,悉偿前日兵费,庶免问罪之师"③。思伦发接受这个条件投降,携带方物入朝谢罪。朱元璋即派京卫千户郭均英,往赐公服、幞头、金带、象笏等。对某些顽抗到底的反叛事件,朝廷在用武力平定之后,一般也只严惩首恶者,对胁从者则宽大处理。

但是,对边疆少数民族人民的反封建斗争,镇压则极其残酷。在元末的反元斗争中,各地少数民族曾经积极投入战斗,为打击和推翻元朝的统治做出过贡献。明朝建立后,面对明朝的封建压迫和各族上层统治者的残酷统治,他们又前仆后继地展开斗争。洪武一朝,少数民族的起义接连不断,遍及广西、广东、湖广、贵州、云南、四川、陕西等地,起义人数有的多达一二十万,起义时间有的延续到数年之久。对这些少数民族起义,朱元璋无不动用大军,进行血腥镇压。如洪武十一年六月,湖广五开峒(侗)族人吴勉(《明史》作吴面儿)利用白莲教发动峒、苗农民起义,击杀靖州卫指挥佥事过兴父子④。后来起义遭到挫折,吴勉转入秘密活动,又发动了五六万峒、苗农民,于十八年六月再次举起反抗大旗,"称'铲平王',古州十二长官司悉应之,号二十万"⑤。朱元璋即命信国公汤和为征虏将军,江夏侯周德兴、都督同知汤澧为副,调发武昌、宝庆、岳州、长沙、辰、沅等卫所官军,会合楚王

①　(清)檀萃:《滇海虞衡志》卷7,《志兽》,《二余堂丛书》本。

②　《明太祖实录》卷34,洪武元年八月丙子。

③　《明史》卷314,《云南土司列传二》,第8112页。

④　《明太祖实录》卷119,洪武十一年六月己巳。

⑤　《明太祖实录》卷119,洪武十一年六月丁卯;卷121,洪武十一年十一月庚午;《国榷》卷8,洪武十八年六月,第655页。

护卫兵 6500 人，号 20 万，进行大规模的围剿。十月，汤和带领大军攻破起义军的最后一个据点古州后，"尽毁其栅砦，杀获四千余人"，还滥捕了九溪等处各族人民 4 万余人①。二十三年正月，江西赣州府民夏三等联合湖广诸峒少数民族起义，朱元璋竟用三侯为将，以东川侯胡海充总兵官，普定侯陈桓为左副将军，靖宁侯叶昇为右副将军，率湖广各卫官军 33500 人前去围剿。十月，胡海等残酷地镇压了起义，屠杀起义军 3700 人，并拘捕了夏三起义军战士 3500 多人和少数民族的起义者 13400 人②。广西浔州府大藤峡的瑶民，在洪武八年三月发动起义，遭到镇压后，二十八年又聚众数万，揭竿复起，攻打奉议(治今广西田阳)、南丹、向武(治今广西贵港)等州③。朱元璋即派征南将军杨文会合广西都指挥使韩观带兵前往镇压。十月，杨文攻破更吾、莲花、大藤峡等起义据点，不仅惨无人道地杀害起义首领黄世铁和瑶、僮(壮)起义者 18360 余人及其家属 8287 人，还烧死了 434 人，未被杀害的群众仅存 648 户，也被全部迁出，徙置象州武仙县(治今广西武宣)④。在这前后，杨文还镇压了广西境内其他一些起义，到年底奉命班师时，"凡禽戮瑶蛮二万八千余人"⑤。这些事实说明，朱元璋的民族政策本质上是一种以阶级压迫为基础的民族压迫政策⑥。

---

① 《明太祖实录》卷 172，洪武十八年三月丙辰；卷 174，洪武十八年七月庚辰；卷 175，洪武十八年九月乙亥；卷 176，洪武十八年十月。

② 《明太祖实录》卷 199，洪武二十三年正月丁卯；卷 205，洪武二十三年十月乙亥。

③ 《明太祖实录》卷 98，洪武八年三月戊辰；卷 240，洪武二十八年八月丁卯。

④ 《明太祖实录》卷 242，洪武二十八年十月癸卯。

⑤ 《明太祖实录》卷 243，洪武二十八年十二月戊申。

⑥ 参看拙作《论朱元璋时南方少数民族的"德怀为主"政策》，《江西社会科学》1995 年第 6 期；拙著《古代民族关系论稿》，第 215—247 页。

第三节　发展汉藏茶马贸易

朱元璋非常重视发展汉藏传统的茶马贸易。藏族聚居的地区高山连绵,地势高峻,生产以畜牧业为主,农业则以种植生长期短、耐寒抗旱的青稞为主,"其腥肉之物,非茶不消,青稞之热,非茶不解"①,所以藏族人民特别需要内地的茶叶。而明朝本身,在统一战争中特别是在对北方蒙古的斗争中,"兵力有余,惟以马为急"②,又非常需要藏区出产的大批良马,用以装备自己的军队。以茶易马,既可满足双方的需要,又可收到控驭西番的效果,进而实现"断蒙古右臂"的战略目标,给北元以沉重打击。因此,对藏族地区,朱元璋除在政治上建立羁縻卫所,加强土司制度,在思想上推崇藏传佛教,又在经济上大力发展茶马贸易,"以系番人归向之心"③,三者相辅而行,加强对藏族人民的控制和统治。

茶马贸易,由茶马司负责管理。由于汉藏茶马贸易主要集中在川陕一带,所以茶马司都设在这个地区。从洪武五年(1372)起,陆续设立秦州、河州、洮州、永宁、岩州(治今四川松潘西北)等茶马司。后来重新调整,废除永宁茶马司,另设雅州碉门茶马司代替,秦州茶马司也于三十年改为西宁茶马司,迁其治于西宁④。

为了掌握大量的茶叶用于茶马贸易,明廷对茶叶的生产和流通实行严格控制。明朝刚建立时,规定"凡卖茶去处,赴宣课司依例三十分抽一分,芽茶、叶茶各验直纳课,贩茶不拘地方"⑤。按照这个规定,全国各地的茶叶,在向官府交纳三十分之一的课税之后,均可自由贩卖。洪武四年(1371)十二月,户部建议:"陕西汉中府金州、石泉、汉阴、平利、西乡县诸处,茶园共四十五顷七十二亩,茶八十六万四千五十八株。每十株官取其一,民所收茶,官给直买之。无户茶园以汉中府守城军士薅培,及时采取,以十分为率,官取其八,军收其二。每五十斤为一包,二包为一引,令有司收贮,令于西番易马。"朱元璋从之⑥。翌年二月,户部又建议:"四川产巴茶凡四百七十七处,茶二百三十八万六千九百四十三株,茶户三百一十五,宜依定制,每茶十株官取其一,征茶二两。无户茶园令人薅种,以十分为率,官取其八,岁计得茶万九千二百八十斤。令有司贮候西番易马。"朱元璋又从之⑦。朝廷于是在陕西、四川和应天府、苏州府、常州府、镇江府、徽州府、广德州以及浙江、湖南、广

---

① 《明经世文编》卷149,《王氏家藏文集·呈盛都宪公抚蜀七事》。

② 《弇山堂别集》卷89,《市马考》,第1707页。

③ 《明经世文编》卷106,《梁端肃公奏议·议茶马事宜疏》。

④ 《万历明会典》卷37,《户部·课程》;《明史》卷75,《职官志四》,第1848—1849页。

⑤ 《万历明会典》卷37,《户部·课程》。

⑥ 《明太祖实录》卷70,洪武四年十二月庚寅。

⑦ 《明太祖实录》卷72,洪武五年二月乙巳。

西等产茶地区设立征收茶税的机构茶课司,确定各地每年的课税额。如规定陕西每年课茶 26862 斤,四川 100 万斤,此外还在四川碉门、永宁、成都、筠连设立茶局,课取当地所产的粗叶茶①。除了交纳茶课,"民间蓄茶,不得过一月之用"②,余茶必须出售。陕西汉中府诸处茶园的余茶全部由官府收购,其他地区的余茶则由商人收购。官府征收的茶课和收购的茶叶,称为官茶。另有商茶,即由商人收购贩卖的茶叶。朝廷规定,商人到产茶区收购茶叶,必须向当地官府纳钱申请茶引,最初规定"每引茶百斤,输钱二百"③。后改为"商茶每一百斤为一引,输官钱千文,其不及引者,纳六百文,给由帖,帖六十斤,量地定程以卖"④。商人可将收购的茶叶运到官府指定的地方出售,但需向那里的宣课司交纳"三十取一"⑤的商品税;亦可运至川陕地区上交茶马司,领取一定的报酬。朝廷规定"招商中茶,上引五千斤,中引四千斤,下引三千斤,每七斤蒸晒一蓖,运至茶司,官商对分,官茶易马,商茶给卖,每上引仍给附茶一百蓖,中引八十蓖,下引六十蓖,名曰酬劳"⑥,这就叫作茶叶的开中制度。这样,朝廷不仅通过征课和收购拥有大量的官茶,而且利用开中制度将一部分商茶吸引到川陕地区,用于"贮边易马"。

明初的茶马贸易,分为茶马互市和马赋差发两种形式。

汉藏之间的茶马互市,早在宋代即已存在。洪武初年,因藏族地区使用的货币与中原地区不同,藏民很少到川陕地区出售马匹。邓愈招谕西番后,就开始和当地藏民开展茶马互市。洪武七年(1374)十二月,"太师韩国公李善长奉旨,差诣汉中府清理马政,秦州、河州访察马政……长兴侯耿炳文、都指挥濮英悬陆成、俞本两人跟随。至汉中府,善长差本往河州,令耿忠将茶一百斤买上马一匹。比汉中府茶价,止该银二两,依奉买马一匹,解至上前,怒曰:'耿忠擅定茶价买马,当罪之。'……将耿忠送刑部前,打四十御杖:'休着他回家,便回河州理政。'"⑦八年五月,朱元璋又派宦官赵成往河州市马,用罗、绮、绫、帛和巴茶等生活必需品与藏民交换马匹,并令河州守将"善加抚循,以通互市。马稍来集,率厚其直

---

① (明)王圻:《续文献通考》卷 26,《征榷考·茶》;《明史》卷 80,《食货志四》,第 1947 页。

② 《皇明世法录》卷 31,《马政·西番茶马》。按,这条规定只适用于与西番易马的川陕等地,梁材即曾指出:"洪武初制,民间蓄茶,不得过一月之用。……然未尝禁腹里之民,使不得食茶也。"(《明经世文编》卷 106,《梁端肃公奏议·议茶马事宜疏》)腹里的茶户只要交纳茶课,即可留下供自己饮用的茶叶,商人只要上纳税课,也可自己贩运销售茶叶,但不许"私越黄河及河、洮、岷边境通番易马"(《明宪宗实录》卷 78,成化六年四月甲寅)。

③ 《明太祖实录》卷 9,辛丑年正月丙午。

④ 《明书》卷 82,《食货》。

⑤ 《明史》卷 80,《食货志四》,第 1947 页。

⑥ (明)王圻:《续文献通考》卷 26,《征榷考·茶》。

⑦ 《纪事录笺证》卷下,第 389—390 页。按:《纪事录笺证》所记"长兴侯耿炳文、都指挥濮英悬陆成、俞本两人跟随"之"悬"字,(美)陈学霖《史林漫识》附录三《俞本〈明兴野记〉》(《纪事录》,中国友谊出版公司 2001 年版,第 118 页)记作"选"字。

偿之"。此后，"山后（指今甘肃临夏市西北小积石山脉以北地区）归德等州，西番诸部皆以马来售矣"①，茶马互市迅速发展起来。

但是互市必须双方自愿，所市之马尚不能满足明朝的需要，于是朱元璋又创设带有强制性质的"马赋差发"。洪武十六年（1383）正月，他敕谕松州卫指挥佥事耿忠说："西番之民归附已久，而未尝责其贡赋。闻其地多马，宜计其地之多寡以出赋，如三千户则三户共出马一匹，四千户则四户共出马一匹，定为土赋，庶使其知尊君亲上，奉朝廷之礼也。"②自此，西番藏民必须定期向朝廷交纳马匹，即"如田之有赋，身之有庸，必不可少"③。此令一下，当月到京师朝觐的西番首领，"悉献其所乘马，诏以钞偿之"④。后来，明廷将偿钞改为给茶。这种马赋差发，带有征派赋役的性质，但又付给一定数量的"茶酬"或"茶赏"，含有互市的意义，它实际上是一种带有强制性的派购任务。二十五年五月，朝廷派尚膳监太监而聂等到河州，"诏谕河州诸番族以茶易马"⑤，得马10340 余匹，给茶 30 余万斤，"诸族大悦"⑥。这个办法实行后，有些官吏假朝命以济私，加额多征，扰害藏民。第二年，朱元璋又特制金牌信符，作为征发马赋差发的凭证⑦。二月，遣使携带金牌信符到西凉、永昌、甘肃、山丹、西宁、临洮、河州、洮州、岷州、巩昌等地，颁发给藏族各部，并敕谕各族部落："今特制金铜信符，族颁一符，遇有使者征发，比对相合，始许承命，否者械至京师罪之。"⑧洪武年间，总共颁发了金牌信符 41 面，并具体规定各部纳马的数额，其中"洮州火把藏（居于洮州岷州卫）、思囊日（居于朵甘地区）等族牌六面，纳马三千五十匹；河州必里卫二州七站西番二十九族牌二十一面，纳马七千七百五匹；西宁曲先、阿端、罕东、安定四卫巴哇（居于河西走廊北侧）、申中（居于青海北部）、申藏（居于青海湖北沿）等族一十六面，纳马三千五十匹"⑨。金牌信符以铜制成，再镀上一层薄金，镌刻篆文，上为"皇帝圣旨"，其下左为"合当差发"，右为"不信者斩"。每件金牌信符分为两号，下号颁发各部，上号藏于内府。规定每三年一次，由朝廷"钦遣近臣赍捧前来，公同镇守三司等官，统领官军，深入番境扎营，调聚

---

① 《明太祖实录》卷 100，洪武八年五月戊辰。

② 《明太祖实录》卷 151，洪武十六年正月辛酉。按：《国榷》卷 7（第 633 页），洪武十六年正月辛酉条则载："敕松州卫指挥佥事耿忠赋西番民马，三十户输一。"

③ 《明经世文编》卷 115，《杨石淙文集·为修复茶马旧制以抚驭番夷安靖地方事》。

④ 《明太祖实录》卷 151，洪武十六年正月己巳。

⑤ 《国榷》卷 9，洪武二十五年五月辛巳，第 729 页。

⑥ 《明太祖实录》卷 217，洪武二十五年五月甲辰。

⑦ （明）杨一葵：《裔乘》卷 3，《西夷》，《玄览堂丛书》本。

⑧ 《明太祖实录》卷 225，洪武二十六年二月癸未。

⑨ 《万历明会典》卷 37，《户部·课程》。按：《明经世文编》卷 115，《杨石淙文集·为修复茶马旧制以抚驭番夷安靖地方事》所载的颁发金牌信符与纳马数目，洮州、河州两地与《明会典》的记载相同，西宁地方则为："金牌一十六面，该纳差发马三千二百九十六匹。"

番夷,比对金牌字号,收纳差发马匹,给与价茶。如有拖欠之数,次年催收"①。金牌信符制的实行,使马赋差发制度更加完善,市马数量大为增加。洪武三十一年二月,曹国公李景隆自西番易马归来,报告说:"凡用茶五十余万斤,得马一万三千五百一十八匹。"②

贸易中的茶马比价,因时因地有所不同。陕西地区因为茶课不够市马之用,经常需要从四川调进大量茶叶。如洪武二十六年(1393)实行金牌信符制后,每三年一次与藏民进行茶马交易之前,都"先期于四川保宁等府,约运一百万斤,赴西宁等茶马司收贮"③。所以陕西地区的马价定得较低,洪武初年规定河州茶马司以茶易马之价是上等马每匹给茶40斤,中等马30斤,下等马20斤。永宁也是马较多而茶较少,洪武十六年规定永宁茶马司以茶易马之价"如河州茶马司例"④。雅州碉门产茶较多,而来售马的藏民较少,马价则比河州、永宁要高得多。洪武初年规定,对到雅州售马的藏族商民,"每堪中马十匹,给茶一千八百斤",于碉门茶课司支给。二十二年,改定其价,规定上等马1匹给茶120斤,中等马70斤,下等马50斤⑤,但马价仍比河州、永宁高出了许多。

明朝官府除了以茶易马,有时也以布帛、纸、牛等易马,并从藏区购买红缨(用马尾染成,供装饰军帽、枪缨、马具之用)、毡衫等土特产。

明朝通过茶马互市和马赋差发获得了大量马匹,其中大部分发送京军用于作战或送各卫所骑操,小部分交太仆寺所属诸牧监孳牧。

为了控制茶马贸易,保证得到大量马匹,朝廷严禁贩卖私茶,规定:"官给茶引赴产茶府、州、县,凡商人买茶,具数赴官纳钱给引,方许出境货卖。每引照茶一百斤,茶不及引者,谓之畸零,别置由帖付之。仍量地远近,定以程限,于经过地方执照。若茶无由引及茶、引相离者,听人告捕。其有茶引不相当或有余茶者,并听拿问。卖茶毕,即以原给引由,赴住卖官司合缴。该府、州、县俱各委官一员管理"⑥。商人贩卖茶叶必须持有官府发给的茶引,如果没有茶引,或者茶引与茶叶数量不符,即为私茶。"凡犯私茶者,同私盐法论罪"⑦,即杖100,徒3年,茶货车船马匹一并没收入官。茶户将茶叶卖给没有茶引的商人贩卖,"初犯笞三十,仍追原价没官;再犯笞五十;三犯杖八十,倍追原价没官"。伪造茶引的,"处死,籍没当房家产。告捉人赏银二十两"⑧。对私茶出境处罚更重,"私茶出境者斩,

① 《明经世文编》卷115,《杨石淙文集·为修复茶马旧制以抚驭番夷安靖地方事》。

② 《明太祖实录》卷256,洪三十一年二月戊寅。

③ 《明经世文编》卷115,《杨石淙文集·为修复茶马旧制第二疏》。

④ 《弇山堂别集》卷89,《市马考》,第1708页;《万历明会典》卷37,《户部·课程》。

⑤ 《弇山堂别集》卷89,《市马考》,第1710页;《万历明会典》卷37,《户部·课程》。

⑥ 《万历明会典》卷37,《户部·课程》。

⑦ 《大明律》卷8,《户律·课程》,第77页。

⑧ 《万历明会典》卷37,《户部·课程》。

关隘不觉察者,处以极刑"①。

但是,由于明朝官府在茶马贸易中对藏族商民实行"贱其所有而贵其所无"②的政策,压低马价而抬高茶价,马贱茶贵,商人看到以茶易马,获利丰厚,就不顾禁令,纷纷潜入藏区贩卖私茶。一些边镇官吏和军民贪图私利,也私储良茶以易马。私茶活动的猖獗,使茶马互市和马赋差发受到很大冲击,互市马匹不断减少,"马日贵而茶日贱"③。洪武三十年(1397),朱元璋便开展一次大规模的打击私茶活动,规定:川陕"本地茶园人家,除约量本家岁用外,其余尽数官为收买。若卖与人者,茶园入官"④。"守把人员,若不严守,纵放私茶出境,处以极刑,家迁化外。说事人同罪。贩卖人处斩,妻小入官"⑤。当年二月,他还敕谕右军都督府,令"即移文秦、蜀二府长史司,启王发都司官军于松潘、碉门、黎、雅、河州、临洮及入西番关口巡禁私茶之出境者"⑥。三月,又遣驸马都尉谢达往谕蜀王,令其"谕布政司、都司严为防禁",并令兵部"具禁约事宣,遣人赍谕川陕守边卫所",并"遣僧管著藏卜等往西番申谕之"⑦。川陕各都司于是在通接西番经行关隘偏僻小路,差拨官军三四层严密把守巡视⑧。同时,朱元璋还敕谕户部,令"差行人去陕西河州、四川碉门、利(黎)、雅等处,省谕把隘口的头目,教他十分严加把截,不许私茶出境"⑨。户部遵命自三月至九月,每月遣行人4名,巡视河州、临洮、碉门、黎、雅等处。半年以内,先后派遣24名巡视人员,往来旁午⑩。此外,朱元璋还亲自下令,命署佥都御史邓文铿、刘观、景清等三人到四川、陕西讥察私茶⑪。禁茶之声势,可谓空前。凡有触犯茶禁的,即刻捉拿治罪,虽勋戚亦不贷。当年五月,驸马都尉欧阳伦贩运私茶,就被赐死。

明朝开展茶马贸易的政策,顺应了汉、藏两族人民经济上互相依存的客观需要,有力地推动了边疆和内地的经济、文化交流,同时也密切了藏区同中原皇朝的政治联系,收到了羁縻广大藏族,加强明朝统治的效果。成化年间,督理茶马盐政、经略边务的副都御史杨一清,曾赞扬说:"国初散处降夷,各分部落,随所指拨地方安置驻扎,授之官秩,联络相承。以马为科差,以茶为价,使知虽远外小夷,皆王官王民,志向中国,不敢背叛。且如一

---

① 《明经世文编》卷106,《梁端肃公奏议·议茶马事宜疏》。
② 《明经世文编》卷294,《归太仆文集·本朝马志》。
③ 《明史》卷80,《食货志四》,第1948页。
④ 《明经世文编》卷115,《杨石淙文集·为修复茶马旧制第二疏》。
⑤ 《明经世文编》卷115,《杨石淙文集·为修复茶马旧制以抚驭番夷安靖地方事》。
⑥ 《明太祖实录》卷250,洪武三十年二月丁酉。
⑦ 《明太祖实录》卷251,洪武三十年三月癸亥、庚辰。
⑧ 《万历明会典》卷153,《兵部·马政》。
⑨ 《明经世文编》卷106,《梁端肃公奏议·议茶马事宜疏》。
⑩ 《明史》卷80,《食货志四》,第1949页。
⑪ 《明太祖实录》卷252,洪武三十年四月癸卯。

背中国,则不得茶,无茶则病且死。以是羁縻之,贤于数万甲兵矣。此制西番以控北房之上策。"①《明史》也说:"初,太祖以西番地广,人犷悍,欲分其势而杀其力,使不为边患,故来者辄授官。又以其地皆食肉,倚中国茶为命,故设茶课司于天全六番,令以马市,而入贡者又优以茶布。诸番恋贡市之利,且欲保世官,不敢为变。迨成祖,益封法王及大国师、西天佛子等,俾转相化导,以共尊中国,以故西陲宴然,终明世无番寇之患。"②

朱元璋处理民族问题"威德兼施"、德怀为主的政策,归根到底是为维护和巩固明朝的封建统治服务的。作为封建皇朝的统治者,朱元璋没有也不可能真正摆脱"内中国而外夷狄"的大汉族主义的羁绊。他不仅有"非我族类,其心必异"之类的思想③,而且采取了不少歧视和防范少数民族的措施,如用法律规定蒙古、色目"不许本类自相嫁娶",并在茶马贸易中实行"贱其所有而贵其所无"的不等价交换政策,等等。因此,他的民族政策本质上仍然是一种民族压迫政策。不过,就当时的历史条件来说,朱元璋的民族政策仍不失为一种开明的政策。他不仅针对元末民族矛盾极其尖锐的状况,提出"华夷无间""抚字如一"的主张,而且非常重视怀柔手段的运用,能够根据不同民族的具体情况,因时制宜,因俗而治,并辅之于其他羁縻和恩抚措施,从而使尖锐的民族矛盾得到了缓和,把众多的民族基本上都统一起来,置于一个强有力的中央政权的管辖之下。这样做,不仅有利于明朝统治的巩固,而且有助于打破各民族之间封建割据的壁垒,加强各民族之间的政治、经济、文化联系,从而起到加强和巩固国家统一的积极作用④。

---

① 《明经世文编》卷115,《杨石淙文集·为修复茶马旧制以抚驭番夷安靖地方事》。
② 《明史》卷331,《西域列传三》,第8589页。
③ 《明太祖实录》卷42,洪武二年四月丁丑。
④ 参看拙作《论朱元璋的民族政策》,《中南民族学院学报》1982年第1期;《朱元璋研究》第243—263页。

第十四章
和平外交与御倭斗争

第一节　以"不征"为特征的和平外交政策

明朝肇建之初,统一大业尚未完成,国内的统治还不稳固,残破的经济尚待复苏,需要有一个和平安定的国际环境。朱元璋登基之后,便着手恢复与邻近诸国的外交活动,并着手制定用以指导这一活动的外交政策,力求与周边国家和平相处,构建一个和谐安定的国际秩序。

元朝初期,一度实行穷兵黩武的对外政策,企图用武力征服邻近国家。成吉思汗曾经大举西征,并东征高丽。忽必烈建立元朝后,他和他的后继者,也多次发兵攻打日本、安南(今越南北部)、缅甸、占城、爪哇(今印度尼西亚爪哇岛)等国。元朝进行的这些扩张、征服战争,不仅遇到被侵略国家的顽强抵抗,遭到惨重失败,而且极大地消耗了国内的人力、物力和财力,加重人民的负担,激起广大人民的强烈不满,福建等地便因此爆发过起义。朱元璋总结并吸取历史上的这些教训,强调如果外国不自量力,兴兵侵犯我国,一定要给予迎头痛击,但如果外国不来侵犯,则不可无故兴兵,去侵犯他国。为了保境安民,他决定采取"与远迩相安于无事,以共享太平之福"①的和平外交政策。洪武四年(1371)九月,他在奉天门召见省、府、台大臣,进一步阐明这个以"不征"为特征的和平外交政策,曰:"海外蛮夷之国,有为患于中国者,不可不讨;不为中国患者,不可辄自兴兵。古人有言:'地广非久安之计,民劳乃易乱之源。'如隋炀帝妄兴师旅……得其地不足以供给,得其民不足以使令,徒慕虚名,自弊中土,载诸史册,为后世讥。朕以诸蛮夷小国,阻山越海,僻在一隅,彼不为中国患者,朕决不伐之。惟西北胡戎(指蒙古),世为中国患,不可不谨备之耳。卿等当记所言,知朕此意。"②六年修成的《祖训录》,特在其首章《箴戒》中明示其后世子孙:

> 凡海外夷国,如安南、占城、高丽、暹罗、琉求、西洋、东洋③及南蛮诸小国,限山隔海,僻在一隅,得其地不足以供给,得其民不足以使令。若其不自揣量,来挠我边,则彼为不祥;彼既不为中国患,而我兴兵轻伐,亦不祥也。吾恐后世子孙,倚中国富强,贪一时战功,无故兴兵,致伤人命。切记不可。但胡戎(指蒙古)逼近中国西北,世为边患,必选将练兵,时谨备之。④

---

① 《明太祖实录》卷 37,洪武元年十二年壬辰。

② 《明太祖实录》卷 68,洪武四年九月辛未。

③ 据永乐年间随郑和下西洋的马欢所著《瀛涯胜览》(《国朝典故》卷 106,第 2135 页)的记载,明初的东、西洋是以南浡里国划界的。南浡里国位于今印度尼西亚苏门答腊岛,"国之西北海内有一大平顶峻山,半日可到,名帽山。山之西大海,正是西洋也,番名那没嘥洋"。那没嘥洋即今印度洋。

④ 《祖训录·箴戒》,《洪武御制全书》,第 366 页。

　　根据这个以"不征"为特征的和平外交政策,朱元璋在洪武元年(1368)十二月,首先派符宝郎偰斯、知府易济等,分别出使高丽、安南,颁赐玺书,通报他已即位改元,取代元朝的统治,希望与两国重新建立外交关系。玺书回顾中国与周围邻邦的传统友谊说:"昔帝王之治天下,凡日月所照,无有远近,一视同仁。故中国奠安,四方得所,非有意于臣服之也。"并说明他的外交政策:"朕……已承正统,方与远迩相安于无事,以共享太平之福。"①后来,又陆续遣使出访日本、占城、爪哇、琐里(在今印度科罗曼德尔海岸)、暹罗、真腊、三佛齐(今印度尼西亚苏门答腊岛巨港一带)、浡泥(今北加里曼丹岛文莱)、琉球、缅国(今缅甸)和西洋(今印度南部)诸国,重申明朝的外交政策和建交愿望,并赐赠诸国王金绮缎纱罗,还送去《大统历》,使"知正朔所在","能奉若天道"②。三年,在给爪哇国王的诏书中,他进一步申明:"朕仿前代帝王,治理天下,惟欲中外人民,各安其所。"③五年,接见来访的高丽民部尚书张子温,他又再次表明决不无故兴兵侵犯他国,愿与各国和平相处的态度,说:"昔日好谎的君王如隋炀帝者,欲广土地,枉兴兵革,教后世笑坏他,我心里最嫌。"④朱元璋还设法同中亚地区的帖木儿汗国、远在地中海东部的拂菻(东罗马帝国)建立联系。二十一年,明军在捕鱼儿海战役中俘获一批撒马儿罕商人,朱元璋即派鞑靼王子剌剌等护送他们回帖木儿汗国⑤,后又"累遣使招谕"⑥。元朝末年,有个拂菻国人捏古伦前来中国经商,元亡之后滞留未返。朱元璋得到消息,在洪武四年召见捏古伦,请他携带一封书信回国,交给拂菻国王,希望双方能互通往来。后来,又正式派使节普剌等人出访拂菻,再次表达同拂菻建立外交关系的愿望⑦。明朝使节的足迹,遍及于周围的邻国。洪武二十八年十二月,朱元璋在《谕祭暹罗国王敕》中,曾回顾他的外交活动说:"朕自即位以来,命使出疆,周于四维,历邦国,足履其境者三十六,声闻于耳者三十一。风殊俗异,大国十有八,小国百四十九。"⑧这话难免有点夸张。后来,在三十年八月的一道诏令中,他提到与明朝交往的国家有安南、占城、真腊、暹罗等"凡三十国"⑨,可能是比较接近真实的数字。

　　朱元璋的外交活动,得到周围邻国的热烈响应。洪武二年六月,安南国王陈日煓首先派遣少中大夫同时敏、正大夫段悌、黎安世等来朝贡,因请封爵⑩;八月,高丽国王王颛派遣

①　《明太祖实录》卷37,洪武元年十二月壬辰。
②　《明太祖实录》卷39,洪武二年二月辛未。
③　《明史》卷324,《外国列传五·爪哇传》,第8402页。
④　《高丽史》卷43,《恭愍王世家》。
⑤　《明太祖实录》卷210,洪武二十四年七月癸酉。
⑥　《明史》卷332,《西域列传四·撒马儿罕传》,第8598页。
⑦　《明史》卷326,《外国列传七·拂菻传》,第8458页。
⑧　(明)张燮著,谢方点校:《东西洋考》卷11,《艺文考》,中华书局1981年版,第216页。
⑨　《明太祖实录》卷254,洪武三十年八月丙午。
⑩　《明太祖实录》卷43,洪武二年六月壬午。

礼部尚书洪尚载等入明奉表贺朱元璋即帝位,贡方物,请封爵①;九月,占城国王阿答阿者派遣大臣蒲旦麻都等入贡②。日本、暹罗、真腊、琉球、吕宋(今菲律宾吕宋岛)、爪哇、琐里、浡泥、三佛齐、苏门答剌(今印度尼西亚苏门答腊岛北部)、览邦(今印度尼西亚苏门答腊岛南部南榜一带)、淡巴(一说在今马来半岛,位于马来西亚的开帕湖一带,一说在印度尼西亚苏门答腊岛的甘巴河流域)、百花(今印度尼西亚爪哇岛西部)、溢亨(又作彭亨,今马来西亚彭亨州)、缅国、柯枝(今印度西南岸柯钦)、大葛兰(一说在今印度南部西岸的奎隆,一说为今奎隆南的阿廷加尔)纷纷遣使来访,同明朝建立外交关系。远在地中海东部的拂菻也遣使入贡。帖木儿汗国当时正图谋攻灭西方的伊儿汗国和北边的钦察汗国,也对东方的明朝采取“称臣纳贡”的做法,在洪武二十年九月首次派遣回回满剌哈非思入明朝贡,献马15匹,驼2只③,“自是频岁贡马驼”④。

在15、16世纪之前,人类对世界的认识具有很大的局限性,已知的只是世界的某个局部地区,因而往往把自己的国家或所在地区当作是世界的中心。钱钟书即曾指出:“古希腊、罗马、亚剌伯人著书各以本土为世界中心。”⑤中国文明源远流长,在华夏民族形成的过程中,便产生一种认为华夏民族优于夷狄的思想和夷夏之分的文化心态。自秦汉实现大一统之后,历代皇朝的对外关系便是奠基于“夷夏之辨”基础之上的以中国为中心的朝贡关系即宗藩关系。中国的皇帝作为“天下共主”,居内以制夷狄。与中国建交的周边各国,仍然保留自己的君主和完整的国家机构,但作为藩属国,必须接受宗主国的册封,向宗主国“称臣”“纳贡”。中国的皇帝,不干预藩属国的内政,而是按照儒家的“礼”治思想,以“德”柔远,并依据“厚往薄来”的原则,对贡纳给予丰厚的回赐,以图建立一种和谐稳定的国际秩序。

洪武年间,朱元璋的外交活动,延续着这种传统的宗藩模式。他也仿照历代皇朝皇帝的做法,以“天下共主”的姿态履行其职责。

一是颁诏封王。先后于洪武二年颁诏册封安南、高丽、占城国王⑥,十六年颁诏册封琉球中山王,十八年又册封琉球山南王和山北王⑦。与册封相联系的,还于洪武三年遣使往

---

① 《明太祖实录》卷44,洪武二年八月甲子。
② 《明太祖实录》卷45,洪武二年九月乙巳。
③ 《明太祖实录》卷185,洪武二十年九月壬辰。
④ 《明史》卷332,《西域列传四》,第8598页。
⑤ 钱钟书:《管锥篇》第4册,中华书局1979年版,第1556页。
⑥ (明)王祎:《王忠文公集》卷12,《封高丽国王诏》《封占城国王诏》《封安南国王诏》,《四库全书》本。
⑦ 《明太祖集》卷8,《谕琉球国王察度》《谕琉球山北国王帕尼芝》,第165,166页;《赐诸番诏敕》《谕琉球山南国王承察度》,《明朝开国文献》(三),(台北)学生书局1966年影印本。

安南、高丽、占城，祀其国山川，六年又遣使祀琉球山川①。并于洪武三年遣使颁科举诏于高丽、安南、占城，让各国"经明行修之士"各就本国乡试后，赴明朝京师会试，可不拘数额选取②。

二是用儒家的德治思想规范藩属国国王的行为。藩属国的内政是完全自主的，作为宗主国的皇帝，朱元璋不进行干预，但他要求藩属国须遵守儒家德治思想，推行仁义礼乐，与民兴利除害，使民各得其所。洪武二年十月，朱元璋接见来访的高丽总部尚书成准得，询问其国政俗、城郭、甲兵、居室如何，成准得回答说："俗无城郭，虽有甲兵而侍卫不严，有居室而无听政之所，王专好释氏，去海滨五十里或三十里，民始有宁居者。"朱元璋即写了一道玺书，让成准得带给高丽国王王颛，开导他说："古者王公设险以守其国，今王有人民无城郭，民人将何所依？为国者未尝去兵，今王武备不修，则国威弛。民以食为天，今濒海之地不耕，则民食艰。凡国必有出政令之所，今王有居室而无厅事，则无以示尊严于臣下，朕甚不取也。历代之君，不问夷夏，惟备仁义礼乐以化民成俗，今王弃而不务，日以持斋守戒为事，欲以求福，失其要矣。……先王之道，与民兴利除害，使其生齿繁广，父母妻子饱食暖衣，各得其所，则国永长，修德求福，莫大于此，王何不为此而为彼哉？……前之数事，朕言甚悉，不过与王同其忧耳，王其审图之。"③除了建议他筑城郭、建厅事、修武备，还特地规劝他践行儒家的行仁义、兴礼乐、重民生的主张。鉴于高丽贡使往来过于频繁，洪武五年朱元璋又令中书省告谕高丽，"令遵三年一聘之礼，或比年一来，所贡方物止以所产之布十匹足矣，毋令过多"，并令中书省以此意"谕之占城、安南、西洋琐里、爪哇、浡尼、三佛齐、暹罗、真腊等国"④。此后，他又反复重申三年一贡之古礼。至洪武七年三月，更诏中书、礼部，重申"古者中国诸侯于天子，比年一小聘，三年一大聘。九州之外，番邦远国则每世一朝。其所贡方物不过表诚敬而已。……今遵古典而行，不必频烦。其移文使诸国知之"⑤。强调入贡在于表示诚敬之心，而不在贡物之多少，以免劳民伤财，违背儒家民本主义之意旨。

三是调解国际纠纷。朱元璋认为："朕为天下主，治乱持危，理所当行。"⑥因此，周边诸国发生纠纷，他便出面加以调解。洪武初年，安南与占城发生战争，他即遣使调解，谕占城国王阿答阿者："王能保守封疆奉天勤民，则福禄绵长矣。"又谕安南国王陈炜伯、陈叔明

---

① 《明史》卷 56，《礼志十》，第 1421 页。

② 《明太祖实录》卷 52，洪武三年五月己亥。

③ 《明太祖实录》卷 46，洪武二年十月壬戌；《高丽史》卷 41，《恭愍王世家》。

④ 《明太祖实录》卷 76，洪武五年十月甲午。

⑤ 《明太祖实录》卷 88，洪武七年三月癸巳。

⑥ 《王忠文公集》卷 12，《谕安南占城二国诏》。

曰:"若邦有道,固封疆勿外求,则世为永福;若越境而殃他民,则福命未可保也。"①洪武十六年,琉球的中山王、山南王、山北王为争雄长,互相攻伐,他也遣使劝告中山王察度:"近使者归,言琉球三王互争,废农伤民,朕甚悯焉。诗曰:'畏天之威,于时保之。'王其罢战息民,务修尔德,则国用永安矣。"又劝说山南王承察度、山北王帕尼芝:"二王能体朕之意,息兵养民,以绵国祚,则天心佑之。不然,悔无及矣。"②在他的劝说下,琉球三王后来停止了战争,山北王帕尼芝即遣使随同中山、山南二王的使臣入明朝贡③,感谢明朝的调解。

但是,在同周边国家建交不久,朱元璋就发现,他这个"天下共主"的诏敕实际并不能产生多大效用,不论是册封过还是未曾册封的藩属国,对明朝这个宗主国并不那么诚敬。关于三年或比年一贡的规定,尽管他三令五申,有些国家为图丰厚的回赐,照样年年入贡,有的甚至一年数贡。更有甚者,有的已经册封过的,同明朝关系最为密切的国家,还接连发生令朱元璋深感激愤的事件。这迫使朱元璋不能不突破传统的宗藩理念,而以务实的态度,来处理现实的国与国之间的关系。

最早臣附明朝的,是与中国接壤的安南。洪武二年六月,朱元璋即册封陈日煃为安南国王。翌年,陈日煃故去,其侄陈日熞嗣立,朱元璋又诏封陈日熞为安南国王。仅过一年有余,陈叔明杀陈日熞自立,并于洪武五年二月,遣使入明贡象,以试探明朝的态度。礼部主事发现表文的国王名字不对,"前王乃陈日熞,今表曰陈叔明",礼部诘问安南使臣,使臣如实交代:"盖叔明逼死日熞而夺其位。"朱元璋大怒曰:"岛夷何狡狯如是!""却其贡不受"④。随即依据"春秋大义",颁诏指责陈叔明违背儒家"事君以忠"的"篡夺"行为,要求他"更弦改辙","择日熞(煃)亲贤命而立之","不然,十万大军水陆俱进,正名致讨,以昭示四夷,尔其毋悔"⑤。翌年,陈叔明遣使前来谢罪,请封,并说明陈日熞是病卒。朱元璋明知有诈,但基于两年前自己宣布的"彼不为中国犯者,朕决不伐之"即"不征"的外交政策,他还是表示了让陈叔明"且以前王印视事"的态度,说:"俟能保安疆境,抚辑人民,然后定议。"⑥

洪武十二年九月,占城国王遣使入贡,而中书省未及时奏报,从而引发胡惟庸党案的爆发以及废除丞相、罢撤中书省等一系列重大事件。为了集中力量处理内部事务、稳定国内局势,朱元璋对国际事务采取了更加宽松的政策。十三年正月,在《谕安南来使敕》中,他首次表示要与安南划疆分治:"且安南,中国虽称僻居遐荒,实是密迩;虽曰密迩,地不足

---

① 《明太祖集》卷8,《谕占城国王阿答阿者》,第150页;卷2,《谕安南国王陈炜伯陈叔明诏》,第22页。

② 《明太祖实录》卷151,洪武十六年正月丁未。

③ 《明史》卷323,《外国列传四·琉球传》,第8362页。

④ 《明太祖实录》卷72,洪武五年二月丙戌。

⑤ 《宋濂全集》卷2,《谕安南国诏》,第39页。

⑥ 《明太祖实录》卷78,洪武六年正月。

以广疆,人非我用。在昔中国之君虽统,朕思限山阻川,实为疆制,若我中国有道内安,四夷守分,何欲事大之来者? ……尔等归告陈叔明,安分高枕,虽不来朝,亦也无虞。"①言外之意非常明确,只要安南保证边境的安定,对陈叔明的篡逆行为,甚至是不来朝贡,他都可置之不问。

洪武十四年六月,安南国王陈炜遣使入贡,"惟靖江王、广西布政司及中书省礼物"。中书省已于去年撤销,安南国王却仍然给其送礼,这显然是有意给朱元璋难堪,故令"上甚不然"②。恰在这时,广西"思明府来言,安南脱、峒二县攻其永平等寨",而安南却反咬"思明府攻其脱、峒、陆、峙诸处"。朱元璋"以其诈,命还其贡,以书诘责陈炜,言其作奸肆侮,生隙搆患,欺诳中国之罪。复敕广西布政司,自今安南入贡并毋纳"③。明与安南几乎走到断交的地步。此后,安南仍持续不断地入明朝贡,直到二十七年明朝得知安南国王陈炜早已为宰相黎一元所杀,才却其贡,以示对其弑君行为的惩戒。洪武三十年二月,朱元璋遣行人陈诚、吕让出使安南,谕其以所侵之地归还思明府,黎一元坚执不从。朱元璋召群臣集议对策,"或以其抗逆朝命当讨"。但朱元璋考虑再三,仍决定"姑待之"④,坚持了"不征"的既定国策。

与中国接壤的高丽,也是较早臣附明朝的国家。高丽在元代为蒙古所征服,与蒙古王室实行联姻,元廷还一度在高丽设置征东行省加以控制,使之成为一个半独立的附属国。至正末年,高丽乘元朝势衰之机,曾停用至正年号,恢复旧有官制,并与张士诚、方国珍往来,力图摆脱元朝的控制。明朝建立后,朱元璋在洪武元年十二月遣使颁诏于高丽,通报他已即位改元。次年八月,高丽国王王颛遣使入明"称臣入贡",并请封爵。当月,朱元璋遣使携带诏书、金印、诰文至高丽,册封高丽国王王颛,允其"仪制服用,许从本俗"⑤。翌年七月,高丽始行洪武年号,并遣使缴纳元廷所颁金印。尽管当时高丽还是脚踩两只船,仍与北元保持往来,如洪武二年遣使入明的同时,又遣使"如元贺圣节"⑥,引起朱元璋的猜忌与不满。但朱元璋还是采取比较宽容的态度,不仅遣返滞留明境的高丽流民,允许高丽士子参加明朝的科举考试,免征高丽贡使私带入境货物和高丽海舶的税金,而且对高丽内部事务不加干涉,双方的关系还是比较融洽的。直到洪武五年七月,高丽国王遣使入明,表中言明"耽罗国恃其险远,不奉朝贡"之事,朱元璋在给高丽国王的玺书中还明确表示"耽

① 《明太祖集》卷8,《谕安南来使敕》,第149页。

② 《赐诸番诏敕·敕礼部咨安南国》,《明朝开国文献》(三)。

③ 《明太祖实录》卷137,洪武十四年六月丙辰。

④ 《明太祖实录》卷250,洪武三十年二月甲辰。

⑤ 《明太祖实录》卷44,洪武二年八月丙子。

⑥ 《高丽史》卷41,《恭愍王世家》。

罗已属高丽,其中生杀,王己专之"①。并亲谕高丽使臣张正温曰:"自古天下有中国,有外国,高丽是海外之国,自古与中国相通,不失事大之礼,守分的好有。况今朝聘之礼不曾有阙,有什么疑惑处? ……有我这说的话,恁去国王根底明白说到。"②明确表示,高丽是外国,有权自行处置其属国,明廷不行干预。

就在洪武五年,明军三路出征,企图一举击败北元。五月间,徐达所率中路明军在杭爱岭北战败,东、西两路明军虽然取得一些胜利,但所获不多,自己却受到不小损失,估计三路大军总共牺牲了几万人。北元嗣君爱猷识里达腊乘胜发动反攻,不时袭击从辽东至甘肃沿边地带,图谋实现"中兴"。就在这样的大背景下,明与高丽的关系也随之急转直下。当年五月,由高丽贡入元朝的火者,后为朱元璋留用的孙内侍,随同前元院使延达麻失里出使高丽,不明不白地在高丽王京佛恩寺的树上吊死。高丽咬定他是自缢,但坊间传言系高丽姓朴的宰相毒死。加上当时高丽曾派人打探山东、北平的军事情报,自然引起朱元璋的极大不满。当年十二月,朱元璋在奉天门下召见高丽使臣姜仁裕,即对他发表长篇宣谕,指出孙内侍不是自尽,而是被高丽杀害,然后训斥道:"恁那里进来的表上说道:俺每子子孙孙世世称臣来,临了做这般勾当,小见识。"③翌年二月,北元遣使要求高丽助其"复正天下"。高丽国王王颛原拟执杀使者,经与君臣商议,又将其放还,并"以苎布附献"④。洪武七年九月,王颛为其下所弑,左侍中李仁任(人)立王颛年仅十岁的私生子辛禑为王,执行依附北元的政策。不久,明廷派遣使臣林密、蔡斌赴高丽买马,高丽国王派遣金义护送,李仁任又密令金义杀死蔡斌,并劫持林密投奔辽东的纳哈出。朱元璋随即拘捕高丽前来报告王颛死讯、请求为其赐谥的使臣,并拒绝为王颛颁赐谥号。洪武十年,高丽停用洪武年号,改行北元的宣光年号。但仅过一年,爱猷识里达腊死,北元声势更加衰微,高丽又复改行洪武年号,并要求明朝允其继续入贡。朱元璋便索取高额岁贡,想迫使高丽绝交。辛禑命群臣"议岁贡,皆以一遵帝旨为对"⑤,遂于洪武十七年五、六、七、八月分四次贡马9000匹。朱元璋于是在次年七月遣使册封辛禑为高丽国王,谥王颛为恭愍王,但双方的关系仍未得到彻底的改善。

洪武二十年,朱元璋出动大军,迫降盘踞辽东的北元将领纳哈出,元朝统辖的辽东地区归入明朝版图。当年年底,朱元璋开始考虑与高丽划定边界,命户部咨高丽国王:"以铁岭以北、东、西之地旧属开元,其土著军民女直、鞑靼、高丽人等,辽东统之;铁岭之南旧属

---

①　《明太祖实录》卷75,洪武五年七月庚午。

②　《高丽史》卷43,《恭愍王世家》。

③　《高丽史》卷44,《恭愍王世家》。

④　《高丽史》卷44,《恭愍王世家》。

⑤　《高丽史》卷135,《辛禑传》。

高丽,人民悉听本国管辖。疆境既定,各安其守,不得复有所侵越。"①翌年三月,明朝便在铁岭设立卫所。然而辛禑却要求将铁岭之地划归高丽,说什么"文、高、和、定等州本为高丽旧壤,铁岭之地,实其世守,乞仍以为统辖。"朱元璋坚决拒绝了辛禑的无理要求,指出:"高丽地壤旧以鸭绿江为界,从古自为声教","今复以铁岭为辞,是欲生衅矣"②。辛禑果然下令停用洪武年号,于洪武二十一年出兵侵入辽东。双方的关系再度恶化。

辛禑发兵侵略明朝辽东地区的举动,遭到右军都统使李成桂等人的反对。李成桂在劝阻无效之后,发动兵变,废黜辛禑,复用洪武年号,后又废黜左军都统使曹敏修所立的辛禑之子辛昌,另立王族成员王瑶,自拜左侍中,主持朝政。洪武二十五年(1392),李成桂再废王瑶,自立为王,把都城由开城迁至汉城,积极寻求与明朝改善关系。朱元璋对这一连串的政变从不干预,他嘱咐礼部侍郎说:"高丽限山隔海,僻处东夷,非我中国所治,且其间事有隐曲,岂可遽信。尔礼部移文谕之,从其自为声教。果能顺天道,合人心,以安东夷之民,不启边衅,则使命往来,实彼国之福也。"③并对来访的高丽使臣明确表示:"尔恭愍王(王颛)死,称其有子,请立之。后来又说不是。又以王瑶为王孙正派,请立之,今又去了。(李成桂)再三差人来,大概要自做王。我不问,教他自做。自要抚绥百姓,相通往来。"④但是,朱元璋对李成桂仍然心存疑忌。当李成桂要求明朝给予册封,更改国号,并提出朝鲜与和宁两个名称,请朱元璋代为选择时,朱元璋却迟迟不予册封,而用代择朝鲜的国号以表示对李成桂即位的承认。此后,由于朝鲜招抚辽东的一些女真部落、将元代移居辽东的朝鲜族人迁回朝鲜、收集明朝情报、私交明朝藩王以及表笺文书用词不当等问题,双方不时发生摩擦和冲突。洪武三十一年四月,五军都督府及兵都上奏,由于朝鲜"叠生衅隙",请求出兵讨伐。不过,朱元璋还是表示:"朕欲止朝鲜生衅者,将以安民也。兴师伐之,固不为难,得无殃其民乎? 但命礼部移文责之,彼若不悛,讨之未晚。"⑤仍然坚持"不征"之策。

朱元璋不仅对互相接壤的邻邦坚持"不征"的和平外交政策,即使有的海外国家侵犯了中国的利益,他也设法通过外交途径,采取和平方式加以解决。如洪武三十年八月,礼部报告三佛齐派遣间谍将明朝派往其他国家的使节裹胁到该国,并阻遏过往商旅,使"诸国王之意,遂尔不通"。朱元璋并没有兴师动众,出兵问罪。他听说三佛齐归爪哇统属,便叫礼部写信给暹罗国王,请他转达爪哇,要爪哇从中斡旋,"以大义告于三佛齐"。信中说:

---

① 《明太祖实录》卷187,洪武二十年十二月壬申。

② 《明太祖实录》卷190,洪武二十一年四月壬戌。

③ 《明太祖实录》卷221,洪武二十五年九月庚寅。

④ (朝)河崙等:《李朝太祖实录》卷2,元年十一月甲辰,韩国延世大学校东方学研究所1922年影印本。

⑤ 《明太祖实录》卷257,洪武三十一年四月庚辰。

"皇上一以仁义待诸番国,何三佛齐诸国背大恩而失君臣之礼,据有一蕞之土,欲与中国抗衡? 倘皇上震怒,使一偏将将十万众越海问罪,如覆手耳。何不思之甚乎?"最后表示:三佛齐"或能改过从善,则与诸国咸礼遇之如初,勿自疑也"①。

即使是隔海相望的日本,自元代以来,不断有倭寇侵掠中国的沿海地区,给中国人民造成很大的伤害。朱元璋多次遣使赴日,要求日本国当局加以制止却均无果而终,导致两国断交的结局②。但朱元璋仍将日本列入"不征"之国。

朱元璋晚年,于洪武二十八年将由《祖训录》进一步修订而成的《皇明祖训》刊布于世。在其《祖训首章》中,他再次重申,以"不征"为特征的和平的外交政策为子孙必须世代遵行的基本国策,并具体列出"不征"的 15 个邦交国家的名字:

> 东北:朝鲜国(即高丽。其李仁人及子李成桂今名旦者,自洪武六年至洪武二十八年,首尾凡弑王氏四王,姑待之)。
>
> 正东偏北:日本国(虽朝实诈,暗通奸臣胡惟庸,谋为不轨,故绝之)。
>
> 正东偏南:大琉球国(朝贡不时。王子及诸臣之子皆入太学读书,礼待甚厚)。小琉球国(不通往来,不曾朝贡)。
>
> 西南:安南国(三年一贡)。真蜡国(朝贡如常,其国滨海)。暹罗国(朝贡如常,其国滨海)。占城国(自占城以下诸国来朝贡时,内带行商,多行谲诈,故沮之。自洪武八年至洪武十二年,方乃得止。其国滨海)。苏门答剌(其国滨海)。西洋国(其国滨海)。爪哇国(其国居海中)。彭亨国(其国居海中)。百花国(其国居海中)。三佛齐国(其国居海中)。浡泥国(其国居海中)。③

朱元璋登基之初,他一面沿袭传统的观念与制度,构建与周边诸国的宗藩关系,即朝贡关系,一面又吸取元朝穷兵黩武、四出征伐惨遭失败的教训,制定以"不征"为特征的和平外交政策。这两个方面其实是互相矛盾的,因为作为宗藩关系中的宗主国,其最高君主以"天下共主"的身份居内以制四夷,必须拥有对外的征伐之权,才能惩治违礼越制、不肯

①　《明太祖实录》卷 254,洪武三十年八月癸卯。

②　详见本章第三节。

③　《皇明祖训·祖训首章》,《皇明制书》第 3 册,第 785 页。按:《万历明会典》卷 105《礼部·朝贡》载:"《祖训》列不征之夷:朝鲜、日本、大小琉球、安南、真腊、暹罗、占城、苏门答剌、西洋、爪哇、彭亨、百花、三佛齐、浡泥,凡十五国。《职掌》所载,又有琐里、西洋琐里(严从简《殊域周咨录》卷 8:'琐里又曰西洋琐里。')、览邦、淡巴、须文达那(即苏门答剌)诸国,与《祖训》稍有不同。"查《诸司职掌》之《礼部·朝贡》所列诸国为:高丽、暹罗、琉球、占城、真腊、安南、日本、爪哇、琐里、西洋琐里、三佛齐、浡泥、百花、览邦、彭亨、淡巴、须文达那,但这是"朝贡番国",并非"不征之国"。

臣服的藩属国。而实行"不征"之策，就意味着宗主国的君主放弃对外的征伐之权，难以制服藩属国违礼越制的行为了。不久，当朱元璋发现虚幻的宗藩关系理念与实现存在巨大的差距之后，他继续坚持"不征"的和平外交政策，而采取务实的态度来处理明朝与周边国家的关系。这样一来，他的身份就由"天下共主"回归到大国之君，藩属国也随之由"臣"提升为"宾"，使双方的关系由垂直的君臣变为横向的国与国的并行关系。所谓朝贡，也不再是宗主国控驭藩属国的一种手段，而变成一种对宗主国表示诚敬的礼仪形式。事实也正是如此。朱元璋在与周边各国的交往中，实际上已承认并接受各国的独立地位，"从其自为声教"，不加干预，即便出现违背儒家信条的弑君行为，最多也就是谴责一番，最后还是默认既成的事实。有的国家侵犯中国的利益，他也通过外交手段进行解决，从未出兵加以讨伐。他还致力于边界的划定，并要求其他国家"保守封疆"，"固封疆勿外求"，这更是与历代皇朝不同的举措。古代国家的疆土范围往往取决于军事实力和武力扩张，因而没有边界，只有边陲。国界的划定与确定化，是近代国家出现的重要标志。因此可以说，朱元璋的外交活动，是中国古代对外关系史上的一个重大转折，是中国外交从传统向近代转型的开端①。

---

① 参看万明：《明初中外关系考论》《明代外交模式及其特征考论》《明代外交观念的演进》，《明代中外关系史论稿》，中国社会科学出版社 2011 年版，第 69—213 页。

在和平相处外交政策的指导下,明朝同周围的邻国开展了各种经济、文化交流活动。

洪武年间的外交活动中,"贡赐"往来是一项极为重要的内容。它既是一种政治活动,也是一种经济、文化交流。朱元璋即位后,就频繁地派遣使节出访周边各国。他们携诏敕书和历法、书籍、金银、丝绸、绫罗、瓷器等珍贵礼物,赠送给各国国王,并祭祀当地的山川,以表示对各国领土的尊重。各国也不断派遣使臣,携带方物,入明朝贡。他们受到隆重的接待,先由礼部官员接到京师的会同馆住下,第二天即到奉天殿接受明朝皇帝的接见。接见时,朱元璋先问:"使者来时,尔国王安否?"再问:"尔使者远来勤劳?"然后由使者进献方物。这些方物,都是各国的珍禽异宝和土特产,如高丽的良马、细布、彩席、人参、豹獭皮等,琉球的马、硫黄、胡椒等,安南的虎、象、象牙、犀角、伽兰(香)等,暹罗的六足龟、象、黑熊、白猿、胡椒、苏木、沉香、降香等,浡泥的鹤顶、玳瑁、孔雀、西洋布、龙脑、降真诸香等,爪哇的大珠、胡椒等,须文答那的马、幼苾布、隔著布、八的力布、兜罗棉、蔷薇水、沉香、降香、速香等,三佛齐的黑熊、犀牛、白猴、火鸡、孔雀、五色鹦鹉、龟筒、苾布、兜罗被、丁香、米脑等,百花国的白鹿、红猴、龟筒、玳瑁、孔雀、鹦鹉、哇哇倒挂鸟、胡椒、蜡等①。明廷收下贡品后,又回赐给各国大量礼物。

这种"贡赐"活动是封建时代用以体现和维系"宗藩"关系的外交礼仪活动,政治意义远远超过经济意义。各国进献的贡品,除了马、硫黄、药材等少数物品外,都是一些玩赏物和奢侈品,不是生产和生活的必需品。而朱元璋本人,也不怎么重视贡品的数额和经济价值,他所重视的是如期前来朝贡这件事情本身。因为他把邻国的入贡,看作是衡量他们真心实意地承认明朝宗主国地位的一个重要标志。洪武四年(1371),张敬之、沈秩奉朱元璋之命出使浡泥,浡泥国王马哈谟沙说,因为最近遭到苏禄国的侵扰,子女玉帛被洗劫一空,加上地瘠民贫,没有奇珍异宝可献,准备三年之后再向明朝进贡,沈秩当即对他说明:"(明朝)皇帝富有四海,岂有所求于王?但欲王之称藩,一示无外尔。"②十三年,朱元璋接见高丽使节时,把这个意思说得更加直截了当:"中国岂少这些(贡物),但试他那心!"③所以,朱元璋一再强调,对朝贡国家的赏赉要尽可能优厚一些,以体现明廷的怀柔之意。五年,他曾指示中书省臣:"西洋之国,素称远蕃,涉海而来,难计岁月。其朝贡无论疏数,厚往薄来

①　《万历明会典》105—107,《礼部·朝贡》;《高丽史》卷 41—44,《恭愍王世家》,卷 133—137,《辛禑传》;《李朝太祖实录》卷 1—15;《明史》卷 320—325,《外国列传》,第 8279—8437 页。

②　《宋濂全集》卷 11,《浡泥国入贡记》,第 208 页。

③　《高丽史》卷 136,《辛禑传》。

可也。"①十六年,又告谕礼部大臣:"诸蛮夷酋长来朝,涉履山海,动经数万里。彼既慕义来归,则赍予之物宜厚,以示朝廷怀柔之意。"②

根据"厚往薄来"的原则,明朝赏赍外国的物品,数量和价值总是远远超过他们的贡品。如洪武十六年,占城进贡 200 支象牙和其他方物,朱元璋下令赐予织金文绮 32 匹,瓷器 19000 件。同年,他还派人赐给暹罗、真腊每国一份与此相同的礼品③。十九年九月,占城国王命王子宝部领诗那日勿等来贺天寿圣节,献象 54 只及象牙、犀角、胡椒、乌木、降香、花丝布,并给皇太子送象牙等礼品,朱元璋"嘉其诚,赐赍优渥"④,除赐给占城国王冠带、织金文绮袭衣,还赐给王子宝部领诗那日勿金 200 两、银 1000 两、织金青罗衣 2 袭、红罗衣 2 袭,绣金文青绮衣 2 袭、红绮衣 2 袭,赐给王孙宝圭诗离班织金青罗衣 2 袭、红罗衣 2 袭、红绿文绮衣各 2 袭、绮段 6 匹、银 150 两。占城的副使、头目、通事(翻译)等,也各赐给数量不等的钞币及罗绮衣段,并给 150 名养象军士赏赐衣服⑤。事实正如丘濬所说的:贡赐"盖用以怀柔远人,实无所利其人也"⑥。

对各国贡使前来进行贡赐贸易,明廷表示热烈的欢迎。"诸蕃遣使来朝,一皆遇之以诚。其以土物来市易者,悉听其便,或有不知避忌而误干宪条,皆宽宥之,以怀远人"⑦。明廷不仅在中国境内为贡使提供往返的水路递运船只及陆路脚力,而且在南京筑会同馆和乌蛮驿加以接待。贡使在所献方物之外附带的蕃货,"欲与中国贸易者,官抽六分,给价以偿之,仍除其税"⑧。除了官府高价收购的十分之六,剩下十分之四的货物,可于朝贡领赏之后,在会同馆开市三日或五日,同中国商人进行交易。开市之时,中国各家铺行纷纷带进各种手工艺品和受各国欢迎的生产及生活必需品,来交换蕃货。为了保护外国贡使的利益,朝廷规定,中国商人"如赊买及故意拖延,骗勒夷人久候不得起程,并私相交易者,问罪,仍于馆前枷号一月"⑨。有些国家如高丽、琉球、占城等国因为同明朝的关系非常亲密,明朝还对他们实行优惠政策。洪武三年,中书省上奏:"高丽贡使多赍私物入货,宜征税;又多携中国物出境,禁之。"朱元璋"俱不许"⑩。四年七月,又谕福建行省:"占城海舶货物,

① 《明史》卷 325,《外国列传五·琐里传》,第 8424 页;《明太祖实录》卷 71,洪武五年正月壬子。
② 《明太祖实录》卷 154,洪武十六年五月戊申。
③ 《明史》卷 324,《外国列传五·占城、真腊、暹罗传》,第 8385、8394、8397 页。
④ 《明史》卷 324,《外国列传五·占城传》,第 8385 页。
⑤ 《明太祖实录》卷 179,洪武十九年九月甲寅。
⑥ 《大学衍义补》卷 25,《市籴之令》。
⑦ 《明太宗实录》卷 12 上,洪武三十五年九月丁亥。
⑧ 《明太祖实录》卷 44,洪武二年九月壬子。
⑨ (明)王圻:《续文献通考》卷 33,《土贡考》。
⑩ 《明史》卷 320,《外国列传一·朝鲜列传》,第 8280 页。

皆免其征，以示怀柔之意。"①九月，户部建议对到太仓的高丽海舶、至泉州的三佛齐海舶"征其货"，又诏"勿征"②。朝廷还规定："各处夷人朝贡领赏之后，许于会同馆开市三日或五日，惟朝鲜、琉球，不拘期限。"③

除了官方的贡赐贸易，洪武初年还允许中外的民间商人私自进行贸易。外国商人成群结队，梯山航海，不远万里，到中国来做生意。一些中亚的回回商人元时到中国经商，元亡之后继续留居甘肃，从事贸易活动。我国东南沿海一带，由于人稠地狭，手工业和商业又较发达，许多人更是纷纷出海，从事海外贸易。其中，不仅有一般的农民和手工业者、小商人，还有一部分富商大贾。明朝的卫所官吏，也常遣人出海行贾，从事走私贸易。

为了管理对外贸易，朱元璋依照宋代设市舶司"掌蕃货海舶征榷贸易之事，以来远人，通远货"④的做法，在吴元年(1367)十二月设太仓州黄渡(今江苏太仓浏河镇)市舶司，俗称"六国码头"，对进出口贸易征税，进行管理。洪武三年(1370)二月，以"太仓地近京师，外夷狡诈"⑤为由而撤销，"凡番舶至太仓者，令军卫、有司封籍其数，送赴京师"⑥。不久，又设宁波、泉州和广州三个市舶司，规定宁波通日本，泉州通琉球，广州通占城、暹罗、西洋诸国⑦。

但是，私人的海外贸易，不久即遭禁止。这是由于张士诚、方国珍势力败亡后，"诸贼强豪者悉航海，纠岛倭入寇"⑧而引起的。洪武元年，曾发生昌国州(今浙江舟山)兰秀山民利用所得的方国珍行枢密院印起兵反明的事件。"初，方国珍遁入海岛，亡其所受行枢密院印。兰秀山民得之，因聚众为盗。至是入象山县，执县官，劫掠居民"，后被县民蒋公直等集乡兵击败⑨。次年十二月，汤和属下的明军，又遭到兰秀山民的袭击，"失陷指挥徐琇、张俊等官军"⑩。朱元璋"以海道可通外邦"，担心沿海百姓借出海之机与张士诚、方国珍余部及倭寇互相勾结，因此便沿袭元朝实行海禁的做法⑪，下令禁海。四年十二月，在籍方国

① 《明太祖实录》卷 67，洪武四年七月甲戌。
② 《明太祖实录》卷 68，洪武四年九月丁丑。
③ 《万历明会典》卷 108，《礼部·朝贡通例》。
④ 《宋史》卷 167，《职官志七》，第 3971 页。
⑤ 《明太祖实录》卷 28 下，吴元年十二月。
⑥ 《明太祖实录》卷 49，洪武三年二月甲戌。
⑦ 《明史》卷 81，《食货志五》，第 1980 页；《万历野获编》卷 12，《海上市舶司》，第 317 页；《今言》卷 3 之 208，第 119 页。
⑧ (明)张瀚：《松窗梦语》卷 3，《东倭记》，《武林往哲遗著》本。
⑨ 《明太祖实录》卷 32，洪武元年五月庚午。
⑩ 《明太祖实录》卷 47，洪武二年十二月己丑。
⑪ 元朝曾先后四次实行海禁，即：至元二十九年到三十一年(1292—1294)；大德七年到至大元年(1303—1308)；至大四年到延祐元年(1311—1314)；延祐七年到至治二年(1320—1322)。

珍余部充当沿海卫所戍兵时，正式诏令"禁濒海民不得私出海"①。当月，福建兴化卫指挥李兴、李春私自派人出海贸易，朱元璋特谕大都督府曰："苟不禁戒，则人皆惑利而陷于刑宪矣。尔其遣人谕之，有犯者论如律。"②七年九月，下令取消泉州、宁波和广州三个市舶司。不久重新恢复，后又复罢③。市舶司罢除后，只有官方的贡赐往来可以继续进行，私人的海外贸易一概禁绝。后来，朱元璋多次重申禁止沿海居民出海和私下诸番贸易的命令。如洪武十四年十月"禁濒海民私通海外诸国"④，二十三年十月又"诏户部申严交通外番之禁"⑤。二十七年正月，由于禁令效果甚微，仍有商民私下诸番贸易香货，又禁止民间使用番香、番货，规定："敢有私下诸番互市者，必置之重法。凡番香、番货皆不许贩鬻，其见有者限以三月销尽，民间祷祀，止用松、柏、枫、桃诸香，违者罪之。其两广所产香木，听土人自用，亦不许越岭货赍，盖虑其杂市番香，故并之。"⑥三十年四月，又"申禁人民不得擅出海与外国互市"⑦。朝廷还对违禁出海或与海外诸国进行贸易定出严厉的处罚条文，律例规定："凡沿海去处，下海船只除有号票文引，许令出洋外，若奸豪势要及军民人等，擅造二桅以上违式大船，将带违禁货物下海，前往番国买卖，潜通海贼，同谋结聚，及为向导，劫掠良民者，正犯比照谋叛已行律处斩，仍枭首示众，全家发边卫充军。其打造前项海船，卖与夷人图利者，比照私将应禁军器下海因而走泄事情律，为首者处斩，为从者发边卫充军。若止将大船雇与下海之人，分取番货，及虽不曾造有大船，但纠通下海之人，接买番货，与探听下海之人，番货到来，私买贩卖苏木、胡椒，至一千斤以上者，俱发边卫充军，番货并入官。"⑧这样，海上商旅悉被禁绝，形成所谓"惟不通商而止通贡"⑨的局面。

在实行海禁、严禁私人海外贸易的同时，对官方的贡赐贸易的控制也日趋严密。由于朝廷在贡赐中实行"厚往薄来"的政策，并且给携带私物入境贸易的贡使以种种优惠，各国"虽云修贡，实则慕利"⑩，频繁地前来中国。但是明朝只将贡赐视为外交上的礼节活动，并不企望通过贡赐从外国获得物质上的利益，反而担心贡使的频繁来华，会加重入贡国家百姓的负担。因此，朱元璋便下令对入贡的次数和贡品的数量加以限制。洪武五年(1372)，

---

① 《明太祖实录》卷 70，洪武四年十二月丙戌。

② 《明太祖实录》卷 70，洪武四年十二月乙未。

③ 《明史》卷 81，《食货志五》，第 1980 页；《明太祖实录》卷 93，洪武七年九月辛未；王圻：《续文献通考》卷 31，《市籴·市舶互市》。

④ 《明太祖实录》卷 139，洪武十四年十月己巳。

⑤ 《明太祖实录》卷 205，洪武二十三年十月乙酉。

⑥ 《明太祖实录》卷 231，洪武二十七年正月甲寅。

⑦ 《明太祖实录》卷 252，洪武三十年四月乙酉。

⑧ 《万历明会典》卷 167，《刑部·律例》。

⑨ 乾隆敕撰：《续文献通考》卷 26，《市籴·市舶互市》。

⑩ 《明太祖实录》卷 134，洪武十三年十月丁丑。

高丽贡使一年数至,朱元璋在派遣延安答里护送明昇徙居高丽时,即让他转达高丽国王:今后明朝将少派使者去高丽,高丽也不要频繁入贡。但高丽国王还是不时派人入贡。十月,朱元璋又指示中书省说:

> 高丽国王那里,已先为使臣每(们)去得重叠呵,国王迎接生受,曾被暑热来,以此上多时不曾教人去。近日因延答里麻失里(延安答里)送将明昇等家小去时,曾教你中书省将这意思,写与国王知道。他却每年数次遣人将金银器皿等物来贡献呵。这等礼物,未免劳烦百姓。况兼使臣往来,经涉海洋,甚是艰险……我想古来中国诸侯于天子,每年一小聘,三年一大聘,至如九州之外,蕃邦远国,只每世一见,其所贡献,不过纳赀表诚而已。今高丽去中国稍近,文物礼乐通,经史与中国相似,难同其他蕃邦,教他依着三年一聘之礼,或欲每世一见亦可。你中书省将我的言语,行文书与高丽国王说知,今后将来的方物,只土产布子不过三五对,表意便了,其余的休将来。其他蕃邦远国,如占城、安南、西洋琐里、爪哇、淳泥、三佛齐、暹罗、真腊(腊)等处,新付(附)的国土,也频繁遣人来,亦劳那里百姓,他来时也说与他,只依古人的礼。①

但是,各国仍然不遵守规定,不断遣使入贡。洪武七年(1374),朱元璋又重申这项规定,并让礼部"移文使诸国知之"②。八年,安南要求突破规定,增加朝贡次数,第二年他再谕中书省臣:"后若与安南往来,尔中书省行移诏书,无故不轻往,使彼得以自由,岂不有便于外夷者欤!尔中书诏示安南知会:若欲三年来贡,其陪臣行人许五人而止;进见之物,须教至微至轻,必来使自捧而至,免劳彼此之民。物不在多,惟诚而已。"③十六年,更对朝贡实行勘合制度,由礼部置勘合号簿,发给海外诸国。这种勘合最早发给暹罗,以后也发给占城、安南、真腊、琉球、爪哇等国,先后计有 59 国获颁勘合④。"每国勘合二百道,号簿四扇。如暹罗国暹字号勘合一百道,及暹、罗字号底簿各一扇,俱送内府;罗字号勘合一百道及暹字号簿一扇,发本国收填;罗字号簿一扇,发广东布政司收比。余国亦如之。每改元,则更造换给。"⑤海外诸国凡来朝贡者,都必须持有明朝颁给的勘合和本国的表文,到所经过的布政司交验表文,对比勘合,然后才许放行。勘合制的实行,不仅将外国朝贡的人次

---

① 《高丽史》卷 44,《恭愍王世家》。按:《明太祖实录》卷 76,洪武五年十月甲午条将"今后将来的方物,只土产布子不过三五对"作"所贡方物,止以所产之布十匹足矣"。
② 《明太祖实录》卷 88,洪武七年三月癸巳。
③ 《明太祖集》卷 8,《命中书回安南公文》,第 147 页;《明太祖实录》卷 106,洪武九年五月甲寅。
④ 《鸿猷录》卷 6,《四夷来王》,第 128 页。按:《万历明会典》卷 108《礼部·朝贡通例》则记为 15 国。
⑤ 《万历明会典》卷 108,《礼部·朝贡通例》。

控制在规定的数量之内,而且彻底切断海外商人私自来华贸易的途径。从此,"有贡舶即有互市,非入贡即不许互市"①,不仅海外贸易完全由官府垄断,而且外交与贸易完全合一,海外各国只有与明朝建立朝贡关系,才能获得与明朝进行贡赐贸易的权利。

海禁政策与勘合制度的施行,其具体诱因虽然各异,但归根到底都是明代君主专制中央集权高度发展的产物。海禁政策的实行,既是明朝对内强化对臣民控制措施的延伸,同时也是为了确保官方贡赐贸易的顺利进行。勘合制度的实行,则将海外贸易全部纳入朝廷直接控制的贡赐贸易之中,由国家全面垄断,借以对海外诸国实行有效羁縻,确保国际秩序的和平与稳定。因此,有的日本学者认为,贡赐贸易和海禁政策,是"明朝对外政策的两大支柱"②。

必须指出的是,朱元璋制定的这种勘合制度并未施行于中亚的帖木儿等国。洪武初年,中亚国家尚未与明朝建立外交关系。当时明朝为打通丝绸之路,切断蒙、藏之间的联系,对中亚的商人来华贸易采取积极鼓励的政策。中亚商人入明交易,必须经过我国的西北地区。这个地方是明朝与北元激烈争夺的要冲之地,战争频繁,边禁极严。为了招徕中亚客商,朱元璋下令,凡有中亚商人前来互市,边将一律放行,驿站要为他们的交通提供方便,并"敕吏民善遇之"③,"使观览都邑、城池"④。商人做完生意,还派官吏护送他们回国。洪武中期,朱元璋为通西域,还多次遣使诏谕中亚诸国,"而遐方君长未有至者"。到洪武二十年(1387)九月,帖木儿汗国"首遣回回满剌哈非思等来朝,贡马十五,驼二。诏宴其使,赐白金十有八锭。自是频岁贡马驼"⑤,正式建立贡赐关系。除贡赐贸易外,其国中的回回商人仍许入明贸易,但不许在西北边地互市,而必须前往京师贸易。如洪武二十五年,"其国中回回又自驱马抵凉州互市,帝不许,令赴京鬻之"⑥。当然,对这些入京互市的中亚客商,明朝仍然采取保护和优惠的政策,并在他们完成交易之后,派官护送回国。如二十四年,朱元璋在给别失八里黑的儿火者的书信中就提到:"有撒马儿罕数百人以贸易来者,朕命官护归已三年矣。"由于明朝对中亚商人提供保护和优惠政策,"由是商人获利,疆场无扰"⑦,受到他们一致的赞扬。二十七年八月,帖木儿遣使入明向朱元璋贡马,上表称赞他说:"恭惟大明大皇帝,受天明命,统一四海,仁德洪布,恩养庶类,万国欣仰。……

① (明)王圻:《续文献通考》卷31,《市籴·市舶互市》。

② 田中健夫:《东亚国际交往关系格局的形成和发展》。《中外关系史译丛》第2辑,上海译文出版社1985年版,第153页。

③ 《明史》卷332,《西域列传四·别失八里传》,第8607页。

④ 《明史》卷332,《西域列传四·撒马儿罕传》,第8598页。

⑤ 《明史》卷332,《西域列传四·撒马儿罕传》,第8598页。

⑥ 《明史》卷332,《西域列传四·撒马儿罕传》,第8598页。

⑦ 《明史》卷332,《西域列传四·别失八里传》,第8607页。

今又特蒙施恩远国，凡商贾之来中国者，使观览都邑、城池，富贵雄壮，如出昏暗之中，忽睹天日，何幸如之。又承敕书恩抚劳问，使站驿相通，道路无壅，远国之人咸得其济。钦仰圣心，如照世之杯，使臣心中豁然光明。臣国中部落，闻兹德音，欢舞感戴。"①

除了贡赐往来，明朝有时还派人到邻国去采购国内紧缺的物资。当时由于国内的统一战争特别是对北元的斗争仍在进行，需要大批马匹，明朝经常派官吏携带巨额财货，到周边诸国购买、交换马匹。如洪武七年（1374）十二月底，朱元璋命刑部侍郎李浩及通事梁子名出使琉球，携带文绮 100 匹，纱、罗各 50 匹，陶（瓷）器 69500 件，铁釜 990 口，就其国市马②。九年四月，李浩等从琉球买回马 40 匹，硫黄 5000 斤③。十六年，琉球中山王的使者来访，朱元璋派内使监丞梁民、尚佩监奉御路谦护送使者回国，并就便在琉球买马，为此特地写信给琉球中山王察度，说他们两人将"就于王处鬻马，不限多少，从王发遣"④。十九年，朱元璋遣指挥金事高家奴等，以绮缎、布匹向高丽买马，每马 1 匹给文绮 2 匹、布 8 匹。第二年，高丽国王表示不敢受马值，朱元璋说："今彼言不敢受直，岂其本心？盖畏势而已。以势逼人，朕所不为。"后来，高丽送马 3040 匹至辽东，延安侯唐胜宗如数偿付马值⑤。二十四年，朱元璋又诏高丽市马 1 万匹⑥，到二十六年二月共收到高丽马 9880 匹，每匹价纻丝、棉布各 1 匹，计付纻丝 9880 匹，棉布 9880 匹，共合各色纻丝、棉布 19760 匹⑦。此外，由于开展大规模的军屯，耕牛不足，明朝还经常派人到高丽买牛。如洪武二十年，辽东即从高丽买进屯田牛 5700 头⑧。

随着政治、经济方面的频繁往来，对外的文化交流也日趋活跃。朱元璋赐赉给各国的大量礼物，随了丝绸、绫罗、瓷器等手工业品外，还有图书、乐器和历书。如洪武二年二月派吴用、颜宗鲁、杨载等出使占城、爪哇、日本等国，即赐占城、爪哇国王《大统历》各一本⑨。第二年，又赐给高丽国王乐器和《六经》《四书》《通鉴》《汉书》等图书⑩。十二月，赐给占城国王洪武三年的《大统历》一本，"复赐民间检用历三千本"⑪。此后，还给邻近各国陆续颁

---

① 《明史》卷 332，《西域列传四·撒马尔罕传》，第 8598 页。

② 《明太祖实录》卷 95，洪武七年十二月乙卯；《弇山堂别集》卷 89，《市马考》，第 1707—1708 页。

③ 《明太祖实录》卷 105，洪武七年四月甲申。

④ 《明太祖集》卷 8，《谕琉球国王察度》，第 165 页；（明）黄省曾著，谢方校注：《西洋朝贡典录》卷上，《琉球国第九》，中华书局 1982 年版，第 52 页。

⑤ 《弇山堂别集》卷 89，《市马考》，第 1709 页。

⑥ 《弇山堂别集》卷 89，《市马考》，第 1710 页。

⑦ 《李朝太祖实录》卷 3，二年六月庚辰。

⑧ 《高丽史》卷 136，《辛禑传》。

⑨ 《明太祖实录》卷 39，洪武二年二月辛未。

⑩ 《高丽史》卷 42，《恭愍王世家》。

⑪ 《明太祖实录》卷 47，洪武二年十二月甲戌。

赐历书。据《万历明会典》的记载,"如琉球、占城等国,正统以前,俱因朝贡,每国给予王历一本,民历十本"。明朝的历法,都有历注,记载一些应行的事宜。如洪武年间的王历即《大统历》的历注,有祭祖、施恩封拜、上册进表章、颁诏、冠带(注时、坐向、方位)、行幸(注时)、宴会、招贤、出师(注时、出某方位、选将、安抚边境)、遣使、结婚姻、嫁娶(注时)、入学(注时)、兴造动土竖柱上梁(注时)、缮城郭、开渠穿井、栽种、牧养、畋猎等30事。民历即民间检用历,有祭祖、上表章、上官(注时、赴任、临政、亲民)、结婚姻、嫁娶(注时)、冠带(注时、坐向、方位)、会亲友、出行、入学(注时)、纳财、交易、开市、开渠穿井、修造动土竖柱上梁(注时)、动土安葬、移徙(注时)、栽种、牧养、伐木、平治道途等32事①。这些历法的颁赐,对促进邻近各国人民的生产、生活和天文气象等科学的发展,产生了很大的影响。据严从简《殊域周咨录》记载:"《星槎胜览》载,占城不解正朔,但看月生为初,月晦为尽,如此十次盈亏,为一岁。昼夜善槌鼓,十更为法。酉长及民下非至午不起,非至子不睡。见月则饮酒歌舞为乐。然观《吴惠日记》,有上元烟火之宴,则已知有节候,非但视月生晦者。惠云:夜鼓以八更为节,又与十更异矣。大抵外国虽陋,久与中华往来,渐需王化,时异制殊,前后难以概视耳。"②由此可以看出,自洪武年间开始,明朝屡颁历书,对占城产生多么大的影响。

值得注意的,是明朝科举和教育对周围邻国的影响。洪武五年,高丽国王请求派子弟到明朝的国子监读书,朱元璋表示同意,同时指出:到中国入学读书固然是件美事,但要横渡大海,路途遥远,不愿意来的不要勉强③。此后,高丽、日本、琉球诸国纷纷派学生到国子监留学。其中以琉球学生数量最多,有个名叫仁悦慈的,从洪武二十五年读到三十年,至少在中国留学达六年之久④。琉球的中山王、山南王都派侄子及寨官子弟人读明朝的国子监,中山王还派女官生姑、鲁妹二人前来留学⑤。明人沈德符对此十分感慨,说:"本朝外国如朝鲜,号知诗书者,间游国学,或至登第,然未闻妇人亦来中国诵读。向慕华风至此,真史策未见!"⑥对这些外国留学生,朝廷都非常照顾,凡"入监读书,辄加厚赐,并给其从人"⑦。洪武二十五年夏,中山王遣其侄子及寨官子弟入读国子监,都赐给衣巾靴袜并更衣一套。这一年冬,山南王也遣其侄子及寨官子弟来国子监留学,"赐赉如之"。"自是,岁赐

---

① 《万历明会典》卷223,《钦天监》。

② 《殊域周咨录》卷7,《南蛮·占城传》,第268—269页。

③ 《明史》卷320,《外国列传一·朝鲜列传》,第8280页。

④ 《明太祖实录》卷217,洪武二十五年五月癸未;卷254,洪武三十年八月庚辰。

⑤ 《明史》卷323,《外国列传四·琉球传》,第8362页;(明)黄景昉:《国史唯疑》卷1,《洪武·建文》,(台北)正中书局1969年影印本。

⑥ 《万历野获编》卷30,《琉球女入学》,第771页。

⑦ 《明史》卷69,《选举志一》,第1677页。

冬夏衣以为常"①。外国留学生学习成绩优良的,朝廷还给他们官做。如洪武二十四年任命日本留学生、当时的国子监生滕祐寿为观察使,留之京师②。朱元璋还欢迎外国学生参加明朝的科举考试。洪武三年五月,他下令开科取士,同时"遣使颁科举诏于高丽、安南、占城"③,科举诏规定:"高丽、安南、占城等国,如有经明行修之士,各就本国乡试,贡赴京师会试,不拘额数选取。"④第二年,明朝正式举行第一次科举考试,高丽有金涛、朴实、柳伯儒前来入读国子监,尔后参加考试。金涛中三甲第五名,为当年唯一考中进士的外国举子,被朝廷授为山东东昌府高丘县丞。但这三个人都不会说汉语,一致请求返回高丽。朱元璋又下诏厚赐道里费,遣舟送还⑤。金涛回国后,"为其国相"⑥。

洪武年间,明朝和外国的僧人常有往来,他们也对中外的文化交流起了一定的作用。当时朱元璋曾派僧侣为使者出访日本,如洪武五年五月,派明州天宁寺祖阐法师和南京瓦官寺无逸法师(即华克勤)护送日本征西府使者祖来归国,他们在日本京都逗留两个月,结交日本五山的僧侣,为他们删改诗文、题词或者撰写诗轴的序文。还有不少日本僧侣,三三两两地搭乘商船前来中国求法。他们留居的时间较长,遍游江南五山十刹等著名寺院,广交明朝的名僧大儒和文人学士,切磋禅学,学习中国的汉诗、汉文和书法,并请名僧大儒为之撰写顶相赞、塔铭、行状以及语录和诗文等的序跋。其中,以洪武元年入明的绝海中津和汝霖良佐等人最为著名。绝海中津擅长作诗,曾以诗会友,结交了明朝的许多名儒,后来充当明成祖朱棣谋士的道衍曾为他的诗文集《蕉坚稿》作序,大加称赞。绝海中津和汝霖良佐曾在英武楼受到朱元璋的接见,朱元璋问起日本祭祀徐福的熊野古祠,绝海中津赋诗作答:

> 熊野峰前徐福祠,满山药草雨余肥。
> 只今海上波涛稳,万里好风须早归。

朱元璋读后,和韵赐诗说:

---

① 《明史》卷 323,《外国列传四·琉球传》,第 8362 页。
② 《明太祖实录》卷 208,洪武二十四年五月乙巳;《明史》卷 322,《外国列传三·日本传》,第 8344 页。
③ 《明太祖实录》卷 52,洪武三年五月己亥。
④ 《皇明诏令》卷 1,《设科诏》。
⑤ 《明太祖实录》卷 62,洪武四年三月乙酉。
⑥ 《弇山堂别集》卷 18,《外国人进士》,第 336 页。按:朱元璋于洪武六年停止科举考试,此后高丽国王王颛暴死,明使蔡斌被杀,高丽停用洪武年号改用北元宣光年号,高丽与明朝关系一度趋于紧张。洪武十七年恢复科举后,朱元璋未再允许高丽士子入明参加科举考试。

熊野峰前血食祠,松根琥珀也应肥。

当年徐福求仙药,直到如今更不归。①

绝海中津在洪武元年初次入明时,日本义堂周信托他请求明朝名儒宋濂为天龙寺开山梦窗正觉心宗普济国师撰写碑铭。后来又通过无逸法师向朱元璋再次提出这个请求,朱元璋欣然同意。洪武九年,宋濂根据朱元璋的诏敕,撰写了《日本梦窗正宗普济国师碑铭》②。这些僧侣的来往,对传播中华文化,促进日本禅学、文学和儒学的发展,都起了很大的作用。

洪武年间中外的经济、文化交流取得了不少成果,对我国和周围国家的经济、文化发展产生了一定的积极作用。但是必须看到,它也存在很大的局限性。为了维护农业和家庭手工业相结合的自然经济,朱元璋在国内实行的是"厚本抑末"的经济政策,生怕商业的发展会导致臣民的游离懒惰,对于民间对外贸易的发展怀着一种本能的恐惧心理。加上明朝创建伊始,统治不稳,北有北元势力的威胁,东有倭寇的骚扰,东南沿海又有张士诚、方国珍的余党盘踞海岛,不时窜扰大陆,他更担心私人海外贸易的发展,会给内外的敌人提供串通勾结的机会,危害自己的统治。因此,朱元璋在实行"怀夷",即给予来华外国商人种种优惠的同时,又实行"抑商",千方百计抑制本国商民的对外贸易。《大明律》继承了元朝禁止金、银、铜钱、缎匹、兵器等物出境的做法,规定:"凡将马、牛、军需、铁货、铜钱、缎匹、绸绢、丝绵,私出外境货卖及下海者,杖一百。挑担驮载之人,减一等。物货船车,并入官,于内以十分为率,三分付告人充赏。若将人口、军器出境及下海者,绞。因而走泄事情者,斩。其拘该官司,及守把之人,通同夹带,或知而故纵者,与犯人同罪。失觉察者,减五等,罪止杖一百。军兵又减一等。"③朝廷还规定外国贡使附带的番货,不得与中国市民"私相交易",只能在会同馆内交易,"若各夷故违,潜入人家交易者,私货入官,未给赏者,量为递减。通行守边官员,不许将曾经违犯夷人,起送赴京"。就是在会同馆规定的开市日期,贡使购买中国货物也受到严格的限制,"禁戢收买史书,及玄黄紫皂大花西番莲段匹并一应违禁器物","凡会同馆内外四邻军民人等,代替夷人收买违禁货物者,问罪,枷号一个月,发边卫充军"④。不仅如此,朱元璋还厉行"海禁",禁止中国商民私自出海,更使中外的经济、文化交流受到严重阻碍。所以,洪武年间的中外经济、文化交流,并没有能达到其所应该达到的高度。

---

① (日)木宫泰彦著,胡锡年译:《日中文化交通史》,商务印书馆1980年版,第587—605页。

② 《宋濂全集》卷29,第1117—1121页;《日中文化交流史》,第610页。

③ 《大明律》卷15,《兵律·关津》,第117页。

④ 《万历明会典》卷108,《礼部·朝贡通例》。

第三节　御倭斗争

明朝建立之初，东南沿海地区面临着倭寇即日本海盗的骚扰和侵害。如何解决倭患问题，保护国家的领土主权和人民的生命财产，这是朱元璋面临的一项重大任务。

日本是我国一衣带水的近邻，中日两国的关系原先一直非常友好，但在元代出现了一段波折。原来，蒙古统治者在13世纪30年代征服高丽后，南下灭金图宋，即同时开始策划远征日本。至元十一年(1274)和十八年，先后两次出动大军，远征日本，结果均遭败北。这两次战争，给中日关系蒙上了阴影。终元之世，日本一直不与元朝通使往来，处于绝交的状态。

日本在宋代与中国的贸易非常发达。元灭南宋后，至元十四年，在泉州、庆元、上海、澉浦(今浙江海盐县澉浦镇)分别设立四个市舶司，每岁召集商舶，到邻近各国博易珠翠香货等物①。后来，又在杭州、温州、广东等地开设市舶司。至元十五年，忽必烈特地"谕沿海官司，通日本国人市舶"②，恢复同日本的贸易。日本的商船每年必至，殆成定例。日本的武士阶级，也积极参与贸易活动。元朝征日战争失败后，两国关系紧张，一些日本武士和商人来华贸易，往往暗藏兵器，顺利时同中国人做生意，不顺利时就从事海盗活动，动用武器，进行掳掠。中国古代称日本为倭奴国，这些日本海盗也就被称为倭寇。至元二十九年十月，日本商船至四明(今浙江杭州鄞州区西南有山曰四明，故亦称当时的鄞县为四明)要求互市，船中甲仗齐备，元朝恐有异图，乃立都元帅府，"令哈剌带将之，以防海道"③。大德七年(1303)，下令禁商下海④。次年四月，又设置千户所镇戍定海，"以防岁至倭船"⑤。大德十年至十一年，日本也禁止与元朝通商。尽管如此，日本武士和商人仍偷偷出海，私自前来中国贸易。在日本下达禁止通商令的当年，就有日本商人有庆等到庆元贸易，并献金铠甲，元廷命江浙行省平章阿老瓦丁等严加监视⑥。这些监视的官员"惧外夷情叵测，必严兵自卫，如待大敌"⑦，稍有疏忽，日本的武士、商人即乘机登陆，烧杀掳掠。至大元年(1308)，庆元遭到他们的抢劫，最后被一把火烧毁了。第二年，明州的都元帅府、录事司及官署，也被用硫黄焚毁，大火延烧民屋，居民几尽。到至大四年，据江浙行省向朝廷的报

①　《元史》卷94，《食货志二》，第2401页。
②　《元史》卷10，《世祖本纪七》，第206页。
③　《元史》卷17，《世祖本纪十四》，第367页。
④　《元史》卷94，《食货志二》，第2403页。
⑤　《元史》卷21，《成宗本纪四》，第458页。
⑥　《元史》卷21，《成宗本纪四》，第469页。
⑦　《元史》卷184，《王克敬传》，第4232页。

告:"两浙沿海濒江隘口,地接诸蕃,海寇出没"①。元廷于是革罢市舶司。延祐元年(1314),虽然重新恢复市舶司,但仍重申"禁人下蕃",只许由官府发船贸易②。不过,从元世祖到元英宗统治时期,由于元朝的海防比较稳固,日本的武士、商人对中国沿海的骚扰尚未酿成巨患。所以,至治三年(1323),元英宗又下令取消海禁,"听海商贸易,归征其税"③,以增加国库的收入。

从元泰定帝即位开始,情况便发生了变化。由于元朝内部社会矛盾逐渐激化,统治力量大为削弱,海防日渐崩溃。而日本的镰仓幕府打败元军后,无力犒赏作战有功的武士,激起武士的不满,社会基础日见动摇,加上幕府末期土地兼并严重,各地发生饥荒,农民群起暴动。1333年,日本第九十六代后醍醐天皇利用镰仓幕府的内部矛盾,在一些不满幕府的武士支持下,推翻镰仓幕府,恢复了王政。但后醍醐天皇的新政权没有能满足武士的利益,又引起武士的不满。1336年,支持后醍醐天皇的北条氏部将足利尊氏乘机起兵,攻入京都,废掉后醍醐天皇,另立皇太子为光明天皇,自任征夷大将军(幕府政权的首领),建立室町幕府。后醍醐天皇由京都南逃,在吉野(今属奈良县)建立朝廷,史称南朝。南朝和京都的北朝相对立,双方长期征战不休。由于内战繁兴,征敛无度,天灾频至,人民流离失所,许多武士也在战争中丢掉军职而破产沦落,他们纷纷转化为"浪人",专靠抢劫为生。这时候,日本的工商业有了较大的发展,商品经济日益发达。各地的封建主为了扩大势力和满足自己的奢侈欲望,并解决战争中的财源问题,就组织境内的浪人、商人,乘着元朝统治力量削弱之机,到富庶的中国沿海地区,从事走私和抢劫活动。中国的一些流民无以为生,纷纷导倭入寇,分享赃利。日本的倭寇与中国的部分流民相结合,不仅明目张胆地侵扰中国沿海地区,甚至还到高丽一带进行寇掠。至正十八年(1358)后,倭寇连寇中国濒海郡县,直到二十三年八月在入寇蓬州(治今山东蓬莱)时被守将刘暹击败,其嚣张气焰才稍有收敛④。

明代倭寇的侵扰,是元代倭寇侵扰的继续和发展。明初,"乘中国未定,日本率以零服寇掠沿海"⑤。同时,被朱元璋消灭的张士诚、方国珍,其余众土豪、地主,又多亡命海上,窃据沿海岛屿,导倭出没海上,焚民居,掠财货。北至辽海、山东,南抵闽、浙、东粤,滨海之区,无岁不被其害,倭患又日益严重起来。

面对这一形势,朱元璋决定从军事和外交两个方面入手,解决倭患问题。洪武元年

① 《元史》卷98,《兵志一》,第2548页。

② 《元史》卷94,《食货志二》,第2403页。

③ 《元史》卷94,《食货志二》,第2403页。

④ 《元史》卷46,《顺帝本纪九》,第946页。

⑤ (清)金安清:《东倭考》,《小方壶斋丛书》本。

(1368),他一面命令朱亮祖镇守广东,在沿海要害之地设置卫所,加强防守①;一面颁诏于日本诸国,表示他"方与遐迩相安于无事,以共享太平之福"的愿望,希望能同日本建立睦邻友好的外交关系。当时,高丽也深受倭寇之害,遣使赴日,致书曰:"海贼多出自贵国地,来侵本省合浦等,烧官庙,扰百姓,甚至杀害。于今十有余岁,海舶不通,边民不得宁处。"②日本当时的幕府将军足利义诠回答说:"九州海贼所为,日廷不与闻",置之不理。第二年二月,朱元璋又派杨载等七人出使日本,给"日本国王"送去一封措辞极为严厉的诏书,说:"间者山东来奏,倭兵数寇海边,生离人妻子,损伤物命。故修书特报正统之事,兼谕倭兵越海之由。诏书到日,如臣,奉表来庭;不臣,则修兵自固,永安境土,以应天休。如必为寇盗,朕当命舟师扬帆诸岛,捕绝其徒,直至其国,缚其王。"③杨载等七人到达日本九州的征西府,将国书交给征西将军良怀亲王。良怀亲王是后醍醐天皇的皇子。后醍醐天皇企图推翻幕政、恢复王权时,曾派众皇子到各地去纠集势力。良怀亲王当时被他任为征西大将军,派往九州,在那里设立了征西府。征西将军良怀亲王见到明朝的诏书,怒杀明使者五人,并拘留杨载和吴文华二人,过了三个月才放他们回国④。

　　第一次派使者到日本交涉没有结果,倭寇的侵扰日益严重,"数侵苏州、崇明,杀掠居民,劫夺财货,沿海之地皆患之"⑤。不久,朱元璋从曾被倭寇掳去后获释归来的沿海居民口中,得知倭寇确实不是出自日本官府的派遣,又于洪武三年(1370)三月派莱州府同知赵秩出使日本,送还捕获的日本海盗、僧侣15人,并给"日本国王"带去一封诏书,希望日本能同明朝合作,制止倭寇对中国的侵扰⑥。赵秩渡海到达日本,受到守关者的阻挠。他写了封信给良怀亲王,良怀亲王怀疑赵秩是元朝忽必烈遣赴日本的使者赵良弼的后裔,说:我国虽处扶桑东,未尝不仰慕中国。但元朝与我国都是平等的国家,却要我们臣服于它。我先王不服,元朝便派姓赵的使者,用好话哄骗我们,他的话还没说完,元朝的10万水军已陈兵我国海岸。幸赖上天保佑,雷鸣电闪,波涛汹涌,元军一时尽皆覆没。现今新天子就位,派来的使臣也姓赵,岂非元朝使臣的后裔?莫不是也将用好话哄我,暗地里却派兵来进攻我们?良怀亲王说毕,用眼色示意左右武将,让他们动手刺杀赵秩。赵秩面无惧色,镇定自若地说:我大明天子神圣文武,非元朝可比,我也不是元朝使臣的后裔。要杀,

①　《雍正广东通志》卷23,清雍正九年刻本。
②　(日)瑞溪周凤:《善邻国宝记》卷上,国书刊行会1975年版。
③　《明太祖实录》卷39,洪武二年二月辛未。
④　《日中文化交流史》,第512页引《修史为征》1《大明皇帝书》。
⑤　《明史纪事本末》卷55,《沿海寇乱》,第839页。
⑥　《明太祖实录》卷50,洪武三年三月;《明史》卷322,《外国列传三·日本传》,第8342页;(明)章潢:《图书编》卷50,《日本国政》,《四库全书》本。

就杀吧①！良怀亲王被赵秩的话镇住了，只得离座下堂，延请赵秩，设宴款待。接着，派遣僧人祖来向朱元璋"奉表称臣"，贡马及方物，并送还明、台二郡被倭寇掳掠去的人口70余人。祖来一行于洪武四年十月到达明朝首都南京，朱元璋很高兴，设宴款待，赏赐礼品。

当时，为了解决倭患问题，朱元璋急于了解日本的情况。他曾在奉天殿召见南京天界寺的日本留学僧椿庭海寿，向他打听过日本的国情。现在，他又向祖来询问日本的国事，终于得知日本存在两个互相对立的政权，北朝的实力大于南朝；而良怀亲王也不是国王，亲王之外，北朝的京都还有个天皇（南朝的后醍醐天皇此时已死）。南朝的良怀亲王既然不愿与明朝合作、制止倭寇对中国的侵扰，朱元璋就想直接同北朝的天皇交涉②。但中国的使者去北朝必须通过南朝的辖境，为了避免南朝的阻挠，他决定利用日本君臣奉佛敬僧的习俗，以护送祖来返日为名，派明州天宁寺祖阐法师、南京瓦官寺无逸法师等8人出使日本③。洪武五年（1372）五月，祖阐、无逸等8人以日本僧人椿庭海寿、权中巽为通事，自明州乘船出发，五天后航抵日本肥前（今佐贺和长崎县一带）之五岛，再前往博多（今日本福冈）。南朝见他们都是僧侣，连翻译也是日本的留学僧，放他们北上京都。他们在京都与室町幕府做了交涉，两个月后再到南朝，向良怀亲王送《大统历》及文绮、纱罗等礼品。良怀亲王对他们的北朝之行本来就心怀不满，要求祖阐法师留下来住持天龙寺。祖阐推说没有明朝皇帝的命令，严词拒绝，他便下令把祖阐等人拘留起来。两年之后，他们才获释回到南京④。

第二、三次遣使交涉又无结果，倭寇对中国沿海的骚扰有增无减。此后一段时间，良怀亲王未再与明朝交往。有些地方的封建主想得到明朝优厚的赐赍，曾派人入明朝贡，因"无表"或"无国王之命"，都遭到明朝拒绝。后来，因为倭寇频繁寇掠，朱元璋令中书省给征西府送去一份通牒，严加谴责。洪武九年（1377），良怀亲王派遣僧人廷用文珪入贡，表示谢罪，但表词毫无诚意，朱元璋"降诏诫谕"。洪武十二年、十三年，他又先后两次遣使入贡。十三年的贡使未带表文，只带了一封征夷大将军足利义满给明朝丞相的书信，书辞倨

---

① 《明史》卷322，《日本传》，第8342页。

② 《日中文化交流史》，第512—513页。

③ 《宋濂全集》卷27，《送无逸勤公出使还乡省亲序》，第555—556页。

④ 《明史》卷322，《外国列传三·日本传》，第8342页。按：关于祖阐、无逸法师去日本的日期，《明史》卷322《外国列传三·日本传》没有明写，只在"（洪武）六年"之后写"祖阐等既至"，但其后又记"而王则傲慢无礼，拘之二年，以七年五月还京"，据此可推知，祖阐等赴日时间当为洪武五年。日本史籍《本朝高僧传》《善邻国宝记》《花营三代记》则记载，祖阐等一行在洪武五年（日本长庆天皇文中元年）五月二十日由明州出发，二十五日抵日本肥前之五岛，三十日到博多。被留居圣福寺近一年，第二年六月才到京都，八月离京都南下，在征西府被良怀亲王拘留了一年，直到洪武七年才被放还。

傲。朱元璋复"却其贡,遣使赍诏谯让"①。洪武十四年,良怀亲王再派僧人如瑶入贡,朱元璋再次拒绝,并命礼部以书责之②。良怀亲王接到明朝礼部的书信,作表答复,表示要用武力同中国抗衡,态度极为骄横③。朱元璋见到这个表文,极为生气,但鉴于元朝对日本用兵失败的教训和明朝内部的形势,没有对日动武。李文忠曾"谏帝征日本"④,被他严词拒绝。

后来,征西府还派廷用文珪、如瑶等人入明朝贡。朱元璋看到征西府既无同明朝交往的诚意,也不想制止倭寇的劫掠而自闭财源,屡却其贡,并决定同日本断交。当时,出于明朝统治阶级内部斗争的需要,朱元璋正利用胡惟庸案诛杀开国功臣。为此,除原先的谋反罪,洪武十九年十月朱元璋又给胡惟庸加上了一条私通日本的新罪状。在当年十二月颁布的《大诰三编》中,他说胡惟庸曾与明州卫指挥林贤密谋,授意林贤犯罪,然后将其贬到日本,与征西府进行勾结。过了三年,再派人将林贤取回,乘机借日本兵假作进贡来朝,助胡惟庸作乱。如瑶果然以日本使者身份,以进贡为名,带领400名倭兵前来中国,但他们到达时,胡惟庸早已案发被杀了⑤。有关林贤勾结日本、如瑶入贡事件,史书的记载歧疑纷出,不甚可靠。朱元璋却借助这个事件,扩大对淮西勋臣的诛杀,并断绝同日本的往来,"专以海防为务"⑥。从此,双方的贡赐便告终止。

朱元璋对海防历来非常重视。洪武初年,他即在漫长的海岸线上开始御倭的部署,并于洪武六年三月,命指挥使于显为总兵官,朱寿为副总兵官,"出海巡倭"⑦。对日断交后,他更加重视海防的建设。

首先,是在沿海地区广建卫所,修筑城池。早在吴元年(1367)四月和十月,他即在应天以东长江岸边设立太仓卫和苏州卫⑧。洪武元年(1368),又在浙东、闽、粤设立温州卫、明州卫、泉州卫、漳州卫、兴化(今福建莆田)卫、广东卫⑨。翌年,又在山东设立莱州卫⑩。后来,因为遣使与日本交涉不得要领,倭患日见猖獗,三年又接受李文忠的建议,在浙江设钱塘、海宁、杭州、严州(后改为守御千户所)、崇德(后废)、德清(后废)、金华(后改为守御

---

① 《明史》卷322,《外国列传三·日本传》,第8342—8343页。

② 《明太祖实录》卷138,洪武十四年七月戊戌。

③ 《明史》卷322,《外国列传三·日本传》,第8343页。

④ 《明史》卷126,《李文忠传》,第745—746页。

⑤ 《御制大诰三编·指挥林贤胡党第九》,《皇明制书》第1册,第214—215页。

⑥ 《明史》卷322,《外国列传三·日本传》,第8344页。

⑦ 《明太祖实录》卷80,洪武六年三月甲子。

⑧ 《明太祖实录》卷25,吴元年四月壬戌;卷26,吴元年十月乙巳。

⑨ 《明太祖实录》卷31,洪武元年四月壬寅;《成化宁波府简要志》卷8,《舆地志》,《四库全书存目丛书》本;(明)何乔远:《闽书》卷40,《扞圉志》,《四库全书存目丛书》本;《嘉靖广东通志初稿》卷10,《公署》,《北京图书馆古籍珍本丛刊》本。

⑩ 《明太祖实录》卷38,洪武二年二月辛卯。

千户所)七卫及衢州守御千户所,派 52513 名军队戍守①。此后,在浙江迭增新的卫所,并在辽东、山东、福建等滨海地区陆续建置卫所。十七年正月,命信国公汤和巡视浙江、福建、山东沿海城池,防备倭寇袭扰②。十九年正月,又命汤和与方鸣谦备倭海上③,"和乃度地浙东西,并海设卫所城五十有九,选丁壮三万五千人筑之,尽发州、县钱及籍罪人赏给役","明年,闽中并海城工峻"④。二十年二月,又在江浙沿海设立定海、盘石、金乡、海门、临山、金山诸卫和一批千户所⑤。四月,命江夏侯周德兴去福建,将原来设在不是要害地区的军卫移置要害之地。周德兴"凡选丁壮万五千余人,筑城一十六,增置巡检司四十有五,分隶诸卫,以为防御"⑥。二十一年,命汤和巡视闽、粤,置福建沿海五指挥使司⑦。二十五年,因宁海、莱州二卫东临大海,途岸迂远,难于防守,根据山东都指挥使周房的建议,择莱州要害之处设立 8 总寨,以辖 48 个小寨,并在宁海卫署立 5 总寨,用以备倭⑧。洪武年间,在沿海地区设置的卫所大致有:辽东 8 个卫、1 个守御千户所,北直隶 1 个卫,山东 10 个卫、5 个守御千户所,南直隶(含沿江)9 个卫、10 个守御千户所,浙江 11 个卫、30 个守御千户所,福建 11 个卫、13 个守御千户所,广东 8 个卫、29 个守御千户所,合共 58 个卫、88 个守御千户所。此外,还有 200 个左右的巡检司和 1000 多个城池、寨堡、烽堠、墩台等⑨。它们星罗棋布地遍置于 14000 多里的海防前线,点面结合,彼此呼应,对防御和打击倭寇的侵扰起着重大的作用。

第二,籍张、方旧部及沿海之民为兵,增强沿海卫所的兵力。当时,全国的统一战争还在进行,特别是北元的威胁还很严重,不可能从北方及其他地区抽出大量兵力来补充沿海的卫所。而且,从外地调来的士卒,既不适应沿海潮湿的生活环境,也不长于水战,难以胜任御倭防寇的任务。因此,朱元璋首先是收集、改编张士诚、方国珍的余众,利用这些熟悉海边地形、长于水战的士卒来充实沿海的卫所,把消极因素变为积极因素。如洪武四年(1371)十二月,诏靖海侯吴祯"籍方国珍所部温、台、庆元三府军士及兰秀山无田粮之民尝充船户者凡十一万一千七百三十人,隶各卫为军"⑩。一些张、方旧将也安排适当的职务,

---

① 《明太祖实录》卷 58,洪武三年十一月壬子。
② 《明太祖实录》卷 159,洪武十七年正月壬戌。
③ 《国榷》卷 8,洪武十九年正月,第 661 页。
④ 《明史》卷 126,《汤和传》,第 3754—3755 页。
⑤ 《明太祖实录》卷 180,洪武二十年二月甲辰;《明史》卷 91,《兵志三》,第 2243—2244 页。
⑥ 《明太祖实录》卷 181,洪武二十年四月戊子。
⑦ 《明史》卷 91,《兵志三》,第 2244 页。
⑧ 《明太祖实录》卷 222,洪武二十五年十一月乙酉。
⑨ 据《明太祖实录》《明史》《读史方舆纪要》及有关方志记载的资料统计。参看军事科学院主编:《中国军事通史》第 15 卷《明代军事史》上册,军事科学出版社 1998 年版,第 260 页。
⑩ 《明太祖实录》卷 70,洪武四年十二月丙戌。

让他们担负起御倭的重任。方国珍侄子方鸣谦,因为熟悉海事,朱元璋即命他为太仓卫指挥金事。除了利用张、方的旧部,沿海卫所的兵力主要靠籍沿海居民为军的办法来解决。洪武十五年三月,命南雄侯赵庸"籍广州蜑户万人为水军。时蜑人附海岛,无定居,或为寇盗,故籍而用之"①。十九年,汤和与方鸣谦在浙东,令"民四丁以上者,户取一丁戍之"②,翌年"凡得兵五万八千七百五十余人"③。二十年四月,命江夏侯周德兴往福建,"以福、兴、漳、泉四府民,户三丁取一,为缘海卫所戍兵",凡选丁壮15000余人。二十五年十二月,广东都指挥使花茂奏报,有"东莞、香山等县大溪山、横琴山逋逃蜑户、峑人(畲族)凡一千余户,附居海岛,不习耕稼,止以操舟为业","请徙其人为兵",诏从之④。沿海居民不仅熟悉本地情况,善于操舟,而且深受倭患之害,对倭寇怀有刻骨的仇恨,在抗倭斗争中发挥了重大的作用。

第三,大造战船,加强水师建设。倭寇是从海上入侵的,对付倭寇,除了靠陆地的防御,更重要的要靠水军出海追击剿捕,这就需要大批战船。明朝建立前,朱元璋已拥有一支装配大量战船的水军。明朝建立后,他又下令在京师南边的"新江口造船四百"⑤,用以巡捕"盗贼"、私盐,兼防倭寇。洪武三年七月,又置辖直辖水军等24卫(占到京师48卫的半数),每卫置战船50艘,平时以军士350人保养修理船只,遇到敌人来犯则征调其他卫所军队上船出海作战⑥。五年八月,由于沿海州、县屡遭寇掠,官军常因缺乏船只,不能出海追击,诏命浙江、福建濒海9卫造海舟660艘。十一月,又下诏改造多橹快船⑦。这时,沿海卫所,每千户所设备倭船10艘,每卫5所共50艘,每船设旗军100名⑧。此后,不时下令造船。到洪武二十三年,又"诏滨海卫所每百户(所)置船二艘,巡逻海上盗贼,巡检司亦如之"⑨。按照每百户所置海船2艘的规定计算,每卫当有海船100艘,沿海58个卫、88个守御千户所拥有7560艘海船,加上200个左右的巡检司拥有400艘左右的海船,这样合共拥有近8000艘海船。有了大批海船的装备,卫所水军如虎添翼,力量大为增强,不仅可以随时追击入犯的倭寇,而且可以定期出海巡逻,严密监视海上的动静,直接拦截入犯大陆的倭船。各地卫所的水军建立后,便取代直辖水军担负起海上巡逻任务。当时倭寇一

① 《明太祖实录》卷143,洪武十五年三月癸亥。蜑户,闽粤一带的水上居民,以捕鱼为生。
② 《明史》卷126,《汤和传》,第3755页。
③ 《明太祖实录》卷187,洪武二十年十一月己丑。
④ 《明太祖实录》卷223,洪武二十五年十二月甲子。
⑤ 乾隆敕撰:《续文献通考》卷132,《兵政考·舟师水战》;《明史》卷92,《兵志四》,第2268页。
⑥ 《明太祖实录》卷54,洪武三年七月壬辰。
⑦ 《明太祖实录》卷75,洪武五年八月甲申;卷76,洪武五年十一月癸亥。
⑧ 《明会要》卷62,《兵五·战船》。
⑨ 《明太祖实录》卷201,洪武二十三年四月丁酉。

般从萨摩(今日本九州南部)或五岛等地开洋,其侵扰行动受风向和潮汛的影响较大,"大抵倭舶之来,恒在清明之后,前乎此,风候不常,届期方有东北风多,过五月,风自南来,倭不知于行矣。重阳后,风亦有东北者,过十月,风自西来,亦非倭所利矣。故防春者,以三、四、五月为大汛,九、十月为小汛"①。根据倭寇多在春、夏之季来犯的特点,沿海卫所发舟师出哨,一般都是"每春以舟师出哨,分路出海,迄秋乃还"②。一旦在海上发现倭船,立即跟踪追剿,把他们围歼于大海之中,从而大大减少了倭寇对大陆的骚扰。

第四,建立赏罚制度,鼓励将士奋勇杀敌。朱元璋根据自己多年治军的经验,深知严明赏罚是克敌制胜的一个重要手段。凡是在对倭寇作战时表现勇敢、歼敌立功的,他都给予重奖。管军百户王铭戍守太仓,捕斩倭寇千余人,赏赐金币③。亲军指挥使、毛麒之子毛骧,往浙东剿捕倭寇,斩获甚多,擢为都督佥事④。福建卫都指挥副使张赫,"在海上久,所捕倭不可胜计。最后追寇至琉球大洋,与战,擒其魁十八人,斩首数十级,获倭船十余艘,收弓刀器械无算。帝伟赫功,命掌都指挥印。寻调兴化卫。召还,擢大都督府佥事"⑤。太仓卫指挥佥事翁德,在洪武二年四月率官军出海,大败倭寇,捉到92名俘虏,缴获许多兵器和倭船,诏升指挥副使,其他官校1247人赏给绮罗5000匹、银2569两、战死、溺死者加赐钱、布、米⑥。相反,凡是懦弱怯战、临阵逃脱者,则给予严厉的处罚。洪武二十年七月,倭寇侵入台州境内,杀掠居民,台州卫指挥同知陈亮没有发现,倭寇饱掠而去后,又不追捕,朱元璋怒曰:"朕设兵卫,所以保民也。今亮坐视民患而不能救,将焉用之?"下令削其官职,谪戍金齿⑦。二十六年四月,福建镇海卫千户黎旻带领舟师400人巡海,至潮州南澳突然与倭贼遭遇,未及交战,他即同百户毛荣引兵逃遁,只有百户韩观率领40多名士卒同倭寇展开激战,寡不敌众,力尽而死。朱元璋下令"录观等功,旻等以军法伏诛"⑧。后来在二十九年正月,朝廷总结以往的经验,正式订出《擒获倭贼升赏格》,明确规定:"凡各卫指挥获倭船一艘及贼者,佥事升同知,同知升指挥使,乃赏白金五十两、钞五十锭;千户擒获者升指挥佥事,百户擒获者升千户,其赏俱与指挥同;在船军士能生擒及杀获倭贼一人者,赏白金五十两。将校军士与倭贼陆地交战,能生擒或杀获一人者,赏白金二十两、钞二十

① (明)殷都:《日本犯华考》,《中国内乱外祸历史丛书》本第16辑。
② 《明史》卷91,《兵志三》,第2243页。
③ 《明史》卷134,《王铭传》,第3904页。
④ 《明史》卷135,《郭景祥传附毛骧传》,第3921页。
⑤ 《明史》卷130,《张赫传》,第3832页。
⑥ 《明太祖实录》卷41,洪武二年四月戊子。
⑦ 《明太祖实录》卷183,洪武二十年七月丙戌。
⑧ 《明太祖实录》卷227,洪武二十六年四月己卯。

锭。"①由于赏罚严明,明初沿海卫所的军队不仅严守纪律,令行禁止,而且斗志旺盛,战斗力极强。

在加强海防的同时,朱元璋还施行海禁。与海禁政策相联系,朱元璋还在浙江、福建、广东等地实行迁界,将沿海附近岛屿的居民迁入大陆,以防止内部奸民私通倭寇。如浙江的宁波、台州、温州滨海的岛屿,"其中都鄙或与城市半,或十之三,咸大姓聚居。国初汤信国公(和)奉敕行海,惧引倭,徙其民市居之,约午前迁者为民,午后迁者为军"②。福建、广东沿海和澎湖三十六个岛屿的居民也于洪武二十年(1387)悉数内迁,"以三日为期,限民徙内,后者死"③。如当年六月,即"徙福建海洋孤山断屿之民居沿海新城"④。

洪武年间,朱元璋面对东南沿海的倭患,大力加强海防建设,这是完全必要的。由于措施得力,明朝在万里海岸线上,建立了一个有一定纵深和层次的防御系统。北起辽东,南到广东,卫所城寨遥相呼应,墩堡烽堠星罗棋布,陆上有重兵把守,海上有舟师巡哨,形成了一道坚固的海边长城。在这堵铜墙铁壁之前,入犯的倭寇碰得头破血流,许多倭船未及靠岸,就遭到明朝舟师的追剿围击,而葬身于汪洋大海之中。洪武七年(1374)正月,朱元璋得到倭寇入海骚扰的警报,诏以靖海侯吴祯为总兵官,都督于显为副,领江阴、广洋、横海、水军四卫的直辖水军出海巡捕,所统在京各卫及太仓、杭州、温、台、明、福、漳、泉、潮州沿海诸卫官军悉听节制⑤。吴祯、于显率各卫舟师"出捕至琉球大洋,获倭寇人船若干"⑥。此后,倭寇便很少来犯,沿海的倭患渐趋平息。洪武二十五年,日本的北朝统一南朝,南朝的封建武士、政客、浪人又纷纷流落海上,勾结海盗商人,寇掠中国沿海,倭寇之祸于是复炽。朱元璋先是命都督杨文节制沿海诸军,以备御之。二十七年三月,又命魏国公徐辉祖、安陆侯吴杰往浙江训练沿海军士,加强防御⑦。五月,改命杨文率舟师镇守太仓⑧。八月,又命吴杰及永定侯张铨等率领退休武臣,到广东训练沿海卫所官军,备御倭寇⑨。此时沿海卫所已次第建立,沿海卫所的水军便取代直辖水军承担起海上巡逻任务。由于卫所水军不集中,无力追敌至琉球大洋,因而逐渐出现以岸防为主代替以海防为主的趋势。但是,由于明朝国力强盛,海防稳固,倭寇的侵扰始终没有酿成大患。这就保障了

---

① 《明太祖实录》卷244,洪武二十九年正月丁丑。
② (明)王士性著,吕景琳点校:《广志绎》卷4,《江南诸省》,中华书局1981年版,第73页。
③ 《乾隆福建通志》卷66,《杂记》,《四库全书》本。
④ 《明太祖实录》卷182,洪武二十年六月甲辰。
⑤ 《明太祖实录》卷87,洪武七年正月甲戌。
⑥ 《献征录》卷8,刘崧:《靖海侯谥襄毅吴祯神道碑》。
⑦ 《明太祖实录》卷232,洪武二十七年三月辛丑。
⑧ 《明太祖实录》卷233,洪武二十七年五月己酉。
⑨ 《明太祖实录》卷234,洪武二十七年八月甲戌。

东南沿海人民生命财产的安全,保护全国经济的恢复和发展,从而促进了明朝的巩固。

朱元璋的海防措施产生了良好的积极作用,然而其海禁政策却产生了消极的后果。因为这种海禁政策,不分青红皂白,一概禁止私人的海外贸易,中外的经济交流就只剩下官方的贡赐贸易一条狭小的渠道,而且对入贡的次数和路线都做出种种限制。洪武六年(1373),朱元璋就告诉高丽使者说:"见海上难过,有许多艰难,与恁船只脚力,教恁官人每往登州过海,三个日头过的,今后不要海里来,我如今静(禁)海,有如海里来呵,我不答应。恁如海里来的廉干好秀才吏员,著小船上送将来,我便答应,不要贪的来。今后其余的海里,不要通连。"①七年九月,朝廷干脆取消掌管番货海舶征榷贸易的市舶司。二十七年正月,甚至以"海外诸夷多诈"为由,下令停止外国入贡,"唯琉球、真腊、暹罗许入贡"②。这就严重地影响了明朝的对外关系和中外的经济、文化交流。许多外国商人既然无法通过正常渠道取得中国的各种产品,就采取非法的海盗手段,"多遁居海岛"③,勾结中国逃民,进行走私和寇掠活动,从而增加了中国御倭斗争的复杂性和艰巨性。此其一。其二,海禁政策以中国臣民为主要的对象,不仅禁止沿海居民从事海外贸易,有时甚至违背朝廷自己所规定的"其小民撑使单桅小船,给有执照,于海边近处捕鱼、打柴,巡捕官军不许扰害"④的法律条文,禁止下海捕鱼。如信国公汤和巡视浙江、福建沿海城池时,即"禁民入海捕鱼"⑤。东南的江、浙、闽、粤地区,自宋、元以来商品经济非常活跃,海外贸易素称发达。而滨海地区,田尽斥卤,人口稠密,居民又多依赖海外贸易或下海捕鱼为生。海禁一施行,他们"不得下水,断其生活,若辈悉健有力,势不肯抟手困穷,手是所在连结为乱,溃裂以出。其久潜踪于外者,既触网不敢归,又联结远夷,乡(向)导以入"⑥。迁界措施的推行,更给沿海岛屿的人民带来沉重的灾难,沿海许多居民为生活所迫,往往亡命海上,举兵反抗;有些人则常从倭为寇,勾引倭贼入寇。因此,这种海禁政策虽然是与海防措施相表里,但并没有能起到加强海防的作用,相反地却激化了社会矛盾,不利于海防的巩固。其三,朱元璋的海禁政策,长期为他的继承者所承袭,使明朝民间的海外贸易受到严重的压制,在与受到优惠待遇的外国商人的竞争中处于不利的地位,结果不仅极大地限制了本国商业资本的发展和向手工制造业资本的转化,而且影响到手工业的发展,使微弱的手工业资本难以较快地大量积累起来,从而束缚了资本主义萌芽的发展。⑦

---

① 《高丽史》卷 44,《恭愍王世家》。

② 《明太祖实录》卷 231,洪武二十七年正月甲寅。

③ 《明太宗实录》卷 12,洪武三十五年九月甲申。

④ 《万历明会典》卷 167,《刑部·律例》。

⑤ 《明太祖实录》卷 159,洪武十七年正月壬戌。

⑥ 《东西洋考》卷 7,《饷税考》,第 131 页。

⑦ 参看拙作《明洪武年间的睦邻外交与海禁》,《史学集刊》1988 年第 2 期;《履痕集》,第 171—196 页。

第十五章
个人爱好与家庭生活

第一节　勤奋好学,喜弄翰墨

朱元璋小时候只上过几个月私塾,没有多少文化。后来,他曾回忆说:"朕于幼时,家贫亲老,无资求师以学业,故兄弟力于畎亩之间,更入缁流,遂致圣人贤人之道一概无知,几丧其身焉。"[1]淮西流浪的游历,使朱元璋的眼界大开,至正八年(1348)返回於皇寺后,"始知立志勤学"[2]。参加起义后,李善长、冯国用、陶安、夏煜、朱升、宋濂、刘基等儒士前来投奔,他们引经据典,谈古论今,帮他分析形势,出谋划策,朱元璋这才懂得读书的重要,原来中国传统文化和古人治国平天下的计策及经验教训都写在书本上,不读书,就无法吸收借鉴。于是,他更加发奋学习,"时乃寻儒问道","日攻询访,博采志人"[3]。每到一处,就设法招揽儒士,留置幕府,朝夕相处,讲论经史。同时,"令有司访求古书籍,藏之秘府"[4]。每天起早睡晚,挤时间阅读。登基后,还特在南京奉天门东边设文渊阁,"尽贮古今载籍,置大学士员,而凡翰林之臣皆集焉"。他处理完公务,常抽空去那里,"命诸儒进经史,躬自披阅,终日忘倦"[5],孜孜不倦地埋头攻读。

经过多年坚持不懈的努力,朱元璋的文化水平迅速提高,不仅能读懂古人深奥的著作,还能动笔为文作诗。他曾得意地对侍臣说:"朕本田家子,未尝从师指授,然读书成文,释然开悟,岂非天生圣天子耶?"[6]朱元璋经常亲自动笔,草拟命令告示。有时由自己口授,叫文臣代为笔录。他才思敏捷,出口成章,一口气便可拟成一篇文稿。洪武七年十二月,他在政务繁忙之际,抽空撰写《御注道德经》,从甲午(初三)开笔,至甲辰(十三)杀青定稿,前后仅用了10天的时间[7]。解缙曾描述自己替朱元璋笔录文告的情景说:"高皇帝睿思英发,顷刻数百千言。臣缙载笔从,辄草书连幅不及停。比进,才点定数字而已。"宋濂也有相似的描述:"帝为文,性或不喜书,诏濂坐榻下操觚授词,食顷,滚滚千余言,出经入史。"[8]由于时间较紧,下笔千言而不事雕琢,再加上他本是半路出家而未经系统训练,有些文句就免不了出现半通不通的现象。朱元璋主张写文章应该"明白显易,通道术,达时务,无取浮薄"[9]。因此,他自己起草的诏敕告示,全都使用通俗的口语,写得朴野自如,明白晓畅,

---

① 《明太祖集》卷15,《资世通训序》,第298页。

② 《皇明本纪》。

③ 《明太祖集》卷15,《资世通训序》,第298页。

④ 《明太祖实录》卷20,丙午年五月庚寅。

⑤ 《双槐岁抄》卷4,《文渊阁铭》,第64页。

⑥ 《翦胜野闻》。

⑦ 《明太祖集》卷15,《道德经序》,第297页。

⑧ 《国史唯疑》卷1,《洪武·建文》。

⑨ 《明史》卷136,《詹同传》,第3929页。

常具天然的情趣。他也能撰写骈体文,如徐达初封信国公,他亲作诰文赐之:"从予起兵于濠上,先存捧日之心;来兹定鼎于江南,遂作擎天之柱。"文末又说:"太公韬略,当弘一统之规;邓禹功名,特立(列)诸侯之上。"①俨然像个四六作家。

朱元璋喜欢诗歌。早年他曾哼过一些押韵的顺口溜。据说投军之初,有一次打败仗,逃到一处村落,被一个乡下的姑娘藏起来,住了一宿。第二天,在珍重道别之时,那个姑娘求取信物,他提笔在墙壁上刷刷地写下这样的韵句:

> 二之十,古之一,
> 左七右七,
> 横山倒出得了一,
> 是为之土之一。

聪慧的姑娘读出了其中隐含的意思:"王吉,妇(婦)得子为王。"明朝建立后,她领着和朱元璋生的儿子来到南京,朱元璋果然给他封了王②。

朱元璋最早的诗作,除了前面提到的《野卧》,还有一首似乎是模仿、脱胎于黄巢《菊花》诗的《咏菊花》:

> 百花发时我不发,我若发时都吓杀,
> 要与西风战一场,遍身穿就黄金甲。③

这两首初期的诗作,充满着一股天不怕、地不怕、敢于冲决元朝统治罗网的狂放之气,但显得过于直白、浅露。后来,随着文化程度的逐步提高,特别是与一些文人学士不断切磋之后,他的诗作水平便大大提高了。有时诗兴大发,思如涌泉,立马成章。有一次,在深夜二更,和僧人文康的《托钵歌》,由两个宦官跪在跟前捧着诗稿,他"且读且和,运笔如飞,食顷章成"④。为了写诗,他手头备有一部元末阴氏编纂的《韵府》,随时检阅。后"以旧韵出江左,多失正",又命乐韶凤等参考中原正音订正,名曰《洪武正韵》⑤。保存在《明太祖集》中的一百几十首诗歌,除《咏菊花》外,都为渡江之后的诗作。这些诗作不仅保留了先前那种

---

① 《廿二史札记笺证》卷 22,《明祖文义》引《稗史汇编》,第 739 页。

② 《龙兴慈记》。

③ 《明太祖集》卷 20,第 469 页。

④ 《国榷》卷 5,洪武七年五月,第 504 页。

⑤ 《明史》卷 136,《乐韶凤传》,第 3939 页。

粗犷豪爽的气概,而且用韵贴切自然,技巧也更加纯熟。如《咏雪竹》:

> 雪压竹枝低,虽低不着泥。
> 明朝红日出,依旧与云齐。①

《不惹庵示僧》:

> 杀尽江南百万兵,腰间宝剑血犹腥。
> 山僧不识英雄汉,只恁哓哓问姓名。②

有的诗作巧妙地翻用旧典,增添了一层书卷之气,却仍不失皇家的大度气派。如《早行》:

> 忙着征衣忙着鞭,转头月挂柳梢边。
> 两三点露不为雨,七八个星尚在天。
> 茅店鸡鸣人过语,竹篱犬吠客惊眠。
> 等闲拥出扶桑日,社稷山河在眼前。③

诗中的“两三点露不为雨,七八个星尚在天”系翻用辛弃疾的“七八个星天外,两三点雨山前”之句,而“茅店鸡鸣人过语,竹篱犬吠客惊眠”则是翻用温庭筠的“鸡声茅店月,人迹板桥霜”之句,皆妥帖自然,生动传神。又如《赐都督金事杨文广征南》一诗:

> 大将南征胆气豪,腰悬秋水吕虔刀。
> 雷鸣甲胄乾坤静,风动旌旗日月高。
> 世上麒麟真有种,穴中蝼蚁竟何逃。
> 大标铜柱归来日,庭院春深听伯劳。④

诗中的“腰悬秋水吕虔刀”用的是杜甫“前军苏武节,左将吕虔刀”之典,而“大标铜柱归来日”则是借用《后汉书》所记马援征交阯竖立铜柱以标汉界的典故,使诗作透出雄豪的气

---

① 《明太祖集》卷 20,第 455 页。
② 《明太祖集》卷 20,第 469 页。
③ 《明太祖集》卷 20,第 454 页
④ 《明太祖集》卷 20,第 455 页。

象,加以音律和畅,酷似盛唐诗歌的格调。

收入《明太祖集》中的诗文,有的可能经过周围文臣的润色加工,人们很难据以评判其实际的文化水准。好在朱元璋还有部分手稿留存至今,为人们提供了检验其文化水平的可靠依据。台北故宫博物院编纂委员会 1965 年出版的《故宫书画录》卷 7《明太祖御笔》,收录该院所藏的朱元璋手稿 77 幅 73 篇,大多为朱笔谕旨,间有用墨笔书写的。其中第 25 幅至 28 幅是朱元璋亲笔写的三首诗,都是描写寺僧生活的作品。第 28 幅抄录了一首诗作的初稿和修改稿。初稿为:"野人朝阳缝破纳(按:应为'衲'),夜月吟风景自纳。山深树密未见人,浩气九天光周匝。山人终岁栖岩谷,石径苔深坐茅屋。身形似鹤槁灰如,心地一同渊水绿。"修改稿第一至第六句不动,第七、第八句改为:"去来绝迹亦何宗,心地长同渊水绿。"诗风虽然质朴,却写出了寺僧隐居山林、心如止水的生活状态,强过清高宗弘历那些无病呻吟的诗作。在历代的帝王诗人中,完全有资格列为二流。

朱元璋喜欢写诗,他对由诗歌形式演变而来的对联也十分喜爱。龙凤六年(1360)正月初一,他曾亲书桃符"六龙时遇千官觐,五虎功成上将封",悬挂在自己的府门之上[①]。吴元年(1367),他与陶安讨论学术,曾亲制对联相赠,书曰:"国朝谋略无双士,翰苑文章第一家。"[②]他还送过徐达两副对联,一副写的是他赐给徐达的诰文中的句子:"从予起兵于濠上,先存捧日之心;来兹定鼎于江南,遂作擎天之柱。"另一副则题道:"破虏平蛮,功贯古今,人第一;出将入相,才兼文武,世无双。"[③]定都南京后,朱元璋还在除夕之前传旨公卿士庶,要求各家门上都要悬挂一副春联。命令下达后,他兴致勃勃地微服出观,欣赏各家的春联。偶然发现有户人家门上未挂春联,上前打听,知是阉猪之户,尚未请人书写。他诗兴大发,便亲自提笔为之书写了一副对联:"双手劈开生死路,一刀割断是非根。"第二天,他又来到这家门前,却不见挂出对联,询问原因,主人回答说:"知是御书,高悬中堂,燃香祝圣,为献岁之瑞。"朱元璋大喜,就赏给他 50 两银子,令其改行从事其他职业[④]。经过朱元璋的提倡,除岁题写春联的风尚,便在民间广泛地普及开来了。后来,朱元璋有一天微服出行,遇见一个国子监生正要进入一家酒店,作揖问道:"先生亦过酒家饮乎?"国子监生答道:"旅次草草,聊寄食尔。"便跟着他进了酒店。当时店里客人坐得满满的,只见一张神案上供着土地神,朱元璋就把土地神搬到地上,说:"神姑让我坐。"便和这个国子监生在神案两旁对坐,问他是哪里人。国子监生说是四川重庆府人,他出了"千里为重,重水重山重庆府"的上联,让国子监生对下联。这个国子监生才思敏捷,脱口就对出下联:"一人成大,

———————————

① 《纪事录笺证》卷上,第 119 页。

② (明)梁亿:《遵闻录》,《今献汇言》本;《明史》卷 136,《陶安传》,第 3926 页。

③ 《金陵琐事》。

④ (清)陈尚古:《簪云楼杂说·春联》,《说库》本。

大邦大国大明君。"朱元璋心里暗自高兴,又拣起神案下的一块小木头,让他赋诗"以喻己意",国子监生不假思索,即刻吟诗一首:"寸木元从斧削成,每于低处立功名。他时若得台端用,要与人间治不平。"朱元璋听罢大喜,付了酒钱,相别而去。第二天,国子监生忽然接到皇上召见的通知,他不明所以,茫然若失地进了皇宫。朱元璋笑着问他:"秀才忆昨与天子对席乎?"他这才知道昨天同他饮酒对诗的是当朝天子,忙惶恐谢罪。朱元璋不仅没有怪罪他,还任命他为按察使,以满足他的"得台端用"的愿望。据说南京的老百姓在地上供奉土地神的习俗,就是来源于此的①。

朱元璋还会作赋写楚辞。《明太祖集》收了他的《莺啭皇州赋》《画眉赋》《四渎潦水赋》《秋水辞咏无智》《江流赋》等五篇辞赋②。此外,他置酒宴请在大本堂教授太子的名儒,还曾写了篇《时雪赋》③。洪武八年八月初七,朱元璋览川流之不息,因嫌尹程所作《秋水赋》"言不契道",自己动笔重写。赋成,召集翰林院等文臣观览,并让他们各写一篇。宋濂等文臣写好后呈上,他逐一加以品评,并令御厨备上一席酒菜,宴请他们。宋濂不肯深酌,说:"臣年衰迈,恐不胜杯杓,志不摄气,或衍于礼度,无以上承宠光尔。"朱元璋还是强灌了他三盅。不胜酒力的宋濂顿时颜面变赤,精神飘忽,若行浮云之中。朱元璋又笑着说:"卿宜自述一诗,朕亦为卿赋醉歌。"两个奉御捧进黄绫案,他挥翰如飞,须臾便成《楚辞》一章,曰:

> 西风飒飒兮金张,特会儒臣兮举觞。
> 目苍柳兮袅娜,阅澄江兮水洋洋。
> 为斯悦而再酌,弄清波兮永光。
> 玉海盈而馨透,泛琼斝兮银浆。
> 宋生微饮兮早醉,忽周旋兮步骤跄跄。
> 美秋景兮共乐,但有益于彼兮何伤!

醉意朦胧的宋濂勉强提笔,歪歪斜斜地缀成五韵,朱元璋命编修官朱右重抄一遍,对宋濂说:"卿藏之以示子孙,非惟见朕宠爱卿,亦可见一时君臣道合,共乐太平之盛也。"④

由于能为文作诗,朱元璋能与周围的文人学士进行文字应酬。刚下徽州,朱升请求题

---

① 《翦胜野闻》。
② 《明太祖集》卷16。
③ 《明史》卷115,《兴宗孝康皇帝传》,第3549页。
④ 《双槐岁抄》卷1,《醉学士诗歌》,第4页。

字留念,朱元璋亲笔为之书写"梅花初月楼"的匾额①。宋讷冬夜读书,烤火御寒,不小心烧着了衣服,伤及腋下肋骨部位,他作文劝诫②。桂彦良出任晋王府右傅,他撰文勉励③。李质去山东赈灾,又作诗送行。刘基因病致仕、张美和告老还乡,他都撰文赐之④。罗复仁休致,他赐以布衣,题其裾曰:"性虽粗率,忠直可喜,赐此布衣,放归田里。"⑤一些亲近的臣僚如毛麒、陶安、安然病故,也都亲自撰文祭悼⑥。

　　遇有闲暇,朱元璋还喜欢和儒士们列坐赋诗。鄱阳湖大败陈友谅,曾和夏煜等草檄赋诗⑦。称帝后,还常与儒臣赋诗、联诗。洪武十三年杀胡惟庸、废除丞相后,朱元璋召耆儒为四辅官以备顾问,曾与他们同游东苑,并联诗取乐。他出首句曰:"踞蟠龙虎肇豪英",杜斆续曰:"五色卿云耀日明",吴源续曰:"王气滢然垂景象",龚斆续曰:"民风乐而见升平",赵民望续曰:"山河百二金陵最",李祐续曰:"宇宙千年帝业成",朱元璋接着再续:"暗忆六朝兴亡事",杜斆最后结句:"祯祥未尽又加祯"⑧。朱元璋自己写的诗,也喜欢拿给儒臣传阅。有一次他出示自己的诗作,时任太子正字的桂彦良便在御座前高声吟诵,声御殿外,令左右大臣惊讶不已⑨。

　　朱元璋还常命儒臣和自己的诗作,或命题令他们赋诗作文。龙凤十二年(1366)六月,朱元璋在钟山求雨,赋七言《喜雨》诗,即命待制黄哲等赓和。后来,每当前线传来诸将的捷报,他往往令翰林诸臣应制赋诗,然后逐一加以品评。据说范常每每先交头卷,但诗写得比较粗浅草率,朱元璋笑着说:"老范诗质朴,殊似其为人也。"⑩诗文作得好的,朱元璋辄加奖赏。洪武十年十二月,朱元璋拟定10个题目,命典籍吴伯宗赋之。吴伯宗援笔立就,词语峻洁,朱元璋嘉其才敏,赏赐织金锦衣。有一次,朱元璋至清流关,感兴赋诗,命扈从儒臣赓和。起居注刘季道有"治定不教生纵逸,功成犹遣历间关"之句,朱元璋赞赏道:"可谓安不忘危。"赐以白金、文绮。还有一次,起居注蒋子杰应命即物赋咏,顷刻立成,朱元璋大悦,特地应和一首,赏赐给他。有一天,朱元璋命群臣撰写《豢鹤文》,吴王府的伴读王璹操觚立就,宋濂把它呈给朱元璋,他阅后称"善"。待日将南至,大祀圜丘,他复命群臣赋七

　　① 《双槐岁抄》卷1,《枫林壬课》,第10页。
　　② 《明史》卷137,《宋讷传》,第3952页。
　　③ 《明史》卷137,《桂彦良传》,第3948页。
　　④ 《明史》卷138,《周祯传附李质传》,第3968页;卷128,《刘基传》,第3781页;卷137,《宋讷传附张美和传》,第3954页。
　　⑤ 《遵闻录》。
　　⑥ 《明史》卷135,《郭景祥传附毛骐传》,第3921页;卷136,《陶安传》,第3927页;卷137,《安然传》,第3945页。
　　⑦ 《明史》卷135,《宋思颜传附夏煜传》,第3919页。
　　⑧ (明)闵文振《兰庄诗话》,《说郛弓八十一》本。
　　⑨ 《明史》卷137,《桂彦良传》,第3948页。
　　⑩ 《明史》卷135,《范常传》,第3918页。

言律诗十二韵,并冠以三百言的序。王骥和黄昶最先写成,跪在御榻之前朗诵,朱元璋听毕,立即加以奖励,"命进学禁林"①。有次江西泰和的萧翀以贤良应制,赋《指佞草》绝句一首,曰:"昔在尧阶指佞奸,奸臣一见慑心肝。只今圣代多贤辅,尽日阶前翠色间。"此作虽然毫无诗意,但符合皇上的旨意,即授其为苏州府同知②。

　　由于喜爱诗文,朱元璋也喜欢那些有文才的人,常提拔他们做官。据说有一天,朱元璋同一个姓宋的侍郎闲聊,得知其妻弟很有学问,在宋侍郎的家中教其子读书,便让宋侍郎带这个妻弟来见。见面后,朱元璋先问他书法学谁,回答说"师智永"。又问能否赋诗,他请出题。朱元璋说任他吟来,他应声吟道:"臣本山中一布衣,偶依亲旧在京畿。丹心冉冉如云气,常绕黄金阙下飞。"朱元璋很高兴,就任命他为刑部主事③。洪武三年(1370)四月,征虏大将军徐达在沈儿峪大败扩廓帖木儿,令文书唐之淳起草报捷的文告。朱元璋读其文"嘉之",问是谁起草的,急令飞骑召之入京。派去的使臣不明召入的缘由,将唐之淳械系入京。唐之淳的父亲唐肃原官翰林应奉兼国史编修,后以失朝罢归,谪屯濠州。唐之淳因此惶恐不安,以为皇上召他入京是要处置他。进了京城,路过姑母家,特求押送的使者让他见姑母一面,请姑母为他收尸。走到东华门,宫门已经关闭,看守的卫兵说皇上有旨,让用白布裹上,从屋顶递进去。经过一番折腾后,唐之淳到达便殿,但见殿里灯火辉煌,皇上正在看书,他胆战心惊地跪在地下,等候发落。朱元璋问:"是汝草露布耶?"他答:"臣昧死草之。"不一会,宦官在唐之淳面前摆上个短几,点上蜡烛,朱元璋让他膝坐,递给他册封九个皇子和一个从孙为王的册文,要他进行润色。唐之淳慌忙叩头推辞:"臣万死不敢当。"朱元璋说如果不敢在稿子上改,可以注在旁边,唐之淳只好从命。每润色一篇,宦官便拿给朱元璋过目。朱元璋在烛光下边看,边微露笑容。待十篇册文全部润色完毕,已是夜半更深。朱元璋派人送他出宫,让他第二天再来朝见。唐之淳走到姑母家,姑母还在门口等候,忙迎进屋里,备上酒菜以表庆贺。第二天一大早,唐之淳赶到宫里晋见,朱元璋问他是否世宦家庭出身,他如实答道:"臣父翰林应奉唐肃。"朱元璋便命他接替父亲做翰林应奉④。

　　朱元璋主张,为文要"通道术,明世务","无事浮藻","无深怪险僻之语"⑤,"务在典雅"⑥。他写诗作文,都极力贯彻这一主张。这对集合在他周围的文臣儒士,不能不产生深

① 《明诗纪事》甲签卷1上,《太祖》,第4页。

② 《兰庄诗话》;《明诗纪事》甲签卷21,《萧翀》,第433页。

③ (明)戴冠:《濯缨亭笔记》,《说郛续弓八》本。

④ 《翦胜野闻》。

⑤ 《明太祖实录》卷40,洪武二年三月戊申。

⑥ 《明太祖实录》卷138,洪武十四年七月乙酉。

刻的影响。曾经参修《元史》、一度跻身庙堂的高启,在创作中力矫元末"柔媚旖旎"的时弊,"振元末纤秾缛丽之习而返于古"①,追求儒雅的境界,为明初诗文"首开大雅"之风。宋濂更是力倡"文以明道""文道合一",强调"明道之谓文,立教之谓文,可以辅俗化民之谓文"②,主张诗歌创作应"发乎情,止乎礼义"③。刘基也强调文学的"美刺风戒"作用,力倡"变风变雅",反对元末流行的"诗贵自适"的论调,说:"夫诗何为而作哉? 情发于中而形于言。《国风》、二雅列于《六经》,美刺风戒,莫不有裨于世教。"④他们按照自己的主张,创作大批诗文作品,或雍容醇雅,或豪迈雄浑,反映了明取代元、社会由乱到治、经济由凋敝残破到复苏繁荣的发展历程。但是,这种跟随君主的主张亦步亦趋的庙堂心态,也使他们写出不少为朝廷歌功颂德、粉饰太平的应制诗文,从而开启了永乐至成化年间那种宣扬帝王威德、歌咏太平盛世、力倡雍容华贵、平正和易的台阁体之先河。

① 乾隆敕撰:《四库全书总目》卷 169,《高太史全集》提要,武英殿聚珍版本。

② 《宋濂全集》卷 81,《文说》,第 1961 页。

③ 《宋濂全集》卷 33,《震川集序》,第 714 页。

④ 《诚意伯刘先生文集》卷 11,《照玄上人诗集序》,第 228 页。

第二节 精研兵书,博览经史

朱元璋是从战场上冲杀出来的,为了战胜众多的对手,推翻元朝,统一全国,他对兵书的学习、钻研下了不少功夫。直到明朝建立后,他对兵书的研读也未停止。有一次,朱元璋与宋濂在端门论及古代兵书《黄石公三略》,他边释读,边谈自己的体会,宋濂不以为然地说:"《尚书》二《典》三《谟》,帝王大经大法,靡不毕具,愿陛下留意讲明之。"但朱元璋认为全国尚未统一,天下尚不太平,用兵之道就不能不讲,兵书就不能不读,回答说:"朕非不知《典》《谟》为治之道,但《三略》乃用兵攻取时务所先耳。"①

在众多的古代兵书中,朱元璋用力最勤、钻研最深、应用最广,而且效果也最显著的,当推兵圣孙武的《孙子兵法》。在朱元璋的谈话中,经常可以听到他引证《孙子兵法》,在他策划指挥的战役中,也往往可以看到活用《孙子兵法》的许多实例。如龙凤元年(1355)六月渡江之后实行了五年之久的寨粮、检刮,就是《孙子兵法·作战》篇"因粮于敌"的具体运用。龙凤六年闰五月,陈友谅称汉王后,率领10万舟师顺流而下攻占太平,直扑应天。应天的文武将官惊慌失措,有人主张先复太平以牵制之,有的甚至"劝上自将击之"。他断然加以拒绝,说:"敌知我出,以偏师缀我,我欲与战,彼不交锋,而以舟师顺流直趋建康,半日可达,吾步骑亟回,非一日不至,纵能得达,百里趋战,兵法所忌,皆非良策也。"②所谓"百里趋战,兵法所忌",指的就是《孙子兵法·军争》篇所说的"卷甲而趋,日夜不处,倍道兼行,百里而趋利,则擒三将军"。龙凤九年八月,鄱阳湖大战,陈友谅被射杀,太师张定边护其次子陈理逃奔武昌。诸将建议乘胜直捣武昌,但朱元璋却只派一支小部队跟踪追击,自己率诸将回师应天。事后他解释这样做的理由是:"兵法曰:'穷寇勿迫。'若乘胜急追,彼必死斗,杀伤必多。"③"穷寇勿迫",即出自《孙子兵法·军争》篇。吴元年(1367)五月,徐达正在加紧围攻平江张士诚之时,诸将建议分兵攻取福建的陈友定,朱元璋认为不妥,说:"方致力姑苏,而张氏降卒新附,未可轻举。且陈友定据闽已久,积粮负险,以逸待劳,若我师深入,主客势殊,万一不利,进退两难。兵法贵知彼知己,用力不分,此万全之策。"④"知彼知己",语出《孙子兵法·谋攻》篇。同年秋天,朱元璋与诸将商议北伐计策,他否定刘基"长驱中原"与常遇春"直捣元都"的主张,提出一个先剪除羽翼,然后捣敌腹心的作战指导方针:"先取山东,撤其屏蔽;旋师河南,断其羽翼;拔潼关而守之,据其户槛。天下形势入

---

① 《国初礼贤录》卷上。

② 《明太祖实录》卷8,庚子年闰五月庚申。

③ 《明太祖实录》卷14,甲辰年三月己巳。

④ 《明太祖实录》卷23,吴元年五月甲申。

我掌握,然后进兵元都,则彼势孤援绝,不战可克。"①这是巧妙地运用《孙子兵法·军争》篇"以迂为直"的思想。北伐大军临出发前,朱元璋又谕征虏大将军徐达曰:"师行之际,须严部伍,明分数,一众心,审进退之机,适通变之宜,使战必胜,攻必取。我虚而彼实则避之,我实而彼虚则击之。将者,三军之司命,立威者胜,任势者强。威立则士用命,势重则敌不敢犯。吾常与诸豪杰并驱,观其取败者,未有不由威不立而势轻也,汝其慎之。"②这里的"避实而击虚"出自《孙子兵法·虚实》篇,"任势"则出自《孙子兵法·势》篇。洪武六年闰十一月乙未,朱元璋告谕在北力边境屯兵防御扩廓帖木儿的徐达等将领说:"兵法曰:'多算胜,少算不胜,况无算乎?'此确论也。……今王保保力势虽微,然多诈谋,必筹之万全而后动,能不战而屈之,乃为上智。"③这里的"多算胜,少算不胜,况无算乎"出自《孙子兵法·计》篇,而"能不战而屈之,乃为上智",则显然源出于《孙子兵法·谋攻》篇的"不战而屈人之兵,善之善者也"。

当然,朱元璋对古代的兵书并不是抱着迷信的态度,处处生搬硬套的。他注意吸收其中的精华,弃其糟粕,并结合实际情况灵活加以运用。所以,当刘基称赞朱元璋用兵"常不拘古法而胜"时,朱元璋便回答说:"兵者谋也,因敌制胜,岂必泥于古哉!朕尝亲历矢石,观战阵之事,开阖奇正,顷刻变化,犹风云之无常势,要在通其变耳,亦何暇论古法耶!"④事实也确是如此,有一些被奉为圭臬的古法,他认为并不正确,便弃而不用。例如,孙武主张"愚士卒之耳目,使之无知……若驱群羊,驱而往,驱而来,莫知所之"⑤,孙膑甚至认为"明主、知道之将,不以众卒几功"⑥,根本否定士卒在战争中的主导作用,主张"愚卒"政策。但朱元璋却对诸将说:"朕自布衣,奋迹淮甸,与群雄角逐十有五载,而成帝业,皆赖尔将士之力。然朕每思之,当临机决胜,陈师贾勇,固出于诸将,而摧锋陷阵,冲冒矢石,则士卒实先。"⑦他还用十分明确的语言指出:"克敌在兵。"⑧基于这种认识,在军队的建设中,他不仅注意将领的选择和武器的装备,还高度重视提高士兵的政治素质和军事素养,强调对士兵的教化和训练,并强调将领要爱护士兵,"抚军以恩",要身先士卒,与之同甘共苦,等等,尽最大的可能来调动士兵的积极性,提高士兵的战斗力。正由于朱元璋努力学习和继承古代兵书的优秀成果,结合实际情况灵活加以运用,同时还注意总结自己的实践经验,因

---

① 《明太祖实录》卷26,吴元年十月庚申。
② 《明太祖实录》卷26,吴元年十月甲子。
③ 《明太祖实录》卷86,洪武六年闰十一月乙未。
④ 《明太祖实录》卷31,洪武元年三月乙酉。
⑤ 《孙子兵法·九地》篇,第85页。
⑥ 《孙膑兵法·威王问》,第135页。
⑦ 《明太祖实录》卷165,洪武十七年九月丙申。
⑧ 《明太祖实录》卷31,洪武元年三月乙酉。

而能所向克捷,很少打败仗,成为一位杰出的军事家①。

中国古代的兵法往往和天文星占结合在一起,朱元璋在学习兵法的同时,也注意天文星占的学习。洪武十年三月,他与群臣论天与日月五星之行时,曾回忆说:"朕自起兵以来,与善推步者(星象家)仰观天象,二十有三年矣。"②也就是说,他在龙凤元年渡江前后,就已开始学习天文星占术了。后来,亲征婺州,在兰溪得师从"精于天文"之朱德明的月庭和尚,他便"立观星楼于省东,夜与月庭登楼,仰观天象,至更深得其指授",遂令月庭"长发娶妻"③,跟随他回应天。后得刘基随侍左右,刘基"尤精象纬之学"④,他更是经常向刘基讨教星占之术,有些战事还请刘基依星占术制定作战方案。有一次,朱元璋命都督冯胜将兵攻打一座城池,命刘基传授方略,刘基交给冯胜几张纸,上面写着应在夜半出兵,说到某个地点,见某处有青云升起,就在那里设伏;过一会儿,有黑云升起之处,则是敌军埋伏的地方,慎勿妄动;待日过中天之后,黑云渐薄并逐渐与青云连接,那是埋伏的敌军正在回撤,此时应衔枚紧随其后,突然发动攻击,可悉数将其擒获。起初,大家都不相信刘基的部署。到了半夜,队伍开到指定的地点,果然像他所预言的那样有云升起,众以为神,于是便照着他的部署去做,结果"竟拔城擒贼而还"⑤。刘基退休还乡后,朱元璋还不时"以手书问天象事"⑥。如洪武四年八月十三致刘基的手书即写道:"前者舍人捧表至京,忙忘问卿安否。今差克朝往卿住所,为天象事。"⑦朱元璋对天文星占的学习、钻研非常痴迷,据说他常在"每夕膳后,自于禁中露坐,玩索天象,有达旦不寐者"⑧。经过长期的观测,他发现宋朝蔡沈解说《尚书》的《书集传》关于日月五星运行方向的说法,同自己的观测结果不符,也与朱子《诗传》的记载相悖,其他注也与鄱阳邹季友所论不同,特命诸儒订正,命翰林院学士刘三吾总其事,书成赐名曰《书传会选》⑨。天文星占学中有关风雨气象变化的知识,自然有助于战略战术的制定,但更多的是带有迷信色彩的东西,这就使得朱元璋的军事思想夹杂着不少"天命""鬼神"之说。

为了寻求平定天下、治理国家的计策,朱元璋非常重视凝聚着中国传统政治文化的经

---

① 参看拙作《朱元璋军事思想初探》,《中国古代史论丛》1982 年第 1 辑;《朱元璋研究》,第 291—309 页。

② 《明太祖实录》卷 111,洪武十年三月丁未。

③ 《国初事迹》;《今言》卷 3 之 196,第 112 页。

④ 《明史》卷 128,《刘基传》,第 3777 页。

⑤ 《国初礼贤录》卷上。

⑥ 《诚意伯刘公基行状》,《诚意伯刘先生文集》,第 15 页。

⑦ 《皇帝手书》,《诚意伯刘先生文集》,第 4 页。

⑧ 《九朝谈纂》引《濠谈纂》。

⑨ 《明史》卷 137,《赵俶传附钱宰传》,第 3955 页;《明太祖实录》卷 111,洪武十年三月丁未;卷 234,洪武二十七年九月癸酉。

史的学习。早在起义期间,他在军中已"甚喜阅经史"①。儒家思想是洪武建国和治国的指导思想和理论基础,作为儒家经典的《四书》《五经》也就成为他经常阅读、潜心钻研的重要著作。龙凤四年(1358),朱元璋率部攻占婺州,征召儒士,范祖干持《大学》进见。朱元璋问:"治道何先?"答曰:"不出乎此书。"朱元璋命范祖干剖析其义,范祖干"以为帝王之道,自修身齐家以至于治国平天下,必上下四旁均齐方正,使万物各得其所,而后可以言治"。朱元璋听后说道:"圣人之道,所以为万世法。吾自起兵以来,号令赏罚一有不平,何以服众? 夫武定祸乱,文致太平,悉此道也。"②表明他对《四书》之一的《大学》已经相当熟悉,并有一定的领悟。接着,他又征召儒士许存仁、叶瓒玉等 13 人"会食省中,日令二人进讲经史,敷陈治道"③。龙凤九年五月,又令征召各地名儒,会集应天,向他和大臣们讲论经史④。后来,又尝召宋濂为他讲《春秋左氏传》⑤,命许存仁讲《尚书·洪范》休咎征之说⑥。明朝建立后,虽未确立经筵制度,但仍继续不定期地令儒臣为之讲读经书,如命宋濂、王祎等进讲《大学》⑦,陈南宾讲《尚书·洪范》九畴⑧,朱善讲《周易》⑨。除了请儒臣讲解之外,朱元璋自己"每于宫中无事,辄取孔子之言观之"⑩。在诸多经书中,朱元璋对《尚书》极为重视,曾命儒臣将《尚书》的《洪范》篇书揭于御座之右⑪,又将《无逸》篇书于殿壁之上⑫,以便朝夕观览。他还亲自为《洪范》篇作注,写成《御注洪范》一书,多采用陈南宾之说⑬。《春秋》原是一部鲁国的历史书,后被儒家列为经书。朱元璋经常翻阅,觉得它所载"列国之事,错见间出,欲究其终始,则艰于考索",特命东宫文学傅藻等重加纂录,"分列国而类聚之,附以《左氏传》",赐名《春秋本末》⑭,以便于阅读。

经过长期的学习、研读,朱元璋对《四书》《五经》不仅烂熟于心,而且还颇有独到的见解。例如洪武三年二月,当翰林院学士宋濂、待制王祎等进讲《大学》,至《传》之十章"有土有人"时,他就发挥道:"人者国之本,德者身之本,德厚则人怀,人安则国固,故人主有仁厚

①　《翦胜野闻》。

②　《明太祖实录》卷 6,戊戌年十二月。

③　《明太祖实录》卷 6,戊戌年十二月。

④　《明太祖实录》卷 12,癸卯年五月癸酉。

⑤　《明史》卷 128,《宋濂传》,第 3784 页。

⑥　《明史》卷 137,《宋讷传附许存仁传》,第 3953 页。

⑦　《明太祖实录》卷 49,洪武三年二月辛酉。

⑧　《明史》卷 137,《桂彦良传附陈南宾传》,第 3950 页。

⑨　《明太祖实录》卷 175,洪武十八年九月庚午。

⑩　《明太祖实录》卷 20,丙午年五月庚寅。

⑪　《明太祖实录》卷 180,洪武二十年二月甲辰。

⑫　《明太祖实录》卷 243,洪武二十八年十一月癸亥。

⑬　《明史》卷 137,《桂彦良传附陈南宾传》,第 3950 页。

⑭　《明太祖实录》卷 125,洪武十二年六月乙酉。

之德,则人归之如就父母。人心既归,有土有财,自然之理也。若德不足以怀众,虽有财亦何用哉?"①因此,在对臣民及诸子讲话时,朱元璋常脱口而出地引用经书中的语句。比如,他讲到自己在宫中无事辄取孔子之言观览时,援引《论语》的"节用而爱人""使民以时",称其为"治国之良规"②。他要求国子监生读书之余练习骑射,说:"《诗》曰:'文武吉甫,万邦为宪。'惟其有文武之才,则万邦以之为法矣。"③他诏举富民,对中书省臣曰:"古人立贤无方。孟子曰:'有恒产者,有恒心。'今郡县富民多有素行端洁、通达时务者,其令有司审择之,以其名进。"④他要求群臣勤于政务,说:"《书》云:'功崇惟志,业广惟勤。'尔群臣但能以此为勉,朕无忧矣。"⑤他谕辽东守将潘敬、叶旺曰:"《春秋》有云:'毋纳逋逃。'不然,则边患将由此而启矣。"⑥洪武九年十月,他对群臣的一次讲话,竟接连引用了好几部经书的语录,曰:"《书》云:'惟辟作福,惟辟作威,惟辟玉食,臣无有作福作威玉食。'君臣之分,如天尊地卑,不可逾越。故《春秋》有'谨始'之义,《诗》有'陵分'之讥。圣人著之于经,所以垂训天下后世者至矣。尔在廷群臣,以道事朕,当有鉴于彼,毋擅作威福,逾越礼分,庶几上下相保,而身名垂于不朽也。"⑦

朱元璋特别爱读历史。参加起义后,李善长对他讲述汉高祖刘邦"豁达大度,知人善任,不嗜杀人",五年平定天下,成就帝业的故事,深深打动了朱元璋,使他对历史产生了浓厚的兴趣。他开始注意搜集各种史书,认真阅读,"稍间辄与诸儒讲论经史"⑧。朱元璋对汉高祖、唐太宗、宋太祖等几个有作为的开国皇帝特别钦佩,有次同侍臣观赏古帝王画像,议论他们的贤否得失,看到汉高祖、唐太宗和宋太祖的画像,展玩再三,谛视良久。看到隋炀帝、宋徽宗的画像,瞥一眼就过去,说"乱亡之主,不足观也"。见到后唐庄宗的画像,又笑着说:"所谓李天下者,其斯人欤?上下之分渎至于此,安得不亡!"⑨因此,他常读汉、唐、宋诸朝的历史,尤其注意研究汉高祖、唐太宗、宋太祖等人的统治经验。元朝的兴亡特别是元末败亡的教训,对朱元璋更有直接的借鉴意义,他也注意研究总结。

由于长期注意学习,朱元璋对历史非常熟悉,经常同臣僚评论古人的言行得失。他评论楚汉之争楚败汉胜的原因说:"周室陵夷,天下分裂。秦能一之,弗能守之。陈涉作难,

---

① 《明太祖实录》卷49,洪武三年二月辛酉。
② 《明太祖实录》卷20,丙午年五月庚寅。
③ 《明太祖实录》卷43,洪武二年六月庚午。
④ 《明太祖实录》卷101,洪武八年十月丁亥。
⑤ 《明太祖实录》卷115,洪武十年九月戊寅。
⑥ 《明太祖实录》卷125,洪武十二年六月甲戌。
⑦ 《明太祖实录》卷110,洪武九年十月甲寅。
⑧ 《天潢玉牒》。
⑨ 《明太祖宝训》卷4,《评古》。

豪杰蜂起。项羽矫诈,南面称孤,仁义不施,而自矜功伐。高祖知其强忍,而承以柔逊,知其暴虐,而济以宽仁,卒以胜之。及羽死东城,天下传檄而定,故不劳而成帝业。譬犹群犬逐兔,高祖则置置而坐获之者。"①读《汉书》,与侍臣讨论文臣、武臣的作用说:"汉高帝以追逐狡兔比武臣,发趾指示比文臣,譬喻虽切而语则偏重。朕谓建立基业犹搆大厦,剪伐斫削必资武臣,藻绘粉饰必资文臣。用文而不用武,是斧斤未施而先加黝垩,用武而不用文,是栋宇已就而不加涂墍,二者均失之。为天下者,文武相资,庶无偏陂。"②还评论汉文帝说:"高祖创业之君,遭秦灭学之后,干戈战争之余,斯民憔悴,甫就苏息,礼乐之事,固所未讲。独念孝文为汉令主,正当制礼作乐,以复三代之旧,乃逡巡未遑,遂使汉家之业终于如是。夫贤如汉文而犹不为,谁将为之?帝王之道,贵不违时,有其时而不为与无其时而为之者,皆非也。三代之王,盖有其时而能为之,汉文有其时而不为耳,周世宗则无其时而为之也。"③又说:"汉文恭俭玄默则有之矣,至于用人,盖未尽其道。"④读《宋史》,见宋太宗改封椿库为内藏库,批评宋太宗说:"人君以四海为家,因天下之财供天下之用,何有公私之别?太宗,宋之贤君,亦复如此!他如汉灵帝之西园,唐德宗之琼林、大盈库,不必深责也。"⑤朱元璋还经常运用历史对比的方法比较古人的得失,他曾经和侍臣王祎等人讨论汉高祖与唐太宗的优缺点,起居注魏观认为:"唐太宗虽才兼文武,而于为善未免少诚。高祖豁达大度,规摹弘远。先儒尝论汉大纲正,唐万目举,以此观之,高祖为优。"他却认为:"论高祖豁达大度,世咸知之,然其记丘嫂之怨,而封其子为羹颉侯,内多猜忌,诛夷功臣,顾度量亦未弘矣。太宗规摹虽不及高祖,然能驾驭群臣,各为己用,及大业既定,卒皆保全,此则太宗又为优也。"⑥同时又认为:"太宗常有自矜自恕之心,此则不如汉高也。"⑦朱元璋还和侍臣讨论石勒、苻坚孰优的问题,起居注詹同认为石勒虽不学,然而豪爽脱略,料敌制胜,举无遗策。苻坚穷兵黩武,不量己力,淝水败后,身为俘虏。就这点来说,石勒为优。他的看法恰恰相反,说:"不然,石勒当晋室初乱,不逢劲敌,故易以成功。苻坚当天下争战日久,智勇相角,故难以为力。夫亲履行阵,战胜攻克,坚固不如勒;量能容物,不杀降附,勒亦不如坚。然坚聪察有余而果断不足,故驯致石季龙之祸。勒聪敏不足而宽厚有余,故

---

① 《明太祖实录》卷16,乙巳年四月庚子。

② 《明太祖实录》卷27,吴元年十一月戊寅。

③ 《明太祖实录》卷4,《评古》。

④ 《明太祖实录》卷173,洪武十八年六月庚戌。

⑤ 《明太祖实录》卷179,洪武十九年八月乙酉。

⑥ 《明太祖实录》卷21,丙午年九月乙巳。丘嫂,汉高祖刘邦的大嫂。据(汉)班固《汉书》卷36《楚元王传》(中华书局1962年版,第1929页)载,刘邦微贱时,常带着宾客到大嫂那儿吃饭。大嫂厌烦那帮宾客。有一次,刘邦带着宾客来,大嫂用勺敲着铁锅,佯示羹已喝光。宾客只得离去。宾客走后,刘邦回头看锅,发现还有羹,遂怨其嫂。称帝后,便将她的儿子封为羹颉侯。

⑦ 《明太祖实录》卷211,洪武二十四年八月乙卯。

养成慕容氏父子之乱。俱未再世而族类夷灭,所谓匹夫之勇、妇人之仁也。"①

　　朱元璋喜读历史书,但不是为历史而学历史,更不是借此发思古之幽情。龙凤十一年(1365)六月,他任命儒士滕毅、杨训文为起居注,叫他们编集古代无道昏君如夏桀、商纣、秦始皇、隋炀帝等人的事迹,供自己阅读,说:"往古人君所为,善恶皆可以为龟鉴。吾所以观此者,政(正)欲知其丧乱之由,以为之戒耳。"②称帝以后,他又告诉侍臣:"夫水可以鉴形,古可以鉴今。"③"前代得失,可为明鉴"④。这说明他学历史是遵循古为今用的原则,为了总结历代皇朝兴亡治乱的经验教训,作为自己行事的借鉴。所以,他主张效法古人应择善而从,说:"取法于古,必择其善者而从之。苟惟不善而一概是从,将欲望治,譬犹求登高冈而却步,涉长江而回楫,岂能达哉!"⑤"若汉、唐、宋之政治,亦互有得失,但当取其所长而舍其所短,若概曰汉、唐、宋而不审择于是非取舍,则得失混淆矣。"⑥例如,他十分推崇汉武帝、成吉思汗、元世祖发展和巩固我国统一多民族国家的丰功伟绩,称颂汉武帝:"胡人为中国患,自古有之。以汉高祖之威,总三十万众,犹困于白登。文、景守成,因置而不较,虽数被侵扰,但逐之而已。及至武帝,以雄才大略,欲雪白登之耻,发兵致讨,威服边陲,凡五出塞,而后匈奴始服,虽疲劳中国,而匈奴自此弱而不振,其功亦岂少哉!"⑦赞扬成吉思汗、元世祖:"古者帝王混一,止乎中原,四夷不治",至成吉思汗、元世祖,"四海内外,殊方异类,尽为土疆,恒古所无"⑧!但是,他们偏重威服、少怀德化的做法,不符合朱元璋威德兼施、德怀为主的主张,他则弃而不取。

　　根据古为今用、择善而从的原则,朱元璋广泛借鉴吸收古人治国平天下的经验,从推翻元朝、扫灭群雄到肇建明朝、治国抚民,他所采取的各项方针、政策和措施,都充分借鉴了前人的历史经验。对布衣出身的汉朝开国皇帝刘邦,朱元璋尤其崇敬,对他治国平天下的经验,也特别注意借鉴和吸收。清代史学家赵翼甚至认为:"明祖以布衣起事,与汉高同,故幕下士多以汉高事陈说于前,明祖亦遂有一汉高在胸中,而行事多仿之。……是帝一起事即以汉高为法。今观其初定都金陵,方四出征伐,而已建都城,宫阙极壮丽,即萧何造未央宫之例也(何治宫殿极壮丽,帝怒,以为天下新定,何重劳吾民。何曰:'天下方未

①　《明太祖宝训》卷 4,《评古》。
②　《明太祖实录》卷 17,乙巳年六月乙卯。
③　《明太祖宝训》卷 4,《警戒》。
④　《明太祖宝训》卷 3,《节俭》。
⑤　《明太祖实录》卷 29,洪武元年正月辛巳。
⑥　《明太祖宝训》卷 4,《评古》。
⑦　《明太祖实录》卷 84,洪武六年八月乙未。
⑧　《明太祖实录》卷 25,吴元年九月乙未。

定,故可因以就宫室。'帝悦,乃徙居之)。徙江南富人十四万户于中都①,即汉初徙齐、楚大族昭氏、屈氏、景氏、怀氏、田氏以实关中之例也(娄敬请徙齐、楚诸大族以实关中,汉高从之,徙者十余万户)。分封子弟于各省以建屏藩,即汉初分王子弟,以弟交王楚,从弟贾王荆,从子濞王吴,子肥王齐,如意王赵,文帝王代之例也。诏天下富民年八十以上赐爵里士,九十以上赐爵社士,即汉初赐民爵七大夫以上之例也。甚至胡、蓝之狱,诛戮功臣,亦仿菹醢韩、彭之例,此则学之而过甚者矣。"②此外,朱元璋还注意利用历史来教育皇室子孙和全国臣民。他除了在谈话中经常援引古人的行事来开导自己的子孙、后妃、宗戚和文臣武将,还多次命儒臣编辑古人的言行,发给他们阅读。如洪武元年(1368),命翰林儒臣朱升等纂述《女戒》及"古贤妃之事可为法者",颁赐后妃,"使后世子孙知所持守"③。六年,命礼部尚书陶凯、主事张筹等"采摭汉唐以来藩王善恶可为劝戒者",编纂《昭鉴录》。不久,陶凯出任湖广参政,又召秦王左傅文原吉、翰林编修王僎等续修,命太子赞善宋濂写序,颁赐诸王,使知所警戒④。十三年,命翰林儒臣纂录历代诸侯王、宗戚、宦官之属悖逆不道者凡212人,"备其行事,以类书之",赐名《臣戒录》,颁示诸臣,以昭炯鉴⑤。十九年,又采辑秦、汉、唐、宋为臣悖道者凡百余事,编成《志戒录》,颁赐群臣及教官、诸生讲诵,使知所鉴戒⑥。二十六年,辑历代宗室、诸王为恶悖逆者,以类为编,直叙其事,编成《永鉴录》,颁赐诸王。又辑历代为臣善恶可劝惩者,编成《世臣总录》,颁示群臣⑦。

朱元璋对经史长期不懈的攻读、钻研,使他积累了丰富的中国传统政治文化知识。这不仅为他制定治国方略和各种政策措施提供理论的根据和历史的借鉴,同时也为他恢复、振兴中国的传统政治文化准备了必要的前提条件。

---

① 朱元璋有徙江南富户实中都和京师之举,但洪武七年徙至中都的是 14 万人而非 14 万户,是江南的贫民而非富人,参看第 6 章第 1 节第 175 页注④。

② 《廿二史札记笺证》卷 32,《明祖行事多仿汉高》,第 737 页。

③ 《明太祖实录》卷 31,洪武元年三月辛未。

④ 《明太祖实录》卷 80,洪武六年三月癸卯。

⑤ 《明太祖实录》卷 132,洪武十三年六月。

⑥ 《明太祖实录》卷 179,洪武十九年十月。

⑦ 《明太祖实录》卷 230,洪武二十六年十二月。

第三节 "赞成大业、母仪天下"的马皇后

马皇后生于元至顺三年(1332),比朱元璋小四岁。她原是郭子兴老友、宿州富豪马三的小女儿。马三死后,她由郭子兴的小张夫人抚养长大,"知书精女红","善承人意"①。二十一岁时许配朱元璋为妻,从此同朱元璋患难与共,帮他排忧解难,助其成就大业。后来在滁州,郭子兴受到别人的挑拨,加上其子郭天叙、郭天爵的搬弄是非,对朱元璋产生猜忌,甚至把他监禁起来,断绝其饮食。马夫人偷偷给他送去水和食物。有次将刚烤熟的烧饼揣在怀里给他送去,把胸口烫红了一大块。她还拿出自己之积蓄,献给郭子兴正室张氏,求她出面向郭子兴说情调停。此后随朱元璋出征,遇到灾荒缺粮,她经常贮存一些干粮醃肉,让朱元璋吃饱,"而己不宿饱"②。朱元璋行军作战的军令文书和随手写下的札记、备忘录,都交给她保管,她整理得井井有条,朱元璋需要查询,她"即于囊中出而进之,未尝脱误"③。渡江以后,与张士诚、陈友谅接邻,战争频繁,她"暇即率诸校妻缝纫衣裍",分给将士④。陈友谅奔袭龙湾,她"尽发宫中金帛犒士"⑤,鼓舞军士的斗志。她还时常给朱元璋出谋划策,并告诫朱元璋:"定天下在得人心,人心者,天下之本也。""用兵焉能不杀人,但不嗜杀人,则杀亦罕也"⑥。参军郭景祥守和州,有人告发他的儿子拿着丈八长矛想刺杀父亲,朱元璋大怒,准备把这个不肖之子抓来杀掉,她出面劝阻,说郭景祥只有这一个儿子,传闻不一定就是事实,杀了他,郭家怕就要断绝后代了。朱元璋派人调查,果然冤枉,郭景祥儿子才免于一死⑦。李文忠守严州,杨宪告发他有不法行为,朱元璋立时将他召回,命令他移守扬州。她又出面谏阻,说严州边临敌境,撤换将帅必须慎重;文忠很有威信,把他撤下来,换上别的将帅,恐怕人心不服。朱元璋认为她说的有道理,令李文忠还守严州,"卒成克杭之功"⑧。

洪武元年,朱元璋称帝,册封马夫人为皇后,并对侍臣夸奖她的贤德,提起当年的炊饼,比之为汉光武帝危难之时冯异所献的芜蒌豆粥、滹沱麦饭。还把她比做唐太宗的长孙皇后,说:"家有良妻,犹国之良相。"回宫后,他把这番话讲给马皇后听,马皇后说:妾闻夫妇相保易,君臣相保难。陛下既不忘与妾贫贱时互相厮守的日子,也愿无忘与群臣、百姓

---

① 《胜朝肜史拾遗记》卷1。
② 《明史》卷113,《后妃列传一·太祖孝慈高皇后传》,第3505页。
③ 《胜朝肜史拾遗记》卷1。
④ 《胜朝肜史拾遗记》卷1。
⑤ 《明史》卷113,《后妃列传一·太祖孝慈高皇后传》,第3506页。
⑥ 《胜朝肜史拾遗记》卷1。
⑦ 《明史》卷113,《后妃列传一·太祖孝慈高皇后传》,第3506页。
⑧ 《明太祖实录》卷147,洪武十五年八月丙戌。

在艰难时互相扶持的日子。再说妾哪有长孙皇后贤惠呢,惟愿陛下以尧、舜为榜样,能善始善终,与臣民同甘苦,共患难! 有一天,她在乾清宫侍坐,同朱元璋谈及往昔的艰难困苦,朱元璋说:我和你跋涉艰难,备尝辛苦。今日化家为国,无心得之,实赖天地之德、祖宗之恩,但也有你的一份内助之功呀! 她回答说:这是陛下专一救民之心感动了上天,所以能得天命眷顾、祖宗庇佑,妾何功之有? 但愿陛下不忘穷困之时而警戒于治安之日,妾也不忘相从于患难而能谨饬于朝夕,则天地、祖宗不但庇佑于今日,也将庇佑于将来,使子孙长享无穷之福①!

朱元璋称帝后,为了巩固自己的统治,确保朱家江山万世一系,即着手制定各种宫廷制度。洪武元年(1368)三月,他吸取汉、唐后妃擅权专政的教训,命翰林儒臣纂修《女戒》,严禁后妃干政。他对翰林学士朱升等说:"治天下者,修身为本,正家为先。正家之道,始于谨夫妇。后妃虽母仪天下,然不可使预政事。至于嫔嫱之属,不过备执事、侍巾栉,若宠之太过,则骄恣犯分,上下失序。观历代宫阃,政由内出,鲜有不为祸乱者也。夫内嬖惑人,甚于鸩毒,惟贤明之主能察之于未然,其他未有不为所惑者。卿等为我纂述《女戒》及古贤妃之事可为法者,使后世子孙知所持守。"②三年五月,朱元璋又下诏严宫阃之政:"上以元末之君不能严宫阃之政,至宫嫔女谒私通外臣而纳其贿,或施金帛于僧道或番僧,入宫中摄持受戒,而大臣命妇亦往来禁掖,淫渎亵乱,礼法荡然,以至于亡。遂深戒前代之失,著为令典,俾世守之。皇后之尊,止得治宫中嫔妇之事,即宫门之外,毫发事不预焉。自后妃以下至嫔侍女使,小大衣食之费,金银钱帛器用、百物之供,皆自尚宫奏之,而后发内使监官覆奏,方得赴所部关领。若尚宫不及奏而朦胧发内宫监,监官不覆奏而辄擅领之部者,皆论以死。或以私书出外者,罪亦如之。宫嫔以下,遇有病,虽医者不得入宫中,以其证(症)取药而已。群臣命妇于庆节朔望朝见中宫而止,无故即不得入宫中。人君亦无有见外命妇之礼。……至于外臣请谒、寺观烧香、禳告星斗之类,其禁尤严。"③五年六月,还命工部"造红牌镌诫谕后妃之辞悬于宫中,其牌用铁,饰字以金"④。此后,朱元璋敕撰的《祖训录》及《皇明祖训》,即依照他的这些令旨,对天子后妃、嫔嫱、女使人等所应遵守的事项,逐一做出严格的规定。这样,严禁后妃干政便成为明朝皇室的一条家法而被确定下来。

马皇后正位中宫后,即遵照朱元璋"严宫阃之政"的旨意,勤于内治,严格管束后宫的嫔嫱宫女。她特地召集女史清江范孺人等,问道:自汉、唐以来,哪一位皇后最为贤惠? 哪

---

① 《明太祖实录》卷147,洪武十五年八月丙戌。
② 《明太祖实录》卷31,洪武元年三月辛未。
③ 《明太祖实录》卷52,洪武三年五月乙未。
④ 《明太祖实录》卷74,洪武五年六月甲辰。

个朝代的家法最为严明？她们回答说，赵宋朝的皇后大多贤惠，家法也最正。马皇后便令女史录其家法贤行，有空就让女史念给她听，说："不徒为吾今日法，子孙帝王后妃当省览，此可为万世法也。"在她的督促下，宫妾们不仅要熟读朱升等儒臣编纂的《女戒》，还要学习女史辑录的宋朝后宫的家法贤行。马皇后还严厉督促嫔嫱、宫女"治女工，夙兴夜寐，无时豫怠"①。这既是为了在当时百业凋零、财政困难之际，减省宫廷的开支，也是为了防止她们闲得无聊，结交宫外的臣僚外戚，干预政事，而酿成大祸。

　　朱元璋严禁后妃干政，规定后妃不得干预宫门之外的一应事务。马皇后深知此举的用意，是为了朱家天下的长治久安，这也正是她自己追求的目标。朱元璋的这个规定，她只有率先垂范，才能令身边的妃嫔、宫人乃至后世的后妃、嫔嫱、女使认真执行。因此，她对朱元璋的这条规定严格执行，坚决照办，从不恃椒房之亲，萌生权势之欲，也从不抛头露面，直接参与宫外的政务，更不拉帮结派，结党营私。但是，作为"天下之母"，为朱家天下的长治久安着想，她又不能不关心臣民的疾苦、社稷的安危和朱元璋理政的得失。有一天，她问朱元璋："今天下民安否？"朱元璋说："此非尔所宜问也。"她即说："陛下天下父，妾辱天下母，子之安否，何可不问？"②朱元璋无言以对。所以，一旦发现问题，马皇后就无法袖手旁观，置若罔闻，听之任之。既然不许出面干预，直接插手，聪颖贤惠的马皇后便采用"随事几谏"③的办法，对朱元璋进行委婉的劝谏。所以，她常寻找适当的时机，借助某个相关的事件，对朱元璋进献一些治国的良策，或对他的一些错误决策提出善意批评。比如，北伐大军攻克大都后，将元朝府库的珍宝财货解送京师，马皇后就意味深长地问朱元璋："得元府库何物？"朱元璋答道："宝货耳！"她又问："元氏有是宝，何以不能守而失之？盖货财非可宝，抑帝王自有宝也？"朱元璋领悟她的弦外之音，说："皇后之意朕知之矣，但谓以得贤为宝耳！"她即拜谢："诚如圣言。妾每见人家产业厚则骄，至时命顺则逸生。家国不同，其理无二。人之常情，所当深戒。妾与陛下同处穷约，今富贵至此，恒恐骄纵生于奢侈，危亡起于忽微。故世传：'技巧为丧国斧斤，珠玉为丧心鸩毒。'诚哉是言！但得贤才，朝夕启沃，共保天下，即大宝也，显名万世即大宝也，而岂在于物乎？"朱元璋听了这番肺腑之言后，连连点头称"善"。有一次，朱元璋到太学祭祀先师孔子，回到宫中，马皇后问："太学生几何？"答曰："数千。"她又问："悉有家否？"答曰："亦多有之。"她又说："善理天下者，以贤才为本。今人才众多，深足为喜。但生员廪食于太学，而妻子无所仰给，彼宁无累于心乎？"朱元璋听后，即下令设置红板仓，按月给太学生家属发放廪食，"太学生家粮

①　《明太祖实录》卷147，洪武十五年八月丙戌。
②　《明史》卷113，《后妃列传一·太祖孝慈高皇后传》，第3505页。
③　《明太祖实录》卷147，洪武十五年八月丙戌。

自后始"①。

明初经济凋敝,老百姓生活非常艰难,引起马皇后的极度忧虑。有一次,朱元璋对马皇后说:"君者,百责所萃。一夫不得其所,君之责也。"她即起拜曰:"妾闻古人有云:'一夫失所,时予之辜;一民饥曰我饥之,一民寒曰我寒之。'今陛下之言即古人之心也。致谨于圣心,加惠于穷民,天下受其福,妾亦与有荣焉!"遇到灾荒岁月,五谷歉收,她用餐必备麦饭野蔬。朱元璋见了,知道她的用意,就告诉她已下令赈济灾民。她又说:"妾闻水旱无时无之,赈恤之有方,不如蓄积之先备。卒不幸有九月之水,七年之旱,将何以赈之?"朱元璋"深以为然"②。后来便下令在各州、县设置预备仓,每个州、县各设东、西、南、北四所,"选耆民运钞籴米,以备赈济"③。

马皇后主张行仁厚之政。有人认为宋朝为政过于仁厚,她说:"过于仁厚,不犹愈于刻薄乎?吾子孙苟能以仁厚为本,至于三代不难矣。仁厚虽过,何害于人之国哉?"④朱元璋为强化封建专制统治,运用法庭、监狱、特务和锦衣卫震慑臣僚。马皇后对这种做法非常反感,规劝他说:"人主虽有明圣之资,不能独理天下,必择贤以图治。然世代愈降,人无全才。陛下于人才固能各随其短长而用之,然尤宜赦小过以全其人。"⑤还说:"法屡更必弊,法弊则奸生;民数扰必困,民困则乱生。"⑥有时朱元璋在前殿决事,震怒发火,待其还宫,马皇后就随事加以规劝,"虽帝性严,然为缓刑戮者数矣。"⑦侍讲学士宋濂,年老退休还乡,由于长孙宋慎卷进胡惟庸党案而受牵连,被逮到京师判处死刑。马皇后想起宋濂教太子、诸王读书的功劳,向朱元璋求情,说:"民间延一师尚始终不忘恭敬,宋先生亲教太子、诸王,岂忍杀之。且宋先生家居,宁知朝廷事耶?"⑧朱元璋拒不答应,说这种事你不懂,也不该管。到吃饭的时候,马皇后闷闷不乐,不饮酒,不吃肉,朱元璋觉得奇怪,问她为啥,她回答说:"妾为宋先生作福事也。"所谓"作福事",也就是服"心丧"。朱元璋很不高兴,扔下筷子就走。但第二天还是下令"赦濂,安置茂州"⑨。元末隐居不仕的李希颜,受朱元璋手书之召,教诸王读经。他执教极严,"诸王有不率教者,或击其额"。小王子跑去向父亲哭诉,朱元璋非常生气,"抚而怒"。马皇后怕他一发火又要杀人,就劝解道:"乌有以圣人之道训吾

---

① 《明太祖实录》卷147,洪武十五年八月丙戌。
② 《明太祖实录》卷147,洪武十五年八月丙戌。
③ 《明史》卷79,《食货志三》,第1924—1925页。
④ 《明太祖实录》卷147,洪武十五年八月丙戌。
⑤ 《明太祖实录》卷147,洪武十五年八月丙戌。
⑥ 《明史》卷113,《后妃列传一·太祖孝慈高皇后传》,第3507页。
⑦ 《明史》卷113,《后妃列传一·太祖孝慈高皇后传》,第3506页。
⑧ 《明史纪事本末》卷13,《胡蓝之狱》,第182页。
⑨ 《明史》卷113,《后妃列传一·太祖孝慈高皇后传》,第3506页。

子，顾怒之耶？"朱元璋觉得有理，不仅消了气，还提升李希颜做左春坊右赞善①。有时宫女对朱元璋侍候不周，遭到他的责骂，马皇后怕朱元璋火气上来加重惩罚，马上装作发脾气，下令把宫女交给掌管纠察宫闱戒令、谪罚之事的宫正司论罪。朱元璋不明其故，问起这事，她解释说："帝王不以喜怒加刑罚。当陛下怒时，恐有倚重。付宫正则酌其平矣。即陛下论人罪，亦诏有司耳。"②吴兴富豪沈万三的后裔拿出大笔钱财助筑三分之一的南京都城，又请求犒劳官军，朱元璋大怒，说："匹夫犒赏天子军，乱民也，宜诛。"马皇后劝谏道："妾闻法者，诛不法也，非以诛不祥。民富敌国，民自不祥。不祥之民，天将灾之，陛下何诛焉？"朱元璋听后，将沈万三后裔改谪云南③。修南京城时，朱元璋下令让判处死刑的囚犯筑城以赎刑，马皇后又委婉地劝说："赎罪罚役，国家至恩。但疲困之囚，加以劳役，恐不免于死亡。虽曰生之，其实死者多矣。"朱元璋听后，下令"罢其役，悉释之"④。

尤其值得注意的是，马皇后不仅自己不干预宫外的政事，而且不私亲族，不让娘家人做官，参与政事。朱元璋刚就帝位时，并未注意到汉、唐外戚干政的祸害。洪武元年正月，他登基仅十余天，为感谢马皇后与之患难与共、赞成大业的功绩，派人寻访其亲人，准备给官做。但马皇后之父马公"无后"⑤，派出去的人员只找到马皇后的亲族，朱元璋想授予官职。马皇后记取历史上外戚干政的惨痛教训，坚决予以回绝，说："国家官爵，当与贤能之士。妾家亲属，未必有可用之才。且闻前世外戚之家多骄淫奢纵，不守法度，致有覆败者。陛下加恩妾族，厚其赐予，使得保守足矣。若其果贤，自当用之。若庸下非才而官之，必恃宠致败，非妾之所愿也。"朱元璋"闻言遂止"⑥。只赐给他们一大堆金银财宝，让他们足以享用一辈子，而不予职事。正是基于马皇后的这番劝谏，朱元璋此后将严禁外戚干政作为一项重要内容载入《祖训录》之中。《祖训录》的《箴戒》篇明确规定："凡外戚，不许掌国政，止许以礼待之，不可失亲亲之道。若创业之时，因功结亲者，尤当加厚。其官品不可太高，虽高亦止授以优闲之职。"⑦严禁外戚干政之所以成为明朝皇室的一条重要家法，马皇后是立了首倡之功的。

所谓外戚，是指皇室的外姓亲族、妻族和皇家公主的夫家。将严禁外戚干政列为家法之后，朱元璋便对外戚政策逐步进行调整。对马皇后的亲族，他仅赐金帛，由于其父马公

---

① 《明史纪事本末》卷 13，《胡蓝之狱》，第 182 页。
② 《明史》卷 137，《桂彦良传附李希颜传》，第 3949 页。
③ 《明史》卷 113，《后妃列传一·太祖孝慈高皇后传》，第 3506 页。按：此处原文将沈万三后裔误作"沈秀"即沈万三本人。
④ 《明太祖实录》卷 147，洪武十五年八月丙戌。
⑤ 《明史》卷 300，《外戚列传》，第 7662 页。
⑥ 《明太祖实录》卷 29，洪武元年正月壬午。
⑦ 《祖训录》，《洪武御制全书》，第 366 页。

已死，又"无子"①，更无可赏赐。朱元璋两个姐姐均已去世，大姐夫王七一也已辞世，只有二姐夫李贞封以"恩亲侯、驸马都尉"②，后以其子（即较早参加起义队伍的李文忠）之战功而"进封曹国公"③，但也是虚衔。至于太子、诸王及公主的婚配，起初并无严格的规定，朱元璋曾亲选徐达之女为燕王妃，公主也多嫁给勋臣之子，借以笼络一批开国功臣，巩固自己的统治地位。洪武三年五月起，决定改变这种做法，下诏道："天子及亲王后妃、宫嫔等，必慎选良家子而聘焉。戒勿受大臣所进，恐其夤缘为奸，不利于国也。"④《祖训录》的《内令》篇据此规定："凡天子及亲王、后妃、宫人等，必须选良家子女，以礼聘娶，不拘处所。勿受大臣进送，恐有奸计。但是倡妓，不许狎近。"⑤《皇明祖训》仍保留此条规定不动⑥。尽管朱元璋本人并未执行这条规定，从洪武十五年起，又亲自做主，为几个亲王聘娶几个大臣之女为妃，并将几个公主下嫁给几个大臣之子为妻，但《皇明祖训》仍被后来的历代嗣君和宗室奉为"祖宗成法"而严格遵守。故而明代后妃"自文皇后（即燕王妃，文皇后为明仁宗为她上的尊谥）而外，率由儒族单门入俪宸极"⑦。公主驸马也多求之市井，"岁禄各有差，皆不得与政事"，只有少数驸马都尉曾"典兵出镇及掌府都事"，个别驸马都尉还以恩泽封侯，这都属于"非制"的特例⑧。从而避免皇室的外姓亲属借助皇太后、皇后或皇帝宠妃的裙带关系形成强大的政治势力，把持朝政大权，导致朱姓皇权旁落局势的出现。

在生活上，马皇后处处关心、体贴朱元璋，亲自主管他的起居饮食。而自己在生活上，则一直保持过去那种俭朴的生活。她同朱元璋一样，不喜奢丽，平时衣裳破旧了，缝补洗净再穿，从不轻易扔掉。左右有人对她说："享天下至贵至富，何庸惜此？"她回答道："吾闻古之后妃，皆以富而能俭、贵而能勤见称于载籍。盖奢侈之心易萌，崇高之位难处，不可忘者勤俭，不可恃者富贵也。勤俭之心一移，祸福之应响至。每念及此，自不敢有忽易之心耳。"⑨听说元世祖皇后察必曾率领宫女收集旧弓弦洗净煮熟，织成衾绸，缝制衣裳穿用，她也叫宫女仿照这个办法，织成衾绸赐给无依无靠的孤寡老人。她还用裁剩下的零碎布帛、有疙瘩疵点的粗丝制成衣裳，赐给诸王妃、公主，让她们懂得民间蚕桑之艰难。

---

① 《明史》卷300，《外戚列传》，第7661页。

② 《明太祖实录》卷30，洪武元年二月庚午。

③ 《明史》卷108，《外戚恩泽侯表》，第3270页。

④ 《明太祖实录》卷52，洪武三年五月乙未。

⑤ 《祖训录》，《洪武御制全书》，第376页。

⑥ 《皇明制书》第3册，第797页。

⑦ 《明史》卷108，《外戚恩泽侯表》，第3270页。

⑧ 《明史》卷76，《职官志五》，第1856页。

⑨ 《明太祖实录》卷147，洪武十五年八月丙戌。

马皇后"无子"①，只生了两个女儿，即宁国公主和安庆公主。但很喜欢男孩，曾抚养保儿、周舍（沐英）、道舍、王驸马、马儿、柴舍、真童、金刚奴、也先、买驴、泼儿等许多义子，还抚养了李淑妃所生的懿文皇太子、秦王、晋王，硕妃所生的燕王、周王等②。马皇后不论对自己生的女儿，还是对其他妃子生的子女，都是"爱之甚笃，勉令务学，谆切恳至"。她恳切地对这些儿子说："汝父尊临万国，身致太平，亦由学以聚之。尔小子亦当思继继绳绳以不辱所生。"还说："吾闻女史言，（汉）邓禹为将不妄杀人，故其女为后。吾家世忠厚，至吾父，虽无禹之功，然平生急于义，今日为后，非偶然也。汝辈异日有人民社稷之寄，尤必积累忠厚，乃可长世，切不可自恃而不务德，谓事有偶然也。汝切识之！"孩子有时在穿用的衣服、器皿上互相攀比，她把他们叫到一起，开导说："唐尧、虞舜茅茨土阶，夏禹、文王恶衣卑室。汝父俭朴，尤恶奢丽，日夜忧勤以治天下。汝辈无功，锦衣玉食，犹欲以服御相加，何志气不同如是乎？惟当亲师取友，讲论圣贤之学，开明心志，自无此气习也。"③

洪武十五年（1382）八月，马皇后病死，年五十一岁。病重时，自知难以治愈，担心服药不起作用会连累医生，不肯就医。临终嘱咐朱元璋："愿陛下求贤纳谏，慎终如始，子孙皆贤，臣民得所而已。"④朱元璋连连点头，失声痛哭。九月，葬于南京孝陵，谥为"孝慈皇后"。

马皇后自从与朱元璋结合，两人相濡以沫，情深意笃。她的谢世，使朱元璋深感悲痛。传说先前朱元璋有次与陈友谅作战失利，遭到敌军的追捕，马皇后背起他拼命逃跑，这才幸免于难。后来，太子朱标偷偷把这件事画成一幅图画。马皇后死后，朱元璋惨然不乐，动辄发怒，"愈肆诛虐"。太子不时规劝，为此常和朱元璋发生争执。有一次，朱元璋一时性起，追打太子。太子急忙从怀中掏出那幅图画扔到地上，朱元璋捡起一看，触动旧情，"大恸而止"⑤。这个传说当然是不真实的，但它反映了朱元璋对马皇后的一片深情与敬重。正是出于这片深情与敬重，朱元璋晚年始终没有再立皇后。

马皇后在元末兵荒马乱的岁月嫁与朱元璋，备历艰险，赞成大业。正位中宫后，不仅勤于内治，严格管教太子、诸王，约束妃嫔、女使，而且严格遵守朱元璋禁止后妃干政的规定，从不直接参与宫外事务，而是采用随事几谏的方式，对朱元璋的过失提出委婉的劝谏，或对治国理政提出建议，供朱元璋参考，而且拒绝朱元璋为其亲族授官，促使朱元璋做出

---

① 《枣林杂俎》义集，《彤管篇》，第 268 页；(明)李清撰，顾思点校：《三垣笔记》附志，中华书局 1982 年版，第 249 页。

② 吴晗：《明成祖生母考》，《清华学报》第 10 卷第 3 期。

③ 《明太祖实录》卷 147，洪武十五年八月丙戌。

④ 《明史》卷 113，《后妃列传一·太祖孝慈高皇后传》，第 3508 页。

⑤ 《翦胜野闻》："太祖尝为伪汉陈友谅所迫，太后负之而逃，太子私绘成图轴。"按：朱元璋曾在应天保卫战与鄱阳湖大战中与陈友谅交战。但应天保卫战马氏并未亲临前线，鄱阳湖大战亦未随朱元璋出征，故这两则记载只可作为传闻看待，未可视为信史。

严禁外戚干政的规定,使其家法更趋完备。她的这种表率作用,对后世的后妃产生了深远的影响。如文皇后即极力依照马皇后的做法。靖难之役后,明成祖想给为他输送情报而遭建文帝诛杀的小舅子徐增寿追授官爵,她"力言不可"。明成祖不听,封其为定国公,她又表示:"非妾志也","终弗谢"。病逝之前,又特地嘱咐明成祖曰:"毋骄畜外家。"①因此,有明一代,始终未曾出现后妃或外戚专权的弊政,这是汉、唐、宋、元和后来的清代所不及的。《明史·后妃列传》赞曰:"高后(马皇后)从太祖备历艰难,赞成大业,母仪天下,慈德昭彰。继以文皇后仁孝宽和,化行宫壸,后世承其遗范,内治肃雍。论者称有明家法,远迈汉、唐,信不诬矣。"②

---

① 《明史》卷113,《后妃列传一·成祖仁孝徐皇后传》,第3510页。

② 《明史》卷114,《后妃列传二》赞,第3546页。参看拙作《马皇后与明代宫廷政治》,《故宫学刊》2013年总第9辑。

第四节　众多的妃嫔和儿女

同所有封建皇帝一样，朱元璋除原配夫人马皇后外，还拥有众多的妃嫔宫女。据《明史》记载，他共有后妃15人。据《国榷》记载，则有20人，除马皇后外，还有胡充妃、孙贵妃、李淑妃、郑安妃、崔惠妃、硕妃、达定妃、郭宁妃、郭惠妃、胡顺妃、韩妃、余妃、杨妃、周妃、赵贵妃、李贤妃、刘惠妃、葛丽妃和没有名号的郜氏①。实际上，他的妃嫔远不止这些。据《万历野获编》的记载，朱元璋死后"帝后以下附葬者，妃嫔共四十人"②，可谓妻妾成群。朱元璋的这群后妃，先后共为他养育了26个儿子、16个女儿，组成一个多妻多子的大家庭。

朱元璋的众多妃嫔中，有一位郭惠妃，是郭子兴的小张夫人的亲生女儿。她自小与马皇后一起长大，后来也嫁给朱元璋，生了三个儿子和两个女儿，即蜀王、谷王、代王、汝阳公主和永嘉公主③。其他妃嫔，有的是从民间征选的，如李淑妃、郭宁妃、胡妃等。胡妃是濠州人，守寡在家，朱元璋想娶她，她母亲不同意。后来朱元璋听说胡家迁到淮安，写信请平章赵君用帮忙，赵君用派人把她母女送来④。他还曾看中右相国李善长部下宣使熊义的妹妹，"令都事张来释为媒，通言于熊义母，允，纳聘财讫，择日归内"。不久，张来释来报，说"熊氏女许参政杨希武（宪）弟杨希圣久矣"。朱元璋大怒，说："汝既为媒，令臣民知我之过。"立即令将士把张来释押到内桥，斫成肉泥，并到熊家追回聘礼，"仍令与希圣为婚"，但杨希圣"终不敢娶"⑤。有的妃嫔是降将进献的。如陈友谅的江西行省丞相胡廷瑞（后改名胡美）在龙兴降，将自己的长女献给朱元璋。他因此留任原职，后屡功被封为侯。不料，洪武十七年却被列为胡党，以"因长女为贵妃，偕其子婿入乱宫禁"的罪名，"子婿刑死，美赐自尽"⑥。有的妃嫔原是陈友谅的妃子，关于这事，朱元璋在《大诰》中曾有一段自白："当未定之时，攻城略地，与群雄并驱十有四年余，军中未尝妄将一妇人女子。惟亲下武昌，怒陈友谅擅以兵入境，既破武昌，故有伊妾而归。"⑦有的妃嫔则来自元宫，严从简《殊域周咨录》载："初，元主尝索女子于高丽，得（周）谊女，纳之于宫中，后为我朝中使携归（时宫中美人

---

① 《国榷》卷首之1，《天俪》，第3页。

② 《万历野获编》卷3，《谢韩二公论选妃》，第86页。

③ 《明史》卷122，《郭子兴传》，第3681页；《今言》卷4之329，第185页。

④ 《国初事迹》。

⑤ 《纪事录笺证》卷下，第207页。《国初事迹》的记载与此略有不同，"都事张来释"作"员外郎张来硕"。

⑥ 《明史》卷129，《胡美传》，第3811页。《纪事录笺证》卷下（第432页）则记为："上疑锦衣卫秦指挥有乱宫事，斩之。妃胡氏谏曰：'深宫严禁，安有此事。'上盛怒，亦杀之。妃父豫章侯胡美，令自缢，妃之兄弟俱斩于玄津桥，悉诛宫人，瘗于聚宝山下。"

⑦ 《御制大诰·谕官无作非为第四十三》，《皇明制书》第1册，第69页。

有号高丽妃者,疑即此女)。"①朱元璋的妃嫔,大多数是汉族女子,但也有高丽女子和蒙古女子,如周妃、韩妃是高丽妃子②,燕王和周王的生母碽妃是蒙古妃子③。

众妃嫔中,孙贵妃最受朱元璋的宠爱。她是陈州人,因父亲孙和卿仕元为常州府判,随父住在常州。元末农民起义爆发后,父母俱亡,与大哥孙瑛、二哥孙蕃出外避难,大哥途中失散,她随二哥孙蕃逃到扬州。青军元帅马世熊攻破扬州,孙蕃死亡,她被马元帅收为义女。十八岁时,被朱元璋纳为姬妾④。孙氏聪慧漂亮,且熟知礼法,马皇后夸她是"古贤女"。朱元璋即位后,册为贵妃,位居众妃之上,"助马皇后摄六宫事,后以慈,妃以法,相济得治"。由于她的关系,大哥孙瑛被授为行省参政⑤。洪武七年病死,朱元璋非常悲伤,赐谥"成穆"。因为她只生了四个女儿,没有儿子,命周王朱橚为她服丧三年,太子及诸王一年,并令儒臣作《孝慈录》,规定庶子必须为生母服丧三年,众子为庶母服丧一年⑥。

受到朱元璋宠爱的还有李淑妃和郭宁妃。李淑妃是寿州人,父亲李杰在洪武初年以广武卫指挥北征,死于战阵。她在龙凤元年(1355)为朱元璋生下长子朱标,即懿文皇太子。后来,又生了两个儿子,即秦王和晋王。由于马皇后无子,她所生的三个儿子都归马皇后抚养⑦。因为皇太子是她生的,所以朱元璋对她倍加宠爱,封为贤妃。洪武十七年九月,马皇后服除,又册封为淑妃,摄六宫事,并提拔她的两个哥哥为金吾指挥,与锦衣卫同掌诏狱⑧。她为人多智术,"事上有礼,抚下有恩,遇事有断,内政悉委之"⑨。朱元璋常以难事问她,她分析得有条有理,出人意料,朱元璋夸她是"班婕妤之流也"。燕王为夺取帝位,曾收买一名宫女结纳李淑妃,要她赞成易储,她委婉谢绝:"妾备位嫔□,所任者,浣濯庖厨之责,储位大事,非妾所知。"消息传开,群臣都赞扬她贤惠⑩。郭宁妃是濠州郭山甫的女儿。传说郭山甫喜欢给人相命,曾给自己的儿子郭兴和郭英看相,说他们将来皆可封

---

① 《殊域周咨录》卷1,《朝鲜》,第14页。

② 《明史》卷121《公主列传》(第3667页):"含山公主,母高丽韩氏。"

③ 《名山藏》卷6,《典谟记》,第157页;《国榷》卷12,建文四年五月乙丑,第847页;《枣林杂俎》义集,《彤管篇·孝慈高皇后无子》,第268页;《三垣笔记》附志,第249页;(明)张岱撰,马兴荣点校;《陶庵梦忆》卷1,《钟山》,中华书局2007年版,第11页;《明诗综》卷44,沈玄华:《敬礼南都奉天殿纪事》。参看吴晗:《明成祖生母考》。

④ 《国初事迹》;《罪惟录》列传卷2,《马皇后附诸妃美人》,第1145页。

⑤ 《胜朝彤史拾遗记》卷1。

⑥ 《明史》卷113,《后妃列传一·太祖孝慈高皇后传附孙贵妃传》,第3508页;《胜朝彤史拾遗记》卷1。

⑦ 《国史考异》卷4之1;《罪惟录》列传2,《马皇后附诸妃美人》,第1145页;吴晗:《明成祖生母考》;《明史考证》第1册,第62—63页。

⑧ 《明史》卷113,《后妃列传一·太祖孝慈高皇后传附李淑妃传》,第3509页;《西园闻见录》卷3,《阃范·洪武三十年》。

⑨ 《罪惟录》列传卷2,《马皇后附诸妃美人》,第1146页。

⑩ 《西园闻见录》卷3,《阃范·洪武三十年》。

侯。有一天，朱元璋在钟离招兵路过他家，他一见大惊，说他的相貌贵不可言，叫夫人赶快设宴招待。又对郭兴和郭英说：我给你们看相，看出你们将来都可以封侯，而能给你们封侯的人，就是他啊。便叫他们收拾行装投奔朱元璋，并把女儿打扮一番，送给朱元璋做姬妾。后来，朱元璋封她为宁妃，李淑妃死后，又令其摄六宫事。其兄郭兴后以战功封巩昌侯，郭英封武定侯①。郭宁妃生一子，即鲁王朱檀。

朱元璋对后宫管束极严，妃嫔稍有不慎，即处以重刑甚至杀死。郭宁妃和唐王生母李贤妃、伊王生母葛丽妃，后来"俱得罪死"，被装在一个大筐里，埋在南京太平门外。事后朱元璋有些后悔，下令三棺分葬，刨开土堆，三具尸体已经烂成一堆，分不清哪个尸骨是谁，只好就地掩埋，在上面垒起三个坟堆，算是三个妃嫔的坟墓。楚王朱桢的生母、凤阳人胡妃，曾受到朱元璋的宠爱。有一年，宫廷的内河中发现一个堕胎，内侍怀疑是胡妃干的，朱元璋大怒，就把她杀死，将尸体扔在南京城外。楚王来朝，哭求母亲尸体不得，只找到一条白练，迎葬于楚王府②。封建时代有一句话，叫作"伴君如伴虎"，这是一点也不夸张的。

朱元璋子女众多，鉴于元朝前期不立皇太子，引起多起宫廷政变的教训，他称吴王后便立长子朱标为世子，就帝位后立为皇太子。同时，鉴于前代皇太子的东宫臣僚自成系统，容易和朝廷大臣产生矛盾，甚至和宫廷闹对立，又任命朝廷重臣兼任东宫的臣僚③。其他诸子，除第二十六子朱楠出生一个月后死去，另外 24 个儿子皆封王建国，以屏藩皇室。

为了使自己的子孙能长久保持帝位，朱元璋非常重视对皇太子和诸王的教育。洪武元年十一月，在宫中建大本堂，搜集古今图籍充实其中，征聘四方名儒教授皇太子和诸王，选派才俊青年伴读④。后来，皇太子的读书之处改在文华后殿⑤。翰林院学士宋濂先后教皇太子读书十余年，一言一行皆以礼法讽劝，使之符合封建的道德规范。讲到有关政教和前代兴亡的事迹，必拱手说："当如是"，"不当如是"，辞极恳切。皇太子每次都认真听讲，言必称"师父"⑥。洪武二年，朱元璋还命孔克仁等为诸王讲授经书，功臣子弟也奉诏入学⑦，并指示孔克仁等说："人有精金必求良冶而范之，有美玉必求良工而琢之，至于子弟有美质不求明师教之，岂爱子弟不如美玉耶？盖师所以模范学者，使之成器，因其材力各俾

①　《明史》卷 113，《后妃列传一·太祖孝慈高皇后传附郭宁妃传》，第 3509 页。

②　《罪惟录》列传卷 2，《马皇后附诸妃美人》，第 1145 页。

③　《洪武圣政记·定大本第二》。

④　《明太祖实录》卷 36，洪武元年十一月辛丑；《国榷》卷 3，洪武元年十一月辛丑，第 377 页；《今言》卷 4 之 331，第 187 页。

⑤　《明史》卷 55，《礼志九》，第 1408 页；卷 73，《职官志二》，第 1784 页。

⑥　《明史》卷 128，《宋濂传》，第 3785 页。

⑦　《明史》卷 135，《孔克仁传》，第 3924 页。

造就。朕诸子将有天下国家之责，功臣子弟将有职任之寄，教之之道当以正心为本，心正则万事皆理矣。苟导之不以其正，为众欲所攻，其害不可胜言。卿等宜辅以实学，毋徒效文士记诵词章而已。"①除了选派儒士教读经书，又用具有封建德行的端人正士做太子宾客、太子谕德和诸王相傅，要求太子宾客和太子谕德辅导太子"必先养其德性，使进于高明。于帝王之道、礼义之教及往古成败之迹、民间稼穑之事，朝夕与之论说"，要求诸王相傅"务引王于当道……待臣下则以谦和，抚民人则以仁恕，劝耕耨以省馈饷，御外侮以藩帝室"②。此外，还命东宫及王府官"采摭汉、唐以来藩王善恶可为劝戒者"辑为一书，于洪武六年三月赐名曰《昭鉴录》，颁赐诸王，使"知所警戒"③。

皇太子成年后，朱元璋便让他练习处理政务，学习怎样做皇帝。洪武五年十二月，皇太子刚满十八岁，他即命省台府臣："今后百司所奏之事，皆启皇太子知之。"④第二年九月，又命诸司："今后常事启皇太子，重事乃许奏闻。"⑤十年六月，又令"自今大小政事皆先启皇太子处分，然后奏闻"，并面谕皇太子："自古以来，惟创业之君历涉勤劳，达于人情，周于物理，故处事之际鲜有过当。守成之君，生长富贵，若非平昔练达，临政少有不缪者。故吾特命尔日临群臣，听断诸司启事，以练习国政。惟仁则不失于躁暴，惟明则不惑于奸邪，惟勤则不溺于安逸，惟断则不牵于文法，凡此皆以一心为之权度。"⑥一心想把皇太子培养成一个能干的接班人，以维持和巩固朱明皇朝的统治。

朱元璋平时对皇太子和诸王管教很严，稍有过失，即痛加训诫。第二子秦王朱樉就藩西安后，见王府宫殿用的是碧瓦盖顶，嫌不够威风，以"异帝制"为由，对负责建造王宫的长兴侯耿炳文大发脾气。后来，又"市人浙江"⑦。他还在咸阳、兴平、武功、扶风等县牧马数千匹，扰害百姓。并散钞令护卫士卒和陕西属县里甲买金，导致无籍之徒乘机抢劫往来官军及士庶妇女，"但有金首饰之类即攘夺之"。清明时节，还令内侍到城内外的千秋架寻访美女，"访其姓名，即娶入宫，如意则留之，否则杀之"⑧。他征讨西番，"将番人七八岁幼女掳到一百五十名，又将七岁、八岁、九岁、十岁幼男阉割一百五十五名"，又"非法刑诸宫人，有割去舌者，有绑缚身体埋于深雪内冻死者，有绑于树上饿杀者，有用火烧死者"⑨。他甚

---

① 《南雍记》卷 1，《事纪》。

② 《明太祖宝训》卷 2，《教太子诸王》。

③ 《明太祖实录》卷 80，洪武六年三月癸卯。

④ 《明太祖实录》卷 77，洪武五年十二月辛巳。

⑤ 《明太祖实录》卷 85，洪武六年九月乙卯。

⑥ 《明太祖宝训》卷 2，《教太子诸王》。

⑦ 《罪惟录》列传卷 4，《同姓诸王传》，第 1205 页。

⑧ 《纪事录笺证》卷下，第 454—455 页。

⑨ 《太祖皇帝钦录》，（台北）《故宫图书季刊》第 1 卷第 4 期。

至"僭造龙衣龙床"①。朱元璋闻讯严加切责,洪武二十四年还把他召还京师,经皇太子说情,第二年才放回封国。二十八年病死,朱元璋追谥为"愍",赐谥册曰:"哀痛者,父子之情;追谥者,天下之公。朕封建诸子,以尔年长,首封于秦,期永绥禄位,以藩屏帝室。夫何不良于德,竟殒厥身,其谥曰'愍'。"②第三子晋王秉性骄纵,就藩太原,途中鞭打厨子徐兴祖。徐兴祖过去曾长期侍候过朱元璋,朱元璋写了一通敕书给晋王,说:"吾率群雄平祸乱,不事姑息,姑息独徐兴祖——为吾膳夫二十三年矣,小子识哉!"③后来,晋王在藩多不法,有人告他图谋不轨,朱元璋大怒,要杀他,经皇太子"为涕泣请",才免于死④。此后他幡然悔悟,谨守法度,"待官属皆以礼,更以恭慎闻",重新得到朱元璋的喜爱和器重。第十子鲁王好文礼士,善作诗歌,但嗜服金石药以求长生,毒发伤目,又"尝建一苑城外,与妃出宿"⑤,生活放荡不羁。朱元璋很讨厌他,洪武二十二年鲁王死,亲定其谥号为"荒"⑥。洪武二十年,朱元璋曾将历代藩王及其子周、齐、潭、鲁并靖江诸王的不法行为,辑成《御制纪非录》一书,颁赐诸王,令其"朝暮熟读,以革前非,早回天意"⑦。

由于注意教育,好几个儿子成年后,都颇为能干。第二子秦王、三子晋王和四子燕王武艺都很高强,洪武二十六年后元勋宿将屠戮殆尽,北方的防务便由他们来承担。其他几个封在北方边塞的小王,也经常领兵跟随他们巡视斥候,校猎沙漠。第五子周王则爱好文学,能词赋,又喜欢研究植物,曾选择可以救饥的草类400余种,画为图谱,并加疏解,名为《救荒本草》⑧。第十七子宁王对文史和音乐颇有研究,曾著《通鉴博论》2卷、《汉唐秘史》2卷、《史断》1卷、《文谱》8卷、《诗谱》1卷、《太古遗音》1卷、《琴阮启蒙》1卷,还有《茶谱》等著述数十种,"经、子、九流、星历、医卜、黄冶诸术皆具"⑨。其他如第八子潭王"英敏好学,善属文",第十子鲁王"好文礼士,善诗歌",第十一子蜀王"博综典籍",曾被朱元璋呼为"蜀秀才",第十六子庆王"好学有文",在文学上也有相当造诣。第十二子湘王既好文又喜武,文武全才。他性嗜学,常读书到半夜,领兵出征也携带大批图书,随时阅读。曾开景元阁,招纳文士,日夜校雠,志在经国。又喜谈兵,膂力过人,善用弓矢刀槊,驰马若飞。当然,也

①　《纪事录笺证》卷下,第455页。

②　《明史》卷116,《诸王列传一·秦王樉传》,第2560页。

③　《罪惟录》列传卷4,《同姓诸王》,第1207页。

④　《明史》卷115,《兴宗孝康皇帝传》,第3550页。

⑤　《罪惟录》列传卷4,《同姓诸王》,第1221页。

⑥　《明史》卷116,《诸王列传一·鲁王檀传》,第3575页。

⑦　(明)朱元璋:《御制纪非录序》,《明太祖与凤阳》,第701页。

⑧　《明史》卷116,《诸王列传一·周王橚传》,第3566页。按:此传记周定王朱橚"尝作《元宫词》百章",实误。《元宫词》百章的作者为其子周宪王朱有墩。参看傅乐淑:《元宫词百章笺注·后序》,书目文献出版社1995年版,第120—125页。

⑨　《献征录》卷1,《宁献王权》。

有几个王子很不成器。如第十三子代王,为人残忍粗暴,在建文朝被废为庶人。永乐元年(1403)复爵,继续胡作非为,受到明成祖朱棣的警告:"闻弟纵戮取财,国人甚苦,告者数矣,且王独不记建文时耶?"但他禀性难移,到晚年还经常和几个儿子穿着窄衣,戴着秃帽,在街市中袖锤斧杀人。第十九子谷王,永乐时"居国横甚",夺民田,侵公税,随意杀人,长史虞廷纲几次劝谏,被诬陷致死,后以谋叛被废。第二十五子伊王,永乐时就藩洛阳,时常挟弹露剑,驰逐郊外,百姓躲避不及,即被击杀。他还常把男女平民的衣服剥个精光,借以取乐①。

为了保证自己的子女能过上优裕的生活,朱元璋规定诸王、公主的俸禄由朝廷支给。明制,亲王嫡长子年及十岁,立为王世子,嫡长孙立为世孙,其余诸子年十岁,封为郡王;郡王嫡长子为郡王世子,嫡长孙授为长孙,其余诸子封镇国将军,孙封辅国将军,曾孙参国将军,四世封镇国中尉,五世孙封辅国中尉,六世以下皆封奉国中尉。皇女封公主,夫婿号驸马都尉,亲王女封郡主,郡王女封县主,孙女封郡君,曾孙女封县君,玄孙女封乡君,她们的夫婿皆号仪宾②。这些宗藩,"世世皆食岁禄,不授职任事"③。洪武九年二月规定:亲王岁支米5万石,钞25000贯;公主已受封赐庄田1所,岁收粮1500石,并给钞2000贯;亲王子已受封郡王,米6000石,钞2800贯,亲王女已受封郡主及已嫁,米1000石,钞1400贯;郡王诸子年及十五,各赐田60顷,以为永业,并除租税,"诸子所生之子,唯世守永业"④。到二十八年闰九月,因为"子孙众盛","俸给弥广",朱元璋决定"量减各王岁给,以资军国之用",户部重新规定:亲王岁给禄米1万石,郡王2000石,镇国将军1000石,辅国将军800石,奉国将军600石,镇国中尉400石,辅国中尉300石,奉国中尉200石,公主及驸马2000石,郡主及仪宾800石,县主及仪宾600石,郡君及仪宾400石,县君及仪宾300石,乡君及仪宾200石。并规定:"郡王嫡长子袭封郡王者,岁赐比始封郡王减半支给"⑤。这一规定虽然将亲王、郡王的俸禄减少了大半,仍远远高于大臣的岁俸,比如一个亲王的岁禄就接近于10个一品官员岁俸的总和,一个郡王的岁禄也相当于两个正一品官员岁俸的总和。而且将原先规定郡王之子的镇国将军拨赐田60顷作为其子子孙孙(包括辅国、奉国将军及镇国、辅国、奉国中尉、县主、郡君、县君、乡君及其仪宾)的"永业",改为自镇国将军至乡君及仪宾每年各支付1000石至200石的俸禄,也在无形中大大增加了国家的支出,因为郡王之子即镇国将军每人岁禄1000石,已大致相当于60顷田所收的租税,可是

---

① 《明史》卷116—118,《诸王列传》,第3559—3611页。
② 《明史》卷116,《诸王列传》序,第3557页;卷121,《公主列传序》,第3661页。
③ 《明史》卷82,《食货志六》,第2001页。
④ 《明太祖实录》卷104,洪武九年二月丙戌;《明史》卷82,《食货志六》,第2000页。
⑤ 《明太祖实录》卷242,洪武二十八年闰九月庚寅。

郡王之子以下还有数不清的将军、中尉、县主和仪宾等人。后来,宗室的人口不断增加。特别是在建文年间的"靖难之役"和永乐年间的"高煦之叛"以后,朝廷为防止宗藩作乱,对诸藩严加管束,"防闲过峻,法制日增。出城省墓,请而后许,二王不得相见"①。宗室在政治上没有发展的机会,"贤才不克自见,知勇无所设施"②,又不许从事士农工商诸业,于是便尽量多娶妻妾,多生子女,以增加禄赐。明孝宗弘治五年(1492),山西巡抚杨澄等奏言:晋府的庆城王朱钟镒,到这一年的八月即生有子女94人,孙163人③。据王世贞推测,大约每隔十几年,明宗室人数增加百分之五十④。另据徐光启推算,明宗室人数30年左右即增加一倍⑤。洪武年间"初封亲郡王、将军才四十九位,女才九位",宗室人数总共58人,永乐年间增至127人,嘉靖三十二年(1553)增至19611人⑥,万历三十二年(1604)又增至8万多人⑦。随着宗室人数的激增,禄米的支出也越来越多,成为国家的一项沉重负担。以嘉靖三十二年为例,"计天下岁供京师米四百万石,而各处禄米凡八百五十三万石,视输京师之数,不啻倍之"⑧。就以上一年全国田赋收入米麦2286万多石⑨计,禄米支出一项需用去三分之一强。就一省而论,财政收入的逆差更为悬殊,"即如山西一省,存留米麦一百五十二万石,而宗室禄米该三百一十二万石,河南一省存留八十四万三千石,而宗室禄米一百九十二万石,是二省之粮,即无水旱蠲免,升合俱完,犹不足以供禄米之半"⑩。朝廷无法支付庞大的禄米,只得下令禁革宗室子孙纳妾和收养异姓,诏谕诸王自动削减禄米,或者改粮折钞,或者减半支付甚至三七支付。宗室为了增加收入,则在各地拼命兼并土地,鱼肉人民,弄得百姓"不胜痛苦,且揭竿思逞"⑪。到万历三十四年(1606),朝廷只好"开宗室之禁",允许宗室子弟入学应试,除授官职⑫。但这一改革,对解决宗室的禄给和出路问题并没有能起多大作用。朝廷仍然无法按时支付大批宗室的禄米,往往长期拖欠,许多宗室衣食无着,"不得不杂为贱役,或作为非僻"⑬,有的甚至宁肯故意犯罪,希望能被关进凤

---

① 《明史》卷120,《诸王列传》赞,第3659页。

② 《明史》卷120,《诸王列传》赞,第3659页。

③ 《明孝宗实录》卷66,弘治五年八月癸卯,(台北)"中央研究院历史语言研究所"1962年影印本;《国榷》卷42,弘治五年八月癸卯,第2634页。

④ 《明经世文编》卷335,《王弇州文集·宗室策》。

⑤ 《明经世文编》卷491,《徐文定公集·处置宗禄查核边饷议》。

⑥ 《明经世文编》卷212,《欧阳南野文集·中尉女授宗女宗婚名号疏》。

⑦ 《明经世文编》卷491,《徐文定公集·处置宗禄查核边饷议》。

⑧ 《明经世文编》卷212,《欧阳南野文集·中尉女授宗女宗婚名号疏》。

⑨ 《明世宗实录》卷392,嘉靖三十年十二月,(台北)"中央研究院历史语言研究所"1962年影印本。

⑩ 《明经世文编》卷212,《欧阳南野文集·中尉女授宗女宗婚名号疏》。

⑪ 《光绪孝感县志》卷21下,《艺文》,清光绪八年刻本。

⑫ 《明神宗实录》卷424,万历三十四年八月丁酉,(台北)"中央研究院历史语言研究所"1962年版。

⑬ 《广志绎》卷3,《江北四省》,第37页。

阳的宗室监狱,以便弄到一口饭吃,免得挨饿受冻①。

朱元璋利用国家财力厚待其"龙子龙孙",让他们世世代代远离四民之劳,过着安养逸豫的生活。但安逸的寄生生活必然导致他们腐朽没落,变成一无是用的"弃物"。结果,当明末农民大起义的风暴席卷而来时,这些"天枝玉叶"大都显得卑怯无能,不是纵酒取乐,便是抱头鼠窜,很快便被时代的洪流所埋葬。这大概是朱元璋始料不及的吧。

---

① (清)张怡:《谀闻续笔》卷3,《笔记小说大观》本第8辑。

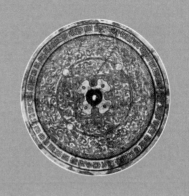

第十六章
喜忧交织的晚年

第一节　晚年的喜与忧

朱元璋在洪武元年(1368)登基称帝、创建大明皇朝时,是虚龄四十一岁的中年人。为了巩固这个新生政权,他起早睡晚,运筹帷幄,事必躬亲,励精图治。岁月不知不觉地流逝,转眼到了洪武后期,他已须发斑白,步入晚年了。

人到晚年,总喜欢回顾自己一生的往事。朱元璋也不例外。他回想自己当初登基的情景,和现今面对的形势,真有一种沧海桑田之慨。想当初,他登基之时,面对的是危机四伏、险象环生的局势。当时,元朝的统治即将崩溃,但毕竟尚未被推翻,从辽东到晋、秦尚在元朝势力的掌控之下,从闽、广到川、滇一带又为各种割据势力所盘踞。推翻元朝、统一全国的任务仍然十分艰巨。而在东部和南部沿海地区,还不时受到倭寇的侵扰。在明朝内部,新皇朝虽已建立,但各种制度尚待确立与完善,衙门官吏承袭元朝官场的习气,擅权枉法,贪污受贿,豪强势族继续狂敛财富,兼并土地,甚至不择手段地逃避皇朝赋役,向农民转嫁负担,激起农民的强烈不满和反抗,导致社会的动荡不安。社会经济更是凋敝不堪,到处是田畴荒芜,榛莽丛生,有些地方甚至渺无人烟。人民力竭财尽,地主难以征收到地租,国家税源几近枯竭。与这种政治、经济状况相映衬的,是传统文化的衰落,礼乐未兴,教化不行。而今,元朝的统治早已被推翻,全国已基本实现统一,北元势力已被压缩到漠北草原,不再对明朝构成严重威胁,而明朝则在北部边陲和沿海地区构筑了一套比较完备的防御体系,有力地抵御北元的骚扰和倭寇的侵掠。明朝的各种典章制度,此时也已大体完备,整肃吏治的斗争达到高潮,朱元璋心目中的异己力量很大一部分已被清除,一批欺压小民、武断乡曲的不法豪强已被诛灭。尤其值得注意的是,社会经济的恢复与发展取得显著的成绩。新增加的耕地面积,不计军屯和商屯耕垦的田地,仅户部掌握的各布政司和直隶府、州的耕垦田地,洪武元年仅有 770 余顷[①],四年增加到 106622 顷 42 亩[②],七年更跃增至 921124 顷[③],十二年也有 273104 顷 33 亩[④]。国家税粮和屯田籽粒的收入也呈现上升的趋势。洪武十七年六月,户部即奏称:"潼关卫见储军饷可给三年,其余米五十二万四千二百二十七石……凤翔县见储军饷可给三年,其余米一十四万六十四石"[⑤]。洪武二十四年,为大造黄册之年,全国土地经过普遍丈量之后,户部掌握的各布政司和直隶府、州田

---

① 《明太祖实录》卷 37,洪武元年十二月。
② 《明太祖实录》卷 70,洪武四年十二月。
③ 《明太祖实录》卷 95,洪武七年十二月。
④ 《明太祖实录》卷 128,洪武十二年十二月。
⑤ 《明太祖实录》卷 162,洪武十七年六月丁丑。

土面积总计为 387474.6 顷 73 亩①。到二十六年,全国各布政司和直隶府、州及各地卫所所辖田土总计达到 8507623 顷,比北宋最高的耕地数字多了 326 万余顷②。当年全国的税课收入,仅税粮一项即多达 32789800 余石③,比元朝岁入增加了将近两倍。与此同时,元代被边缘化的儒学重新被定于一尊,孔孟之道、理学思想获得广泛的传播。礼乐制度重加厘定,去蒙古化,接续汉唐传统。兴学之风炽盛,从乡村的社学到省、府、州、县的儒学到京师的国子监都在蓬勃发展,洪武二十六年国子监的生员总数多达 8124 名,成为当时世界上规模最大的高等学府之一。教育的发达,已超过了唐宋时代,呈现"家有弦诵之声,人有青云之志"④的喜人景象。科举制度也在逐步完善,为国家选拔出了一批优异的人才。教化广行,移风易俗的活动遍及于乡野民间。传统文化正在实现全面的复兴,社会秩序因此日趋安定,"山市晴,山鸟鸣。商旅行,农夫耕。老瓦盆中冽酒盈,呼嚣謑突不闻声"⑤,呈现一派国泰民安的祥和景象。民间甚至还流传着"道不拾遗"的传说,谓"闻之故老言,洪武纪年庚辰(建文二年,1400)前后,人间道不拾遗。有见遗钞于途,拾起一视,恐污践,更置阶圮高洁地,直不取也"⑥。

看到天下大治、财富充足、传统文化复兴的繁荣景象,朱元璋感到无限惊喜和欣慰,觉得应该庆祝一番。洪武二十七年,他"以海内太平,思欲与民偕乐"⑦,命工部在京城内外的繁华街市修建了 10 座酒楼,令市民广设酒肆穿插其间,在金秋八月的丰收季节举行一场大规模的庆祝活动。酒楼动工兴建后,他感到消息一传开,到时四面八方的宾客一齐拥向京城,10 座酒楼可能容纳不下,又令工部再增修 6 座。到了八月,五谷丰登、瓜果飘香,16 座酒楼陆续完工。它们不仅建筑雄伟,装饰豪华,而且都取了富有文化韵味的幽雅名称。据周晖《金陵琐事》记载,在城内,有南市楼、北市楼;在聚宝门外的西边有来宾楼,东边有重译楼;在瓦屑坝者,有集贤楼、乐民楼;在西关中街的北边有鹤鸣楼,南边有醉仙楼;在西关南街,有轻烟楼、淡粉楼;在西关北街,有柳翠楼、梅妍楼;在石城门外,有石城楼、讴歌楼;在清凉门外,有清江楼、鼓腹楼。各条市街,摆满新登场的五谷和南北各地的瓜果,街上游人如织,不时荡起阵阵欢声笑语。各座酒楼张灯结彩,喜迎四方宾客,穿插于酒楼之间的酒肆旌旗飘扬,热闹非凡。八月二十三,京城的文武百官和奉诏前来参与订正蔡沈《书集传》的老儒,齐集于醉仙楼宽敞的大厅。朱元璋身穿崭新的衮服,站在厅堂的御座前

---

① 《明太祖实录》卷 214,洪武二十四年十二月。
② 《明史》卷 77,《食货志一》,第 1882 页。
③ 《明太祖实录》卷 230,洪武二十六年十二月。
④ (明)徐一夔著,徐永恩校注:《始丰稿校注》卷 5,《送赵乡贡序》,浙江古籍出版社 2008 年版,第 115 页。
⑤ (清)朱彝尊:《明诗综》卷 100,《南丰歌》,《四库全书》本。
⑥ 《野记》2。
⑦ 《明太祖实录》卷 234,洪武二十七年八月庚寅。

宣布诏令,赏赐百官和老儒大明宝钞,大臣和老儒齐声山呼万岁。接着,举行盛大的宴会,朱元璋频频举杯,与大臣和老儒开怀畅饮①。九月十六,《书集传》的校订工作宣告完成,朱元璋非常高兴,特赏赐参与工作的老儒钞币,又在南市楼宴请他们。席间,诸儒先后献诗②。临川老儒揭轨的《宴南市楼》二首留传至今,可让人想见当年宴饮的盛况:

> 帝城歌舞乐繁华,四海清平正一家。
> 龙虎关河环锦绣,凤凰楼阁丽烟花。
> 金钱锡宴恩荣异,玉殿传宣礼数加。
> 冠盖登临皆善赋,歌词只许仲宣夸。
>
> 诏出金钱送酒垆,绮楼胜会集文儒。
> 江头鱼藻新开宴,苑外莺花又赐酺。
> 赵女酒翻歌扇湿,燕姬香袭舞裙纡。
> 绣筵莫道知音少,司马能琴绝代无③。

随着经济的发展,国库的充盈,朱元璋于洪武二十八年九月下诏免除山东秋粮,宣称:"今天下大定,已二十八年矣,民人供给烦劳。迩年以来,朝廷仓廪实,府库充,而山东之民,供给辽东、山西、北平军需,劳亦甚矣。今年应纳官民秋粮,尽行蠲免。"同时蠲免应天等五府秋粮,诏曰:"朕年二十八渡江,二十九入建业(南京),秣马厉兵,与群雄并驱,凡军兴所需,皆出我江东五郡之民,以此平定天下祸乱,海内康宁。朕今老矣,思民效力,无可抚劳。今特以洪武二十八年官民秋粮尽行蠲免,少报前劳。"④当年十二月,又告谕户部大臣:"方今天下太平,军国之需皆已足用,山东、河南人民,田地桑麻除已入额征科,自二十六年以后栽种桑麻果树,与二十七年以后新垦田地,不论多寡,俱不起科。若有司增科扰害者,罪之。"⑤第二年八月,又下诏免太平等五府田租,诏曰:"朕定天下之初,军国之需皆取给太平、宁国、应天、广德、镇江五府、州、县,朕既富有天下,思与尔民共享康宁,然犹虑恩施有所未洽,民力有所未苏,是用蠲尔今年官民田租,以称朕酬劳之意。"⑥辽东地区地广

---

① 《明太祖实录》卷234,洪武二十七年八月庚寅。
② 《明太祖实录》卷234,洪武二十七年九月癸丑。
③ (清末民初)陈田辑撰:《明诗纪事》甲签卷14,揭轨:《宴南市楼》,上海古籍出版社1993年版,第300页。
④ 《明太祖实录》卷241,洪武二十八年九月丁酉。
⑤ 《明太祖实录》卷243,洪武三十年十月壬辰。
⑥ 《明太祖实录》卷246,洪武二十九年八月丁未。

人稀,当地驻军连年靠山东海运钞、粮、棉供应,自洪武十五年施行屯田,到三十年传来已自给有余的喜讯。朱元璋高兴地说:"辽东海运连岁不绝,近闻彼处军饷颇有赢余。今后不须转运,止令本处军人屯田自给。其三十一年海运粮米可于太仓、镇海、苏州三卫仓收贮,仍令左军都督府移文辽东都司知之。其沙岭粮储发军护守,次第运至辽东城中海州卫仓储之。"①各地以赋税的形式征收上来的布、绢、棉花数量庞大,堆满了仓库。在洪武的后期,朱元璋则将布、绢、棉花和制成的冬衣,大量赏赐给军士。如洪武二十六年二月,赐辽东定辽等卫军士棉布 37 万匹,又赐神策等卫军士及家属、工匠 919000 余人冬衣;三月,赐山西属卫及鞑靼军士 55742 人布、绢 209471 匹;九月,给神策、金吾等卫军冬衣布 656800 余匹;十月,给北平都司所属卫所并三护卫将士 91700 余人布 359800 余匹、棉花 137500 余斤②。二十九年,除在二月令山东、山西、河南运布 215 万匹给北平、辽东、山西、陕西各都司军士外,七月,又赐给旗手等卫军士 199100 余人棉布 39800 匹;八月,复赐旗手等卫军士 217700 余人布、绢 641700 余匹;十二月,赐定辽左卫等卫并广宁三护卫等军士 103500 余人布凡 341800 余匹、棉花 155200 斤③。

不过,朱元璋并未为眼前一片天下大治、财富充足、传统文化复兴的景象所陶醉。出身贫苦、经历坎坷的朱元璋,具有强烈的忧患意识。登基称帝后,他即对臣僚尖锐地提出"居安虑危,处治思乱"的问题,提醒他们不要为一时的胜利而忘乎所以。他自己更将唐朝李山甫的《上元怀古诗》用大字抄在屏风上,暇则吟咏品味,用以警诫自己:

> 南朝天子爱风流,尽守江山不到头。
> 总为战争收拾得,却因歌舞破除休。
> 尧将道德终无敌,秦把金汤可自由?
> 试问繁华何处在,雨花烟草石城秋!④

正是由于具有强烈的忧患意识,朱元璋清醒地认识到,所谓天下太平、仓廪充足,不过是与洪武初年社会动荡、田畴荒芜的局势相比较而言,而非绝对的安定与富足。洪武二十一年四月,江西才子、中书庶吉士解缙上《大庖西封事》,即曾尖锐地指出:尽管明朝已建立

---

① 《明太祖实录》卷 255,洪武三十年十月戊子。

② 《明太祖实录》卷 225,洪武二十六年二月乙巳;卷 226,洪武二十六年三月己未;卷 229,洪武二十六年九月壬戌;卷 230,洪武二十六年十月戊寅。

③ 《明太祖实录》卷 244,洪武二十九年二月庚子;卷 246,洪武二十九年七月己卯、八月;卷 248,洪武二十九年十二月。

④ (明)姚福:《清溪暇笔》上,《国朝典故》卷 63,第 1445 页;《明朝小史》卷 2,《书诗屏间》。

20 个年头,但下农贫户生活仍然十分困苦,"或卖产以供税,产去而税存,或裨办以当役,役重而民困"①。明朝建立之后,虽然大规模的元末农民战争已经结束,但由于"民困于衣食,或迫于苛政",逃亡甚至发动小规模起义的事件仍然不时发生。即使到明朝建立的第二个十年,也仍未止息。根据《明太祖实录》的记载,这种小规模的农民起义,洪武二十一、二十二、二十三年各有 6 起,二十四年 4 起,二十五年 1 起,二十六、二十七年各 4 起,二十八、二十九年各 10 起,三十年 4 起,三十一年 1 起。所以,洪武二十九年正月,当礼部尚书门克新夸奖朱元璋"圣泽深广,天下之民,各安生业,幸蒙至治"时,他即答道:"虽尧舜在上,不能保天下无穷民。若谓民皆安业,朕恐未然,何得遽言至治?"②因此,晚年的朱元璋一直将治效未臻、民未安业视为一大忧患,他对翰林学士刘三吾的一次谈话,就曾表露自己的这种心迹道:"朕历年久而益惧者,恐为治之心有懈也。懈心一生,百事皆废,生民休戚系焉。故日慎一日,惟恐弗及,如是而治效犹未臻,甚矣为治之难也。自昔先王之治,必本于爱民,然爱民而无实心,则民不蒙其泽,民不蒙其泽,则众心离于下,积怨聚于上,国欲不危,难矣。朕每思此,心中惕然。"③因此,他继续兢兢业业,勤于理政,除了坚持执行以往各种行之有效的政策之外,还加大赈灾和对贫民的救济。

明朝建立之后,朱元璋就注意救灾赈贫。到了洪武后期,随着经济的发展,国库的充盈,朱元璋更加大救灾赈贫的力度。洪武二十年,青州发生旱灾、蝗灾,有关部门没有及时上报。第二年正月,朱元璋下令逮治有关官吏,赈青州灾民,并规定:"旱伤州、县,有司不奏,许耆民申诉,处以极刑。"④二十三年五月,他还下令由国库出资在全国各地设立预备仓,对户部尚书赵勉说:"务农重谷,王政所先。……朕屡敕有司劝课桑,而储蓄之丰,未见其效,一遇水旱,民即饥困。故尝令河南等处郡县各置仓庾,于丰岁给价籴谷,就择其地民人年高而笃实者主之。或遇荒歉,即以赈给,庶使民得足食,野无饿夫。其有未备之处,宜皆举行。"当时,恰值各地老人被召入京随朝,朱元璋便命择其可用者至户部领取钞币,回到各地籴谷备荒⑤。此后,各府、州、县陆续皆建立起东、西、南、北四个预备仓,储粮多者万余石,少者四五千石,设老人监之,富民守之。"遇有水旱饥馑,以贷贫民,民受其惠"⑥。到二十六年四月,朱元璋遂令户部通令全国郡县:"自今凡遇岁饥,则先发仓廪以贷民,然后奏闻,著为令。"⑦后来,许多地方由于多年未发生灾荒,预备仓积存的粮食腐烂变质,二

---

①　《明经世文编》卷 11,《解学士文集·大庖封事》。

②　《明太祖实录》卷 244,洪武二十九年正月乙丑。

③　《明太祖实录》卷 231,洪武二十七年正月辛酉。

④　《明史》卷 78,《食货志二》,第 1908 页;卷 3,《太祖本纪三》,第 45 页。

⑤　《明太祖实录》卷 202,洪武二十三年五月壬子。

⑥　《明宣宗实录》卷 91,宣德七年六月丙申,(台北)"中央研究院历史语言研究所"1962 年影印本。

⑦　《明太祖实录》卷 227,洪武二十六年四月乙亥。

十七年正月朝廷又派官把各地预备仓的旧粮贷给贫民,再换存新粮①。此外,朝廷还多次对贫民实行救济,如洪武二十二年四月,赐九江、黄州、汉阳、武昌、岳州、荆州诸郡贫民,每丁1锭钞币,又赐沿江递运所水驿夫,每人5锭钞币,共赐钞912167锭;又赐钞给常德、长沙、辰州、靖州、衡州、永州、宝庆、郴州、德安、沔阳、安陆、襄阳等处贫民,共1468700余锭②。为了帮助贫病农户,朱元璋还采纳应天府上元县典史隋吉的建议,命令乡里小民或20家,或四五十家,组成一社,遇到农忙季节,谁家壮劳力生病,则全社通力合作,助其耕耘,帮其渡过难关③。

除了担忧治效未臻、民未安业之外,朱元璋晚年的心中还有两个挥之不去的忧虑。一个是都城的选址问题。朱元璋是在应天登基称帝的,但是否以应天为都城,由于群臣意见不一,他也犹豫不定,直到洪武元年八月才诏以应天为南京,开封为北京,实行古已有之的两京制度。不久,元大都被攻克,北方地区也纳入了明朝的版图,都城的选址问题再度引起争论。朱元璋经过一年的反复考虑和斟酌,决定以他的家乡临濠即今安徽凤阳为中都,于洪武二年九月诏命有司建置城池宫阙如京师之制。但临濠并不具备作为都城的条件,这个决定遭到儒士胡子祺及刘基等人的反对。洪武八年四月,当中都的营建"功将完成"之时,又发生营建工匠的"厌镇"事件,朱元璋遂"罢中都役作",于当年九月下诏改建南京的大内宫殿。十年十月南京大内宫殿改建完工,十一年正月下诏改南京为京师,同时罢除北京,仍称开封府。不过,朱元璋对定都南京并不感到满意。因为南京毕竟远离北方,不便于对付北元势力的侵扰,尽管朱元璋后来分封诸王,将几个儿子分封到长城内外,授予他们雄厚的护卫兵力和军事指挥大权,多少弥补了都城远离前线、朝廷指挥困难的缺陷,但仍不免有鞭长莫及之虞。同时,京师的大内宫城是由吴王新宫改建而成的。吴王新宫建在应天府城的东南隅,地当钟山之阳,那里原有一个湖泊,叫燕雀湖,先填湖后筑城。湖填平后起盖宫殿,地基下陷,南高而北卑,整座宫城呈现前昂后洼的状态,这在堪舆家看来是形势不称,风水不好的。当初吴王新宫是由熟知堪舆即风水学说的刘基主持卜地选址的,但拿主意拍板的是朱元璋自己,"筑大内,填燕尾湖(即燕雀湖)为之,虽决于刘基,实上内断,基不敢言也"④。这又使朱元璋深以为憾。晚年,他想起胡子祺曾建议定都关中,又动起迁都的念头。二十四年八月,特命皇太子朱标巡视陕西,察看关、洛形势。十一月,皇太子视察回来,进献陕西地图,就一病不起,"病中上言经略建都事"⑤。翌年四月,朱标便

---

① 《明太祖实录》卷231,洪武二十七年正月辛酉。
② 《明太祖实录》卷196,洪武二十二年四月乙巳。
③ 《明太祖实录》卷236,洪武二十八年二月乙丑。
④ (明)王棠:《知新录》卷12,清刻本。
⑤ 《明史》卷115,《兴宗孝康皇帝传》,第3550页。

一命归西。年富力强的皇太子一死,朱元璋感到自己年老体衰,精力不济,加上天下新定,不欲劳民,只得打消迁都的打算。当年年底,在《祭光禄寺灶神文》里,他伤感地哀叹道:

> 朕经营天下数十年,事事按古有绪,惟宫城前昂后洼,形势不称,本欲迁都。今朕年老,精力已倦。又天下新定,不欲劳民,且废兴有数,只得听天。①

既然不改变南京的首都地位,只好将皇城中一些不符合礼制要求的建筑布局进行适当调整。洪武二十五年(1392)八月,朱元璋谕廷臣曰:"南方为离,明之位,人君南面以听天下之治,故殿廷皆南向,人臣则左文右武,北面而朝,礼也,五府六部官署,宜东西并列。"随即下诏改建中央官署于御道两旁,并令"规摹宏壮"②。在洪武二十八年之前,改建工程陆续完工,在御道的左侧建成宗人府、吏、户、礼、兵、工五部以及翰林院、詹事府、太医院、东城兵马司等衙署,在御道的右侧建成五军都督府以及通政司、锦衣卫、旗手卫、钦天监、仪礼司等衙署,而将含有杀气的刑部、都察院、大理寺等三法司改建于太平门外。二十八年十二月,编成《洪武京城图志》一书,详载:"都城山川地里封域之沿革,宫阙门观之制度,以及坛庙寺宇、街市桥梁之建置更易","诏刊行之"③。南京都城的规模与布局至此基本定型。它以北安门、玄武门、奉天门、午门、端门、承天门、洪武门、正阳门为中轴线,奉天、华盖、谨身三大殿与乾清、坤宁两宫坐落在中轴线上,其他殿堂、坛庙与中央官署则左右对称地配置于中轴线的两旁,凸显皇权至高无上的权威。整个布局非常严谨,既主次分明,而又秩序井然④。后来,永乐年间明成祖迁都北京,南京皇宫的规划布局就成为营建北京的蓝本。

另一个使朱元璋晚年深感忧虑的是接班人问题。在我国古代,确定皇位继续关系、诏立皇太子,被称为国之根本,认为它关系到皇朝的命运和前途。明朝的皇位继承制度实行嫡长子继承制。朱标是朱元璋的长子,他在至正十五年(1355)出生于太平陈迪家⑤,生母为李淑妃,但出生后即交给马皇后抚养长大,因而被视作嫡长子。朱元璋称吴王时,立其为世子,从宋濂学习经书。自此,朱元璋就着意加以培养。吴元年(1367),即命年仅十三岁的朱标及其弟朱樉回原籍临濠省墓,谕之曰:"世称商高宗、周成王为贤君者,汝知之乎?高宗旧劳于外,知民疾苦,成王早闻《无逸》之训,知稼穑之艰难,故其在位不敢暇逸,能修

---

① 《天下郡国利病书·江宁庐州安庆备录·南京》,第831页。
② 《明太祖实录》卷220,洪武二十五年八月辛未。
③ 《明太祖实录》卷243,洪武二十八年十二月辛亥。
④ 参看徐泓:《明初南京皇城宫城的规划、平面布局及其象征意义》,《台湾大学建筑与城乡研究学报》第7期。
⑤ 《明史》卷115,《兴宗孝康皇帝传》,第3547页。

勤俭之政,为商、周令主。今汝诸子,生于富贵,未涉艰难。人情习于晏安,必生骄惰,况汝他日皆有国有家,不可不戒。今使汝等于旁近郡县,游览山川,经历田野。因道途之险易,以知鞍马之勤劳;观小民之生业,以知衣食之艰难;察民情之好恶,以知风俗之美恶;即祖宗陵墓之所,访求父老,问吾起兵渡江时事,识之于心,以知吾创业之不易也。"①当年十一月,朱元璋亲携朱标观看郊祀的祭典,并命左右领着朱标到农家了解农民的居室饮食器用,回来后对他说:"汝知农之劳否? 夫农勤四体,务五谷,身不离畎亩,手不释耒耜,终岁勤动,不得休息,其所居不过茅茨草榻,所服不过练裳布衣,所饮食不过菜羹粝食,而国家经费,皆其所出,故令汝知之,凡一居处服用之间,必念农之劳,取之有制,用之有节,使之不至于饥寒,方尽为上之道。若复加之横敛,则民不胜其苦矣。故为民上者,不可不体下情。"②洪武元年(1368),朱元璋登基称帝,立朱标为皇太子。带刀舍人周宗上书乞教太子,朱元璋加以采纳。中书省都督府请仿元制,以皇太子为中书令,朱元璋认为元制不足为法,令翰林学士詹同考证历代东宫官制,选择勋德老成及新进贤者,兼领东宫官,并谕东宫官曰:"朕于东宫不别设府僚,而以卿等兼领者,盖军旅未息,朕若有事于外,必太子监国。若设府僚,卿等在内,事当启闻,太子或听断不明,与卿等意见不合,卿等必谓府僚导之,嫌隙易生。又所以特置宾客、谕德等官者,欲辅成太子德性,且选名儒为之,职此故也。昔周公教成王克诘戎兵,召公教康王张皇六师,此居安虑危,不忘武备。盖继世之君,生长富贵,昵于安逸,不谙军旅,一有缓急,罔知所措。二公之言,其并识之。"③当年,还命选国子生国琦、王璞、张杰等十余人,侍太子读书禁中。

皇太子成年后,朱元璋便让他练习处理政务,学习怎样做皇帝。洪武五年(1372)十二月,皇太子虚岁刚满十八,他即命省台府臣:"今后百司所奏之事,皆启皇太子知之。"④令其熟习政务。第二年九月,考虑到朱标还太年轻,又命诸司:"今后常事启皇太子,重事乃许奏闻。"⑤也就是说,一般政务令闻皇太子处理,军国重事则奏闻皇上处置。十年六月,又令"自今大小政事皆启太子处分,然后奏闻",并面谕皇太子:"自古以来,惟创业之君历涉勤劳,达于人情,周于物理,故处事之际鲜有过当。守成之君,生长富贵,若非平昔练达,临政少有不缪者。故吾特命尔日临群臣,听断诸司启事,以练习国政。惟仁则不失于躁暴,惟明则不惑于邪佞,惟勤则不溺于安逸,惟断则不牵于文法,凡此皆以一心为之权度。"⑥

---

① 《明太祖宝训》卷2,《教太子诸王》。
② 《明太祖宝训》卷2,《教太子诸王》。
③ 《明史》卷115,《兴宗孝康皇帝传》,第3548页。
④ 《明太祖实录》卷77,洪武五年十二月辛巳。
⑤ 《明太祖实录》卷85,洪武六年九月乙卯。
⑥ 《明太祖宝训》卷2,《教太子诸王》。

　　朱元璋苦心孤诣地培养皇太子朱标,自然是希望他继承自己的思想与作风,成为一个能干的接班人。但是,朱标"性仁厚"①,他自幼生于深宫,由马皇后抚养,又长期接受传统的儒家教育,性格思想作风却与老皇帝迥然。老皇帝主张制不宥之刑,权神变之法,使人知畏而莫测其端;皇太子却主张以仁义治国,行仁政,讲友爱,务求治狱之仁恕。老皇帝想尽办法诛灭异己,屠戮功臣,扩张皇权;皇太子却要念及勋臣宿将的功劳,照顾亲戚、兄弟、师生的情谊,宽大为怀。"秦周诸王数有过,辄调护之,得返国。有告晋王异谋者,太子为涕泣,帝乃感悟。帝初抚兄子文正、姊子李文忠及沐英等为子,高后视如己出。帝或以事责之,太子辄告高后为慰解"②。老皇帝录囚,使御史袁凯送皇太子复讯,他"多所矜减"③。这样,父子俩的分歧日渐扩大,有时不免发生争吵。传说宋濂获罪,皇太子曾哭着向父亲求情:臣愚戆,没有别的老师,请求陛下哀矜,免其一死。朱元璋大怒,说:等你当皇帝赦他! 皇太子惶恐无措,投水自杀,幸被左右救起。朱元璋且喜且骂道:这个痴心儿子,我杀人关你什么事? 又传说马皇后死后,朱元璋闷闷不乐,动辄杀人,皇太子劝谏说:陛下诛夷过滥,恐伤和气。朱元璋不吭气,第二天把一根大刑条扔在地上,叫皇太子去捡。皇太子见荆条上都是刺,不敢捡。朱元璋说:"汝弗能执欤? 使我运琢以遗汝,岂不美哉! 今所诛者皆天下之刑余也,除之以安汝,福莫大焉!"意思是说,我杀人就好比替你将荆条上的刺除掉,你才好拿,我把天下的奸险之徒清除干净,将来你的皇帝才好当。皇太子却说:"上有尧舜之君,下有尧舜之民。"认为有什么样的皇帝,就有什么样的臣民,用不着你老多操这份心! 朱元璋一听火冒三丈,举起椅子就砸过来,吓得皇太子赶紧逃走。还传说朱元璋嫌皇太子过于仁柔,有天故意叫人抬着尸骨从他面前经过来激他,皇太子不胜悲戚,连声哀叹:"善哉! 善哉!"④朱元璋的这些举动,说明他担忧皇太子过于仁厚,心慈手软,将来继位接班后,驾驭不了身边的勋臣宿将,对付不了朝廷内外错综复杂的局势,坐不稳宝座,保不住基业。

　　洪武二十四年八月,朱元璋又动起迁都的念头,派皇太子朱标前往关中考察地理形势。朱标回来后献上关中地图,就一病不起。在病榻上犹"上言经略建都事"⑤。但不论御医如何诊治,终不见起色,到第二年四月便一命归西,年仅三十九岁。

　　朱标有五个儿子,长子朱雄英八岁夭折⑥。朱标死后,剩下的四个儿子都未成年。年

①　《明史》卷 4,《恭闵帝本纪》,第 59 页。
②　《明史》卷 115,《兴宗孝康皇帝传》,第 3550 页。
③　《明史》卷 285,《袁凯传》,第 7327 页。
④　《剪胜野闻》。
⑤　《明史》卷 115,《兴宗孝康皇帝传》,第 3550 页。
⑥　《明史》卷 118,《诸王列传三》,第 3614 页。

龄最大的次子朱允炆虚龄仅十六岁。而朱元璋此时年已六十五，在古代已算高龄，是否立这个年龄最大而又尚未成年的嫡孙为皇太孙，作为自己未来的接班人呢，让他颇费踌躇。他在东阁门召集群臣商议，翰林学士刘三吾进曰："皇孙世嫡承统，礼也。"①朱元璋遂于洪武二十五年九月立朱允炆为皇太孙。他仍按培养皇太子的办法进行培养，先请名儒教读经书，再命其批阅奏章，平决政事，学习如何做皇帝。但这位皇太孙性格酷似乃父，也是一个极为"仁厚"②的儒雅书生。他同其父一样反对朱元璋滥施刑戮，主张减省刑狱。朱元璋为此又是忧心忡忡，担心自己存世时日无多，一旦撒手人寰，仁柔而又年轻的皇太孙继承皇位，调动不了久经战阵、老谋深算的开国元勋，控制不住局面，于是决定再斩荆棘，把仅存的几个手握重兵的开国功臣全部清除干净。洪武二十六年，便借蓝玉的谋反案再开杀戒，搞扩大化，连坐族诛了 15000 人。翌年，又将傅友德并王弼赐死。再过一年，又杀冯胜。至此，朱元璋才稍感放心，于二十八年宣布废除严刑，敕谕文武大臣曰："朕自起兵至今四十余年，亲理天下庶务，人情善恶真伪，无不涉历，其中奸顽习诈之徒，情犯深重、灼然无疑者，特令法外加刑，意在使人知所警惧，不敢轻易犯法。然此特权时处置，顿挫奸顽，非守成之君所用常法。以后嗣君统理天下，止守《律》与《大诰》，并不许用黥、刺、剕、劓、阉割之刑，盖嗣君宫生内长，人情善恶未能周知，恐一时所施不当，误伤善良。臣下敢有奏用此刑者，文武群臣即时劾奏，处以重刑。"③第二年，朱允炆乘机建议修改过于苛重的律条，朱元璋表示同意，于是改定畸重者 73 条，并谕之曰："吾治乱世，刑不得不重。汝治平世，刑自当轻，所谓刑罚世轻世重也。"④

朱元璋就这样在喜忧交织的境况下度过了他的晚年，逐步接近生命的终点。

①　《明史》卷 137，《刘三吾传》，第 3942 页。

②　《明史》卷 4，《恭闵帝本纪》，第 66 页。

③　《明太祖实录》卷 239，洪武二十八年六月己丑。

④　《明史》卷 93，《刑法志一》，第 2283 页。

朱元璋出身贫苦，早年过的是饥寒交迫、颠沛流离的生活。二十五岁投奔起义，在刀光剑影、血雨腥风中经历了10余年的战斗，到登基称帝已经步入了中年。此后，他把全部精力都用来处理国事，夜以继日，很少有娱乐和休息。朱元璋原本喜欢平话、词曲和戏曲，登基后曾命"乐人话平话"①。听说昆腔曲词细腻宛转，非常好听，在接见昆山的百岁老人周寿谊时，就问会不会唱昆腔，周寿谊说不会唱昆腔，但善吴歌，随即唱道："月子弯弯照九州，几人欢乐几人愁。几人夫妇同罗帐，几个飘散在他州。"朱元璋听得津津有味，鼓掌叫好，命"赏酒饭罢归"②。温州瑞安戏曲作家高明在元末创作传奇《琵琶记》，得到广泛的好评。朱元璋微贱时听说过这出戏，但不知道好在哪儿。登基后派人到温州瑞安去召高明，高明推说身体有病没有进京，但是呈进一部《琵琶记》。朱元璋读后连连叫好，誉为"珍羞之属"③。但是，这种娱乐活动毕竟少之又少。由于公务缠身，他不仅"无优伶瞽近之狎，无酣歌夜饮之娱"④，就连睡眠时间都少得可怜，难得睡个安稳觉。据说，他曾写过一首诗调侃道：

> 百僚未起朕先起，百僚已睡朕未睡。
> 不如江南富足翁，日高丈五犹拥被。⑤

长期紧张的战斗生活和繁忙劳累的政务活动，使朱元璋的健康受到了损害。洪武初年，便"患心不宁"⑥，得了心跳过速的疾病。有时还发热，"每心火炎上，喜怒不常"⑦。宋濂曾劝他寡欲清心，说："养心莫善于寡欲，审能行之，则心清而身泰矣。"⑧太子正字桂彦良也劝他"惩忿窒欲"⑨。寡欲、窒欲这一条，朱元璋倒是践行了，因为他历来就主张处富贵者"正当抑奢侈，弘俭约，戒嗜欲"⑩，一贯过着俭朴的生活。但要朱元璋清心、惩忿，他却无法

---

① 《国初事迹》。
② （明）周玄晖：《泾林续记》，《功顺堂丛书》本。
③ 《留青日札》卷19，《琵琶记》。
④ 《明太祖实录》卷130，洪武十三年二月辛未。
⑤ （明）刘玉：《己虐编》，《丛书集成初编》本。
⑥ 《明史》卷128，《宋濂传》，第3786页。
⑦ 《清溪暇笔》上，《国朝典故》卷63，第1444页。
⑧ 《明史》卷128，《宋濂传》，第3786页。
⑨ 《清溪暇笔》上，《国朝典故》卷63，第1444页。
⑩ 《明太祖实录》卷14，甲辰年三月庚午。

做到。面对当时经济残破、社会动荡的局面和错综复杂的社会矛盾,为了国家社稷安危,他不得不竭尽心力,日夜操劳。而家庭之间、父子之间的矛盾,更在他心头投下了一层阴影。朱元璋运用法庭、监狱、特务和酷刑强化封建专制和中央集权,以求江山永固,并大力清除自己心目中的异己势力,想为他的后继者留下一个稳固的皇位,并未能得到马皇后和皇太子的理解和支持,内心不免感到悲伤和寂寞。而几个皇子、皇侄的胡作非为,更使他激愤异常,不时火冒三丈。所有这些,都严重地影响到他的身心健康。

洪武十五年八月,同朱元璋朝夕相处、相濡以沫的马皇后病逝,更使他感到无限伤心和孤独,身体日渐虚弱。他不禁想念起家乡的 20 家亲邻,想起小时候同他们一起戏耍、劳作的种种情景。自洪武八年罢建中都后,他再也没有回过凤阳老家,不知道他们现在过得怎样。为了排遣心中的忧伤和苦闷,洪武十六年春夏之交,朱元璋令内官张林前往凤阳,将他们接到京师相见。八月初一,张林报告说,这 20 家亲邻已经进京,但衣衫褴褛,不能入宫进见。朱元璋令尚衣监赏给他们每人一套衣服、一双靴子、一顶帽子。第二天早朝后,张林把他引入谨身殿相见。朱元璋兴奋异常,同他们共叙了一番故旧之情,然后在奉天殿的左庑设宴招待,并给他们每人送了一个装满精美食品的黄龙包袱,让他们到会同馆休息。第二天,又兴冲冲地领着他们游览宫殿,并带入东宫见了李淑妃。临别,还赐宴款待,赏给钞币,亲自送出西门①。但是,送走这些乡邻后,他内心的忧伤和苦闷不仅没有排遣,反而加重了。因为一来,这些昔日的乡邻,尽管八年前安排他们守护皇陵时,他曾"赐朱户"以示尊崇,"复其家"以减轻他们的负担,在洪武八年第三次大规模修建皇陵后还为凤阳的所有陵户"每户拨给田地一庄,供办皇陵每岁时节祭祀,全免粮差"②,可是他们的生活却未见有多少改善,至今仍然贫困不堪,连一件像样的衣服都没有,这不能不使他这个当今皇上感到尴尬和难堪。二来,这些小时候无话不说、亲密无间的乡邻,如今已变成自己治下的子民,彼此之间隔着一道君民名分的鸿沟,他除去同他们叙叙故旧之情外,再也不能向他们诉说心中的忧伤与苦闷。所以,过了半个月,他便传旨"说与凤阳亲邻二十家,老的们路途遥远,江河雨雪不便,今后不必来了"③,从此再也没让他们到京师朝见。

这样,在马皇后死后,朱元璋处在悲痛的孤寂之中,身体日渐虚弱。过了近十年,到洪武二十五年四月,他寄予厚望的皇太子、年仅三十九岁的朱标又突然病死,使他再度陷入极度的悲哀和痛苦之中。六十五岁的老皇帝承受不住这个沉重的打击,第二年便"患热症"病倒了。这一次病得很重,"几将去世"④。经过太医的精心治疗,总算从死神手里夺回

---

① 《国榷》卷 7,洪武十六年八月癸酉,第 636 页;《天启凤阳新书》卷 5,《帝语篇》。

② 《天启凤阳新书》卷 5,《帝语篇》。

③ 《天启凤阳新书》卷 5,《帝语篇》。

④ (明)朱元璋:《周颠仙人传》,《全明文》第 1 册,第 812 页。

了性命,但仍"病缠在身"①,身体更加虚弱,头发胡须全都花白了。

由于长期"忧危积心,日勤不怠",积劳成疾,洪武三十年十二月,朱元璋又得了一场大病。他以为自己将不久人世,想起皇太孙的亲祖母、皇太子和秦、晋二王的母亲李淑妃非常能干,担心自己死后,她会仿效武则天做女皇帝,导致江山易姓,决心除掉她。朱元璋派人把李淑妃的两个哥哥叫到便殿赐宴,又把李淑妃叫到病榻前,对她说:你跟随我超过了一纪(12年,指她被册封为淑妃、摄六宫事以来的时间),朝夕在左右侍候,费心用力。你去见见两位兄长,尽尽同胞兄妹之情吧!李淑妃明白,这是准备叫她以死殉葬,泣拜道:臣妾知道了,死就死吧,何必见兄长呢!随后上吊自杀。朱元璋抚尸大哭,对她哥哥说:朕并非不知道你们的妹子贤明,只是担心她日后会演出武后之祸,只得抑制自己的情感让她这样做,千万不要以为朕是个寡情薄德之人。后来朱元璋死,便以李淑妃陪葬②。

但经过治疗,朱元璋侥幸地活过来了。洪武三十一年五月初八,他再度病倒。开始,他还勉强撑着病体,每日临朝决事,不倦如无病之时。后来,服过许多药,病情始终未见好转,反而逐渐加重。他焚香祷告,祈求皇天保佑,说:"寿年久近,国祚短长,子孙贤否,惟简在帝心,为生民福。"③闰五月初十(阳历6月24日),七十一岁的老皇帝在西宫的卧榻上停止呼吸,离开了他亲手创建的皇朝。临终之前,他"责殉诸妃",命令所有的妃嫔都为他殉葬,只留下张美人抚养她四岁的女儿宝庆公主④。又立下遗诏,对自己一生的经历及是非功过做了简要的总结,并就皇太孙的继位及自己的葬事做了简单的交代。诏曰:

> 朕受皇天之命,膺大任于世,定祸乱而偃兵,妥生民于市野,谨抚驭以膺天命,今三十有一年矣。忧危积心,日勤不怠,专志有益于生民。奈何起自寒微,无古人之博智,好善恶恶,不及多矣。年七十有一,筋力衰微,朝夕危惧,虑恐不终。今得万物自然之理,其奚哀念之有。皇太孙允炆,仁明孝友,天下归心,宜登大位,以勤民政。中外文武臣僚,同心辅佐,以福吾民。葬祭之仪,一如汉文无异。布告天下,使知朕意。孝陵山川,因其故,无有所改。⑤

朱元璋遗诏中所说的孝陵,位于"金陵王气所钟"的钟山南麓独龙阜玩珠峰下,在堪舆家眼中,它具有"左青龙,右白虎,前朱雀,后玄武"的独特优势,是一块风水绝佳的"吉壤"。

---

① 《逆臣录》卷1,第38页。
② 《西园闻见录》卷3,《阃苑·洪武三十年》。
③ 《明太祖实录》卷257,洪武三十一年闰五月乙酉。
④ 《罪惟录》列传卷2,《马皇后附诸妃美人》。
⑤ 《皇明诏令》卷3,《遗诏》。

洪武初年,朱元璋和谙熟风水的谋臣刘基、同乡徐达、汤和一起勘察钟山,就择定此地作为自己和马皇后将来的陵寝之地①。洪武九年,开始筹建陵墓,命中军都督府佥事李新负责主持规划设计和督建。陵区之内原有70余所南朝所建的寺院,李新悉数将其迁出。如独龙阜梁武帝为金陵圣僧宝志所建的开善寺(三国时改钟山为蒋山,开善寺也改名为蒋山寺)和永定公主所建的宝公塔,即迁建于钟山左胁朱湖洞南。功将就绪,因有相者言其地湫隘,非京刹所宜,又徙建于独龙阜之左,拓大规制,赐名为灵谷禅寺②。因此,有的书上记载说,"梁以前佛庐七十余所,孝陵成废"③。独龙阜南边的梅花山,有座孙权墓,李新也想将它迁出,朱元璋说:"孙权亦是好汉子,留他守门。"④因而只迁走孙权墓前的石麒麟,孙权墓仍然保留不动。为了保留孙权墓不动,李新未再沿用前代帝王陵前神道那种笔直的设计方案,而是将朱元璋陵墓前的神道按照地形条件设计成S形,呈现一种曲折幽深、一眼望不到头的独特景观。整个陵区在继承历代皇陵前朝后寝制度的基础上加以创新,改皇陵的三城环套为三进院落的布局。第一进院落是以具服殿为中心的祭祀准备区,第二进院落是以享殿为中心的祭祀区,这是前朝部分。第三进院落为陵寝区,是后寝部分,前有高达16米多的方城,上建明楼,后有帝后合葬的地宫,其上为直径325米至400米的圆形大土丘,周围绕以约1000米的砖墙,称为宝城,又称宝顶。陵区完全按中轴对称形式设计,从第一进院落之前的金水桥起到第三进院落的宝城上,包括文武方门、具服殿、孝陵门、享殿、升仙桥、方城、明楼等,都排列在南北中轴线上,层层递升,以凸显皇权的至高无上。陵园内封山涵水,将寝宫的威武雄壮与山水园林的明丽秀美有机地结合起来。朱元璋陵墓的这种布局形式,后来为明十三陵和清东陵、西陵所沿用,成为明清500余年帝王陵墓的布局模式。洪武十五年,陵墓已基本建成,当年八月马皇后病逝,九月即下葬于此。因为马皇后谥曰"孝慈皇后",此陵便称为"孝陵"。李新由于建陵有功,被封为崇山侯,"岁禄千五百石"⑤。

由于担心年长的诸王起而夺位,加上已有现成的陵寝,朱允炆在朱元璋逝世后的第七天即闰五月十六,遵照朱元璋的遗诏登基继位,诏以第二年为建文元年。同日,葬朱元璋

---

① 张岱《陶庵梦忆》卷1《钟山》(第11页)载:"钟山上有云气,浮浮冉冉,红紫间之,人言王气,龙蜕藏焉。高皇帝与刘诚意(基)、徐中山(达)、汤东瓯(和)定寝穴,各志其处,藏袖中。三人合,穴遂定。"刘基在洪武四年二月致仕还乡,后遭胡惟庸诬陷入京谢罪,不久便忧愤成疾,一病不起,直至被胡惟庸毒死。故其与徐达、汤和为朱元璋择定寝穴之事,当在洪武初年。

② 《始丰稿校注》卷11,《敕赐灵谷寺碑》,第288—289页;《金陵梵刹志》卷3,释可浩:《重修宝公塔记》。

③ (清)周亮工:《金陵览古·钟山》,清刻本。

④ 《陶庵梦忆》卷1,《钟山》,第11页。

⑤ 《明史》卷132,《李新传》,第3870页。

于孝陵①，谥曰"高皇帝"，庙号"太祖"。永乐元年（1403），明成祖夺位后又谥之曰"圣神文武钦明启运俊德成功统天大孝高皇帝"。嘉靖十七年（1538），明世宗再增谥"开天行道肇纪立极大圣至神仁文义武俊德成功高皇帝"②。

朱元璋死后，世上流传着他的两种不同类型的画像。据说朱元璋当上皇帝后，曾召集一批画工为他画像。画工们都拿出自己的真本事，像一张画得比一张逼真，以为画得越是逼真，越能得到皇上的赏识。但是，朱元璋的相貌实在长得不甚雅观，画得越是逼真，他越不满意。后来，有个画工揣摩皇上的心思，"稍于形似之外，加穆穆之容"，就是画个基本相似的相貌轮廓，而把脸容尽量画得沉静仁慈一些。朱元璋看了非常高兴，"乃命传数本以赐诸王"③。这是一种经过艺术加工的皇家标准像，据说其"真幅藏之太庙"④，在宫廷的一些殿堂可能也藏有这种画像。嘉靖朝进士张瀚说他任南京右都御史时，曾"入武英殿，得瞻仰二祖（明太祖、明成祖）御容。太祖之容，眉秀目矩，鼻直唇长，面如满月，须不盈尺"⑤，大概就是这种画像。而在民间流传的，则是那种不甚雅观的画像，称为"疑像"。这种疑像迥异于温文儒雅、五官端正的"真幅"，额头、下巴、两颊皆突出，立眉深目，胡须浓密，隆鼻如蒜，拱嘴如猪，呈现"五岳朝天"之状，脸上布满麻点，俗称"猪相"。据说因为"太祖好微行察外事。微行恐人识其貌，所赐诸王侯御容一，盖疑像也"⑥。在明代就有人在藩王府见过这种疑像，"先大夫令滇时，从黔国邸中模（摹）高皇御容，龙形虬髯，左脸有十二黑子，其状甚奇"⑦。

朱元璋一心想为皇太孙留下一个稳固的皇位，然而他的计划却彻底失败了。这倒不是因为他对功臣宿将清除不够彻底，而是由于他实行分封制度导致藩王日渐坐大，不仅没有起到藩屏王室的作用，反而对朱允炆的皇位构成严重威胁。洪武九年，朱元璋刚实行分封时，山西平遥训导叶伯巨曾上书指出封建诸王的弊病，预言数世之后，"尾大不掉"，必将

① 朱国桢《皇明大政记》卷7末附《存疑》："高皇之葬，《吾学编》明书：'辛卯，皇太孙即位，是日葬孝陵。'而它书多不敢及，疑之也，嫌其太速，事理有不尽然者。于是有六月初一之说。夫即位必先告几筵，以明授受继体之正。建文即位，实在（洪武）三十一年闰五月十六辛卯日，去高皇崩仅七日，即于是日完葬事。故燕王移檄，亦有此句，且指以为罪，则葬之的据甚明。而秘史云葬在庚寅，是即位前一日。果尔，建文当命于地下，而发引各门下葬，并初虞致祭，不肯数坛，尚称皇太孙，宁有大葬无嗣皇帝主祭之理？故即位而葬，同日并举，皆高皇遗命，正以速葬消诸藩入临觊望之心，建文宁敢自为迟速？然自来葬事，未有如高皇者，忧深虑远，何所不至。虽成败大数，胸中了了，而人谋合当如此，悉为料理。此正圣人心肠作用，可示嫡孙，不可示他人者。"
② 《明史》卷3，《太祖本纪三》，第55页。
③ （明）陆容：《蓬轩类记》3；《国朝典故》卷70，第1552页；《菽园杂记》卷14，第170页。
④ 《松窗梦语》卷6，《方术记》。
⑤ 《枣林杂俎》智集，《疑像》，第1页。
⑥ 《枣林杂俎》智集，《疑像》。
⑦ 《疑耀》卷1，《高皇帝像》。

酿成大祸。朱元璋拒不接受,把叶伯巨抓来囚死狱中。后来,朱元璋虽然对分封制度进行某些改革,缩小了藩王的政治权力,但仍继续保留甚至扩大他们的军事权力。开国功臣相继被清除后,守边和出征的任务都交给镇守边地的藩王。但藩王所代替的并不仅是功臣宿将的征战,同时也代替这些功臣宿将成为朱元璋选定的继承人的威胁。其中,尤以肩负边防重任的宁王、晋王、燕王实力最为雄厚,宁王有"带甲八万、革车六千"①,晋、燕二王,尤被重倚,"大将如宋国公冯胜、颍国公傅友德皆受节制。又诏二王,军中事大者方以闻"②,特别是燕王,因屡次带兵打败北元的军队,朱元璋更是寄予厚望,曰"肃清沙漠者,燕王也",声威日渐超越秦、晋两位兄长,野心也更膨胀。皇太孙朱允炆对这种局面忧心忡忡,洪武二十五年受命批阅奏章、平决政事后,曾在东角门对他的伴读黄子澄说:"爷爷万岁后,我新立,诸王年长,各拥重兵,必思有以制之。"③并私下商量对付的计策。他还曾直率地对乃祖朱元璋谈到过自己的这种忧虑。有一次,朱元璋对他说:"朕以御虏付诸王,可令边尘不动,贻汝以安。"他反问:"虏不靖,诸王御之;诸王不靖,孰御之?"朱元璋未曾考虑这个问题,沉默良久,反问道:"汝意如何?"他答曰:"以德怀之,以礼制之,不可则削其地,又不可则废置其人,又其甚则举兵伐之。"朱元璋也想不出更好的办法,只得说:"是也,无以易此矣。"④不过,朱元璋对藩王夺位的问题仍然估计不足,除密令驸马都尉梅殷辅佐皇太孙外⑤,并没有采取其他措施。后来,与燕王朱棣互相牵制的秦王朱樉和晋王朱㭎分别于二十八年三月、三十一年三月病死⑥,燕藩独强。但是,从朱㭎病死到朱元璋去世仅有三个月的时间,朱元璋又大病初愈,已无力也来不及做更多的安排,只能在三十一年五月十二,抱病给新嗣立的晋王朱济熺下了一道圣旨,令其"教陈用、张杰、庄德,预先选下好人马,隄(提)备临阵时,领着在燕王右手里行"⑦,防止朱棣发动政变,并在临终前的《遗诏》里规定"诸王各于本国哭临,不必赴京。中外管军戍守官员,毋得擅离信地,许遣人至";"王国所在文武衙门官吏军士,今后一听朝廷节制,护卫官军王自处分"⑧,以保证皇太孙能顺利继位。

早有觊觎皇位野心的燕王朱棣听闻父皇去世,立即从北平赶往京师,想借奔丧之机打探朝中虚实。行至淮安,被朝廷的使臣拦住,向他传达朱元璋"诸王各于本国哭临,不必赴

① 《明史》卷117,《诸王列传二·宁王传》,第3591页。

② 《明史》卷116,《诸王列传一·晋王传》,第3562页。

③ 《奉天靖难记》卷1,《国朝典故》卷11,第202页。

④ (明)尹守衡:《皇明史窃》卷3,《革除记》,《续修四库全书》本。

⑤ 《明史》卷121,《公主列传》,第3663页。

⑥ 《明史》卷116,《诸王列传一》,第3560、3562页。

⑦ 《太祖皇帝钦录》,(台北)《故宫图书季刊》第1卷第4期。

⑧ 《皇明诏令》卷3,《遗诏》。

京"的遗诏,他只得悻悻地返回北平。消息一传出,诸王也因不能入京奔丧而愤愤不平,一时流言四起,互相煽惑。朱允炆与太常卿兼翰林院学士黄子澄、兵部尚书齐泰密议对策,决定实行削藩。不到一年时间,先后削废多行不法的周、齐、湘、代、岷等五个藩王。同时,派工部侍郎张昺为北平左布政使、谢贵为都指挥使,控制北平的军政大权,并在北平周围部署兵力,加紧对燕国的围困。接着,又削减燕王府的护卫兵,仅留下护卫指挥张玉、朱能等800人。建文元年(1399)六月,朝廷命令谢贵、张昺派兵监视燕王府及北平九门,并暗中密嘱燕王府长史葛诚和燕王贴身护卫卢振待机应变,协助谢、张擒拿燕王;密令北平都指挥张信在抓到燕王后亲自将其押送京师。到七月初,朝廷的军队已控制北平城内的各个要地,连燕王府也被包围,断绝其与外界的往来①。

燕王朱棣自淮安返回北平后,即在心腹谋士道衍和尚(姚广孝)和术士袁珙的支持下,"练兵后苑中","日夜铸造兵器"②,准备起兵夺位。后又得到其亲信张信的密报,知悉朝廷擒拿自己的密谋以及北平周围的兵力部署。于是,他便在七月初四用计诱骗谢贵、张昺进入王府,以伏兵擒斩谢、张和卢振等人,然后命张玉、朱能等率兵乘夜攻夺九门,占领北平。随即指齐泰、黄子澄为奸臣,援引《皇明祖训》中关于亲王有权移文朝廷索取奸臣的规定,以"清君侧"为名举兵,"号其众曰'靖难之师'"③。朱元璋亲手制订的《皇明祖训》规定:"凡朝廷新天子继位……如朝无正臣,内有奸恶,则亲王训兵待命,天子密诏诸王统领镇兵讨平之。"④亲王起兵除奸的前提是要有"天子密诏"。朱棣自然不会有天子密诏,为了师出有名,他对将吏军民说:"予已上书陈情,请诛奸臣。今少主为奸臣所蔽,恐不见答,则惟应以尔等往清君侧之恶,扶国家于既坏,安宗社于垂亡。"⑤号召他们"克恭予命,以绥定大难,载清朝廷,永固基图"⑥。

但是,未经历练的朱允炆,毕竟缺少经国治军的才干。他在刚刚登基、权柄尚未操稳之时,就轻信齐泰、黄子澄之言,急速削藩,先就失去民心的支持。接着,决定用武力讨伐燕王,既犯了轻敌的错误,没有进行长期作战的准备,又因勋臣宿将已被朱元璋诛戮殆尽,无将可用,只能起用有勇无谋的老迈之将耿炳文和寡谋而骄的"官二代"李景隆,并迂腐地下达不得伤害燕王、"毋使朕有杀叔之名"的命令⑦,自缚手脚,从而埋下了失败的祸根。

---

① 《鸿猷录》卷7,《靖难师起》,第147—151页。
② 《明史》卷145,《姚广孝传》,第4080页。
③ 《明史》卷145,《姚广孝传》,第4080页。
④ 《皇明祖训·法律》,《皇明制书》第3册,第796页。
⑤ 《明太宗实录》卷2,元年七月丁丑。
⑥ 《奉天靖难记》卷1,《国朝典故》卷11,第209页。
⑦ 《明史纪事本末》卷16,《燕王起兵》,第239页。

燕王朱棣发挥其优异的军事指挥才能,根据双方的实力和军事形势,运用正确的谋略和灵活多变的战术,经过三年多的战争,于建文四年六月率军攻入京师。朱允炆自焚而死。迎降的翰林院编修杨荣问朱棣:"殿下谒陵(孝陵)乎?"①这一句话提醒了急于登上宝座的朱棣,他赶紧前往钟山脚下拜谒孝陵,然后再回城至奉天殿即皇帝位,是为明成祖,改元永乐。接着,为了表明自己即位的合法性与正统性,他继续进行孝陵未完的工程,并于永乐十一年(1413)在陵前的神道旁建立《大明孝陵神功圣德碑》,记述朱元璋一生的功绩。明孝陵的修建到此最后竣工。与此同时,则继续实行削藩,使明朝封建专制的中央集权制度得到了进一步的巩固。

---

① 《明史》卷148,《杨荣传》,第4138页。

第三节　一生的功过评价

朱元璋一生的经历曲折复杂,大体可以划分为三个时期八个阶段。第一个时期是青少年时期(1328—1351),包括两个阶段:从天历元年到至正三年(1328—1343),在凤阳农村跟随父母过着贫困的生活;从至正四年到十一年(1344—1351),入於皇寺为僧,其间曾在淮西流浪三年多的时间。第二个时期是参加元末农民大起义时期(1352—1367),包括三个阶段:从至正十二年到龙凤元年(1352—1355),参加郭子兴起义队伍,由一名普通士兵成长为统率全军的将领;从龙凤二年到十二年(1356—1366),渡江营建江南根据地,进而击灭陈友谅,逐步走上封建化的道路;从龙凤十二年到吴元年(1366—1367),击灭张士诚,进而开展南征北伐,完成封建化过程,转化为地主阶段的代表人物。第三个时期是创建大明皇朝时期(1368—1398),包括三个阶段:从洪武元年到八年(1368—1375),推翻元朝统治,奠定明朝开国规模;从洪武九年到二十二年(1376—1389),加强封建专制中央集权制度,基本完成统一大业,恢复社会经济;从洪武二十三年到三十一年(1390—1398),诛戮功臣,进一步巩固帝业,发展社会经济。

朱元璋的一生,经历了从贫苦农民到农民起义领袖再到封建君主的曲折过程。有人便因为他由农民起义领袖转化为封建君主,而彻底否定他在元末农民战争期间的历史功绩。这种做法是把农民起义领袖的转化看作是一种历史的偶然现象,因而过多地追究个人的品质问题,显然并不妥当。其实,在封建社会,农民起义领袖转化为封建帝王,乃是一种历史的必然。这是因为,封建社会的农民是一个具有两面性的阶级。一方面,农民是被剥削被压迫的劳动者,这种阶级地位决定了他们具有反抗地主阶级剥削与压迫的革命性。另一方面,农民又是小生产者和小私有者,不是同新的生产力和新的生产关系相联系的阶级。这种阶级地位,又决定他们不可能提出超越个体小生产者和小私有者范畴的经济要求,即使是在封建社会的后期,提出了土地要求的农民起义和农民战争,往往也只限于要求恢复和发展拥有小块土地的实行农业和家庭手工业相结合的小自耕农经济。小农经济在封建社会不过是地主经济的附庸和补充,并不是独立的经济形态,而且它本身极其脆弱,不可能保持长期的稳定,终究会出现两极分化,产生新的封建地主和赤贫的农民。因此,起义农民尽管可以用暴力手段沉重地打击地主阶级,改变土地配置,却不可能带来高于封建形态的生产关系。由这种阶级地位所决定,农民在政治上也无法提出一个建立比较进步的社会形态的斗争纲领。相反,以一家一户为生产单位、分散的个体小生产,不需要在耕作时进行任何分工,也不需要进行较多的产品交换,他们生产的东西基本上是供自己消费,生活资料的取得多半是靠与自然交换,而不是靠与社会交换。这种生产过程在原有规模和基础上的往返重复,造成了农民的分散性、保守性和狭隘性,使他们习于顺从,不能由自己来代表自己,而需要一个最高的主宰来代表他们、保护他们。这就为封建主义的影响和专制主义统治的建立准备土壤。因此,按照小农的世界观来改造社会,其结果依然是封建社会,不可能建立一个更高的社会形态。同时,由于历史条件的限制,那种高于封建社会的社会形态在当时也无从实现。因为即使晚明之时出现社会转型的曙光,但我国资本主义生产关系还处于微弱萌芽的状态,建立新的社会形态的物质条件尚不具备。农民的这种阶级的和历史的局限性,决定了农民起义和农民战争的结局,不是遭到地主阶级的镇压,就是成为地主阶级改朝换代的工具,不可能推翻封建制度;也决定了起义领袖不可能彻底摆脱封建主义思想的影响,他们在起义之后必然要走上封建化的道路,最后不是牺牲于地主阶级的屠刀之下,就是充当地主阶级改朝换代策略的执行者,转化为封建帝王。

封建社会农民起义领袖的转化,既然是一种历史的必然现象,个人品质的好坏只能起到延缓或加速的作用。我们用阶级分析的方法来评价朱元璋的活动,自然应该严肃地指出,这种转化意味着阶级立场及其所代表的阶级利益的根本变化,并指出这种转化的严重后果,即导致元末农民战争在政治上的彻底失败,成为地主阶级改朝换代的工具,但不应该据此而抹杀他的历史功绩。

其实,我们如果坚持实事求是的态度,具体地分析元末的历史状况,便不难看到,作为一个农民起义领袖,朱元璋还是对元末农民战争做出了一定贡献,有着不可磨灭的历史功绩。

第一,率领起义队伍,沉重地打击江南地区的豪强地主势力。

众所周知,元朝末年的江南,是豪强地主势力盘根错节、阶级矛盾极其尖锐的地区。元末农民大起义爆发后,刘福通率领北方红巾军从淮北攻入河南,此后一直战斗在中原地区。在江南一带活动的,主要是张士诚、方国珍、郭子兴等几支队伍。张士诚、方国珍的队伍曾在起义初期对元朝官军和地主武装作战,但后来都投降元朝,停止反封建斗争。彭莹玉领导的一支南方红巾军,曾连陷湖广、江西等地,破昱岭关,进入浙、闽等地,并以"摧富益贫"相号召,一时造成"江南无地不红巾"①的大好局面。可惜为时不久,彭莹玉在元军的镇压下牺牲,这支队伍也陷于失败。长期在江南地区坚持斗争的是朱元璋的队伍。他在至正十五年(1355)执掌郭子兴部的实际领导权后,挥师南渡长江,于次年攻占应天,营建江南根据地,几年之间即据有皖南、浙东地区,消灭大批元朝官军和地主武装。朱元璋的队伍所到之处,严厉镇压豪强地主,无偿征用地主土地,并积极支持农民夺占地主土地和

---

① 《南村辍耕录》卷14,《张翰林诗》,第176页。

官田,发给"户由",承认他们的土地所有权。经过朱元璋起义军和其他起义队伍的打击,江南豪强地主阶级的势力大大削弱了,北宋以来长期积累起来的土地集中状况有所改变,涌现了不少拥有小块土地的自耕农,大批"驱口"获得了人身自由。这为此后江南地区恢复发展生产,继续保持全国经济重心的地位,创造了必要的条件。

第二,实现了推翻元朝黑暗统治的任务。

元朝的建立并进而统一全国,奠定我国的疆域,促进各民族的经济、文化交流与融合,为我国统一多民族国家的发展和巩固做出了贡献。但是,元朝在统一全国的过程中,实行野蛮的民族压迫和民族歧视的政策,并把蒙古原来落后的劳动力占有形式和剥削方式强行推行到中原和江南地区。如掳掠大量人口,抑为"驱口""驱丁"即奴隶,搜刮大批民间工匠,抑为"系官匠户"即工奴,大大强化了底层劳动人民的人身依附关系。此外,为了适应蒙古人游牧生活的需要,元朝初期还曾在中原地区大批圈占良田为牧场。后来在中原地区发达的农业经济的影响下,他们虽然被迫放弃游牧经济,但对土地的掠夺有增无减。元廷还夺占大量耕地作为官田,赏给贵族、大臣和寺观。蒙古、色目贵族和汉族地主也用各种手段,拼命兼并土地,索债征租,驱迫农民,甚至干预佃客男女婚姻,将佃客随田转卖。所有这些,相对于宋代而言,无疑是经济领域的一种倒退。与此同时,忽必烈虽附会汉法,却坚持蒙古本位政策,形成蒙汉杂糅、外汉内蒙的制度,从而使一些落后的蒙古旧制延续了下来,如诸王分封制度、以职业划分的诸色户计制度、世袭的军户制和以军户为基础的军事制度,君臣关系的主奴化,等等。这些蒙古旧制的延续,相对于宋代来说,又是政治、经济、文化的一种倒退。这种倒退逆转,不能不使宋代发展起来的封建经济受到严重的损害,其发展历程也就呈现出特别曲折和缓慢的状态。到了元末,由于朝政的腐败,土地的集中,赋役和地租剥削的沉重,天灾的频发,"贫者愈贫,富者愈富"①,广大农民连简单再生产都难以维持,社会经济更是衰败不堪。元朝的腐朽统治,已成为生产发展、社会前进的严重障碍,推翻它的统治成为刻不容缓的历史任务。

元末农民战争就是顺应时代的这种需要而爆发的。经过艰苦的战斗,各支起义军相继歼灭了大量元朝官军和地主武装,给予元朝统治以有力的打击,特别是北方红巾军三路北伐,横扫元朝统治的腹地,更从根本上动摇了元朝的统治基础。但是后来,全国的斗争形势发生了新的变化。至正十七年(1357),张士诚、方国珍投降元朝。至正十九年,宋政权的都城汴梁为察罕帖木儿攻破,刘福通奉小明王退守安丰,北方红巾军已基本陷于失败。翌年,陈友谅杀徐寿辉,虽然他仍坚持反元的立场,但因居功自傲,弑主自立,导致众叛亲离,民心丧尽。至正二十三年,张士诚遣吕珍助元破安丰,刘福通被迫护小明王退入

---

① 《危太仆续集》卷9,《书张承基传后》。

山区,北方红巾军彻底陷于失败。面对这种严峻的局势,朱元璋大力营建以应天为中心的根据地,同时根据斗争形势的变化,制定相应的政策和策略,努力争取各种反元力量,孤立分化瓦解敌人,不断发展自己的势力,在击败陈友谅和张士诚之后,不失时机地挥师北上,逐鹿中原。最后在洪武元年(1368)八月攻克大都,推翻腐朽的元朝政权,从而为生产的发展、社会的进步扫除了一大障碍。

当然,肯定朱元璋在元末农民战争中的历史功绩,并不等于他的所作所为都值得全部肯定。例如,在元末农民战争的后期,随着由农民起义领袖向地主阶级政治代表的转化,他逐步转移斗争的方向,突出强调民族斗争,以取代阶级斗争,逐渐削弱乃至完全停止了反封建斗争。因此,那些较晚被他攻占的地方,如原先为陈友谅、张士诚、方国珍等人占据而后才归他控制的大部分地区,地主阶级豪强势族便很少受到打击,有的甚至未曾受到触动。以至于在新皇朝建立之后,他们的势力很快又发展起来,兼并土地,役使小民,与皇朝的经济利益发生尖锐的冲突,迫使朱元璋不得不重新采取措施,予以限制和打击。

对朱元璋在明朝开国时期的活动,也曾有过一种全盘否定的观点,认为朱元璋登上明朝的皇位,是农民战争完全失败的标志,他作为封建帝王的活动应该全部予以否定。这样评价朱元璋在明朝开国时期的活动,并不符合历史唯物主义的观点。历史唯物主义要求我们用发展的眼光对待历史人物的活动。任何历史人物都有一个发展变化的过程,在他的一生中,条件、地点和时间随时都在发生变化,他的政治主张和历史作用也很可能会有所不同。评价历史人物,不能用一个固定的框框去硬套,置条件、地点、时间的变化于不顾,而应该把其各个阶段的活动,放到当时的阶级斗争环境和时代范围之内,结合人物所处的历史大势及具体条件、地点和时间进行分析,逐段评论其是非功过。既不因他这个时期的功掩饰他那个时期的过,也不因他这个时期的过抹杀他那个时期的功,反之亦然。这样,才有可能揭示历史人物的本来面目,反映其历史功过的全貌。朱元璋在元末农民战争中是一个起义领袖,他面临的任务是发动和组织农民,打击地主阶级和腐朽的封建生产关系,我们主要应该根据他在这方面所起的作用来判断他的历史功过。但是,当朱元璋做了封建皇帝之后,作为地主阶级的政治代表,他只能想地主阶级之所想,做地主阶级之所做,我们就不能再用农民起义领袖的标准而只能用封建帝王的标准来衡量他的活动。这时候,大规模的阶级斗争风暴已经过去,他所面临的任务是调整阶级关系和生产关系,安定社会,发展生产,振兴文化,我们主要只能根据他这方面所起的作用来判断其历史功过。

那么,朱元璋登上帝位之后,究竟有些什么历史功绩呢?结合明初具体的历史条件来分析,他的功绩主要有以下四个方面。

首先,进一步统一全国,巩固我国统一的多民族国家。

明朝建立后,面临着进一步统一全国的任务。朱元璋首先集中兵力,继续向元朝的残余势力展开斗争。克复大都的当年,他挥师西向,先后攻占山西、陕西和甘肃,并北征蒙古,迫使北元势力步步后撤。洪武十四年,又派兵攻入云南,扫平梁王势力。二十年,再出兵平定辽东,迫降纳哈出。寻又进军漠北,击溃北元势力,招降兀良哈部。至此元朝残余势力已被压缩到漠北草原,从而基本解除了其对明朝的威胁。在与北元做斗争的同时,朱元璋还用武力消灭四川明昇和大理段氏的割据势力,并成功地招抚了西北等地的一些少数民族,包括西藏、青海和川西的藏族和撒里畏兀尔等族,东北部分地区的女真族,以及南方的少数民族土司。洪武二十四年,又出兵攻克哈密,作为统一西域的前哨基地。这样,经过20多年的斗争,除东北、西北的部分地区和北元势力控制的蒙古地区外,全国已基本上实现了统一。

在统一全国的过程中,朱元璋推行一套比较开明的民族政策,尽力争取和安抚各地的少数民族,进一步巩固全国的统一。朱元璋的民族歧视思想也比较淡薄,一再声明"朕既为天下主,华夷无间,姓氏虽异,抚字如一"①,宣布对全国的少数民族都一视同仁地加以安抚。根据这一政策,明朝在北方地区,在集中兵力与北元做斗争时,很注意用怀柔手段争取北元的宗戚、官吏和蒙古百姓。在其他地区,也区别不同的情况,采取相应的怀柔措施,来安抚当地的少数民族。朱元璋施行的这套民族政策,在一定程度上使元朝以来极为尖锐的民族矛盾得到缓和。再加上明初中央集权制度的强化,使我国众多的民族都处在强有力的中央政权的管辖之下,大大加强了各族之间的政治、经济和文化交融,我国统一的多民族国家得到了进一步的巩固。

其次,加强中央集权,严惩贪官污吏,打击不法豪强,稳定政治局势。

元末农民战争结束后,地主阶级在明朝的扶植下,迅速恢复了他们的势力,继续聚敛财富,扩占土地,甚至不择手段地逃避皇朝的赋役,向农民转嫁负担。衙门官吏承袭元朝官场的习气,擅权枉法,贪赃受贿。地主阶级这种竭泽而渔的榨取,使刚刚缓和下来的阶级矛盾又迅速激化,引起农民的强烈不满和反抗。同时,地主阶级还从经济上聚敛财富发展到在政治上追逐权力,又酿成统治阶级的内部矛盾和争斗。再加上北元势力的威胁和骚扰,沿海地区不时遭到倭寇的侵略,明初的政治局势一直处在动荡不安的状态。

面对这种形势,朱元璋按照"权不专于一司"②"事皆朝廷总之"③的总原则,对国家机构进行大刀阔斧的改革,强化封建专制的中央集权制度,使全国行政、军事和司法监察三大系统的机构彼此分立又互相制约,最后都由皇帝直接指挥和控制,皇权空前地提高,中

① 《明太祖实录》卷53,洪武三年六月丁丑。
② 《明太祖实录》卷129,洪武十三年正月乙亥。
③ 《皇明祖训·祖训首章》,《皇明制书》第3册,第748页。

央对地方的管辖、朝廷对官吏的控制和对人民的统治也大大加强。并采取"锄强扶弱"①之策,礼法并行,大力整肃吏治。他在改革国家机构的基础上,建立了一套官吏的考核和监察制度。对官吏违法乱纪行为则采取随时惩办和集中打击的办法,用重典严加惩处,即使是皇亲国戚、勋臣宿将,也不稍宽假,从而扭转了官场的风气,"吏治澄清者百余年"②。对贪得无厌、横行不法的豪强地主,也加以严厉惩治。经过二三十年的斗争,明朝封建专制中央集权统治高度强化,动荡不安的政治局势逐步稳定下来。不仅如此,随着封建专制中央集权的加强,明代文官武将和地方势力的力量遭到削弱,朝廷集中了更多的人力、物力和财力,特别是牢牢地控制了一支强大的军事力量,因此对内得以迅速平定统治阶级内部的叛乱和少数民族的分裂活动,制止蒙古贵族的卷土重来,对外得以有力地抵御倭寇和外来势力的侵扰,从而保障了社会的稳定,维护了国家的主权,加强了我国多民族国家的统一。

再次,调整生产关系,减轻百姓负担,恢复和发展社会生产。

由于元代生产关系的某些逆转、统治阶级的残酷剥削和蒙汉地主对元末农民战争的血腥镇压,社会经济遭到严重的破坏。明朝初建之时,田园荒芜,人烟稀少,人民力竭财尽,生活极端困苦,封建政府的税源也濒临枯竭。

面对这种状况,朱元璋提出"安民为本"③"藏富于民"④的主张,实行休养生息政策。我国自古以农立国,朱元璋的休养生息政策,重点就放在农业上。根据元末农民战争已经打乱土地配置的现实情况,朱元璋对土地关系进行调整,规定凡是地主在战争中逃亡后荒废的土地,被农民耕垦成熟的,归农民所有,并计民授田,将无主荒地分给无田乡民,在荒地多的地方,还鼓励乡民多垦多种,"永不起科"。直到洪武二十八年下令:"凡民间开垦荒田,从其首实,首实一年后官为收科。"⑤也就是说,农民开垦的土地在官府登记后,要向国家交纳赋税,而官府则承认农民的土地所有权。这些法令的施行,使许多无地少地的农民获得小块耕地,成为自耕农。自耕农经济拥有扩大再生产的能力,也比佃农经济具有更大适应性和灵活性,有利于农业生产的恢复和发展。同时,实行全国大移民,将"狭乡"之民移至"宽乡",屯田耕垦。计民授田与全国大移民的实行,就将农业社会两个最重要的生产要素即劳动力和土地资源重新进行配置,促使两者更加紧密地结合在一起,从而有力地推动了生产的恢复和发展。加上劳动者人身依附关系的松弛,赋役负担的减轻,并实行奖励

---

① 《皇明诏令》卷 2,《诫谕诸司敕》。
② 《明史》卷 281,《循吏列传》序,第 7185 页。
③ 《明太祖实录》卷 113,洪武十年七月。
④ 《明太祖实录》卷 176,洪武十八年十一月甲子。
⑤ 《万历明会典》卷 17,《户部·田土》。

农桑、兴修水利等多项举措,农业生产逐步得到恢复和发展,到洪武二十六年,全国的耕地面积、人口数量和国家财政收入均远超宋元时期。在农业生产恢复和发展的基础上,经济作物广泛种植,手工业和商业也日趋繁兴。这就为明中后期商品货币经济的繁荣、经济结构的变化以及中国传统社会向近代转型,奠定了一个坚实的基础。

最后,尊孔崇儒,振兴文教,施行教化,全面复兴传统文化。

元世祖忽必烈建立元朝后,虽然采用汉法,但他对汉法并非全部接受,而是择取其能接受的某些部分,同时继续采用色目人的"回回法"和蒙古法,形成蒙汉杂糅、外汉内蒙的文化模式,借以保持蒙古文化的本位。因此,他只兴办儒学和半官方的书院,却不开科举,儒学自此失去其独尊的地位,儒士也被边缘化。元仁宗延祐年间,虽重开科举,明经考试的内容以程朱注疏为主,《四书章句集注》被定为官本,使理学完成了官学化的过程,但仍坚持蒙古文化本位的原则,儒学和儒士边缘化的境况并未改变。

朱元璋登基后,重拾华夏文化的传统,尊孔崇儒,倡导理学,重新确立儒学的独尊地位,并依照儒家的礼乐思想,制礼作乐,去蒙古化。同时,广开学路,在中央办国学,在郡县办儒学,在基层办社学,卫所办卫学,少数民族地区办土司儒学,教育的发展远超于唐、宋。与办学相衔接,还进一步发展和完善唐、宋以来的科举制度,使之走上标准化、规范化的轨道。并在民间普施教化,移风易俗,醇厚人情。传统文化开始全面走向了复兴[①]。

朱元璋的这一系列活动及其建立的一套典章制度,废除或改革元朝遗留的许多弊政,有力地促进了国家的统一、社会的安定、经济的发展、文化的复兴,弥成了"洪武之治",促进了明前期洪、永、熙、宣盛世的出现,从而为明朝后来的发展奠定了坚实的基础,使明朝因而得以享祚近300年,成为中国封建社会历史上统治年代仅次于唐朝的皇朝,成为当时亚洲乃至世界首屈一指的强国。朱元璋所建立的典章制度,还对清代产生了重大影响。史载:"(清)世祖福临入关,因明遗制。"[②]清圣祖玄烨也承认:"我朝现行事例,因之而行甚多。"[③]这就是所谓的"清承明制"。只不过清朝的继承明制,是取其"形"而去其"神",糟粕多于精华。

当然,作为封建帝王的朱元璋,他不可能摆脱阶级和历史的局限性。封建社会后期地主阶级所固有的腐朽性在他身上同样明显地显露出来,从而导致其某些政策措施出现严重的失误。例如,他拼命扩张皇权,实行残暴的专制统治,并制定《皇明祖训》,要求子孙永远遵守,固定不变,这就不利于政治的进一步稳定。又如,他始终固守传统的重本抑末政

① 参看拙作《朱元璋复兴传统文化的历史功绩》,《明清论丛》第17辑。
② 赵尔巽等撰:《清史稿》卷114,《职官志》序,中华书局1977年版,第3263页。
③ (清)蒋良骐撰,林树惠、傅贵九点校:《东华录》卷17,中华书局1980年版,第280页。

策,"使农不废耕,女不废织"①,这就阻碍了商品货币经济的更大发展,不利于新的经济因素的孕育与滋长。再如在文化领域实行专制统治,不仅规定士大夫必须绝对服从君主,为君所用,而且在科举考试中排斥被视为"奇技淫巧"的自然科学内容,只考《四书》《五经》,只能以程朱的注疏为准,这就极大地束缚了人们的思想,扼杀人们的聪明才智,导致自然科学发展的落后。

列宁指出:"判断历史的功绩,不是根据历史家没有提供现代所要求的东西,而是根据他们比他们前辈提供了新的东西。"②在中国封建社会,在农民战争摧毁旧皇朝的废墟上重建新的统一皇朝,共有西汉、东汉、唐朝、明朝和清朝五个朝代。我们不妨将朱元璋与此前三个朝代的开国皇帝做一番比较,看看他是否比他们的前辈提供了新的东西。西汉皇朝的开国皇帝高祖刘邦,早年起兵响应陈胜、吴广发动的秦末农民大起义,后率军攻占咸阳,推翻秦朝统治,约法三章,废除严刑苛法,并通过楚汉战争战胜项羽。就皇帝位后,他基本沿袭秦制而略加损益,并先后歼灭异姓诸侯王,迁六国旧贵族和地方豪强于关中,复故爵田宅,"约法省禁,轻田租,十五而税一,量吏禄,度官用,以赋于民"③,重本抑末,打击商贾,以求稳定封建秩序,恢复农业生产。不过,他在翦灭异姓诸侯王的同时,又代之以同姓诸侯王,从而导致地方割据势力的膨胀,埋下后来七国之乱的祸根。而社会经济逐步从凋敝状态中恢复过来并走向发展,则是经过文景之治才实现的。为加强中央集权而对各种制度进行改革,更是迟至汉武帝即位之后才大规模展开的,那时距离西汉皇朝的建立已经整整过了70年的时间。东汉皇朝的缔造者光武帝刘秀,早年与兄刘縯起兵参加反莽的绿林起义军,以恢复汉家制度相号召,得到部分官僚、地主的支持。新莽政权覆灭后,他破降和收编铜马等起义军,势力逐渐壮大,遂与农民军彻底决裂。建武元年(25)重建汉政权后,镇压了赤眉起义军,削平各地割据势力,统一全国。他在位34年,基本沿袭西汉的典章制度,只是在中央加重尚书职权,在地方废除执掌军权的都尉,以强化中央集权体制。同时,招抚流亡,恢复三十税一,选用良吏,提倡节俭,精减县数,省职裁员,释放奴婢,减省刑罚,使生产得到一定的恢复,载于户籍的人口由光武初年的240万余户、1191万余人④,增至末年的427万余户、2100万余人⑤。但他针对田宅逾制而实行的"度田",却因遭到豪强地主的反对而半途作废,使豪强地主的势力在日后空前地膨胀起来,导致东汉封建国家的贫

---

① 《明太祖实录》卷177,洪武十九年三月戊午。

② 《列宁全集》卷2,《评经济浪漫主义》,人民出版社1963年版,第150页。

③ (汉)班固撰:《汉书》卷24上,《食货志》,中华书局1962年版,第1127页。

④ 《汉书》卷28下《地理志下》(第1640页)载,西汉极盛时有"民户千二百二十三万三千六十二,口五千九百五十九万四千九百七十八"。(三国吴)谢承《后汉书》(《七家后汉书》本)志19《郡国》1注引《帝王世纪》云:"至光武中兴,百姓虚耗,十有二存。"据此可推知光武初年应有244万余户、1191万余人。

⑤ (三国吴)谢承:《后汉书》志19,《郡国》。

弱和政治的不稳。所谓"光武中兴"，成就其实也很有限，仅以光武末年的户口数字而言，尚不及西汉极盛时期的一半。唐皇朝的开创者高祖李渊，在隋末农民大起义中起兵反隋，攻占长安，立隋炀帝之孙杨侑为帝。隋炀帝在江都被杀后，废黜杨侑，自立为帝。他在位九年，一面削平薛仁杲等割据武装，镇压窦建德、刘黑闼、辅公祏等农民起义队伍，逐步实现国家的统一，一面废隋苛法，"去其泰甚"①，制新律令，并颁布均田令和赋役令，使流亡的农民复归版籍，社会渐趋稳定。不过他在位期间，典章制度基本袭自隋朝，而社会经济的残破凋敝也未见有多少恢复，不少地方"田亩荒废，饥馑荐臻"②，载籍户口"比于隋时，才十分之一"③。将隋朝的典章制度结合唐朝的社会实际加以补充、发展而形成一套更加完备的制度，这主要是奠定于唐太宗的贞观年间，而唐朝社会经济的逐渐恢复，那也是唐太宗在位期间才逐步实现的。与西汉、东汉和唐朝的三位开国皇帝相比，朱元璋确实提供了新的东西，他的历史功绩是远远超过他的这几个前辈的。

即使将朱元璋同后来的清朝开国皇帝相比，其历史功绩也要高出许多。清朝的开创者太宗皇太极，虽为满族的发展、清朝的创建做出积极的贡献，但此时清朝的统治范围还仅局限于东北和蒙古地区，它还只是一个与明朝对立的地方少数民族政权。及至明朝的统治被大顺农民军推翻，清军入关之后，清朝定鼎北京，才变成为一个中原皇朝。入关的皇帝是清世祖福临，他虽用武力血腥地镇压了大顺军和大西军的余部，消灭南明诸王的政权，但清廷推行残暴的民族征服与民族压迫政策，施行薙发、易服、圈地、投充与逃人法，却大大激化了民族矛盾与阶级矛盾，造成长期的社会动荡，使社会生产遭到严重的摧残，特别是经济比较发达的江南、浙江、江西、福建、广东沿海地区更是遭到惨重的破坏，有的地方"男妇罹于杀掠，庐舍遭于焚毁，而桑柘之木伐以为薪，是养蚕之人与食俱竭，而丝与杼皆废矣"④，有的地方则是"一望极目，田地荒凉；四顾郊原，社灶烟冷"⑤，明中期刚刚滋生的资本主义萌芽被蹂躏殆尽。清廷尽管也采取措施招民垦荒，但因为支付庞大的军饷而急于起科，效果并不显著。直到顺治十八年(1661)，全国的耕地面积仅有 549 万余顷⑥，不仅与万历三十年明朝耕地的最高数字相差甚远，而且也不及洪武二十六年(1393)的耕地数字。清朝民族矛盾的缓和、政局的稳定和经济的恢复发展，那是在清圣祖玄烨亲政特别是"三藩之乱"平定以后的康、雍、乾时期，此时距清军入关、定鼎北京已有百年之久了。可

---

① (宋)宋敏求编：《唐大诏令集》卷 111，《置常平监官诏》，《四库全书》本。
② 《唐大诏令集》卷 111，《劝农诏》。
③ (唐)吴兢：《贞观政要》卷 6，《论奢纵》，《四库全书》本。
④ 《皇清奏议》卷 6，昭琏：《征绢请改折色疏》，罗振玉 1936 年刊行本。
⑤ 《皇清奏议》卷 1，卫周允：《痛陈民苦疏》。
⑥ 《清朝文献通考》卷 1，《田赋·田赋之制》，《十通》本。

见,不论是皇太极还是福临,其功绩都无法同朱元璋相比。

综上所述,朱元璋推翻元朝统治,开创大明皇朝,不仅弼成"洪武之治",而且对此后明、清的历史发展都产生了重大的影响。他是一位杰出的军事家、政治家,有作为的封建皇帝,在我国封建社会后期的历史上占有重要的地位。清世祖福临称颂朱元璋说:"朕以为,历代贤君,莫如洪武。何也?数君(指汉高、文帝、光武、唐太宗、宋太祖)德政,有善者,有未尽善者。至洪武所定条例章程,规划周详,朕所以谓历代诸君不及洪武也。"①清圣祖玄烨也说:"朕观《明史》洪武、永乐所行之事,远迈前王。"②他曾为朱元璋的孝陵题词曰:"治隆唐宋。"铭刻这一题词的石碑,至今犹屹立在南京明孝陵之前。客观地说,以历史功绩而论,朱元璋与秦皇、汉武、唐宗、宋祖相比较,确实是难分上下的③。

2016 年 1 月 26 日开笔修订

2016 年 12 月 5 日杀青

2017 年 2 月 3 日改定

---

① 《清世宗实录》卷 71,顺治十年正月丙申,中华书局 1985 年影印本。

② 蒋良骐:《东华录》卷 17,第 280 页。

③ 参看拙作《再论朱元璋的功绩与历史地位》,陈怀仁、夏玉润主编:《洪武六百年祭》,南方出版社 2000 年版,第 41—64 页;《河南大学学报》第 42 卷第 4 期(2002 年 7 月);《履痕集》,第 218—233 页。

附录
明太祖大事年表

元天历元年(1328)　**1 岁**①

九月十八日(阳历 10 月 21 日),朱元璋生于濠州钟离(治今安徽凤阳临淮东板镇境内)东乡(今凤阳小溪河镇燃灯社区金桥村)。

后至元三年(1337)　**10 岁**

正月,广州增城人朱光卿起义,称"大金国"。二月,陈州人棒胡起义于汝宁信阳州。广西瑶民起义。四月,四川合州大足县韩法师起义。广东惠州归善县人聂秀卿、谭景山起兵响应朱光卿。五月,藏区爆发反元起义。八月,京畿"盗起"。

后至元四年(1338)　**11 岁**

朱元璋全家由钟离东乡迁居西乡(今凤阳临淮镇汤府社区)。六月,南方白莲教首领彭莹玉与门徒周子旺起义于袁州,寻遭元军镇压,周被擒杀,彭逃匿淮西。

后至元五年(1339)　**12 岁**

朱元璋全家由钟离西乡迁居太平乡孤庄村(今凤阳府城镇二十郢社区二十郢村)。

至正四年(1344)　**17 岁**

春,淮北大旱,继以瘟疫。四月,朱元璋父、母、长兄及侄子病亡。五月,黄河北决白茅堤,六月又北决金堤,此后连年泛滥成灾。七月,山东盐徒郭火你赤起义于益都。九月,朱元璋入钟离於皇寺为小行童,50 天后云游淮西。

至正六年(1346)　**19 岁**

朱元璋返回孤庄村为父、母及长兄扫墓,寻复外出云游。

至正八年(1348)　**21 岁**

十一月,台州黄岩私盐贩方国珍起兵反元。是年,朱元璋重返於皇寺。

至正十年(1350)　**23 岁**

十月,元廷更改钞法,物价飞涨。十二月,方国珍攻打温州。

----

① 此年表所记年龄皆为虚岁。

至正十一年(1351) **24 岁**

四月,元顺帝命贾鲁为工部尚书、总河防使,治理黄河。北方白莲教首领韩山童与门徒刘福通在颍上谋划起义。谋泄,韩山童被捕牺牲,妻杨氏携子韩林儿出逃。刘福通率众突围,系红巾为号,组建红巾军(又称"红军""香军"),于五月初三(5 月 28 日)攻占颍州,继克亳州、项城、朱皋、罗山、真阳、确山、舞阳、叶县等地。六月,方国珍击败元江浙行中书省左丞孛罗帖木儿,元顺帝遣使招谕。夏,彭莹玉再度在江淮起义。八月,彭莹玉门徒邹普胜与徐寿辉在蕲州起义,组建红巾军,寻下蕲水、黄州。邳州人李二与彭大、赵均用等在徐州起义,寻克宿州、五河、虹县、丰、沛、灵璧、安丰、濠、泗等地。九月,刘福通攻占汝宁、息州、光州等地,众至 10 万。十月,徐寿辉在蕲水称帝,建国号"宋",后改为"天完"。未几,彭莹玉至蕲水。天完红巾军两路出击,邹普胜上略武昌、江陵等地,彭莹玉、项普略下攻长江中下游及浙、闽。十二月,王权、张椿在邓州、南阳起义,人称"北锁红军"。孟海马等在江、汉起义,人称"南锁红军"。

至正十二年(1352) **25 岁**

一月,郭子兴与孙德崖等在定远起义。二月,攻占濠州,归刘福通节制。三月,於皇寺焚于兵燹。闰三月,朱元璋投奔濠州。未几,被郭子兴收为亲兵,授九夫长,与其义女马氏成亲。七月,彭莹玉战死杭州。九月,元右丞相脱脱攻破徐州,李二突围至湖北投奔徐寿辉,赵均用、彭大奔濠州投靠郭子兴。脱脱遣中书左丞贾鲁等带兵追击,于是年冬围攻濠州。十一月,项普略在徽州被擒就义。

至正十三年(1353) **26 岁**

春,泰州白驹盐场私盐贩张士诚起兵反元,攻占泰州。五月,进占高邮。贾鲁暴卒,元军撤濠州之围。六月,朱元璋还乡招募徐达等 700 人为兵,升任镇抚。七月,克定远。是年冬,元军攻破蕲水,徐寿辉率部逃入黄梅山与沔阳湖中。

至正十四年(1354) **27 岁**

正月,张士诚在高邮称"诚王",建国号"大周"。从五月起,朱元璋先后招降定远多支地主武装"义兵",费聚、吴复、冯国用、冯胜、丁德兴、毛麒、李士元(后改名善长)等相继来奔。郭子兴授朱元璋为总管。六月,张士诚攻占扬州。七月,朱元璋攻克滁州,范常、邓愈、胡大海来归。郭子兴自濠至滁。九月,脱脱图攻高邮。十月,朱元璋亲侄朱文正,前来滁州投奔。脱脱大败张士诚。十二月,脱脱被夺官削爵,张士诚乘机出击,元兵自此"不复振矣"。朱元璋外甥李文忠,前来滁州投奔。

宋龙凤元年(元至正十五年,1355)　28 岁

正月,徐寿辉部复占沔阳。郭子兴用朱元璋之计攻克和州,命其为总兵官。二月,刘福通等迎韩林儿为帝,号"小明王",都亳州,定国号"宋",建元"龙凤"。三月,郭子兴病卒,朱元璋代领其部。方国珍入据庆元。四月,常遇春前来归附。宋小明王授郭子兴子郭天叙为都元帅,郭子兴妻弟张天祐为右副元帅,朱元璋为左副元帅,朱元璋部自此奉龙凤正朔。五月,俞通海、廖永安率巢湖水师来归。六月,朱元璋率部渡江,攻占采石、太平,儒士李习、陶安出迎。征聘儒士宋思颜、潘庭坚、王恺及名士汪广洋。改太平路为府,以李习为知府。置太平兴国翼元帅府,自任帅府大元帅,以李善长为帅府都事,潘庭坚为帅府教授,汪广洋为帅府令史,陶安参幕府事。始行寨粮。月底,决定分兵两路,攻打集庆。徐达等率南路军攻占溧水,从南面包抄集庆。张天祐率领北路军直攻集庆。七月,张天祐在集庆城下战败,退回太平。徐寿辉部攻占武昌、汉阳等路。张士诚攻占杭州。徐达分兵略取溧阳、句容、芜湖。九月,朱元璋第二次进攻集庆,郭天叙遇伏被杀,张天祐被擒遇害。十二月,刘福通兵败太康,奉韩林儿退避安丰。

龙凤二年(至正十六年,1356)　29 岁

正月,徐寿辉部将倪文俊迁天完都城于汉阳,迎徐寿辉入居,自为丞相。二月,张士诚弟张士德攻破平江,改平江路为隆平府。张士诚自高邮徙居隆平,改称"周王"。三月,朱元璋率部第三次攻打集庆。克之,改为应天府。得夏煜、孙炎、杨宪等儒士。遣徐达攻占镇江。宋小明王命朱元璋为江南行枢密院同佥,寻升江南等处行中书省平章政事。六月,朱元璋设置江南行枢密院于太平。七月,设江南等处行中书省于应天。征聘秦从龙于镇江。九月,刘福通命李武、崔德出征陕西。朱元璋至镇江,谒孔子庙,遣儒士劝课农桑,筑城开垦。

龙凤三年(至正十七年,1357)　30 岁

三月,刘福通部将毛贵攻占莱州。四月,朱元璋督师攻破宁国路。未几,名儒朱升应召至应天,成为朱元璋任用的第一个进士。六月,刘福通进军汴梁,分兵三路举行北伐。八月,元廷授予方国珍江浙行省参知政事。方国珍率兵进击昆山州,击败张士诚部。张士诚降元,被授为太尉。九月,倪文俊在汉阳谋杀徐寿辉未遂,投奔部属陈友谅,反为其所杀。宋北伐中路军关先生、破头潘、沙刘二、冯长舅等自曹州攻入山西。十月,朱元璋命常遇春攻占池州。命缪大亨攻占扬州,降青军元帅张明鉴。宋北伐西路军白不信、大刀敖、李喜喜等攻占兴元,北上凤翔,转攻四川,再入秦陇。十二月,徐寿辉遣明玉珍攻略川蜀诸郡。朱元璋下令释放轻重罪囚。

龙凤四年（至正十八年，1358） 31 岁

二月，朱元璋命康茂才为营田使。宋北伐西路军遭元军夹攻而败。北伐东路军毛贵攻占济南，立兴宾院，在莱州设36屯。三月，下蓟州，进抵柳林，后因战斗失利，退还山东。宋北伐中路军克晋宁，分兵两路进攻晋、冀。五月，刘福通攻破汴梁，迁宋都于此，迎小明王入居。十一月，朱元璋建立民兵制度，寓兵于农。十二月，宋中路军攻破元上都开平，后转略辽阳，进入高丽。朱元璋自将攻占婺州，设江南等处行中书省分省。延聘许元（存仁）等13人会食省中。召宋濂为五经师，开办郡学。命籍户口，给民颁发"户由"，承认农民耕垦的土地所有权。遣使招谕方国珍。是年，命徽州清丈土地，令民自实田。

龙凤五年（至正十九年，1359） 32 岁

三月，朱元璋下令赦大逆以下罪囚。四月，宋将毛贵为赵均用所杀，部将续继祖又杀赵均用。五月，宋小明王提升朱元璋为江南等处行中书省左丞相。六月，朱元璋返回应天。八月，元将察罕帖木儿攻破汴梁，刘福通护小明王退守安丰。朱元璋遣使与察罕"通好"。九月，常遇春攻克衢州。十二月，胡大海、耿炳文攻破处州。十二月，陈友谅自称"汉王"，迁都江州。

龙凤六年（至正二十年，1360） 33 岁

三月，朱元璋征召浙江名士刘基、宋濂、章溢、叶琛至应天，备顾问。闰五月，陈友谅在采石杀徐寿辉，自立为帝，改国号为"大汉"。寻即顺流东下，进攻应天。朱元璋用刘基之计，设伏败之。朱元璋下令废除寨粮。置儒学提举司，以宋濂为提举。自是年起，方国珍与张士诚连续四年海运粮食以济元大都。

龙凤七年（至正二十一年，1361） 34 岁

正月，宋小明王封朱元璋为"吴国公"。二月，朱元璋立盐法、茶法与钱法。三月，改枢密院为大都督府，以亲侄朱文正为大都督。六月，察罕帖木儿大举进攻山东，江南震动。八月，朱元璋遣使与察罕"结援"。寻率舟师溯江而上，亲征陈友谅。先克安庆，再至江州，陈友谅败退。十月，明玉珍在重庆称"陇蜀王"。十二月，陈友谅龙兴守将胡廷瑞、祝宗遣使向朱元璋请降。

龙凤八年（至正二十二年，1362） 35 岁

正月，朱元璋亲至龙兴接受胡廷瑞（后改名胡美）归降，改龙兴路为洪都府，设江西等处行中书省。二月，朱元璋返回应天。五月，朱元璋命朱文正率赵德胜、邓愈等镇守洪都。

六月,宁海儒士叶兑上书进言天下大计。七月,邵荣、赵继祖在应天谋杀朱元璋,谋泄被诛。十月,朱元璋设关市批验所官,征收商税,定盐货十分税一,其余商品十五税一。十二月,元廷遣户部尚书张昶等经庆元至应天招降朱元璋,遭拒绝。

龙凤九年(至正二十三年,1363)　36 岁

正月,明玉珍在重庆称帝,建国号"大夏"。二月,朱元璋申明将士屯田之令。张士诚遣吕珍、张士信助元进攻安丰。三月,朱元璋率徐达、常遇春出援安丰。时安丰已破,刘福通奉小明王退入南部山区。朱元璋击败吕珍,并追击从庐州带兵帮助吕珍的左君弼。宋小明王封赠朱元璋三代祖先。从封赠的制书看,朱元璋此时的官职已升至宋政权的中书右丞相。四月,陈友谅亲率大军围攻洪都。朱元璋诸暨守将谢再兴叛降张士诚,被李文忠平定。七月,朱元璋率军往救洪都,与陈军大战于鄱阳湖。八月,陈友谅中箭而亡,部将张定边护友谅子陈理逃归武昌,立之为帝。九月,朱元璋还归应天,寻率军攻武昌。张士诚自立为"吴王"。十二月,朱元璋留常遇春督诸军围攻陈理,自还应天。是年,命端木复初为徽州经历,令民自实田,以定科徭。

龙凤十年(至正二十四年,1364)　37 岁

正月,朱元璋在应天就吴王位,置百官,以李善长、徐达为右、左相国。二月,朱元璋至武昌督兵攻城,陈理出降。三月,命中书省征召文武人才。四月,定商税三十税一。立部伍法。七月,徐达、常遇春等攻克庐州,左君弼败走,其部将许荣以舒城降。在舒城附近活动的小明王被安置于滁州。八月,廖永忠等复拔安丰,此前又重返安丰的刘福通大约于此役战败遇害。十一月,置慈利军民安抚司,以元授土官为安抚使,因其俗而治之。此后元时所授土官凡来归者,皆以原官授之。十二月,朱元璋致书与扩廓帖木儿"通好"。

龙凤十一年(至正二十五年,1365)　38 岁

正月,大都督朱文正获罪免官。二月,元福建行省平章陈友定进攻处州。胡深击败之,进克浦城。六月,朱亮祖入闽,会胡深攻克崇安、建阳,至建宁为陈友定将阮德柔所败,胡深被俘遇害。六月,朱元璋令课种桑、麻、棉花。七月,遣使与扩廓帖木儿"通好"。九月,置国子学。元廷授予方国珍淮南行省左丞相。十月,朱元璋命徐达、常遇春等率师规取淮东。闰十月,徐、常攻克泰州。

龙凤十二年(至正二十六年,1366)　39 岁

二月,夏明玉珍卒,子明昇继立。三月,徐达会冯胜克高邮。四月,朱元璋令民间税粮

军需差役的征发"务从宽简"。自应天还濠州故里祭扫父母墓。五月,返回应天,发布讨伐张士诚之《平周榜》,借讨伐张士诚之机,攻击红巾军的起义将士是"误中妖术"的"愚民",宣布他将保护地主土地所有制:"旧有田产房舍,仍前为主。"七月,遣使与扩廓帖木儿"通好"。八月,令拓展应天府城,营建新宫。命徐达、常遇春率军围攻张士诚。元廷授予陈友定福建行省平章政事。九月,又授方国珍为江浙行省左丞相。十二月,朱元璋命廖永忠自滁州迎小明王归应天,至瓜步沉之江中。命以明年为吴元年,建庙社宫室。

吴元年(至正二十七年,1367) 40岁

正月,朱元璋下令免太平府租赋二年,免应天、宣城等处租赋一年。三月,下令设文武科取士。五月,免除徐、宿、濠、泗、寿、邳、东海、安东、襄阳、安陆诸郡及此后新附地区税粮徭役三年。六月,设礼、乐二局,议礼制乐。九月,徐达攻克平江,执张士诚送应天处死。十月,朱元璋命吴琳、魏观持币帛求遗贤于四方。徙苏州富民实濠州。命百官礼仪由尚右改为尚左。置御史台,中央三大府(中书省、都督府、御史台)至此全部建立。命汤和、吴祯率师攻打方国珍所据之庆元。命中书省制定律令。命徐达、常遇春率师北伐中原。命胡美、何文辉率师入闽攻打陈友定。命杨璟、周德兴等攻取广西。十一月,命廖永忠会汤和攻打方国珍,遂下庆元。十二月,颁行吴律令。方国珍降,徙方氏官属居濠州。汤和、廖永忠攻克福州。置太仓黄渡市舶司。

明洪武元年(1368) 41岁

正月,朱元璋于初四日在应天即帝位,是为明太祖,定国号为"大明",年号"洪武"。立马氏为皇后,朱标为皇太子。以李善长、徐达为左、右丞相。遣周铸等人往浙西核实田亩,定其赋税。定天下卫所之制。汤和攻克延平,平定福建。立善世院、玄教院。二月,元顺帝削夺扩廓帖木儿爵邑,令秃鲁、李思齐等讨伐之。明太祖命廖永忠、朱亮祖由海道攻取广东。以太牢祭孔子于国子学。定衣冠如唐制。命中书省议定役法。三月,命儒臣修《女诫》,诫后妃毋干预政事。命户部及行省铸造"洪武通宝"钱。廖永忠师至潮州,元江西、福建行省右丞何真率所部归降。徐达奏平山东,寻徇汴梁。廖永忠进兵广州,元守将出降。四月,令免除山东田租三年。徐达、常遇春在洛水之北击败元将脱因帖木儿。冯胜攻克潼关。五月,廖永忠、朱亮祖攻至梧州,元守将出降。明太祖至汴梁,改汴梁路为开封府。六月,与徐达议取大都之策。杨璟、朱亮祖攻克静江,旋下南宁、象州,平定广西。七月,明太祖自开封返回应天。闰七月,徐达渡河北上,规取河北。元顺帝诏复扩廓帖木儿官爵,命与诸将各自统兵,阻击明军。月底,明军进抵通州。元顺帝率后妃弃大都北逃。八月,明太祖诏以应天为南京,开封为北京。徐达率师进入大都。定六部官制。刘基因得罪胡惟

庸,致仕还乡。明太祖颁布《大赦天下诏》。改大都路为北平府。至开封,命徐达、常遇春攻取秦、晋。九月,下诏求贤。常遇春攻克保定。十月,明太祖返回南京。颁布《克复北平诏》。十一月,遣文原吉、詹同等分赴各地访求贤才。召还刘基。十二月,徐达攻克太原,平定山西。遣偰斯出使高丽,易济出使安南,随后陆续遣使出访周边诸国,与各国建交。

洪武二年(1369)　42岁

正月,诏免北平、燕南、河东、山西、河南及应天、太平、镇江、宣城、广德及无为州租税一年。常遇春攻取大同。倭寇寇山东滨海郡县。自此,倭寇几乎年年入寇。三月,徐达进兵奉元,元守将张良弼逃遁。常遇春攻至凤翔,李思齐逃奔临洮。四月,诏常遇春还师北平。诏中书省编纂《祖训录》,定封建诸王及官属之制。冯胜进兵临洮,李思齐降。五月,徐达攻克平凉,进围庆阳。六月,常遇春、李文忠攻取开平,元顺帝逃奔应昌。七月,常遇春卒于军中,诏李文忠代领其部。八月,元兵入攻大同,李文忠击败之。定内侍诸司官制。徐达攻克庆阳,杀元将张良臣,平定陕西。明太祖命儒臣修纂礼书。九月,诏以临濠为中都。十月,诏天下郡县并设学校。十一月,扩廓帖木儿自甘肃引兵袭破兰州,俘杀明将于光。

洪武三年(1370)　43岁

正月,命徐达、李文忠、冯胜、邓愈、汤和分兵两路北征。二月,诏求可任六部之贤才。罢太仓黄渡市舶司,不久复设宁波、泉州、广州三市舶司。三月,蠲免应天、徽州等16府州及河南、北平、山东3省当年税粮。郑州知府苏琦上书言屯田积谷等三事,开始大规模开展民屯、军屯。四月,封皇子樉为秦王、㭎晋王、棣燕王、橚吴王、桢楚王、榑齐王、梓潭王、杞赵王、檀鲁王、从孙守谦靖江王。徐达大败扩廓帖木儿于沈儿峪,扩廓逃奔和林。元顺帝病死应昌,子爱猷识里达腊继立,仍称元号,史称“北元”。五月,徐达攻取兴元,分遣邓愈招谕吐蕃。李文忠攻克应昌,元嗣君北逃。六月,颁布《平定沙漠诏》,宣布:“朕既为天下主,华夷无间,姓氏虽异,抚字如一。”采纳济南知府及司农司官建议,招无田乡民垦辟北方郡县近城荒地,户率15亩,另给2亩植蔬,皆免三年租税。后江南地区也仿照施行,户率16亩。徙苏、松、嘉、湖、杭五府无产业之民于凤阳屯田,给资粮、牛、种,免征赋役三年。在山西首行以粮易盐的“开中法”,后各行省与边境也多仿照施行。元吐蕃宣尉使何锁南普、镇西武靖王卜纳剌以吐蕃诸部降。七月,令直隶等18府、州及江西饶州、九江、南康等3府编制《均工夫图册》。诛杀中书左丞杨宪。九月,礼书编成,赐名《大明集礼》。十月,设朵甘卫。十一月,大封功臣,封公者6人,封侯者28人,封伯者2人。命户部清查户口,编制户帖,岁计登耗以闻。十二月,赐勋臣田地。是年,江南地区实行里甲正役。中都开始动工营建。

洪武四年(1371) 44 岁

正月,左丞相李善长退休,命汪广洋为右丞相。命汤和、傅友德分兵两路伐蜀。修治广西兴安灵渠,灌田万顷。诏开科取士,连举三年,嗣后三年一举。命全国郡县编制赋役黄册,推行里甲制度。二月,元平章刘益以辽东降,置辽东卫。刘基再次退休。三月,徙北方沿边民 17000 余户屯种北平。五月,蠲免江西、浙江秋粮。六月,汤和进兵重庆,明昇投降。徐达徙北平山后民 35000 余户散处卫府屯种,又徙沙漠遗民 32000 余户屯田北平。七月,置辽东都卫,总辽东诸卫兵。傅友德攻克成都,蜀地悉平。八月,蠲免中都、淮、扬及泰、滁、无为田租。九月,谕各部大臣:"海外蛮夷之国,有为患于中国者,不可不讨;不为中国患者,不可辄自兴兵。"东南沿海诸省实行粮长制。十一月,命官吏犯赃者罪勿贷。十二月,禁濒海民私自出海。

洪武五年(1372) 45 岁

正月,命徐达、李文忠、冯胜分兵三路北征。二月,建申明亭。三月,诏令全国举行乡饮酒礼。四月,册封乌思藏帕木竹巴藏僧章阳沙加监藏为灌顶国师。五月,徐达在岭北击败元兵。颁布《正礼仪风俗诏》。六月,冯胜攻克甘肃,追败元兵于瓜、沙。李文忠与元兵激战于阿鲁河畔,曹良臣等战死。作铁榜申诫公侯。七月,汤和在断头山被元兵击败。八月,元兵攻入云内州城。十月,蠲免应天、太平、镇江、宁国、广德田租。十一月,元将纳哈出入犯辽东。十二月,以农桑学校考课有司官员。

洪武六年(1373) 46 岁

正月,贬汪广洋为广东行省参知政事。二月,在藏区置乌思藏卫和 2 个宣慰司、1 个元帅府、4 个招讨司、13 个万户府、4 个千户所。阿里地区藏族首领搠思公失监归附,又置俄力思军民元帅府。册封故元摄帝师喃加巴藏卜为炽盛佛宝国师,后又陆续册封一批藏僧为国师、大国师。设太仆寺以掌马政。暂罢科举,令有司察举贤才。命御史及按察使考察有司官员。三月,颁布《昭鉴录》训诫诸王。命徐达为征虏大将军,李文忠、冯胜、邓愈、汤和为副,备边山西、北平。命指挥使于显为总兵官,朱寿为副,出海巡倭。五月,初次编成《祖训录》。七月,命胡惟庸为右丞相。九月,禁止表笺奏疏使用骈俪四六文体。徙山西北部州、县民 8200 余户至中立府屯种。十二月,疏浚河南开封府 18 闸,役工 25 万。

洪武七年(1374) 47 岁

正月,命吴祯为总兵官,于显为副,巡海捕倭。二月,蠲免平阳、太原、汾州、历城、汲县租税。颁行《大明律》。三月,徙山西河曲府山谷民 2000 余户于塞内屯田。七月,升朵甘、乌思藏二卫为行都卫。八月，申定兵卫之政，正式建立卫所制度。九月，罢宁波、泉州、广州三市舶司。十二月，在藏区置朵甘思宣慰司与 6 个招讨司、4 个万户府、17 个千户所。是年，徙江南民 14 万人于凤阳。

洪武八年(1375) 48 岁

正月，在藏区置帕木竹巴万户府。遣邓愈、汤和等 13 人领兵屯戍北平、陕西、河南。诏各地设立社学。二月，宥杂犯死罪以下及官犯私罪者，谪凤阳输作屯种赎罪。三月，立钞法。广西浔州大藤峡瑶民起义。廖永忠坐事被赐死。四月，胡惟庸遣医毒死刘基。明太祖巡视中都。中都工匠以"厌镇法"反对营建工役，令尽杀之。月底，返回南京，下令罢中都营建。五月，派宦官赵成往河州以丝织品、巴茶与藏民交换马匹。六月，册封撒里畏兀儿之故元宁王卜烟帖木儿为安定王，置安定、阿端二羁縻卫，后又陆续置曲先、罕东二卫，至永乐年间又置沙州、赤斤、哈密三羁縻卫，合称关西七卫。九月，改建南京大内宫殿。十月，诏举富民素行端洁、达时务者。改都卫为都司、行都卫为行都司，计有 13 个都司、3 个行都司。耿炳文浚陕西泾阳县洪渠堰，灌溉附近五县之田。是年，"空印案"发。

洪武九年(1376) 49 岁

正月，遣汤和、傅友德、蓝玉、王弼、丁玉备边延安。三月，以蓄储有余，悉免淮、扬、安、徽、池五府及山西、陕西、河南、福建、江西、浙江、北平、湖广租赋。六月，改行中书省为承宣布政使司，简称为"省"，计有 12 个布政司。闰九月，平遥训导叶伯巨应诏上书，指责皇上"分封太侈""用刑太繁""求治太速"，后被瘐死狱中。怀庆知府方征、宁海人郑士利上书为"空印案"鸣冤，后方被贬职，郑被罚作苦役。十月，右丞相胡惟庸、御史大夫汪广洋等修订《大明律》13 条。十一月，徙山西及真定无产业之民屯田凤阳。

洪武十年(1377) 50 岁

正月，宋濂致仕。免除现任官员徭役，著为令。五月，命李善长、李文忠总中书省、大都督府、御史台，议军国重事。户部主事赵乾赈济湖广水灾迟缓被诛。六月，诏臣民言事皆实封直达御前。命政事启皇太子裁决奏闻。七月，置通政司。始遣御史巡按州、县。九月，命胡惟庸为左丞相，汪广洋为右丞相。十月，赐百官公田，以其田租充当俸禄。南京大内宫殿改建完工。

洪武十一年(1378) 51 岁

正月，封皇子椿为蜀王、柏湘王、桂豫王、楧汉王、植卫王。改封吴王橚为周王。诏改南京为京师,罢北京,仍称"开封府"。三月,命六部诸司奏事毋禀报中书省。四月,元嗣君爱猷识里达腊卒,弟脱古思帖木儿继立。五月,命在京工匠赴工者月给薪米盐蔬,休工者停给,听其自由营业。六月,湖广五开峒(侗)族吴勉起义,遣杨仲明率兵镇压。八月,蠲免应天、太平、镇江、宁国、广德诸府、州、县秋粮。

洪武十二年(1379) 52 岁

正月,西番洮州十八族三副使等叛,命沐英移师讨之。二月,命李文忠往河州、岷州、临洮、巩昌、梅川等处整治城池,督理军务。七月,丁玉镇压四川眉县彭普贵起义。命李文忠掌大都督府事。八月,立案牍减繁式。诏永免退休官员之家徭役。九月,沐英大破西番,擒三副使。十一月,封仇成等 11 人为侯。十二月,汪广洋坐事贬海南,追敕赐死。是年,河州卫指挥使宁正兼领宁夏卫事。修筑汉唐旧渠,灌溉田地数万顷。

洪武十三年(1380) 53 岁

正月,胡惟庸、陈宁、涂节等因谋反被诛。罢中书省,废丞相,更定六部官秩。改大都督府为中、前、后、左、右五军都督府。命吏部改洪武初年的官员南北更调之法为三大区域更调之法。二月,诏郡县荐举聪明正直、孝弟力田、贤良方正、文学之士及精通术数者。三月,削减苏、松、嘉、湖重赋十之二。燕王朱棣就藩北平。沐英进兵亦集乃路,擒获故元国公脱火赤。四月,命群臣荐举所知人才。实行大赦。蠲免全国田租。五月,罢御史台。六月,置谏院官,当年复革除。九月,朱亮祖坐罪鞭死。宋濂因其长孙坐胡党,被贬置茂州。置四辅官。诏陕西卫军以三分之一守城,三分之二屯田给食。十二月,各府、州、县荐举人才至京 860 余人,授予各种官职。是年,诏陕西、河南、山东、北平等布政司及凤阳、淮安、扬州、庐州等府,许民尽力开垦,不起科。

洪武十四年(1381) 54 岁

正月,命新授官员各举所知人才。令全国郡县编制赋役黄册。二月,核实全国官田。五月,宋濂在贬谪途中于夔州绝食而亡。八月,诏求明经老成儒士,礼送京师。九月,命傅友德、蓝玉、沐英率师征滇。十月,禁濒海民私通海外诸国。蠲免应天、太平、广德、镇江、宁国田租。十二月,傅友德攻克曲靖。元梁王把匝剌瓦尔密逃往普宁,翌年正月自杀。

洪武十五年(1382) 55 岁

正月,蓝玉、沐英攻克昆明。置贵州都司。命全国朝觐官员各举所知人才一名。赵庸镇压东莞起义。二月,令水西、乌撒、乌蒙、东川、芒部、沾益诸部开驿道以通云南。置云南都司、云南布政司,至此全国都司增至 15 个,布政司增至 13 个。闰二月,蓝玉、沐英攻克大理,寻分兵略取鹤庆、丽江、金齿。四月,诏置僧录司、道录司。诏全国通祀孔子。蠲免浙江、江西、河南、山东税粮。置锦衣卫。五月,新建太学完工,是为国子监。遣行人访求经行明修之士。七月,罢四辅官。八月,恢复科举取士,三年一次,以为定制。马皇后卒。命唐胜宗、耿炳文巡视陕西,督军屯田。九月,吏部以经行明修之士 3700 余人入见,复令其各举所知人才。十月,置都察院。诏天下来朝官员各举茂才一名。赵庸镇压广东"铲平王"起义。十一月,置殿阁大学士。再设谏院官,寻复革除。

洪武十六年(1383)　56 岁

正月,谕松州卫向藏民征收马赋差发。三月,召回征滇军队,留沐英镇守。永免凤阳、临淮二县民赋税徭役。五月,蠲免畿内各府田租。六月,蠲免畿内 12 州、县养马户田租一年,免滁州二年。是年,为朝贡诸国颁发勘合,始行朝贡勘合制。

洪武十七年(1384)　57 岁

正月,命汤和巡视浙江、福建、山东海道以防倭。二月,贵州宣慰使奢香率土官入朝,令其开辟驿道。后修成自偏桥至乌蒙及自偏桥至容山的两条驿道,置龙场等 9 驿。三月,颁布科举取士定式。李文忠"暴卒"。四月,论平云南功,前已封侯的傅友德进封为公,已封侯的蓝玉等 3 人增加岁禄,另封陈桓等 4 人为侯。七月,蠲免畿内田租之半。八月,河决开封。蠲免河南诸省通赋。十二月,蠲免云南通赋。

洪武十八年(1385)　58 岁

正月,在藏区置俺不罗行都司。二月,徐达病逝。三月,户部右侍郎郭桓等盗官粮被诛,各布政司官员牵连被杀者达数万人。七月,五开峒族吴勉复起,称"铲平王"。命汤和、周兴会同楚王领兵镇压。十月,颁布御制《大诰》。汤和等攻破古州,吴勉起义失败。十一月,蠲免河南、山东、北平田租。十二月,麓川平缅宣慰使思伦发反叛。

洪武十九年(1386)　59 岁

正月,命汤和与方国珍侄方鸣谦备倭海上。三月,颁布御制《大诰续编》。四月,定工匠轮班制。诏赎河南灾民典卖之子女。六月,诏有司存问高年。七月,诏举经明行修、练达时务之士。十月,林贤案发。胡惟庸的罪名因而升级为私通日本。此前朝廷多次要求日本政府禁止倭寇骚扰中国而未果,因林贤案发,遂与日本断交。十二月,颁布御制《大诰三编》。是年,命户部核查全国田亩。

洪武二十年(1387)　60 岁

正月,命冯胜为、傅友德、蓝玉出征纳哈出。焚锦衣卫刑具,将其囚犯移交刑部狱。四月,命周德兴筑福建濒海城池,练兵防倭,先后筑城 16 座。六月,冯胜统兵迫降纳哈出。九月,置大宁都司,翌年正月改为北平行都司。明太祖命蓝玉、唐胜宗、郭英北征蒙古。十二月,颁布御制《大诰武臣》。是年,完成全国田亩核查和鱼鳞图册的编制。

洪武二十一年(1388)　61 岁

正月,思伦发入寇马龙他郎甸。三月,沐英击败思伦发。四月,蓝玉在捕鱼儿海击败元嗣君脱古思帖木儿。六月,汤和归凤阳养老。八月,徙山西泽、潞二州无田之民于河北、河南屯种。九月,明太祖令全国卫所督军屯种。十月,命五军都督府更定军士屯田之法。十一月,北元辽王阿札失里、惠宁王塔宾帖木儿来降。

洪武二十二年(1389)　62 岁

二月,蓝玉督修四川城池。禁武臣干预民事。四月,徙江南无田之民就耕淮南。赐九江、黄州、汉阳、武昌、岳州、荆州诸郡贫民及沿江递运驿夫钞 912100 余锭。赈济山东莱、兖二州饥民钞 269200 余锭,湖广常德、长沙等地贫民钞 1468700 余锭。五月,置泰宁、朵颜、福余三个羁縻卫于兀良哈。八月,诏举高年有德、识时务之士。更定《大明律》。十一月,思伦发遣使求降,麓川之乱平定。是年,脱古思帖木儿为其部属也速迭儿所杀,另立坤帖木儿。

洪武二十三年(1390)　63 岁

正月,命晋王朱㭎、燕王朱棣出征北元丞相咬住、太尉乃儿不花。三月,燕王率傅友德、赵庸、曹兴等出征迤都,乃儿不花、咬住等出降。五月,遣公侯还乡。李善长、陆仲亨等以胡党罪名被诛。颁布《昭示奸党录》。至此,因胡案牵连被杀者达 3 万余人。六月,蓝玉讨伐施南、忠建、都匀反叛土司。赐还乡公侯铁册军以监视之。命吏部选耆老有才德、知典故者授官,计得 452 名。十月,严申沿海军民交通外番之禁。

洪武二十四年(1391)　64 岁

正月,命傅友德、王弼、郭英备边北平。蠲免山东田租。二月,令于京师朝阳门外隙地种植桐、棕、漆树各 50 万余株,并在江南旷土种植苜蓿。三月,命徐辉祖、李景隆、蓝玉等备边陕西,叶昇练兵甘肃。四月,准许逃户流民就地著籍耕垦。封皇子㭎为庆王、权宁王、梗岷王、㰀谷王、松韩王、模汉王、楧安王、桱唐王、楝郢王、㰏伊王。五月。令汉、卫、谷、庆、宁、岷六王练兵山东临清。疏浚定海、鄞县东钱湖,灌溉田地数万顷。六月,修筑自湖广至云南驿道。命礼部清理佛、道二教。七月,徙各地富民 5300 户实京师。蠲免畿内田租之半。八月,命皇太子朱标巡抚陕西。十一月,朱标还京,病中犹言经略建都之事。十二月,曹震督修四川驿道。是年,令公侯大官及民人耕垦荒地,唯犁到熟田,方许为主。完成更造赋役黄册。

洪武二十五年(1392) 65 岁

二月,诏全国卫所军以十分之七屯田,十分之三守城。徙崇明县受灾之无田民 2700 户于江北屯种。徙山东登、莱二府无恒产之民 5630 户就耕东昌。三月,改封豫王桂为代王,汉王椟为肃王,卫王植为辽王。四月,蓝玉征讨罕东,寻移师讨伐建昌卫指挥使月鲁帖木儿之叛。皇太子朱标卒。六月,沐英卒于云南。八月,命给公侯岁禄,将赐田归还官府。叶昇坐胡党被诛。九月,立朱标次子朱允炆为皇太孙。疏凿溧阳县银墅东坝河道,役丁 359000 余。十月,沐春袭封西平侯,镇守云南。十一月,蓝玉擒获月鲁帖木儿,诛之。

洪武二十六年(1393) 66 岁

正月,向西北藏族诸部颁发金牌信符,作为征发马赋差发凭证。二月,蓝玉因谋反被诛,张翼、陈桓等被杀,此案被诛杀者大约 15000 人。颁布《逆臣录》。三月,张温坐蓝党被诛。《诸司职掌》编成刊行,公布全国户口计 10652780 户,60545821 人;全国田土计 8496523 顷。颁布《稽制录》诫谕功臣。四月,命有司如遇灾荒,先行赈贷而后奏闻,著为令。七月,赦胡、蓝余党。八月,命李新督开胭脂河,以通两浙漕运。十月,更定工匠服役班次。是年,令民开垦荒芜官田,俱照民田起科。定在京工匠每月赴工十日。禁浙江、江西和苏、松人任户部官员,禁江浙和苏、松人任户部吏员。

洪武二十七年(1394) 67 岁

正月,停止外国入贡,唯琉球、真腊、暹罗许之。禁民间使用番香番货。二月,徙崇明县无田之民 500 户于昆山屯种。三月,命徐辉祖、吴杰往浙江练兵备倭。八月,命吴杰、张铨率退休武臣至广东练兵备倭。遣国子监生分赴各地,督吏民兴修水利。为祝天下太平,建京师新酒楼,宴百官于醉仙楼。九月,置四川行都司于建昌卫。十一月,傅友德坐事被诛。十二月,王弼坐事被诛。

洪武二十八年(1395) 68 岁

二月,冯胜坐事被杀。三月,秦王朱樉卒。六月,诏诸土司皆立儒学。诏除严刑,以后嗣君只守《律》与《大诰》，并不许复立丞相。七月，徙山东青、兖、登、莱、济南五府民1000余户赴东昌屯种。八月，汤和卒。闰九月，重定《祖训录》，名《皇明祖训》，禁后世变更祖制。蠲免畿内、山东秋粮。十二月，诏河南、山东所植桑枣及二十七年以后新垦田地，皆勿征税。又令民间垦荒，从其自首，首实一年后始行征税。是年，广西浔州大藤峡瑶民起义复炽，年底为杨文所镇压。

洪武二十九年(1396)　69岁

正月，定《擒获倭贼升赏格》。八月，蠲免应天、太平等五府田租。九月，重修广西兴安灵渠。

洪武三十年(1397)　70岁

正月，置行太仆寺于山西、北平、陕西、甘肃、辽东，掌边镇卫所之马政。二月，命户部移江西民至湖广常德府武陵等十县屯种。三月，禁民间以金银交易。严禁私茶出境。四月，户部上富民名籍。禁止擅自出海与外国互市。五月，颁行改定的《大明律》与《钦定律诰》。六月，"南北榜"案发。驸马都尉欧阳伦因贩运私茶被赐死。七月，命全国郡县更置粮长。十二月，病重，后经治疗痊愈。病中赐李淑妃死。

洪武三十一年(1398)　71岁

三月，晋王朱㭎卒。闰五月初八，旧病复发，初十(阳历6月24日)逝于西宫。十六日，朱允炆继位，葬太祖于孝陵，谥曰"高皇帝"，庙号"太祖"。